LE LIVRE DE LA VERTU DU SACREMENT DE MARIAGE

Folio I of Paris, Bibliothèque Nationale, MS. fr. 1175, with miniature picturing the donation scene.
Photo by Bibliothèque Nationale, Paris, Photographic Service, by permission of the Bibliothèque Nationale.

Philippe de Mézières

LE LIVRE DE LA VERTU DU SACREMENT DE MARIAGE

edited from
Paris, Bibliothèque Nationale, MS. fr. 1175
by
Joan B. Williamson

The Catholic University of America Press
Washington, D.C.

Copyright 1993
The Catholic University of America Press
All rights reserved
Printed in the United States of America
The paper used in this publication meets the minimum requirement of American
National Standards for Information Science--Permanence of Paper for Printed
Library materials, ANSI Z39.48-1984.

Library of Congress Cataloging-in-Publication Data

Mézières, Philippe de, 1327?-1405
   Le livre de la vertu du sacrement de mariage / Philippe de Mézières : edited from
  Paris, Bibliothèque nationale, Ms. fr. 1175, by Joan B. Williamson.
   p. : ill. : cm.
   Text in Old French, introd. and notes in English.

  Includes bibliographical references and index.
    1. Marriage--Religious aspects--Christianity--Early works to 1800. 2. Women--
History--Middle Ages, 500-1500--Early works to 1800. I. Williamson, Joan B., 1929-
. II. Bibliothèque nationale (France). Manuscript. Français 1175. III. Title.
BV835.M49 1992
248.4--dc20   92-15499
ISBN 0-8132-0767-3

In memory of my mother and father
Ralph St. Leger Brockman and Estelle Brockman
and for Betty and Harry Morss

CONTENTS

Preface ix
Introduction 1

The Text

Prologue and List of Rubric 43

Book 1 67

Book 2 126

Book 3 216

Book 4 343

Glossary 403
List of Proverbs, Sentences, and Proverbial Phrases 407
Bibliography 413
Index 427

PREFACE

Philippe de Mézières, French moralist and statesman of the latter part of the fourteenth century, is best known as a crusade propagandist. His writings, whose audience included at least two kings, are concerned with the establishment of his new crusading order, and with securing peace and social order in Europe, both with the aim of regaining the city of Jerusalem. In the *Livre de la vertu du sacrement de mariage,* the politician has stood aside and we see a more personal Philippe, writing for a noble married lady. He also writes, by extension, for all married women and their husbands, but he addresses each individually on a personal level. In this intimate document we can comprehend the importance the recapture of Jerusalem held for him: the material city represented the reign of Christ upon the earth. What Philippe sought was the implementation of the Lord's Prayer: "Thy Kingdom come, Thy will be done on earth."

In this treatise Philippe exhorts his readers to accomplish this mission, both in the world and in their hearts. Writing with fervor and sincerity, he includes an extended treatment of the theological debate of the Four Daughters of God, which his pen turns into a forceful and emotionally moving account of the reasons why we should love Christ. The theological debate becomes impassioned theater. Philippe participates in the fourteenth-century movement of popular piety, and the present publication of this work coincides with a renewal of interest in this topic.

Philippe writes his treatise for the comfort of married ladies, and to this purpose he presents *exempla* of good and bad married women, mostly of noble birth. His spectrum includes the virtuous and the wicked, among whom we find figures such as the biblical Vashty and Rebecca, and roughly contemporary women such as Marie d'Espagne and the Blessed Delphina. Many of these women also appear in other medieval collections, such as St. Cecilia in Jacobo de Voragine's *Legenda aurea* and Florence of Rome in *La Vie des Peres*. Boccaccio also portrayed some of these same women, such as Joan, queen of Naples, but often with a different emphasis. Philippe, however, is the first to narrate in French the lives of Griselda and Rosamond. Philippe's "Lives of Noble Women" incorporates figures belonging traditionally to this genre and those whom he had either known or heard about from his contemporaries, all chosen to represent his personal philosophy. His work constitutes an important record on medieval women and medieval attitudes toward them.

This rich material is contained in a single manuscript, Paris, Bibliothèque Nationale, MS. fr. 1175, well protected, but vulnerable by its uniqueness. Published here in its entirety for the first time, the text is made more secure.

I wish to acknowledge the sabbatical leave granted in 1988-89 by the President and Trustees of Long Island University, which provided the body of consecutive time necessary for this editorial task. I wish also to acknowledge the courtesy of the Burke Library of Union Theological Seminary in the City of New York in allowing me to consult their holdings of the early printed editions of the works of Bridget of Sweden to which I refer in my notes.

My gratitude goes to several colleagues who were kind enough to read the manuscript at various stages of completion and make suggestions: Charity Cannon Willard, Professor Emerita of Ladycliff College; Kenneth Varty, Stevenson Professor of French at Glasgow University; and Noboru Harano, Professor of Medieval French at Hiroshima University. I am indebted also to Eric Hicks, Professor of Medieval French at the University of Lausanne, and Ezio Ornato, C.N.R.S., Paris, for sharing their ideas on formatting the critical apparatus. For their gracious assistance with problems of language and identifications, I also wish to express special appreciation to Leena Löfstedt, Helsinki University; Robert F. Cook, University of Virginia; Jean Dufournet, la Sorbonne; Jean Subrenat, l'Université d'Aix-en-Provence; Gerard J. Brault, Pennsylvania State University; Frederick Van Fleteren, La Salle University; Peter Ellis, Professor Emeritus of biblical Studies, Fordham University; Rev. Joachim Smet, O.Carm., Institutum Carmelitanum, Rome; Rt. Rev. Msgr. Edward A. Synan, Pontifical Institute for Mediaeval Studies, Toronto; Rev. Allan Fitzgerald, O.S.A., Villanova University; Rev. Michael Casey, O.C.S.O., Tarrawarra Abbey, Victoria, Australia; Rev. Constantino Nieva, S.T.D., Mary Immaculate Church, Bellport, Long Island; Rev. Francis Keenan, S.M., Chaminade High School, Mineola, Long Island; Dom Jean Leclercq, O.S.B., of Clervaux, Luxembourg; and Louis Pisha, reference librarian at the B. Davis Scwartz Library, C. W. Post Campus of Long Island University. Last, but of paramount importance, is the expression of my heartfelt gratitude to my husband, Samuel, whose support and encouragement made this project possible.

INTRODUCTION

THE MANUSCRIPT

Paris, Bibliothèque Nationale, MS. fr. 1175, containing the only extant copy of Philippe de Mézières' *Livre de la vertu du sacrement de mariage,* is composed of two multicolored pastedowns (the first pasted to the front cover, the second pasted to the following paper flyleaf) + three paper flyleaves + 190 lined parchment folios (the first recto and verso and the last verso are blank) + three paper flyleaves (the last verso receives the multicolored pastedown that follows) + two multicolored pastedowns (the first pasted to the preceding flyleaf, the second pasted to the back cover).[1]

The folios have been numbered twice, on the recto only, from the first page of text to the end, 1 through 189. The first numbering, in black ink, was probably done in the nineteenth century, and later the same numeration was superimposed in pencil. Folio 1 bears three post-medieval numbers at the top: top center is 1150; at the top right is some writing too faded to decipher, followed by a deleted "MCCCI." Beneath this deletion, written in a brownish ink in a nineteenth-century hand is the figure 7393, which corresponds to Paulin Paris's number for this MS.[2]

The folios are 270.2 mm deep by 200 mm wide, with justification measuring 190.5 mm deep by 130.5 mm wide (e.g., ff. 4, 49, and 79). Some of the prickings for the justification subsist and can be seen as small slashes (e.g., f. 76). They were placed to provide a writing space

---

1. The MS. was summarily described in Paris, Bibliothèque Nationale, Département des Manuscrits, *Catalogue des manuscrits français de la Bibliothèque impériale,* vol. 1, *Ancien fonds,* ed. J. Taschereau (Paris: Firmin-Didot, 1868), 197.
2. Joseph van Praet, *Recherches sur Louis de Bruges, Seigneur de la Gruthuyse* (Paris: Bure, 1831), 112-13.

of 190.65 mm from top to bottom and 140.1 mm across (e.g., f. 125). The lines of the justification are ruled in lead, as are the lines for the writing. Folio size and justification, prickings, and rulings remain constant, with the number of lines of writing varying between thirty-two and thirty-five.

The MS. is made up of twenty-three gatherings. The first is of six leaves folded over to give twelve folios. The others are quires, except for the twentieth, which has five leaves folded over to give ten folios (ff. 156-165^v). The 1980-83 restoration bound the folios so tightly together that it is now impossible to distinguish the gatherings. Therefore I include here the divisions, recorded before the restoration: ff. 1-11^v, 12-19^v, 20-27^v, 28-35^v, 36-43^v, 44-51^v, 52-59^v, 60-67^v, 68-75^v, 76-83^v, 84-91^v, 92-99^v, 100-107^v, 108-115^v, 116-123^v, 124-131^v, 132-139^v, 140-147^v, 148-155^v, 156-165^v, 166-173^v, 174-181^v, 182-189^v. The hair side is normally on the outside of the quire, with a regular alternation of hair to hair followed by flesh to flesh. In MS. 1175, the leaf numbered f. 1 is actually the second parchment leaf in the volume and of the first gathering; thus it has flesh on the outside, corresponding to the flesh verso of the first parchment leaf. By incorporating a virgin first folio, the text begins on a flesh recto, which is smooth to receive the illumination.

Portions of the signatures still survive. These are in red. The first half of each leaf has a letter of the alphabet to indicate the order of the gathering in the book, then the numbers *i, ii, iii,* and *iiii* on the second, third, and fourth folios to indicate their ordering in the gathering. The first folio of a gathering bears a letter but no number. Gathering 2, starting at f. 12, is the first one marked, where the signatures on successive folios are: *a, a i, a ii,* and *blank.* This system does not then suggest that gathering 1, devoid of signatures, was added later. In the same way that the first folio of a gathering was not numbered, the first gathering did not need a letter to indicate its initial position.

There are also catchwords in brown ink on the last verso of each gathering, except for the first gathering, which has no catchword. Generally the catchwords are overlaid with a wash of yellow ocher, which remains more or less intact. The catchword on f. 27^v has no ocher wash but is underlined in red; this was probably done by the rubricator, since the catchword is close to the rubric. The catchwords from f. 67^v on also have decorative pen work under them, consisting of flourished lines sometimes interspersed with beads, rosettes, or shamrocks. An exception, the catchword on f. 131^v, lies within a double-lined, decorated box.

These decorations are not sufficiently different to suggest more than one hand, nor do they correspond to changes in the variant hands of the text.

The volume is bound in brown leather back and front, with gold tooling around the borders both inside and out. The spine is not medieval but is datable to the time of the First Empire, between 1804 and 1805. It is covered in dark crimson leather, tooled in gold. On it are five equidistant transverse ridges marked in gold, raised to accommodate strips of leather for support or sewings. These ridges thus divide the spine into sections, with lines of gold tooling at the top and bottom of each. Also tooled in gold is the title *Livre de la vertu du sacrement de mariage,* with the crowned *N* of Napoleon's emblem above and beneath it, an indication that it was once in the imperial library. The space at the bottom of the spine is occupied by three rows of two gold stars. The book was restored sometime between 1980 and 1983. The volume, however, was rebound with the same covers, spine, and multicolored pastedowns. At this time the three paper flyleaves were added front and back; they are in old paper but from another source. The resewing at the spine was done from top to bottom so that, as mentioned earlier, one can no longer see closely enough to distinguish the sewings at the center of the gatherings.

The writing, covering the width of the justification and occupying from thirty-two to thirty-four lines, is a late-fourteenth-century, bastard cursive hand, showing an influence of chancery. The MS. is executed in one hand, but with variations suggesting that it was written in three different stages. Consequently, I have defined this hand as variants A, B, and C. Variant hand A (the first in the MS. although the second chronologically) executed ff. 1-11, an insertion on ff. 41^v-42, ff. 66^v-188^v, and all the rubrics of the MS. (except for the last one on f. 11 and one on f. 188^v, which were done by C). Variant hand B (the first chronologically) executed ff. 12-66^v, except for the addition by A on ff. 41^v-42. Variant C (the third chronologically) executed the last rubric on f. 11, the rubric on f. 188^v, the text on f. 188^v after this rubric, and the text on f. 189, and also an addition, lines 8-9, on f. 33. Differences between these variants will be discussed in detail later. The significant difference for the discussion here is that A writes within the justification, with the upper ruling marking an upper limit for the ascenders of the letters, while B sets the base of the letters of his first line of writing on this upper ruling.

The inks of the variant hands are different. Variant A used what is now a yellowish brown; the ink of B is also brownish but darker than that of A. While the first change from variant hand A to B occurs at the break between the first and second gatherings, this does not necessarily indicate that the book is a composite, taking material previously written (i.e., ff. 12-66ᵛ) to incorporate it into the codex we now have, although it may do so.

The title of the prologue is written in red, as are the running titles for each of the books (with one title occupying two facing folios); all of these throughout the text were done by hand *A*. Chapter numbers in the list of rubrics are underlined in red accompanied by designs of beads, shamrocks, or a star, which--although different from each other--recall the catchword underlining, again suggesting uniformity of composition. The rubrics are written in ink and underlined in red (except on ff. 68ᵛ and 176, where the underline was omitted, probably by error). The rubrics were done by *A* throughout the text. In the part written by *A*, enough space is left, but in that written by *B* (e.g., f. 17, rubric of chapter 5, book 1), the rubrics are cramped. Initials in the rubrics do not form part of the pattern of alternating red and blue calligraphic initials; they are in ink and occupy two lines of writing. Faint upright pause marks (in a brown ink that might be faded from red originally lightly applied) can be detected in much of the text. A system of hyphens when a word is broken at the end of a line and continued on the next is also observed throughout the text, although frequently the beginning of a word will be abandoned at the end of a line with insufficient space, to be written in full on the next line.

Marginal notations in black ink appear on some of the folios; these were added much later, perhaps in the eighteenth or even nineteenth century, and appear to be markers for matters of interest to one Mordonum. They are, respectively, "nota de morte Alexandri," beside a reference to Alexander (f. 36, between lines 22 and 23); "nota de 1362 a 1370," referring to the canonization process of Elzear by Urban V (f. 93ᵛ, between lines 28 and 31); and "le 29 sept 1323, St. Dalph., le 26 nov. 1369," beside mention of the deaths of Elzear and Delphina (f. 94, at line 16).[3] A cryptic notation of "nota par Mordonum"[4] appears in this same black ink against certain entries: beside a reference to Stragapolés as the domain of the harpy (f. 87ᵛ, between lines 18 and 19); beside the

---

3. St. Elzear died in 1323 and was canonized in 1369. The Blessed Delphina died in 1358.
4. The name is probably that of the unknown annotator. Also, the exact name is uncertain since an abbreviated form is always used: "Mordon" with a superscript titulus over the final *n*.

miracle of the Franciscan from Strasbourg (f. 89ᵛ, between lines 3 and 4); beside the reference to Peter I's queen preparing the papal legate's food herself (f. 123ᵛ, between lines 33 and 34); beside the allusion to the abstemious women of Crete (f. 128ᵛ, at line 22); beside the allusion to the countess d'Alençon (f. 130ᵛ, line 5); and finally beside the reference to the friar from Aragon (f. 178, at line 18).

THE DECORATION

The decorative vocabulary is characteristic of late fourteenth-century Parisian work. There are marginal forests and foliated intials on ff. 1, 12, 42, 90, and 156ᵛ, where the general prologue and each of the four books begin. Additionally, on f. 89 there is a prayer in large black lettering enclosed within a blue-and-gold box ornamented with gold ivy leaf at each side. The folios with marginal forests each display a border of black and gold bars with spiked rinceau and blue-and-gold or black leafage with gold spheres or sunbursts. Ff. 1, 12, and 42 also feature a two-legged, red-and-blue dragon. This dragon spits sunbursts from its mouth, and its legs and wings straddle its body, through the center of which is drawn a white line that extends to and ultimately merges with the bar borders. Alternating red and blue foliated initials on a gold leaf ground appear on ff. 1, 12, 42, 90, and 156ᵛ. They occupy from four to six lines: E on f. 1 occupies six lines, E on f. 12 occupies four, O on f. 42 occupies five, I on f. 90 occupies four, while J on f. 156ᵛ occupies five lines.

Red and blue paragraph signs alternate throughout the text. Yellow ocher touches appear drawn through the names of Jheuscrist and Maria. Yellow ocher also washes the first letter of the first word after a paragraph sign, the first letter of the first word of other phrases deemed important, and numbers appearing in the text. The scribal contribution to the decoration resides principally in the calligraphic initials.[5] These Gothic uncial flourished initials alternate red on a dark blue ground and bright blue on a red ground throughout the text and generally occupy three lines of writing. The exceptions are the caudal of P on f. 154ᵛ, which occupies six lines, and the caudal of P on f. 170ᵛ, which occupies

---

5. This scribe may be, but is not necessarily, the one who copied the text.

five. The caudal of the *P* on f. 173ᵛ stops almost at the bowl of the letter at the third line, having reached the bottom of the folio. These initials feature infilling, enclosing filigree and antennae common in Parisian MSS. of this period. These flourished initials begin new chapters, except on f. 33, where one of these initials appears unaccompanied by either rubric or new chapter and without apparent lacuna.

A presentation miniature, measuring 130.3 by 100 mm, occupies the top half of f. 1. This miniature portrays, on a background of red overlaid with leafy gold scroll done in brushwork, an untonsured Philippe, dressed as a Celestine, offering a book to a man and woman kneeling opposite him. A banner above Philippe reads, "Bon Jhesu, sainctefie ces deux, conjoins ensamble par sacrement de mariage," identifying these figures as spouses. Philippe offers a book (*Le Livre*) with his left hand; a second book, opened, is lying in front of the kneeling husband. With his right hand Philippe points to a central quatrefoil medallion. This gold-outlined medallion has a blue ground overlaid with a broad-leaved scroll in black upon which are the broad gold letters *YHS* outlined in black. Within these fractured Gothic letters is a Crucifixion scene finely penned in black. The ascender of the *H* is crossed by a transversal bar to form a cross, upon which is the crucified Christ. Beneath this cross and rising out of a hole in the ground is the torso of a man, with arms upraised to receive Christ's blood. In the first stroke of the *Y* is the Virgin, a coiffed figure with a halo, and in the second minim is a figure beginning to bend his knee as if about to kneel, identifiable as Longinus by the lance he is holding and the hand pointing to his eyes. In the minim forming the bowl of the *H* stands the haloed figure of the disciple John. The *S* is left blank.

The animation of the letters *YHS* with the Crucifixion scene indicates how the reading of the book will lead to salvation. Meditation on the name of Jesus, provided by *Le Livre,* invokes a vision of the Crucifixion of Christ, and by his gestures in the miniature, Philippe invites the donors to share in the redemptive fruit of the Passion by the meditation suggested by his book.

The close connection between the content of the book and the ideology of the miniature suggests a connection between author and artist, as I have suggested elsewhere.[6] François Avril's identification of

---

6. Joan B. Williamson, "Paris B.N. MS. fr. 1175: A Collaboration between Author and Artist," in *Text and Image,* ed. David W. Burchmore, ACTA 10,

the artist of this miniature as the Policraticus Master confirms this connection and assists in the dating of the MS.[7] Avril maintains that the miniature was painted between 1385 and 1395, the first half of which period falls within the time frame for the execution of the MS. With Avril's identification also of the miniature on f. 1 of Paris, Bibliothèque Nationale, MS. fr. 2456, as the work of the Policraticus Master, we again connect this artist with Philippe de Mézières. MS. fr. 2456 contains *De l'Aignel qui pour nous fu rotiz,* a theme used by Philippe, and bears the arms of Jehan de Blaisy, a supporter of Philippe's military order. Furthermore, Gilbert Ouy has expressed the view (in a study he has not yet published, but which I have discussed elsewhere in print)[8] that certain corrections in this MS. recall details of Philippe's hand, known to us from other MSS.

THE DATE OF THE MANUSCRIPT

The testimony placing the date of execution of the miniature between 1385 and 1395 aids in dating the writing of the MS. It is difficult to ascertain the precise date for the writing of the text. The style of the writing can be dated only roughly from the end of the fourteenth century to the early part of the fifteenth. We obtain this same approximate dating of the end of the fourteenth century from the language, considered under the section on scribal and authorial practices because of the possibility of differences between the variant hands. Internal evidence also supplies an approximate date, but this evidence refers specifically to the date of composition of the work contained in the volume, not necessarily to the MS. itself. Therefore, the fact that the internal evidence dates the

---

1986, for 1983 (Binghamton: Center for Medieval and Early Renaisssance Studies, SUNY at Binghamton, 1986), 77-92.
7. Ibid., 86. François Avril has graciously permitted me to use his unpublished article "Etude de la décoration du MS. Archivio di S. Pietro E. 25." This article was written for inclusion in *Le Dossier vézelien de Marie Madeleine. Invention et translation des reliques en 1265-1267: Contribution à l'histoire du culte de la sainte à Vézelay à l'apogée du moyen âge,* ed. Victor Saxer (Brussels: Société des Bollandistes, 1975), but was excluded by the editors for practical reasons, with the hope that it would be published elsewhere.
8. Williamson, "Paris B.N. fr. 1175," 86-87.

composition of the work to approximately the same period as the execution of the miniature suggests this same time frame for the copying of the MS. The internal evidence is supported by testimony in other texts. Petrarch wrote his Latin translation of Boccaccio's tale in 1374.[9] *Le Livre* is mentioned in Philippe's prologue to his *Songe du vieil pelerin* that was completed in 1389.[10] The part of *Le Songe* containing this reference could have been written earlier, for it is accepted that this work was composed over several years,[11] and nothing in the references to datable events precludes the prologue from having been written last. Thus *Le Songe* provides only an outside *terminus ante quem*. Within *Le Livre* itself there is an allusion to an Aragonese king (ff. 178-178^v), tentatively identified by Golenistcheff-Koutouzoff as Peter IV (the Ceremonious), who lived from 1336 to 1387.[12] This identification, if accurate, provides a *terminus ante quem* of 1387.

The internal evidence of the text supplies an approximate *terminus post quem*. Golenistcheff-Koutouzoff has pointed out Philippe's claim that the miracle of the Virgin in Egypt was narrated to the author by the deposed king of Armenia, Leo V (f. 181^v-183^v), who is referred to as a living person, and we know that Leo arrived in Paris on 30 June 1384 and died there in 1393.[13] Therefore, *Le Livre* was composed after 30 June 1384. Golenistcheff-Koutouzoff further points out that Philippe prays for Pope Clement (f. 185^v), the antipope who occupied the throne at Avignon from 1378 to 1394, although this does not provide a closer dating.[14] However, Philippe also refers on this same folio to a queen of France who can be none other than Isabel of Bavaria, who married Charles VI on 17 July 1385. *Le Livre* must therefore postdate that

---

9. Elie Golenistcheff-Koutouzoff, *L'Histoire de Griseldis en France au XIVe et au XVe siècle* (Paris: Droz, 1933; rpt. Geneva: Slatkine Rpts., 1975), 11.
10. *Le Songe du vieil pelerin,* ed. George W. Coopland, vol. 2 (Cambridge: Cambridge UP, 1969), 501.
11. George Coopland concurs in the opinion that, although the work was completed in 1389, part of bk. 1 was composed after 6 February 1386, and another part was written after 17 February of the same year (Philippe de Mézières, *Le Songe* 2: 124 n. 1 and 132-34).
12. Elie Golenistcheff-Koutouzoff, *Etude sur le Livre de la vertu du sacrement de mariage* (Belgrade: Svetlost, 1937), 57n.
13. Golenistcheff-Koutouzoff, *L'Histoire de Griseldis,* 51-53.
14. Golenistcheff-Koutouzoff, *Etude,* 2.

event.[15] It is probable, however, that *Le Livre* was composed somewhat later. If the royal marriage had been celebrated only a short while prior to this treatise on marriage, we would expect its author, a familiar of the king, to have made some mention in his prayer of an event touching so closely on his theme. Instead, we find the briefest of prayers: "Mere de gloire, je vous recommande la royne de France" (f. 186). The foregoing allows us to conclude only that *Le Livre* was composed after 17 July 1385 and before the end of 1389. Because the dates for the incorporation of the miniature in the MS. are 1385 to 1395, the dates for the composition of the work are probably also very close to the date of the execution of the MS.

THE HISTORY OF THE MANUSCRIPT

The miniature and the MS. itself are not in their original condition. Close examination of the miniature, by a combination of infrared photography and scrutiny of it with the light shining from behind, reveals that it has been altered. Analysis of the modifications proves that the MS. was executed for Jehanne de Chastillon, wife of Pierre de Craon, as I have shown elsewhere.[16] Briefly stated, the background of the miniature was overpainted to conceal the donors' and Philippe de Mézières' coats of arms. In the original painting the spouses' coats of arms fly from a stand the base of which is at Pierre's knees. The book lying at Philippe's knees in the altered painting therefore conceals the base of this stand. Furthermore, the man's hands have been repainted. He originally held the banner, but now his hands are joined in prayer. If one looks carefully at the miniature, one can see that the gold scroll over red is more crude than the original and that the red is slightly different in tone.

---

15. Ibid., 8 n. 16. This queen can only be Isabel, for Jeanne de Bourbon had died in 1378, and Charles VI, because of his youth, had no queen before 1385.
16. I have identified the donors of the MS. in "La Première Traduction française de l'histoire de Griseldis de Pétrarque: Pour qui et pourquoi fut-elle faite?" *Amour, mariage et transgressions au moyen âge,* Actes du Colloque du Centre d'Etudes Médiévales de l'Université de Picardie, mars 1983, ed. Danielle Buschinger and André Crépin, Göppinger Arbeiten zur Germanistik 420 (Göppingen: Kümmerle Verlag, 1984), 448-49.

In addition to the changes in the miniature, deletions were made in the text: f. 1ᵛ (one long deletion), f. 2 (three erasures, two of which occupy the end of one line and the beginning of the next), f. 3 (one erasure), and f. 4ᵛ (three erasures). It is clear that these erasures obliterated the names of the donors. Only one reference to Jehanne remains (on f. 91ᵛ), where the name was either overlooked or judged to be sufficiently anonymous to leave intact. On f. 105, the name of the king of England was also deleted.

The history of this MS. is uncertain. Pierre de Craon, a member of an illustrious family, became chamberlain to Charles VI in 1385 (a position he still held in 1389) and was thus in a milieu frequented also by Philippe during the time frame within which our MS. was executed.[17] We cannot be sure why Philippe offered Pierre's lady this gift. While such a book would have made an appropriate wedding present, Pierre and Jehanne had long been married by 1385,[18] the *terminus post quem* for the composition of *Le Livre* as we have seen. Furthermore, Philippe suggests that the marriage was already one of long duration when he notes that the lady for whom he writes virtuously kept her marriage vows (f. 2), that she is honored for this observance (f. 4), and that she is reputed to be content with her marriage (f. 91). While Philippe does not

---

17. Jérome Pichon, *Mémoire de Pierre de Craon* (Paris: aux dépenses de l'auteur, 1860), 9. Receipts for 19 February and 21 March 1389 describe him as still occupying the same function in that year. See P. Anselme, Augustin Déchauffé, continued by M. du Fourny, *Histoire généalogique et chronologique de la maison royale de France . . . ,* vol. 8 (Paris: Compagnie des Libraires, 1733; 3d ed. New York: Johnson Rpts., 1967), 572.

18. Bertrant de Broussillon has addressed the dating of Pierre de Craon and Jehanne de Chastillon's marriage. He believed that they were married in a joint ceremony when Jehanne's sister, Marie de Chastillon, married Pierre's older brother, Jean de Craon, for which marriage we have a related document supplying an approximate date, shortly before May 5-6 1364. See André Duchesne, *Histoire de la maison de Chastillon-sur-Marne* (Paris: S. Cramoisy, 1621), 592-94, which says 6 May; and Arthur Bertrant de Broussillon, *La Maison de Craon 1050-1480*, vol. 2 (Paris: Picard, 1893), 225, which says 5 May. However, as Riccardo Famiglietti of Providence, Rhode Island, graciously pointed out, Bertrant de Broussillon later identified the date of Pierre and Jehanne's marriage contract as 9 December 1363, with the approval of the King granted on December 9, 1363. See items 151 and 152 (A.N., T 159¹⁸, 5ᵉ liasse, and A.N., T 159¹⁸, 1ʳᵉ liasse) of *Documents inédits pour servir à l'histoire du Maine au XIVᵉ siècle*, vol. 5 of *Archives historiques du Maine*, ed. Bertrand de Broussillon (Mans: Scarron, 1905), 126-37.

single out any one circumstance for which he feels the need to express his gratitude in the form of a valuable gift, we do know that Pierre had promised a rent of two hundred pounds to Philippe's military Order of the Passion (Paris, Bibliothèque de l'Arsenal, MS. 2251, f. 114).

We cannot be sure why or when the changes were made to the MS., but it is probable that they were made at the time legal sanctions were enacted against Pierre de Craon for his attempted assassination of Olivier de Clisson, the king's constable in 1392, as I have suggested elsewhere.[19]

The subsequent history of the MS. is even more obscure. At the bottom of f. 1 is a shield with three *fleurs-de-lys* or on an azure field. Golenistcheff-Koutouzoff states that this was painted by the illuminator: "Au bas de la page, l'enlumineur a peint les armes royales de France: trois lys d'or sur champ d'azur."[20] These, however, were not the original arms, as Léopold Delisle and Joseph van Praet have pointed out.[21] If the folio is held up to the light, a slightly smaller shield bearing the two sable crosses of the Gruthuyse arms is decipherable beneath the royal coat of arms. Joseph van Praet thus identified MS. fr. 1175 as having belonged to Louis de Bruges before it passed into the hands of Louis XII.[22] Van Praet remarks that the identifying marks on the Louis de Bruges MSS. were systematically removed on becoming the property of the French king, but that the sable crosses remain virtually indelible. This MS. most probably entered the royal library along with many others when Jean de Bruges, Louis de Bruges's son, gave his grandfather's library to Louis XII on the occasion of his (Jean's) marriage to Renée de Beuil, the king's god-daughter.[23] It subsequently entered the Bibliothèque Nationale when the holdings of the royal library became the possession of the nation. However, how the MS. went from the possession of Jehanne de Chastillon to that of Louis de Bruges, seigneur de la Gruthuyse, remains in the realm of speculation, for upon Pierre de Craon's condemnation referred to above, his possessions were confiscated and attributed to Louis, duke of Orléans.[24]

---

19. "La première traduction française," 451-53.
20. Golenistcheff-Koutouzoff, *L'Histoire de Griseldis*, 35.
21. Léopold Delisle, *Le Cabinet des manuscrits de la Bibliothèque impériale*, vol. 1 (Paris: Imprimerie Impériale, 1868), 141. See also van Praet, *Recherches sur Louis de Bruges*, 112.
22. Van Praet, *Recherches sur Louis de Bruges*, 81-83.
23. H. M. B. J. L. Kervyn de Lettenhove, *Histoire de Flandre*, vol. 6 (Brussels: A. Vandale, 1850), 491.
24. Bertrant de Broussillon, *La Maison de Craon*, 228.

12 / Introduction

THE HAND OF THE MANUSCRIPT

The MS. is written in a Francien-Picard dialect, with Francien overlaying the basic Picard (as a later discussion of the language shows); this is the pattern one would expect of Philippe de Mézières, who, after his birth and schooling in Picardy and many years spent traveling widely and residing in the Latin East, lived the last thirty-odd years of his life in Paris.[25] Philippe, who probably spoke French among other languages at the Lusignan court of Cyprus, came to Paris in 1373, on becoming one of Charles V's councillors.[26] Thus he would have lived in Paris for somewhere between twelve and sixteen years when he wrote *Le Livre,* ample time for Francien habits to replace Picard ones, even if this had not happened earlier. While this language pattern was a standard among scribes working in Paris (for many of them were natives of Picardy), several features in the MS. indicate that Philippe de Mézières, the author of the work presented therein, did the actual copying.

An analysis of the nature of the modifications made to the MS. suggests that they are authorial in nature. There are several instances of homeoteleuton (e.g., the jump from *pierres* to *pierres* in the last sentence of book 1, chapter 21, on f. 41ᵛ); but these do not necessarily point to a scribe other than the author, for it is highly unlikely that a presentation copy constituted the first draft of a work. Such a draft might well have been composed on wax tablets, to which Philippe himself makes reference in *Le Livre:* "Il n'en convenist pas tant escripre ne en parchemin ne en cire, comme a fait cy dessus l'escripvain."[27]

Some of the changes, by their very length, the apparent absence of error in the text corrected, or the lack of explanation for how an error occurred, indicate authorial intervention. The evidence of erasure and rewriting that is visible in every occurrence of the name of Joseph of Arimathea (as indicated in note 8 of the prologue and list of rubrics)

---

25. Nicolae Iorga provides details of Philippe's life in *Philippe de Mézières (1327-1405) et la croisade au XIVᵉ siècle,* Bibliothèque de l'Ecole des Hautes Etudes 110 (Paris: E. Bouillon, 1896; rpt. Geneva: Slatkine Rpts., 1976). See also Olivier Caudron, "Philippe de Mézières," in *Dictionnaire de spiritualité ascétique et mystique, doctrine et histoire,* ed. Marcel Viller et al., vol. 12, pt. 1 (Paris: Beauchesne, 1983), cols. 1309-16.
26. Iorga, *Philippe de Mézières,* 419-21.
27. B.N., MS. fr. 1175, f. 142.

suggests, because of the repetitions, a conscious decision. The change at the end of book 1 (marked by the intervention of variant hand *A*, writing below the bottom line of the justification, in the part of the text copied by *B*) seems due to authorial intervention and was probably incorporated at the time *A* went back over the text to insert the rubric, here of book 2, chapter 1.

It is difficult to define as anything but authorial the double deletion of a considerable amount of material on ff. 45^v-46 (pointed out in the text itself and in note 21 of book 2). The material of the first deletion made Elizabeth the mother of the Mother of God and of the holy Marys who mothered the apostles James and John, James and Joseph the Just, Simon and Jude; it was replaced by wording identifying her as the mother of John the Baptist. While we know today that this inserted identification is correct, it is unlikely to be the correction of a copyist unconnected with the composition of the work, because there is no reason why he would not have corrected the whole passage the first time. Furthermore, the second deletion eliminated the recommendation to say, after Elizabeth's apostrophe, the prayer "Sweet Jesus and Holy Mary, pray for us"; and since the material of this second deletion is correct, its original inclusion and subsequent deletion together suggest a change of thinking about the wording, pointing to an authorial decision, not the correction of a scribal error.

Some of the changes are trivial modifications that do not change the meaning of the text in any significant way. Indicated in the text and notes, they suggest to the reader a search for a better word or an improvement in style. Readings such as "sans plus (doubtance) avoir doubtance" (f. 6)[28] and "la noble (justice) vertu de justice" (f. 66^v) could be due to anticipation of a word by a scribe or a stylistic decision on the part of the author. Likewise, a deletion such as occurs in "la face en (la) terre" (f. 53^v) might be a retrospective recall of a word, but it could equally well be a stylistic change. Some changes, because they seem to derive from a change of mind, suggest that they come from the author: "(Mais) quant" (f. 12^v); "de[s] (ceulx qui sont) mariés" (f. 13); "et des empereurs (aussy)" (f. 18^v); "laissier (le mal) les pechiés" (f. 67^v); "(d)escriptes (f. 114); "(entechie) encheue es .vij. pechiéz mortelx" (f. 119); "[d'ire] de yre" (f. 121^v); "pour toy (femme malcont)" (f. 123^v);

---

28. Following the editorial criteria established in the section on this subject, rounded parentheses, ( ), indicate deleted material; square parentheses, [ ], indicate additions.

"(dame) doulce suer" (f. 125); "vin [aigre]" (f. 147); "a lever ses yeux (en hault) a son doulz filz (f. 154^v); "recognoy (bien) combien (f. 163^v); "(fem) dame" (f. 166^v); "(robes) dras" (f. 175^v). The additions "[de privation de joye]" (f. 31) and "[racheta les brebis]" (f. 36^v) seem to be authorial refinements. While we must allow for the possibility of a zealously scrupulous scribe, or one who became so involved with the content of his material that he composed his own version as he copied the text, it is most likely that these changes are authorial.

A compelling argument for the autograph nature of this MS. is the presence of an abbreviation with a value unusual for France, the Italianate origin Father Leonard Boyle pointed out in conversation of the use of a superscript undulating titulus (resembling a *u* or an open *o* ending with a flourish) to indicate only a *u;* in France this sign usually indicates both a vowel and an *r*. The superscript undulating titulus represents *u* alone in *pour* (f. 105^v), *dolour* (f. 59^v), and *pour* (f. 188^v) of our MS. An additional trait connecting this hand to Italy is the added final *s*, which is invariably the long Italianate form, e.g., *s* of *nos* on f. 2, as pointed out in note 18 of the prologue and rubrics.

We know that Philippe traveled frequently in Italy and spent a considerable amount of time there.[29] In 1365 the doge Lorenzo Celsi made Philippe a citizen of Venice.[30] Philippe was again in Venice when Peter I of Cyprus was assassinated,[31] and it was shortly after this that he wrote his will, a document of considerable significance to a discussion of his scribal habits. We have signed receipts for him dating from an early period, such as Paris, Bibliothèque Nationale, Pièces Originales 1940, dossier 44,612, nos. 2 and 5, which are dated 1354, but these samples of his hand are very brief. Considerably longer is his will, written in a Latin heavy with gallicisms, as Iorga describes it,[32] and executed in Venice in 1369 (1370 by modern dating). It is preserved in the Venice Archives as document 33, dossier 484, of Raffaino de Caresini. Philippe, in his legal preamble about being of sound mind and writing of his free will, affirms that he writes in his own hand: "manu mea propria scrip-

---

29. See Iorga, *Philippe de Mézières,* particularly 381-85, 393-404.
30. Louis de Mas-Latrie, *Histoire de l'isle de Chypre sous le règne de la maison de Lusignan,* vol. 2 (Paris: Imprimerie Nationale, 1852), 272.
31. Iorga, *Philippe de Mézières,* 393.
32. Nicolae Iorga, "Le Testament de Philippe de Mézières," *Bulletin de l'Institut pour l'Etude de l'Europe sud-orientale* 10-12 (1921): 119.

si."³³ In this autograph text, he twice uses the superscript *u* to indicate one letter only, an *r* here, in the words *corporis* and *corde* (f. 34ᵛ, lines 7 and 9, respectively), wording not transcribed by Iorga but referred to, on p. 132 of his article, as deleted.³⁴ The occurrence of this abbreviation in a deleted passage, hence part of the original document, strongly supports the argument that Philippe is the writer.

We find further confirmation of this trait as an identifying feature of Philippe's hand in his spiritual will, written in French and copied, as he states, in his own hand, for we find here the same value of a single letter, *r*, attached to the undulating titulus in the word *misericorde* (Paris, Bibliothèque de l'Arsenal, MS. 408, f. 241ᵛ, line 9). As further confirmation we have additions recognizably in Philippe's hand in Paris, Bibliothèque de l'Arsenal, MSS. 2682-83, containing *Le Songe du vieil pelerin*. For instance, in an addition on f. 5ᵛ of MS. 2683, we find the superscript abbreviation sign representing only a *u* in *pour*.³⁵

As for MS. fr. 1175, the fact that in this MS. also the value of a single letter is attached to this sign suggests Philippe as its scribe. On f. 59ᵛ the sign is used in the rubric written by variant hand *B;* on f. 105ᵛ it occurs in a correction also written by variant *B*, while on f. 188ᵛ it appears in an addition to the text in variant hand *C*. The further fact that this Italianate usage occurs in both the writing of the text and a correction supports the visual evidence that the corrections were executed by the scribe, a situation in keeping with an autograph MS.

There is also internal evidence in the text suggesting that Philippe is his own scribe. In the prologue Philippe tells us that he offers his book to pay a debt of gratitude at a time when he had no other means to do

---

33. Ibid., 124.
34. I include here my transcription of the deleted passage:
   Sub condicione tamen videlicet quod in omnibus festis duplicibus per sacerdotem, qui magnam missam celebravit, idem venerabilissimum lignum de sacristia portabitur ad altare reverenter ponetque illud super altare in opposito corporis et sanguinis Domini, verisimiliter passio domini Jhesu in corde ipsius sacerdotis retenetur. In memento autem pro defunctis memoriam mei tunc faciet. (f. 5ᵛ)
35. The instances of this distinctive use of the abbreviation sign were collected as part of a joint study of Philippe's MSS. undertaken with Gilbert Ouy, who picked out this abbreviation as erroneous. See Gilbert Ouy, "Autographes d'auteurs français des XIVᵉ et XVᵉ siècles: Leur utilité pour l'histoire intellectuelle," *Studia Zródloznawcze: Commentationes* 28 (1983): 94.

so;[36] later he tells us that he undertook the writing of it for his patron's lady: "pour qui ceste escripture fu emprinse" (f. 91). We ponder the meaning of *escripture,* which could refer to the composition of the work, or to the task of copying, or conceivably to both. It almost certainly refers to the task of copying. We have the allusion to copying on wax and on parchment, cited above, with the precise indication that such has been the procedure followed in this particular case: "comme a fait cy dessus l'escripvain." Moreover, since the cost of copying was the most expensive feature of book production,[37] lack of money to buy another gift would surely have precluded Philippe from offering a book executed by anyone other than himself. Furthermore, as Golenistcheff-Koutouzoff has said,[38] *Le Livre* bears signs of chancery influence, e.g., in the flourished and decorated ascenders of some of the letters on the top lines of writing such as we observe on ff. 1 and 173. This is not unusual, for, as Bozzolo and Ornato point out, copying one's own books as a relatively inexpensive way of producing books at the end of the Middle Ages was usually reserved for those in chancery circles, because in addition to sufficient time, a certain level of proficiency in calligraphy not too far removed from professional standards was required for an acceptable finished product.[39] Not only does the MS. bear signs of chancery influence, but the level of professionalism of its execution fits the description just given of MSS. copied in chancery circles; not only are there the usual multiple deletions and corrections, but words and phrases are written over on almost every folio, and frequently a word is started, abandoned, and rewritten in the same way for no apparent reason. There is often unnecessary duplication in deletions, which are both by expunction and by cancellation, as of the word *doubtance* (f. 6ᵛ). A degradation of the hand also occurs, so while f. 12 is noticeably different from, say, f. 28, it is impossible to indicate any precise point at which a definitive change takes place. We have seen Philippe intimately connected with the production of MSS. containing his works. His career had led him to move in chancery circles, and he used the title of chancellor of Cyprus

---

36. "Que le dit viel solitaire devant Dieu se sent doulcement obligié a toujours mais a l'amour et reverence du noble baron susdit, combien qu'il n'ait de quoy satiffaire au dit baron" (f. 2).
37. Carla Bozzolo and Ezio Ornato, "La Production du livre manuscrit en France du Nord," in *Pour une Histoire du livre manuscrit au moyen âge* (Paris: Editions du CNRS, 1980; rpt. Paris: Editions du CNRS, 1983), 15-121.
38. Golenistcheff-Koutouzoff, *L'Histoire de Griseldis,* 34.
39. Bozzolo and Ornato, "La Production," 45.

long after his tenure in that position had ceased. Even after his retirement to the Convent of the Celestines in Paris in 1380, he continued to have associations with chancery, for the Celestine convent was the site of the fraternity of the notaries and secretaries of the king; and a daily Mass was celebrated there on their behalf.[40] This profile of our author indeed suggests that Philippe was the scribe of B.N., MS. fr. 1175.

However, *escripture* may also refer to the composition of the work, not to the copying. Having shown Philippe to have executed this copy himself, we may now turn to the question of whether this MS. contains his original composition, rather than a version of an earlier work. Philippe states clearly that he composed the treatise on marriage for his patron's wife. Calling his work a four-sided mirror, he says he composed it to offer to his lady: "le dit viel solitaire par grace singulere et par l'art de sa morale alkemie a composé un miroir reluisant a .iiij. faces polies pour presenter a la dame susdicte" (ff. 2^v-3). He then eliminates any possible ambiguity by indicating that this mirror is his book, the complete title of which he proceeds to give (ff. 3^v-4). It is difficult to believe that Philippe would offer in payment of a debt of gratitude a work he claimed to have composed for a patroness, whom he honored by naming several times, if this were in fact not an original composition. That would be a dubious honor. Many members of the literate public in Paris who would read or hear read such works belonged to Philippe's entourage; consequently it is unlikely that he would have been able to proffer such a claim without the deception coming to his patrons' attention. It is therefore virtually certain that Philippe composed his *Livre de la vertu du sacrement de mariage* for inclusion in B.N., MS. fr. 1175, which he himself copied.

On the other hand, Golenistcheff-Koutouzoff has posited the existence of an earlier version of a mirror for married ladies by Philippe, based on the MSS. tradition of French translations of the story of Griseldis.[41] While MS. fr. 1175 is the only extant copy of *Le Livre de la vertu du sacrement de mariage,* there exist sixteen other MSS. containing

---

40. Octave Morel, *La Grande Chancellerie royale et l'expédition des lettres royaux de l'avènement de Philippe de Valois à la fin du XIVe siècle (1328-1400),* Mémoires et documents publiés par la Société de l'Ecole des Chartes 3 (Paris: Picard, 1900), 101-13.
41. For a detailed discussion see Golenistcheff-Koutouzoff, *L'Histoire de Griseldis,* 53-81.

the story of Griseldis.⁴² Golenistcheff-Koutouzoff has examined all seventeen MSS., establishing a family tree in which he sees three main families with subdivisions. He concludes that there was an original lost version of *Le Livre de la vertu du sacrement de mariage,* of which MS. fr. 1175 is a slightly divergent copy.⁴³ Briefly stated, his argument is as follows. The story of Griseldis is contained in the unique MS. of *Le Livre,* in MSS. where it is part of *Le Livre du chevalier de la Tour Landry pour l'enseignement de sa fille,*⁴⁴ in MSS. where it is part of *Le Menagier de Paris,*⁴⁵ and in MSS. that contain collections of tales. All the MSS. containing *Le Livre du chevalier de la Tour Landry* bear the title "Mirror for Married Ladies," which we find in MS. fr. 1175, but the MSS. with *Le Menagier* and the collections do not. The MSS. containing *Le Menagier de Paris* and the collections of tales have Petrarch's moral conclusion, but no prologue. Only two MSS. have the prologue: MS. fr. 1175 and one MS. of *Le Livre du chevalier de la Tour Landry,* Paris, Bibliothèque Nationale, MS. fr. 24398.⁴⁶ Golenistcheff-Koutouzoff sees MS. fr. 24398 as particularly close to our MS. They both have the prologue and lack the moral conclusion. They both follow the

---

42. Golenistcheff-Koutouzoff has published the Griseldis story as it appears in Paris, Bibliothèque Nationale, MS. fr. 1175, with variants from other MSS., in *L'Histoire de Griseldis,* 153-91. This text has errors of transcription: e.g., "fut trespassés" for "fu trespassés" (f. 168ᵛ), "avec sa belle compaignye" for "a sa belle compaignye" (f. 173ᵛ), and "majesté d'amour" for "majesté d'onnour" (f. 174ᵛ). Particularly troublesome is Golenistcheff-Koutouzoff's "tainte du solai et aussy *humble* de povreté" (f. 168ᵛ), where the italics indicate that the word was (supposedly) missing and that he therefore supplied it from another MS. (163 n. 1). Golenistcheff-Koutouzoff had earlier made this same mistake while discussing the MSS. tradition, stating that the supposed lacuna was one of only two serious errors in the MS. selected as his base text (80). Setting aside these considerations, however, the autograph nature of MS. fr. 1175 established here and the essentially clear lesson it provides dictate the presentation of a text based on the one MS. without the addition of variants from later MSS., which remain available, in all events, in Golenistcheff-Koutouzoff's presentation.
43. Golenistcheff-Koutouzoff, *L'Histoire de Griseldis,* 81.
44. Petrarch wrote his story two years after the *Livre du chevalier de la Tour Landry* was written in 1372; therefore, the tale was probably added to later MSS. by a copyist.
45. *Le Menagier de Paris,* ed. Georgine E. Brereton and Janet M. Ferrier (Oxford: Oxford UP, 1981).
46. Geoffroy de La Tour Landry, *Le Livre du chevalier de la Tour Landry pour l'enseignement de ses filles,* ed. A. de Montaiglon (Paris: Jannet, 1854; rpt. Millwood, N.Y.: Kraus Rpt., 1982).

Latin more closely than do the other MSS., but B.N., MS. fr. 24398 omits a reading preserved in B.N., MS. fr. 1175: "qui est appellee ou païs Mont Vesee," a translation of the original Latin "ad radicem Vesulli."

The foregoing and a study of the presence or absence of common faults suggested to Golenistcheff-Koutouzoff that originally there was an earlier state of *Le Livre de la vertu du sacrement de mariage,* with the following features: a title derived from the prologue, in which Philippe points out how Griseldis is a mirror for married women, the prologue itself, the story that closely follows the Latin text that included the Mont Vesee reading, and also the moral conclusion. He notes that in B.N., MSS. fr. 1175 and 24398, the prologue refers only to royalty and nobility, whereas the other MSS. containing the prologue are all addressed to a more general audience.

The only two MSS. that give information on the author of the French version of the story of Griseldis are these last-mentioned MSS. Indicative of an earlier stage of *Le Livre* is the fact that whereas in B.N, MS. fr. 1175, the author refers to himself as "le solitaire" (f. 165^v), in B.N., MS. fr. 24398, he calls himself "povre pelerin" (f. 78). Golenistcheff-Koutouzoff identified the author of *Le Livre de la vertu du sacrement de mariage* as Philippe de Mézières from the pseudonyms of solitary and poor or old pilgrim by which he referred to himself.[47] We learn from *Le Songe* that Philippe indicates a change of pseudonym as appropriate at a certain stage in his life, going from poor pilgrim to poor old pilgrim: "Desoremais tant comme tu vivras tu seras appelle non tant seulement le Pauvre Pelerin, mais le Vieil et Pauvre Pelerin."[48]

The evidence suggests that there was an earlier version of *Le Livre de la vertu du sacrement de mariage,* composed by Philippe when he was calling himself a poor pilgrim and addressed to a wider audience than that of B.N., MS. fr.1175. However, while we have knowledge of what the story of Griseldis must have been in this early version, we have no knowledge about the rest of Philippe's book on the mirror of marriage.[49]

---

47. Golenistcheff-Koutouzoff, *L'Histoire de Griseldis,* 47-48.
48. Philippe de Mézières, *Le Songe* 1: 90-91.
49. We cannot assume that the allusions to specific, datable events in B.N., MS. fr. 1175, were made in this earlier, lost version and that they refer, therefore, to the date of composition of the earlier version. In the absence of further verification, the internal evidence can point to a date of composition of our MS. only.

20 / Introduction

I suggest that it was significantly different from the work offered to Jehanne de Chastillon. It is possible that the part of B.N., MS. fr. 1175, written by *B* (ff. 12-66ᵛ) was part of the early version that Philippe reused when he wished to make his gift to Jehanne de Chastillon; but that is mere conjecture, for we cannot reconstruct a lost version. Therefore, given the autograph nature of B.N, MS. fr. 1175, it is published here as a unique MS.

THE LANGUAGE

The language is Francien-Picard of the end of the fourteenth century. The MS. is executed in one hand, but with three variants, as stated earlier. To clarify the following analysis of scribal/authorial usage, we recall that variant *B* wrote first in chronological order, beginning with book 1 on f. 12 and continuing until f. 66ᵛ. Variant *A* continued, inserting the prologue and list of rubrics (ff. 1-11), writing the rest of the text until what must have been the original closure (ff. 66ᵛ-188ᵛ), and inserting all the chapter headings throughout the MS., in addition to making corrections in the text. Later, variant *C* added the rubric and final prayer (ff. 188ᵛ-189), inserting this same rubric at the end of the list of chapter headings on f. 11. Variant *C* does not significantly differ from *A;* therefore, the analysis refers only to *A* and *B*.

The Middle French traits of the language are clear. The Old French absolute continues to be employed, as in *entre les filz sa mere* (f. 1ᵛ), *Et ce des diz Bonaventure* (f. 86), *[par le moyen] nostre Fin Dyamant* (f. 135), and *C'est le miroir saint Bernart* (f. 153ᵛ). But final consonants are sometimes omitted, as *monstre* for *monstres* (f. 51), an instance of the late-fourteenth-century phenomenon of the weakening of final *s, z,* and *x*.[50] This weakening is observed in the confusion of the second-person-singular and second-person-plural forms of verbs, e.g., *tu ne veuillez* (f. 175) and *vous veuilliés* (f. 179ᵛ), and in the absence of final *s* in such forms as *tu ne li a* (f. 159ᵛ). Hesitation in the matter of final *s* is evident throughout the text. While the first-person-singular form of the verb

---

50. Christiane Marchello-Nizia, *Histoire de la langue française au XIVᵉ au XVᵉ siècles,* Collection Etudes, Série langue française, directed by Jean Batany (Paris: Bordas, 1979), 86-87.

estre is sometimes *sui* (f. 14ᵛ) (although this older form without analogical *s* is no longer common in the fourteenth century),[51] we also find an analogical but inappropriate *s* at the end of a singular past participle: *Nostre benoit Roy des noces, . . . estoit venus* (f. 63ᵛ).

The confusion between *m* and *n* is evidence of the weakening of nasal consonants, e.g., *Jehan de Meum* (f. 1ᵛ) and *plamtes* (f. 2ᵛ).[52] We also observe the loss of the implosive *s* followed by a consonant, as in *replandissant* for *resplandissant* (f. 15).[53] The scripta hesitates between *fut* and *fu,* preferring the latter. Where *fut* was written, it is corrected to *fu,* although not systematically, the deletion of *t* occurring particularly toward the end of the volume between f. 149 and f. 181ᵛ as indicated in the notes. There is hesitation between *s* and the false etymological *sc* in the forms of *savoir.* The preferred form is with *s,* although forms in *sc* occur sporadically throughout the text, e.g., *scavoit* (ff. 10ᵛ, 57ᵛ, 68, 81ᵛ, and 86), *scavoir* (ff. 91, 162ᵛ) (to point out only a few occurrences). The scribe allowed forms in *sc* to stand, except between f. 158ᵛ and f. 174 (ff. 158ᵛ, 165ᵛ, 167ᵛ, and 174), where the *c* was mostly deleted as pointed out in the notes. Finally, words such as *dessoubz* (f. 14) show the Middle French Latinizing graphies formed by the introduction of labial consonants that were in the supposed Latin original.[54]

The scribe hesitates between the learned and popular forms for the verb *ouir.* We find *ooyent* (f. 16ᵛ), *oyant* (f. 169ᵛ), and *ouy* (f. 170ᵛ); but we also find *auye* (f. 10ᵛ), *auy* (f. 88), and *ayans* (f. 166ᵛ).

The language, as we have said, is Francien-Picard, with predominance of the former. However, alongside Francien pronouns, we have the Picard *mi, ti,* and *si,* as in *ne ti averont ja mestier* (f. 124) and *si fust assise en consolation* (f. 106ᵛ).[55] Also used are the Picard tonic feminine pronoun, as in *il estoient avec lui* (f. 44),[56] and the Picard

---

51. Ibid., 202.
52. Ibid., 88-89.
53. Ibid., 84.
54. Ibid., 6. Only one example of a grapheme or morpheme is cited, but this does not imply that there is only one occurrence.
55. Charles Théodore Gossen, *Petite grammaire de l'ancien picard* (Paris: Klincksieck, 1951); 2d ed. rev. *Grammaire de l'ancien picard,* Bibliothèque française et romane, Series A, 19 (Paris: Klincksieck, 1970), sec. 65.
56. Ibid., sec. 65.

disjunctive pronoun, as in *mete loy ou cruesequin* (f. 123),[57] and the form *mei* occurs in *tu mei lesses tourmenter* (f. 51). The Picard feminine direct object pronoun *le* is used, as in *de le fort tempter* (f. 169); and *li* as feminine indirect object pronoun also occurs, as in *on li die*, referring to the Virgin (f. 10). However, neither *le* nor *li* is used as the feminine definite article, Francien usage being observed here. The Picard conjunction *se*, meaning "if," occurs (f. 59), alongside the Francien *si*. We have past participles in *u*, as in *sentu* (f. 162), and *consentu* (f. 172ᵛ), and the secondary feminine past participle in *ute* (formed on masculine *ut*) occurs, as in *crute* (f. 127ᵛ).[58] The Picard strong perfect in *ui* (instead of *o*), become *eu*, occurs, as in *receut* (f. 69) and *cogneux* (f. 100ᵛ).[59] (The ending of this last form shows Middle French influence in the analogical *s*, represented by the graphy *x*.) We find the Picard svarabhaktic *e*, as in *reperist* (f. 156), usually found in future and conditional verb forms.[60]

Examining the phonology, we find forms such as *pauch* (f. 89), which illustrates not only the Picard grapheme *ch*[61] but also the transformation of *o* + *l* + consonant to *au* in Picard--forms it shares with words such as *caups* (f. 130).[62] Metathesis between *er* and *re* occurs, e.g., in *afremoit* (f. 183).[63] There is interchangeability between *e* and *a*, e.g., in *teche* (f. 33).[64] We see the dipthongization of the blocked open *e*, as in *chiere* (f. 82).[65] While *A* writes only *matere*, *B* offers both *matere* and *matiere*.[66] We find a hypercorrection of the eastern parasitic *i* in *sot*

---

57. This post-posed direct-object pronoun is discussed in Hermann Suchier, ed. *Les Oeuvres poétiques de Philippe de Rémi, sire de Beaumanoir*, SATF, vol. 1 (Paris: Firmin-Didot, 1884) cxliv n. 29.
58. Gossen, *Grammaire de l'ancien picard*, sec. 46.
59. Ibid., sec. 72, claims that strong perfect forms in *eu* are Picard, although Marchello-Nizia, *Histoire de la langue française*, 213, considers that the third-person-singular form in *eut* for strong perfects in *u* is acceptable generally in Middle French.
60. Gossen, *Grammaire de l'ancien picard*, sec. 74.
61. Ibid., sec. 39.
62. Ibid., sec. 23.
63. Ibid., sec. 57.
64. Ibid., sec. 3.
65. Ibid., sec. 11.
66. *A* corrects *B* once, deleting the *i* (f. 21ᵛ). Gossen, ibid., sec. 11, reminding us of the composite nature of most Picard scriptae, which this is, finds such hesitation common. *Matere*, if not a hypercorrection, most likely derives by analogy from doublets where one form dipthongizes and the other does not,

for *soit* (ff. 20 and 23ᵛ)⁶⁷ and the intrusion of the parasitic *r,* as in *fourdre* (f. 70ᵛ), *enfant marle* (f. 170ᵛ), and *pretrie* (f. 184), although Gossen considers this phenomenon almost unkown in Picard scripta.⁶⁸

The sampling of modifications recorded below makes clear that scribal/authorial changes mostly rewrite Picard forms (in what was a Francien-Picard text even before the corrections) in Francien. A Picard confusion of *s* and *ss* is seen in variant *B,* but not in *A:* both use *penser,* but *B* also writes *pensser* (f. 44), and *pensse* (f. 25).⁶⁹ However, *A,* perhaps when inserting the rubrics, deleted one *s* in some instances, e.g., *pens(s)e* (f. 21ᵛ) and *pensés* (f. 55). The scripta provides *pelle,* rewritten as *perle* (f. 150ᵛ), where the Picard dissimilated *rl* was corrected to the Francien form, *ll.*⁷⁰ The grapheme *an* is interchangeable with *en,* leading to such morphological errors as *demandant* for *demandent* (f. 52ᵛ) and *tramblant* for *tramblent* (f. 99).⁷¹ But Philippe is moved once to correct the grapheme in a verb, changing a plural present tense in *-ent* to the present participle demanded by the context: *represent{ant}* (f.132). The eastern parasitic *i* is present, as in *desclairier* (f. 135).⁷² It is corrected in *aha(i)ns* (f. 76), and we have *sot* for *soit* (ff. 20 and 23ᵛ) and *glave* for *glaive* (f. 87ᵛ), examples of hypercorrection. The Picard reduction of *iee* to *ie* is prevalent, as in *mal nuitie* (f. 19) and *la chiere baissye* (f. 171). The form *lignie* is most frequently found, although there is one use of *ligniee* (f. 42ᵛ).⁷³ There is hesitation between the Francien and the Picard forms, as exemplified by *suffoquie et noiee* (f. 39ᵛ), but the Picard reduction dominates as the text was originally written. Corrections of this phenomenon usually go from Picard to Francien, as in *appareillie[e]* (f. 172ᵛ), although in one instance Francien is corrected to Picard: *anoncie(e)* (f. 81).

Sometimes dialectal variations correspond to changes of variant hands, but the correspondence is only rarely absolute. For example, we

---

since the normal form is *matiere.* See Mildred K. Pope, *From Latin to Modern French with Especial Consideration of Anglo-Norman,* Publications of the University of Manchester 229, French Series 6 (Manchester: Manchester UP, 1934), secs. 664, 495.
67. Gossen, *Grammaire de l'ancien picard,* sec. 1.
68. Ibid., sec. 55.
69. Ibid., sec. 49.
70. Ibid., sec. 55.
71. Ibid., sec. 15.
72. Ibid., sec. 1.
73. Ibid., sec. 8.

have seen that *B* confuses *s* and *ss* in forms such as *pensser,* while *A* does not. However, *B* also writes *penser.* Similarly with the hesitations between *tiers* and *tierch* and between *premier* and *prumier.*[74] *A* uses both *tierch* and *tiers,* while *B* never writes *tierch.* Alternatively, *B* uses *premier* and *prumier* equally, while *A* uses only the Francien form.

This hesitation between variant forms extends beyond dialectal differences. In the case of *eglise/esglise, B* tends to use the former, while *A* mostly includes the epenthetic *s.*[75] In the case of *saincte/sainte, B* uses *sainte* more, while *A* tends to reinsert the etymological *c.* In parallel fashion, *B* uses *dicte* and *dite* equally, while *A* prefers *dicte.* The variant hands rarely select one form exclusively, showing instead a preference for one form while also using the other. We see, then, that these preferences correspond to hesitations between variant forms normally seen, particularly if the writing is interrupted.

SCRIBAL PRACTICES AND EDITORIAL INTERVENTION

Editorial policy essentially follows that outlined by Foulet and Speer in *On Editing Old French Texts,*[76] with modifications to these guidelines indicated here. Since the text is edited chiefly for the benefit of fellow researchers and experts in Medieval French, I have corrected as little as possible. Scribal activities are noted so as to present a clear picture of this autograph MS.

Word agglutinations are editorial, with scribal practice respected or overruled in favor of modern usage as discussed here. The variant hands have been examined separately to establish divergent patterns. The practice of half spaces between words linked by logical and grammatical

---

74. *Prumier* represents the labialization of the vowel, operative in Picard even when one of the surrounding labial consonants is not contiguous (Pierre Fouché, *Les Voyelles,* vol. 2 of *Phonétique historique du français* [Paris: Klincksieck, 1958; 2d ed. rev. Paris: Klincksieck, 1969], 452).
75. This is an accepted grapheme according to Gossen, *Grammaire de l'ancien picard,* sec. 50.
76. Alfred Foulet and Mary Blakely Speer, *On Editing Old French Texts,* Edward C. Armstrong Monographs on Medieval Literature (Lawrence: Regents Press of Kansas, 1979).

cohesion is observed throughout the MS. However, this spacing is uneven, making it impossible in some cases to determine whether words were treated as one unit or two. With some word clusters, each variant hand both agglutinates and separates, in which cases the most frequently used form is adopted. *A* systematically agglutinates a specific group of words in one part of his text and then equally systematically separates them in another. In these cases, if the number of occurrences is equal, the system dominant in the latter part of the text is used in the edition. We also find differences in usage from one part of *A* to another; therefore, the discrepancies between *A* and *B* can be seen only as exemplifying normal scribal inconsistencies.

There are, nonetheless, some consistent differences in usage between *A* and *B*. *B* avoided monosyllables when possible, writing *sustouchie, susdit,* and *dessusdit,* but *dessus touchie* and *dessus dicte.* I have respected this distinction for *B*. While also tending to avoid monosyllables, *A* joined and separated all the above-mentioned phrases equally: in the early part we have *dessus touchie* and *dessus dicte* as in *B,* but in the latter part these words are joined. As a matter of policy, where *A* agglutinates and separates equally, I adopt the usage of the latter part of the text. In this specific case this means regularizing and writing as one word *dessustouchie* and *dessusdicte.*

A predominantly writes *autant* and *atant, B* consistently writes *au tant* and *a tant,* a distinction the edition preserves. However, an exception by *A, a tantes passions* (f. 103), where *tant* agrees adjectively with the following noun, suggests that this distinction is not absolute. One distinction between the variants is *a tout/a toute,* written as two words in *B,* as both one and two words in *A;* this distinction is noted here but not preserved in the edition, since *A* does not fuse consistently and favors separation in the latter part of the text. The inflections providing agreement with the following nouns suggest an adjectival rather than simply a prepositional function; therefore, in *A* also, the edition separates as *a tout.*[77]

A writes *au jourd'ui* mostly as two words, whereas *B* writes it mostly as three, *au jour d'ui.* However, the edition gives *au jourd'ui,* because it is the form most frequently used, but particularly because of the spacing of a phrase such as *du jourd'ui* (f. 128ᵛ). *A* writes *en mylieu*

---

77. Gunnel Löfgren, "Etude sur les prépositions françaises od, atout, avec, depuis les origines jusqu'au XVIᵉ siècle," diss. Uppsala, 1944 (Uppsala: Almquist and Wiksells, 1944), 98-118.

as two words, while *B* usually but not always writes it as three, *en my lieu*. The edition features the two-word form to facilitate reading.

An analysis of agglutinations reveals that the kinds of differences found between *B* and *A* can also be found between *A* at the beginning of the MS. and *A* at the end. In light of these discrepancies, the differences between *B* and *A* lose much of their significance: they in no way suggest two scribes but rather a time lapse between the execution of different parts of the MS.

Other agglutinations are treated in the same way by both *A* and *B;* therefore, the following comments on editorial agglutinations concern the MS. as a whole. Word breaks are in accord with modern usage in general, rendering, e.g., *on la trempe* (f. 107^v) as *on l'atrempe*. Treatment of words such as *lendemain* (f. 174^v) that require the addition of another article in Modern French follows standard editorial procedure, providing *l'endemain*. Nouns, verbs, adjectives, and adverbs follow scribal practice, specific cases being discussed below. Articles and nouns are elided or separated according to modern practice; they follow modern usage of the apostrophe to represent the elided vowel of an article or pronoun and to separate it from the following word, e.g., *lequel, desquels,* and *l'alyance*. However, *ou quel* and *es quel* have been kept separate in observance of consistent scribal practice. Certain words are virtually always written as two and the edition respects this usage: e.g., *long tamps* (f. 130^v), *oultre mer* (f. 98^v), *pour quoy* (f. 158), *toute nuit* (f. 119^v), and *toute jour* (f. 63).

Neither variant favors isolated monosyllables, but the edition separates prepositions according to modern practice, except where there is a doubling of the consonant, e.g., *a veoir* but *assavoir*. Where a preposition is joined to a verb, as in a compound verb, the agglutination is retained, e.g., *ensuir*. In the case of prepositions used in the conjunctions *forsque* and *afin que*, the agglutination is kept, following consistent scribal practice.

In the MS., descriptive adjectives are mostly written separately from the nouns they qualify. In cases where modern usage considers an adjective and noun as a compound noun, scribal practice has been respected in the edition. We find, and keep, *preudefemme* (f. 98^v), but plural *preudes femmes* (f. 128^v). *Vin aigre* (f. 91^v) is written mostly as two words in the MS. and therefore in the edition.

Ma dame and *Mon seigneur* are written as two words in the edition, except where they are apostrophes or honorific titles, as in *Madame doulce Amour* (f. 132) and *Monseigneur saint Bernard* (f. 88).

Scribal usage is respected for modified adjectives, with the exception of *tres,* which I write separately. Both *A* and *B* sustain certain practices throughout the MS. *Malcontent* is written by the variant hands as sometimes one and sometimes two words, with usage equally divided: in the latter part of the MS. the single form predominates; hence I write it as one word. In the MS. the plural *malcontens* is one word, but the plurals *maulx contens* (f. 136ᵛ) and *maulx vens* (f. 180) are two words, a distinction the edition respects.

Bien has the value of an intensifier and is written as a separate word, as we see in *bien contentes* (f. 131), *bien viegne* (f. 174ᵛ), *bien eureux* (f. 20ᵛ), and *bien euree* (f. 135ᵛ). This also holds for *mal euré* (f. 47) and *dur euré* (f. 177ᵛ). *Beneurtés* (f. 135) is one word in *A*. *Bienfais* (f. 186ᵛ) and *bienfaiteur* (f. 23ᵛ) are written equally as one and as two words, but I have fused them to avoid confusion of *bienfais* (good deed) with the homograph, adverbial *bien fais* (well done).

Partout, appearing as two words in *B* and as one and two words in *A,* is transcribed, for clarity, as *par tout,* adjective, and *partout,* adverb, as in modern usage, although the MS. does not make this distinction. Agglutinations of adverbial phrases of time are discussed later in the context of the transcription of the letters *sf/ff.*

Punctuation, capitalization, and paragraph divisions are editorial. The MS. paragraph sign is not followed, since it serves several purposes: it indicates a new sentence, it highlights a word such as a name, and it marks the beginning of a group of sentences dealing with a particular topic. The pause marks, added after the text was written in all events, are too faint in some places to follow. As a reminder of continuing direct speech, when a new paragraph occurs within direct speech, opening quotation marks are inserted at the beginning of the paragraph. A dash is used for parenthetical interjections, since parenthetical signs indicate corrections to the text. In order to keep punctuation to a minimum, nouns in apposition considered as a unit are not separated by a comma, e.g., *quant a leur Espous immortel Jhesucrist* (f. 3ᵛ).

Some points on capitalization should be noted. While names of the divinity, e.g., *Roy de gloire* and *Fil de Dieu,* are capitalized, *fil de Marie* or *son doulz filz et Espous* (f. 147) is not. Philippe emphasizes the human factor of the Son of Mary as in *filz par humaine generation* (f. 68ᵛ) and *et vrais filz naturel* (f. 58), where the adjective *naturel* clearly has the same value as in *en .j. jour naturel .vij. heures sont ordonnées canoniques pour la loenge de Dieu* (f. 18). Similarly, the word *homme* describing Christ as man, e.g., *vrais homs* (f. 24) and *vray homme* (ff. 133^v and 189), is not capitalized, because the use of lowercase reflects Philippe's emphasis on the human. Conversely, *Espous,* as above (f. 147), is capitalized, in acknowledgment of Philippe's insistence on the mystical nature of this union:

> Quant il lirront ou orront lirre tant de fois mariage repeté, noces et aliance de mariage--que bien se gardent comment qu'il soit que en leurs cuers ou imaginacion ne doie entrer aucune penssee de aucune chose charnele qui est acoustumé et permis a l'office de charnel mariage duquel il sera touchié et briefment cy dessoubz ou chappitre du sacrement de mariage entre l'omme et la femme. (f. 33)

Precious stones are capitalized or not according to whether they are to be construed as material objects or as allegorical representations. In the case of the author's references to himself as *le viel solitaire* (f. 2), lowercase is used, because, given Philippe's humility in refusing to use any other name, this appellation is interpreted as descriptive rather than metonymic. Finally, the word *ciel* is capitalized when it means "paradise," e.g., in *sera loiés ou Ciel* (f. 30), but lowercase when it is in opposition to the earth, e.g., in *lever les yeux au ciel* (f. 125), although sometimes the distinction is difficult to determine.

Corrections by the scribe (Philippe) are indicated as follows:
Additions [ ].
Deletions ( ). Scribal deletions are written in small print between round parentheses in the text if they do not distract the reader, thus allowing study of the development of the text. If the deleted words, as in substitutions, interfere with the reading, they appear in the notes. Where the scribe has made corrections within a word (insertions or deletions), the word appears in the text in its corrected form with a footnote number. In the note the deletion or addition is indicated within the word by these same parenthetical signs.

Replacement { }. If what was originally in place is still visible, it is placed in a footnote. This sign is used to indicate material either written over a deletion (or a washout) or a change of word by the rewriting of certain letters.

Change of location on folio < >.

Obliterations of significant length are indicated by three spaced periods inside round parentheses (. . .); if of one word only, they are indicated by ( ). Imperfectly executed obliterations, which can be seen as correcting an error such as the duplication of a word, are counted, but are not recorded individually.

Not indicated are the many instances where the scribe has written over corrected areas, unless they seem to indicate authorial intervention. The name of Joseph of Arimathea always appears over such an area in the writing; therefore, these cases are pointed out. When *c* or *s* is superimposed on a corrected area, a note indicates this also. Where a word is corrected in several instances, the first correction is annotated and the others are marked by °.

Where editorial interventions are made, the nature of the intervention is marked by the same signs described above, but preceded by *.

If someone other than the scribe (or editor) has made corrections, the same signs are used preceded by +.

As part of the editing procedure, slips of the pen, such as obviously miswritten words and repetitions that the scribe has deleted, are not recorded. There are 127 such errors: 11 in the prologue and rubrics, 8 in book 1, 18 in book 2, 50 in book 3 and 40 in book 4. The scribal corrections not noted involve errors such as the miswriting of a word (without dialectal overtones), the repetition of a word, either at the end of one line and at the beginning of the next or simply the same word repeated. Any changes that substitute one word for another or that contain a stylistic, dialectal, morphological, or syntactical element are recorded. Also indicated are changes that reflect a modification of treatment, such as when a word is repeatedly written one way and then corrected, e.g., *fu(t), aleg(e)resse, ma(g)nifeste,* and *ang{l}e, (r).*

Where the scribe has corrected a word, deleting a correct form and substituting an erroneous one, as *{s}elle, (c)* (f. 137ᵛ), the correction is ignored in the text, but is recorded in a note.

Uncorrected scribal irregularities and obvious errors are emended and noted, such as the omission or addition of a letter within a word, as in *forsque*(s)* (f. 179ᵛ), *prop*[o]sees* (f. 31), and *rest*[r]aindre* (f. 187), particularly since this misspelling is corrected on f. 134ᵛ, with *(restain)* followed by *restraindre*. For purposes of clarity irregularities of morphology are also corrrected, as in *les ministrent du deable* corrected to *ministre*[s] *(nt)* (f. 21) and *tous seul* corrected to *tout seul* (f. 155ᵛ). However, *vergongeuse* (f. 168) is left as is. The same form is repeated, as *vergongeusement* (f. 173), and is attested by Gossen.[78] No correction is made where the scribe wrote one letter for another, as *se* for *ce* (f. 126ᵛ), *ce* for *se* (f. 111ᵛ), and *si* for *cy* (f. 6ᵛ): the first occurrence is noted as a reminder, leaving it to the reader to supply the correct form. This confusion of *s* and *c* is widespread, with spellings such as *selle* for *celle* (f. 86ᵛ), *serimonies* (f. 24ᵛ), *insencibles* (f. 178ᵛ), and *incipience* (f. 51). There is a frequent omission of the final *s*, as in *au dictes passions* (f. 150ᵛ), revealing the Middle French tendency for final consonants to be silent as noted. These omissions are pointed out in the notes, e.g., in *tan* for *tant* (f. 187ᵛ) and *pa* for *par* (f. 18). Cases that concern the morphology of the verb are also noted without correction, e.g., in *tu ne m'a pas deguerpi* (f. 162ᵛ), *que tu me veuille* (f. 161ᵛ), and *je tien* for *je tiens* (f. 122). *Sui* for *suis* (e.g., f. 14ᵛ), however, is the old form of the verb before the addition of the analogical *s*. When the scribe writes *y* for *il*, this too is entered in the notes.

The scribe frequently writes *qui* for the proclitic *qu'il* (although *qui* is often the subject case of the relative pronoun and there requires no separating apostrophe). Sometimes the reading is correct, as in *qu'il li vausist donner* (f. 87ᵛ), and sometimes the scribe has corrected, as in *qu'i[l] laisse* (f. 58ᵛ). The edition therefore punctuates *qui,* representing *qu'il,* as *qu'i,* e.g., *deprioit a Dieu qu'i li feist* (f. 44). Similarly with *si* for the proclitic *s'il,* the edition reads *s'i,* e.g., *s'i leur plaisoit a promouvoir* (f. 81). In keeping with this criterion, the reading on f. 24 is *s'i l'eust appellé* to include the required direct-object pronoun.

All abbreviations are expanded (except *x*), using Francien forms. Both variant hands contain fully written and abbreviated words. Differences in the graphies favored by each variant hand are noticeable, and we remark that in each case these preferences changed somewhat as the writing of the text progressed. In cases where a variant hand used only one form, Francien is selected, as is clear from the foregoing remarks on language. Where words for which abbreviations were also used were written out, Francien dominates. The abbreviations *saite* and *dte* with the above-the-word titulus are extended, following the preference in the text for forms with the etymological *c,* as in *saincte* and *dicte.* The masculine is written *saint,* the way it appears in the MS. While there is hesitation in the MS. between *Jesu/Jhesu* and *Jerusalem/Jherusalem,* the

---

78. Gossen, *Grammaire de l'ancien picard,* sec. 62, holds that *ng* and *ngn* represent the same sound.

simpler form without *h* is used in extending abbreviations. Where the scribe omitted the overhead titulus indicating a nasal consonant, e.g., in *co*[n]dampnees* (f. 118ᵛ), I have supplied the missing letter. The scripta gave one erroneous abbreviation sign: a *p* with a horizontal stroke through the descender to which an *s* was added, probably by the scribe (f. 182). Since this gave the erroneous *pars,* it was deleted and *pas* was written next to it.

Although *B* wrote fewer words in abbreviated form than did *A,* almost all the abbreviations used by the two variant hands are the same. One exception is the undulating superscript titulus representing a single letter (written by *A* but not by *B*); it has already been pointed out as a feature found in other texts known to be in Philippe de Mézières' hand. Another difference is that *A* uses the Tironian sign for *us,* a figure 9 with the bottom of the bowl resting on the baseline for the writing, e.g., *plus* (f. 80ᵛ); but *B* does not. *B,* on the other hand, in addition to using the ubiquitous superscript curved titulus to indicate *re* that *A* also uses, indicates a final *re* by bringing down the pen to the left of the ascender of a preceding *d,* so the stroke descends below the line of writing in a curve to the left, as in *desjoindre* (f. 13). However, these signs are common and their use by only one of the variant hands is without significance.

Letters are bound together in this MS., particularly by *A,* but we note the joining of *vu* by *B* in *dame Uuiseuse* (f. 47). The bowls of *b* and *o* are fused in *laboureur* (f. 172ᵛ), and the bowls of *o* are fused in *pooit* (f. 171ᵛ); double *b* is fused in *sabbat* (f. 183ᵛ), as is double *p* in *appaisier* (f. 154ᵛ). The graphy *uu* is transcribed variously as *vu* and *uu,* as etymology suggests: *vuit* < **vocitus* < *vacuus* = "empty"; *vuesves* < *viduus* = "widow" (we also find the form *vesves,* f. 90, in the text); *vulgar;* but *uuiseuse* < *otiosus* = "idle," "idleness." The survival in Picard of the Germanic *w* does not appear to be a factor here.[79]

Variants *A* and *B* diverge in the matter of a fusion for *bz. B* writes out *bz,* as in *dessoubz* (ff. 14, 33, and 61) and *soubz* (f. 46), whereas *A* fuses *bz,* as in *desoubz* (ff. 8, 82, and 163) and *soubz* (ff. 171ᵛ and 187), where the letters are clearly fused. However, the fusion in *A* is not always evident. *Bialz* (f. 94, line 11) and *vertueulz* (f. 136ᵛ), which clearly signfy *lz,* are almost identical to the fusion of *bz,* but there is a slight break at the bottom of the bowl of *z.* The difference between *lz* and the fusion of *bz* is evident in the rubric on f. 163: the word *espoulz* is

---

79. Ibid., sec. 51.

distinguishable from *desoubz* because in the fusion of the latter word we clearly see two parallel lines in the downward curve of the line to the right of the descender of *l* and the curve of the top line of the bowl of *z*.[80]

There is hesitation between two variant forms of words and between dialectal spellings. There is also hesitation between letters, particularly between *c* and *t* and between *s* and *f*. There is confusion both in the way of writing the letters in these pairs and in the choice of one or the other letter in a particular word. Their forms are not always clearly differentiated. In the case of *c/t*, there is no difference in the curve of the vertical stroke, the only distinctive feature being the transverse bar. In principle in *c* this reaches to the right side of the top of the vertical, forming a right angle with it, whereas in *t* the transverse crosses over slightly to the left, e.g., in *benedictus* (f. 45^v), where *c* and *t* have the same curve, the transverse bar on *t* crossing over to the left at the top of the vertical stroke. However, this distinction is not always respected. The *c* in *compassion* (f. 61^v) and in *souffice* (f. 12) has the transverse cross over the top of the vertical, but meaning and etymology do not permit the interpretation as *t*. The edition renders this ambiguous form as *c* or *t*, according to the meaning of words. In the case of the ending *-ion*, the scripta provides both *-cion* and *-tion* in proportions suggesting that they were acceptable variants; therefore, scribal practice is followed in each case.

The distinction between *s* and *f* is not always clear. The distinguishing feature between these two letters is the transverse bar. In principle it traverses the ascender of the *f* but joins the right-hand side of the ascender of the *s* at a right angle. However, this distinction is frequently not observed. We have both *s* and *f* in one expression, where we would expect an *f*, giving the verb *font:* we find *qui ne sont pas a descripre* (f. 121^v), where the initial letter of the verb is clearly an *s*, but also *deffaultes et passions ne font pas a escripre* (f. 108^v), where the initial letter of the verb seems to be an *s*, but has the same form as all the cases but one of *f* on that folio. We see therefore that paleographical evidence is inconclusive.

---

80. The etymology of the word eliminates ambiguity, of course, for the form is either *souz* or *soubz* with the Latinizing graphy that includes the labial consonant of the mid-fourteenth century, pointed out by Marchello-Nizia, *Histoire de la langue française*, 93.

Introduction / 33

The grapheme *ff* or *sf* presents difficulties of resolution.[81] We see that there is confusion in the forming of *s* and *f*, and correct reading is complicated by the practice of fusion observed in the text. The pair *ff* is written much as *sf*. We see, e.g., *souffert* (f. 29), where the transversal bar does not cross through the first letter to the left, although clearly *ff* is required here; whereas *souffrance* (f. 41ᵛ) has the bar cross both ascenders. *Satiffaire/satisfaire* (f. 1ᵛ) is clearly *ff* paleographically. *Efforcier* (f. 96ᵛ) could be written *esforcier*, since the transversal bar touches only the right-hand line of the first letter. However, the same way of writing prevails in *toutefois* (f. 97ᵛ), where the letter clearly must be an *f*.

Given the ambiguity of the paleographical evidence, other criteria are followed. The preconsonantal *s* was dropped in the twelfth century, but often persisted in the spelling.[82] If etymology so suggests, the edition writes the words with *ff*, as in *suffrage, difficulté, insufficience, souffri, souffiroye, offri, souffrance, diffamé, sanctifficacion, diffinition, souffice,* and *bouffiaus*. The word is written *ff* where the doubled consonant results from a monosyllabic word being joined to another, as in *affins, prouffitable, prouffit, affreable,* and *reffosiler*.[83] The pair *ff* indicates the open quality of the preceding *e*, as in *efforcié, meffait, effect, effect, deffacié, deffigurés, deffendre, effusion, deffaulte, deffaillant, deffaire,* and *effusion*.[84] The preconsonantal *s* was reintroduced by the sixteenth century;[85] and we see it in many words, particularly of learned origin, long before that. In this MS. we see the tendency (sometimes corrected) to create learned forms based on the original or, in the case of *scavoir*, the supposed original Latin form, as pointed out in the notes. Therefore, I write *sf* in words such as *satisfaire* and *satisfaction*.

---

81. Fouché points out that the *s* had fallen by the twelfth century, but was reintroduced in the sixteenth (*Les Consonnes*, vol. 3 of *Phonétique historique du français* [Paris: Klincksieck, 1961; 2d ed. rev. Paris: Klincksieck, 1966], 867).
82. Pope, *From Latin to Modern French*, sec. 725, Fouché, *Les Consonnes*, 867, and Gossen, *Grammaire de l'ancien picard*, sec. 50, also note that the preconsonantal *s* was effaced in Picard as in Francien.
83. Lengthened consonants were found in later Old French, where a monosyllabic word was closely linked to another beginning with a consonant (Pope, *From Latin to Modern French*, sec. 366).
84. Ibid., sec. 729.
85. Ibid., sec. 379.

The problem of *souventeffois/souventesfois* or *touteffois/toutesfois* is complex. These words fit none of the above categories, and there is no justification for *ff*. The letters are therefore read as *sf*, with the first segment seen as a plural adjective agreeing with the following noun that it modifies. A decision must then be made whether to write these adverbial phrases as one word or as two words. The scripta suggests a scribal awareness that plural adjectives require separation from the nouns they qualify: we have *preudefemme* (ff. 98ᵛ, 148, and 172), but *preudes femmes* (f. 128ᵛ). We have predominantly *autant* and *atant*, but *a tantes passions* (f. 103). Similarly, we have *malcontens*, but *maulx contens* (f. 136ᵛ). However, adverbs of time seem to form a case apart. We have *tantefois* mostly written as one word, but sometimes as two, whereas the rare *tantes fois* (f. 180) is written with the ambiguous separation of a half-space. *Toujours* is written mostly as one word, *tous jours* is almost always two words, but *touzjours* appears predominantly as one. *Onquesmaiz* is written as one word. We see, then, that the scribe was not disturbed by an agglutinated plural in temporal adverbs, and therefore the edition agglutinates these phrases as one word. All of this serves to remind us that modern exigencies in matters of graphic consistency do not fit the Middle French reality at all points.

The final *j* is rendered as *i*, e.g., in *cestui* (f. 77ᵛ). The learned *y* for *i* is retained, as in *embesongnyes* (f. 168), a Picard feminine plural. However, the intervocalic *u* becomes *v*, as in *sevree* (f. 169). The verb "to be able" is written *pouoir*, not *povoir*, following Omer Jodogne's recommendation.[86] As further justification of this chosen graphy, the MS. gives *pooir* (ff. 153ᵛ and 155) and *pooit* (twice on f. 155ᵛ).

Roman numerals are retained between two periods, with the final minim represented by *j*. The letter *.L.* (50) is left as *.l.*, i.e., lowercase. Multipliers, such as *.xx.*, are left as figures, but multipliers of 100 and 1,000, represented by the capital letters *C* and *M*, are transcribed as *cent* and *mille*, respectively. Although the scripta gives both *mille* (f. 150ᵛ) and *mil* (f. 149ᵛ), the edition resolves the abbreviation as the former, since *mil* is, strictly speaking, an adjective used as a singular.

Certain diacritical signs, the diaeresis, the acute accent over *e*, and *c* cedilla, are used. The diaeresis is used to distinguish between homographs. *Oïr* (to hear); *oir, hoir* (heir). *Paÿs* (country); *pays, pais*

---

86. See Omer Jodogne, "Povoir ou pouoir? Le cas phonétique de l'ancien verbe povoir," *Travaux de linguistique et de littérature* 4 (1966): 257-66.

(peace). The MS. observes the distinction between masculine (country) and feminine (peace) as we see in *vraye pays* (f. 78ᵛ). However, because *pays* (peace) is used on occasion without an adjective (ff. 6, 37, and 134ᵛ), it was deemed preferable to use the diaeresis to mark the difference in meaning. The diaeresis also distinguishes *peü* (fed) from *peu* as a variant of *pu* (could) (f. 164ᵛ). I have used ç when c is followed by o, a, or u and the sound of s is indicated. However, in the case of *scavoir,* the ç is not used, since the *sc* is read as a grapheme indicating the required sound.

The acute accent is used to indicate that the single e in a final stressed syllable is pronounced. In the verbal system, the final tonic e in *e, es, ez, ie, ies,* and *iez* (and also in the alternate graphy *ye*) is accented in the following cases: past participles of verbs, the second-person-plural of the present, imperative, future, imperfect, and conditional tenses and present subjunctive mood (except for the irregular *vous estes*). Such forms, however, are not accented when they constitute a Picard feminine. The second-person-plural of *er* verbs such as *creer* have *é*, as in *vous creés.* The final e in the past participle of these verbs in the masculine is *é*, as in *creé.* But when *cree* represents feminine *creee,* as in *t'a ainsi cree et aournee* (f. 159ᵛ), the last e is homographic, the scribal indication of the feminine agreement, so it is not accented.

The scripta reveals the Middle French confusion of the final s and z, as has already been pointed out. Alongside the expected *tu veuilles* (f. 180), we find both *tu ne veuillez* (f. 175) and *vous veuilliés* (f. 179ᵛ). It is clear that we must treat the s in this last case as having the value of z, and, because of the interchangeability of these two consonants, we must accent a final *éz* when it indicates the second-person-plural form. We find *tu veuille* (f. 161ᵛ) and *tu veuille[s],* corrected (f. 120). These second-person-singular forms and the *tu ne veuillez* noted above never incorporate i after *ll,* but the second-person-plural form always does, e.g., in *vous veuilliés* (f. 179ᵛ) and the plural imperative *veuilliéz* (f. 118ᵛ). We also find this plural in s in other verbs, as in *escoutés* (f. 51ᵛ). Because of this confusion of the final s and z, it is necessary to accent words such as *viéz* (f. 46ᵛ), which exists beside the alternate *vielx* (f. 18ᵛ), and *solempnéz* (f. 131), beside *solempnelz* (f. 8).

The final tonic e (final or final followed by s or z) is also accented in polysyllabic nouns, adjectives, and adverbs; in monosyllabic nouns in e and dipthongued *ie* to avoid ambiguity, as in *né, nés* and *néz* (born), differentiated from *ne* (and, lest); and in *pié* (foot) as opposed to *pie* (pious). *Lés* (f. 121ᵛ) (a side), is accented to avoid confusion with *les,* the plural definite article and plural direct-object pronoun. *Le,* meaning plural definite article *les* (f. 105), is accented as *lé* to distinguish it from the singular.

Explanatory reference material is provided. A list of proverbs, a Modern French and English glossary, an index, and a bibliography are given at the end of the book. While indexes to some books serve both to identify figures named in the text and to locate occurrences of names of people and places in the text, the index to this book is essentially a location index. Brief identifications by more familiar names and clarifications to avoid ambiguities are included in the index. However, unfamiliar figures requiring footnoted discussion are presented in the notes to the text.

Sources of citations and allusions in the text to the Scriptures, to Church Fathers, and to classical and other authorities are indicated in the notes where possible. The majority of these supposed citations are allusions and paraphrases, taken probably from the many intermediary sources that existed in the Middle Ages and are now either lost to us or not yet published. They thus resist identification; for example, some sayings purportedly from Seneca cannot be traced, even when the writings of Martin of Braga, whose *Formulae vitae honestae* was commonly given a Senecan origin, have also been searched.[87] Therefore, citations are not distinguished from allusions, and identification of the sources of Philippe's quotations and paraphrases is considered as neither complete nor in some cases necesssarily definitive; for example, a biblical source given here for a citation may actually have been taken by Philippe not from the Bible but from, say, a text by Bernard. Particularly problematic are citations from the Fathers, since many pseudo writings were composed in the thirteenth and fourteenth centuries; not all of these have been published. Indeed, the identification of sources in medieval texts is a delicate matter, citations being inexact, or incomplete, or from contaminated or lost sources, and the *Livre,* where Philippe de Mézières of-

---

87. About forty extant manuscripts from the fourteenth century and a hundred from the fifteenth of Martin's text bearing the name of Seneca show how widespread was the belief in the Senecan origin of the work (Claude W. Barlow, editor of Martin of Braga [Martini Episcopi Bracarensis], *Formulae vitae honestae,* in *Opera omnia,* Papers and Monographs of the American Academy in Rome 12 [New Haven: Yale UP, published for the American Academy in Rome, 1950], 204).

ten seems to cite from memory, is no exception. Furthermore, since Philippe writes in French, it is difficult to know whether he is paraphrasing or citing an original text, a French translation thereof, or an indirect medieval source (Latin or French),[88] such as Albertus Magnus quoting Aristotle on the properties of stones, or one of the numerous collections of sermon material.

One such collection seems a likely source for Philippe to have used. It is the *Manipulus florum* of Thomas of Ireland, which contains material Philippe used in his book, such as Augustine's *De civitate Dei*, Bernard's sermon *Missus est*, and Hugh of Saint-Victor's *De arrha animae*.[89] A fifteenth-century manuscript of this text, copied by Petrus van de Leydis on 24 December 1402 (as an inscription on f. 266^v shows), belonged to the Celestines of Paris (no. 356), as the inscriptions "Celestinorum Beate Marie de Parisis" on ff. 1, 264^v, and 266^{r-v} show.[90] Charity Willard suggested orally that this manuscript, now Paris, Bibliothèque de l'Arsenal, MS. 524, fifteenth century (1402), could have been copied from an earlier existing one in the Celestine library, and so Philippe might well have known the text. She asserts that Christine de Pizan, who moved in the same court circles as Philippe, used material on the Church Fathers from the *Manipulus florum* in her *Le Livre des trois vertus*.[91] In all events, the work was widely used in France, as Petrarch attests when he defines it as a truly French work, regarded by the French as the equivalent of all books: "sive unum manipulum florum--opus vere Gallicum--et quod Gallica levitas pro omnibus libris habet in proelium secum trahens, auderet in aciem venire. . . ."[92]

---

88. This was a common trait among medieval writers referring to famous authorities such as Aristotle, since they considered the immediate contemporary source for their information to be unimportant, as Dorothy Wyckoff points out (Albertus Magnus, *Book of Minerals,* trans. Dorothy Wyckoff [Oxford: Clarendon P, 1967], 270).
89. Richard A. Rouse and Mary A. Rouse, *Preachers, Florilegia and Sermons: Studies on the "Manipulus Florum" of Thomas of Ireland,* Studies and Texts 47 (Toronto: Pontifical Institute of Mediaeval Studies, 1979).
90. Rouse and Rouse, *Preachers,* 370-71.
91. Christine de Pizan, *Le Livre des trois vertus,* ed. Charity Cannon Willard, text established with Eric Hicks, Bibliothèque du XVe siècle, directed by J. Dufournet (Paris: Champion, 1989), xvii.
92. Enrico Cocchia, "Magistri Iohannis de Hydrinio Invective contra Fr. Petrarcham et Fr. Petrarcha contra cuisudam Galli calumnias Apologia," *Atti della Reale accademia di archeologia . . . di Napoli,* n.s. 7, no. 1 (1920): 91-

38 / Introduction

THE AUTHOR

Philippe de Mézières, the author, was born c. 1327 to an impoverished family of the minor nobility in Picardy; he died in 1405 in the Convent of the Celestines in Paris. Nicolae Iorga's *Philippe de Mézières (1327-1405) et la croisade au XIVe siècle,* referred to earlier, remains the principal biography, as William E. Coleman points out,[93] although in need of revision. However, given this extensive delineation of Philippe's life, included here are only details, drawn mainly from Iorga's book, that are pertinent to a comprehension of *Le Livre de la vertu du sacrement de mariage,* a work introduced by a miniature in which the animated letters *YHS,* as symbol of the crucified Christ, figure prominently--a work also that Philippe himself admits could well have been entitled *De la Passion de Jesucrist* (ff. 79-80). Philippe admits to never having been married (f. 90^v), yet undertakes to write a book on marriage for married ladies. He also makes it clear throughout the volume that he does not consider himself an authority on theological matters. Nevertheless, he writes because Christ's Passion was the dominant inspiration in his life.

Philippe was an ardent proponent of a new crusade. A native of Picardy, an area in which the idea of crusading held a strong appeal, he delighted in identifying Peter the Hermit as a fellow citizen of Amiens.[94] Although Philippe started his military life as a mercenary, we soon find him using his sword in the cause of Christendom, inspired by youthful readings of the chronicles of the crusades.[95] His religious ideas took their lifelong shape in 1347 during a vision, experienced in the Church of the Holy Sepulchre in Jerusalem, which instructed him to found his Order of the Passion of Jesus Christ.[96] Philippe's association with Pierre Thomas,

---

202, 141-42. This material from Cocchia is provided by Rouse, *Preachers,* 211 and n. 47.
93. William E. Coleman, *Philippe de Mézières' Campaign for the Feast of Mary's Presentation,* Toronto Medieval Latin Texts 11 (Toronto: Pontifical Institute of Mediaeval Studies, 1981), 1.
94. "Petrum Heremitam civitatis mee Ambianensis" (*Nova religio milicie Passionis Jhesu Christi pro acquisicione sancte civitatis Jherusalem et Terre Sancte,* first redaction, Paris, Bibliothèque Mazarine, MS. 1943, f. 9^v).
95. *Oratio tragedica* (Paris, Bibliothèque Mazarine, MS. 1651, f. 192-192^v).
96. In *De la Chevallerie de la Passion de Jhesu Crist,* it is Dame Providence who gives him instructions on this order (Paris, Bibliothèque de l'Arsenal, MS.

the papal legate to "Romania,"[97] and with Peter I of Cyprus encouraged this ambition, for both these men were dedicated to the idea of a crusade. However, the withdrawal of the Christian armies from Alexandria in 1365 destroyed any real chance he had of executing his plans (even before their deaths in 1366 and 1369); and he remained a propagandist pleading a cause and an order that gained adherents, but never became reality.[98]

A fragment of the True Cross, bequeathed to Philippe by Pierre Thomas, translated his ideology into material form. Philippe donated the relic in 1370 to Venice,[99] where he thought to spend the rest of his life.[100] His plans changed; nevertheless, he is immutably connected to this city in the enormous canvases celebrating the miracles performed by the relic, which were painted just before and after 1500 by some of the chief Venetian artists of the time--Gentile Bellini, Vittore Carpaccio, Giovanni Mansueti, and Lazzaro Bastiani.[101] Immortalized thus on canvas and in oil, Philippe is fittingly linked with visible icons of the faith that gave meaning to his life and that was the inspiration behind *Le Livre*.

2251, f. 10); whereas in *Nova religio milicie Passionis Jhesu Christi pro acquisicione sancte civitatis Jherusalem et Terre Sancte,* second redaction, Philippe receives his mandate from God Himself, as He gave Moses the two tablets of the Law (Paris, Bibliothèque Mazarine, MS. 1943, ff. 45-45^v).

97. Thus does Joachim Smet describe Pierre Thomas's position (*The Life of Saint Peter Thomas by Philippe de Mézières* [Rome: Institutum Carmelitanum, 1954], 27).

98. He has, however, been defined as the foremost crusade propagandist of the fourteenth century (Aziz S. Atiya, *The Crusade of Nicopolis* [London: Methuen, 1934], 24).

99. Louis de Mas-Latrie, "Nouvelles Preuves de l'histoire de Chypre," *Bibliothèque de l'Ecole des Chartes* 34 (1873): 75-76n, gives the text of a notarized eyewitness account of the ceremony.

100. Philippe de Mézières, *Testamentum* (Venice Archives, Raffain Caresini dossier 484, doc. 33), f. 34^v. For a partial publication of this document see Iorga, "Le Testament," 119-40.

101. Kenneth M. Setton, *The Thirteenth and Fourteenth Centuries,* vol. 1 of *The Papacy and the Levant (1204-1571),* Memoirs of the American Philosophical Society 114 (Philadelphia: American Philosophical Society, 1976), 284. See also Coleman, *Philippe de Mézières' Campaign,* 3.

Philippe de Mézières

LE LIVRE DE LA VERTU DU SACREMENT DE MARIAGE

Lazzaro Bastiani (1429-1514). Filippo Masseri offering the relic of the Holy Cross to the confraternity of St. John the Evangelist. *Venice: Accademia. Alinari/Art Resource: New York.*

Le Prologue du Livre de la Vertu du Sacrement de Mariage et du Reconfort des Dames Mariees.

Entre les sainctes doctrines de nostre Redempteur Jhesu Crist il est escript en l'Evangile: "*Hic est preceptum meum, ut diligatis invicem, sicut dilexi vos.*"[1] C'est a dire que par commandement especial et singuler du doulx Jesu nous doyons amer l'un l'autre si comme il nous a amé. Et saint Jehan l'evangeliste en confermant le dit commandement escript en ses Epistres et dit aussy, "Qui n'aime pas son frere, lequel il voit, comment amera il Dieu lequel il ne voit?" Encores dit, "Qui n'aime pas son frere, c'est assavoir son proisme, la charité de Dieu n'est pas en lui."[2]

Mais comment Jesu Crist nous a amé et jusques a la mort en cestui livre il est assés declairié. .Iiij. causes assés cogentes se treuvent entre les autres qui nous doivent movoir a amer l'un l'autre. /1ᵛ La premiere est commune et les autres sont particuleres. La premiere cause, et generale, si est pour ce que nous sommes tous Crestiens et freres en Jhesu Crist, lavé et rengeneré en un baptesme, confirmé en une foy et a un Dieu, Jhesu Crist, et du grant pris de son propre sang nous sommes rachaté; et pour ce joyeusement nous devons amer l'un l'autre comme freres en obeissant au commandement de Dieu. La seconde cause, particulere et naturele, si est que combien que nous doyons amer tous les Crestiens et estendre nostre amour jusques a nos anemis par le commandement de Dieu, toutefois, singulerement et naturelement, chascun doit amer aprés Dieu son espouse qui l'a, son pere et sa mere desquelz il a receu le corps, et par consequent il doit amer ses parens et affins. La tierce cause particulere si est que chascun est tenus d'amer, et en grant reverence, son seigneur spirituel et temporel pour ce qu'il ont le gouvernement de la chose publique et du corps et de l'ame par la dispensation ou permission divine. Mais la quarte cause d'amour particulere si est multiplication de bienfais receus, car qui plus receut des biens d'autrui plus se doit recognoistre estre obligié d'amour a lui.

---

1. Jn 15: 12.
2. 1 Jn 2: 11.

Or est ainsy que de ceste amour darreniere et aussy de la premiere cestui prologue prent sa matere, dont il est assavoir que entre les filz sa mere un viel solitaire, jadis indigne serviteur et privé de pluseurs roys crestiens, usurpant lors la place d'un preudomme en presence des roys et a present le dit solitaire par la vocation de Dieu, +(. . .), lequel faisant son pelerinage lors parmi les cours des papes et des roys, trouva pluseurs qui disoient estre ses vrays amis, desquelx on soloit dire aveuc maistre Jehan de Meum que de tes amis aus cours des grans seigneurs il en est mains que de feins.[3] Toutefois, par la bonté de Dieu, le dit solitaire sans son merite precedent trouva de vrays amis en Dieu desquelz il receut tant d'amours qu'il recognoit bien a present qu'il n'en estoit pas dignes.

Entre lesquelz /2 ses seigneurs et amis il en trouva un grant baron, poissant et de grant estat +(. . .), et aourné non pas petitement des biens de nature, de fortune et des biens de grace, riche des biens mondains et de la grace de Dieu, bel, sage et eloquent entre cent, doubtant et amant Dieu en son cuer, et aveuc le saint Job departant soy du mal, +(. . .). Lequel noble baron par sa grant courtoisie receut le dit solitaire en son grant et privee amisté, et li monstra tant d'amour pour la reverence de Dieu, et li fist tant de biens et d'onnours et par espacial ou tamps que on cognoit les vrays amis--c'est assavoir quant du bienfait on n'atent autre guerdon que de Dieu--que le dit viel solitaire devant Dieu se sent doulcement obligié a toujours mais a l'amour et reverence du noble baron susdit, combien qu'il n'ait de quoy satisfaire au dit baron son especial seigneur, et par sa grant humilité, ami en Jesu Crist, auquel tres doulx Jesu Crist le povre solitaire devotement supplie que selonc la prophecie escripte par David, dictant le Saint Esperit,[4] au dit baron il veulle retribuer pour lui.

La cause donques commune de la foy crestienne et la cause des biensfais receus en vraye charité rafreschissant toujours l'amour en Dieu du povre solitaire envers le gracieux baron et aussy envers +(. . . {ses parens} . . .) qui ne font[5] pas vilenie a sa noble lignie ne a sa generation, car en simplesse, +(. . .) humilité et diligence, en vraye

---

3. As John Fleming pointed out in a letter to me, this is a paraphrase of a part of Reason's discourse on friendship in *Le Roman de la Rose,* lines 4784-806 (Guillaume de Lorris and Jean de Meun, *Le Roman de la Rose,* ed. Félix Lecoy, CFMA 92, vol. 1 [1966; Paris: Champion, 1973], 148).
4. A possible allusion to God's promise to protect his faithful in 2 Sm: 7-16.
5. f{on}t, (ai). The verb is corrected from the singular in the ink of the preceding addition of *ses parents,* suggestive of the probability that the original wording deleted was *sa femme, Jehanne de Chastillon.*

devotion et en prudence, en chasteté conjugale, en gardant a lectre le
sacrement de son mariage et a son seigneur et mary non pas fainte mais
vraye obeisance, dictant commune renommee et l'oppinion du dit
solitaire en Dieu bien enforméz +(. . .), pour les vertus susdictes et
5   autres a plenté, certainement elle doit estre honoree, car de Dieu je tiens
qu'elle soit bien amee. Or est ainsy que le povre et viel solitaire, chascun
jour abayant sa fosse et non digne d'estre nommé, n'a pas a present des
biens temporelz /2ᵛ ne desire d'avoir, comme Dieu le scet, outre sa
necessité, desquelz biens il peust faire un grant present au tres noble
10 baron par maniere de retribution de son amour largement demonstree au
povre solitaire et en sa memoire encorporee, ne le baron aussy--si comme
il se puet croire doulcement--du solitaire n'atent pas tel present.

Toutefois, selonc le proverbe qui dit: "De paou paou et de nient
bonne volenté," par la bonté de Dieu et suffrage de ma tres doulce
15 esperance, la tres doulce Vierge Marie, le dit solitaire ou darrain quartier
de sa vie s'est trouvé en un jardin dont les plantes sont venues de
Paradis, ou quel jardin arousé de la rousee du ciel a mainte pierre
precieuse, plamtes,[6] herbes et flours et medicines sans nombre a garir
toutes manieres de playes, toutes maladies et diverses passions, et pour
20 reformer aussy les contradictions qui aucunefois avienent entre l'amant et
l'amé, entre l'espouse et le mari, et pour conforter et esjoir aussi la dame
mariee contente de son mari et le mari aussy content de sa doulce
compaigne qui vault tout l'or d'Espaingne. Pour non donques estre
remplis du vice d'ingratitude de l'amour proposee, le viel solitaire,
25 devenu a present un simple jardinier, pour une souvenance tele quele de
l'amour recitee, le dit povre jardinier du biau jardin cy dessus proposé--
c'est assavoir de l'escripture divine, naturele et morale--par le consent et
grace du grant Jardinier que Marie Magdalene vault prendre par les piés
quant elle li dit, "Rabi,"[7] a simplement et grossement requelly des petites
30 floretes des branches basses des arbres du dit jardin ausquelles et par
grace il a peu avenir. Car aus biaus et riches fruis des haultes branches il
n'eust sceu ne osé la main mettre, quel merveille! car il n'est pas dignes

---

6. The letter *M* is frequently found for *n*, as also in *Jean de Meum*, f. 1ᵛ,
indicating the commonly found weakening of the pronunciation of the nasal
consonants. See Marchello-Nizia, *Histoire de la langue française*, 88-89.
7. Jn 20: 15-17. Philippe calls Christ "le grant Jardinier" by virtue of the gospel
commentary, "supposing him to be the gardener," in explanation of Mary
Magdalene's words to Christ.

d'estre maistre de recueillir les nobles fruis, riches espices et les precieux aromas qui croissent en l'arbre de vie planté ou milieu du jardin.

 Retournant donques aus flourettes recueillies, le dit viel solitaire, par grace singulere et par l'art de sa morale alkemie, a composé un miroir reluisant a .iiij. faces polies /3 pour presenter a la noble dame susdicte +(. . .), car les miroirs appartiennent aus dames, combien que les seigneurs acunefois[8] en ont tres grant mestier pour recongnoistre en eulz blanc ou noir, estre divisé ou entier et eulz rappareillier. Cestui miroir quarré est composé pour le confort et reconfort principaument des dames mariees, et des maris aussy, et aprés par consequent pour confort et consolation de toute creature devote et de crestienne generation.

 En la premiere face du miroir se porra veoir par figure la grant vertu et la bonté du Fin Rubin d'Orient conjoint au Fin Dyamant par mariage, c'est assavoir la grant vertu en gros et graces merveilleuses du sacrement de mariage espirituel de Dieu tout bon et tout poissant a l'ame raisonnable en sa creation a l'image de Dieu fourmee et conformee ou baptesme, et du sacrement de mariage aussy espirituel du benoit Fil de Dieu a nostre humanité, consommé en la saincte Incarnation ou benoit ventre de la tres doulce Vierge Marie. Encores en la premiere face du miroir se porra veoir la merveilleuse amour de Jesu Crist a l'umaine generation et la tres singulere vertu du sacrement de mariage espirituel et alyance amoureuse de Jesu Crist a l'Esglise de Dieu et a la Vierge Marie, representant nostre mere saincte Esglise, la dicte alyance confourmee et demonstree ou sacrement de nostre redemption, c'est en l'amere Passion du doulz Aignelet occis pour ses brebis, laquelle Passion du doulx Jesu est recitee en fourme et par figure d'unes noces piteuses et douloureuses par maniere de personnages servans au grant disner des noces lacrimables. Encores en la premiere face du miroir se porront veoir les graces et merveilleus fruis qui sont venus du sacrement de mariage susdit a l'umaine generation par le moyen des noces proposees, et les conditions de l'esglise layde, orde et corrumpue devant les noces proposees, et la biauté, poissance et vertu de la dicte Esglise aprés les noces celebrees selonc les conditions du dyamant a chascun propos moralisant.

 En la seconde face du miroir se porront veoir les noces figurees et douloureuses de la royne, /3ᵛ mere et espouse du grant Roy des noces proposees, la bonté, la biauté et vertu aussy de la dicte royne et la grant difficulté de la redemption d'umaine generation, et tout par figures,

---

8. An etymologically incorrect form, probably a slip of the pen for *aucune*.

moralment parlant, pour venir au confort des dames mariees et des maris aussy et de tout bon Crestien.

En la tierce face du miroir se porra veoir la grant vertu du sacrement de mariage espirituel entre l'omme et la femme recité par examples et figures, moralisant telement quelement, et les grans maladies qui avienent aus dames qui ne tiennent pas bien le sacrement de leur mariage quant a leur Espous immortel Jhesu Crist et quant a leur mari mortel. Et aussy se porra veoir les remedes, cures et medicines des maladies sustouchies,[9] toutes choses tendans au confort et a la joye des dames qui sainctement gardent leur mariage et des maris aussy, et reconfort et doctrine des dames malcontentes de leur mariage en quelle maniere que ce soit.

En la quarte face du miroir se porra veoir la vertu singulere du sacrement de mariage espirituel entre Dieu et l'ame raisonnable, et les causes, motives et cogentes par lesquelles l'ame devote est obligie a parfaictement amer Dieu selonc les sentences du gracieux docteur Hue de Saint-Victor, prises en son livre intitulé *De l'Amour de Dieu et de l'arre de l'ame,* pour venir au confort et reconfort non tant seulement des mariés mais de toute ame raisonnable et devote. Encores en la dicte quarte face du miroir se porra veoir le biau [miroir] des dames mariees en la gracieuse histoire de la noble marquise de Saluce, de sa merveilleuse bonté et constance, loyauté, amour et obeissance envers le marquis son mari. Encores se porra veoir en la quarte face du miroir un petit regret de la dolour, rudesse et insufficience de l'alkemiste du miroir proposé et quarré. Et pour conclusion du miroir se porra veoir un retrait devot et gracieux a la tres doulce Vierge Marie, par un miracle estrange et solempnel de la Royne du Ciel, et par une oroison assés longue, particulere et generale par maniere de recommendation a la doulce Vierge Marie selonc la povre devotion du viel solitaire en cestui livre souventefois repeté.

Encores /4 est assavoir que cestui miroir a .iiij. faces, moralement parlant, n'est autre chose que cestui livre rudement et grossement par charité ditié et composé de diverses materes et plenté de figures sans grande soubtilité. Et est intitulé cestui livre *De la Vertu du sacrement de mariage espirituel et reconfort des dames mariees et de tout bon Crestien par un devot example de la Passion de Jesu Crist et du miroir des dames mariees, la noble marquise de Saluce,* lequel livre est divisé en .iiij.

---

9. sustouc{hies}.

parties, en .iiij. livres, selonc la description des .iiij. faces du miroir cy dessus proposees.

 Encores est assavoir que pour monstrer aucunement la grant vertu du sacrement de mariage espirituel, et pour rafreschir aussy es cuers des lisans la Passion du doulx Jesu par une nouvelle devotion, dont au jourd'ui nous avons grant mestier, et pour le reconfort des dames mariees et des maris aussy, des pucelles, des vierges, des vuesves et continens, ensivant le nombre de .vij. qui est nombre universal, .vij. pierres precieuses sont prises en cestui livre pour un moyen gracieux concordant a chascune matere, c'est assavoir le rubin, le balays, le dyamant, le saphir, l'esmeraude, la pierre d'ayamant[10] et la belle perle d'Orient. Encores pour garison des maladies et passions figurees en cestui livre sont prises en gros .vij. medicines, .vij. lectuaires, .vij. dons du Saint Esperit, .vij. sacremens de l'Esglise, .vij. euvres de misericorde, .vij. vertus principales, .vij. planetes du ciel, .vij. metaulx de la terre et .vij. journees de salut, .vij. provisions et .vij. entremés des grans noces en cestui livre proposees.

 Encores est assavoir que quant aus noms des maladies et des passions, des medicines et lectuaires, et de pluseurs noms obscurs et figurés en cestui livre souventefois recitees, les dames et seculeurs qui ne sont pas fondés[11] en clergie de prime face ne les entenderont pas bien par aventure, et pour ce est il expedient que par les clers des mos non congneus et estranges il soyent enformé qui s'en vaudra aidier. Car aus dictes maladies et medicines en françoys bonnement ne se puet baillier autres noms mieux entendables que les noms qui se treuvent en escript es livres /4^v autentiques qui ne vaudroit a chascun nom donner autre exposicion, laquelle chose seroit trop longue escripture issant du principal propos de la matere emprise.

 Encores est assavoir que aprés cestui prologue des .iiij. livres compris en cestui volume l'un aprés l'autre se porront veoir les rebrices par ordre et par nombre de chascun livre pour trouver legierement et sans traveil les materes, histoires et figures plaisans a la devotion du lisant.

 Et pour ce que la matere de cestui livre est principaument du confort des dames mariees recognoissant la grant vertu du sacrement de mariage espirituel conformé en la Passion du benoit Fil de Dieu, et les nobles

---

10. I use this graphy, not *dayamant*, in accordance with the usage most frequently found in the MS., e.g., *l'aymant* five times on f. 146^v. We do, however, find *nostre Daymant*, referring to the Virgin, on f. 147^v.
11. fond(e)és.

dames volentiers se delittent en pierres precieuses, en flours et en
miroirs, pour rafreschir donques l'amour en Dieu du viel solitaire envers
le noble baron +(. . .) et sa loyale espouse +(. . .), le dit viel
solitaire a tres grant confidence et non mains reverence de l'art de sa
povre alkemie devotement presente cestui miroir quarré, garni et aourné
de pierres precieuses, de medicines et de flours teles queles, c'est
assavoir au dessusdit noble baron pour sa tres amee compaigne +(. . .),
afin que, remirant soy ou dit miroir, la dicte noble dame, elle
recongnoisse la grace a lui faicte et en corps et en ame qu'elle a receu de
Dieu, en gardant sainctement a la lettre le loyen et sacrement de son
mariage dont elle est vrayement honoree et de Dieu bien amee et reputee
comme sage.

Et [se] par aventure ou dit miroir quarré se monstera aucune pierre
precieuse, medicine, lectuaire, ou aucune histoire piteuse ou joyeuse qui
plaise aucunement au noble baron de la dicte dame, son tres amé mari,
de Dieu vendra le bien qui en sera [et] loé et beney.

Si demande pardon cestui povre solitaire aus dames mariees
malcontentes de leur mariage et aucunefois tourblees, s'il a escript
aucune chose qui leur vaingne a desplaire, parlant comme lapidaire ou
comme un simple fusicien desirant en Dieu ranouer le loyen des orribles
maladies en cestui livre couvertement baillies. Car le bon fusicien,
combien que a son pooir il face bien, aucunefois pour chose qu'il sache
faire, il ne /5 puet pas a tous ces passiens plaire. Mais quant le passient
et malade se sera bien ravisé et de l'amere medicine pour sa santé avera
un paou gousté, l'amour du mire en Dieu il recongnoistra et prendra tout
en gre, et rappaisiés sera, voire par la bonté, moyen et grace de la Flour
des miroirs resplendissans, la tres doulce Vierge Marie, qui soit de nous
tres amee, doubtee et en nos cuers doulcement presentee et devotement
servie pour parvenir a pardurable vie. Amen.

Cy commencent les rubrices de tout le livre

Le Premier Livre[12] [page 67]

De la vertu et conditions du fin rubin et du fin dyamant conjoins ensamble en figure par alyance de mariage et pris pour un moyen pour
5 traitier du sacrement de mariage espirituel.

Le premier chapitre [page 67]

De .iiij. conditions de sacrement de mariage espirituel, et briefment du sacrement de mariage espirituel entre Dieu et l'ame raisonnable, et comment les conditions du fin rubin sont apropriees a Dieu, et les
10 conditions et vertus de l'ame raisonnable au fin dyamant.

Le .ij.ᵉ chapitre [70]

De l'alyance et sacrement de mariage espirituel du benoit Fil de Dieu a nostre humanité en la saincte Incarnation ou ventre de la benoite Vierge Marie.

15 Le .iij.ᵉ chapitre [72]

Du tierch sacrement de mariage et alyance entre le benoit Fil de Dieu Jesu Crist et l'Esglise de Dieu, figuré par unes noces piteuses, moralment et devotement parlant, et des provisions et garnisons des dictes noces.

20 Le .iiij.ᵉ chapitre [75]

Cy commence l'aucteur entrer en la matere de la Passion du doulz Jesu, et des noces figurees et piteuses entre le Fin Rubin ou Escarboucle Jesu Crist et le Dyamant nostre mere sainte Esglise.

Le .v.ᵉ chapitre [78]

---

12. *[Le Premier Livre].

/5ᵛ De .vij. choses necessaires et acoustumees aus noces temporelles des grans roys de ce monde.

Le .vj.ᵉ chapitre [80]

Des .vij. heures canoniques de la Passion du Fin Rubin le doulz Jesu,
5 rapportees par maniere de concordances et personnages au contraire des .vij. choses solempneles aus noces des grans roys de ce monde acoustumees.

Le .vij.ᵉ chapitre [81]

Comment le Fin Rubin Jesu Crist a l'eure de midi fu mis sus son throne
10 royal au grant disner de ces noces figurees, c'est assavoir comment il fu cruxifié.

Le .viij.ᵉ chapitre [85]

Du grant disner des noces figurees a l'eure de nonne, et de .v. choses orribles qui furent presentees au Fin Rubin par maniere de personnages,
15 et des dolours qu'il souffri pour confourmer le sacrement de mariage entre lui et nostre mere saincte Eglise.

Le .ix.ᵉ chapitre [87]

De .vij. entremés orribles que les Juys presenterent au grant disner des noces doloreuses a nostre Fin Rubin le doulz Jesu, Roy des roys, et de
20 .vij. entremés qu'il offri au disner lacrimable.

Le .x.ᵉ chapitre [90]

Comment les hiraus vindrent a la fin du disner pour veoir s'il averoient part es dictes noces, et de la precieuse et piteuse mort du doulz Rubin Jesu Crist, et du mistere de la redemption d'umaine generation.

25 Le .xj.ᵉ chapitre [94]

De l'eure de vespres et comment le Fin Rubin mort en la croys fu deposé du throne royal et apporté a son retrait ou quel il fu aromatisié et enoins par {Joseph Abarimathya et Nichodemus}.[13]

Le .xij.ᵉ chapitre [98]

5 /6 De l'eure de complie, et comment nostre doulz Rubin fu enseveli ou saint sepulchre en la chambre royale par le contraire, et de la dolour du Fin Dyamant la Vierge Marie, representant nostre mere saincte Esglise.

Le .xiij.ᵉ chapitre [99]

Un petit regret de la Passion du doulz Rubin et des noces celebrees, en
10 recitant les vertus du fin rubin ramenees a compassion par maniere de personnages, et de la concordance contraire.

Le .xiiij.ᵉ chapitre [100]

Des fruis et graces [generales] qui ce[14] font aus noces des roys et a la creation du pape de Romme quant il prent pour espouse l'Esglise
15 militant, et des graces faictes aus noces proposees du Fin Rubin, correspondans aus graces des roys de ce monde.

Le .xv.ᵉ chapitre [101]

Des fruis et graces du Fin Rubin, souverain Pape et Espous de l'Esglise triumphant, correspondans a .iiij. (faces) graces du pape de Romme,
20 vicaire de Jesu Crist et espous de l'Esglise militant.

Le .xvj.ᵉ chapitre [104]

---

13. The MS. shows extensive rewriting over corrected areas, areas which I have generally not marked. However, since all references to Joseph of Arimathea are rewrites, their occurrences are recorded as a probable indication of authorial intervention.

14. For *se*. Philippe frequently writes *c* for *s* and vice versa, sometimes correcting himself. This was a common practice both in the thirteenth century and in Middle French (Pope, *From Latin to Modern French,* sec. 722).

Une question par maniere de admiration pour quoy es susdictes noces lacrimables du Fin Rubin a esté faicte si petite mention du Fin Dyamant, representant l'Esglise de Dieu, et du Fin Dyamant, royne et espouse du Fin Rubin, la tres doulce Vierge Marie.

Le .xvij.ᵉ chapitre [106]

De l'estat et conditions du Fin Dyamant, pris pour l'Esglise de Dieu et espouse du Fin Rubin, et quelle elle estoit devant les noces proposees, et quelle elle fu en biauté, bonté et vertu aprés les noces figurees de son tres doulz Espous le Fin Rubin.

Le .xviij.ᵉ chapitre [108]

Du dyamant, pris par figure pour l'esglise des Paiens,[15] et de ses orribles conditions.

Le .xix.ᵉ chapitre [111]

De la grant difficulté du mariage du Fin Rubin Jesu Crist au Fin Dyamant nostre mere saincte Esglise, et des lamentations des /6ᵛ prophetes, et de la plaidoirie des .iiij. dames, Verité et Justice, Pays, et Misericorde, pour la dicte alyance, et de la sentence joyeuse du benoit Fil de Dieu sur la redemption d'umaine generation.

Le .xx.ᵉ chapitre [116]

De la grant poissance et dignité de nostre mere saincte Esglise qu'elle ot aprés les noces doloreuses, et comment ses vertus sont declairies par les vertus du fin dyamant, moralment parlant.

Le .xxj.ᵉ chapitre [119]

---

15. The term as used here denotes non-Christians, non-Moslems, and non-Jews, with the same connotation found in Philippe's reference to "paiens, Sarrasins et crestiens" as three distinct groups, in his *Letter to King Richard II* (ed. and trans. George W. Coopland [Liverpool: Liverpool UP, 1975; New York: Barnes and Noble, 1976], 131).

Une briefve recapitulation de la joye du Fin Dyamant nostre mere saincte Esglise, qu'elle ot du Fin Rubin son doulz Espous, quant il ressucita, monta ou Ciel et manda le Saint Esperit qui le confourma en la foy sans plus (doubtance) avoir doubtance.

5   Le .xxij.ᵉ chapitre [124]

Le Secont Livre[16] [126]

Cy commence le secont livre et la seconde face du miroir ou prologue proposé, c'est du Fin Dyamant conjoint au Fin Rubin par sacrement de mariage spirituel, c'est de la tres doulce Vierge Marie, doulcement representant nostre mere saincte Esglise, royne et espouse des noces lacrimables cy dessus recitees, de ses conditions et vertus, de sa nativité et de saincte vie; et comment Dieu le fist belle, saincte et nette pour estre mere et espouse de son benoit Fil Jesu Crist.

Le premier chapitre du secont livre [126]

15   De la singulere noblesse en lignie de nostre Fin Dyamant la tres doulce Vierge Marie.

Le .ij.ᵉ chapitre du secont livre [134]

De Salemon, roy de Jerusalem, et de Jerobohan, roy de Israel, pris pour une figure ou similitude de la saincte Escripture pour recognoistre l'estat doloreus de la generation humaine devant les noces souventefois repetees et en figures proposés.

Le .iij.ᵉ chapitre du secont livre [136]

L'exposition de la figure de prime face aucunement obscure si dessus recitee, c'est assavoir du roy Salomon, de Jerobohan et de Malavisié.

25   Le .iiij.ᵉ chapitre [139]

---

16. *‹Le Secont Livre›.

/7 D'un grant consille que les sains peres firent estans en la prison de Jerobohan pour la delivrance de l'umaine lignie, et d'une legation solempnele que David le prophete fist a Dieu, par laquelle le mariage fu fait de Marie sa fille et du benoit Fil de Dieu a tres ( )[17] grant joye des angeles et des hommes.

Le .v.ᵉ chapitre [143]

Cy retourne l'aucteur aus noces figurees du Fin Dyamant au Fin Rubin, c'est [de] la doulce Vierge Marie a Jesu Crist son tres doulx filz et Espous; et premierement de .vij. provisions et garnisons precedens les noces de la royne, vierge et mere de l'Aignelet occys.

Le .vj.ᵉ chapitre [152]

Des grans despens et outrages qui se font au jourd'ui aus noces des grant dames et moiennes; et nos[18] freres crestiens par povreté meurent de fain.

Le .vij.ᵉ chapitre [157]

L'excusation de l'aucteur monstrant qu'il n'est pas dignes d'escripre si haulte matere comme des noces figurees de la Royne du Ciel.

Le .viij.ᵉ chapitre [158]

Du grant disner des doloreuses noces proposees quant a la royne le Fin Dyamant, et des .vij. entremés plains de toute amaritude qui au disner li furent presentés, et de la dolour non pareille qu'elle ot de son doulz filz et Espous.

Le .ix.ᵉ chapitre [160]

---

17. *(a tres).
18. no[s]. The added final *s* is always the long Italianate letter, which occupies less space than the final *s* of the text.

Des chevaliers et barrons assistens au grant disner des noces proposees et des dames aussy assistentes a la royne, de leur personnages et de leur tres grant dolour.

Le .x.ᵉ chapitre [165]

5 Une devote concordance des grans vertus du fin dyamant aus vertus de la royne des noces la tres doulce Vierge Marie, et par especial des vertus et clarté des .iiij. faces du fin dyamant.

Le .xj.ᵉ chapitre [167]

De la concordance de la vertu des .iiij. quarres du fin dyamant aus grans
10 vertus de la royne des noces la doulce mere de Dieu.

Le .xij.ᵉ chapitre [169]

/7ᵛ La concordance de la vertu de la pointe ague du fin dyamant aus grans vertus de nostre royne la Vierge Marie, en recitant pluseurs miracles faisans au propos.

15 Le .xiij.ᵉ chapitre [172]

Comment la royne des noces nostre Fin Dyamant estoit assis en or une feulle moyenne qui li donnoit [sa] clarté.

Le .xiiij.ᵉ chapitre [175]

De la finable concordance et devote convenience du fin rubin au fin
20 dyamant et du dyamant au fin rubin, en approuvant la doulce alyance et sacrement de mariage du Fin Rubin au Fin Dyamant la Vierge Marie, representant nostre mere saincte Eglise.

Le . xv.ᵉ chapitre [176]

Une petite contemplation de la merveilleuse et singulere vertu de
25 virginité de nostre Fin Dyamant la tres doulce Vierge Marie.

Le .xvj.ᵉ chapitre [181]

Cy descript l'aucteur un gracieux example de l'unicorne monstrant la virginité et humilité de la Vierge Marie et la dignité des mariés continens et vierges.

Le .xvij.ᵉ chapitre [184]

5 Cy parle l'aucteur du douaire du Fin Dyamant la tres doulce Vierge Marie, et premierement de .iiij. dons et graces qu'elle ot de son doulx Espous en signe de douaire, faisant en se[19] monde son pelerinage.

Le .xviij.ᵉ chapitre [189]

Des .iiij. dons et graces singulers que la Vierge Marie receut ou royaume
10 du Ciel pour souverain douaire de son tres doulx fil et Espous.

Le .xix.ᵉ chapitre [192]

Une question que aucuns porroyent faire pour quoy cestui livre n'est mieux intitulé *De la Passion de Jhesu Crist* que *Du Sacrement de mariage,* et le response de l'aucteur.

15 Le .xx.ᵉ chapitre [195]

L'excusation de l'aucteur de ce qu'il a si prolixement traittié de la Passion de Jesu Crist par une belle figure de Adonay, roy de Jerusalem, et de Sathael, roy de Babilone.

Le .xxj.ᵉ chapitre [196]

20 /8 L'exposition a la lettre de la figure proposee de Adonay, roy de Jerusalem, et de Sathael, roy de Babilone.

Le .xxij.ᵉ chapitre [200]

---

19. For *ce.*

La concordance de la susdicte figure ramenee au propos de la matere emprise, c'est assavoir du mariage et des noces figurees tantefois repetees et de nostre redempcion.

Le .xxiij.ᵉ chapitre [202]

5 L'entention principale touchant a toute ame devote pour quoy l'aucteur a si prolixement entremellee la Passion de l'Aignelet occys et les dolours de sa tres doulce mere en cestui livre intitulé *Du Sacrement de mariage*.

Le .xxiiij.ᵉ chapitre [205]

Comment la doulce memoire de la Passion du doulz Jesu est necessaire et
10 des dolours aussy de sa tres doulce mere, si comme il appert par pluseurs grans et solempnelz miracles cy desoubz recités.

Le .xxv.ᵉ chapitre [209]

Pour conclusion du secont livre l'aucteur cy desoubz descript une petite et tres briefve oroison touchant a la Passion de Jesu Crist et pour
15 empetrer grace, laquelle oroison est de tres grant vertu en tous cas survenans et par experience bien esprouvee.

Le .xxvj.ᵉ chapitre [213]

Le Tierch Livre[20] [216]

Cy commence la tierce face du miroir ou prologue proposé, c'est le
20 tierch livre du sacrement de mariage entre l'omme et la femme et du confort des dames mariees, malcontentes et bien contentes; et premierement

Un prologue [216]

La diffinition du sacrement de mariage espirituel entre l'omme et la
25 femme selonc les docteurs de l'Eglise et comment le sacrement de mariage puet estre saint et vray entre l'omme et la femme sans excercer

---

20. *<Le Tierch Livre>.

l'office du sacrement de mariage, c'est assavoir charnele copulation, comme il appert par pluseurs examples pour conforter les dames mariees et les maris aussy qui ayment chasteté.

Le premier chapitre du tierch livre [220]

/8ᵛ Comment le viel solitaire, qui cy dessus a esté lapidaire pour conforter les dames mariees, en cestui tierch livre devient phisicien en traictant de .iiij. conditions et de .iiij. complections, desquelles .vij. fievres et .vij. grandes maladies viennent souvent aus dames malcontentes de leur mariage.

Le .ij.ᵉ chapitre du tierch livre [226]

Comment la dame mariee doit garder sa foy a son Espous immortel Jesu Crist et a son mari mortel, en touchant aprés des maladies en gros qui aviennent aus dames malcontentes de leur mariage par les .iiij. conditions et complections sustouchiees[21] pour le confort des dames mariees.

Le .iij.ᵉ chapitre du tierch livre [229]

De la concordance particulere des .vij. grans maladies sustouchies et comment les dames qui ont faussé leur mariage en sont ferues et les maris aussy.

Le .iiij.ᵉ chapitre [233]

De .vij. manieres de fievres en especial dont les dames mariees malcontentes souventefois sont tormentees et les maris aussy pour ce qu'il ont faussé leur mariage.

Le .v.ᵉ chapitre [240]

---

21. sustouchi[es].

De .vij. empechemens notables qui donnent occasion souvent aus dames d'estre malcontentes de leur mariage et aus maris aussy, et des grans maulx qui en sont avenu; et premierement de franc arbitre qui au faire le mariage a esté efforcié.

5 Le .vj.ᵉ chapitre [241]

Du secont empechement en mariage, c'est assavoir quant l'omme et la femme en lignage sont trop prochains ensamble, et de ce qu'il en avient communaument.

Le .vij.ᵉ chapitre [246]

10 Du tierch empechement, c'est assavoir des enfans sans aage qui par les parens sont conjoins ensamble par mariage, et si ne scevent quelle chose est mariage ne franc arbitre aussy.

Le .viij.ᵉ chapitre [248]

Du .iiij·ᵉ empechement ensivant[22] qui donne occasion en mariage de
15 mainte tribulation et des .iij. autres empechemens.

Le .ix.ᵉ chapitre [251]

/9 Un prologue assés long recitans les materes diverses et medicines pour la cure et garison des maladies et passions proposees, et la maniere du proceder pour le confort des dames mariees. [253]

20

Cy commence l'aucteur sa practique de medicine pour reconforter les dames malcontentes de leur mariage, moralisant grossement; et pour la premiere medicine appellee preparative en figure il prent patience, la foy et esperance.

25 Le .x.ᵉ chapitre [258]

---

22. It is sometimes difficult to to distinguish between the graphies *ui* and *iv*, although it is clear in this case.

La concordance morale de pluseurs medicines correspondans aus .iij. vertus susdictes prises pour la medicine preparative.

Le .xj.ᵉ chapitre [261]

Cy parle l'aucteur des .vj. medicines en gros pour cause de briefté et par especial de la medicine linitive.

Le .xij.ᵉ chapitre [263]

Cy traitte l'aucteur de la medicine purgative et corporele et spirituele principaument et des autres medicines aussy, moralisant et ramenant a son propos par maniere de concordance les lectuaires et remedes proposés a la santé de la dame malcontente de son mariage.

Le xiij.ᵉ chapitre [265]

L'aucteur monstre que non obstant que le phisicien[23] face bien son devoir, toutefois ne sont pas garis tous ses paciens; et a telx paciens ausquelx les medicines ne pourfitent, il [leur] presente une medicine morale et devote, c'est assavoir un example et miroir de la Passion du doulz Jesu Roy de gloire.

Le .xiiij.ᵉ chapitre [270]

Une recapitulation des .vij. maladies des dames malcontentes, desquelles maladies les .vij. pechiés mortelx sont engendrés, et de la (quelle) garison par l'example et miroir de la Passion de Jesu Crist; et premierement de la maladie d'idropisye segnefiant orgueil.

Le .xv.ᵉ chapitre [272]

De la seconde maladie appellee paralisie segnefiant le pechié d'envie et de la cure d'icelle.

Le .xvj.ᵉ chapitre [275]

---

23. phi(i)sicien. The form *fusicien* occurs on f. 4ᵛ, but we are dealing here with an expunction sign under the second minim.

/9ᵛ De la tierce maladie appellee apoplecie ou epilencie, par laquelle est entendu le pechié de ire, et de la cure d'icelle par l'example de la Passion de Jesu Crist.

Le .xvij.ᵉ chapitre [276]

5   De la tous enracinee de la dame malcontente prise en concordance pour le pechié de peresse et de negligence et de la cure d'icelle.

Le .xviij.ᵉ chapitre [278]

De la passion colique prise pour le pechié d'avarice.

Le .xix.ᵉ chapitre [281]

10   De la maladie appellee frenesie prise pour le pechié de glotonnie et de la cure d'icelle.

Le .xx.ᵉ chapitre [284]

De la forte passion appellee cardiaque prise pour le pechié de luxure, et des orribles maulx qui en viennent.

15   Le .xxj.ᵉ chapitre [287]

De la souveraine cure de la passion cardiaque, c'est du pechié de luxure et de toutes autres maladies.

Le .xxij.ᵉ chapitre [293]

Du remede des offences des .v. sens naturelz et du reconfort des dames
20   et de .vij. empechemens dont les mariages sont tourblés.

Le .xxiij.ᵉ chapitre [302]

Du reconfort en especial des hommes mariés et comment l'omme en son mariage se doit confourmer aus vertus morales du fin rubin et la [femme] mariee au fin dyamant.

25   Le .xxiiij.ᵉ chapitre [308]

En respondant a une question que aucunes dames malcontentes porroient faire au solitaire, Grace Dieu, par une figure estrange, ensengne un chemin royal pour trespasser parmi ceste mer salee et parvenir a port de salut et a la cité de Jerusalem, et faire bien contentes les dames mariees et
5 tout bon Crestien.

Le .xxv.ᵉ chapitre [314]

Des merveilleuses vertus de la pierre d'aymant en concordance moralisie a la Vierge Marie pour singuler confort de toutes tribulations et de toutes passions.

10 Le .xxvj.ᵉ chapitre [322]

/10 Une recapitulation en gros de la vertu du sacrement de mariage spirituel et de toutes les choses et remedes presentés aus dames mariees et aus maris aussy et a tout bon Crestien pour confort de toute joye et reconfort de toute tribulation.

15 Le .xxvij.ᵉ chapitre [327]

De .xv. regles especiales pour la doctrine des dames et des maris aussy et de tout bon Crestien.

Le .xxviij.ᵉ chapitre [331]

Comment il plaist a la Vierge Marie que en toute necessité on li die,
20 "*Maria, mater gracie, mater misericordie.*"

Le .xxix.ᵉ chapitre [338]

Le Quart Livre[24] [343]

De la grant dignité de l'ame raisonnable et crestienne par la noble alyance du sacrement de mariage espirituel entre Dieu et l'ame, des
25 benefices de Dieu, et comment tout bon Crestien est obligié a l'amour de

---

24. *<Le Quart Livre>.

Dieu selonc la sentence de Hue de Saint Victor, grant docteur de l'Eglise, pour le reconfort de toute ame devote.

Et premierement le prologue. [343]

Le premier chapitre du quart livre [345]

5   Cy descript le docteur Hue de Saint Victor un example et figure de la saincte Escripture pour ensengnier comment l'ame se doit aourner pour estre esleue de Dieu son Espous immortel.

Le .ij.ᵉ chapitre du quart livre [350]

Tirant le frain du sacrement de mariage et du petit confort des dames
10 mariees et de tout bon Crestien par le viel solitaire, le noble docteur susdit de Saint Victor, en l'amour de Dieu a humaine creature et en l'amour de l'ame raisonnable a Dieu son tres doulz Espous, fine par une devote oroison, cy desoubz par le dit solitaire abregie.

Le .iij.ᵉ chapitre du quart livre [354]

15 Le prologue du miroir des dames mariees, la noble marquise de Saluce [356]

Le miroir des dames mariees, c'est assavoir de la merveilleuse pacience et bonté de Griseldis, marquise de Saluce, et comment le marquis de Saluce a la requeste de ses barons s'acorda de prendre femme, du grant
20 appareil des noces ou palays de Saluce, et comment /10ᵛ nulz ne scavoit forsque lui qui devoit estre s'espouse.

Le .iiij.ᵉ chapitre du quart livre [359]

Comment le jour des noces le marquis de Saluce acompaignié des chevaliers et dames ala querre Griseldis, fille d'un tres povre laboureur,
25 qui de ce riens ne scavoit, et des convenances qu'il vault avoir de la dicte Griseldis.

Le .v.ᵉ chapitre [362]

Comment le marquis espousa Griseldis a grant solempnité et joye, de la vertu et de la belle vie de la dicte Griseldis, et comment le marquis aprés un an assaya et crueusement esprouva s'espouse par une fille qu'elle ot de lui, et de la merveilleuse constance de la dicte marquise.

Le .vj.ᵉ chapitre [364]

Comment, aprés .iiij. ans vivans ensamble en tres grant joye, le marquis de rechief et plus crueusement esprouva s'espouse Griseldis par un biau fil qu'elle ot de lui, et de la tres merveilleuse constance et patience autrefois en femme par aventure non auye[25] de la dicte marquise.

Le .vij.ᵉ chapitre [367]

Comment le marquis, en poursivant sa rigour et cruaulté, .xij. ans passés de leur mariage, fist samblant et par dispensation du pape de prendre une autre femme et comment il renvoya Griseldis toute nue et deschaussé excepté une seule chemise en la maison de son povre pere, et de la merveilleuse vertu et pacience de la dicte Griseldis.

Le .viij.ᵉ chapitre [369]

Comment par le commandement du marquis, Griseldis, vestue sa povre coste que son pere li avoit gardé, vint ou palays de Saluce pour appareillier les secondes noces du marquis et pour recueillir la nouvelle espouse du marquis et les dames et chevaliers de la compaignie, laquelle chose elle fist tres merveilleusement en son povre habit sans monstrer aucune tristesse.

Le .ix.ᵉ chapitre [373]

Comment a l'entree du grant disner des secondes noces le marquis recognut devant tous en presence de Griseldis comment il l'avoit tant de foys esprouvee et si rigoreusement, et comment la belle et josne dame de .xij. ans qu'il devoit espouser estoit sa fille et de Griseldis, et /11 le fil aussy de .vij. ans qui estoit venus aveuc lui, lesquelx enfans il avoit fait nourir secretement a Boulongne la Crasse par sa suer la contesse de Paniche, reprist s'espouse a grant honnour, Griseldis, en loant sa

---

25. Latinism for *ouye*.

merveilleuse bonté, de la grant joye qui fut au palays de Saluce, et de la fin gracieuse du marquis et de la marquise Griseldis.

Le .x.ᵉ chapitre [376]

Un petit regret et lamentation de l'aucteur de cestui livre pour ce qu'il n'a pas assavouré spirituelment comme il vausist ce qu'il a composé en cestui livre et la Passion de Jesu Crist.

Le .xj.ᵉ chapitre [377]

Le prologue d'un merveilleus miracle de la doulce Vierge Marie par la relation du vaillant roy d'Armenie. [384]

Du biau miracle de la Vierge Marie chascun an demonstré entre les mescreans sarasins en Egipte.

Le .xij.ᵉ chapitre [387]

Le prologue d'un retrait a la Vierge Marie par le moyen d'une devote oroison. [392]

Une oroison a la Vierge Marie remplie de recommendations que l'aucteur de cestui livre presente aus dames mariees, a leurs maris et a tout bon Crestien

Le .xiij.ᵉ chapitre [394]

Une[26] briefve oroison audressant au saint Sacrement de l'autel pour finable conclusion de cestui livre et pour confort et reconfort de toute ame devote par le moyen et grace du souverain Sacrement des sacremens de l'Esglise, le doulx Jesu pour nous crucifié.[27]

Le .xiiij.ᵉ chapitre [401]

---

26. *[U]. The guide letter survives in the margin because the letter was never inserted in the text.
27. This rubric is in variant hand C.

/12 Cy commence *Le Livre de la vertu du sacrement de mariage et du reconfort des dames mariees*

De la vertu et condicions du fin rubin et du fin dyamant conjoins ensamble en figure par alyance de mariage et pris pour un moyen pour traitier du sacrement de mariage espirituel.

Le premier chapitre du premier livre

Entre les fines pierres precieuses de ce monde materiel deux en y a qui en valour de grant pris surmontent toutes les autres, c'est assavoir le rubin et le dyamant. Et pour entrer en la matiere plaisant aux grans seigneurs qui se delitent en pierres precieuses et parvenir au mistere des dictes deux pierres precieuses et concordance assés raisonnable de l'imaginacion de l'aucteur de ceste presente escripture, il est a veoir premierement de la fourme, couleur et vertu des dessus dictes pierres, rubin et diamant, et par especial quant elles sont tres fines et de grant priz.

Quant au rubin fin et qui puet estre dit escarboucle, la fourme de lui doit estre ronde comme un solail et en grosseur souffisant, et de tant qu'il poise plus de tant il est de plus grant priz. Et quant a sa couleur, il doit estre vermeil et ardant par semblant et resplandissant comme un charbon vif senz nulle tache ou oscurté empeschant sa clerté. Mais quant a la vertu du fin rubin ou escarboucle, entre les autres vertus qui sont pluseurs et grandes, selon le dit des lapidaires, parlant moralment, .iiij. en y a en mon propos, laissant les autres pour cause de briefté.

La premiere vertu du fin rubin si est qu'il conforte le cuer et tous les membres de celui qui l'a de bonne acqueste et le porte honnestement et netement. La seconde vertu est qu'il donne seignourie et auctorité non pas petite a celui qui le porte, comme dit est. La tierce vertu si est que le rubin atrait a amour celui qui le regarde a l'amour vraie de celui qui le porte, mais que celui qui le regarde se delite en lui veoir pour sa vertu et non pas pour avarice. La quarte vertu de l'escarboucle est merveilleuse, car de nuit elle resplandit et donne clarté et lumiere entour lui, ce que ne

fait pas nulle autre pierre precieuse. Et pour mieux cognoistre le fin
rubin des faulses pierres, il convient qu'il soit a jour et senz aucune
feulle ou aide humaine, et que en toutes ses parties de sa propre vertu
que l'Aucteur de nature lui a donné il doie moustrer sa clerté. Et ce
5 souffice briefment du fin rubin et de ses beles condicions.
   Or venons au diamant et a ses nobles condicions. Quant a la /12^v
fourme du vray diamant, il doit avoir .iiij. faces ingales et .iiij. quarres
[droictes et trenchans,] et doit estre a la pointe bien agu pour entailler
quant mestier fait et trespercier toutes autres pierres precieuses. Et quant
10 a la couleur du diamant, il doit estre d'une couleur brune, humble et
simple, voire a ceulx qui de loins le regardent; mais a le regarder de pres
sa couleur brune est resplendissant comme un mirouoir d'acier, et de
pres se puet on bien mirer en chascune face du diamant, comme on feroit
en un vray mirouoir.
15 (Mais) Quant a la vertu du vray diamant selonc les lapidaires, il en a
grant plenté, mais pour cause de briefté je en recorderay .iiij. vertus qui
seront a mon propos. La premiere vertu du vray diamant est qu'il vault
asséz et a poissance contre venin. La seconde si est qu'il vault contre
tempeste de temps orrible. La tierce vertu du diamant si est qu'il
20 conforte et conferme parfaitement l'amour de celui qui le donne a
l'amour de celui qui le reçoit, mais qu'il soit donnéz franchement et a
bonne fin, et receuz aussi et portéz purement et netement. La quarte
vertu si est que celui qui porte le vray diamant netement, comme dit est,
va touzjours multipliant en tous biens et honnours. Et de tant qu'il poise
25 plus il est de plus grant priz. Et pour mieux cognoistre le fin et vray
diamant des faus et contrefais diamans de Baffe[1] et d'aillours, par sa
grant force et durté se puet cognoistre--c'est quant la lime d'acier n'a sur
lui nulle seignourie. Et ce souffice briefment du fin diamant et de ses
nobles condicions.
30 Pour recommander donques, loer et approuver le saint sacrement de
mariage telement quelement, en confortant tous ceulx et toutes celles qui
loiaulment le maintiennent, et pour recommandacion singuliere de toutes
les dames qui a leur pouoir ensuirront la noble marquise de Saluce, dont
la merveilleuse estoire ou cronique en ce present livre est mise au lonc,
35 ces deux pierres precieuses--c'est assavoir le rubin et le diamant--sont
prises pour moien et par maniere d'instrumens pour traitier la matiere

---

1. Baffe, Paphos, a town in Cyprus, now Bafo (L. F. Flutre, *Table des noms propres . . . dans les romans du moyen âge . . .* [Poitiers: Publications du Centre d'Etudes Supérieures de Civilisation Médiévale, 1962], 202).

simplement et grossement de la loenge sustouchie du sacrement de mariage.

 Et pour rafreschir et reduire a doulce memoire la sainte souffrance et Passion amere du doulz Jesus, de laquelle le saint sacrement de mariage prist sa vertu, et senz laquelle mariage seroit nul quant au salut de l'ame; et aussi pour reciter aucunement les vertus singulieres qui doivent estre en loial mariage, moralisant et parlant par figure et par allegoirie, /13 doulcement contemplant, faisons une aliance et mariage prumierement du fin rubin au fin diamant, pour conjoindre ensemble les vertus singulieres cy dessus declairies. Et trouverons un si fort et si noble loyen et habundance de tant de biens, que nulle pierre fainte, tant soit de grant apparance, ne le porra desloier, ne desjoindre, ne empeschier les bons fruis qui de tant de vertu naistreront. Le mariage lors sera ferme, aiant sa droite fourme, vraie couleur et entiere vertu en pois, en nombre et en mesure; et sera auctorisié de l'Aucteur de nature par telle maniere que cestui mariage en procés de temps fera fruit a cent doubles. Quel merveille! car quant les autres pierres qui s'apellent precieuses s'acosteront au rubin et au diamant conjoins par mariage, comme dit est, et comme il apperra cy apréz, leur clarté devendra telle comme la clarté d'un cherbon estaint ou demi ardant quant il est presentéz au biau ray du solail reluisant en esté a l'eure de midi. Et benoit seront tous ceulx et toutes celles saintement obligiéz au loien de mariage, qui aucunefoiz en leur contemplacion pour estre consolé peseront bien l'aliance dessus dicte du rubin et du diamant et leur tres grant vertu.

 Or est assavoir que pour empetrer grace du souverain Seigneur qui le mariage prumierement institua, Moyses tesmoingnant en la sainte Escripture,[2] et du souverain Evesque qui le mariage aprouva aux noces de Arcedeclin,[3] voire par le doulz moien de la Dame de grace qui fu saintement mariee et pure vierge enfanta, je, vil pecheur et non digne d'estre nommé, me recommande a la bonté divine et tous mes recommandés seigneurs et amis et mors et vifz, en lui suppliant devotement qu'elle me veuille enseignier d'escripre chose qui soit a sa loenge, edificacion de moy mesmes, et consolacion des[4] mariés, et par especial de celle dame a laquelle est adrecie ceste presente escripture,

---

2. The Marriage Feast at Cana (Jn 2: 1-11) is read as signifying Christ's approval of marriage. Dt 21: 10-14; 22: 13-21; 24: 1-5; and Mt 19: 1-9 all report Moses' comments on marriage.
3. Jn 2: 1-11.
4. de[s] (ceulx qui sont).

sousmetant moy tousjours et ceste presente escripture a la correction des saiges et preudommes quatoliques et souverainement a la correction de ma mere sainte Eglise.

De .iiij. conditions de sacrement de mariage espirituel, et briefment du sacrement de mariage espirituel entre Dieu et l'ame raisonnable, et comment les condicions du fin rubin sont apropriees a Dieu, et les condicions et vertus de l'ame raisonnable au fin dyamant.

Le .ij.ᵉ chapitre[5]

Proposé donques cy dessus par figure la gracieuse aliance de mariage du fin rubin au vray diamant pour un /13ᵛ moien d'entrer en la matiere du sacrement de mariage et de sa loenge, il est expedient de touchier un pou et briefment du sacrement de mariage espirituel pour finablement congnoistre la vertu de mariage, dont il est assavoir que, selonc les diz des sains docteurs de l'Eglise, parlant touzjours avec la doubtance de Dieu, tremour, amour et reverence deue, quatre manieres de sacremens de mariage espirituel se tiennent en la sainte Escripture, senz faire allegations pour cause de briefté. La prumiere maniere du sacrement espirituel de mariage si est de Dieu a l'ame raisonnable. La seconde si est [de] Jesu Crist nostre tres doulz Redempteur a nostre humanité. La tierce si est de Jesu Crist a l'Eglise de Dieu et par une doulce concordance a la Vierge Marie sa tres doulce mere, doulcement representant nostre mere sainte Eglise. La quarte maniere du sacrement de mariage spirituel si est de l'omme a la femme. Et afin que les seculiers, qui ne sont pas fondéz en clergie, oians les haus sacremens spirituelz cy dessus repetéz apeléz mariages, aient cognoissance de mariage spirituel, il est assavoir que la plus grant aliance qui se puist faire en ce monde en la foy quatolique c'est l'aliance de mariage [espirituel]. Et pour confirmacion de ce, Dieu en la sainte Escripture en pluseurs lieux est appelléz Espoux, et l'ame de l'omme est appelee espouse, comme il appert es Cantiques.[6]

Or venons donques a la prumiere aliance, au prumier sacrement de mariage espirituel, c'est assavoir de Dieu a l'ame raisonnable. Qui est celui qui condignement pourroit descripre les tres grans biens inestimables qui sont venuz a l'omme mortel de ceste noble aliance, de

---

5. *[Le] * < .ij.ᵉ chapitre >.
6. Sg 5.

cestui mariage espirituel, fait entre Dieu et l'ame raisonnable? Car non
tant seulement Dieu, par sa seule grace, pour moustrer son amour, sa
bonté et sa poissance a l'umaine creature, a volu creer l'omme vaisseau
de l'ame raisonnable, laquelle il a creé a son ymage et a sa similitude,
5   voire de sa tres glorieuse Trinité, en donnant a l'ame entendement,
memoire et volenté, poissance, sapience et amour, en prenant le pour
espouse et finablement faire le regner en sa sainte gloire; mais oultre
plus, Dieu a fait l'ame s'espouse pardurable comme il est pardurable. Cy
a grant aliance et haut sacrement de mariage /14 espirituel de Dieu a
10 l'ame, c'est assavoir du fin rubin au diamant.
      Cestui Riche Rubin, Dieu le Pere, doulcement puet estre entendu par
la fourme ronde du rubin; car selonc les philosofes et geometriens, la
figure ronde est la plus parfaite de toutes les autres: en lui n'a ne
commencement ne fin. Dieu est pardurable, senz commencement et senz
15 fin; et que plus est, en figure ronde n'a nul anglet ne repostaile, nulle
ordure ne imperfection ne s'i puet arrester. Mais par sa coleur vermeille
puet estre entendu l'ordre des seraphins qui sont vermeil et ardans
d'amour: c'est nostre souverain Rubin vermeil et ardant du feu d'amour
par laquelle il aime parfaitement l'ame raisonnable, son espouse. Et
20 quant a la vertu de nostre Fin Rubin, il conforte le cuer et tous les
membres de l'omme, car il lui donne vie et le soustient en son estre; et
que plus est, au Dyamant son espouse--c'est a l'ame--il donna
seignourie, voire si grande devant le pechié d'Adam et d'Eve que toutes
les creatures leur obeissoient. Et se nostre diamant de simple couleur a
25 .iiij. fiches[7] et .iiij. quarres et agu a la pointe, comme cy dessoubz [il] se
declarera--c'est l'ame raisonnable--regarde bien honnestement le Fin
Rubin son Creatour et son Espoux, contemplant et remirant les graces
qu'elle a receu de lui, certainement il le traira a lui et a son amour; et
sera conferné doulcement le haut sacrement de mariage espirituel entre
30 Dieu et l'ame raisonnable.
      Encores fu dit dessus comment le fin rubin, c'est l'escarboucle, de
nuit resplandit et donne lumiere entour lui. C'est la clerté et la lumiere
dont saint Jehan l'evangeliste parle en son Evangile, *In principio erat
Verbum*,[8] par laquelle clarté nostre diamant obscur en lumiere--c'est
35 l'ame raisonnable estans es tenebres de ce monde--est enluminee, voire
par telle maniere que qui bien le regarde de pres de l'eul de
l'entendement et par grace, il trouvera que l'ame raisonnable, enluminee

---

7. For *faches*, Picard spelling of *faces*.
8. Jn 1: 9.

de l'escarboucle, aucunefois trespercera le ciel et les cieulx pour visiter le Fin Rubin son doulz Seigneur et Espoux, comme il fu ottroié a saint Jehan l'evangeliste et a saint Pol l'apostre et a pluseurs autres sains.

Or rendons donques graces a Dieu, telles que nous poons[9] non pas telles que nous deverions, de cestui prumier sacrement de mariage spirituel et lui prions qu'il nous veuille ottroier les /14^v vertus du fin diamant pour recognoistre et acomplir de nostre part le haut sacrement du mariage dessusdit. Et ce suffice telement quelement quant au sacrement d'une haulte aliance et sacrement du mariage espirituel entre Dieu tout bon et tout poissant et la fresle ame raisonnable.

De l'alyance et sacrement de mariage espirituel du benoit Fil de Dieu a nostre humanité en la saincte Incarnation ou ventre de la benoite Vierge Marie.

Le .iij.^{e} chapitre

Or entrons en la matiere et briefment du merveilleux sacrement de mariage et haulte aliance, c'est assavoir de Jesu Crist a nostre humanité, lequel sacrement est encores trop plus gracieux que l'autre dessusdit et si tres merveilleux que nulz homs mortelz vivant en char ne le puet entendre ne comprendre se n'est par foy ou aucunefois et paou souvent par revelacion et divine inspiracion. Helas! qui sui[10] je, tres vil pecheur et non digne d'ouvrir ma bouche soullie ne de regarder le ciel, qui m'entremés d'escripre de la haute et digne union du benoit Filz de Dieu a l'umanité de creature raisonnable, de laquelle admirable union je n'en say riens et ne suy dignes de savoir se n'est par foy avec les simples vielles baptisiees et vraies catholiques? Toutesfois, pour regracier a celui qui par cestui saint sacrement et merveileuse union avec son amere Passion m'a volu racheter des paines d'enfer quant a lui et faire participant par imitation de sa divinité de ceste sainte union, de cestui hault sacrement, je me passeray briefment.

Si se puet dire que cestui haut mariage et divin sacrement et union non pareille furent acompli et les noces celebrees quant l'archangele Gabriel ot finé son messaige, et la Vierge respondi, "*Ecce ancilla domini!*"[11] Lors fu le benoit Filz de Dieu par noble union et vraie

---

9. Jodogne, "Povoir ou pouir," 257-66, supports this graphy.
10. The old form of *suis*, not yet having received the analogical -*s*.
11. Lk 1: 38.

Incarnacion a nostre humanité prest quant il fu acompli, "*Verbum caro factum est,*"[12] et la solempnité acomplie quant les angres apparurent aux pasteurs et dirent, "*Gloria in excelsis.*"[13] Lors fu acompli l'Evangile qui dit, "*Et habitabit in nobis.*"[14]

     O quelle doulçour est a penser a qui Dieu en fait la grace de contempler en jubilacion de cuer les grans merveilles qui lors avindrent de cestui saint mariage du Fil de Dieu a nostre fragilité humaine! C'est assavoir comment le Filz de Dieu, la seconde personne de la Trinité, vray Dieu et tout poissant, /15 deigna[15] descendre du sain de son pere ou ventre d'une pucelle et vierge souveraine par le mistere et operacion du doulz Saint Esperit--qui est amour ardant--et pour nostre redempcion s'abaissa tant qu'il vaut prendre char humaine et devenir homme parfait; Dieu tout poissant devenant nostre frere senz enfraindre ne blecier la virginité de sa tres doulce mere. Cestui saint sacrement de mariage et aliance merveilleuse et a nous glorieuse ne fu pas fait en deux personnes comme le mariage se fait entre l'omme et la femme, mais fu fait en deux natures, c'est assavoir entre la nature divine et la nature humaine. Lors celui qui de sa propre nature estoit immortel devint mortel, celui qui estoit plain de gloire et de richesses prist la fourme de infirmité et de toute povreté, celui qui paissoit les angles et donnoit viande aux hommes et a toute creature voult estre nouri du lait de sa tres doulce mere vierge, et tout pour l'amour de nous.

     "Trois choses," dit saint Bernart, "a cestui haut sacrement se troverent ensemble, les plus merveilleuses qui onques furent ne jamais (ne) seront, les plus fortes a croire que dire se pourroit. La prumiere si fu que Dieu devint homme parfait, la seconde que vierge enfanta et demoura vierge, mais la tierce est la plus merveilleuse: c'est que le cuer de l'omme mortel puisse croire les deux merveilles dessus dictes.[16]

---

12. Jn 1: 14.
13. Lk 2: 14.
14. Jn 1: 14.
15. de[i]gna.
16. Bernard of Clairvaux, in *Missus est* 1.7 and 9, discourses on Mary's virginity despite her giving birth. While Philippe does not record Bernard's exact words, his *vierge enfanta* translates Bernard's *virginitate fecunditas* (1.7). *Missus est* is published as *Sermones in laudibus virginis matris* in *Sancti Bernardi Opera,* ed. Jean Leclercq, H. M. Rochais, and C. H. Talbot, 8 vols. (Rome: Editiones Cistercienses, 1957-77), 4: 13-58; and in Bernard of Clairvaux, *Magnificat: Homilies in Praise of the Blessed Virgin Mary,* trans.

Lesquelles choses nous creons fermement et non pas par nostre merite [ou vertu] mais par la seule grace de celui qui pour l'amour de nous et pour nostre salut voult monstrer ses merveilles, sa grant humilité et sa merveilleuse poissance a l'union susdicte."

    Qui vaudroit donques par une doulce concordance aproprier les hautes vertus du fin rubin et de l'escarboucle alié par mariage au dyamant, c'est le benoit Filz de Dieu a nostre humanité? La matere en est et bele et devote pour faire grant escripture; et se troveroit clerement que nostre dyamant--c'est nostre humanité--d'oscure et simple couleur de sa nature et de prime face de petite reputacion, conjointe par sacrement de mariage, comme dit est, au Fin Rubin--c'est au Filz de Dieu--et de lui enluminé, qui bien le regardera de pres, il le verra replandissant[17] et rendra grant clarté, comme un mirouoir d'acier par /15ᵛ ses quatre faces enluminees de son Seigneur et Espoux, comme dit est. Et devendra sa pointe soustile par grant humilité et ague merveilleusement pour trespercier le ciel par contemplacion et visiter son doulz Espous en joie espirituele. Rendons donques graces a Dieu de toute nostre poissance, qui par sa grace a fait les noces de son doulz Filz a l'umanité de creature humaine. Et nous recommandons a nostre doulz Espous Jesu Crist et a sa tres doulce mere vierge, qui offri le noble palais de son precieux ventre ou quel les noces furent dignement celebrees, en lui suppliant devotement qu'il nous veuille ottroier par sa grace que de nostre part la riche aliance susdicte ne soit pas divisee, mais avec le Dyamant l'amour du Fin Rubin en l'ame parfaitement soit confermee. Et ce souffice briefment de la noble union du Filz de Dieu a nostre humaine fragilité.

Marie-Bernard Saîd and Grace Perigo (Kalamazoo, Mich.: Cistercian Publications, 1979).
17. For *resplandissant*. The implosive *s* followed by a consonant within a word was often silent by the end of the fourteenth century (Marchello-Nizia, *Histoire de la langue française,* 84).

Du tierch sacrement de mariage et alyance entre le benoit Fil de Dieu Jesu Crist et l'Esglise de Dieu, figuré par unes noces piteuses, moralment et devotement parlant, et des provisions et garnisons des dictes noces.

5 Le .iiij.^e chapitre[18]

Or venons au tiers sacrement de mariage, qui est encores de plus grant signe d'amour que les deux prumiers et conclusion joyeuse du salut de l'umaine generacion, c'est assavoir de l'aliance et perpetuelle confederacion piteusement celebree entre Jesu Crist le benoit Filz de
10 Dieu et nostre mere sainte Eglise. Grant grace fu et grant amour de Dieu le Pere quant il lui plot de nouviau [et] de nient creer tout le monde, le ciel, la mer, la terre et toutes choses qui ens sont, pour l'amour et au service de l'omme, en creant l'omme et la femme par si belle figure, la face eslevee et adrecie devers le ciel, ce qu'il ne fist pas a autre creature
15 mortele;[19] en fourmant aussi l'ame raisonnable a son ymage et a sa similitude, prenant le pour espouse. Mais plus grant amour fu encores senz nulle comparison quant il manda son benoit Filz, ingal a lui en essence, en gloire et en magesté divine, en ceste valee de misere prendre nostre char humaine par aliance du sacrement de mariage cy dessus
20 declairié, devenir homme et vestir nostre mortalité, passions et infirmités et defautes humaines toutes en lui, /16 excepté le pechié, en conversant humblement avec nous ses anemis lors trente deux ans et plus, moustrant et doulcement enseignant la sainte voie, celui qui estoit Vie, Verité et Voie a vie pardurable.[20]
25 Mais trop plus grant grace et amour non comparable par le tiers sacrement de mariage moustra evidanment a l'umaine generacion: ce fu quant le benoit Filz de Dieu voult que les noces de son propre corps et de nostre mere sainte Eglise catholique fussent celebrees solempnelment. Qui pourroit estimer la flambe d'amour ardant de nostre Fin Rubin et de

---

18. *[Le] * < .iiji.^e chapitre >.
19. This concept, much repeated in the Middle Ages, was formulated by Ovid: "pronaque cum spectent animalia cetera terram, / os homini sublime dedit caelumque videre / iussit et erectos ad sidera tellere vultus" (*Metamorphoses* 1.84-86). "And, though all other animals are prone, and fix their gaze upon the earth, he gave to man an uplifted face and bade him stand erect and turn his eyes to heaven" (Ovid, *Metamorphoses,* trans. Frank Justus Miller, Loeb Classical Library, vol. 1 [Cambridge: Harvard UP, 1960], 9).
20. A paraphrase of "I am the Way, the Truth, and the Light" (Jn 14: 6).

la Fine Escarboucle resplandissant et donnant lumiere a tout homme qui vient en ce monde, voire resplandissant en la croix et estandant ses bras pour embracier et atraire a lui l'umaine generacion, encores resplandissant d'une lumiere et clarté merveilleuse qui en ce monde jamais ne fu trouvee: ce fu quant il pria a Dieu son Pere qu'il pardonnast a ceulx qui le crucifioient, lesquelx estoient ses anemis mortelz?

Helas! chetive gent que nous sommes, qui ne poons souffrir une seule parole injurieuse; et le Createur du monde prie pour ses anemis auxquelz il n'avoit riens meffait, mais les vouloit guarir de l'epidimie, maladie contagieuse et mort perpetuele, descendue d'oir en hoir par l'inobedience de la pomme mengie. O vous, seigneurs et dames qui par loyen de mariage estes conjoins ensemble, enclinés un pou vos oreilles, je vous prie, a ceste presente escripture et porréz oïr et entendre en esperit le haut mistere du grant sacrement de mariage, et de la doulce et merveilleuse aliance de Jesu Crist a l'Eglise de Dieu, et des noces les plus grandes qui onques furent faites en ce monde, parlant moralment; dont j'ay esperance en Dieu que se en cuer et en pensee, les cures de ce monde pour aucun temps mises arrieres, vous peserez bien en la balance de vostre ymaginacion le doulz mistere a l'ame de ce grant mariage du doulz Jesus a l'Eglise de Dieu, par aventure vostre mariage devendra plus saint, plus doulz et plus atrempéz que autrefoiz n'a esté, et vous trouveréz consoléz, laquelle chose Dieu scet que je desire, et par especial le confort de celui et de celle pour lesquelz /16ᵛ singulierement je me suy enhardis de traitier aucunement du fait de mariage.

Tournant donques a nostre propos, il est assavoir que quant aucun grant roy se doit marier, un grant temps avant les provisions se font pour le jour des noces et pour le roy et aussi pour la royne, afin que tout soit prest senz aucune defaute au jour des noces. Or veons doulcement, et non mains devotement, quelles provisions furent faites pour nostre Roy, le Fin Rubin Jesu Crist, Fil de Dieu, Roy des roys, et pour nostre royne le Dyamant, nostre mere sainte Eglise. Il se puet dire, parlant devotement, que les provisions neccessaires, debonnaires et expediens pour confermer les cuers et les ames de tous ceulx qui se trouveront presens a la journee des noces, et pour les absens aussi, et estre participans et gouster le biau fruit qui issi du riche mariage et sacrement vertueux, ce furent la sainte doctrine et predicacions amoureuses et continueles par deux ans et plus de nostre riche Escarboucle, par la lumiere de laquelle les cuers des oyans estoient enluminé et tout mué, les avugles veoient et les sours ooyent, les boiteux, contrefais et bossus estoient redreciéz, les meseaux et toute maniere de malades garissoient, et les mors resussitoient. O quelles provisions pour parvenir eureusement aux alyances susdictes!

    Et pour ce encores que a unes grans noces faut grant planté de vin, nostre poissant Rubin fist l'iaue muer en vin et dit a haulte voix ou temple publiquement, "Qui est celui qui a soif? Viegne a moy [et] boive et je le rasasiray."[21] Il multiplia les pains et les poissons pour faire provision. En memoire de sa poissance pour la journee advenir, les officiers pour la fin du mistere des noces furent esleu apostres et evangelistes et disciples; et a chascun bailla son office, neis a celui qui estoit larron et traitre pour lui amender il le fist son tresorier. Et qui plus est, nostre Rubin garissoit les demoniaques et enchassoit les demones afin qu'il n'empeschassent les noces. Il se laissa tempter du Diable par .iij. temptacions pour nostre instruction, lesquelles il vainqui, par lesquelles Adam et Eve avoient esté vainqu. Et afin que ceulx qui le devoient servir a la journee fussent plus net, il leur lava les piés et a son propre /17 traitre. Et pour ce que les officiers susdiz fussent reconforté quant l'eclipse du soleil avenderoit et les tenebres apparoient, en mengant avec eulz l'aignelet rosti en fourme de pain et de vin, pour une doulce memoire pardurable et joyau precieux il leur laissa son propre corps pour estre garni en amour et en foy en la dicte journee et a touzjours mais aussi. Et combien que on ne treuve pas en escript que les dessusdiz officiers lavassent les piez de nostre Fin Rubin, toutesfois il furent bien lavé et de yaue clere et chaude--c'est assavoir des larmes de la benoite Magdelene--et aussi essués de ses tres biaus cheveux. Et non tant seulement les piez lui furent lavé, mais tout son corps fu plongié en un bain moult orrible. Ce fu quant il lui souvint des noces a avenir et de grant angoisse qu'il ot, il sua fort, et la suour fut muee en sanc coulant jusques en terre; et tout pour l'ardant amour des filz de son espouse. Et ce souffice briefment des provisions et preparacions precedens les noces lacrimables pour moderer et restraindre les grans provisions et despens outrageux qui se font au jourd'ui pour les noces temporeles.

---

21. Jn 7: 37-38.

Cy commence l'aucteur entrer en la matere de la Passion du doulz Jesu, et des noces figurees et piteuses entre le Fin Rubin [ou]²² Escarboucle Jesu Crist et le Dyamant nostre mere saincte Esglise.

Le v.ᵉ chapitre²³

5   Or est temps de venir aux noces et non pas senz larmes et piteuse compassion.²⁴ Et qui a ces noces cy par grace en sa contemplacion se trouvera et ne ploura, aiant compassion, il pourra bien dire qu'il avera le cuer plus dur que pierre. Les noces temporeles communaument se commencent par joie, par grans diners, par danser, par chanter et par
10 instrumens sonner. Mais la fin en est trop bien cogneue, car elles terminent en plour et par discordes sovent, [et] par tribulations, et finablement par la mort. Nulz n'en puet eschaper. Mais les noces et sainte aliance de nostre divin Rubin a l'Eglise de Dieu commencerent a plours, doulour et martire, et finent a vie pardurable. Et Dieu par sa
15 sainte grace nous veuille ottroier que, non obstant nos pechiés et nostre mescognoissance du mistere des noces, nous soions participans du divin mistere que les noces pretendent.

   Il est assavoir que combien que je face cy un grant chappitre et principal des autres sacremens de mariage dessus touchiéz--c'est assavoir
20 de Jesu Crist a l'Eglise de Dieu--toutesfois selonc les docteurs de l'Eglise et la sainte Escripture, le benoit Filz /17ᵛ de Dieu Jesu Crist ou secont mariage cy dessus declairié--c'est assavoir quant il fist l'aliance a nostre humanité par sa sainte Incarnation--il fist lors le mariage et union de lui et de nostre mere sainte Eglise. Mais a ceste journee des noces et aliance
25 de ce present chappitre il desclaira publiquement l'amour qu'il avoit a l'umaine generacion et l'entencion, occasion, effect et conclusion finable en ces derraines noces piteuses et lamentables pour quoy et a quel fin il s'estoit aliéz par sacrement de mariage a nostre mere sainte Eglise. Et combien que en poursuiant la matere des sacremens de mariage spirituel
30 selon ma povre devocion et rude entendement, je nomme ceste journee piteuse les noces et sacrement de mariage de Jesu Crist a l'Eglise et indivisible union, toutefoiz, ceste journee puet mieulx estre appellee la joie et jubilee et sacrement de redempcion, moy rapportant tousjours a humble correction.

---

22. (et).
23. *[Le .v.ᵉ chapitre].
24. The Gospel narrations of the Passion of Christ, from which the following account is drawn, are in Mt 26-27; Mk 14-16; Lk 22-24; and Jn 18-21.

Or entrons donques doulcement en la matere lamentable et
finablement delictable des noces proposees et parlons en contemplacion
et devocion telle quelle, voire par une doulce memoire. Nostre Riche
Rubin a faites ses provisions pour ses noces celebrer et, toutes choses
prestes, il vint a la journee si longuement desiree des patriarches et
prophetes qui estoient ou limbe. Et le faulz tresorier ne dormoit mie,
mais reçut trente deniers pour presenter a son maistre le salut d'un traitre
disant, "*Ave, Rabi!*"[25] Et lors, l'Escarboucle, ardant d'amour, manda
incontinent ses rays sur l'oraille copee de Malchus et fu tantost sanee; et
ce fait, tous les officiers qui s'estoient vantéz de bien servir aux noces,
de vile paour s'enfuirent et laisserent le doulz Aignelet, leur Maistre,
tout seul en mylieu des loups ravissables. Mais pour faire reposer nostre
Roy debonnaire celle nuit en sa chambree de parement sur un biau lit tres
mol, pour estre l'endemain a ses noces fres et joyeux, les ministres
d'iniquité entour son benoit col lui mistrent une chaine de fer et le
loierent a une coulompne de pierre toute nuit senz lui donner aucun repos
ne consolacion. L'endemain vint, et tout le peuple fu assemblé pour
celebrer les noces, voire par le moien d'autres provisions que les
provisions dessus dictes, et par autres officiers et ministres que les siens
cy dessus ordenéz.

Or entendés doulcement, /18 vous qui ses noces lisiéz, hommes et
femmes, josnes, vieux et mariéz, il ne nous deveroit pas anuier d'ouyer
ne de prolixement traitier les noces du Fin Rubin pa[26] lequel nous
sommes rengeneré, ne la souffrance de l'Escarboucle par laquelle en
l'ame nous sommes enluminé. Grant assemblee et solempnité ot aux
noces du roy Assueurs quant il prist pour espouse la sainte roine Herter,
et dit la saincte Escripture que a celles noces tout homme en vaissiau
d'or, a franc arbitre et senz demander, buvoit le vin.[27] Mais onques ces
riches noces ne se porent a comparer aux noces misterieuses de nostre
Fin Rubin, car le vin de ses noces presentes, qui saigement le boit par
foy en grant humilité il devient tantost yvres, voire d'amour, desirant de
morir et estre avec son Espous translaté.

---

25. Mt 26: 49.
26. For *par*.
27. Est 1: 7. Philippe misquotes here. The feast where all drank out of golden
vessels was the one given where Vashty refused to appear before Ahasuerus and
so was repudiated.

De .vij. choses necessaires et acoustumees aus noces temporeles des grans roys de ce monde.

Le .vj.ᵉ chapitre

Or est assavoir pour aucune preposicion que le nombre de .vij. entre tous les autres nombres, selonc les docteurs, est le plus auctorisié, car en lui est compris l'université des nombres. .Vij. jours sont en la sepmaine et en l'autre sepmaine recommencent, .vij. dons sont du Saint Esperit, .vij. euvres de misericorde, .vij. vertus contre .vij. vices, .vij. diacres ordenéz par les apostres dont saint Estene fu chevetainne, .vij. sacremens de l'Eglise, et en .j. jour naturel .vij. heures sont ordonnees canoniques pour la loenge de Dieu.

Et selonc cestui nombre esleu de .vij., ramenons a nostre memoire .vij. choses principales et neccessaires aux noces temporeles d'un grant roy. Prumierement, on ordonne une chambre bien paree en laquelle le roy doit dormir et reposer la nuit de la vegille de ses noces, acompaignié de ses chambrelens; et a celle nuit nulle femme n'y entre. Secondement, l'endemain au matin le jour des noces les robes roiales des noces sont appareilliees, et vest on le roy des dictes robes. Tiercement, la couronne d'or riche a pierres precieuses, les aniaux et fremaux sont mises avant dont le roy est couronné et paré. Quartement, un trone bien aourné, une chaiere roiale, garnie de quarreaux et couverte d'un drap d'or a demi ciel, est appareillie, sur laquelle le roy siet a table le jour de ses noces. La quinte chose est le grant appareillement des grandes et delicieuses /18ᵛ viandes et vins divers et bons pour le roy et sa compaigne.[28] La siziesme chose acoustumee si est a la fin du grant disner, les heraus qui loent le roy et crient largesse; et tantost apréz disner, a la collacion, avec le vin et les espices, les doulz instrumens pour esjoir le cuer du roy de sa grant poissance, de son sens, de sa vaillance et de son grant mariage. La septiesme chose finable est quant la grant feste est passee, et le roy est bien traveillié et desire d'aler reposer et gesir avec son espouse; les grans princes et privés du roy lors doulcement lievent le roy de son trone et de sa cheere, et le mainent en son retrait pour lui apointier et aaisier, et de la le mainent en la chambre de la roine, richement paree et bien parfumee de precieux aromas d'oyseles de Chippre et de mugliat de violetes d'Alixandre, de fin ambre et de toutes manieres de flours. La nuit vient, et, faite la beneisson solempnelle par l'evesque, les barons et tout homme

---

28. compaign(i)e.

se partent et encloent le roy en sa chambre avec la royne s'espouse; et les doulz instrumens en la galerie emprez la chambre roiale font leur office pour esleechier le roy. Et ce souffice quant aux .vij. choses acoustumees le jour des noces des roys et des empereurs (aussy).

5   **Des .vij. heures canoniques de la Passion du Fin Rubin le Doulz Jesu, raportés par maniere de concordances et personnages au contraire des .vij. choses solempneles aus noces des grans roys de ce monde acoustumees.**

Le .vij.ᵉ chapitre²⁹

10   Or venons donques a la concordance assés diverse et estrange et non mains lacrimable des .vij. choses dessus touchees, concurrans aux noces des roys et empereurs, aux .vij. choses des noces proposees de nostre tres doulz Rubin. Et trouverons que, a .vij. heures du jour ordonnees pour la loenge de Dieu, a nostre Roy, Fin Rubin et resplandissant
15 Escarboucle, Dieu et homme, le jour de ses noces proposees furent faites et acomplies .vij. autres ameres choses en nombre piteuses et orribles par contraire concordance des .vij. choses delicieuses cy desus recitees.

Et quant a la prumiere chose et prumiere heure des .vij. heures canoniques--c'est assavoir a la chambre paree en laquelle nostre doulz
20 Espous devoit reposer la nuit de la vegille de ses noces--helas! il fu pris ou jardin de la ville de Jethsemani par les fauls ministres des princes, des Pharisiens et (des) evesques des Juifz, non obstant qu'il se feussent avant laissié cheoir a revers quant il leur dit /19 doulcement, "*Ego sum.*"³⁰ La monstra sa poissance divine et que de sa propre volenté il se laissoit
25 prendre. Il le pristrent et batirent, foulerent et loierent, et vilainement l'amenerent en prison en la maison de Anna, serouge de Cahifas, la ou les princes des Juifz l'atendoient. Et aprés mainte vilenie qui lui firent et dirent, il le coucherent celle nuit en la chambre paree ou biau lit de repos, c'est assavoir a la coulompne de pierre estroitement le loierent,
30 comme dessus plus plainement est touchié.

Et nous, vilz pecheurs, pour lesquelz nostre Rubin, nostre Roy, souffri si male nuitie, pour l'amour de lui faisans aucune petite penitance, ne poons pas souffrir une toute seule nuit senz dormir en biau lit et mol et entre deux blans linceus. Et ce souffice en memoire piteuse

---

29. *[Le] * < .vij.ᵉ chapitre >.
30. Jn 18: 5.

en rendant graces a nostre doulz Rubin de l'eure prumiere de matines et de la prumiere chose, commencement des douloureuses noces.

    A la seconde heure--c'est assavoir a l'eure de prime--et toute la matinee que on devoit nostre doulz Rubin vestir des riches robes des noces, avant que on le vestit par les ministres d'iniquité, il fu loiés et pourmenés de Caifas a Pilate et de Pilate a Herode et partout fu examinéz, batus et vilenéz comme un larron ou omicide. Et pour ce qu'il ne vault faire miracle devant Herode ne dire mot--car il n'en estoit pas dignes--en lieu des garnemens royaulx, Herode le fist vestir d'une blanche cote vielle et usue, par maniere de gaberie, et ainsi le renvoia a Pilate, devant lequel il fu fort accuséz des faulz tesmoings. La lui donnerent les grans colees et le decrasserent sa bele face, en laquelle les angles regardans prendent leur gloire et leur reffection. Il lui benderent les biaus yeux de son chief d'un volle, en lui donnant les buffes et disant, "Profetise, Jesu, qui est celui qui t'a feru?"[31] Lors, Pilate, cuidant satisfaire au peuple des Juifz et lui delivrer de mort, fist nostre biau Rubin loier a l'estache a une coulompne de marbre tout nu, pour lui vestir une chemise roiale et purpuree. Et fist tant batre des corgies nostre riche Escarboucle, qui ja avoit retrait ses rays, que sa belle char virginale, plus blanche et plus tendre que la flour de liz n'est en may, devint toute vermeille pour le precieux sanc qui de toutes pars de son corps a grans ruissiaus couroit. Ainsi fu revestus de nouvelle robe et chemise roiale, ce sembloit, nostre tres /19ᵛ debonnaire Rubin, pour proceder aux noces; et lui partout senz dire mot comme un doulz aignelet que on porte au sacrefice. Et tout ce souffri debonnairement pour nous racheter des paines d'enfer et dampnacion perpetuelle.

    Helas, helas! a nous grans pecheurs ausquelz il ne souvient se n'est par aventure en maniere de songe de la chemise susdicte, du precieux sanc purpuree et du blanc vestement dont nostre doulz Rubin fu revestu et paré par une derrision. Et nous ne pensons aussi comme a autre chose que aux riches et precieux paremens et a leurs façons diverses, en multipliant les robes pour parer nostre vile charongne qui sera mengie de vers. Et ce souffice briefment quant a l'eure de prime et a la seconde chose touchans les vestemens roiaulx de nostre doulz Espous, senz faire mencion en ce present article du surcot roial ouvert, qui vendra cy apréz avec la couronne roiale.

    Or est temps de venir piteusement et non sanz larmes a l'eure de tierce et a la couronne roiale, dont nostre Roy doit estre couronné pour

---

31. Mt 26: 68.

aler a table du grant disner du mariage et noces proposees. Nostre tres doulz Rubin, ainsi appareilié et malmené, comme dessus est touchié, fu presenté devant le peuple des Juifz, generacion perverse, par Pilate afermant qu'il ne trouvoit aucune cause en lui pour laquelle il deust morir. Lors les ministres du Diable a une voix dirent en sustance, "Il s'est fait roys; soit vestus d'un sercot ouvert, d'un mantiau royal et couronné comme roy."[32] Il le pristrent lors crueusement et le despouillerent de ses draps, en lui vestant une vielle cote de soie de pourpre vermeille toute roupte et dessiree. Et pour le couronner comme roy, li mistrent crueusement sur son biau chief une grosse couronne d'espines, qui li perça la teste de toutes pars et jusques a la cervele, par telle maniere que le sanc de son chief decouroit a ruissiaux parmi sa bele face et par tout le corps aussi. Helas! vecy piteuse coronacion de leur roy, qui les avoit jetéz de la prison d'Egipte et servitude de Pharaon, et admené en la terre de promission, terre sainte habundant de lait et de miel.[33] Encores ne souffist pas a Juifz remplis de toute inhumanité ceste grant cruaulté, mais, en lieu de septre roial, mistrent en la main destre de leur debonnaire Roy une grosse canne, un gros rosiau, par maniere de ceptre, de laquelle canne ilz l'avoient ja batu et feru /20 pluseurs fois sur sa teste et sur la couronne d'espines afin que les espines entrassent parfont dedens la teste de leur tres debonnaire Roy. Et ainsi, nostre Rubin, manssuet et debonnaire comme un aignel, seant, vestu et couronné et le septre en sa main, comme dit est, les faulz Juifz s'agenouilloient devant lui par grant derrision et a haute voix disoient, "*Ave, Rex Judeorum!*"[34]

Et quant aux fremaux, jouiaux et aniaulx, dont le roy a ses noces doit estre paré, autres fremaux n'y ot a nostre doulz Espous que les grans plaies de sa flagellacion, remplies de sanc foitié et enflees non tant seulement en sa poitrine, la ou seut les fremaux atachier, mais par tout le corps et les bras et jusques aux beles mains, qui fourmerent le ciel et la terre, lors ainsi mal appareillies d'estre parees de biaux aniaux. Pilate, desirant lui delivrer pour un messaige que sa femme lui avoit mandé, prist nostre doulz Rubin a part, et l'examina fort, et lui fist pluseurs demandes. Et en la fin lui demanda quelle chose est verité, mais la solution il ne vault pas atendre, car il n'en estoit pas dignes. Mais l'amena hors en publique devant le peuple ainsi vestu et couronné, et

---

32. Based on Mt 27: 28-29; Mk 15: 17; Lk 23: 11; and Jn 19: 2.
33. Ex 3: 8.
34. Mt 27: 29.

leur dit a haulte voix, "Veescy vostre roy!"[35] Et lors respondirent tous a une voix, "Nous n'avons roys forsque Sezare.[36] Se tu laisses eschaper cestui, tu n'es pas amis de Cezare."[37] Et quant il leur ot offert de laissier Barrabas, et il le refuserent, lors il leur dit, "Que feray je de Jesu, roy des Juifz?"[38] Il respondirent crueusement a une voix: ["*Tolle, tolle, crucifige, crucifige!*][39] Le sanc de lui sot[40] sur nous et sur tous noz enfans"[41]--auquel sanc precieux il n'ont pas failli par maniere de vengance et condempnacion. Et lors par Pilate fu condempné a mort sans cause. Et les ministres d'iniquité, Juifz et chevaliers romains, desvestirent nostre doulz Aignelet de la robe roiale et le revestirent de la sienne, en lui metant sur son col le fust de l'arbre de la croix, grant et pesant et, selonc les istoires, de quinze piés de lonc. Et ainsi chargié oultre sa force humaine, hastivement et honteusement l'emmenerent au grant disner des noces, c'est assavoir ou mont de Calvaire en lieu d'un biau palais roial.

Bien deveroit souvenir aucunefois aux grans roys et seigneurs, roynes, dames et bourgoises des grans couronnes, chapiaus, fremaux, aniaux et paremens, dont maintefois se parent par orgueil et vanité et pour delit charnel, de la robe, couronne et joyaux de nostre doulz Redemptour, /20ᵛ cy dessus recitéz, et atremper la viele qui fait endormir les gens es plaisances mondaines et corrompables. Or prions donques a nostre doulz Espous, que ses paines et merveilleuses dolours qu'il souffri pour nous, cy dessus recitéz, en noz cuers aucunefois et sovent il veuille inspirer et nous donner vraie cognoissance de la flambe d'amour issue du Fin Rubin ardant, qui soit loés et beneis de nous et ores et a touzjours. Et ce souffice de l'eure de tierce et de la coronacion de nostre doulz Rubin.

---

35. Jn 19: 14.
36. Jn 19: 15.
37. Jn 19: 12.
38. Mt 27: 22.
39. Mt 27: 23; Mk 15: 13; Lk 23: 21; and Jn 19: 6.
40. For *soit*. A hypercorrection of the eastern parasitic *i* (Gossen, *Grammaire de l'ancien picard*, sec. 1).
41. Mt 27: 26.

Comment le Fin Rubin Jesu Crist a l'eure de midi fu mis sus son throne royal au grant disner de ces noces figurees, c'est assavoir comment il fu cruxifié.

Le .viij.ᵉ chapitre

5   Or entrons en la matiere lacrimable et piteuse a recorder, c'est de la quarte chose neccessaire qui faut aux noces des grans rois de ce monde-- c'est assavoir de l'eure de midi--et comment nostre grant Roy, Dieu et homme, le Fin Rubin, de sa belle couleur tout oscurcy, fu assiz pour disner en la chaiere roaiale ou trone imperial. Les princes des Pharisiens,
10 les prestres et evesques des Juifz ne furent pas content des tourmens dessusdiz, mais pour parfurnir leur cruauté, par leurs sergens et ministres du Diable, en lieu de trone paré et chaiere roiale, il assirent et estendirent empréz le mont de Calvaire nostre debonaire Rubin ainsi tourmenté sur le fust de l'arbre de la croix en terre. Et pour ce qu'il avoient fait faire
15 les troux ou fust de la croix tant arriere que les benoites mains et les piés de leur Roy debonaire n'y pouoient avenir, a force de cordes, sans nulle compassion, il tirerent tant les bras et les piés de nostre Rubin passient, et tant les estirent par force de tirer que les mains et les piés, non pas sans amere dolour, parvindrent aux troux dessus touchiéz. Et lors en lieu
20 de bouffiaus de roses et de flours, que on presente es mains des rois au disner de leurs noces, il ficherent grans cloux de fer agus et bien tranchans parmi les mains et les piés de nostre doulz Espous, et ainsi l'atacherent crueusement a l'arbre de la croix. Et lors soudainement quatre fontaines sourdirent, qui piteusement arrouserent le benoit corps
25 de nostre tres saint Rubin et le fust de la croix.

   O qui par grace peust finer d'une toute seule goute de ces .iiij. fontaines pour arrouser son ame, il seroit bien eureux et guari de toutes /21 maladies--laquelle grace en esperit Dieu nous veuille ottroier par sa sainte pitié. Et pour ce que nostre tres doulz Rubin, ainsi tourmenté de
30 toutes pars et fichié a la croix, aloit comme defaillant--et n'estoit pas merveilles--les ministres[42] du Deable, pour lui un peu reffossiler et pour mieulx atendre le grant disner, il li donnerent le boire de matin. Helas, quel boire! fiel et mirre, mellé tout en vin aigre. Cy a povre desjuner et orrible, puant et amer.
35 Or est assis et apuiés nostre doulz Roy, le vray Espous de nostre ame, en son trone roial. Mais quoy? il fault drecier la chaiere de nostre

---

42. Ministre*{s},*(nt).

Roy en hault afin que au disner il soit de tous veus pour lesquelz il estoit du Ciel descendus. Lors les filz du Diable pristrent le trone--c'est la croix--et leur Roy ainsi crucifié, et le drecerent ou mont de Calvaire, fichant le pié de la croix en la dure pierre au plus haut de la ditte montaigne.

Lors fu acomplie la verité de la figure du serpent de cuivre que Moyses fist drecier ou desert sur la coulompne d'arain, lequel serpent avoit telle vertu que quant les personnes du peuple d'Israhel ou desert estoient mors des serpens et estoient pres de morir, s'il pouoient venir ou estre apporté jusques au serpent d'arain drecié sur la dicte coulompne et le regarder en hault, en un moment il estoit gari.[43] Et pour venir a la concordance de la dicte figure, nostre Rubin debonnaire fu eslevé sus son trone, c'est sur la coulompne de la vraie croix. Et perdue ja de lui sa biauté et sa belle fourme loee du prophete David,[44] par le tourment de la croix la biauté de sa fourme deffacie et toute denigree, il se pouoit dire que nostre Rubin estoit devenuz deffigurés et horrible a veoir comme un serpent. C'est le benoit serpent pour son peuple transfiguré dont le prophete dit, "En lui n'est demouree ne espece ne biauté et nous l'avons reputé comme mesiau et humilié et des hommes reprouvé, car en son corps il a porté tous noz pechiés et nostres iniquités.[45] Sa generacion pardurable, qui est celui qui le pourra recorder?"[46] dit le prophete.

Encores ne souffist pas a la generacion parverse des Juifz de drecier en hault leur Roy, leur Dieu et leur bienfaiteur sur son trone, comme dit est, mais en lieu des grans princes, qui lui devoient tenir compaignie au /21ᵛ grant disner des noces, ilz pendirent deux larrons sur deux croix l'un a la destre et l'autre a senestre de nostre Escarboucle, amortie par grant derrision pour estre acompli ce qui estoit escript de lui par le prophete, disant, "Aveuc les filz d'iniquité il sera reputé."[47]

Bien deveroit souvenir aux grans rois, princes et recteurs, tant d'Eglise comme seculiers, quant il sont assis en leurs trones es grans chaieres des dignités pour jugier leurs subgés, du povre trone et orrible ou quel nostre debonnaire Rubin fu assis et apuiés et couchiés, et tout pour nostre amour. Or lui prions donques devotement que cestui article

---

43. Nm 21: 8-9. Jn 3: 13-15 explains the truth of this figure as a prefiguration of Christ's Crucifixion.
44. Is 52: 14.
45. Is 53: 2-5.
46. Is 53: 8.
47. Is 53: 12.

plain d'amaritude, en rendant graces par doulce et piteuse memoire, soit
fichié et enraciné en noz cuers parfondement. Et ce souffice briefment,
car souffisaument et largement comme il appartendroit je n'en sauroie
escripre, c'est assavoir comment nostre doul[48] Rubin fu crucifié et eslevé
en son trone, la sainte vraie croix. Il est desclairié cy dessus en brief le
mistere des noces dolerouses du Fin Rubin a nostre mere sainte Eglise,
voire quant a l'eure de matines, de prime, de tierce et de midi, et des
choses qui estoient neccessaires selonc la male entencion des Juifz et de
Pilate, le grant maistre d'ostel.

Du grant disner des noces figurees a l'eure de nonne, et de .v. choses orribles qui furent presentees au Fin Rubin par maniere de personnages et des dolours qu'il souffri pour confourmer le sacrement de mariage entre lui et nostre mere saincte Esglise.

Le .ix.ᵉ chapitre[49]

Or est il temps, par la bonté de Dieu le Pere qui vault faire les noces
de son tres chier Filz a nostre mere sainte Eglise, d'entrer en la matere
dolourouse et piteuse de l'eure de nonne. C'est du grant disner des
dessus dittes noces, de la conclusion et confirmacion du sacrement de ce
riche mariage, et des vins et des viandes paou acoustumees aux grans
noces charnelles et temporelles. Mais qui par grace a cestui grant disner
pourroit offrir au moins trois larmes pures je pense[50] bien qu'il se
trouveroit du mistere des noces et consolés et resasiés.

Or entrons donques en la matere[51] de ce piteux disner. Et se par
nostre povreté, qui est grande, nous ne poons offrir les .iij. larmes
susdites, plourons /22 assés de ce que nous [ne] poons plourer. Il est
assavoir que au disner des noces d'un grant roy, cinq choses sont
neccessaires et moult desirees. La prumiere si est biau temps et cler. La
seconde grant planté de vins et de viandes delicieuses et estranges. La
tierce biau palais et large ou biau lieu pour celebrer le disner. La quarte
un seneschal ou grant maistre d'ostel saige, vaillant et bien expers pour

---

48. For *doulz*, indicating perhaps the weakening of the final consonants *s*, *z*, and *x* (Marchello-Nizia, *Histoire de la langue française*, 86-87).
49. *[Le] * < .ix.ᵉ chapitre >.
50. pen(s)se. Picard scribes often wrote double *s* for single *s* and vice versa (Gossen, *Grammaire de l'ancien picard*, sec. 49), but here we find a correction.
51. mat(i)ere.

ordonner et commander par tout[52] les offices. La quinte si est d'avoir serviteurs qui saichent bien servir.

A nostre propos quant a la prumiere chose, c'est au biau temps du disner proposé et sovent repeté, il est escript--et croire le devons--que quant nostre Roy, nostre debonnaire Rubin, fu essauciéz en hault sur son trone et assis sur la chaiere roiale, comme dit est dessus, pour disner et confourmer le mariage sovent repeté, en lieu de joie et de clarté, le soleil materiel retrait ses rais et devint oscur et de l'eure de midi jusques a l'eure de nonne tenebres apparurent sur la terre universele. Quel merveille se le solail retrait ses biaus rais quant le vray Solail de justice estoit tous admortis et avoit retrait ses biaus rais quant a l'umanité de sa tres bele fourme humaine! Veescy povre commencement de faire joieux disner: la lumiere faut a plain midi!

Or venons aux vins et viandes de ce riche disner. Il est assavoir que de deux manieres de viandes et non plus a cestui grant disner le commun fu servi. Les uns mengoient en devourant char d'omme vif, et a grans trais buvoient le sanc humain, et ne se pouoient saouler. Ce furent les faulz Juifz qui ne se pouoient saouler de mengier la char et boire le sanc de nostre Rubin aux dens de detraction, desquelz en leur personne avoit esté prophetisié disant, "Devourons cestui homme qui est contraires a noz heuvres et l'engloutissons comme Enfer fait les ames."[53] Mais les autres, helas! furent peü d'une autre viande, c'est assavoir d'ameres larmes et de douloureurs souspirs. Ce fu la royne des noces, l'espouse et mere du doulz Aignelet nostre Roy et Rubin amorti, et les appostres, disciples et les Maries et leur piteuse compaignie, desquelles larmes David avoit prophetisié disant, "Mes larmes me furent et jour et nuit pour pain et vin et viandes[54] /22ᵛ jusques a tant qu'il me soit dit et rapporté, 'Veecy ton Dieu ressucité.'"[55]

Et quant au biau palais ou quel le disner proposé fu celebré qui devoit estre bien aourné et bien encourtiné, ce fu le mont de Calvaire, lieu de justice publique, la ou on crucifioit les condempnés a mort, lieu puant et ort et diffamé. Mais en lieu de roses, des flours et aromans bien flairans pour esjoir le roy et toute sa compaignie, le champ estoit semé de testes mortes et des membres espars des justiciés qui ne rendoient pas trop gracieux odeur. Ce fu le palais la ou les noces furent celebrees.

---

52. tout(e).
53. Wis 2: 20.
54. Ps 42: 3.
55. The idea of this phrase is contained in Acts 2: 30-33.

Mais quant au grant maistre d'ostel qui les noces principaument gouverna, ce fu Pilate, le faulz tirant et ypocrite qui faignoit de delivrer nostre Roy et le condempna a mort. Les serviteurs du disner ce furent les faulz Juifz et les chevaliers romains qui ne se faignoient mie de bien servir aux noces. Or est il temps de venir a la viande roiale et au buvraige precieux pour nostre Roy, helas! qui longuement avoit juné et raisonnablement devoit avoir et fain et soif. Et pour abregier l'estoire doloureuse et lacrimable de cestui grant disner, pour toutes viandes et buvraiges, a celui qui donne viande a toute creature, les ministres susdis lui presenterent tant seulement fel, mirre et vin aigre mellé ensemble, voire pour rost et pour bouli, pour claré et pour vin, et pour toutes delectacions des grans disners des rois. Helas! cy a une povre viande et orrible et amere pour nostre riche Rubin, Roy des roys et Seigneur des seigneurs.

 Cestui piteux disner deveroit bien refrener les grans vins et viandes oultrageuses des roys et des seigneurs et des autres aussi qui, par orgueuil ou gloutonnie, les veulent contrefaire. Helas! tant de viandes sont perdues, le temps perdu, les corps malades de trop mengier, et le gouvernement de la chose publique souventesfois delessié pour entendre et estre ocupé aux grans convis. Et la monnoie, par oultrage et souvent de mal aqueste, est dependue folement; et noz povres freres crestiens a milliers, pour lesquelz le precieux sanc de nostre Roy /23 fu espandu, meurent de fain et de froit et de diverses maladies par defaute en leur povre maison. O qui par grace du buvraige dessus touchié de nostre Roy et Espoux de nostre ame puest estre abuvréz en esperit d'une toute seule goute, bien se garderoit de faire fole despense et seroit content de pou, a souffissance honneste de nature et non a orgueil ne a vile lecherie, dont Senecque le philosophe, dit que qui vit a nature il est riches et qui vit a opinion il est povres! C'est a dire que nature est soustenue de pou de viande qui pou couste, et qui vit a opinion touzjours desire multiplicacion de viandes qui ne sont pas de petite despense.

 Or prions donques devotement a nostre Rubin admorti que son povre disner entierement par doulce memoire souvent en noz cuers il veuille presenter et tous noz faulz desirs doulcement atremper.

De .vij. entremés orribles que les Juis presenterent au grant disner des noces doloreuses a nostre Fin Rubin le doulz Jesu, Roy des roys, et de .vij. entremés qu'il offri au disner lacrimable.[56]

Le .x.ᵉ chapitre[57]

5   Qui veult bien descriprе le grant disner des noces d'un grant roy, entre les viandes communes il ne doit pas oublier les entremés qui se font pour la magnificence du roy et pour esleechier les convivans des noces. A nostre propos, au disner et aux noces proposees furent ordonnees et presentees sept manieres d'entremés par maniere de personnages de par
10   les Juifz et leurs adherans, en grant derrision et injure notable de leur Roy debonnaire. Et se en y ot autres .vij. entremés qui furent offers et presentéz par la bouche de nostre Rubin, tres doulz Espoulz et Roy des noces proposees, lesquelz entremés furent de grant pitié et d'amere compassion et firent plourer mainte larme.

15   Le prumier entremés et personnage de par les Juifz fu quant un des varlés de Cayphas donna a nostre doulz Rubin une grant buffe, disant ainsi, "Te faut respondre a nostre evesque,"[58] pour ce qu'il avoit respondu a Cayphas, qui lui demandoit de sa doctrine, "Demande a ceulz qui m'ont ouy, car j'ay parlé et enseigné publiquement ou temple et
20   devant tous."[59]

Le second entremés fu quant les Juifz a haute vois respondirent a Pilate, en renoiant leur Roy, leur Dieu et bienfaiteur, disans, /23ᵛ "Nous n'avons roy forsque Cezare.[60] Quiconques se fait roy, il contradit a l'empereur Cezarre."[61] Le tiers entremés fu quant le faulz Pilate dist a
25   nostre Rubin le doulz Jesu, "Ne sces tu que j'ay poissance de toy crucifier et de toy delivrer?"[62] Le quart entremés fu quant au plus fort du disner et il virent nostre Rubin bien afflict et presque mort, il crierent a haulte voix, parlant a lui et disant en rempone, "Vath, qui destruis le

---

56. In the rubric for chap. 10 both here and in the list of rubrics, seven diversions are announced but only six are actually given in chap. 10. The seventh diversion forms the content of chap. 11.
57. *[Le] * < .x.ᵉ chapitre >.
58. Jn 18: 22.
59. Jn 18: 21.
60. Jn 19: 16.
61. Jn 19: 12.
62. Jn 19: 10.

temple de Dieu et en trois jours tu le reedifies."⁶³ Le quint entremés de grant derrision contre toute humanité et naturele compassion fu quant les princes, des prestres et des Pharisiens disoient l'un a l'autre de leur Roy trespassant, "Il a sauvé les autres et il ne se puet sauver."⁶⁴ Et lors adrecerent leurs paroles a lui par maniere de personnage, disans, "Se tu es roy d'Israhel, descen de la croix et nous crerons en toy."⁶⁵ Le siziesme entremés et personnaige prophetisant si fu quant les Juifz en criant dirent a une voix, "Le sanc de lui sot sur nous tous et sur tous noz enfans!"⁶⁶ a laquelle election et dampnable prophesie il ne falirent mie. Le septiesme entremés et conclusion de toute derrision, voire quant de leur part, si fu quant ou tabliau qui fu miz sur la croix Pilate escript en lettres greques, latines et hebrees, "*Jesus nazarenus, rex judeorum.*"⁶⁷ Ce furent les .vij. entremés publiques senz les autres presens et offertes, plaines de venin et de malediction, que les Juifz a son disner offrirent a leur roy.

Or entrons en la matere piteuse des .vij. entremés, des .vij. paroles que le poissant Roy debonnaire, pour nous humilié et jusques a la mort, voult presenter publiquement au grant disner de ses ameres noces pendant en la croix, lesquelz entremés sont de si tres haut mistere et de si tres grant compassion que, en verité, il deveroient trespercier les cuers des Crestiens et supposé qu'il fussent de pierre d'aymant.

Le premier entremés et personnaige debonnaire fu quant le doulz Rubin, pour ceulz qui le crucifioient par maniere de oracion et d'indulgence, dist a Dieu le Pere, "Pere, pardonne leur, car ilz ne scevent ce qu'il font."⁶⁸ Qui est celui qui au jourd'ui pour ses anemiz telz peust offrir a /24 Dieu une telle orison plaine de si grant vertu en ensivant le benoit prothomartir, monseigneur saint Estienne? Le second entremés moult merveilleux, reconfortant les pecheurs, si fu quant il dit au larron qui estoit pendus a sa destre et lui prioit mercy, "Au jourd'ui tu seras avec moy en Paradis."⁶⁹ Briefve parole et grant confort aux grans pecheurs et doulz exemple de non desesperer jamais, mais ensuir le larron pour obtenir de ses pechiéz vraie remission. Le tiers entremés, de grant dolour a lui et de grant compassion a ses amis, si fu quant nostre

---

63. Mk 15: 29.
64. Mk 15: 31.
65. Mk 15: 32.
66. Mt 27: 26.
67. Jn 19: 20.
68. Lk 23: 34.
69. Lk 23: 43.

doulz Espoulz senti la mort prochaine et dit a haute voix, "*Heli, heli! lama zabatani*"--qui vault au tant a dire: "Mon Dieu, mon Dieu, comment m'as tu habondonné?"[70]--monstrant par ces paroles piteuses qu'il estoit vrais homs combien qu'il fust vray Dieu et qu'il souffroit tant
5 de martire quant a l'umanité que nul homme mortel pourroit souffrir, et tout pour nous chetis. Et lors les chevaliers romains, qui n'atendoient pas l'ebrieu, cuiderent qu'il appellast Helie le prophete et dirent, "Atendons et veons se Helie vendra et le delivrera de la croix."[71] Cy ot un piteux entremés et dolerous personnaige.
10   Le quart entremés de grant et piteux mistere touchant a l'umaine generacion, pour laquelle les noces estoient celebrees, si fu quant il vit et senti dedens son cuer la tres grant doleur et martire que sa mere amere, la tres doulce Vierge Marie, pour son martire sentoit dedens l'ame et le corps, et de grant dolour estoit comme transie et toute morte. Et lors de
15 saint Jehan l'evengeliste il dit a sa mere, "Femme, veescy ton filz!"[72] et de elle a saint Jehan il dit, "Veescy ta mere!"[73] recommandant l'un a l'autre piteusement. Et ne la vaut pas appeler mere mais femme, car s'i l'eust[74] appellé mere ou dolereus estat ou quel il estoit, de pitié elle eust esté transsie, et de dolour la benoite ame lui fust partie du corps. Lequel
20 entremés combien qu'il fust moult dolourous, toutesfois il nous fu moult prouffitable et de merveilleuse subside, car le benoit Fil de Dieu nostre glorieux Rubin, quant a l'umanité oscurcy, a la royne son espouse--c'est l'Eglise--pour laquelle il estoit descendus du Ciel et avoit /24ᵛ tant souffert, laquelle spirituelment et doulcement representoit la tres doulce
25 Vierge Marie, il recommanda saint Jehan et par consequens tous les apostres et disciples et tous les loiaulx filz de nostre mere sainte Eglise. De l'autre part, a monseigneur saint Jehan, vierge esleu de Dieu, representant aussi nostre vierge mere sainte Eglise, il recommanda sa douloureuse mere, comme femme remplie de dolour et de toute amaritude.
30 Et non tant seulement par ceste recommandacion debonnaire aveuc saint Jehan nous recommanda a sa mere, representans la mere sainte Eglise, mais oultre ce, l'ordena nostre propre advocate pour estre moienne entre Dieu et l'omme, entre le souverain, juste juge et les grans pecheurs de ce

---

70. Mt 27: 46.
71. Mt 27: 49.
72. Jn 19: 26.
73. Jn 19: 27.
74. For *s'il l'eust*. The MS. frequently gives such an elliptical reading.

monde, si comme saint Bernart le traite grandement.⁷⁵ Et pour ce est il expedient et neccessaire en tous cas formidables recoure a nostre doulce royne, mere du Fil de Dieu et nostre propre advocate, et aussi soy recommander au benoit evengeliste, l'Aigle volant, saint Jehan.

Le quint entremés de nostre piteux disner si fu vers la fin, quant nostre doulz Aignelet eust esté bien rotis en l'arbre de la vraie croix par le feu d'infinites tribulacions et orribles tourmens, tout deseschié et ainsi comme sans humour naturele; et lors, combien qu'il fu trespassiens, il monstra qu'il avoit esté mal servis a table et dist, "*Scicio,*"⁷⁶ une parole de grant pitié a ses amis. C'estoit a dire qu'il avoit soif et vraiement il avoit soif, voire double, l'une corporele et l'autre espirituele: l'une pour reffossiler son povre corps ainsi deseschié et tout rosti, l'autre pour le sauvement de noz ames pour lesquelles tant il souffri. Et lors pour tous buvraiges, en lieu de vin de Beaune et d'une belle coupe doree, il lui offrirent pour boire une vile esponge remplie de vin aigre, atachiee a une canne, par maniere de derrision.

O que dirons nous, vilz pecheours crestiens, qui nous delitons oultre mesure par gloutonnie en diversité et multiplication des vins et des viandes delicieuses et de vaissele precieuse, qui sovent sont contraires non tant seulement a l'ame mais a nostre corps /25 puant? Et ne nous souvient des buvraiges et viandes ameres desqueles nostre doulz Rubin, nostre Amour et nostre Redemptour fu servis au disner des noces proposees. Prions lui donques devotement qu'il nous doint grace de vivre sobrement pour soustenir nature tant seulement et non pour delectacion desordonnee, en recognoissant en fait, en dit et en pensee ce qu'il a souffert pour nous.

Or vient le siziesme entremés qui estoit bien [un] entremés de larmes et de compassion. Ce fu quant nostre doulz Rubin, nostre Escarboucle, fu toute oscurcie et ot perdu ainsi comme tous ses rais quant au corps--lesquelz par sa divinité jadiz avoient enluminé saint Pierre, saint Jaque et saint Jehan en la montaigne de Thabor en sa tranfiguracion--veant donques nostre piteux Rubin qu'il estoit a la fin du disner des noces de son amere Passion, lors il dit a haute vois, "*Consommatum est.*"⁷⁷

C'estoit a dire que ce pour quoy Dieu le Pere l'avoit envoié en ce monde il avoit piteusement acompli. C'estoit nostre redempcion, ne autre chose

---

75. Particularly in *Sermones in adventu Domini* 2.5 at the end (*Sancti Bernardi Opera*, 4: 161-96).
76. Jn 19: 28.
77. Jn 19: 30.

ne faloit forsque l'amere conclusion du disner des noces et du sacrement de mariage de lui et de nostre mere sainte Eglise. Or lui prions donques piteusement a cestui entremés qu'il nous doint grace d'avoir memoire de ce piteux disner et de nostre part acomplir ses doulz commandemens afin que nous ne soions fourclos du benoit fruit de cestui saint mariage.

Comment les hiraus vindrent en la fin du disner pour veoir s'il averoient part es dictes noces, et de la precieuse et piteuse mort du doulz Rubin Jesu Cris, et du mistere de la redemption d'umaine generation.

Le .xj.ᵉ chapitre[78]

Il seroit temps d'abregier cestui piteux disner qui cousta tant que on ne le pourroit prisier, car je pensse bien que la royne des noces, la vierge mere du Roy, menga paou au disner. Quel merveille! sa viande n'estoit autre que larmes et souspirs. Et ce se puet dire de saint Jehan l'evengeliste, de Marie Magdelene, des autres Maries et des amis de nostre doulz Espous: grant desir avoient que le disner finast qui estoit si cruel que onques a noces de roy telles viandes ne furent appareillees.

Et pour venir au .vij.ᵉ entremés qui [estoit] une double fontaine /25ᵛ sourdant--c'est assavoir l'une de larmes quant aux corps des amis asistens et l'autre de joie quant a l'ame rachetee de toute humaine creature--voire quant de la part de nostre doulz Espous, il est assavoir que, si comme il est acoustumé et cy dessus presupposé, aux noces des grans roys vers la fin du disner les hiraus ne se font pas oublier mais viennent sans appeller devant la table pour veoir s'il averont riens du roy, s'il averont leur part des noces, ils loent le roy en flatant et dient souvent grans bourdes. Et quant il puent avoir aucuns dons, Dieu scet mal emploiés, a haute voix il crient vaillance et largesse. Venant a nostre propos, le grant disner proposé ne fu pas sans hiraus ou equipolent qui le vaille, car devant un pou que le .vij.ᵉ entremés fu presenté, en lieu de hiraut, le Diable se vint asseoir emprés nostre Roy sur sa chaiere, sur le trone roial--c'est assavoir sur le bras de la croix--pour veoir et espier s'il averoit sa part aux noces. Comme il estoit en possession de toutes les noces avant passees d'Adam nostre prumier pere jusques a celui jour, il cognissoit assés que nostre doulz Rubin divin, vestu d'umanité, aloit falant petit et petit et estoit pres de la mort; et pour maintenir sa saisine il s'assist sur

---

78. *[Le] * < .xj.ᵉ chapitre >.

le bras de la croix, comme dit est, pour veoir et apercevoir s'il averoit
part en l'ame de nostre doulz Espous. Mais il n'y trouva riens dont il se
peust esjoir ne crier largesse, si s'en parti confus, perdant sa possession
longuement possedee.

Cestui diable fu le hiraut qui, du pechié d'orgueil, de flaterie, de
gloutonnie et d'avarice, tempta Eve nostre prumiere mere en Paradis
terrestre, quant il li dist, "Se vous mengiez de la pomme vous serez
comme les dieux et averez science et de bien et de mal."[79] Cestui diable
fu le hiraut qui ja pieça porta nostre Rubin lors par miracle reluisant a la
quarantaine et sur le pinacle du temple, et lui monstra la gloire de tous
les regnes du monde, en lui flatant et temptant des .iij. pechiés susdis,
dont il fu desconfis. Malvais mestier est de hiraut et en l'escripture
repreuvé; et grant peril est a l'ame crestienne de ouir crier, "Largesse,
largesse," en presence du donnant. S'il souvenoit bien aux grans princes
de ce monde du mal /26 hiraut dessusdit et de son perilleux office, il se
deveroient bien passer de hiraus.

Or retournons a nostre entremés, le derrenier, qui nous deveroit en
larmes entierement plongier. Helas, helas! a moy, vil pecheur et viel
escripvain qui m'entremés sans larmes d'escripre l'entremés dont les
pierres fendirent, et mon vil cuer remaint vuit de devocion, de pitié et de
compassion, traitant la sainte redempcion de l'umaine generacion. En
escripvant, donques, tout mon corps et mes dois deveroient bien transler
et de dolour ma face tressuer, traitant la mort du Pastour crucifis, qui fu
pour ses brebis ocys. Mais mon cuer, helas! remaint dur comme une
pierre[80] et froit comme un glaçon, pour mes pechiés, sans aucune
compassion. Dieu, par sa sainte grace, noz cuers il veuille amolier pour
lui amer et doubter et lui regracier.

Or entendons un pou, vous qui lisiéz ce piteux entremés, les .iiij.
heures canoniques sont passees de noz noces proposees, et les .iiij.
choses aussi aux noces des roys acoustumees, et outre plus les entremés
doubles sont offers, excepté le .vij.ᵉ de nostre doulz Espous. Helas!
comment le pourray je descripre qui n'ay talent de rire? Toutesfois, en
poursivant les dictes noces telement quelement du derrenier entremés,
par grace, je presumeray descripre non pas comme il appartendroit mais
assés grossement.

Nostre tres doulz Rubin, nostre riche Escarboucle piteusement
obtenebree, nostre Roy des noces, le vray Espous de l'ame, veant que

---

79. Gn 3: 5.
80. Zec 7: 12.

tout estoit ainsi comme acompli ce que les patriarches et prophetes avoient dit de lui et ce pour quoy il avoit tant traveillié, approchait a sa fin. Aians compassion des asistens au disner remplis de larmes, et par especial de sa tendre mere trespercie de dolour, et aussi aiant compassion d'umaine generacion, en ce croissant les larmes et finablement abregier les souspirs, lors, pour toutes manieres de viandes et pour tous entremés, a Dieu le Pere il offry le derrenier. Ce fu quant, pour l'amour de nous, en son precieux corps toutes vertus et forces humaines piteusement defalirent; et lors, soy /26^v recommandant a Dieu son Pere et par consequent tous les vrais filz de s'espouse, a haute voix il dit, "*Pater, in manus tuas commando spiritum meum,*"[81] qui vaut au tant a dire, "Pere, je te recommande mon esperit." Il est vray que l'umanité parloit, qui les dolours de la mort entierement souffroit, combien que la divinité ne fust pas separee de lui. Et lors, ainsi tout consomé et acompli tout ce qui estoit a faire jusques a la mort, il enclina son precieux chief a destre vers sa douloureuse mere et, a une grant voix, nostre doulz Rubin rendi son esperit. Mais a celle heure piteuse, moustrant sa grant poissance oultre les tenebres cy dessus declairies, les pierres du mont de Calvaire fendirent, arousees du precieux sanc de nostre doulz Espous descendant par la croix. La terre aussi crola, et les monumens et sepulcres se ouvrirent, et les corps de pluseurs sains resussiterent et s'aparurent a pluseurs en la cité de Jeresalem. Cy a une narracion moult piteuse combien qu'elle soit fructueuse.

Or il est temps de crier aux napes, car cestui disner lacrimable a trop longuement duré, et est passee ja l'eure de nonne. Or est nostre Rubin, jadis vermeil et d'ardant couleur comme une belle rose florie, pali et amorti du tout. Et toutesfois il siet encores en sa chaiere roiale et apuié, mais atachié a son orrible trone--c'est a la sainte et ores precieuse et vraie croix arrousee, dediee et saintefiee du sanc de l'Aignelet ocys. Et veescy les doulz instrumens cy dessus declairiéz, qui viennent faire leur office comme a colacion du disner pour esveiller le roy qui dormoit, par semblant, et lui esjoir et conforter, dont il est assavoir que ces doulz instrumens cy proposés par leur contraire ce furent les Juifz et chevaliers romains que Pilate manda pour brisier les jambes et les cuisses du doulz Jesu pendu en la croix et des deux larrons qui pendoient emprés lui. Lesquelz instrumens firent bien leur office, car il briserent les jambes des deux larrons, qui estoient encores en vie, et quant il vindrent a nostre Roy debonnaire il le trouverent mort et ne li briserent pas les os, car

---

81. Lk 23: 46.

ainsi avoit /27 esté prophetisié.⁸² Mais a celle heure l'un d'eulz, viellart et infidel, lors qui jouoit d'un plus doulz instrument que tous les autres, par contraire s'aprocha de nostre Roy debonnaire et du fer de sa lance lui ouvri le costé destre, faisant une large plaie, de laquelle par miracle il yssy sanc et yaue a tres grant habondance--c'est assavoir l'iaue pour rengenerer les yaues a nostre santifficacion et le sanc precieux pour nostre redempcion.

Lors fu acompli, desclairié et confourmé aveuc les autres le sacrement de mariage tant de fois repeté. Lors fu ouverte la porte de Paradis qui cinq mil ans et plus avoit esté serree. Lors fu paiee la debte que l'umaine generacion devoit pour la transgression de la pomme mengie. Lors fu faite la pais tant desiree des prophetes entre Dieu et l'omme. Lors furent traites de la prison dou limbe, par la benoite ame de nostre doulz Espous, les ames de tous les sains peres du Viel Testament, ausquelz saint Jehan Baptiste avoit fait son message. Lors fu vainqu Lucifer, aveuc ses adherans, qui tant avoit regné. Lors apparut la grant clarté de l'ombre qui tant avoit duré. Lors furent les deux parois adjoustees ensemble par la pierre angulaire, voire par un ciment du precieux sanc de nostre Roy qui porte grant medecine. Lors fu asamblees et confourmees en un les deux peuples divers, c'est assavoir le peuple des Juifz et le peuple des Gens--c'est des Paiens. Lors fu la sinagoge maudite, laissant l'esperit et tenant soy a la letre, et l'eglise, diverse mais repostaille des ydoles, ramenee a une seule Eglise catholique, sainte et entiere, espouse de nostre Roy poissant. Lors fu la royne Misericorde assise en la haute table devant et par dessus Justice la riguoreuse, qui avoit acoustumé a dire ou Viel Testament, "Oeuil pour oeuil, pié pour pié et dent pour dent".⁸³ Lors fu doulce Amour en sa grant seignourie qui nous ouvry la porte de pardurable vie. Lors a l'ouvrir du costé, aveuc le sanc et l'iaue, issirent habondanment et amoureusement les sains sacremens de l'Eglise par une maniere de douaire distribueé a son espouse, nostre mere sainte Eglise, en cestui monde faisant son pelerinage. Et par especial et au propos de ceste presente matere, de la grant fontaine sourgant, c'est de la grande et precieuse plaie susdite, yssi avec les autres sacremens le sacrement de mariage entre Jesu Crist et l'Eglise, /27ᵛ entre Dieu et l'ame crestienne, et entre l'omme et la femme.

---

82. Ex 12: 46; Ps 34: 20.
83. Ex 21: 24.

O tres doulz Dieu, tres doulz Espous de nos ames, qui tant te vaus humilier, tant souffrir et tant traveillier que jusques a la mort de la croix pour nous chetis, en laquelle et mors et vis tu fus, donne nous vraie cognoissance de ta mort et doulce souvenance, et nous pardonne tous noz pechiés presens et advenir, nouviaux et viés, et nous ottroie entiere participacion du mistere de ta souffrance et de ta Passion. Et ce souffice du disner dolourous des noces proposees, des viandes et entremés de l'eure de nonne.

De l'eure de vespres et comment le Fin Rubin mort en la crois fu deposé du throne royal et apporté a son retrait ou quel il fu aromatisié et enoins par {Joseph Abarimathia et Nichodemus.}

Le .xij.ᵉ chapitre[84]

Or venons (au) plus briefment a l'eure de vespres et a la .vj.ᵉ chose acoustumee aux noces des grans rois de ce monde. Il fu dit par dessus que les princes ou barons les plus privés du roy, quant les noces du jour sont finees, il prendent le roy et le lievent de son siege et l'enmainent[85] en son retrait pour lui appareiller et le mener en la chambre de la royne son espouse. A nostre propos, parlant moralement, qui furent ces barons privés de nostre roy? Certainement ce furent les nobles princes, {Joseph Abarimathias, le vaillant baron,} et Nichodemus, le preudomme, prince en Israhel, qui leverent leur Roy, leur Createur et Redemptour de son siege roial et le despendirent piteusement de l'arbre de la vraie croix, non pas sans larmes de la mere et amis du doulz Crucefis. Il l'emmenerent et emporterent a son retrait pour lui appareiller, pour lui laver, enoindre et ensevelir. Il l'enbaulmerent de cent livres de mirre et d'aloé, et en acomplissant le .vij.ᵉ sacrement lui firent toute l'umanité que il se pouoit faire a aucun roy trespassé.

Or prions doncques devotement a nostre Rubin mort present que le mistere des vespres en lui susdit, en fait, en pensee et en dit, sovent soit presenté a nostre memoire pour parvenir a pardurable gloire. Et ce souffice de l'eure de vespres et de la .vj.ᵉ chose sustouchie a nostre propos telement quelement ramenee.

---

84. *[Le] * < .xij.ᵉ chapitre >.
85. l'enmain(n)ent.

De l'eure de complie, et comment nostre doulz Rubin fu enseveli ou saint sepulchre en la chambre royale par le contraire, et de la dolour du Fin Dyamant la Vierge Marie, representant nostre mere saincte Eglise.

Le .xiij.ᵉ chapitre[86]

/28 Or vient la nuit et l'eure de complie que la feste est failie et la malice des Juifz acomplie. Et selonc ce qu'il fu proposé aux noces des grans rois, il est temps que les princes privés de nostre Roy doient mener leur roy en la chambre paree pour reposer--car il estoit fort traveillié--et pour dormir avec la royne, espouse des noces. Or veons doncques et non sans larmes de la chambre paree de nostre Rubin pali et Escarboucle amortie, le vaillant {baron susdit, Joseph Abarimathias,} assés pres du mont de Calvaire avoit fait caver et entailler en une roche de pierre une petite chambrete, dedens laquelle il avoit fait entailler un sepulcre en la pierre pour lui mesmes herbegier quant il seroit trespassés. Et pour ce qu'il vit que nostre Roy de gloire, mort quant a l'umanité, n'avoit ami nul qui celle nuit le herbegast et sepulture lui aministrast, meu de vraie amour, foy et compassion, {le dit benoit Joseph,} en lieu de chambre paree et de lit mol, li offry sa propre sepulture. Et lors a grans souspirs, {Joseph, le venerable viellart,} et Nichodemus pristrent le corps de leur Roy, Seigneur et Redempteur. La royne, a ce present, espouse de son doulz filz, tenant et atournant le chief de son tres doulz Espous, et Marie Magdelene les piés, lesquelz jadis elle avoit lavé de ses larmes et plain pardon empetré, saint Jehan aussi, l'evengeliste, et les autres Maries, a grans souspirs, aidans et acompaignans, et ainsi emporterent piteusement le doulz Aignelet ocys, Seigneur de vie, ou sepulcre de mort. Et le coucherent a grans larmes, reveraument sur la pierre nue ou dessusdit sepulcre. Et quant il orent acompli, comme faire se pouoit, piteusement tout le mistere de la sepulture de nostre Fin Rubin amorti le benoit Fil de Dieu, comme il fu dit, de la chambre des rois il l'enclorent dedens la petite chambrete du sepulcre et a l'uis du monument mistrent une grande et large pierre. Et lors les barons privés du Roy, {Joseph et} Nichodemus, se partirent et plourans et souspirans alerent en leur hostel.

Mais en lieu des doulz instrumens qui seulent demourer en la galerie pres de la chambre roiale, sonner leurs instrumens et faire leur office pour esjouir et endormir le roy avec s'espouse, la mere du doulz

---

86. *[Le .xiij.ᵉ chapitre].

Aignelet /28ᵛ ocys, nostre roine et espouse des doloureuses noces, representant nostre mere sainte Eglise--c'est la tres doulce et doloureuse Vierge Marie--acompaignie de saint Jehan l'evengeliste, auquel elle avoit esté recommandee, et des Maries, la Magdelene, Marie Jacobi et Salomé, plourant et lamentant et le sepulcre de ses larmes arousant, demoura la comme en la dicte galerie en lieu des doulz instrumens, faisant une piteuse armonie et lacrimable melodie. Et tant y demoura que a tres grant paine l'en pot emmener le benoit evengeliste a son petit hostel. Et ce souffice pour un plain galice rempli de larmes presenté au lisant quant a l'eure de complie, et a la chambre des noces, et a la .vij.ᵉ chose acoustumee aux grans noces des rois de ce monde pour concordance piteuse des noces proposees.

Un petit regret de la Passion du doulx Rubin et des noces celebrees, en recitant les vertus du fin rubin ramenees a compassion par maniere de personnages, et de concordance contraire.

Le .xiiij.ᵉ chapitre[87]

Il se puet dire que bien furent celebrees celle journee les noces de nostre souverain Rubin au Dyamant par maniere d'un orrible personnaige et concordance contraire, car quant a la conservacion de sa parfaite et belle fourme reonde du rubin, il fu estendus de toutes pars, es jambes, es piés et es bras; et de son biau corps il firent une croix estendue sur la croix comme dessus est touchié. Et quant a la couleur vermeille du rubin il n'y fali pas, car il fu tous arroussés de son propre sanc, dont le Diable a present en crie, "Helas!" Et quant a la vertu de nostre rubin qui conforte le cuer et tous les membres, helas! le cuer li fu percié de la lance, et tous ses membres derons, perciés et descirés. Et quant a nostre rubin qui donne auctorité et seignourie, piteusement fu anienti et failie sa seignourie quant a l'umanité. Et quant a nostre rubin qui atrait a amour ceulx qui le regardent, assés est dit dessus de quel oeuil et de quel amour les Juifz le regardoient. Et quant a nostre escarboucle de nuit reluisant, entour lui en lieu de lumiere les tenebres vindrent en place, comme dit est, pour bien acomplir le personnaige douloureuse. Encores fu dit que le rubin doit estre a jour et sans feuille ou aide aucune humaine, et que en toutes ses parties il /29 doie moustrer sa clarté. Bien fu nostre debonnaire Rubin a jour mais en tenebres et sans aide humaine, car il fu abandonné

---

87. *[Le] *<.xiiij.ᵉ chapitre>.

de toutes ses creatures; et que plus est, quant au corps et a son ame raisonnable, de son Pere Dieu tout poissant, par samblant, il fu abandonné, et bien y paru quant il dit a haulte voix, "*Hely, hely!*"[88] comme dessus est plus plainement declairié. Et ce souffice briefment quant au personnaige cruel que les Juifz firent de nostre Roy de gloire, et de la concordance contraire recitee telement quelement de nostre Rubin debonnaire.

Des fruis et graces generales qui se font aus noces des roys et a la creation du pape de Romme quant il prent pour espouse l'Eglise militant, et des graces faictes aus noces proposees du Fin Rubin, corespondans aus graces des roys de ce monde.

Le .xv.ᵉ chapitre[89]

Or nous reveillons un pou, je vous pri, avec saint Pierre, saint Jaque et saint Jehan, qui de doleur s'endormirent quant leur Maistre, le biau Rubin, suoit sanc pour l'orreur qu'il avoit de sa Passion a avenir. Nous, qui ja avons ouy cy dessus l'amere Passion de nostre redempcion, et de doleur deverionsmes estre comme transsi et endormi, voire celui qui de cuer piteusement l'a entendu, leu ou devotement ouy. Reprenons donques cuer et force d'esperit en devocion et sans fin metons fin a nos larmes par une joie spiritule et amoureuse, [et,] en rendant graces, recognoissans aucunement et par grace le tres doulz fruit qui est issus des noces cy dessus proposees tres ameres. Cestui fruit est [le] benoit fruit du ventre de nostre mere, mere et espouse du Rubin la tres doulce Vierge Marie, representant nostre mere sainte Eglise, dont il est assavoir que aux noces des grans roys il est acoustumé que celui jour les roys font grans dons et aucunefois desmesurés et graces merveilleuses. Aux uns ilz donnent chastiaux et viles et grans joiaux par grant signe d'amour et de magnificence, aux autres pardonnent leurs injures, et de leurs anemis avant les noces font leurs privés amis; et, pour ce que la court roiale soit pleniere et abandonnee a tous, il rappellent les banis.

Encores il est acoustumé a la creacion du pape de Romme, vicaire general de nostre tres Fin Rubin, qu'il fait graces generales /29ᵛ lesquelles assés sont a nostre propos, je dis, a la creacion du pape--c'est assavoir aux noces et au mariage du pape a l'Eglise militant, laquelle a sa

---

88. Mt 27: 46; Mk 15: 34.
89. *[Le] * < .xv.ᵉ chapitre >.

creacion il reçoit de Dieu non tant seulement en garde mais en maniere d'espouse selon l'auctorité a lui baillie de son Maistre Jesu Crist, assés declairié par le gracieux docteur saint Bernart ou livre qu'il escript au pape Eugenien.[90] Il se puet dire donques doulcement que le pape est espous de l'Eglise militant, voire a certain temps comme vicaire a lui ottroié et permis du Fin Rubin, vray Espous pardurable de nostre mere sainte Eglise et militant et trimphant.

Aux dictes noces, c'est a la creacion du pape, entre les graces generales dont la Crestienté est consolee, .iiij. en y a souveraines et de grant auctorité. La prumiere si est qu'il devient pere general de tous les filz de l'Eglise militant et reçoit a lui la cure especial et principale de toutes les ames des loiaulx Crestiens. Grant grace a fait Dieu a toute la Crestienté que les filz de l'Eglise militant, faisans leur pelerinage et tendans a parvenir a leur mere Eglise trimphant, aient pour pere general en ceste valee de misere le Lieutenant de leur Pere, Createur et Redempteur de leur ames. La seconde grace, infusé et ottroiee au pape par son Maistre a son grant honnour, mais a sa charge et au prouffit et sustentacion des filz de l'Eglise, est que aux noces--c'est a la creacion du pape--il est ordenéz chief general de l'Eglise militant [et a certain tamps, comme dit est, afin que les vrays filz de l'Esglise militant] ne soient pas sans chief et demeurent comme un monstre.

La tierce si est que, combien que le pape soit fait chief de l'Eglise, comme dit est, affin qu'il ait compassion de ses filz espirituelz, des membres de l'Eglise a lui commis, nientmoins il mesmes demeure tousjours et chief quant a la dignité et membre de l'Eglise, voire comme Jehan ou Martin, vray Crestien catholique, pour laquelle chose les filz de l'Eglise prendent plus grant seureté de retraire a leur chief en leurs neccessités quant il scevent que leur chief est avecques eulz membre de l'Eglise. La quarte grace si est moult grande a toute la Crestienté, car a la creacion du pape et a ses noces susdictes, il /30 lui est ottroié par l'Escarboucle souveraine pour le salut des vrais filz de l'Eglise qu'il puist ouvrir la porte de Paradis, voire par absolucions et remissions des pechiés. Ce fu principalment ottroié quant nostre tres doulz Rubin dit a saint Pierre en especial et par consequent a tous ses successeurs, "Tout ce

---

90. Bernard of Clairvaux *De consideratione ad Eugenium papam* 2.6.9 and 2.8.15-16.This work is published in *Sancti Bernardi Opera* 3: 393-493; and as *Five Books on Consideration: Advice to a Pope,* trans. John D. Anderson and Elizabeth T. Kennan, Cistercian Fathers Series 37 (Kalamazoo, Mich.: Cistercian Publications, 1976).

que tu loieras en terre sera loié ou Ciel et tout ce que tu desloieras en terre sera desloié ou Ciel."[91]

 Or venons doulcement a la concordance des .iij. graces faites aux grans noces des rois et a .iiij. graces sourgans et derivans par grace ou peuple crestien des noces de nostre saint pere, le pape de Romme. Quant aux graces generales, doulces et fructueuses qui nous sont venues du biau fruit des noces du sacrement de mariage cy dessus proposé entre le doulz Rubin l'Aignelet ocys et nostre mere sainte Eglise, lesquelles graces et fruis sont .vij. en nombre poursivant le parfait nombre de .vij. cy dessus souventefois repeté. Veons prumierement et briefment par la bonté de Dieu des graces corespondans aux graces des rois, c'est assavoir qui nous avindrent aux noces proposees du Fin Rubin Roy des roys. La prumiere grace solempnelle qu'il fist la vegille de ses noces, ce fu que, en lieu d'or et d'argent, de villes et de chastiaux et de tous biens de ce monde, par sa tres grant largesse il nous donna personelment et laissa en son testament son propre corps ou saint Sacrement de l'autel; duquel precieux sacrement, qui bien en scet user il est riches a pouoir, plain de tous biens, ne nul anemi ne lui peut nuire et a ja receu les arres de vie pardurable. Jamais tel don ne si riche ne fu fait en ce monde. Mais ou milieu du disner des noces proposees il pardonna ses injures a tous ses anemis quant a lui et les reçut comme ses privés amis. Je en appelle a tesmoingnage le larron auquel il otroia celui jour la joie de Paradis, et saint Pierre qui l'avoit renoié, lequel il regarda et puis lui pardonna. Et afin que les noces fussent plenieres a la fin du disner il rapella les banis et delivra les prisonniers--ce furent les sains peres qui estoient ou limbe en la prison d'enfer et avoient esté bannis de Paradis /30^v environ cinq mil ans, lesquelz furent receuz a la grace, vraie amour et gloire du Seigneur des seigneurs.

 Ces .iij. graces cy dessus dictes furent de grant largesse, de grant poissance et de grant auctorité et non pareilles aux graces des rois et empereours mortelz--et pour ce des dictes graces devotement nous l'en remercierons et a sa grace nous recommandons.

---

91. Mt 18: 18; Jn 20: 23.

Des fruits et graces du Fin Rubin, souverain Pape et Espous de l'Esglise triumphant, corespondans a .iiij. graces du pape de Romme, vicaire de Jesu Crist et espous de l'Esglise militant.

Le .xvj.ᵉ chapitre⁹²

Or venons aux graces du souverain Pape de l'Eglise triumphant, corespondans a .iiij. graces faites a la creacion et noces de nostre pape de Romme. Et quant au prumier fruit et a la prumiere grace--c'est assavoir a l'eure de midi et de nonne au grant disner des noces proposees--nostre tres doulz Rubin, admorti pour nostre amour, estendu lors ses bras en l'arbre de la vraie croix et, par la merite de sa sainte et amere Passion, tous les filz de s'espouse nostre mere sainte Eglise il atrait a lu, et les fist ses enfans et les engendra par grant amour en la croix par le moien de l'efusion de son precieux sanc, si comme tesmoingne saint Jehan l'evangeliste en son Evangille, *In principio erat verbum*,⁹³ en laquelle il dit plainement que tous ceulx qui le reçurent et reçoivent, voire par vraie foy et amour, il leur donna poissance d'estre fais filz de Dieu,⁹⁴ non pas filz par nature mais par imitation. Cy a grant grace et large a tous les baptisiés. Ceulx qui devant les riches noces [estoient] ennemis de Dieu le Pere et condempné a mort infernale sont devenus filz et enfans de Jesu Crist vray Fil de Dieu. Et en recognoissant la grant grace a nous faite sans aucune nostre merite precedent, nous disons chascun jour, "*Pater noster, qui es in celis.*"⁹⁵

La seconde grace et le second fruit qui nous vint des noces proposees⁹⁶ et sacrement de mariage entre Jesu Crist et l'Eglise de Dieu si fu que, par son amour et mistere des noces proposees, il se fist non tant seulement chevetaine des ouelles errans mais se fist vray chief pardurable de s'espouse tres amee, nostre mere sainte Eglise, et de tous ses filz loiaulx. Avant les noces du /31 disner dessusdit, nous tous estiomes comme oueilles esparses et sans vray pastour, et finablement tous nous convenoit entrer en la prison des loups infernalz pour estre devouré [de privation de joye]. Mais Dieu merci, nous avons ores vray Pastour et vray et Poissant Chief, c'est nostre tres doulz Rubin, qui nous maine en pasture plentureuse et nous defent de la malice et poissance des

---

92. *[Le] * < .xvj.ᵉ chapitre >.
93. Jn 1: 1.
94. Jn 1: 12.
95. Mt 6: 9-13; Lk 11: 2-4.
96. prop*[o]sees.

malvais loups ravissables, si comme saint Paoul l'apostre dit en ses Epistres et en fait grans traitiés, lesquelz je passe pour cause de briefté.

La tierce grace et fruit qui nous est venus des noces proposees, si fu que nostre souverain Pape, nostre Escarboucle resplandissant ou ciel, en la terre et (jusques) en la mer [et jusques en Enfer], est devenue non tant seulement chief de l'Eglise de Dieu, nostre mere, mais par sa grant humilité en abaissant sa grant magesté divine il est demouré membre de l'Eglise de Dieu, voire quant a l'umanité unie et conjointe a la divinité. O quel confort aux grans pecheurs de non desesperer mais fiablement recourre en tous cas avec vraie paour et reverence de Dieu a nostre Chevetaine, a nostre souverain Pape, a nostre Pastour debonnaire, a nostre souverain Chief de l'Eglise, quant il nous souvient en esperit qu'il est nostre frere quant a l'umanité et membre de l'Eglise! Saint Augustin, exposant le Sautier, dit en pluseurs lieux que le Saint Esperit, parlant par la bouche du prophete David, aucunefois parloit en personne de Jesu Crist comme chief de l'Eglise, autrefois comme tout le corps de l'Eglise, et autrefois comme membre de l'Eglise. O quelle grace Dieu nous a fait qu'il nous a mandé son propre Fil equal a nostre nature humaine quant a l'umanité: je di equal excepté le pechié! Il est venus a nous ça[97] jus pour nous semondre que nous le doions amer pour l'aliance qu'il a fait avec nous, comme il appert cy dessus, et que hardiement nous le doions requerre a toutes nos neccessités. Si diray hardiement avec doulce esperance que grande seroit la chose qu'il nous refuseroit pour lesquelz il souffri tant de paine et doulour au disner des noces proposees.[98] /31ᵛ Certainement il ne refusera ja pardon mais qu'il soit bien requis.

La quarte grace et fruit principal pour lequel fruit avoir l'arbre de la croix fu planté, ce fu que en la fin du disner, faisant graces generales et longuement desirees par la clefz du fer de la lance, nostre tres doulz, tres amé et tres debonnaire Rubin a toute creature humaine, quant de sa part ouvry la porte de Paradis, non pas de Paradis terrestre dont Adam et Eve furent chassiés, mais de Paradis souverain de la doulce vision benoite de Dieu et de gloire pardurable. Nostre saint pere, pape de Romme, euvre la porte de Paradis, comme dit est dessus, voire par moien et auctorité a lui bailie a certain temps de son Maistre Jesu Crist. Mais nostre souverain Pape, nostre riche Rubin, de plaine poissance et auctorité de sa divinité, au grant disner susdit a ouvert la grant porte de la joie

---

97. *[ç]a. The MS. had {s}a, (c)a, clearly an erroneous emendation, which I have therefore ignored.
98. prop*[o]ees.

pardurable a laquelle nous ne poons failir d'entrer se n'est par nostre
defaute et par tres grant lacheté. Vray est que en nous n'a que toute
povreté, car nous sommes fresle et trop enclin a mal, et ne pouons de
nous sans grace singulere aucun bien faire ne les grans maulz laissier; et
qu'il soit vray nostre Rubin nous dit en l'Evangile, "Sans moy vous ne
pouez riens faire."[99] Or lui prions donques devotement que par sa sainte
grace il nous face participans des .vij. graces susdites, faites et ottroiees
aux noces proposees, et que, par la priere de sa tres doulce mere, a la
colacion du disner en lieu d'espices confortatives nous soions
finablement repeu du .vij.ᵉ fruit neccessaire sustouchié. Amen. Et ce
souffice briefment du fruit de vie et de ses grans vertus et graces qui
nous sont ottroiees par la vertu du sacrement de mariage publiquement
celebré es noces proposees du Fil de Dieu et de nostre mere sainte Eglise
pour conforter les mariés et tous bons Crestiens.

Une question par maniere de admiration pour quoy es dessusdictes noces lacrimables du Fin Rubin a esté faicte si petite mention du Fin Dyamant, representant l'Esglise de Dieu, et du Fin Dyamant, royne et espouse du Fin Rubin, la tres doulce Vierge Marie.

Le .xvij.ᵉ chapitre[100]

/32 Aucuns lisans jusques cy se pourroient esmerveiller, et par
aventure non pas sans aucune cause, de ce treble traitié du sacrement de
mariage cy dessus prolixement traitié--c'est assavoir du sacrement
espirituel de mariage entre Dieu et l'ame raisonnable, du Fil de Dieu a
nostre humanité, et de Jesu Crist a l'Eglise de Dieu--voire considerans
que tout ce qui appartient aux noces quant a solempnité a esté traitié cy
dessus particulierement et par figure du fin rubin au[101] diamant et des
noces des rois de ce monde, c'est assavoir es noces spirituelles et disner
tres amer de nostre riche Rubin Roy des rois, cy dessus prolixement
recitees avec les circunstances; et toutesfois du Dymant, pris pour la
roine et vraye espouse de nostre Roy le Fin Rubin, ou paou ou nient es
dictes noces est faite mencion, qui semble chose assés estrange; car qui
veult bien descripre a menu les noces d'un gran roy, la roine et les dames

---

99. Jn 15: 5.
100. *[Le .xvij.ᵉ chapitre].
101. {a}u, (d)u.

et leur bele compaignie ne doivent pas estre oubliees. Ce ne seroient pas vraies noces de roy se elles estoient celebrees sans espouse.

A laquelle doubte et merveille se puet assés respondre et briefment: c'est assavoir que l'aucteur de cestui petit traité du sacrement de mariage espirituel pour conforter les mariés et par especial les dames mariees et tout bon Crestien n'a pas empris de desclairier a menu les condicions de l'ame raisonnable conjointe a Dieu en sa creacion, ne de nostre humanité conjointe au Fil de Dieu en la sainte Incarnacion, car la matere est trop grande et surmontant son engien. Ceste matere appartient estre desclairie et traitie par les maistres en theologie; et doit souffrir en parlant en françois a la gent laie de reciter en gros les termes de la foy du sacrement de mariage qui font au propos de la matere emprise pour notre edification. Et tout ce que les seculiers de prime face ne scevent pas entendre, sans trop enquerre soit rapporté a vraie creance par la foy catholique, en rapportant soy /32ᵛ tousjours a la determinacion de nostre mere sainte Eglise et croire fermement.

Mais quant a l'espouse ou roine du tiers sacrement de mariage spirituel, d'aliance et de redempcion, laquelle est l'Eglise de Dieu et la tres doulce Vierge Marie, representant nostre mere sainte Eglise, l'aucteur de son propre movement n'a pas volu descripre particulerement de leur estat et condicions es noces cy dessus prolixement traities, et pour deux causes assés raisonnables. L'une si est pour non issir hors du propos de la matere emprise, touchant personnelment a la personne du Fin Rubin nostre Roy debonnaire, et aussi pour non merler ensemble la matere du Diamant et de sa condicion qui a mestier d'aucune declaracion, par laquelle declaracion le procés des dictes noces du Fin Rubin et son amere Passion peust avoir pris aucune interrupcion. La seconde cause si est que entremerler la cause et condicions de nostre roine, mere et espouse du doulz Aignelet ocys, particulerement aux noces proposees, eust engendré matere d'une tres grant pitié et compassion qui n'est pas legiere chose a escripre sans grace singulere; et d'autre part cestui escripvain pou devot au soir et au main par aventure n'eust sceu a sa penne mettre le frain.

De l'estat et conditions du Fin Dyamant, pris pour l'Eglise de Dieu et espouse du Fin Rubin, et quelle elle estoit devant les noces proposees, et quelle elle fu en biauté, bonté et vertu aprés les noces figurees de son tres doulz Espous le Fin Rubin.

Le .xviij.^e chapitre[102]

Terchiés donques les larmes raisonnablement espandues aux grans noces proposees, voire pour la consolacion des doulz fruis cy dessus largement descrips qui du mariage et des noces lamentables et a nous prouffitables par grace et par maniere d'eritage nous sont escheus, selonc ce que dit saint Paoul.[103]

Je, vil pecheur, qui ne suis pas dignes non pas d'escripre si haute matere mais de lever mes yeulx au ciel pour la multitude de mes pechiés et oscurté de ma vie, considerans la grant largesse et misericorde de nostre Roy le Fin Rubin, en /33 rendant graces teles queles des biaus fruis dessusdis selonc ma povreté et aussi pour empetrer grace de la royne et espouse des noces, la Royne de misericorde, a consolacion des mariés et singulierement des dames mariees et de tout bon Crestien, je descripray briefment et en gros les condicions de la sainte espouse des noces proposees, moy rapportant tousjours a la correction des peres, [voire pour congnoistre devotement et clerement les grans tenebres par lesquelles le monde estoit avuglé devant les noces proposees et la doulce lumiere resplandissant a nous des noces dessus dictes.][104]

Pour entrer en la matere joieuse de l'Eglise de Dieu, vraie espouse du benoit Fil de Dieu Jesu Crist, selonc la figure prise de l'Eglise pour vray Diamant, royne des noces proposees et conjointe par sacrement de mariage spirituel au Fin Rubin Roy des roys, pour traitier donques de nostre mere sainte Eglise et de ses condicions et graces merveilleuses qu'elle a reçut de son tres doulz Espous; et puis aprés pour traitier doulcement et non sans larmes de la doulce Vierge Marie, mere et espouse du doulz Aignelet sans teche piteusement ocys aux noces proposees, representant nostre mere sainte Eglise comme dessus a esté plus largement traité, il est assavoir, a noter et reduire a memoire

---

102. *[Le} * < .xviij.^e chapitre >.
103. The idea is contained in Eph 5: 32.
104. Variant hand *C* made this addition. It is in a space perhaps left for a rubric, since the inital *p* of the following sentence is flourished as for the beginning of a new chapter. However, this material is part of the text, and there is no discrepancy between the rubrics in the list of rubrics and those in the text.

doulcement aux simples seculiers lisans cestui traitié des sacrements de
mariage--c'est assavoir que quant il lirront ou orront lirre tant de fois
mariage repeté, noces et aliance de mariage--que bien se gardent
comment qu'il soit que en leurs cuers ou imaginacion ne doie entrer
aucune penssee de aucune chose charnele qui est acoustumé et permis a
l'office de charnel mariage, duquel il sera touchié et briefment cy
dessoubz ou chappitre du sacrement de mariage entre l'omme et la
femme.

    Et est assavoir et bien encorporer en l'entendement des loiaulx
Crestiens que tout ce qui est dit dessus et se dira apréz touchant le nom
de mariage spirituel d'aliance des noces d'espous et d'espouses n'est
autre chose que un divin sacrement espirituel, une doulce /33ᵛ aliance et
participacion divine de la grace excellente de Dieu et de la divinité de
nostre poissant Rubin, vray Dieu et vray homme, Vierge et Espous a
l'Eglise de Dieu, nostre mere sainte [et] vierge. Laquelle ainsi conjointe
virginalment a son tres doulz Espous par la merite des noces proposees--
c'est de la sainte Passion--engendre chascun jour sans nombre ses enfans
et filz et filles en la sainte foy catholique a vie pardurable sans estre
violee ne corrompue, demourant pure, nete et chaste et vierge.

    Et ne puet estre corrompue l'Eglise de Dieu, espouse du doulz Jesus,
se n'est par les fauls hereges, qui de leur part le devisent de son Espous
par sismes et heresies orribles contre la doctrine de la sainte Evangile et
des sains docteurs de l'Eglise. Et non obstant la division de la part des
hereges, toutesfois l'Eglise de Dieu demeure touzjours entiere et ne
demourast que en une toute seule personne catholique en tout le monde,
si comme une fois il avint apréz les noces proposees: ce fu le samedi
toute jour l'endemain de la Passion du doulz Aignelet, ou quel samedi la
vraie et sainte foy catholique et l'Eglise de Dieu, ja vraie espouse du Fin
Rubin Jesu Crist, entierement demoura en la Vierge Marie. Benois et
bien eurés sont donques et seront tous ceulx qui en ceste sainte Eglise de
Dieu acomplissant les euvres de la foy en vraie esperance et amour,
viveront et morront doulcement, laquelle chose Dieu nous veuille
otroier.

    Or est il temps d'entrer en la matere de nostre mere sainte Eglise,
espouse du doulz Rubin et royne des noces et de ses condicions, c'est
assavoir quelle elle estoit devant les noces et quelle elle[105] fu aprés, afin
que la descripcion de la roine et espouse du roy, moralment parlant, es

---

105. *[elle]. Since the scribe inserted two virgules in the text to indicate a
correction, I have supplied the intended word.

noces proposees ne soit pas oubliee et pour cognoistre sa grant clarté et
vertu qu'elle reçut du doulz Rubin son Espous aux noces proposees.

  Et prumierement est a veoir et cognoistre a laie gent quelle chose est
l'Eglise de Dieu et sa descripcion ou diffinicion. Eglise, parlant
simplement et grossement, /34 puet estre dite l'eglise des Juifz, des
Paiens et des Sarrasins. Ceste eglise n'est autre chose que une
congregacion ou pluseurs de gens differens par lois diverses, tendans
chascune a faire reverence et aourer le dieu ou les dieux es quelz ilz ont
leur creance et desquelz ilz atendent leur salut. De ceste eglise cy, et de
chascune par soy, le prophete David en parle largement et l'appelle
l'eglise des malignans, et pour ce elle est condempnee de Dieu; et les filz
de ceste eglise des malignans du Diable sont engendré. En leur eglise a
vraie dampnacion.

  Or venons a la diffinicion de nostre royne et espouse du doulz
Rubin, nostre mere sainte Eglise, de laquelle il est assavoir que l'Eglise
de Dieu selonc les docteurs de l'Eglise n'est autre chose que la sainte
congregacion des loiaulx Crestiens, par baptesme nouviaus nés ou
rengenerés par vraie foy catholique, esperance et amour, par une vraie
union unie en Jesu Crist, Espous et vray Chief et Seigneur de l'Eglise de
Dieu, par laquelle chascun loial Crestien, filz de l'Eglise, puet parvenir a
pardurable vie et sans laquelle nulz ne puet avoir la joie de Paradis. Dont
il est assavoir que devant l'avenement de Jesu Crist avant les noces
proposees, l'Eglise estoit tele comme par la descripcion du dyamant par
figure lors pris pour l'eglise clerement pourra apparoir.

  Il fu dit au commencement de ce livre au mariage du Fin Rubin au
Fin Dyamant que le dyamant, quant a sa fourme, il avoit .iiij. faces et
.iiij. quarres; et quant a sa coulour, elle estoit brune et oscure et si avoit
la pointe bien ague. A nostre propos, parlant moralment, cestui dyamant
c'estoit proprement l'eglise des malignans avant les noces sovent
repetees; et est assavoir que ceste eglise--se eglise se doit appeler--estoit
partie et divisee en deux parties. L'une c'estoit l'eglise des Juifz appelee
sinagoge. L'autre si estoit l'eglise des Paiens, appellee repostaille ou
abominacion. Quant au dyamant appellé synagoge des Juifz, laquelle
avoit, ja grant temps avoit passé, laissié et abandonné l'eglise de la loy
de nature, /34ᵛ qui fu es prumiers peres amis de Dieu, si comme en
Abel, Enoch et Noé devant le deluge, et aprés le deluge ou dit Noé et
son filz Seth, Eber, Sale, qui a son pouoir contradit a l'edificacion de la
tour de Babel; et aussi en Thare,[106] Nathor,[107] Loth, Melchisedech,

---

106. Probably Terah (Lk 3:34).

Abraham, Ysaac et Jacob, et le saint Job, et es autres peres qui tindrent la loy de nature. Encores la sinagoge avoit abandonné la loy d'Escripture que Dieu donna a Moyses qui estoit figure et umbre de nostre mere sainte Eglise, laquelle loy de Moyses a l'entendement de l'esperit
5 tindrent saintement les sains prophetes Ysaye, Jeremye, Ezechiel et Daniel et le souverain prophete David et pluseurs autres; et la dicte sinagoge de tous les biens et bons entendemens de la dicte loy de nature et de la loy d'Escripture, par son orgueil n'avoit retenu autre chose que l'escorche de la lettre, delitant soy es sacrefices des bestes mortes et
10 diverses serimonies de la loy, qui n'estoient que umbre et figure, comme dit est, laissant la belle clarté du vray entendement de la loy dessus dite.

Ce puet tres bien apparoir par l'exposicion du dyamant pris pour la sinagoge des Juifz, car des .iiij. faces de cestui dyamant en la prumiere reluisoit fort grant orgueil et propre sens, en la seconde face reluisoit
15 ostinacion et toute durté de cuer, en la tierce face reluisoit avarice et convoitise, et en la quarte simulacion et ypocrisie. Et si avoit cestui dyamant la sinagoge .iiij. quarres bien trenchans. La prumiere si estoit cruauté sans misericorde, la seconde outrecuidance sans rappel, la tierce indignation sans amour, et la quarte precipitacion sans frain de
20 moderacion. Mais la pointe ague et trenchant du dyamant estoit invincible rigour.

Qui vaudroit donques a menu demonstrer et declairier les grans vices, cruautés et mauvaistés dessusdiz de la fauce sinagoge en alegant a chascun vice la sainte Escripture, cestui traitié seroit trop long. On s'en
25 puet bien passer a tant, car la mauvaisté de la dite sinagoge /35 (et) est assés cogneue et es piteuses noces proposees par son effet assés declairie.

Du dyamant, pris par figure pour l'esglise des Payens, et de ces orribles conditions.

Le .xix.ᵉ chapitre[108]

30 Or veons et briefment du dyamant de l'autre eglise ou repostaille des Gens et des Paiens et quelle elle estoit avant les noces sovent repetees. Cestui dyamant contrefait et taillié a volenté non pas par l'Aucteur de

---

107. Nahor (Lk 3:34).
108. *[Le] * < .xix.ᵉ chapitre >.

nature[109] mais par l'art du Diable, par presumpcion et folie pure, c'est assavoir l'eglise des Paiens, comme dessus, avoit aussi .iiij. faces et .iiij. quarres et la pointe bien ague. En la prumiere face reluisoit fort ignorance crasse, l'endormie, et en la seconde supersticion et sorcerie, en la tierce arrogance et vanterie, et en la quarte abominable ydolaterie. Encores avoit .iiij. quarres fors trenchans cestui faus dyamant. La prumiere quarre estoit en tous ses fais orrible tirannie. La seconde quarre estoit de l'onour divin une hardi usurpacion. La tierce quarre du dyamant estoit un ardant desir desordené de seignourie et de dominacion. Et le quarte moult trenchant, c'est assavoir des roiaumes de ce monde une usurpacion; mais la pointe estoit trop ague, c'est assavoir vengance sans aucune remission ou compassion.

Quant a l'exposicion de la prumiere face du dyamant--c'est d'ignorance crasse et endormie en l'eglise des Paiens--on ne se pourroit assés esmerveiller de l'ignorance des Paiens qui estoient seigneur du monde, comme Nabugodonosor, qui fu roy de cent et vint et sept roiaumes; Alixandre, seigneur et roy de tout l'Oriant; et Octavian, seigneur et monarche de tout le monde. Et toutesfois non obstant leur grant seignourie, science et richesse, vaillance d'armes, philosophie et astronomie, il estoient ignorant de Dieu tout poissant, leur Createur et Createur du monde. Cy a grant ignorance. Ceste prumiere face du dyamant est bien tourble et bien estoient avuglé.

Et quant a la sorcerie de la seconde face, il /35^v ne chiet pas a homme raisonnable non pas du recorder mais du penser les orribles sorceries et supersticions que les Paiens, rois et empereurs, grans et petis, faisoient en leurs eglises et gouvernemens, si comme les vilains et orribles jeuz seniques et autres pluseurs recitéz ou livre de Titus Livius, si comme le recorde plainement saint Augustin en son Livre de la Cité de Dieu.[110]

Quant a la tierce face du dyamant, c'est d'arrogance et vanterie, bien le monstra Nabugodonosor quant il estoit en son palais en Babiloine la grant, et, deambulant parmi son palais et par les fenestres regardant la cité en grant orgueil, par vanterie dit ainsi, "N'est ce pas cy Babiloine

---

109. This name for God is also used in Jacobus de Voragine, *The Golden Legend,* trans. and adapted by Granger Ryan and Helmut Ripperger, pt. 2 (London: Longmans, Green, 1941), 676.

110. Augustine writes frequently in the *De civitate Dei* about the obscene scenic games the Romans played in honor of their gods, e.g., in 2.8 and 4.26 (PL 41: cols. 13-804; CC 47, 48), but without specifically citing Livy.

que j'ay edifié en la force de ma vertu et poissance de mon empire?"[111] Et lors il ouy une voix du ciel qui lui dit: "Tu habiteras avec les bestes sauvaiges .vij. ans et mengeras fain avec les beus,"[112] laquelle chose fu acomplie par son orgueil et pour sa vanterie.[113]

Quant a la quarte face du diamant de l'eglise des Paiens et a l'idolaterie abominable, il est assavoir que ceste eglise des malignans entre les Paiens estoit divisee en .iiij. parties. En l'une il aouroient proprement les diables en fourme d'idoles d'or et d'argent, de pierres et de metail, si comme en Babiloine le dieu Baal que Daniel destruit, en Jude le dieu Dastaroch et Berich ou temps de saint Berthelemieu,[114] Bethcebuch, dieu d'Araron ou temps du peuple d'Israhel entre les Philistiens, et autres dieux mais diables sans nombre de celle condicion. Les autres Paiens aouroient le solail, la lune et les estoiles et la chevalerie du ciel mouvant, si comme le roy d'Egipte Pharaon et tous les Egipciens. Les autres aouroient les oisiaux et les bestes mues[115] selonc leur apetit et doctrine fauce de leurs peres, si comme le roy Alixandre et tous les Grigois. Les autres aouroient hommes et femmes mortes en fourme et en nombre de planetes, sivant en partie les Egipciens, comme Mars, Jupiter, Mercurius, Venus et Saturnus, Minerve, Pluto le dieu d'enfer et maint autres,[116] qui furent en leurs temps personnes abominables et remplies de tres grans vices, si comme /36 d'omicides,

---

111. Dn 4: 27.
112. Dn 4: 28-29.
113. Philippe refers to Nebuchadnezzar several times, reflecting his popularity in medieval times, as is shown by Penelope B. R. Doob in *Nebuchadnezzar's Children: Conventions of Madness in Middle English Literature* (New Haven: Yale UP, 1974), 54-94.
114. The use of Astaroth's and Berith's names in conjunction with that of St. Bartholomew points to the *Golden Legend* as a source, for in this narration of the saint's life we learn that ailing people sought relief first of Astaroth and then of Berith (Jacobus de Voragine, *The Golden Legend* 2: 479). Other collections of pious tales could have been used by Philippe, and indeed almost certainly were, as we see in the narration of the virtuous empress who cured her lecherous brother-in-law, which is in the collection known as the *Vie des Peres* (ed. Félix Lecoy, SATF [Paris: Picard, 1987]). However, the coincidence of frequent details suggests Jacobus de Voragine's *Golden Legend* as a source in many cases.
115. mue[s].
116. This inclusion is interesting, because it is believed that Pluto was not known as a planet in Philippe's day. Philippe does not include Pluto among his list of planets on f. 109[v.]

adulteres et de vilaines luxures et autres vices sans nombre. Cestes generacions mais abominations des[117] dieux aouroient les Rommains, qui estoient seigneur aussi comme de tout le monde et laissoient Dieu tout poissant, Createur et Gouverneur de toutes choses visibles et invisibles.
5 Or avons ouy des .iiij. faces du diamant de l'eglise des Paiens remplies d'idolateries et de toute abominacion.

Or veons en brief des .iiij. quarres trenchans du dit dyamant. La prumiere quarre trenchant estoit une crueuse tirannie. Qui fu plus crueux tirant en ce monde que Neron, l'empereur de Romme, et ses successeurs,
10 Julien l'apostata, Domicien et Dyoclecianus, qui les sains martiriserent et le crueux tirant, le roy Anthiocus, et les autres sans nombre? Quant a la seconde quarre du dyamant il usurpoient sans honte et sans vergoingne l'onour divin, car il se faisoient aourer et appeler dieu les pluseurs et faisoient faire les ydoles en leur nom, si comme fist Nabugodonosor de
15 l'estatue d'or, comme il appert en la sainte Escripture.[118] Et quant a la tierce quarre, qui fu celui qui ot un plus ardant desir d'aquerre seignourie et dominacion et par tirannie que Alixandre le roy de Grece? Et quant il ot acompli la conqueste d'Orient il ne regna partout que .xij. ans et fu emprisonné en Babiloine des siens propres et moru de vilaine
20 mort. Et en verité, cestui Alixandre en ce present article ot maint successeur en l'eglise des Paiens, et Dieu vausist que en l'Eglise des Crestiens les princes et seculers [et] de l'Eglise n'ensuissent pas si ardanment la doctrine susdite d'Alixandre. Parlant a bon entendement, je ne repreve pas ne apreve la prouesse et largesse d'Alixandre, mais je
25 parle contre sa tirannie et desir outrageus.

Quant a la quarte face du dyamant, c'est de l'eglise des Paiens, en laquelle face il apparoit clerement l'usurpacion manifeste[119] des roiaumes de ce monde, et sans tiltre nul forsque d'ambicion, d'avarice et de tirannie; et bien y parut /36ᵛ quant le doulz Aignelet de la Vierge fu né
30 en Bethleem. Afin que nul roiaume, empire ou region n'eschapast a l'empereur Octavien ydolastre, il fist faire la descripcion recitee en l'Evangille,[120] qui estoit telle qu'il convenoit que tout homme et chief d'ostel par tout le monde venist a la cité dessoubz laquelle il habitoit, et au bailli de l'empereur il offroit un denier d'argent, qui valoit .x. deniers
35 usuaulx, en confessant qu'il estoit subgés a l'empire de Romme--de

---

117. de[s].
118. Dn 2: 31-36.
119. ma(g)nifeste.
120. Lk 2: 5.

laquelle imposicion ou gabelle le viel Joseph et la mere de l'Aignelet [qui racheta les brebis] n'en furent pas quite.

    Quant a la pointe ague et trenchant du dyamant de l'eglise des Paiens, c'estoit une vengance sans aucune compassion, car quiconques disoit riens contre leurs dieux ou vaulsist monstrer par raisons manifestes[121] et cleres l'errour de leur dyamant--c'est de leur eglise et de leur loy--si comme font au jourd'ui les Sarrasins, tantost l'espee et le martire venoient en place sans nulle remission. Je en appelle en tesmoing ou Viel Testament le venerable Eleazarus et les petis enfans Machabees avec leur tres sainte mere[122] et ou Nouviau Testament tous les martirs de Dieu qui ont esté mors pour la foy des noces, cy dessus assés longuement traities; desquelz martirs, vrais filz de l'espouse des noces proposees, le glorieux saint Jeroyme dit que nostre mere sainte Eglise puet faire chascun jour de l'an feste et solempnité de cinq mil martirs, excepté tant seulement un tout seul jour qui est les calendes de fevrier. Et ce souffice briefment de la declaracion des .ij. eglises de ce monde, c'est assavoir de la sinagoge des Juifz et de l'eglise des Paiens, voire avant le mariage et noces proposees.

    Par l'exposicion donques orrible du dyamant se puet cognoistre quelle l'eglise estoit. Et ne fait pas a oublier pour concordance du dyamant--duquel il fu dit en sa descripcion que qui regarde les .iiij. faces du /37 fin dyamant de loings la couleur en pert oscurté et brune, et qui les regarde de pres les faces sont reluisans comme un mirouoir d'acier-- de prime face qui regarde le dyamant de la sinagoge des Juifz il semble de loings qu'elle doie rendre aucune clarté pour ce que la loy de Moyses, que Dieu lui bailla es tables de pierre, fu bonne et sainte en son entendement mais non pas justifians quant au salut de l'ame. Et qui de pres les regarda aux noces proposees il les trova et tourbles et oscures et plaines de tenebres. Quant au dyamant de l'eglise des Paiens il se puet dire que ne de pres ne de loings ses faces non tant seulement ne rendent point de clarté mais aux regardans et en leur loy creans fait perdre la vraie lumiere. Et briefment pour conclusion, les filz des deux eglises susdites, il est assavoir que, pour bien qu'il feissent par le moien de leur loy ne de leur eglise, sinagoge ou repotailles, devant le sacrement de mariage du fin Rubin au Fin Dyamant et noces proposees ne pouoient eschaper de la prison d'enfer ne parvenir a la gloire de Paradis.

---

121. ma(g)nifestes.
122. 2 Mc 7.

De la grant difficulté du mariage du Fin Rubin Jesu Crist au Fin Dyamant nostre mere saincte Eglise, et des lamentations des prophetes, et de la plaidorie des .iiij. dames, Verité et Justice, Pays, et Misericorde, pour la dicte alyance, et de la sentence joyeuse du benoit Fil de Dieu sur la redempcion d'umaine generacion.

Le .xx.ᵉ chapitre[123]

Or est a veoir briefment coment le dyamant de l'eglise de ce monde avant les noces susdictes en parties divisé, lait et ort, corrompu et puant devant Dieu et plain de toute oscurté et de toute iniquité, comme dessus est assés desclairié, par le mariage susdit devint bel et plaisant, riche et poissant et en toutes ses faces resplandissant. Mais avant que nous entrons a la declaracion, je pensse qu'il soit expedient que les filz loiaulx de l'espouse du Rubin, nostre mere sainte Eglise, et par especial les seculiers qui n'entendent pas l'Escripture, soient un pou enfourmé de la difficulté de l'aliance et mariage susdit. Quant aucun grant seigneur en ce monde a desir d'avoir par mariage /37ᵛ une dame pour laquelle avoir il seuffre tres grant paine et de corps et d'avoir, le mariage acompli, il ayme mieux s'espouse et la tient et plus amee et plus cherie que se elle ne lui eust riens cousté. De l'autre part, quant une povre, gentil femme est si heureuse que un grant roy la deigne prendre pour s'espouse et pour lui avoir a souffert une tres grant paine de corps, tele espouse, toutes les fois qui lui souvient du grant honnour qu'elle a receu de son seigneur et espous et des painnes qu'il a souffert pour lui, elle doit estre toute trespercie jusques au cuer de vray amour et de reverence a son espous et lui servir, obeir et honnourer et acomplir tout ce qu'elle scet qui lui plaist.

A nostre propos, le mariage proposé du Fin Rubin au Fin Dyamant fu de si grant difficulté que au traitier le mariage on y mist plus de quatre mil ans, prophetisant et criant a Dieu le Pere pour cestui mariage; dont l'un de ceulz qui estoient au traitié ce fu Yzaye, disant a Dieu le Pere, "Sire Dieux, deron le ciel[124] et descen ça val pour cestui mariage et nous delivre de prison." Et David disoit, "Sire, mande ça jus ta lumiere et nous delivre de nos ennemis."[125] Et Ysaye disoit a Dieu, "Veescy la vierge ton espouse qui concevra un biau fil qui sera apellé Emanuel,"[126]

---

123. *[Le] * < .xx.ᵉ chapitre >.
124. Is 64: 1.
125. Ps 43: 3.
126. Is 7: 14.

qui vaut au tant a dire comme "Dieu avec nous," et, non obstant
l'enfanter, elle demoura vierge. Et ainsi des autres prophetes et
patriarches qui crioient a chaudes larmes pour l'aliance du mariage
proposé, mais Dieu le Pere faisoit la sourde oreille, et nostre espouse
laide et soullie, comme dit est, aloit touzjours en empirant.

En la fin tant crierent les moiens de cestui mariage, c'est assavoir
Pitié et Compassion, que le Pere de nostre tres doulz Rubin s'acorda au
mariage a tres grant difficulté de son tres chier Fil unigenit a l'eglise
susdite de ce monde, lors soullie et laide, comme dit est dessus, comme
il sera cy dessoubz en un chappitre plus plainement desclairié.

Et a ce qu'il nous souviegne de la grant difficulté /38 du mariage de
nostre mere sainte Eglise, et que nous doions mieulx amer son doulz
Espous et Seigneur, nostre tres amé Pere; quant Dieu le Pere se fu
encliné par sa grace a l'aliance susdite, parlant touzjours moralisant et en
devocion a nostre instruction, ceulx auxquelz le mariage ne plaisoit pas--
ou par aventure ne sembloit pas raisonnable ou afreable--ne dormoient
pas, car selonc ce que recorde saint Bernart, doulcement monstrant la
difficulté du mariage, faisant un grant traitié en presence de Dieu le
Pere, de Dieu le Fil et du Saint Esperit, la glorieuse Trinité.[127] Lors deux
dames de grant auctorité--c'est assavoir Justice et Verité--vindrent devant
Dieu le Pere aussi comme l'espee ou poing, c'est a dire garnies de

---

127. Here follows an unidentified version of the allegory of the Four Daughters
of God, a visionary theological debate based on a personification of Ps 85: 10-
11. Bernard of Clairvaux, among other Christian mystics, presented a version of
this allegory, originally a rabbinical treatise, in *Sermones in Annuntiatione
Dominica* 1, published in *Sancti Bernardi Opera*, 5: 13-42. Philippe identifies
his source as Bernard, but presents here, as does Bonaventure's version, a
description of the centuries of suffering between the Fall and the Redemption.
Later writers, however, sometimes cited Bernard as their source, when they
were clearly citing Bonaventure, because Bonaventure had acknowledged
Bernard as his source (Hope Traver, *The Four Daughters of God: A Study of the
Versions of This Allegory with Special Reference to Those in Latin, French and
English,* Bryn Mawr College Monographs 6 [Bryn Mawr, Pa.: Bryn Mawr
College, 1907], 44-45). See also Tony Hunt, "'The Four Daughters of God': A
Textual Contribution," *Archives d'histoire doctrinale et littéraire du moyen âge*
48 (1981): 287-316; and Hope Traver,"The Four Daughters of God: A Mirror
of Changing Doctrine," *Publications of the Modern Language Association of
America* 40 [1925]: 44-92, 45). It should perhaps be pointed out that the
Bonaventure who wrote a version of the theme of the Four Daughters of God
was not the Seraphic Doctor but Bonaventure, called Baduarius, cardinal of
Padua (Traver, *The Four Daughters of God: A Study,* 18).

raisons et d'argumens pour contredire au mariage et disoient a Dieu le
Pere, "Sire, tu as dit de ta bouche, qui onques ne menti, et est escript,
que l'omme qui a mengié de la pomme deffendue doit morir; et tu veus
ores faire aliance a une generacion dampnee et perverse et rappeller ta
5   sentence. Se tu le fais ainsi, nostre office est destruit."

    Quant ces deux dames orent finé leurs raisons et bien monstré que le
mariage ne se devoit pas faire, soudainement deux autres dames doulces
et debonnaires--c'est assavoir Pais et Misericorde--se troverent en place
et non pas l'espee ou poing mais humblement dirent a Dieu, "Seigneur,
10 combien que l'omme ait mengié de la pomme contre ton commandement
par l'enortacion du serpent, toutefois il s'en repent et en [a] fait
penitance. Sire, se tu ne pardonnes a l'omme languissant en prison, de
quoy servirons nous qui sommes unies avec toy? Nostre office sera
pery." Mais Verité et Justice respondirent au contraire par tres fors
15 argumens, si comme dit saint Bernart.

    Lors Dieu le Pere renvoia ceste grant plaidoirie et forte controversie
entre Verité et Justice, Pais et Misericorde, a son benoit Fil pour le
determiner, qui tantost donna son arrest et dit ainsi: "Il faut trouver
aucun qui soit sans pechié et ait poissance de paier la debte de ceste
20 eglise soullie et condempnee a mort pour satisfaire aux argumens de
Verité et de Justice; et oultre plus, /38ᵛ que celui qui sera sans pechié ait
tant d'amour en lui qu'il veulle[128] morir de sa propre volenté pour ses
ennemis et racheter les de prison, [c'est assavoir les filz de] ceste eglise
condempnee, et la prendre pour espouse pour satifaire aux argumens
25 debonnaires de Pais et de Misericorde." "Mais ou se trouvera un tel?"
dirent les asistens. "Il est trop forte chose." Lors les .iiij. dames se
mistrent d'acort en enqueste pour trouver une tele personne, et quistrent
par tout le monde ou ciel et en la terre, et ne le porent trouver,
retournerent en jugement devant le Fil de Dieu, et ne savoient que dire.
30 Et pou s'en faili que le traitié qui tant avoit duré ne fu du tout rompu.

    Estans ainsi les .iiij. dames, Verité et Justice, Pais et Misericorde,
en grant silence devant le juge et aussi comme esbahies, l'une des dames,
par son droit nom Pais apellee, prist la parole et dit en haut aux autres
dames, "Vous ne savés que assés nous pourions traveilier avant que nous
35 peussions trouver la personne proposee pour le dit mariage qui soit sans
pechié et veuille morir pour ses anemis et veuille estre espous de ceste
eglise condempnee et soullie. Je ne saveroie plus dire," ce dit Pais, "fors

---

128. ve(i)ulle. This correction was perhaps of a misplaced *i*, but Picard often did
not note palatals, so I have not further corrected this form.

tant que en ceste difficulté ma sentence si est telle: c'est assavoir que qui
a donné l'arest, qui a donné le conseil, lui mesmes face l'aide, a lui soit
tout commis." Quant le juge, le benoit Fil de Dieu, ouy la sentence de
Pais, il fu feru et trespercié jusques au cuer de misericorde et ne se pot
plus tenir et dit a haute vois: "Veescy! je viens tantost et mon grant
guerredon avec moy."[129] Et lors apela l'archangre Gabriel et lui commist
son message de venir a la vierge de la maison et lignie de David pour
anoncier le riche mariage du Fin Rubin, du Fil de Dieu Jesu Crist, au
Dyamant nostre mere sainte Eglise. Grant joie ot lors a celle heure en la
court du benoit Fil de Dieu de la sentence du juge et de sa tres grant
humilité et de sa inestimable charité, et lors les angres, cognoissans que
par cestui mariage les sieges /39 de Paradis dont les diables cheirent
devoient estre restauré, a une vois disoient l'un a l'autre, "Esjoissons
nous en grant exaltacion, car les noces de l'Aignel sont venues."[130]

L'archangre Gabriel tantost fist son message entierement, comme il
lui fu commandé, et fu faite l'aliance merveilleuse du Createur a la
creature par sacrement de mariage, ce fu de Jesu Crist a nostre humanité,
dont les piteuses noces proposees s'ensivirent et le disner orrible et amer
qui n'avera jamais per, comme il fu desclairié es chappitres cy dessus et
souventefois repeté. Et ce souffice briefment a laie gent pour
recognoistre la grant difficulté de cestui mariage de nostre redempcion,
afin que nous en doions mieulx amer, servir, doubter et honnourer nostre
Pere et Redemptour, le Fin Rubin, et demourer entierement en la sainte
doctrine du Fin Dyamant son espouse, nostre mere sainte Eglise.

De la grant poissance et dignité de nostre mere saincte Esglise qu'elle ot aprés les noces doloureuses, et comment ses vertus sont declairies par les vertus du fin dyamant, moralment parlant.

Le .xxj.ᵉ chapitre[131]

Il fu demonstré cy dessus largement des graces merveilleuses et fruis
delictables et pourfitables qui nous sont avenu du sacrement de mariage
et des noces proposees. Encores a il esté demonstré quelle l'espouse
estoit, c'est l'eglise de ce monde devant le mariage, et comment elle
estoit vile et souillie d'idolatrie et condempnee a mort. Or est il temps de

---

129. Rv 22: 12.
130. Rv 19: 7.
131. *[Le] * < .xxj.ᵉ chapitre >.

desclairier briefment quelle elle devint a la consommacion des noces proposees, c'est assavoir de sa biauté, de sa clerté, de sa vertu et de sa poissance; et comment par la mutacion du Rubin, la destre du Souverain, nostre Dyamant, fu mué de noir en blanc, de tenebres en lumieres. Dont il est assavoir que tantost et en un moment que le Dyamant oscur et sale et plain de toutes passions fu conjoins par mariage au tres doulz Rubin en la consommacion des noces proposees et le disner compli, les faces /39ᵛ et les quarres et la pointe du Dyamant monstrerent leur grant clarté qui leur estoit avenu et par grace du doulz Espous debonnaire.

En la prumiere face du Dyamant resplandissoit la lumiere de la sainte foy catholique inestingible, de laquelle foy le biau Rubin dit a ses apostres en l'Evangille, "Se vous averés tant de foy comme un grain de senevé est grant et vous dirés a une montaigne: 'Va te planter en la mer', sans arrester il sera fait."[132] De ceste foy, l'apostre saint Paoul dit que le juste vit de la foy,[133] c'est a entendre que, si comme le corps de l'omme vit de pain et de vin et de viande, tout ainsi et trop mieulx l'ame du juste crestien vit de la foy.

Mais en la seconde face du Dyamant de nostre mere sainte Eglise reluisoit un ancre d'acier, qui est appellé doulce et ferme esperance. Ceste ancre tient la nave ferme afin qu'elle ne soit periclitee et noiee par les fortunes de la mer. Ceste ancre est l'esperance ferme de l'ame crestienne, qui le tient ferme en la doubtance et vraie amour de Dieu, afin qu'elle ne soit suffoquie et noiee es yaues des temptacions des trois anemis de l'ame, c'est assavoir le monde, le Diable et la char.[134] De ceste

---

132. Mt 17: 20 and 21: 2; Lk 17: 6.
133. Rom 1: 17.
134. This trio, in varying order, has become a commonplace. The earliest instance of its use I have found is as part of a quartet in Bernard's *Sententiae,* series secunda 2, when he writes that man serves four masters: "caro, mundus, diabolus, Deus" (*Sancti Bernardi Opera,* vol. 6, pt. 2, pp. 1-255. The temptation of Christ in the desert (Mt 4: 1-11) is widely interpreted as renouncing specifically these three temptations, with the world being the material things of this world as opposed to the things of the spirit; the flesh, sensual pleasures; and the devil, evil of every kind. The trio is found in the litany of the 1662 version of the *Book of Common Prayer:* "from all the deceits of the world, the flesh and the devil, Good Lord, deliver us," and in the rite of baptism of this same book: "renounce the devil and all his works, the pomps and vanity of this wilful world, and all the sinful lusts of the flesh." While the Catholic rite of baptism words the renunciation somewhat differently--"renounce the devil and all his pomps and works"--one would be inclined to consider the *Book of Common Prayer* version as a reflection of the rite of an early Christian

esperance dit saint Paoul, "Vestés vous du hiaume d'esperance de salut."[135]

Mais en la tierce face et en la quarte du Dyamant reluisoient richesse et souffisance. Il est escript par le prophete David, "En la maison du doulz Espous du Dyamant, gloire et richesses abondent."[136] Qui est la maison propre en ce monde pelerin de nostre doulz Espous de l'ame? Certainement c'est nostre mere sainte Eglise par l'aliance du sacrement tant de fois repeté, voire remplie de gloire et de richesses. Et qui sont ces richesses? Ce sont celles desquelles saint Paoul dit en personne de l'Eglise, disant, "Nous n'avons riens des biens corrompables de ce monde forsque tant seulement que pour nostre neccessité, car autre chose n'en volons et toutefois nous avons tout et possidons toutes choses."[137] Quant a la souffisance de nostre /40 mere sainte Eglise, elle se conferme et doit confermer a la volenté divine et est contente des biens de ce monde pour sa neccessité et non pas a superfluité, ensivant son doulz Espous, qui vaut eslire vraie et sainte povreté et non pas mendicité. Nostre mere,[138] donques, l'espouse du doulz Aignelet, est riche a pouoir ou quart degré et lie et joyeuse a souffisance. Viegne richesse, viegne povreté, viegne maladie, viegne santé, viegne tribulacion, tempeste et occision: de toutes choses elle fait son pourfit. Quel merveille! car elle a avec lui son doulz Espous, qui est Verité, Vie et Voie, et qui en tous perilz le garde, le soustient et ravoie a souffisance et a transquilité, a doulce pais de cuer et a seureté. Encores nostre mere sainte Eglise, nostre Fin Dyamant, non pas contrefait comme il estoit devant, a .iiij. quarres biens trenchans pour detrenchier et deffacier tout ce qui lui pourroit nuire.

La prumiere quarre du Fin Dyamant de nostre mere sainte Eglise est penitance bien trenchant et [vraye] confession. La seconde quarre est la doubtance de Dieu et vraie compassion, voire par une piteuse memoire de l'amere Passion de son doulz Espous et des tribulacions de ses enfans, les loyaulz filz de l'Eglise de Dieu. La tierce quarre du Dyamant est une dolour cordiale et trenchans de la perdicion et dampnacion de ses enfans

---

sect. However, no such wording is recorded by those who preserved various baptismal rites, such as Tertullian and Ambrose.
135. 1 Thes 5: 8.
136. Ps 111: 3.
137. 1 Cor 7: 37. Philippe is closer here to the Vulgate reading than to the Jerusalem Bible.
138. me[re].

en quantité tele, helas! que sans nombre, lesquelz elle a engendré en la foy saintement et noury de son lait de doctrine de vie doulcement; et nientmains elle cognoit que le sanc du doulz Aignelet en eulz n'a pas son effect, et qu'il abandonnent leur mere, dont elle demeure triste et amere. La quarte quarre du Dyamant, c'est de l'Eglise, si est une joie et doulçour, tritresce et dolour bien trenchans et mellees ensamble, c'est assavoir quant il souvient par doulce contemplacion a nostre mere quelle elle fu avant le mariage et quelle elle s'est trovee par grace aprés les noces proposees, et ne scet comment elle puist satisfaire a son [tres] doulz Espous et rendre graces /**40ᵛ** souffisans. Et lors pour acomplir son desir une tritresce meritoire et dolour mellee avec souspirs vienent en place pour ce que elle est pelerine en ce monde et absente de son doulz Espous et Seigneur,[139] desirans de parvenir a la fruicion de l'Escarboucle reluisant et estre delivree de la chartre de ceste mort mondaine, de laquelle quarte quarre de nostre Dyamant le tres saint David disoit, "Tout ainsi comme le cerf chassié desire a parvenir aux fontaines des yaues quant il est bien chassié, tout ainsi desire m'ame a venir a toy, mon Seigneur et mon Dieu."[140]

Or veons de la pointe de nostre Dyamant, qui n'est pas maint trenchant, et dirons de deux dames, qui sont venues du Ciel en terre, qui sont les plus trenchans que nulle lance ague bien forgie d'acier. Ces deux dames sont, c'est assavoir, l'une Misericorde et l'autre Amour, qui est encores le plus perçant et souveraine. La Misericorde de la pointe de nostre Dyamant tresperce maintefois et le ciel et la terre par vraie compassion, et une fois Misericorde tant perça qu'elle fist descendre du Ciel Amour et Charité, et devenir non tant seulement Espous de nostre Dyamant, mais vraie pointe, force et vertu du Dyamant nostre mere sainte Eglise.

Aucuns pourroient dire que selonc ceste proposicion nostre Dyamant averoit deux pointes, dont il est assavoir que la force du dyamant et perfection de toute sa bonté et biauté c'est la pointe ague ingale et bien trenchant. Certainement ceste pointe, ceste force et biauté du Dyamant de nostre mere sainte Eglise n'est autre chose que vraie Charité qui emporte avec lui Amour et Misericorde. Ceste pointe, ceste Charité, perce et tresperce les cuers des vrais filz de nostre mere sainte Eglise, et netoie les cuers de pechié et de vilaines pensees, et entaille es pensees devotes par sa pointe d'amour les beles fourmes et ymages de la gloire du Ciel.

---

139. 2 Cor 5: 1-5.
140. Ps 42: 1.

Ceste dame est la Charité dont saint Jehan /41 l'evangeliste parle, disant, "Dieu [est][141] charité et charité est Dieu, [et qui maint en charité il maint en Dieu]."[142]

Encores se puet dire doulcement que ceste Eglise, cestui Dyamant quarré, puet estre figuré en sustance par les .iiij. evangelistes qui avoient tous ensambles et chascun par soy .iiij. faces et .iiij. pennes, si comme l'avoit prophetisié plainement Ezechiel le prophete. En la prumiere face apparoit la face d'omme, monstrant comment nostre mere sainte Eglise doit estre ordonnee quant en son prosme. Et en la seconde face apparoit la face d'une aigle, le roy des oiseaux qui regarde le solail en son espere, ce que nul autre oyseau ou beste ne peut faire, et vole haut, monstrant comment nostre Dyamant doit estre ordonné quant a Dieu. Mais en la tierce face apparoit la face de lyon, le roy des bestes, monstrant comment nostre mere sainte Eglise doit estre ordenee a lui mesmes, car les rois qui de leur mesmes sont mal ordenés fort est qu'il puissent bien ordener leurs subgés. En la quarte face aparoit la face d'un beuf, qui laboure la terre diligemment, monstrant comment l'Eglise doit estre ordonnee quant a son office, si comme largement et prolixement des .iiij. faces susdites les sains docteurs en traitent.

Encores fu dit que a .iiij. faces avoit .iiij. pennes, par lesquelles pennes se puet entrendre que nostre mere sainte Eglise, ce sont les ames devotes, par haulte contemplacion volent ou Ciel et par un ardant desir et amour enflambee [en esperit] visitent aucunefois le biau Rubin vermeil et taint en graine de son precieux sanc; par laquelle graine nostre Dyamant, jadis oscur et tourble, est devenu reluisant et de haulte couleur, c'est nostre mere sainte Eglise enluminee, comme dit est, de son tres doulz Espous Jesu Crist, qui enseigne la voie roiale a ses enfans legitimes, laquelle maine tout droit a vie pardurable. Et pour recommandacion de la biauté et bonté singulere du Dyamant, c'est de l'Eglise, espouse du doulz Aignelet souventefois repeté, parlant de lui saint Jehan l'evangeliste dit en l'Apocalipce, "Je vis," dist il, "une espouse nouvele descendans du ciel merveilleusement aournee de /41ᵛ graces et de vertus pour son mary,"[143] c'est assavoir pour l'Aignelet ocys. Et ce souffice briefment de la biauté, bonté et valour de nostre mere sainte Eglise, vraie espouse du benoit Fil de Dieu Jesus Crist, pour conforter les mariés et tout bon Crestien et par especial les dames mariees, afin que chascun doie penser

---

141. (et).
142. 1 Jn 4: 16.
143. Rv 21: 2.

d'ensuir la vraie doctrine de sa mere sainte Eglise et les[144] doulz commandemens de l'Aignelet, vray Espous de son ame.

    Or prions donques devotement au souverain Rubin, Pierre reonde et angulaire, comme dit est dessus, qui par sa grace est descendus ou Dyamant--c'est en l'Eglise--et a atrait a soy par union les .iiij. faces du Dyamant, les .iiij. parties de la vaulte[145] de l'Eglise, parlant moralment, en demourant Pierre souveraine, Chief et Firmament de la voulte--c'est de l'Eglise--qui nous doinst grace de bien recognoistre en regraciant touzjours ceste doulce union et le riche mariage et noble aliance de lui au Dyamant nostre mere sainte Eglise; et que nous ne soions fourclos des vives pierres [de la vaulte susdicte recitees en l'Apocalipce,[146] c'est assavoir pierres] bien quarrees, selonc le dit de l'aposte saint Paoul et devotement exposees par saint Augustin,[147] c'est de nostre Fin Dyamant quarré a l'edifice de nostre souveraine mere, la cité de Dieu.

Une briefve recapitulation de la joye du Fin Dyamant nostre mere sainte Eglise, qu'elle ot du Fin Rubin son doulz Espous, quant il ressucita, monta ou Ciel et manda le Saint Esperit qui le confourma en la foy sans plus avoir doubtance.

Le .xxij.ᵉ chapitre[148]

    Il est assés desclairié cy dessus simplement et grossement quelle l'Eglise estoit devant le sacrement de mariage sovent repeté, et la grant biauté et vertu qu'elle ot aprés les noces proposees et touzjours avera, c'est assavoir le Dyamant figuré, quarré et bien pointu, c'est nostre mere sainte Eglise, la congregacion des loyaulx Crestiens par foy et charité unie en Jesu Crist son Chief, son Dieu et son Seigneur, moyenne sa Passion. De laquelle souffrance nostre dicte mere, espouse du Rubin amorti, fu moult desconfortee mais au tiers jour aprés les noces, par la sainte resurrection du doulz Aignelet son Espoulz, elle fu doulcement reconfortee et plus encores quant elle vit le Roy de gloire, son doulz

---

144. le[s].
145. v{a}ulte, (o).
146. Rv 21: 19-21.
147. In his *Enarrationes in Psalmos* 111.1, Augustine writes of the living stones and of Christ as the cornerstone of the Church, referring to 1 Cor. 15: 49, Eph. 2: 19-22, and 1 Cor 3: 17 (PL 37: cols. 1467-68; CC 40: 1625-26).
148. *[Le] * < .xxij.ᵉ chapitre >.

Espous, son Dieu et son Seigneur, par sa propre vertu monter ou Ciel le jour de l'Asencion. Et pour conclusion joieuse de[149] [tous misteres deppendans du mariage et appartenans a la confirmation de la foy, lors fu nostre mere saincte Eglise de tous doubtes asseuree, et de tous perilz afermee, et en joye de vraye esperance doulcement eslechie. Ce fu quant le biau Rubin, devenu clere Escarboucle, resplandissant et revestu de son mantiau de gloire pardurable, manda sur son espouse le jour de Penthecouste le Saint Esperit, /42 tierce personne de la Trinité et Dieu parfait, en fourme de langues de feu ardant d'amour, par lequel feu son Espouse fu enluminee, et les[150] cuers des apostres et disciples et des vrais filz et filles de l'Eglise furent lors si embrasés[151] de l'amour du doulz Rubin le vray Espoulz de leurs ames qu'il devindrent yvres d'amour, parlans tous les langages et de la en avant ne doubtoient ne fer ne feu materiel ne tourment que on leur peust presenter.

---

149. The following addition, which continues through the upper half of f. 42 into bk. 2, is in variant hand *A*.
150. le[s].
151. embrasé[s].

Le Secont Livre[1]

Cy commence le secont livre et la seconde face du miroir ou prologue proposé, c'est du Fin Dyamant conjoint au Fin Rubin par sacrement de mariage spirituel, c'est de la tres doulce Vierge Marie, doulcement representant nostre mere saincte Esglise, royne et espouse des noces lacrimables si dessus recitees, de ses conditions et vertus, de sa nativité et de sa sainte vie; et comment Dieu le fist belle, saincte et nette pour estre mere et espouse de son benoit Fil Jesu Crist.

Le premier chapitre du secont livre

Or il est tamps, ou nom de Dieu, d'entrer en la matere et joyeuse et piteuse de la mere et espouse singulere de nostre Fin Rubin, de la poissant royne des noces proposees, la tres doulce Vierge Marie, representant nostre mere saincte Eglise, comme par dessus fu promiz; car de lui, de sa condition, ne de son grant estat, ne de sa majesté reginale en especial, comme il appartendroit ou mariage dessusdit ne aux noces proposees, ou paou ou mains que a devotion a esté faicte mencion].[2] Et pour ce que la penne, a present, de cestui vil et viel escripvain, est bien groce, soullie et mautaillie, je supplie devotement a la royne des noces, qui par son seul consentement sot escripre en son ventre le Roy du firmament, que par sa doulce pitié la penne desus dicte, rude et grosse, elle veuille a soutiller, et ses soulliures entierement efacier, et la dicte penne doulcement a son voloir taillier, afin que l'escripvain puisse escripre chose qui soit a la loenge du poissant Roy des noces et de la sainte royne, adreçant l'escripvain a consolacion aussi des mariés et de tout bon Crestien et par especial des dames mariees et de celle pour laquelle ceste matere telement quelement est emprise. Dont il est assavoir que [de] ceste poissant royne deux choses en especial nous avons a veoir. La prumiere si est de sa condicion /42ᵛ particulere quant a l'aliance du

---

1. *[Le Secont Livre].
2. Here ends the addition begun on the preceding folio, which closed bk. 1.

mariage proposé, et de la grant joie qui vint au monde et par especial a ses parens et a sa generation pour la grant aliance du mariage proposé. Ceste prumiere partie est confirmacion du chappitre cy dessus, qui traite briefment du sacrement de mariage du benoit Filz de Dieu Jesu Crist a nostre humanité.

La seconde chose que nous devons veoir si est de la condicion de nostre tres doulce royne quant aux noces proposees et a leur dependances. Et quant a la prumiere, il est assavoir briefment que raisonnable chose estoit et affreable que le grant Roy des rois, Fil de Dieu tout poissant, qui, par sa grace avoit determiné de faire aliance par sacrement de mariage a nostre povre et tres vile nature, presist pour espouse, pour mere et pour royne des noces, une dame de grant lignage, qui en biauté, en bonté, en pureté et en toute vertu surmontast toutes les dames du monde. Et combien que les lisans cestui traitié de mariage aient bien cognoissance de ceste noble dame--et benois seront tous ceulx et toutes celles qui bien le cognistront et devotement la serviront--toutefois il ne nous doit pas anuier d'ouyr souvent recorder les graces et condicions de ceste poissant royne dont tant de bien est venu a nostre generacion.

Or entrons doncques en la matere.[3] Il fu jadis un noble baron en Israhel, riche et poissant et doubtant Dieu en dignité de prestre, apellé Johachin; et ot une compaigne et espouse pareille a ses condicions, appellee Anne,[4] laquelle estoit brehaigne et ne portoit point de fruit, dont il estoient a grant dolour; et ainsi furent .xx. ans sans avoir ligniee;[5] dont une fois Joachin, faisant son office ou temple et offrant sacrefice, fu redargués vilainement du souverain evesque des Juifz pour ce qu'il n'avoit engendré fruit en Israhel, disant qu'il n'estoit pas dignes d'offrir a Dieu sacrefice. Dont Joachin se parti confus et deshonnoréz et s'en ala avec ses pasteurs et bestes bien environ .xxx. journees pour fuir la vergoingne, et Anne demoura en Nazareth /43 confuse et toute honteuse.

Grant temps avoit passé qu'il avoient voué a Dieu que se Dieu leur donnoit fruit de lignie il le presenteroient au service de Dieu, si comme

---

3. The following account of the birth and early life of Mary is essentially as narrated by Jacobus de Voragine in *The Golden Legend* 2: 521-24.
4. Not named in the Bible, the Virgin Mary's father and mother are called Joachim and Anna in the *Apocryphal New Testament*, as in the *Book of James* 1-6 (*The Apocryphal New Testament, Being the Apocryphal Gospels, Acts, Epistles, and Apocalypses*, trans. Montague Rhodes James [Oxford: Clarendon P, 1924; rev. ed. Oxford: Clarendon P, 1953], 38-41).
5. The scripta usually gives the Picard *lignie*.

de ceste gracieuse estoire le glorieux saint Jeroime prolixement en traite.[6] Finablement, pour abregier nostre escripture, par l'anonciacion de l'angre faite a Johachin et a Anne, Johachin retourna a son hostel, et Anne conçut la tres doulce Vierge Marie, laquelle fu saintifiee ou ventre
5 de sa mere plus sans nulle comparison que ne fu onques nulle pure humaine creature; et fu reservee et nee pure, sainte et nete et amorti en lui le fomite, c'est l'aguillon de tout pechié et veniel et mortel, ce que a autre creature pure ne fu onques otroié. Quel merveille! car le Createur de toutes creatures singulierement avoit creé cestui noble vaissiau pour
10 recevoir et herbergier en lui le Pain de Vie qui donne vie aux angres et aux hommes, c'estoit son propre corps, en cestui vaissiau precieux. A grant merveille et joie non pareille de nostre generacion furent solempnelment celebrees les noces, cy dessus sovent repetees, du Fil de Dieu a nostre humanité, de Jesu Crist a nostre mere sainte Eglise.
15 Que diray je plus de nostre josne royne, de sa biauté, de sa bonté, de ses vertus et graces a lui otroiees? Je ne souffis pas d'escripre souffisaument comme il appartendroit les vertus de la Royne du Ciel, car ma penne est trop mal taillie, et se toute l'iaue de la mer estoit devenue encre, et tous les plains de Surie[7] estoient parchemin, et tout le bois de la
20 forest de Biere[8] estoit devenu pennes a escripre, il ne souffiroient pas pour descripre ne desclairier la millesisme de la milsisme partie, ne tant par aucune comparassion qui est nulle en qualité et en quantité comme

---

6. The story of the birth of Mary, describing also her early life, was attributed to Jerome, whence it allegedly passed into *The Golden Legend* (*The Apocryphal New Testament*, 70-72). However Jacobus de Voragine's text on the nativity of the Blessed Virgin Mary alludes to Jerome's authorship (*The Golden Legend* 2: 521); therefore, Philippe may not actually have used a text by the Church Father for this section of his work.
7. Since Philippe later writes of Jerusalem as being in Syria (f. 80), we must assume that this name covers, for Philippe as for other medieval people, the territory defined *grosso modo* by Larry S. Crist as modern Syria, Lebanon, Israel, and Jordan (*Saladin: Suite et fin du deuxième Cycle de la Croisade,* ed. Larry S. Crist, Textes littéraires français [Geneva: Droz, 1972], 198).
8. The forest of Fontainebleau was formerly called the forest of Bière, the early name deriving from the topography of the area, where heath best describes the principal vegetation growing in the sandy soil. The name survives in the toponymy of surrounding villages: Chailly-en-Bière, Fleury, Saint-Martin, Villiers, etc. (Paul Arnould, "Fontainebleau [Forêt de]," *Guide-Album: Les plus beaux sites naturels de la France,* ed. Bernard Willerval [Paris: Eclectis, 1991], 439-91).

d'une [toute] seule goute d'iaue a toute la mer Ocyane.⁹ Je escripray donques par sa grace ce que je pourray, non pas ce que je deveroie, et ay esperance en lui que par sa doulce bonté elle prendra nient ou paou pour bonne volenté.

5   Retournant a nostre matere, quant la doulce pucelle et vierge fu severee de /43ᵛ la mamelle et qu'elle ot trois ans, Johachin et Anne la presenterent ou temple acomplissant a Dieu leur veu; et a la presentacion, (de) la petite Vierge Marie de trois ans a par lui et sans aucune ayde humaine monta les .xv. degrés du temple, qui estoient et
10 grans et haus, par telle maniere et si viguereusement que le souverain evesque et tous ceulx qui le virent trop fort s'en merveillerent qui estoit bien chose evident que la josne vierge tendoit a Dieu. Le pere et la mere laisserent leur fille au service de Dieu en la compaignie des vierges, [filles] des grans barons d'Israhel, qui estoient nouries ou temple, ou
15 quel temple qu'elle fu nostre josne royne, la doulce Vierge Marie, il appert, car les angres s'en esjoissoient. Et selonc ce que recite saint Jeroime, Marie de son propre mouvement, par grace du Saint Esperit qui doulcement la gouvernoit, ordonna de sa vie en telle maniere que du matin jusques a l'eure de tierce elle se tenoit en oroison sans
20 intermission, et de l'eure de tierce jusques a l'eure de nonne elle labouroit de ses belles mains, faisans tissus de soie et autres choses qui appartenoient au service de Dieu ou temple; et de ce faire n'arestoit

---

9. This tautology, the Ocean sea, is not necessarily incorrect, for Ocyane could be used adjectively. Indeed, Philippe himself uses the name in this way in the phrase "la mer Adriane, Medytriane, et Occeane" (Philippe de Mézières, *Le Songe du vieil pelerin,* 1: 537). It is conceivable, however, that in this present context the phrase derives from the Koran, for Philippe's imagery here closely follows the Koran's rendering of the topos of expressing the ineffable: And if all the trees / On earth were pens / And the Oceans (were ink), / With seven Oceans behind it / To add to its (supply), / Yet would not the Words / Of Allah be exhausted / (In the writing): for Allah / Is exalted in Power, / Full of wisdom. (*The Holy Quran: Text, Translation and Commentary,* ed. and trans. Abdullah Yusuf Ali, 3d ed., 3 vols. [Lahore, Pakistan: S. H. Muhammad Ashraf, 1938; rpt. Lahore, Pakistan: S. H. Muhammad Ashraf, 1969], Sura 3: 27).

Use of the word *Ocyane* is not, of course, restricted to Philippe. It means "Ocean" and referred in antiquity to the sea surrounding the known world of Europe, Africa, and Asia, that is, the Atlantic Ocean and the North Sea. It is used, e.g., by Chaucer, but with the value of a substantive, not an adjective, as in "in the see of the occian" (*Boece* 4.6.ll.15-16, in *The Works of Geoffrey Chaucer,* ed. F. N. Robinson [Boston: Houghton Mifflin, 1933; 2d ed. London: Oxford UP, 1957], 371).

jusques a tant que l'angre du Ciel descendoit et lui appartoit sa refection corporele, et apréz sa refection elle retournoit tantost a l'oracion. Et a ce qu'elle ne fausist aux euvres de misericorde, la viande qui lui estoit livree chascun jour des evesques de la loy elle donnoit pour Dieu et ne mengoit autre chose que ce que l'angre lui aportoit.

Onques, selonc ce que dient saint Ambroise et saint Jeroime, elle ne fu trouvee uuiseuse: ou elle lisoit et estudioit en la loy de Dieu, ou elle se ocupoit en oracion ou contemplacion, ou lavoit les vestemens de l'office divin; et toutes choses que les anciennes dames ou temple ne pouoient faire elle faisoit tres humblement, et souvent reprenoit les autres vierges ses compaignes demourans ou temple quant elle les veoit ou trop rire ou faire ou dire aucune chose deshonneste. Et briefment, selonc /44 ce que dient les sains, des qu'elle entra ou temple qu'elle n'avoit que trois ans, elle apparoit si saige et si meure comme s'elle eust esté en l'aage de .xxx. ans.

Et combien que en la loy d'Escripture malediction estoit offerte a chascun du peuple d'Israhel qui ne feroit fruit de lignie a Dieu par mariage, toutesfois nostre doulce Vierge Marie, saintement inspiree pour mieulx plaire a Dieu, voua virginité, et fu la prumiere qui onques le feist. Quel merveille! car les angres la gouvernoit, et le Saint Esperit lui enseignoit la loy de Dieu et tout ce qu'elle avoit a faire par telle maniere qu'elle entendoit parfaitement l'escripture des prophetes. Et quant elle lisoit la prophesie d'Ysaye de la vierge qui devoit concevoir Messias le Redemptour du monde et les autres prophesies appartenans a la dicte vierge, la doulce Vierge Marie lors se trouvoit ausi comme ravie et, non sans larmes de devocion, deprioit doulcement a Dieu qu'i[10] li feist grace de tant vivre qu'elle peust veoir la dicte vierge et lui servir en lui lavant les piés; et pour ce que souveraine humilité regnoit en lui elle n'eust osé pensser jamais ne ymaginer de lui mesmes qu'elle fust celle vierge promise en la loy, par laquelle le monde devoit estre racheté. Elle estoit touzjours la prumiere et la derreniere aux heures canoniques a prononcier les Siaumes de David et les autres prophesies, ne jamais nulz ne la veist rire ne dire parole uuisouse, et sans intermission elle beneissoit Dieu. Et afin que le nom de Dieu ne partist de sa bouche, quant on la saluoit, pour resalut, "*Deo gracias*" elle respondoit. Quel merveille! car les angres estoient si familier de lui que nuit et jour il estoient avec lui pour

---

10. For *qu'il*. The scripta frequently offers this ellipical form, as indicated in the Introduction.

lui garder, servir et honnourer. Onques telle vierge ne fu ne jamais ne sera, et tres benois sera celui qui doulcement l'amera.

    Il estoit de coustume ou peuple de Dieu d'Israhel que les filles des princes, barons et seigneurs estoient nouries ou temple jusques au temps qu'elles estoient en l'aage d'estre mariees afin qu'elles fussent mieulx gardees, et /44ᵛ quant elles estoient prestes pour mariage les souverains evesques de la loy les renvoioyent solempnelment a l'ostel de leurs peres.[11] Or vint le temps que nostre Vierge, tant de fois doulcement repetee, ot .xiiij. ans et en l'aage d'estre mariee, et les autres vierges ausi qui avoient esté nouries ou temple avec lui. Quant le souverain evesque ot donné sa sentence que les vierges retournassent a leurs parens pour estre mariees, la doulce Vierge Marie seule respondi que ce elle ne pouoit faire et pour deux causes: l'une pour ce que son pere et sa mere l'avoient vouee a Dieu a touzjours mais pour estre a son service, l'autre pour ce qu'elle avoit voué virginité et s'estoit dediee au service de Dieu.

    Quant le souverain evesque ouy ainsi parler la doulce Vierge Marie, il fu tout esbahi et ne sot que respondre a la Vierge, doubtant d'aler contre l'escripture du prophete David qui dit, "Voués a Dieu et a Dieu rendez voz veus."[12] De l'autre part il doubtoit a entroduire une nouvelle coustume en la loy de Moyses, c'est assavoir que les filles demourassent vierges sans porter fruit ne acroistre le peuple de Dieu. Et sur ceste doubte il ot conseil aux anciens de la loy, et fu determiné que sur un tel fait de nouvelleté il estoit expedient de requerre le conseil de Dieu, qui, par une voix du ciel, manda que la dicte vierge fust mariee et baillie en garde a Joseph le viellart, qui estoit de droite lignie issus de la lignie de David, si comme par l'estoire publique appert, et de la verge de Joseph qui flori, et du coulon qui vint dessus, et des autres misteres et miracles qui avindrent touchant a la matere, lesquelz je trespasse pour cause de briefté et pour ce qu'elle sont assés communes.[13]

    La doulce Vierge Marie, comme dit est, fu conjointe par sacrement de mariage espirituel au saint viellart Joseph vierge; et fu sa vraie espouse selonc la loy, demourant vierge, et aussi Joseph vierge demoura son vray espous. Faite l'aliance susdicte ou temple, Joseph s'en ala en

---

11. pere*(n)s. There was an erroneous titulus (which I have ignored) over the second *e* due to confusion between *parens* and *peres*.

12. Ps 76: 11.

13. While many possible sources existed for this material, it is recorded in Jacobus de Voragine's *The Golden Legend* 2: 423-24 in much the same terms as Philippe uses.

Bethleem sa cité, c'est a dire dont /45 il estoit, car il estoit de la maignie
et lignie de David, qui fu de Bethleem, pour appareillier tout ce qui
faisoit besoing pour les noces de lui et de Marie a certain temps celebrer;
et la tres sainte et esleue vierge de Dieu, Marie, acompaignie de .vij.
autres vierges que le souverain evesque lui bailla pour lui acompaigner,
lesquelles avoient esté nouries avec lui ou temple, s'en ala hastivement
devers ses parens en Nazareth dont elle estoit nee.

Et ne fait pas a oublier pour nostre consolacion, c'est assavoir que
quant la doulce et tendre Vierge Marie fu sur son partir du temple et les
.vij. vierges avec lui comme dit est, les dictes vierges avecques Marie
furent d'acord de faire un sort par maniere d'ebatement gracieux pour
veoir, par le sort et volenté de Dieu, laquelle de toutes les vierges
susdites seroit chevetaine d'elles ou chemin pour avoir le gouvernement
des autres. Et par aventure pour non donner traveil a nostre doulce
Marie, qui estoit tendre de corps et n'avoit pas apriz d'aler a pié ne de
fort traveillier, les vierges lors mistrent en sort .viij. jouelles,[14] si comme
touaillons, de laine et de soie de diverses coulours, entre lesquelz avoit
une piece de drap de soie vermeille qui s'apelle pourpre, et fu dit de
commun accort des vierges que celle qui par le sort averoit la pourpre
seroit leur royne; et briefment quant ce vint au prendre, la pourpre eschei
d'aventure mais par l'ordonnance divyne a la doulce Vierge Marie. Lors
les vierges de la en avant appelerent Marie leur royne et de la
prumierement elle prist le nom d'estre appellee Royne des vierges; et
selonc l'estoire de ceste gracieuse matere l'angre s'apparu entre elles et
confourma le nom de Royne des vierges, du Ciel et de la terre, a la
doulce Vierge Marie.

Elle se parti ainsi acompaignie des vierges, la Royne des vierges, et
vint en Nazareth et la demoura en l'ostel de son pere et de sa mere,
Johachin et Anne, aucun temps. Ou quel hostel ou maison de la cité de
Nazareth, qui vaut au tant a dire comme flour, la Flour des flours en
temps de flours,[15] le Fruit des fruis, le benoit Filz de Dieu Jesu Crist, en
l'Anonciacion de l'angre /45ᵛ Gabriel, descendi du Ciel et se vint

---

14. It is impossible to determine whether the double minim should be *u* or *n*. It is read here with *u*, to give the word the meaning of "ribbons."

15. John L. McKenzie considers the meaning of this name uncertain (*Dictionary of the Bible* [London: Geoffrey Chapman, 1966], 607). Philippe's exposition on the name of Nazareth and the reference to Christ as the Flower of flowers in the season of flowers is attributed to Bernard in *The Golden Legend,* where it is recorded (1: 204). Alternatively, Philippe's source was perhaps Bernard directly (*Missus est* 1.3).

herbegier en l'ostel de Johachin et d'Anne, voire en la chambre roiale
paree et nete de toute concupissence, digne, pure et bien euree, c'est ou
precieux ventre de nostre doulce Vierge Marie, ou quel benoit et tres
benoit ventre fu acompli le sacrement de mariage entre le benoit Fil de
Dieu et nostre nature humaine, et ausi de la personne de Jesu Crist a
nostre mere sainte Eglise, dont la confirmacion et publique declaracion
s'ensivirent es noces douloureuses souventefois repetees, si comme cy
dessus plus plainement est desclairié. Quant nostre royne, mere et vierge,
remplie du Saint Esperit et corporalment du benoit Fil de Dieu en son
precieux ventre, ot passé aucun temps, elle se parti de Nazareth et,
acompaignie de Joseph son espous, tout a pié et pluseurs journees
faisans, a grant traveil monta en la montaigne, si comme l'Evangille le
recite, en laquelle montaigne Zacarie le prophete et Helizabeth son
espouse, cousine germaine de la Vierge Marie, demouroient.[16] Et la, tres
humblement servant a sa cousine, demoura environ trois mois et tant
qu'elle fu a l'enfanter de sa cousine Helizabeth et receut de ses propres
mains le benoit et tres saint prophete et plus que prophete, monseigneur
saint Jehan baptiste. Et la fu fait le Magnificat par la bouche de la Vierge
Marie.[17] Ce fu quant au commencement elle salua sa cousine et saint
Jehan s'agenouilla ou ventre de sa mere, faisant reverence a Jesu Crist ou
ventre de la Vierge Marie.[18]

O quelle maison et digne palais de grant baron du prophete Zacarie
ou quel palais furent demonstrees tant de gracieux misteres touchant a
nostre foy! La fu prumierement enseigné comment nous devons saluer et
loer la tres doulce Vierge Marie en acomplissant le doulz salut que
l'angre lui apporta, disant, "*Ave, gracia plena,*"[19] et nous disons, "*Ave
Maria, gracia plena, dominus tecum, benedicta tu in mulieribus,*" et dire
le remenant, "*benedictus fructus ventris tui,*" avec la sainte prophete
Helizabeth,[20] qui le nous ensegna celle venerable dame, mere {de saint
Jehan Baptiste}. (de la mere de Dieu et des saints Maries, qui furent mere des

---

16. Lk 1: 39-45.
17. Lk 1: 46-55.
18. Based on Lk 1: 44. While John's gesture of joy and respect must have been a commonplace in devotional material, this incident is recorded in *The Golden Legend* 1: 323. Also, Jean Bonnard noted that Grenoble MS. 1137, from the fourteenth century, contains a poem, "Poème sur le nouveau testament," where John adores Christ in the womb of his mother (*Les Traductions de la Bible en vers français au moyen âge* [Paris: Imprimerie Nationale, 1884], 184).
19. Lk 1: 29.
20. Lk 1: 42.

/46 benois apostres, les sains Jaques et Jehan, Jaques et Joseph le juste, Simon et Jude. Et pour mon conseil et petite devotion aprés, *"Fructus ventris tui,"* nous y ajousterons, *"dulcis Jesus, sancta Maria, ora pro nobis."*).[21] Encores la fu fait le Magnificat par la Vierge Marie, comme dessus est dit, et par la
5 bouche de Zacarias fu faite et composee la belle canthique, *"Benedictus dominus Deus Israhel."* [22]

De la singulere noblesse en lignie de nostre Fin Dyamant la tres doulce Vierge Marie.

Le secont chapitre du secont livre.

10 Or avons ouy des condicions, des vertus et des graces merveilleuses de nostre josne Royne des vierges, mais non otroiees a autre femme de ce monde, laquelle royne le benoit Fil de Dieu pour racheter le monde vault prendre pour mere et pour espouse des noces proposees. Si se puet dire fermement que en biauté, en bonté, en toute vertu et en resplandissant
15 virginité soubz le ciel n'avoit tele, de laquelle la sainte Escripture dit que

---

21. **Va** (de la mere de Dieu et des saints Maries qui furent mere des benois apostres les sains Jaques et Jehan, Jaques et Joseph le juste, Simon et Jude **cat**. Et pour mon conseil et petite devotion aprés *Fructus ventris tui* nous y ajousterons *dulcis Jesus, santa Maria, ora pro nobis*) **cat**. The initial cut, contained within va . . . cat, has been extended by a heavy black line drawn through the rest of the deletion and the second "cat" added, to include the further deletion, which is, however, logically a correct reading.

Philippe's inclusion of the Ave Maria is instructive for the history of this devotion. While he deletes the final prayer here (although we do not know why), later in the text he records that the Church offers to her faithful the prayer, "Maria, mater gracie, mater misericordie, tu nos ab hoste protege et hora mortis suscipe" (f. 155). He dedicates a whole chapter (chap. 29 of bk. 3, ff. 154ᵛ-156ᵛ) to this prayer. Stressing its importance, he recites it, then immediately translates it into French, after which he narrates a miracle of the Virgin to show its efficacy (ff. 155-156ᵛ). He also recites it at the end of his fourth and last book (f. 188ᵛ). Thus Philippe's text, written between 1384 and 1389, attests to an earlier date for the diffusion of the ending of the Ave Maria than does the sermon of St. Bernardino of Siena (born 1380), recorded by H. Thurston, "Ave Maria," in *Dictionnaire de spiritualité ascétique et mystique, doctrine et histoire,* ed. Marcel Viller et al., vol. 1 (Paris: Beauchesne, 1937), cols. 1161-64.

22. Lk 1: 68-79.

au roy--c'est a Dieu--seront amenees tres grant planté de vierges, voire aprés Marie, car elle surmonte toutes les autres.[23]

Et est assavoir que ceste nostre tres doulce Vierge Marie, combien que elle fust povre et souverainement amast povreté pour ce que son cuer par sainte conversacion estoit touzjours ou Ciel et avec son benoit filz et Espous, ne aux biens de ce monde elle n'acointoit riens fors tant seulement pour sa neccessité estroite, toutefois, non obstant sa povreté meritoire et la povreté de son espous Joseph, elle estoit issue et descendue de la plus noble lignie qui fust entre les creatures humaines, c'est assavoir des rois et des prophetes de haulte lignie roiale et sacerdotale--comme dit saint Paoul l'apostre--voire par droite ligne[24] de Adam nostre prumier pere et des sains peres devant le deluge: de Noé, de Seth, de [Lye],[25] Eber,[26] Sale, de Tare, de Nathor, d'Abraham, d'Isaac, de Jacob, des juges d'Israhel, de David, roy et prophete, et des autres roys de Judee, si comme la sainte Evangille de generacion en generacion le recite, recitant la generacion humaine de Jesu Crist, né de Marie, /46ᵛ issue des dessusdis.[27]

L'Evangille, ensivant la coustume du peuple d'Israhel qui avoient en coustume de reciter leurs generacions par les hommes et non pas par les femmes, recite en l'Evangille la generacion de Jesu Crist par les hommes, comme dit est, descendant en la fin a Joseph,[28] espous de Nostre Dame, lequel Joseph n'avoit riens de sa part en la sainte Concepcion et Incarnacion du benoit Fil de Dieu, faite et acomplie ou ventre de la Vierge Marie par le mistere et euvre du benoit Saint Esperit. Et pour ce il pourroit sambler a aucuns mains entendans et oyans la narracion de la generacion susdicte de Jesu Crist terminant a Joseph et non a Marie, que Jesu Crist, fil de Marie, ne fust pas descendus de la noble lignie susdicte, ausquelz se puet respondre en verité que la Vierge

---

23. This is an allusion to Est 2: 17.
24. lign(i)e.
25. This added name perhaps is intended to be that of Heli (Lk 3: 23).
26. *[E]ber. The MS. reading is *bersale,* written as one word. The correction to the text here is provided by Philippe's earlier genealogy of Christ (f. 34ᵛ), where the name of Eber is followed by that of Sale.
27. Perhaps this allusion derives from Paul writing of Adam as prefiguring Christ in Rom 5: 12-21. *The Golden Legend* 2: 519-20 traces the genealogy of Christ from the Virgin Mary of the line of David, and Bernard states that Mary must also have descended from the line of David for her to have married Joseph of that line (Bernard *Missus est* 2.16).
28. Mt 1: 1-16; Lk 3: 23-38.

Marie, ausi bien comme Joseph, estoit descendue par droite ligne de tous les dessusdiz, car la benoite sainte Anne, mere de Nostre Dame, estoit de Bethleem issue par droite ligne de David et de Habraham; et pour ce en la sainte Evangille Jesu Crist est apellés Filz de David et d'Abraham.[29]

Bien estoit donques convenable et raisonnable, finant cestui chapitre, que le benoit Fil de Dieu pour mere et pour espouse, pour seur, pour amie et pour royne, presist la plus noble de lignie qui fust entre les creatures humaines, telle le crea et fist par sa grace et le prist comme dit est par inestimable amour et charité, en abaissant sa deité pour nous rendre nostre heritage lassus ou Ciel par cestui mariage. Or prions donques a la Vierge royne qu'elle veuille deffacier la ruine de noz pechiéz nouviaux et viéz et racorder nous a son doulz filz, qui de nous soit loés et beneis. Et ce souffice quant aux vertus de la jonesce de la precieuse Vierge et des condicions particuleres de la royne des noces proposees.

De Salemon, roy de Jerusalem, et de Jeroboan, roy de Israhel, pris pour une figure ou similitude de la saincte Escripture pour recognoistre l'estat doloreus de la generacion humaine devant les noces souventefois repetees et en figures proposees.

Le[30] .iij.ᵉ chapitre

/47 Pour rafreschir encores a nostre devocion le tres grant bien pardurable de l'aliance susdite et mariage du Fin Dyamant au Fin Rubin resplendissant, fuiant une dame endormie, par laquelle mains mauls sont fais en terre, appellee dame Uuiseuse, rafreschissant ausi par une figure assés clere la difficulté cy dessus recitee et expedience neccessaire du noble mariage susdit, il est assavoir qu'il fu jadis un roy poissant et plus poissant que tous les autres rois de ce monde appellé Salemon. Cestui roy poissant avoit deux filz. L'ainsné estoit le meilleur, le plus saige, le plus bel et le plus poissant du roiaume apréz son seigneur et pere, et que plus est le roy lui avoit otroié et departi une bonne partie de sa gloire et de sa magesté roiale, et l'avoit fait chevetaine connestable et prince de toute la chevalerie.

Cestui filz ainsné du roy, veant sa biauté et sa grant poissance, par sa tres grant iniquité et ingratitude (mauvaistié), penssa de usurper la

---

29. Mt 1: 17 and 20; 22: 41-43; Mk 12: 35-37; Lk 20: 41-44.
30. *[Le].

seignourie de son pere, de son seigneur et roy, qui tant de biens lui avoit
fait; et toutesfois il failli en son entente et a sa fausse emprise, car le roy
s'en aperçut tantost, et le condempna a estre bannis de son roiaume a
touzjours mais sans rapel, et lui osta tout quanque il lui avoit donné.
5   Cestui filz mal euré, ainsi condempné et banny, se parti du roiaume
comme rebellé du roy son pere et tous ses adherans qui avoient esté
consentans de la grant traison susdite, lesquelz estoient sans nombre. Et
est assavoir que cestui traitre avoit nom Jeroboham, rebellé a Salemon,
son roy et son seigneur naturel. Jeroboham, chevetaine des traitres et
10 rebellés a son seigneur, vint en Egipte et sot tant faire qu'il devint roy
d'Egipte, emprist la guerre forte a son seigneur naturel, Salmon, et
devint le plus poissant tirant qui onques fust a son temps. Jeroboham,
roy d'Egipte, cognoissant bien la grant sapience de Salmon, son pere et
son seigneur, et sa tres grant poissance, vit bien et cognut clerement que
15 a sa personne il ne pouoit nuire, car le roy Salmon estoit demourans et
/47ᵛ regnans en la cité de Jherusalem, qui estoit inexpugnable et garnie
de tous les biens qui se pourroient deviser, et par especial les sergens du
roy et tous les citoiens estoient parfaitement loial a leur roy Salmon.
      Jeroboham, roy d'Egipte, ne dormoit pas et touzjours pensoit aucune
20 voie par laquelle il peust porter aucun dommage a son seigneur et pere.
Comme fil renoié, tant fist et pourchassa par voie soutile de femme, par
largement prometre, et par biau parler, et bourdes controver, qu'il fist
rebeller a son seigneur et pere son frere mainsné, lequel avoit en garde
comme lieutenant du roy la plus noble cité qui fust en Israhel aprés
25 Jherusalem. Cestui second fil du roy Malavisé avoit le nom, de
l'interpretacion d'Abraham. Quant le roy Salmon vit que son filz et
lieutenant, auquel il avoit fait tant de biens et d'onnours, s'estoit rebellés
contre lui, trespassans ses commandemens, et faussé son hommage, le
roy Salemon sans arrest le chassa de la ditte cité, sa femme et toute sa
30 lignie; et vindrent ou desert et la habiterent tous les jours de leur vie a
grant dolour et mesaise, multipliant en lignie. Et que pis fu il ne souffist
pas au grant tirant Jeroboham d'avoir fait reveler son frere a son seigneur
et pere, a Salmon, mais laissa la guerre de son seigneur pour ce qu'il
estoit trop fort et trop saiges encontre lui, prist la guerre a son mainsné
35 frere susdit a toute sa lignie et a tous ses adherans, laquelle guerre fu si
forte et si poissant de l'une part--c'est assavoir de Jeroboham le tirant--
qu'il ot plaine victoire contre son frere et tous ses anemis; [et] devindrent
tous [ses] filz et filles sans nulz excepter ses tributaires. Et a ce qu'il les
peust mieulx maistroier, en procés de temps, il se fist couronner de la
40 couronne d'Israhel [et fist faire un viau d'or en Bethel, lequel il fist

aourer par le peuple de Israhel,] par ses subgés et amis, laissant la sainte
loy divine du roy Salmon, son pere et seigneur naturel.

De ceste guerre et orrible tirannie de Jeroboham vindrent tant de
maulx en ce monde, comme il appert en la sainte Escripture, qu'il ne se
pourroit descripre, car sa seignourie fu si grande devant le digne mariage
en ce livre souvent repeté, que nul preudomme n'avoit poissance de dire
mot /48 ne d'estre quite de servaige et grant truage, car sens, force et
vertu n'avoient poissance de resister a la grant tirannie de Jeroboham,
roy d'Egipte.

Le roy Salmon, qui paou doubtoit Jeroboham, son filz renoié, se
tenoit richement et poissanment en sa belle cité de Jherusalem, remplie
de tous biens et de sa part avoit fait assés de biens et sans nombre a
Jeroboham, jadis son filz ainsné, et ausi a son frere mainsné, et tenoit sa
sentence ferme qu'il avoit prononcie sur ses subgés rebellés, en laissant
chascun en son franc arbitre; ne de reconsiliacion aucune il n'estoit si
hardi en la court du roy qui en osast dire un mot. La besoigne aloit mal,
et la guerre estoit grande et sans misericorde de Jeroboham, roy
d'Israhel, a ses freres issus de la lignie du Malavisé, son mainsné frere--
cest assavoir de la lignie de Juda et de Benjamin--et toutefois sa
poissance et tirannie estoit si tres orrible que nulz vivans en ce monde ne
pouoit resister contre lui tant fust preudons saiges et vailans; et convenoit
que en la fin tous paiassant le truage formidable et rendre soy en la
prison du roy Jeroboham. Nulz homs vivans ne pourroit descripre a plain
la tirannie, poissance et malice de Jeroboham, roy d'Egipte et d'Israhel;
et briefment a parler, il soubzmist a sa subjection toute la generacion de
ce monde et estoit si orguiloux qu'i lui sambloit bien que nulz ne lui
peust faire tort. Quel merveille! car il se fioit de la possession de sa
dominacion qu'il avoit tant tenue, voire par l'espace de cinq mil ans et
plus. Et estoit si crueulx qu'il faisoit pis a ses subgés que a ses anemis,
car ses propres subgés des .x. lignies d'Israhel, desquelz il avoit fait
ydolastres et abandonner leur Dieu et Createur, quant il l'avoient bien
servi a toute sa volenté, en la fin pour guerredon de leur service il les
metoit en chartre perpetuelle; et ses anemis qui a leur pouoir avoient
resisté a lui il les metoit en prison, voire a certain temps, comme en
l'exposition de ceste presente figure sera plus plainement desclairié.

L'exposition de la figure de prime face aucunement obscure si dessus recitee, c'est assavoir du roy Salemon, de Jeroboan et de Malavisié.

Le[31] .iiij.ᵉ chapitre

/48ᵛ Et pour ce que cestui petit traitié de mariage singulierement
s'adrece a une dame marie et en general a toutes dames mariees et aux
hommes ausi, lesquelles dames par aventure ne sont pas bien enfourmees
des estoires de la sainte Escripture--et n'est pas merveille--pour ce est il
expedient que la figure en similitude cy dessus proposee, prise de la
sainte Escripture, soit desclairie a plain entendement afin que les dames
et seculiers puissent plus clerement entendre les termes de la figure et
l'entencion d'icelle.

Dont il est assavoir que le grant roy poissant dessusdit, appellé
Salmon, c'est nostre souverain roy. Salmon, selon mon interpretacion,
Roy de pais, c'est Dieu le Pere tout poissant, et Createur de toutes
creatures. Mais l'ainsné fil du roy, qui estoit si bel, si bon, si saige et si
poissant, auquel le Roy, Dieu le Pere, avoit departi une partie de sa
gloire et fait chevetaine de toute sa chevalerie--c'est des angres de
Paradis--ce fu Lucifer, prince des diables, qui par son orgueil vault
usurper la seignourie de son Roy, Createur et Pere par creacion et estre
samblables a lui comme il appert en la sainte Escripture; lequel Lucifer
fu condempnéz et bannis par Salmon, Dieu le Pere, voire de Paradis a
touzjours mais, et tous ses adherans les angres qui chairent avec lui et
devindrent diables.

Encores fu dit que cestui filz ainsné du roy voire par creacion fu le
prumier creé de toutes les creatures et avoit nom Jeroboham, qui vault au
tant a dire par son interpretacion comme "division de peuple." Bien fu
Lucifer Jeroboham apellé par son droit nom "Division du peuple," c'est
assavoir du peuple de Dieu, de Adam, nostre prumier pere, et de sa
lignie divisé de la belle compaignie des angres de Paradis. Mais a la
lettre, se puet veoir ou Livre des Roys en la Bible[32] comment Jeroboham,
quant il se fist roy d'Israhel, sivant les euvres de son maistre, Lucifer,
fist la division du peuple de Dieu d'Israhel et les fist reveler a leur roy et
seigneur naturel, Salmon, c'est assavoir a son fil Roboham, duquel
peuple /49 Jeroboham se fist roy des .x. lignies du peuple d'Israhel; et
les deux lignies tant seulement demourerent loyaulx--c'est assavoir la

---

31. *[Le].
32. 1 Kgs 11: 26-43.

lignie de Juda et Benjamin--a Roboham, leur seigneur naturel et roy de Jerusalem; et oultre plus, comme dessus est touchié, Jerobohan, roy d'Israhel, fist tous ses subgés ydolastres et fist la division non tant seulement des subgés au seigneur mais des subgés a leur Createur par l'adoracion de la fausse ydolatrie du viau d'or et des autres ydoles.[33] Bien est donques la figure assés aprouvee et le nom convenable selonc son effect de Jeroboham a Lucifer par le moien de vilaine division et orrible rebellion.

Encores fu dit que Jeroboham, filz ainsné du souverain roy--c'est Lucifer en la personne de Jeroboham--quant il fu bannis par Salmon le roy, filz de David, du roiaume de Jerusalem pour ce qu'il s'estoit rebellés a Salmon, son seigneur naturel, et faussé son hommage, selonc l'estoire de la Bible,[34] il s'en ala en Egipte et par sa mauvaisté et trahison fist tant qu'il devint roy en Egipte selonc son interpetacion a Egipte afreable. Cestui Jeroboham droit a la lettre fu Lucifer, bani de Paradis et maudi et craventé en l'oscurté de la prison d'Egipte, dont il est assavoir que Egipte vaut au tant a dire comme tenebres. Vraiement Lucifer par son orgueil fist de lui mesmes division--c'est assavoir de la biauté et clarté qui estoit en lui il devint roy d'Egipte, roy de tenebres. O quelle horrible mutacion! Et ausi fist Jeroboham, comme dit est, car il laissa la vraie lumiere de la vraie loy de Dieu en laquelle il avoit esté creé et devint roy d'Egipte, roy de tenebres et d'ignorance de vraie lumiere et de tous biens.

Encores fu dit que Jeroboham Lucifer, roy de tenebres et de division, quant il vit que le roy Salmon, Dieu le Pere, avoit creé Adam, son frere mainsné, et Eve sa compaigne pour restaurer les sieges de Paradis dont il et ses adherens estoient trebuchié, et vit que Dieu avoit creé Adam nostre prumier pere a son ymage et qu'i l'avoit ordonné son lieutenant /49ᵛ et concierge de Paradis terrestre, il ot si grant envie sur nostre generacion humaine qu'il fu desesperé et cognut bien qu'il ne pouoit faire guerre a son seigneur et roy pour ce qu'il se tenoit en Jherusalem, la cité souveraine, remplie de tous biens dont il estoit banis. Si prist la guerre mortele par envie engendree contre Adam, son frere mainsné en creacion, et contre toute sa lignie et humaine generacion. Et par le conseil soutil de femme--ce fu de nostre mere Eve--le serpent Lucifer, a teste de vierge flatant, promettant et bourdant, fist tant que la pomme fu mengie contre le commandement exprés de Dieu, qui l'avoit

---

33. 1 Kgs 12: 26-33.
34. 1 Kgs 11: 26-43.

defendu a Adam et a Eve. Et pour ceste inhobedience, qui fu trop grande, Jeroboham ot plaine victoire de Malavisé, son frere mainsné, et de toute sa lignie, car pour la transgression qu'il avoient fait sans nulle neccessité il furent chassié de Paradis terrestre et condempné a mort et toute leur lignie, voire jusques a la venue du benoit Fil de Dieu et des noces cy dessus souventefois proposees.

Maloite fu la pomme et le mengier d'icelle pour laquelle tant de maulz sont avenuz au monde. Se Adam et Eve n'eussent trespassé le commandement de Dieu, il fussent demouré en Paradis terestre en continuelle joie sans maladies ou aucunes passions et sans morir, et eussent engendré leurs enfans sans pechié et sans honte; et les fames eussent enfanté sans paine et sans dolour, en grant seureté, sans nulle doubte, remplies de tous biens et rasasies a plaine volenté sans anuy des biaus fruis de Paradis terrestre, desquelz la doulceur par homme vivant ne se pourroit descripre. Et quant il eust pleu au souverain Roy Salmon, Dieu le Pere, il eust mis Adam et Eve et toute sa generacion humaine en joie pardurable en Paradis celestiel avec lui en la compagnie des angres pour pardurablement regner. Mais Adam, Malavisé par son droit nom,[35] et Eve sa compaigne, par laquelle il avoit esté /50 deceuz, par leur transgression furent privés de la gloire susdite et abandonnés ou desert tous nu et tous honteux, ou quel desert--c'est ce faulz monde variable et corrompable et tout semé d'espines--il habiterent touz les jours de leur vie, et toute leur lignie obligie a pechié et a mort, et impotens de leur meismes de retourner a la grace de Dieu, leur Createur, leur Roy, leur Pere et souverain Seigneur.

---

35. Philippe makes it clear in this chapter that Malavisé is Adam. He has also used the name of Malavisé in his *Letter to King Richard II* for the figure of a king who does battle with King Vigilant, to represent the Christian kings who in returning to the West have abandoned Jerusalem (*Letter to King Richard II*, 97-100). Aziz S. Atiya is of the opinion that Philippe invented this parable (*The Crusade in the Later Middle Ages* [London: Methuen, 1938; rpt. New York: Kraus Rpt., 1965], 151). However, I tend to agree with George Coopland, who, although unable to find a source for the parable of the two kings and hence the origin of the name of Malavisé, was firmly convinced that Philippe did not invent this tale (Philippe de Mézières, *Letter to King Richard II*, xxvii n. 50). Pending solution of this mystery, let it suffice to note that proverbial phrases, recorded by James Woodrow Hassell, Jr., as M 67 and M 68, show that a personification of the trait of ill-advisedness, peculiarly appropriate for Adam, was a part of popular wisdom (*Middle French Proverbs, Sentences, and Proverbial Phrases*, Subsidia medievalia 12 [Toronto: Pontifical Institute of Mediaeval Studies, 1982]).

Encores fu dit que Adam Malavisé avoit le nom de l'interpretacion d'Abraham. Habraham vaut au tant a dire que "pere de mainte gent."[36] Ce fu proprement Adam, pere de l'umaine generacion. De la grant guerre que Lucifer, Jeroboham apelé, a fait au peuple de Dieu et aux enfans d'Israhel jusques a l'aliance du riche mariage, souventefois repeté, du Fin Rubin au Fin Dyamant, et comment Jereboham pour guerredon metoit en chartre perpetuelle et dampnacion eternele ceulx qui bien le servoient a sa volenté, si comme les dix lignies d'Israhel et les Paiens et ydolastres de ce monde qu'il metoit en Enfer sans jamais delivrer; et ses propres anemis qui vaillanment a leur pouoir s'estoient defendu contre lui a la parfin paiant leur truage de mort, il les metoit ou limbe d'Enfer, la ou il estoient sans soufrir paine de sens en oscurté toutefois et jusques a certain temps--c'est assavoir jusques aux grans noces souventefois recitees--des dessus dictes choses et des dependances d'icelles on se puet bien passer de faire longues escriptures, car elles sont communes et la sainte Escripture en est toute plaine.

Par l'exposicion donques de la figure cy dessus proposee se puet clerement veoir comment l'umaine generacion estoit a grant servaige et comment Jeroboham Lucifer et ses adherans avoient grant poissance en ce monde sur la generacion humaine--laquelle ne se pouoit aidier de lui mesmes ne faire euvre meritoire qui le peust delivrer du servaige de Jeroboham devant les noces proposees--et comment la difficulté estoit grande de trouver remede de salut et neccessaire et plus que neccessaire, la venue de /50ᵛ Messias et l'aliance du mariage souventefois repeté.

Si entrerons en la matere du remede gracieux par le moien d'une contemplacion moult devote et prolixe que fait un docteur gracieux en un livre qu'il appelle[37] *La Table des povres*,[38] de laquelle contemplacion je prendray une [briefve] partie, faisant a nostre propos. Or prions donques a la Royne des noces qu'elle veuille deprier a son Espous debonnaire qu'il me doint grace d'escripre chose qui lui plaise a consolacion de tous les mariés et de tous bons Crestiens.

---

[36] The usual definition is "the father (i.e., God) is exalted" (McKenzie, *Dictionary of the Bible*, 5).
37. qu'il *(l)'appelle.
38. This title refers to an as yet unidentified work. Philippe refers to it here as the source for his treatment of the theme of a council of the Fathers in the prison of Satan, while awaiting the Redemption.

D'un grant consille que les sains peres firent estans en la prison de Jerobohan pour la delivrance de l'umaine lignie, et d'une legation solempnele que David le prophete fist a Dieu, par laquelle le mariage fu fait de Marie sa fille et du benoit Fil de Dieu a tres grant joie des angeles et des hommes.

Le[39].v.ᵉ chapitre

Les vaillans hommes et preudommes de ce monde issus de la lignie de Malavisé, second filz de Salmon le grant roy, estans en la prison oscure du fort tirant Jeroboham,[40] furent a grant meschief: et mainte larme et maint soupir avoient mandé a leur souverain seigneur, Salmon, roy de Jherusalem, mais il n'en faisoit conte pour la grant offence que ses deux filz li avoient fait et aussi leur lignie, c'est assavoir Jeroboham et l'infortuné Malavisé. Toutefois, aprés mainte desesperacion de remede, les devans dis preudommes prisonniers repristrent cuer ensemble et firent un consille general pour trouver aucun remede de leur delivrance. Il avoient bien licence de parler ensemble en la prison, car leurs paroles n'estoit autre chose que un grant desir de la delivrance de la grant tirannie a laquelle l'umaine generacion estoit subjecte.

Le grant consille fu asemblé en un palais plain d'oscurté. La furent maint roy, maint patriarche, maint prophete et maint preudomme, entre lesquelz un roy oriental, appellé le saint Job, (et) dit ainsi, "Or m'entendés, seigneurs. Il a grant temps que pour la delivrance de moy et de vous tous je fus message a nostre souverain Roy Salmon, et entre les autres paroles en personne de nous tous je lui dis, 'Seigneur, tes mains /51 m'ont creé et fourmé tel que je sui et ainsi tu mei lesses tourmenter.[41] Contre moy tu es mué en cruel et si say bien que je suis comparés a boe et samblables a faville volant et a cendre.[42] Contre qui donques, seigneur, monstre[43] tu ta poissance? Contre la feuille qui est demenee du vent? Et fais guerre a la chaume qui est seche?'[44] Lors me fu respondu du ciel," dit Job, "par une voix qui dit ainsi: 'Qui est cestui qui envolepe sa

---

39. *[Le].
40. The idea of those who died before the Passion of Christ waiting in a prison is contained in 1 Pt 3: 18-19. For Christ's visit to Hell, see particularly Eph 4: 9.
41. Jb 10: 8.
42. Jb 30: 19.
43. For *monstres*. Weakening of the final consonant.
44. Jb 13: 25.

sentence par argumens soutilz?⁴⁵ Veux tu dire que Dieu ait supplanté vray jugement et subverti ce que est juste?'⁴⁶ Lors je vis bien qu'i n'estoit pas temps de plus parler et respondi humblement, 'Veés et considerés que mes paroles sont plaines de dolour, car les saietes de Dieu sont en mon cuer fichies, dont mon esperit est tourblé grandement.'"⁴⁷

    Quant Job ot ainsi parlé, le roy David se leva en piés et dit ainsi, "Je criai a Dieu en personne de nous tous pour nostre tribulacion et dis a Dieu, 'Seigneur, se tu vaudras regarder aux iniquités de nos peres, qui sera celui qui le pourra soustenir?⁴⁸ Il te plaise donques a souvenir de noz larmes, lesquelles nous ont esté pour pain et jour et nuit⁴⁹ quant nos anemis nous disoient chascun jour, "Ou est vostre Dieu?" disans par derrision, "Chantés nous une chanson des cantiques de Sion."⁵⁰ O seigneur, il te veuille souvenir de la congregacion des hommes que tu as creé et possidé des le commencement du monde,⁵¹ afin que nous, par toy delivrés⁵² d'estrange terre, puissons chanter ta gloire et ta grant magnificence.'⁵³ Lors me respondi Dieu," dit David, "et dit ainsi, 'Qui est celui homme qui vit et ne verra la mort ou pourra delivrer son ame de la forte main d'Enfer?⁵⁴ Ton pere,' dit Dieu, 'Adam, quant il estoit en honneur il fu mescognoissans et ne s'entendi pas et pour ce fu il comparés aux jumens plaines de incipience et fait samblables a elles, dont ses enfans sont fais orphelins et ne sera qui aidera a ses petis enfans.'⁵⁵ Et lors je respondi," dit David, "Seigneur, il est escript que du povre /51ᵛ tu as la cure et de l'orphelin tu seras son aide.' Et Dieu me respondi pour conclusion, 'Il est chose vaine a vous autres de vous lever devant la clarté du jour,⁵⁶ car ce qui procede de ma bouche je ne defaceray pas.'"⁵⁷ Lors demoura David triste et conturbé et n'osa plus parler et sa dolour fu fort renouvelee.

---

45. Jb 38: 2.
46. Jb 8: 3.
47. Jb 6: 3-4.
48. Ps 130: 3.
49. Ps 42: 3.
50. Ps 137: 3.
51. Ps 74: 2.
52. delivré[s].
53. Ps 137: 4.
54. Ps 89: 48.
55. Ps 49: 12.
56. Ps 127: 2.
57. This idea is expressed in similar terms in Ps 89: 34 and Is 55: 10-11.

Quant les barons du consille, rois, prophetes et patriarches orent entendu David, tous commencerent a plourer et ne sorent plus que dire, car il n'avoit ne prophete ne patriarche qui de requerre le Seigneur n'eust fait son personnaige par grant desir, par dit ou par escript, dont il est assavoir que quant la poire n'est pas meure et on hoce le poirier, et au soir et au main on pert son temps et laboure on en vain, mais quant la poire est bien meure et on le hoce, on l'a tanstost en l'eure. Le temps de nostre redempcion estoit escript en la providence divine, et pour requeste que on feist a Dieu devant il ne le vault avancier, car ainsi lui plaisoit; et nous doit bien souffrir nous Crestiens qui sommes venus a l'onziesme heure du jour labourer en la vigne et si avons ausi bien le denier plain pour nostre petit labour, comme les sains peres du Viel Testament orent qui furent en prison des ans plus de quatre mil, si comme le traite saint Grigoire.

Retournant donques au propos du consille general qui estoit a grant meschief, comme dit est, toutefois, aprochant le temps de plenitude, de grace et de jubilacion, il repristrent cuer et force en Dieu et dirent l'un a l'autre, "Crions ores a haute vois ou Ciel: par aventure Dieu avera merci de nous. Trenchons noz cuers et non pas nos vestemens et veons se Dieu nous voudra pardonner nos grans iniquités." Lors se leva Ysaye le prophete et dit a tous, "Escoutés la parole de Dieu qui m'a dit d'une vierge qui doit enfanter un fil qui sera appellé 'Dieu avec nous,'[58] comme dessus fu touchié. Viegne donques avant," dit Ysaye, "aucun de nostre present consille qui saiche interpreter ceste parole de Dieu." Et lors David respondi, "Je say bien que Dieu est grant, et grande est sa vertu et a sapience sans nombre; mais qui est /52 ceste vierge et qui est cestui filz? Je ne m'y cognois, car je sui fait homme non oians et non entendans."[59] Lors se leva en piés le tres noble prince debonnaire, Moises, et dist, "Ceste vierge dont vous parlés, je l'ay cogneu grant temps a par une similitude, car je vis ou desert un buisson vert qui ardoit et point ne se consommoit et demouroit ardant, vert et entier,[60] par lequel buisson je n'entens autre chose que une vierge qui enfantera et ne sera point violee."[61] Quant Moyses ot finé sa parole, un grant baron prophete, Ezechiel appellé, se leva et dit ainsi, "Le ciel fu ouvert a moy et vis une

---

58. Is 7: 14.
59. Ps 38: 13-14.
60. Ex 3: 2.
61. Bernard, attaching this vision to Rv 12: 2, provides Philippe's interpretation (*Missus est* 2.5).

vision de Dieu, car je vis une porte close et Dieu tout seul entroit parmi la porte sans estre ouverte, et puis s'en issoit, et de rechief la porte estoit touzjours close. [Par] ceste porte je n'entens autre chose forsque une vierge devant l'enfanter et vierge entiere aprés son enfantement."[62] Lors dirent tous les saiges du consille a une voix, "Nous veons bien et cognoissons que nostre iniquité est creue et multiplie devant Dieu, car plus lui prions et mains nous veult ouir. Faisons ainsi: querons a Dieu une tres belle josne vierge pour l'amour de laquelle il soit ravis, laquelle vierge puisse prier pour nous a Dieu et faire le a nous placable afin que nous soions reconsilliéz a lui; et ne nous vueuille abandonner, mais delivrer des tenebres ou nous sommes."

Lors prist la parole le filz David, appellé tres saige Salmon a la lettre, et adreçant ses paroles a David son pere, dit ainsi, "Escoute ma discipline et enten bien mon conseil.[63] Je appelay l'esperit de sapience et il vint tantost en moy. Je cognois," dit le saige Salmon, "une pucelle josne, saige et tres belle. Tu sces, David, comment Dieu t'a promis de metre et essaucier sur ton siege roial du benoit fruit de ton ventre.[64] Baille donques joieusement ta fille, c'est assavoir Marie, qui le biau fruit portera, et tu feras un grant vasselage." Quant le tres debonnaire David ot ainsi ouy parler son fil Salmon le prophete il ne se pot tenir de larmoier de joie et de pitié /52v et dit a haute vois au consille, "Escoutés moy, toutes manieres de gens, ma bouche et mon cuer ont entendu la sapience de Dieu et prudence de mon filz Salmon et pour ce de rechief de ma bouche je crieray a Dieu,[65] et, doulcement sonnant devant lui mon salterion, je lui ouvreray ma supplicacion, et entretant vous autres de loings magnifiés Dieu avec moy." Lors respondirent ceulx du consille et dirent a David, "Va, pere de la vierge, Dieu soit en ton aide et te vueuille otroier tout ce que ton cuer desire et conferrer ton conseil." David lors se parti du consille et s'en ala a la porte de Paradis pour deprier a Dieu pour l'umaine lignie. Et avant qu'il aprochast la porte les

---

62. This miracle, referring to Christ's passage through the closed door after his Resurrection (Jn 120: 19), and the following interpretation follow Gregory the Great "Homily 26" (on Jn 20: 19-29), in *Forty Gospel Homilies,* Cistercian Studies 132 (Kalamzoo, Mich: Cistercian Publications, 1990), 201. The only mention of a closed door in Ezekiel is in Ez 44: 2, but the sense here, as Joachim Smet pointed out in a letter, is that the door should remain closed because God passed through it.
63. Prv 22: 17.
64. Ps 132: 11; 2 Sm 7: 12.
65. Ps 57: 2.

angres le virent de loings et dirent entre eulz, "Veescy les legas d'Egipte.⁶⁶ Alons encontre eulz et sachons qu'il⁶⁷ demandent." Quant ilz vindrent a David il les⁶⁸ salua reveralment, en lui recommandant tres humblement a eulz. Lors dirent les angres a David, "Qui est celui homme qui demande vie et desire a veoir les bons jours de redempcion?"⁶⁹ Lors un des angres dit a David, "Revele a Dieu par moy ta voie et ton entencion et par aventure il te otroiera de ton cuer la peticion." Et David respondi, "Mon cuer dira la bonne parole et toute m'entencion au roy tout seul et en secré.⁷⁰ Lequel de vous, je vous prie, me menra en la cité garnie la ou je puisse trouver le Seigneur?"⁷¹ Et les angres respondirent, "Se nous te menons par devers li, par aventure tu pourrois grever le Seigneur Roy par faire trop long sermon." Et David dit, "Ja pour ce ne me laissiés, car ma langue est comme une penne d'un escripvain tres hatif."⁷² Lors les angres de pitié meus crierent a Dieu et dirent, "Seigneur, il te souviegne de David et de sa grant mansuetude."⁷³ Et Dieu respondi a lie face: "Amenéz le a moy, car ma Verité et ma Misericorde sont avec lui, et Justice et Pais se sont entrecontrees⁷⁴ et a moy /53 ont prié pour lui, et pour ce il sera essauciés, et pardurablement je lui garderay ma Misericorde et mon loial testament."

Les angres lors vindrent a David et l'emmenerent en la sainte cité a la presence de Dieu, mais en alant David tres humblement disoit a l'angre qui le menoit, "Ne sces tu que je suis fais hommes non oyans et ausi comme un cheval ou mulet qui n'a point d'entendement?⁷⁵ Je te depry que tu ne me vueuilles pas abandonner quant je seray devant Dieu, car je suy moult estranges de lui et pelerin au monde, si comme furent tous mes peres."⁷⁶ Et l'angre en lui reconfortant respondi a David, "Je te donray entendement et t'enseigneray en ceste voie que tu as a faire et

---

66. Ps 68: 31.
67. qu'i[l].
68. le[s].
69. Ps 34: 12.
70. Ps 45: 1.
71. Ps 60: 9; 108: 10.
72. Ps 45: 1.
73. Ps 132: 1.
74. Ps 85: 10-11.
75. Ps 32: 9.
76. Ps 39: 12.

fermeray mes yeux sur toy.[77] Ne doubte en riens et dy hardiement, car Misericorde et Verité yront devant ta face."[78]

Et ainsi fu introduis David de generacion en generacion devant le tribunal de Dieu, ou quel reluisoit la Trinité des personnes divines, laquelle glorieuse Trinité quant David l'aperçut, tres humblement il le salua, demandant pour nous une tres belle benediction, mais quant il l'aperçut de prez et cognut de la Trinité la merveilleuse unité de l'essence divine, il dit a haute voix: "Soient confondu les mauvais qui ne croient, et soient mené en Enfer, et n'aient poissance de parler." David lors regarda entour lui. Quant il vit les grans merveilles et la biauté du lieu il dit: "O admirable cité de Dieu, glorieuses choses sont recitees de toy."[79] Et adreça ses paroles a Dieu disant, "O Seigneur, Roy de vertu, comment tes palais et tes tabernacles a veoir sont merveilleux et delictables.[80] Mon ame desire trop plus cy avec toy habiter que es tabernacles des pecheurs demourer."[81] Et Dieu respondi a David, "Cy avec moy habitera qui sera trouvé sans pechié et ouvrera justice." "O Seigneur," dit David, "comment pourrions nous estre justifié devant toy comme nostre dos va touzjours en tournant, et n'est nul qui face bien?[82] Se tu eusses volu nous t'eussiemes offert sacrefice,[83] /53ᵛ mais tu sces bien que tu n'as pas demandé a nous sacrefice pour le pechié, car nous de nous ne pouriesmes offrir sacrefice a toy qu'il soufesist a nostre redempcion."

Lors Dieu, meu de Misericorde, dit a David, "Il me souffist, car je viens tantost a vous." Quant David ouy la parole de Dieu desiree il chay la face en (la) terre et aoura Dieu et dit a Dieu, "En somme, le tres biau des Filz des hommes, ta grace desiree est diffuse et esparsse es levres de ta bouche."[84] Lors respondi Dieu a David et dit, "Je suis ton Seigneur et ton Dieu qui te geteray de la prison d'Egipte. Euvre ta bouche et je l'empliray.[85] Demande ce que tu veus et je le te donray." "Seigneur," dit David, "celui dragon que tu fourmas[86] nous fait grant guerre et a tes sains a fait assés de maulz. Il te plaise a venir, nostre Seigneur de vertu,

---

77. Ps 32: 8.
78. Ps 45: 4.
79. Ps 87: 3.
80. Ps 84: 2.
81. Ps 84: 10.
82. A paraphrase of Ps 51: 5.
83. Ps 51: 16.
84. Ps 45: 2.
85. Ps 81: 10.
86. Ps 104: 26.

car tous biens nous sont endurcis et evanuys.⁸⁷ Mande, Seigneur, ta parole et de toy mesmes, qui es Fontaine vive,⁸⁸ par ton Saint Esperit, fay courre les yaues doulces pour rasasier le grant soif de nos ames et me fay grace, Seigneur," dit David, "afin que ceulz qui m'atendent au
5 consille ne soient confondus et desesperés de ma legation.

"Encores te supplient tes povres creatures languissans en prison qu'il te plaise a recevoir une petite offerte que je te fay, c'est assavoir d'une belle royne qui sera a ta destre en vestemens dorés, avironnee de vertus, laquelle, s'il te plaira, tu espouseras en grant joie et aprés lui te seront
10 amenees tres belles vierges sans nombre."⁸⁹ Quant David ot finé sa requeste tous les asistens respondirent a une voix disans, "*Fiat, fiat.*" Lors respondi Dieu a David, "Se celle pour qui tu parles abandonnera son hostel et laissera pour moy et son pere et sa mere et la terre de sa nativité,⁹⁰ je la recevray pour mon espouse." Et David en
15 regraciant respondi a Dieu, "Seigneur, je m'en yray avec ta beneisson et raconteray tes euvres merveilleuses."⁹¹ David se parti de Dieu et en un batre d'eul retourna a la generacion humaine /54 au grant consille, tant de fois repeté. Et faisant bonne chiere a tres grant joie dit ainsi aux sains peres, "Venés avant a moy et je vous raconteray les merveilles que Dieu
20 a fait a mon ame." Et ceulx du consille respondirent, "Quelle parole est ce que Dieu t'a dit? Nous te prions que tu ne le celes pas a nous." Et David leur respondi, "J'ay esté a la presence du Seigneur des vertus en la cité de Dieu et la atendans je atendi le Seigneur et doulcement il a essaucié et acordé toutes mes prieres. Vous autres, esjoissiéz vous en
25 Dieu, car je sui tous liés et esjois des choses qui me sont dites."⁹² Et lors, en presence de tous, David appella la vierge dont cy dessus est faite mencion, c'est assavoir Marie, et il li dit ainsi, "Ma belle fille, regarde et encline ton oreille a mes paroles. Oublie ton peuple et la maison de ton pere; et se tu le fais, le Roy, Dieu tout poissant, convoitera ta
30 biauté.⁹³ Et n'aies doubte en riens de nous laissier, car pour tes peres

---

87. ev{a}nuys, (e).
88. The Living Fountain is in Ps 41: 3 (Vulg.), although the Jerusalem Bible (Ps 42-43: 2) uses different wording. Bernard uses the phrase *fons vivus* in his *Sermones super Cantica Canticorum* 5.1.4 (*Sancti Bernardi Opera*), 1: 1-255; 2: 1-320).
89. Ps 45: 14-15.
90. Ps 45: 10.
91. Ps 9: 1.
92. Ps 122: 1.
93. Ps 45: 10-11.

naistreront en toy les enfans, lesquelz tu constitueras princes poissans sur la terre."⁹⁴ Et la vierge respondi saigement disant, "Mon pere et ma mere en ce monde moult delaissié, Dieu par sa grace me veuille prendre pour sa petite ancelle."⁹⁵

    David lors prist la belle Vierge Marie avec lui et s'en retourna a Dieu en la sainte cité et, aprés la reverence faite, tres humblement lui dit, "Seigneur, il me souvient de tes grans euvres, de tes mandemens, plus qu'i ne fait ne d'or ne d'estoupace, pierre precieuse.⁹⁶ Fay donques, Seigneur, et acompli je te suppli si comme tu as juré a David en ta verité, car veescy ta femme. Veescy t'espouse que je t'amaine, qui portera fruit et est habondans comme la belle vigne en [la] treille drecie contre la paroit de ta maison."⁹⁷ Tantost que le Roy aperçut la vierge et sa tres humble contenance, il fu enamourés de lui et dit: "O que tu es belle, ma doulce amie, et macule ou souilliure n'a nulle en toy."⁹⁸ Mais les angles,⁹⁹ qui estoient entour le Roy asistens, se merveillerent tous ensemble de la tres grant biauté de la /54ᵛ vierge et disoient l'un a l'autre, "Qui est ceste qui appert comme l'aurore du point du jour, belle comme la lune et eslevé comme le solail?¹⁰⁰ Nous sommes tous ravis de sa biauté et nous delitons en l'odour de ses tres doulz unguens."

    Ausquelz angles° respondi le Roy et dit ainsi, "Ceste vierge est la tres belle entre les filles de Jerusalem, qui n'a cogneu le delit de charnel atouchement,¹⁰¹ et pour ce entre vous angles° eslisiés l'un de vous le plus discret et saige qui soit moien entre ma divinité et l'umanité de ceste humble vierge, et qu'il l'enseigne et amoneste de consentir a nostre mariage." Lors fu la joie grande entre les angles° plus que jamais n'avoit esté du mariage qui se faisoit de l'Aignelet divin a la fille de David et d'Abraham, par lequel mariage les angles,° princes du Roy, cognoissoient assés que les sieges vuis de Paradis devoient estre restouré.

---

94. Ps 45: 16.
95. Based on Lk 1: 38.
96. Ps 19: 10.
97. Ps 128: 3.
98. Sg 4: 7.
99. ang{l}es, (r). Unchanged in the earlier material executed by variant hand *B*, this corrected form is seen in the further occurrences of the word up to f. 66ᵛ, ten occurrences in all, marked in the text by °. Guillaume de Deguilleville uses *angre*, e.g., vv. 280 and 281 of *Le Pelerinage Jesuscrist*, ed. J. J. Stürzinger, (London: Nichols for the Roxburghe Club, 1897).
100. Sg 6: 9.
101. Sg 6: 7-8.

Gabriel l'arcangle,° qui vaut au tant a dire comme "force de
Dieu,"[102] fu esleu pour traitier le mariage et estre legat et message a la
vierge susdite, selonc le commandement du poissant roy Salmon. Et
tantost il descendi du Ciel a un vol, et vint a la vierge en Nazareth, et
humblement la salua par les paroles cy dessus recitees. Et quant il vit la
doulce vierge espantee du salut, en vivifiant la vierge il li dit, "N'aies
paour, Marie, mais pren joie et liece car tu toute seule sans nul example
es plaisans et acceptable a nostre Roy et par dessus toutes fames du
monde tu as trouvé grace en la presence de sa magesté divine.[103] Reçoy
doncques liement la parole du Roy en ton precieux ventre--c'est assavoir
la personne du benoit Fil de Dieu--par le mistere et amour du benoit
Saint Esperit a ce que tu soies benoite et tres sainte appellee par dessus
toutes femmes."

Quant nostre doulce Marie fu ainsi enfourmee par l'angle° Gabriel,
elle se mist a genoulz, levant le cuer et les mains au ciel et a grant
douçour, amour et reverence, non pas sans larmes de doulçour, au
mariage /55 se consenti, en disant tres humblement, "*Ecce ancilla
domini.*"[104] Et lors merveilleusement et pour nous joieusement, le benoit
Fil de Dieu ou ventre de la Vierge sans nulle corrupcion prist la fourme
de son serf, devint homme parfait qui Dieu estoit et est pour nostre
redempcion, si comme en cestui livre en pluseurs lieux cy dessus est
touchié.

Or prions donques devotement a ceste tres sainte Vierge et espouse
de son tres doulz Espous que nous chestis, qui sommes filz en Dieu de si
noble mariage, puissons telement vivre en recognoissant bien la grace de
la dicte aliance que nous ne soions fourclos du saint mistere des noces
souventefois proposees. Et ce souffice briefment du grant consille des
sains peres du Viel Testament et du gracieux effect de la legacion de
David le prophete et de la bonne aventure de nostre mere et vierge, la
tres doulce Vierge Marie, a nostre redempcion. Et vous, mes dames et
seculers lisans ceste gracieuse matere, ne pensés[105] pas que tout ce qui est
dit de lui et par figure et contemplacion soit avenu tout a la lettre,

---

102. "El is strong" (McKenzie, *Dictionary of the Bible*, 291). This definition is also provided by Bernard in *Missus est* 1.2.
103. Lk 1: 30-32.
104. Lk 1: 38
105. pen(s)sés. Picard scribes frequently wrote double *s* for single *s* (Gossen, *Grammaire de l'ancien picard*, sec. 49), which is here corrected.

alegant souvent au propos de la sainte Escripture, car saint Paoul
l'apostre dit que la lettre ocyt et l'entendement et esperit vivifie.[106]

Il fu dit cy dessus que les paroles des sains peres ou consille
sustouchié et tout ce qu'il s'en depent jusques a la verité de la benoite
Incarnacion du Fil de Dieu n'est autre chose que une devote
contemplacion et un desir ardant de la delivrance du servitude de
l'umaine lignie, et les moiens et voies gracieuses et raisonnables
ymaginees et en pluseurs lieux escriptes par les prophetes, voire toutes
tendans a l'evenement du benoit Fil de Dieu.

**Cy retourne l'aucteur aus noces figurees du Fin Dyamant au Fin
Rubin, c'est la doulce Vierge Marie a Jesu Crist son tres doulz filz et
Espous; et premierement de .vij. provisions et garnisons precedens
les noces de la royne, vierge et mere de l'Aignelet occys.**

Le[107] .vj.ᵉ chapitre

Aprés pluseurs incidens touchans assés clerement les tres grans biens
qui nous sont avenuz par la vierge royne cy dessus proposee, touchans
ausi la grant difficulté de nostre redempcion et la neccessité longuement
/55ᵛ atendue de l'aliance et mariage susdit, pour lesquelz incidens la
matere des noces proposees quant a la royne et espouse du Fin Rubin
aucunement cy dessus a esté entrelaissie, si seroit temps par la bonté de
Dieu d'entrer en la matere piteuse des dictes noces de la royne, fille,
mere et espouse de son Createur, de son Roy, de son Seigneur et de son
tres doulz Espous. Dont il est assavoir que tout ainsi que pour la journee
des noces du Fin Rubin, cy dessus assés largement descriptes, furent
devisees, ordonnees et escriptes les grans provisions appartenans a la
dicte journee, tout ainsi est il expedient de reciter briefment les garnisons
qui furent faites pour la noble personne de la royne et de son grant estat,
voire par le contraire en figure et maniere de personnaige, en poursivant
le stile pris es noces du Roy le Fin Rubin.

Et pour ce que le nombre de .vij. es noces proposees n'a pas esté
pris sans grant mistere, en lieu de .vij. provisions acoustumees pour les
noces des grans roynes a leur personne neccessaires: c'est assavoir pain
delicatif et vin ou buvraige net et soutil; viandes delicieuses; aournemens
biaus, riches et precieux; chambre paree et bien garnie et netement

---

106. 2 Cor 3: 6.
107. *[Le].

aournee; saiges, biaus et nes serviteurs; et pour conclusion de joie doulz instrumens; en lieu desquelz je treuve autres .vij. garnisons, qui ne les resemblent pas et se troverent precedens et adherens a nostre poissant royne pour l'acomplissement par contraire de ses noces, en poursivant par aucune similitude les provisions pour les mes dont nostre royne fu servie a ses noces doloreuses. La prumiere provision des garnisons de nostre doulce royne fu une soudaine et inopinable freour et paour. La seconde fu un merveilleux et doloreux labour. La tierce fu une cordiale et amere tritresce. Et la quarte fu un grand dolour enraciné. La quinte fu une amere et continuele suspiccion. Et la siziesme fu de l'Escripture touchans aux noces du Rubin une piteuse memore et horrible recordacion. /56 Mais la .vij.ᵉ provision des noces pour compliment de toutes garnisons fu de toute joie corporele un plain galice de desperacion.

Or entrons en l'exposicion des {dictes}[108] garnisons et trouverons que onquesmaiz ne furent faites ou trouvees telles provisions pour noces de royne. Et quant a la prumiere provision, c'est assavoir a la paour soudaine, ce fu quant l'angle° s'aparu a Joseph en songe et li dit, "Lieve toy et pren l'enfant et sa mere et va en Egipte, car Herode veult faire morir l'enfant."[109] Mais quel enfant! le Fil de Dieu, le fil de la Vierge Marie. Qui est celui qui pourroit descripre a plain ne penser la soudaine paour que nostre Vierge royne ot au cuer quant Joseph son espoulz lui raconta ces nouveles ameres? Cy ot une povre garnison.

Quant a la seconde garnison, c'est assavoir au labour, il convint que nostre royne se partesist a celle heure et de nuit pour la paour de Herode. O quelle pitié c'estoit a veoir une tendre vierge royale de l'aage d'environ .xv. ans, et son doulz filz de l'aage de .xl. jours ou environ, et Joseph le viellart, metre soy au chemin d'un si tres grant voiage que de Bethleem en Egipte, plus de .xx. journees pour nostre tendre royne, voire sans argent par aventure et sans provisions neccessaires pour trespasser le desert ou quel il ne trouverent pas ce que mestier leur fust. Car ou desert la chalour estoit grant, et la Vierge et l'enfant estoient tendres et ne trouvoient ou paou ou nient autre herberge que le desert orrible. Et que pis est, il avoient tres grant defaute d'iaue, a grant confusion des dames et des hommes qui engloutissent le vin. Qui pourroit estimer les grans labours que nostre royne ot ou chemin [et aussy en Egipte,] la ou elle demoura .vij. ans en tres grant povreté, ouvrant et labourant de ses propres mains comme une povre femme, la

---

108. des {dictes}, de[s] (toutes).
109. Mt 2: 13.

Royne des angles,° gaignant a son labour [ce] dont elle nourrissoit son doulz filz; et si n'avoient eu au chemin pour eulz trois--Marie, Joseph et l'enfant--que un povre asne? Mais au retour d'Egipte, /56ᵛ quant l'angle°
5 le commanda, quel labour elle ot au chemin ramenant par le desert son tendre filz qui estoit de l'aage de .vij. ans. Ceste seconde garnison tendans aux noces a avenir de nostre josne royne fu de merveilleux labour.

    Quant a la tierce provision des garnisons, c'est assavoir une amere tritresce, ce fu quant le doulz Aignelet ot .xij. ans et fu menés de la
10 Vierge sa mere et de Joseph son espoulz a la feste en Jherusalem, et, au partir de la solempnité, nostre royne se parti en la compaignie des femmes pour retourner en Nazareth et cuidoit que son doulz filz, qui estoit demourés en Jherusalem, fust avec Joseph en la compaignie des hommes, car a celui temps quant les gens aloient aux solempnités en
15 Jherusalem, tous les hommes au chemin aloient a part sans les femmes et les femmes ainsi faisoient, mais les enfans pouoient aler en la compaignie des hommes ou des femmes a leur plaisir. Si que Joseph pensoit que le doulz enfant Jhesu au chemin fust en la compaignie de sa mere, et ainsi en alant une journee (et) au vespre ne trouverent pas l'enfant. Sa mere le
20 queroit d'un costé et Joseph de l'autre a grant tritresce, et ne le pouoient trouver.

    Quel merveille! car il estoit demourés de sa propre volenté en Jherusalem pour faire les euvres de son Pere, alant et demourant ou temple entre les grans docteurs de la loy, sagement demandant et
25 respondant des misteres de la loy par telle maniere que les plus saiges docteurs s'en merveilloient comment nostre josne Rubin rendoit si grant clarté. Il fu perdu trois jours de la presence de sa doloreuse mere, qui, remplie de grant tritresce, retourna en Jherusalem et a tres grant traveil retrouva son enfant ou temple, seant ou mylieu des docteurs de la loy. Et
30 quant il vit sa mere il descendi a lui tres humblement, et elle doulcement le reprist de la tritresce qu'i li avoit donné. Et il respondi a sa mere par maniere de doctour, "Ne saviéz vous pas que es choses de mon Pere il me /57 convenoit estre et entendre?"[110] Qui pourroit descripre l'amaritude trenchant le cuer de la Vierge Marie de la perte et absence de
35 son benoit filz? Je pense que es trois jours desusdiz ou paou ou nient elle menga et but ne dormi: sa viande n'estoit autre que larmes et souspirs. Quant il li souvenoit qu'elle avoit perdu son fil et Fil de Dieu, combien que ce ne fust pas par sa coulpe, bien fu son cuer plain de tritresce et

---

110. Lk 2: 49.

d'amaritude doloureuse, laquelle semblable et non comparable par les autres meres sentir se puet mais descripre ne se pourroit. Et ce souffice de l'amere tritresce de la tierce garnison et provision precedent les noces de nostre royne vierge.

Or disons de la quarte provision qui n'est pas mains amere. Ce fu une dolour enracinee ou cuer de la Vierge Marie, c'est assavoir quant le saint prophete Symeon reçut entre ses bras ou temple le doulz enfant Jhesu que la Vierge Marie li presenta le jour de sa purificacion selonc la loy, combien qu'elle n'eust mestier de purificacion, comme toutes les autres femmes ont quant elles relievent de leur gesine. Le saint prophete, tenant l'enfant entre ses bras et recognoissant en esperit que c'estoit le Fil de Dieu qu'il avoit tant desiré a veoir, aprés qu'il ot recité les grans loenges de l'enfant et fait et ditié le *Nunc dimitis*,[111] il adreça ses paroles a la mere qui avoit offert son fil a Dieu et li dit prophetisant, "Le glaive de dolour pour cestui enfant te trespercera ton ame,"[112] c'est assavoir ou temps de sa Passion. Laquelle vierge mere entendi bien la prophesie, car elle avoit bien lut les prophesies de l'Escripture touchans la Passion de son doulz filz mais elle n'avoit jamais trouvé qui li eust dit en fourme comme Symeon avoit fait, et pour ce une dolour enracinee li prist au cuer par telle maniere que toutes les fois qu'i li souvenoit de la prophesie de Symeon elle estoit comme morte. Et ce soufice de la dolour /57ᵛ enracinee [ou cuer] de nostre royne et de la quarte provision.

Quant a la quinte provision des garnisons pour les noces de nostre roine, c'est assavoir une continuelle et amere suspiccion, il se puet dire que ceste garnison fu moult large et maintefois avant les noces vint en place, dont mainte larme fu plouree. Ce fu par especial quant nostre royne sot que les Juifz avoient volu lapider le biau Rubin qui les illuminoit de sa clarté, et il passa parmi eulz et se mussa, car le temps de sa Passion n'estoit pas encores venus;[113] et ausi quant il ot resussité le ladre et elle ouy qu'il avoient determiné de metre a mort le ladre et son doulz filz ausi, de la en avant la suspiccion fu si enracinee en son cuer que depuis ne pot avoir joie. Et ce souffice de la quinte garnison pour les noces de nostre vierge royne.

Mais que dirons nous de la siziesme provision, c'est de l'Escripture touchant aux noces du Rubin une piteuse memore et orrible recordacion?

---

111. Lk 2: 29-34.
112. Lk 2: 35.
113. The singular noun governing this participle requires a singular form. The *s* is analogical.

Qui pourroit descripre a plain les dolours de nostre royne, fille de David, non pas ignorant ne ediote, mais souveraine maistresse en theologie, liciencie et confourmee en la science de la vraie cognoissance de Dieu, voire par le souverain Chancelier qui licenca les apostres et leur enseigna a parler les divers langages, c'est assavoir le doulz Saint Esperit? Nulz ne fait doubte que nostre maistresse et roine parfaitement n'entendist la sainte Escripture en laquelle elle estudioit sovent, et quant elle lisoit ce que David le prophete avoit prophetisé disant en personne de Jhesu Crist, "Il m'ont donné pour viande fiel et si m'ont abuvré de vin aigre."[114] Et l'autre prophete disoit, "Comme un aignelet il est menéz pour estre ocys et offers en sacrefice et ne dit onques mot."[115] Et l'autre Escripture qui dit en prophetisant du doulz Rubin, "Condempnons cestui homme d'une mort tres malvaise, car il est contraires a nos euvres."[116] Quant nostre maistresse lisoit les prophesies susdites et autres sans nombre et savoit bien /58 et entendoit que l'Escripture parloit de son doulz filz, o quelle piteuse memoire des dictes prophesies ou cuer de nostre roine et orrible recordacion pour une tres amere garnison des noces a avenir li estoient souvent presentees!

Et quant a la .vij.ᵉ provision de toutes garnisons, c'est assavoir de toute joie corporelle un plain galice de desperacion, combien que nostre maistresse en theologie, le Fin Dyamant et roine des noces, seust bien que son doulz Espoulz et vrais filz naturel racheteroit les brebis de prison par sa mort, et qu'elle averoit parfaite joie a sa Resurrexion, toutefois, quant la sepmaine peneuse vint, et cognut magnifestement que les Juifz traitoient la mort de son doulz filz et Espoulz, elle vit bien qu'il convenoit que les Escriptures fussent acomplies, et que remede ne s'y pouoit trouver. Veant ausi que le doulz Rubin aloit chasun jour en Jherusalem pour enluminer des rays de sa divine doctrine ses propres anemis, volontairement soy offrant a la mort, lors li fu presenté en son ame le galice de desperacion de toute joie corporele. Quelle merveille! car elle estoit femme tendre en amour et du doulz Rubin mere seule sans pere en ce monde. Et ne se pouoit conforter corporelment quant il li souvenoit que son doulz filz devoit morir et de telle mort comme l'Escripture l'avoit prophetisie. Helas! cy ot povres garnisons et douloureuses provisions pour faire bonne feste au jour des noces

---

114. Ps 69: 21.
115. Is 53: 7.
116. Wis 2: 12.

proposees. Et ce souffice et non sans larmes des .vij. garnisons et
provisions precedens le jour des noces de nostre royne, vierge et mere.

**Des grans despens et outrages qui se font au jourd'ui aus noces des
grans dames et moyennes; et nos freres[117] crestiens par povreté
meurent de fain.**

Le[118] .vij.ᵉ chapitre

Bien deveroit souvenir aucunefois aux roynes et princesses, aux
marquises et ducheses, et aux grans et moiennes dames de la Crestienté,
des garnisons susdites de la Royne du Ciel preparees pour les noces
sovent proposees. Il faut au jourd'ui, pour les noces des dames et de
leurs filles, /58ᵛ grans couronnes, riches chapiaux, precieuses robes et
sans nombre, et riches joiaux, linge soutil et a plenté, et grans aniaux,
saintures, vaissale, riches chambres et grant paremens, qui en brief temps
devendront poudre et seront mengiéz de vers et dehors et dedens; et nos
povres freres et seurs crestiens meurent de fain, de froit et de mesaise.

O nobles dames, souviegne vous des garnisons susdites, et se pour la
coustume des grans estas aournés de vaine gloire vous ne poués ou
voulés tout laissier, au moins vous retraiés au moien estat chascun et
chascune selonc la vertu afin que Dieu ne soit ofendu, et laissiés parler
les mesdisans, les flateurs et flateresses, et murmurer les hiraux. Et ce
que dit est cy des dames pour ramener un frain en place, les seigneurs
ausi ne doivent pas ignorer, mais a tous excés et superfluités selonc Dieu
il doivent remedier et prendre exemple a la vertueuse temperance de
nostre royne, mere et vierge, et amer souffisance. Or li prions donques
devotement que ses garnisons ameres cy desusdiz par piteuse memore
soient souvent en noz cuers rafreschis.

---

117. Frere*(re)s.
118. *[Le].

L'excusation de l'aucteur monstrant qu'il n'est pas dignes d'escripre si haulte matere comme des noces figurees de la Royne du Ciel.

Le[119] .viij.ᵉ chapitre

Il seroit temps desoremais d'entrer en la matere doloureuse du grant
5   disner des noces de nostre Dyamant, la royne et espouse du Fin Rubin,
le grant et poissant Roy. Quant Dieu vault delivrer les enfans d'Israhel
de la servitude d'Egipte, il fist Moyses son lieutenant qui gardoit les
brebis de Jetro, duquel il avoit la fille pour espouse. Dieu ou buisson
ardant dist a Moyses, "Va a Pharaon et ly dy de par moy qu'il[120] laisse
10   aler mon peuple ou desert pour sacrefier a moy."[121] Et lors Moyses
respondi a Dieu disant, "Seigneur, tu sces que je suys beegues et ne say
pas bien parler. S'il te plaist, mande un autre que moy."[122] Et Jeremie, le
saint /59 prophete ausi, quant Dieu le vaut mander pour essaucier sa loy,
respondi a Dieu, "A, a, a, Seigneur, je suy un enfant et ne say parler."[123]
15   Et moy, tres vil et viel pecheur, qui par ma presumpcion sur fourme
d'aucune devocion, m'entremés de parler et d'escripre les grans dolours
de la Royne des angles° qu'elle ot pour son tres doulz Espoulz, et,
toutefois, je suis pis que une beegue, ne [je] ne say parler et ne say se ce
que je escrips plaira a la royne des noces. Je resemble a l'avugle qui juge
20   des coulours, et a certaines femmes d'Orient qui pour argent pleurent les
mors a leurs evesques, elles pleurent fort et laidement se demainent par
usage, et, toutefois, dedens leurs cuers elle ne sentent point de dolour.
Ainsi est il de moy, chetif.

Helas! je escrips les dolours de la tres doulce Vierge Marie et si
25   remaint mon vil cuer dur comme pierre et sans larmes, ne en lui n'a
compassion denree ne demie. Les deux sains bourguignons, Bernart, de
Clerevaux Abbé, et le venerable Anselme, arcevesque de Cantorbile,
singulers hiraux de la Royne du Ciel, escriprent tant si haultement et si
tres devotement des vertus et des graces et par especial des dolours de la
30   Vierge Marie qu'elle ot aux noces proposees en figure de son tres doulz
Espoulz qu'il deveroit bien souffire a moy, asne et bergier, de
contempler et estudier les tres devotes escriptures des deux amis de la
royne desusdiz bourguignons, sans faire escripture nouvelle de si tres

---

119. *[Le].
120. qu'i[l].
121. Ex 3: 10.
122. Ex 3: 11.
123. Jer 1: 6.

digne matere. Et toutefois il me souvient que aux noces d'un grant roy il a de bien petis servans et, selonc leur petit office, il font ce qu'il scevent et de bonne volenté; et aucunefois leur petit service le grant maistre d'ostel le prent en tres bon gre.

 Je say bien que je suy semous avec les povres gens pris es haies, es quarrefours et es buissons pour estre aux noces du fil du grant roy de l'Evangille, c'est du Fin Rubin au Fin Dyamant nostre royne. Puis doncques que par grace singulere je ay esté apelé aux noces du grant /59ᵛ Roy, cy dessus prolixement proposees, es quelles de mon petit office j'ay atisié le feu avec les petis vallés pour cuire la viande mout amere cy dessus recitee, si m'en hardieray, encores avec grant reverence, d'estre aux noces de la royne, espouse du biau Rubin, car elle est ma dame singulere, ma maistresse, m'avocace, m'esperance, ma joie, [mon confort] et ma doulce conseillere.

 Et pour ce que je cognois bien que je ne suy pas dignes de lui servir a ses noces ameres de la couppe comme eschauçon, ne de pain, ne de viande delicieuse avec les escuiers servans, qui portent les grans viandes, ne avec les sains docteurs bourguignons dessusdiz, qui servent de viande esleue et tres delicieuse plaine d'arromas, de bon goust et de doulce sustance, si me bouteray avec les petis enfans de cuisine. Et par grace, pour cuire la viande de ceulz qui vouldront venir aux noces de la Royne du Ciel, je aporteray de l'yaue qui sourt d'une fontaine dont l'iaue queurt en contremont et vers solail levant; dont j'ay esperance en la pitié de la doulce royne que, qui par grace savera gouster de la viande susdite tant soit grant et poissant, il se humiliera et vendra a la cuisine a son pouoir puisant de l'iaue de la fontaine pour gouster du doulz fruit delicieux qui est yssus du benoit ventre de nostre vierge. Et ce souffice grossement pour l'excusacion de cestui viel escripvain et de sa povre escripture.

Du grant disner des doloreuses noces proposees quant a la royne le Fin Dyamant, et des .vij. entremés plains de toute amaritude qui au disner li furent presentés, et de la dolour non pareille qu'elle ot de son doulz filz et Espous.

5 Le[124] .ix.ᵉ chapitre

Venant donques au grant disner de la royne des noces, espouse du Fin Rubin, et pour abregier le disner qui trop longuement dura--c'est assavoir toute jour a journee et grant partie de la nuit precedent--pour toutes manieres de pains, de vins et de viandes delicieuses, nostre tendre
10 et delicative royne fu servie et peue habondanment de larmes decourans sans cesser, de parfons souspirs sans respirer et de piteux regrés, sans aucun confort prendre ne joye /60 retrover, car elle veoit son doulz Espoulz, qu'elle avoit noury doulcement .ix. mois en sa chambre roiale, estre servi de orribles viandes cy dessus non sans larmes recitees; et ne
15 pouoit gouster autre viande la noble royne forsque les trois viandes dessus dictes. Quel merveille! car les viandes ameres de son tres doulz Espoulz li tresperçoient l'ame, et au disner sembloit mieulx morte que vive. Or est assavoir que tout ainsi par aucune similitude que au disner du Fin Rubin, Roy amorti, ot pluseurs entremés par le nombre de .vij.
20 tout ainsi a nostre royne, le Dyamant oscurcy, furent presentés .vij. entremés trebles et quatrebles par maniere de daintié furnissant l'orrible personnaige.

Le prumier entremés qui fu presenté a nostre royne debonnaire fu quant on li rapporta que le grant maistre d'ostel, qui gardoit la monnoie,
25 avoit träy son Roy, son Seigneur et son Maistre et vendu a Juiz pour .xxx. deniers d'argent. Mal se cognissoit le faulz traitres en pierres precieuses qui si grant marchié fist du plus Fin Rubin qui onques fu trouvéz. Or pensons donques en nostre cuer et non sans larmes ce que escripre ne poons, c'est assavoir la dolour amere de nostre royne quant
30 cestui entremés li fu presenté, et ayons compassion de lui.

Le second entremés fu quant on raporta a nostre piteuse et doloureuse espouse que saint Pierre, qui s'estoit vantés de vaincre la bataille, et tous les apostres ainsi avoient abandonné leur Maistre et Chevetaine et s'en estoit fuy au plus fort de la bataille; et comment son
35 doulz Espoulz estoit loiéz et enchainés et vilainement menés en prison. O que pouoit dire nostre royne lors quant elle ouy ces dures nouvelles? Ce

---

124. *[Le].

second entremés qui n'estoit pas seul, O ma tres doulce dame, remplie d'amaritude, qui pourroit descripre souffisaument vostre tres grant dolour?

 Le tiers entremés fu quant on raporta a nostre royne que son tres doulz filz et Espoulz estoit vilainement priz, menés et ramenés de Pilate a Herode et d'Erode a Pilate, et comment il avoit esté batus et flagellés a la coulompne, vestus de pourpre /60ᵛ par derrision, et couronnés d'espines, et finablement jugié a mort. O quel entremés dolourex et ameres nouvelles a la mere presentees de son tres doulz filz et Éspoulz? Cessent a present tous instrumens et toute joie mondaine, recordant l'amere dolour de la royne souveraine. Je croy certainement que nostre royne des noces, quant cestui entremés li fu presenté, elle chay a terre comme morte et a chief de piece la .vj.ᵉ garnison sustouchie, la memoire orrible de la Passion de son doulz filz en divers lieux des prophesies recitees li vindrent au devant; et lors elle se reprist a saouler soy des .iij. viandes susdites, c'est assavoir de larmes, de souspirs et regrés. Nulz ne pourroit descripre la dolour qu'elle avoit.

 Le quart entremés qui fu presenté a l'espouse du Roy ce fu quant elle encontra son doulz filz portant le grant arbre de la croix sus ses espaules, acompaignié de la maignie Hellequin,[125] qui le boutoient, empaignoient et hastoient oultre sa poissance d'aler ou mont de Calvaire, et ne laissoient aprochier la mere douloureuse a son fil pour lui aidier a soustenir la croix. O quelle dolour elle ot, quant elle vit son doulz Espoulz le Roy de gloire ou chemin defalir et chair a terre, dont il convint que l'arbre de la croix fust bailliéz a porter a Symon Sirenee. Mais qui pourroit ymaginer la dolour de la dicte tendre royne de tritresce et des dames qui l'acompaignoient, plourans et lamentans, quant le doulz Aignelet portant sa croix se retourna devers elles et leur dist, "Filles de Jherusalem, ne plourés pas sur moy, mais sur vous et sur vos enfans, car il vendront les jours es quelz se dira, 'Benoites sont les brehaignes qui n'ont porté enfans, et benoites sont les mamelles qui n'ont point

---

125. An infernal horde, a band of maleficent spirits or lost souls who ride at night to the accompaniment of a terrible noise of horns, horses, hounds, and cries. Hellequin, their leader, is a fantastic creature with demonic qualities. Figures of popular myth, Hellequin and his horde appear in a number of medieval texts; e.g., Dante includes him in his *Divina Commedia* as Alichino (*Inferno* XXI-XXII). A good treatment of this figure in myth and French and Latin literature is offered by Henry Guy, *Essai sur la vie et les oeuvres littéraires du trouvère Adan de le Halle* (Paris: Hachette, 1898; rpt. New York: Burt Franklin, 1969), 394-411.

alaitié.'"¹²⁶ Raisonnablement a ces paroles la doulce vierge et mere ne se pouoit soustenir. Elle avoit perdu toute sa force, quel merveille! car, de dolour veant son doulz filz et Espoulz ainsi petit a petit defaillant, elle vivoit en morant et moroit /61 en vivant. Cestui entremés rempli de grant compassion, presenté a la veue et ouye de Marie, ne fu pas cengle, mais fu treble et quatreble, dont mainte larme fu espandue et mainte paume batue.

    Le quint entremés si fu quant la tres doulce Vierge, royne et espouse des noces tres ameres, vit son seul fil et Espoulz--sa joie et son confort et le desir de son ame--emprés le mont de Calvaire, villainement despoulier tout nu et estendre a cordes sur l'arbre de la croix son precieux corps et ses membres, en atachant le Seigneur de vie par les ministres de mort sur la croix a grans cloux de fer bien agus parmi les mains et les piés du Createur du monde et le drecier en hault, ainsi fichié en la croix sur le mont de Calvaire, voire les fauls Juifz, criant et blaphemant leur vray Roy, Dieu et Seigneur qui les avoit jetés de la prison d'Egipte. Bien pouoit dire lors la doulce vierge et espouse avec la sainte dame en la sainte Escripture, appellee Noemy, qui avoit perdu son mary, a ceulx qui la confortoient, disant, "Ne m'apellés plus belle, car de grant amaritude est mon cuer tout rempli."¹²⁷

    Le siziesme entremés plus grant encores et plus douloureux fu quant la mere dolente et espouse lacrimable estant dessoubz la croix vit son doulz filz pendu en hault en la croix, et les deux larrons pendus, l'un a destre, l'autre a senestre, et de grant dolour elle ne pouoit dire mot. Elle veoit son doulz Espoulz et fil, qui avoit perdu toute sa biauté et sa force de laquelle biauté David avoit prophetisie, et n'atendoit autre chose que la mort de son filz. Et en cestui entremés la tendre vierge fu repeue de .vij. viandes qui li trespercerent le cuer--c'est assavoir des .vij. paroles que l'Aignelet sans teche dist pendant en la croix--sans les autres viandes qui li furent presentees par les faulz Juifz qui maudissoient et blaphemoient le Roy de gloire, qui pour leur gloire et sauvement de leurs ames s'estoit ainsi abandonnés par sa /61ᵛ tres grant charité a morir si vilainement. Mais quant la royne des noces douloureuses ouy de son doulz filz qu'il avoit soif et¹²⁸ la recommandacion de lui a Jehan et a haulte vois l'expiracion de son ame, lors fu plainement et sans remede le cuer et

---

126. Lk 23: 28-29.
127. Ru 1: 20.
128. {et}, (de).

l'ame de la vierge et mere trespercié du glaive de dolour, dont Symeon avoit prophetisié.

O loiaulx et devostz Crestiens et vous mes grans dames, roynes et duchesses, marquises et contesses, oubliés un pou, je vous em pri, vos grans estas et deliz corporeulx et penssés en vos cuers qui est celle royne ou emperix qui veist son propre filz ainsné morir en sa presence et de mort si villaine et sans nulle desserte, qui tantost ne transist et d'amere dolour ne perdesist la vie ou au moins ne le desirast. Et toutefois ceste comparison, combien qu'elle soit apparant, il y a grant dissimilitude, car les enfans des roynes et des dames de ce monde sont enfans du pere et de la mere; ne les dames, parlant a la lettre et a la verité, ne puent dire, "mon fil ou ma fille," combien qu'il soit acoustumé, mais doivent dire, "nostre filz ou fille," acompaignant le pere qui donne la sustance dont l'enfant est fourmé. Mais la royne des noces, par previlege divin jamais non otroié a autre femme en ce monde, pouoit bien dire, "mon filz," comme tout sien et, "Filz de Dieu," sans ce que homme mortel au concevoir y eust aucune part; et de tant qu'il estoit plus sien de sa char seule et de son propre sanc elle sentoit plus grant dolour que nulle femme du monde. Or ayons donques compassion de lui especialment les dames et nous souviegne aucunefois et non sans larmes de cestui piteux entremés en nous recommandant a lui.

Le septiesme entremés fu la consommacion de toute tribulacion et de toute dolour maternelle. Ce fu quant la royne des noces lacrimables vit que son doulz Espoulz fu percié d'une lance parmi le costé destre, et quant elle vit le sanc et l'iaue yssir a si grant habondance il li sembloit que l'air, le ciel et la terre /62 estoient tous remplis du sanc de son Espoulz, et lors elle chay pasmee et ferue du glaive de dolour qui fist espandre mainte larme doloureuse. Qui veist lors la benoite Magdelene et les autres Maries detordre leurs mains, batre leur pis et en plourant, lamentant leur Maistre et leur maistresse, s'il ne plourast il eust bien le cuer dur comme une pierre. Quant nostre royne paumee entre les bras de la Magdelene fu revenue de paumisons, toute amortie, et son doulz filz fu mis jus de son trone--c'est de la vraie croix--et elle le pot tenir entre ses bras, lors fu renouvelés l'entremés dolourouex. La doulce espouse ne se pouoit saouler de baisier son doulz filz et arouser toute sa face de larmes, de souspirs et de piteux regrés. Je pense que son biau viaire estoit tout arousés du sanc de son tres doulz filz, sa poitrine ausi, et toute sa robe estoit toute tainte en vermeil du precieux sanc de la grant plaie du costé et des benoites mains qui fourmerent le monde. Onques mere en ce monde n'ot si grant dolour comme nostre royne ot de son tres doulz filz et Espoulz.

Il se lit en la sainte Escripture que Eve nostre prumiere mere ploura cent ans la mort de Abel son filz,[129] mais sa dolour ne pourroit estre comparee a la dolour de Marie, mere du Fil de Dieu. Que dirons nous de sa tritresce renouvelee quant il convint que on lui ostast son doulz filz de ses bras pour le couchier en la chambre roiale--c'est ou sepulcre--comme ou .vij.ᵉ entremés des noces du grant Roy le Fin Rubin est plus plainement contenu, la douloureuse mere desiroit estre ensevelie avec son doulz Espoulz; et se ne fust le benoit Jehan l'evangeliste, auquel elle avoit esté recommandee, on ne la pooit traire du sepulcre et si estoit noire nuit. Quel merveille! elle ne desiroit que la mort. Qui pourroit descripre a plain les dolours qu'elle senti en l'amere Passion de son tres doulz filz? Il seroit impossible. Les sains docteurs dient que elle fu non tant seulement martire mais plus que martire, car toutes les plaies, batures et dolours, que le doulz Jhesus pour l'amour /62ᵛ de nous senti en son precieux corps, sa tres doulce mere les senti en son ame; et se ne fust la tres grant discrecion, sapience et prudence de nostre espouse, vierge, et la sainte memoire qu'elle avoit ou cuer de la redempcion de l'umaine lignage, elle n'eust peu souffrir sans mort les dolours qu'elle souffri en l'amere Passion de son tres doulz filz et Espoulz.

Quant la journee des noces fu complie, ainsi comme dit est et trop plus piteusement, nostre royne se retrait bien traveillie et acompaignie des plourans pour reposer la nuit en sa chambre royale et bien paree par contraire, c'est assavoir en la petite et povre maison de Jehan l'evangeliste, et en lieu d'aucune consolacion recommença a plourer et son doulz filz regreter. Et ce souffice du .vij.ᵉ entremés presenté a la royne et de ses ameres noces proposees.

Or li prions donques devotement que par sa sainte grace les .vij. entremés cy dessus petitement et grossement descrips et les .vij. ausi de son tres doulz Espoulz et filz par grace soient sovent a nostre memoire representés devotement et en rendant graces en nostre cuer doulcement rafreschis a nostre sauvement.

---

129. Gn 4: 25, merely notes that she bore Seth in place of Abel.

Des chevaliers et barrons assistens au grant disner des noces proposees et des dames aussy assistentes a la royne, de leur personnages et de leur tres grant dolour.

Le[130] .x.ᵉ chapitre

Puis que les noces du grant roy et de la royne s'espouse sont escriptes telement quelement, par lesquelles noces le sacrement de mariage a esté confourmé de Jhesu Crist nostre doulz Sauveur a la tres doulce Vierge Marie, representant nostre mere sainte Eglise, il est expedient doulcement de faire aucune briefve mencion des asistens du roy et de la royne aux noces desus dites, c'est assavoir des apostres et disciples et des dames de la royne. Quant aux apostres et disciples, tous abandonnerent leur Maistre, par vile paour qui si doulcement les avoit nouris en la foy et par tant de miracles confourmees; et, que pis /63 est, celui qu'il avoit ordonné chief de tous les autres et son lieutenant, saint Pierre, a la voix d'une meschine il le renoia trois fois. Et briefment a parler, pour rafreschir la fragilité humaine et recognoistre la grace de nostre redempcion, tous les asistens, hommes et femmes, failirent en la foy la journee des noces quant le grant eclipce du solail apparu et l'endemain ausi samedi toute jour, voire excepté tant seulement la royne des noces, laquelle se tint ferme comme fin dyamant en la foy de Jhesu Crist, son droit filz naturel, son Espoulz sacramental et son Dieu perpetual.

Combien que tous les asistens comme dit est failirent en la foy, toutefois mon singuler devot et maistre, le benoit vierge et evangeliste saint Jehan personnelment jamais n'abandonna son Seigneur, combien que a la prinse de son Maistre il fu despouilliéz tout nus: c'est celli Aigle volant qui en la Cene de Messias dormi sur sa poitrine et qui vola si hault que jusques au ciel empireum la ou il aprist, "*In principio erat verbum,*"[131] c'est celui qui de Jhesu sur tous les autres fu plus amés, auquel la royne fu recommandee et par lui gardee, servie et honnouree, dont il fu haultement guerredonnés.

Grant pitié estoit de veoir les apostres et disciples, qui estoient ordonnés d'estre princes et juges du monde et colompnes de l'Eglise, plourer et lamenter pour la grant defaute qu'il avoient fait a leur seigneur et pour sa mort ausi; et par especial saint Pierre qui ploura tant que deux

---

130. *[Le].
131. Jn 1: 1.

ruissiaux caves en ses joes apparoient, si comme dit sa legende, laissans
a nous un doulz exemple que nulz tant soit grant pecheur ne doie
desesperer, mais qu'il face comme saint Pierre et se preigne a plourer. Et
combien que tous les apostres, evangelistes et disciples par leur defaute
5 ne fussent pas presens au grant disner des noces de leur Roy, toutesfois il
furent repeu en partie des ameres viandes des noces proposees. Mais les
nobles princes, barons et chevaliers, {Joseph Abarimathias et
Nichodemus} /63ᵛ Gamaliel et Abbibas,[132] et pluseurs autres aux noces
proposees y firent bien leur personnaige, dont il sont couronnés en
10 pardurable vie avec les apostres et disciples et la sainte maignie.

   Or retournons aux dames asistens de la royne des noces, les Maries,
les dames de Jhersualem et celles qui avoient syvy le Roy de Galilee
jusques en Jherusalem et lui servi et ministré. Entre lesquelles
l'Evangille fait grant mencion de Marie Magdelene, jadis vilaine
15 pecheresse et ores tres amee du Roy et de la royne; c'est celle qui par
dessus tous et toutes plus tendrement amoit son Maistre le doulz Jhesu
excepté la royne; c'est celle noble dame qui fu touzjours plus pres du
Roy et de la royne des noces et plus la confortoit et qui aprés lui plus
tendrement plouroit. O quelz regrés et lamentacions et de larmes
20 dissolucions les Maries saintes et nobles dames piteusement monstroient,
veans leur Dieu pendu en croix et leur royne comme a mort ainsi
tourmentee. Je croy que de tres grant dolour elles ne pouoient dire mot
l'un a l'autre, et souverainement la benoite pecheresse Magdelene, aprés
apostre des apostres.
25   Bien estoient repeues et rasasiees ces nobles dames des entremés
susdiz. Nostre benoit Roy des noces, qui pour les pecheurs et
pecheresses estoit venus[133] morir, pour nous laissier un biau miroir, a
Marie Magdelene ses grans pechiés pardonna et puis aux noces susdites
merveilleusement l'essauça. Si nous deveriosmes en cestui miroir
30 devotement mirer, et (par) especialment les dames qui se sentent en
pechié avec la Magdelene tendrement plourer et en piteuse memoire des

---

132. Gamaliel, identified as a teacher of Paul (Acts 5: 34; 22: 3), is not recorded
in the New Testament as present at the Passion of Christ. However, he is
perhaps included here because of his association with Nicodemus. The two men
together buried St. Stephen in a plot belonging to Gamaliel according to *The
Golden Legend* 1: 56. This same text also identifies Abibas in the narrative of
the Invention of St. Stephen, the first martyr, where Gamaliel appears in a vision
in which he identifies Nicodemus as his nephew and Abibas as his son and a
virgin (Jacobus de Voragine, *The Golden Legend* 2: 408-9).
133. An analogical *s*.

noces proposees au Roy et a la royne devotement recommander. Et ce souffice briefment des asistens aux noces du Roy et de la royne.

Une devote concordance des grans vertus du fin dyamant aus vertus de la royne des noces la tres doulce Vierge Marie, et par especial des vertus et clarté des .iiij. faces du fin dyamant.

Le[134] .xj.ᵉ chapitre

Pour entrer ou traitié du sacrement de mariage au commencement de cestui livre, la figure [fu] prise du fin rubin /64 au fin dyamant par maniere d'aliance et de mariage d'espoulz et d'espouse, pour lequel fin rubin a esté pris par figure le benoit Fil de Dieu Jhesu Crist par sacrement de mariage alié au Dyamant--c'est a l'Eglise de Dieu--et derrainement au Fin Dyamant la tres doulce Vierge Marie, representant nostre mere sainte Eglise, si comme par les aliances et noces proposees en cestui livre cy dessus assés prolixement appert. Et pour ce que les vertus et condicions du dyamant, representant nostre mere sainte Eglise, espouse de Jhesu Crist, cy dessus en leurs lieux ont esté largement et grossement declairies, il est expedient de declairier briefment, pour nostre consolacion et acroistre devocion, la grant vertu du dyamant derrainement pris pour la royne des noces proposees, c'est de la mere et espouse du doulz Rubin Jhesu, nostre tres doulz Sauveur. Et pour venir a la declaracion des vertus et condicions du fin dyamant il faut venir prumierement a l'interpretacion de lui. Dyamant proprement et a la lettre vaut au tant a dire comme "Dieu amant." Qui est celui ou celle qui onques ama tant Dieu si purement, si saintement et si ardanment comme fist la royne des noces, l'espouse du doulz Aignelet [occys]? Encores fu dit en la distinction du dyamant que a le regarder de loings sa coulour estoit brune et oscure, mais qui le regardoit de pres il rendoit grant clarté et se y pouoit on mirer comme en un miroir d'acier.

Or venons donques a la concordance. Nostre riche et tres precieux Dyamant la tres doulce Vierge Marie es noces proposees estoit toute remplie et avironnee d'une couleur brune et oscure: brune c'est assavoir d'umilité parfonde et meritoire, surmontant en vertu l'umilité de toute creature pure qui onques fu ne jamais ne sera, par laquelle humilité, si comme dit saint Bernart, le benoit Fil de Dieu prist char humaine en lui

---

134. *[Le].

plus tost que pour sa virginité;[135] et pour ce est elle appellee des sains "Fontaine d'umilité doulcement arousant la secheresse du jardin de nos ames." Encores nostre Fin Dyamant es noces proposees estoit d'une oscure coulour, voire oscure et tourblé de dolours, de /64^v souspirs et de larmes, jusques a la mort plongie toute, et tourblee par les[136] dolours et passions de son tres doulz Espoulz. Encores estoit sa coulour oscure, voire comme cendre, de grant melencholie pour ce que le grant disner des noces de son tres doulz Espoulz ne pourfitoit pas a toute creature humaine par defaute d'eslirre la meilleur partie a son sauvement, c'est assavoir pour ceulz qui ont refusé estre vrais filz de l'Eglise.

 Or entrons un pou a parler et par grace de la grant clarté du riche Dyamant, enluminé du Fin Rubin souverain Roy de lumiere, voire a ceulz qui de pres le regardent et se acostent a lui par humilité et une grant reverence. Il fu dit en la descripcion du fin dyamant qu'il a .iiij. faces ingales et .iiij. droites quarres et la pointe bien ague et trenchant. Se nous volons bien et devotement ymaginer les vertus et misteres et la tres grant lumiere de cestui riche Dyamant, la royne des noces, mere de nostre Joie, nous trouverons que onques en ce monde ne fu ne jamais ne sera dyamant de si tres grant vertu neccessaire a la generacion humaine.

 Et prumierement, en la prumiere face de nostre riche Dyamant des noces proposees reluisoit parfaitement, et plus cler que le solail ne luist, (en) la sainte foy catholique. Quel merveille! car quant le Solail de justice souffry le grant eclipce et le solail materiel, la lune et toutes les estoilles--c'est l'Eglise militant, apostres et disciples--furent a ombre et perdirent leur coulour a plain midi, et que tenebres de la foy furent generales par l'universel monde, nostre precieux Dyamant [lors] n'en perdi onques sa clarté, car en lui toute seule demoura la vraie foy catholique. En la seconde face du precieux Dyamant reluisoit une ferme esperance, forte comme un ancre d'acier qui estoit si fort ancree en bon port d'esperance que par nulle fortune ne vent septentrionnal ne fortune boulant la precieuse nacelle de nostre precieux Dyamant /65 ne pouoit estre jetee hors du vray port desusdit. En la tierce face du precieux Dyamant reluisoit parfaitement la resplandissant vertu de charité, laquelle charité et amour avoit ainsi compris et pourpris de toutes pars le riche dyamant que sa clarté reluisoit de Orient en Occident, de Midi en Septentrion, du ciel jusques a la terre, en la grant mer de ce monde et jusques en Enfer. Qui pourroit dignement descripre la grant flambe

---

135. Bernard *Missus est* 1.5.
136. le[s].

d'amour et de charité de nostre mere, le tres precieux Dyamant, conjoint
par sacrement de mariage a la fine Escarboucle qui enlumine tout homme
qui vient en ce monde? Certainement il seroit impossible.

    O tres doulz Dyamant aux grans pecheurs resplandissans, vueilles
enluminer noz cuers tous remplis de tenebres a la charité et amour du Fin
Rubin, ton tres amé filz et Espoulz. Mais en la quarte face du Dyamant
delitable reluisoit la vertu d'une merveilleuse pacience couronnee, qui au
grant disner des noces avoit esté bien prouvee. Le doulz Rubin dist en
l'Evangille a ses apostres, "En seule pacience vous possederés vos
ames."[137] Il ne fu onques en ce monde pure creature nee de mere qui eust
jamais l'ocasion apparant et existent d'avoir impacience comme nostre
Dyamant, mere de l'Aignelet ocys, ot es noces proposees, et, combien
que elle fust trespercie du glaive de dolour parmi le cuer et les entrailles,
toutefois, en son ame elle estoit ferme comme le dyamant et gardoit sans
enfraindre la sainte vertu de pacience, ne en tant de dolours jamais ne
pensa ne dit parole qui desplaisist a Dieu. Quel merveille! car l'ame de
lui estoit transfourmee en l'ame de son amant Jhesu Crist, pour laquelle
conjunction pechié quelconque ne s'i pouoit trouver. Or li prions
donques devotement qu'elle veuille departir une seule estincele de sa
grant vertu de pacience a nous chestis et de pou tourblés, qui si
longuement et (de) tant de fois cheons en impacience. Et ce souffice
briefment et grossement /65ᵛ de la grant clarté et divine lumiere des .iiij.
faces du precieux Dyamant, la mere du Roy celestiel.

**De la concordance de la vertu des .iiij. quarres du fin dyamant aus
grans vertus de la royne des noces la doulce mere de Dieu.**

Le[138] .xij.ᵉ chapitre

    Or venons a l'exposicion et concordance des .iiij. quarres du
dyamant et trouverons qu'il signefient, parlant moralement, un grant
mistere vertueulz existent en la doulce royne des noces proposees. Par la
prumiere quarre de nostre dyamant, droit et traitif et bien trenchant, ce
puet entendre la vertu de prudence en l'espouse du Fin Rubin nostre
Roy, par laquelle prudence elle avoit plaine science et sapience acquise
par grace et infusé par le Saint Esperit; dont elle estoit maistresse de
cognoistre les choses passees, de considerer et contempler les choses

---

137. Lk 21: 19.
138. *[Le].

presentes, et reguler toutes ses euvres selonc Dieu, faisant le bien et laissant le mal, et par sa grant prudence discrete moderer les choses a avenir. Ce fu la sage femme et prudente de la sainte Escripture qui de ses propres dois fila la laine dont a nostre grant joie le Fil du Roy fu vestu.

   Par la seconde quarre du riche dyamant se puet trop bien entendre la noble vertu de temperance, par laquelle temperance la royne des noces l'orloge de son corps et de son ame precieuse atrempa mieulx sans nulle comparison que ne fist onques nulle creature pure. Car la grant roe de son orloge, qui toutjours fait son cours et tourne belement sans retourner, c'estoit sa vie corporele et naturele. Elle atrempa si sagement que par nulle superfluité de boire, de mengier, de penser, de dormir, de veiller, la grant roe susdite ne fu onques empechie qu'elle ne feist son droit cours en l'orloge sans nulle violence, car souveraine sobrece regnoit en lui plus que en nulle autre femme du monde sans nulle comparison.

   Et non tant seulement atrempa son orloge, mais l'orloge du gouvernement du monde, lequel orloge, selonc le dit de saint Augustin, Dieu le gouverne par .iij. moiens: /66 c'est assavoir par nature, par grace et par justice. La grant roe de l'orloge qui tourne touzjours sans retourner, c'est nature qui fait son cours sans retourner. Ceste roe nostre royne quant a lui par la vertu de temperance gouverna bien, comme dit est cy dessus. Le second moyen de l'orloge du gouvernement du monde c'est la justice de Dieu, par laquelle justice se puet entendre le grant et pesant plonc de l'orloge qui fait tourner les roes, c'est proprement la justice de Dieu; et est cestui grant plonc de telle poissance que s'il n'estoit retenus en l'orloge par la petite roe, qui tourne et retourne et est le droit frain du grant plonc, le dit plonc a un moment descenderoit a terre et craventeroit tout ce qu'il trouveroit devant lui, comme il faisoit devant les noces du Rubin proposees quant il se disoit lors, "dent pour dent et pié pour pié."[139] Mais nostre precieux Dyamant--c'est la mere et espouse du Fin Rubin--pour sa grant temperance, pureté et vie nete et honneste, est devenue la petite roe de l'orloge et le biau frain du grant plonc par telle maniere qu'elle li fait faire son cours, c'est la justice tout plainement et doulcement, et semble en l'orloge que le grant plonc qui touzjours descent a val ne se meuve. Cestui frain et petite roe, c'est le riche Dyamant qui tourne et retourne et jamais n'areste en l'orloge, une fois empetrant a son doulz filz que par son grant plonc--c'est par sa justice rigoreuse--il ne veuille destruire le monde plain de pechiés et

---

139. Ex 21: 23-24.

l'autrefois retourne aux pecheurs pour eulx reconforter et aporter pardon. Or li prions donques [que] par sa sainte grace nous puissons en telle maniere user de la vertu de temperance que du grant plonc de l'orloge nous ne soions confondu.

    Par la tierce quarre de nostre precieux Dyamant puet estre assés convenablement entendue la vertu cardinale qui s'apelle force. Aristote dit que la vertu de force n'est autre chose que avoir pacience en aversité et constance en bonnes euvres, et, dit le philosophe, que ceste vertu de force a .iiij. /66ᵛ parties en lui: c'est assavoir magnificence, confiance, pacience et perseverance.[140] Qui pourroit descripre a plain la force vertueu se de nostre Fin Dyamant, l'espouse du benoit Fil de Dieu?

    Les anciennes estoires font mencion de .ix. dames de grant vaillance a maniere des .ix. preux qui firent grans merveilles en ce monde de force et de poissance, dont Semiramis, femme du roy Nynus, roy des Assiriens, en fu l'une. Ceste Semyramys, aprés la mort de son mary, conquist a l'espee et par bataille toute Jude la Majour, que son mary n'avoit peu faire, et fist assés d'autres grans merveilles et les autres ausi que je trespasse pour cause de briefté. Mais toutefois la force corporele de ceste Semyramys ne des autres ausi ne se peut comparer a la force tres vertueuse du Dyamant mere et espouse de la belle Escarboucle, du Fin Rubin, car elle vainqui et mist dessoubz ses piés le plus fort roy d'orgueil qui onques fu creé, c'est Lucifer, et tous ses adherans. Encores fist elle plus, car par son espee de vraie humilité elle vainqui et atrempa la grant rigour de Dieu, et du fort Lyon, Roy de la lignie de Juda, elle fist devenir un Aignel. Nulz homs mortel ne pourroit comprendre la force vertueuse de la mere du Crucefis,[141] la Vierge, mere et royne des noces proposees. Or li prions devotement qu'elle nous veuille defendre du lyon infernal et nous doinst force de bien dire et de bien faire et d'ensuir sa doctrine.[142]

    Par la quarte quarre du riche Dyamant pour toute perfection et confirmation des .iiij. faces et des .iiij. quarres puet estre entendu la

---

140. I have not found the source for this saying in Aristotle, but in a chapter on the sentences of Cicero in his *De diversis quaestionibus octaginta tribus liber unus* 31.1 (PL 40: cols. 20-21; CC 44A: 1-249), Augustine identifies the four components of strength, *fortitudo,* as magnificence, faith, patience, and perseverance.

141. The Crucifix, where, by a mystical synecdoche, Christ and the Cross upon which he is crucified are become one and are Christ.

142. Variant hand *A* writes the text from this point on until the lower part of f. 188ᵛ.

noble (justice) vertu de justice, de laquelle justice le venerable Ancelme dit ainsi, "Justice," dit il, "est une nobilité ou noblece de l'ame rendant a chascun sa dignité: c'est assavoir a Dieu obeissance, aux souverains reverence, aux subgiés discipline, a lui meismes sainteté et bonne
5   conscience, a son pareil concorde, a son anemi pacience, et compassion a ceulx qui sont en tribulation." C'est la royne Justice que l'omme doit avoir, et de celui qui l'a saint Augustin dit en son /67 Livre de la Cité de Dieu que devant Dieu mieulx vault un tout seul juste que tout ce monde plain de pecheurs. Qui vaudroit donques descripre les vertus de justice cy
10 dessus recordees avec leurs dependances qui estoient et sont en nostre Fin Dyamant, il s'entremetroit de nombrer[143] a menu l'iaue de la mer. Aprés Dieu, nulle creature angelique ou humaine ne fu onques si remplie de la vertu excellente de justice qui rent a chascun ce que sien est ne des autres vertus [aussi] comme fu la tres doulce Marie, mere et espouse du
15 Soleil de justice. Saint Augustin recorde que aux Rommains qui estoient payens, pour la seule vertu de justice qu'il ministroient a leurs subgiés sans nulle corruption, Dieu consenti qu'il furent seigneur du monde .iiij. cent ans ensivans.[144] Nostre doulce royne, juste en tous cas par la vertu de justice et des autres vertus sustouchies, est faicte et esleue dame non
20 tant seulement de ce monde, mais de Paradis est royne pardurable. Or li prions donques que, par le moyen de sa grace et de sa vertueuse justice, nous puissons vivre justement et parvenir finablement a la gloire de Paradis.

La concordance de la vertu de la pointe ague du fin dyamant aus
25 **grans vertus de nostre royne la Vierge Marie, en recitant pluseurs miracles faisans au propos.**

Le .xiij.ᵉ chapitre

Encores fu dit que nostre riche dyamant avoit la pointe dure, ague et bien trenchant, si se puet dire, parlant moralment, que la pointe du
30 Dyamant, la royne des noces souventefois proposees, avoit en lui .iiij. operations fort poingnans. La premiere pointure de la pointe de nostre Dyamant si fu l'amere pointure du glave de dolour, dont le cuer et l'ame de nostre royne fu tant de fois trespercié au grant disner des noces, si comme cy dessus a esté desclairié. La seconde operation de la pointe de

---

143. s'entreme[t]roit de nombre[r].
144. Augustine *De civitate Dei* 5.13 (PL 41: col. 158; CC 47: 146-47).

nostre precieux Dyamant si fu une pointure au cuer rafreschissant sans intermission /67ᵛ l'ardant amour maternelle de nostre Dyamant au precieux Fin Rubin, et la pointure aussy de l'absence de lui aprés l'Ascension. O quelz estos et pointures elle sentoit en son cuer quant il li souvenoit que son doulz Espous et filz estoit regnant en gloire et il l'avoit laissie en ceste valee de misere! Certainement la pointe du dyamant n'estoit pas trop uuiseuse.

La tierce operation de la pointe du Dyamant fort necessaire a nous si est que la Royne du Ciel, moyenne de nostre redemption pour la grant gloire qu'elle a reçu, pour les pecheurs ne cesse et jour et nuit de poindre les pecheurs et par especial ses devos de l'aguillon et pointe de son precieux Dyamant, en resveillant les et inspirant le bien a faire et laissier (le mal) les pechiés, en rafreschissant pour confort par maniere de memoire les grans vertus et poissance de lui, riche Dyamant, monstrant que elle est toujours preste de aidier a tous ceulx qui de bon cuer la voudront requerre. Et que la pointe de nostre tres amé Dyamant soit dure et ague et bien trenchant pour trespercier les autres pierres precieuses, comme il fu dit dessus, et entaillier en elles les belles fourmes et ymages[145] de bestes et d'oiseaux, comme il appert es riches camalyns. O que ceste precieuse royne, mere de Misericorde, par son dyamant et amant Dieu et par sa pointe ague scet bien souvent escripre es cuers de ses devos une doulce escripture, representant la grant gloire du doulz Rubin, son Espoulz et sa gloire merveilleuse, voire es cuers de ses devos, defassant l'escripture de mort et doulcement escripvant l'escripture de vie!

Bien sot escripre ou cuer du vaillant chevalier qui devint moisne et ne pot plus aprendre que tant seulement "*Ave Maria.*" Et quant le dit chevalier moisne fu trespassé, en plain yver une belle fleur de lys, dont la racine estoit creue en sa bouche, s'apparu espanie; et en chascune feuille avoit escript de lettres d'or "*Ave Maria.*"[146] Onques femme en ce monde ne sot si bien escripre. Je eus une fois une Bible toute entiere et de tres belle menue lettre que une femme avoit escripte, si comme /68 me fut dit, et maintes femmes se treuvent qui scevent bien escripre; mais c'est sans comparison faire, car nostre tres doulce mere, royne et Dyamant, une fois escript unes lettres et de fait au benoit martir saint Ygnace, tiers arcevesque de Antioche aprés saint Piere et disciple de mon

---

145. ymage[s].
146. This legend of the soldier turned monk is narrated in Jacobus de Voragine's *The Golden Legend* 1: 207.

tres doulz maistre, saint Jehan l'evangeliste. Et tant fu la dicte lettre et escripture forte que quant le benoit martir a Romme aloit a son martire par le commandement de Trajan l'empereur, en alant il ne disoit autre chose que "Jhesus, Jhesus," et disoit a ceulx qui le menoient ainsi, "Qui ouveroit mon cuer on y trouveroit en escript 'Jhesus.'" Quant il fu mort les chevaliers qui l'avoient mis a mort ouvrirent le corps du martir et trouverent que en son cuer de toutes pars avoit escript de lettres d'or le doulz nom de Jhesus, et furent convertis a la foy les diz chevaliers.[147] Bien doulcement scavoit escripre le Fin Rubin le Roy des noces es cuers de ses amans et si scavoit bien confourmer s'escripture par la pointe du fin dyamant de sa tres doulce espouse, sa secrete chanceliere.

La quarte operation de la pointe du precieux Dyamant, souventefois doulcement repeté, si fu et est la verge de nostre tres doulce espouse, la pointe de son glaive, sa grant vertu et poissance, par laquelle pointe du dyamant elle fiert les ennemis de l'umaine generation en defendant toute la Crestienté et en reprimant leur force et leur malice et les grans maulx qu'il[148] veulent faire especialment a ses amis et devos. Qui pourroit eschaper des las des ennemis dont l'ayre, la mer et la terre en sont trestous remplis, se ne fust la Royne du Ciel, qui, par la pointe du dyamant, c'est par la grant vertu et amour qu'elle a a nous, a nostre tres grant besoing nous deffent de nos anemis visibles et invisibles et souventefois sans ce que nous l'appelons? Bien fery grant cop de la pointe ague de son dyamant bien trenchant quant, a la requeste du grant et saint Basille, elle manda le noble chevalier saint Mercure, qui ja estoit mors en Perse, en un moment pour tuer et trespercier le cuer du faus et renoyé empereur de Romme, Julien apostata, qui a son pouoir destruisoit partout les[149] sergens du benoit Cruxefis.[150]

Encores une autrefois entre les autres /68ᵛ sans nombre, nostre doulce royne, nostre mere et nostre advocate, monstra bien la force de son dyamant et la vertu de sa pointe quant elle contraint le Dyable et li fist rendre la chartre de Theophilus de sa dampnation, dont Theophilus, qui avoit Dieu renoyé, par la bonté et force du precieux Dyamant ot

---

147. *The Golden Legend,* Philippe's probable source, narrates the same events surrounding St. Ignatius's death (1: 148-49).
148. qu'i[l].
149. le[s].
150. St. Basil's dream in which he saw the Virgin send St. Mercury to slay Julian the Apostate is narrated in similar vein in *The Golden Legend* 1: 132-33.

pardon de son pechié et fu receuz a la gloire du Ciel.[151] De ceste pointe du Dyamant et de sa vertu la saincte Escripture, parlant a nostre royne, vierge et mere, dit ainsy, "Marie, tu es belle et tres belle fille de Jerusalem, voire a tes amis, mais a tes anemis tu es terrible comme sont les batailles ordenees a combatre."[152] O tres doulce royne, mere de toute consolation, veuilles[153] deprier a ton tres doulz Espoulz qu'il nous doint grace de lui amer, doubter, servir et honnourer, et nous doint vraye cognoissance des biaus misteres de ton precieux dyamant, des .iiij. faces et de leur grant clarté, des .iiij. quarres et de leur grant bonté et aussy de la pointe ague et de ses merveilleuses operations fort necessaires a nous.

Comment la royne des noces nostre Fin Dyamant estoit assis en or une feuille moyene qui li donnoit sa clarté.

Le .xiiij.ᵉ chapitre

Encores se puet dire a la loenge du riche dyamant que de sa propre nature le dyamant doit estre assis en fin or, dont il est assavoir que par l'or en l'Escripture est entendue la charité et la sapience de Dieu le Pere, laquelle sapience est la seconde personne de la Trinité, Jesu Crist le benoit Fil de Dieu. Nostre Dyamant, donques, est assis en fin or, c'est en son tres doulz filz par humaine generation virginale, deux personnes en une char resplendissant de virginité, par vraye amour de l'espouse transfourmee en son tres doulz Espous. Saint Paoul l'apostre dit et commande que on se doye vestir de Jesu Crist.[154] Onques creature en ce monde ne vesti Jesu Crist, ne fu vestue de Jesu Crist, comme la Vierge Marie, qui non tant seulement fu vestue et aournee de Jesu Crist et obombree du /69 Saint Esperit, mais elle le vesti en son precieux ventre de sa propre robe royale, de sa propre char et de son sang, et le noury telement que ce fu le mieulx vestu et paré de la robe d'umanité qui onques fust ne jamais sera en ce monde, si comme le prophete le tesmongne. Bien fu donques nostre precieux et Fin Dyamant assis en fin or qui li donnoit sa clarté et les vertus cy dessus repetees.

---

151. The story of Theophilus is narrated in *The Golden Legend* 2: 528-29, although it is difficult, given the brevity of Philippe's version, to identify a source.
152. Sg 6: 4 and 10.
153. veuille[s].
154. Rom 13: 14.

Les sages orfevres ont acoustumé de mettre une feuille d'acier bien polie entre l'or et le dyamant, laquelle feuille donne coulour au fin dyamant telle qu'i li appartient. Il fu dit dessus que le fin rubin doit estre a jour et sans aucune feuille, car il n'a mestier d'ayde humaine, c'est
5 nostre Fin Rubin, le Roy des noces souvent repetees. Mais nostre precieux Dyamant en sa creation et en sa conjunction par sacrement de mariage a la belle Escarboucle avoit mestier d'ayde, car elle estoit creature et pour ce, moralisant et parlant par allegorie, par la feuille d'acier polie qui est mise entre l'or--c'est le benoit Fil de Dieu--et entre
10 le dyamant--c'est sa tres doulce mere--je n'entens autre chose que la divinité de nostre doulz Rubin, enluminant le Dyamant et donnant lui sa clarté.

Or prions donques a nostre Fin Dyamant que, par sa doulce priere, nous soions enluminé et de loings; car de pres nous n'en sommes pas
15 dignes de la merveilleuse lumiere qu'elle receut du Fin Rubin quant, par le mistere divin, en sa chambre virginale de son propre vestement elle le vesty et aourna et aprés .ix. mois virginalement l'enfanta. Et ce souffice briefment, combien que on n'en porroit souffissaument escripre du fin et precieux Dyamant, pris par figure pour la Royne des angles, mere et
20 espouse du Fin Rubin le benoit Filz de Dieu, qui soit loés et beneys. Et prions devotement au precieux Dyamant Marie que par sa saincte priere, si comme elle vesty le Roy de gloire de sa propre cotele, nous soyons vestu de la robe des noces--c'est de vraye charité--par laquelle nous puissons parvenir a vraye eternité.

25 /69ᵛ **De la finable concordance et devote convenience du fin rubin au fin dyamant et du dyamant au fin rubin, en approuvant la doulce alyance et sacrement de mariage du Fin Rubin au Fin Dyamant la Vierge Marie, representant nostre mere saincte Esglise.**

Le .xv.ᵉ chapitre

30 Or venons a la concordance finable et convenience raisonnable du fin rubin au fin dyamant pour approuver et loer selonc ma fragilité le digne sacrement de mariage du benoit Fil de Dieu Jesu Crist a la tres doulce Vierge Marie, representant nostre mere saincte Esglise, pour recognoistre aussy la grant vertu du sacrement de mariage et reconforter
35 les dames mariees et les seigneurs aussy qui loyalment maintiennent leur mariage, et pour conforter aussy les vierges, (et) pucelles [et continens] et tous bons Crestiens, vrays enfans de nostre mere saincte Esglise.

Quatre vertus singuleres furent descriptes du fin rubin au commencement de cestui livre et quatre du fin dyamant. Quant a la premiere vertu du rubin qui conforte le cuer et tous les membres de celui qui l'a de bonne acqueste et le porte honnestement et nettement, chascun bon Crestien scet que nostre Dyamant la Vierge Marie ot le Fin Rubin et de bonne acqueste comme sien [propre], car Dieu le Pere lui donna, et Dieu le Fil se donna et en son benoit ventre herbega, et le Saint Esperit en l'Incarnation merveilleusement [y] ouvra et le saint sacrement de mariage confourma.

Mais comment la Vierge Marie et mere .ix. moys en son precieux ventre et aprés entre ses bras et en son ame nettement et honnestement porta le doulx Rubin, chascun le puet penser: onques une toute seule pensee superflue, ne parole desordenee, ne fait aucun qui peust desplaire au tres doulx Rubin debonnaire ne s'i porent trouver, ne aucun pechié mortel ou veniel ne s'i oserent acoster. A ceste premiere vertu du rubin respont assés clerement la premiere vertu du fin dyamant, c'est assavoir qu'il a poissance et vault encontre[155] /70 venin, dont il est assavoir que venin en l'ame et ou corps d'umaine creature, parlant moralment, n'est autre chose que pechié. Nostre Dyamant donques, nostre vierge et mere et espouse, en ses membres, en son cuer et en son ame reconfortee et en vertu confourmee du Fin Rubin son doulz Espous, le Roy de gloire, a poissance d'estirper toute maniere de venin et tout pechié quelconque des malades qui a la maistresse en medicine devotement s'acosteront. Bon fait porter en son doit un tel dyamant auquel venin ne s'i ose acoster, et est certain que qui honnestement et nettement le portera ja empoisonnés ne sera.

Or prions donques au Rubin debonnaire que par la priere du Dyamant il nous veulle conforter et le cuer et les membres, et que par la bonté et poissance de nostre tres amé et reverent Dyamant nous soyons delivré de tout venin mortel. Et ce souffice briefment de la concordance et convenience des deux vertus premieres.

Quant a la seconde vertu du fin rubin, c'est assavoir qu'il donne seignourie et auctorité non pas petite a celui qui le porte honnestement, je demande qui onques fu la creature ou ciel ne en la terre qui onques si dignement portast le Fin Rubin Jesu Crist comme fist nostre doulz Dyamant, la vierge mere Marie? Car elle le porta par vraye amour et ardant desir en son cuer, en son ame, en dit et en pensee, et finablement le porta en son precieux ventre virginal et puis entre ses bras, entre ses

---

155. [en]contre.

virginales mamelles en lui acolant [et alaitant] doulcement, et le baisant tendrement, elle porta, elle soustint et doulcement noury le Fin Rubin, qui le portoit et soustenoit et doulcement l'amoit.

 Et pour ce que elle le porta si dignement, le poissant Rubin de son riche thresor li donna seignourie et auctorité, mais quelle[156] non pas commune mais la plus grande qu'il donna onques a roy, a prophete, ne a patriarche, ne a creature humaine ne angelique; car par sa tres grant auctorité imperiale elle commande aus angeles et aus malignes esperis, qui plus la doubtent que le feu ne fait l'yaue et la chievre le coutel. Elle a /70v si grant auctorité ou ciel et en la terre, en l'ayre, en mer et jusques en Enfer, que maintes fois elle fait rappeller les sentences du souverain Juge; et les ames, qui sont livrees aus malignes esperis pour estre perpetuelment dampnees, par sa grant seignourie elle les ramaine a vie pardurable a la joye de Paradis. Sa grant seignorie et auctorité reginale nulz homs mortel ne le porroit descripre. Ce scevent ses devos, qui par sa tres grant poissance ont esté maintefois secourus et en ont eu vraye cognoissance, et je, vil et viel pecheur qui ne suis pas dignes de nommer le doulz nom de Marie, en puis bien estre tesmoing en ma lasse de vie.

 A ceste vertu du Fin Rubin qui donne seignourie et auctorité, comme dit est, respont assés la seconde vertu du precieux dyamant, c'est assavoir qui vault contre tempeste et tamps orrible, dont il est assavoir que entre toutes les tempestes et temps orribles qui puent avenir devant le Jour du Jugement aux vrays filz de l'Esglise, c'est division de charité et d'amour, dont les innimistés, malivolences et guerres importables en ce monde sourdent generales et particuleres, par lesquelles la Crestienté se destruit.

 Mais le plus orrible tamps encores et la plus grant tempeste si est la division des vrays catholiques en l'Esglise de Dieu, par heresies et par scismes trenchant en .ij. parties, helas! au jourd'ui et en pluseurs parties la cote noble de Jesu Crist, ce que ne porent faire les chevaliers qui le Roy de gloire cruxifierent mais mirent sort, et demoura toute entiere. Par tempeste de tamps, par fourdre ou par gresil, aucunes vignes, bestes ou champs ou maisons sont gastees, mais par les tempestes susdictes les ames sont peries et dampnees. Et pour ce que nostre puissant Dyamant contre ceste tempeste, la mere de l'Aignelet occys, a veu que la propre cote de son doulx filz, laquelle de sa propre laine elle avoit ouvree et faicte sans cousture et sans division, par nostre ambition, orguel et avarice, nous l'avons trenchie en .ij. parties, /71 gastee et deformee,

---

156. For *mais celle*.

pour ce est il que nostre royne et mere indignee, helas! fait samblant de dormir, et combien que ses devos a chaudes larmes li prient pour la reparacion de la dicte cote--c'est de l'Eglise--elle fait la sourde oreille, et la tempeste et fortune, helas! croit de jour en jour. Or prions donques a
5 nostre Dyamant, a nostre mere de gloire, que par sa grant misericorde elle veuille recoudre nostre cote dessiree et apaisier ceste tempeste afin que par grace en vraye unité nous puissons demourer, vivre et morir en l'espouse du Fin Rubin occys, a sa gloire et au sauvement de nos ames. Et ce souffice briefment de la concordance et convenience des .ij.
10 secondes vertus.

Quant a la tierce vertu du fin rubin, c'est assavoir que il attrait a amour celui qui le regarde a l'amour vraye de celui qui le porte, mais que celui qui le regarde se delicte en lui veoir pour sa vertu et non pas pour avarice, ceste concordance et gracieuse convenience est assés clere
15 et n'a mestier de grant exposicion. Chascun bon Crestien scet assés que quant nous regardons par vraye foy et amour le Fin Rubin le doulx Jesu que nostre Dyamant porte--c'est la Royne du Ciel--nes en painture regardant les devotement et reveraument, il n'est nulle doubte que le Fin Rubin, non tant seulement a son amour mais a l'amour du Dyamant sa
20 tres doulce mere doulcement il nous semont et attrait; et aucunefois en regardant le doulx Rubin entre les bras du Dyamant, une doulce amour est engendree es cuers de ses devos par telle maniere que toute l'amour mondaine et charnele n'est prisie une cenelle. Sentir se puet, ce dient les sains, telle amour; mais escripre ne se puet, c'est chose toute esprouvee.
25 Benois sont ceulx et celles qui entre les bras de la mere de gloire devotement regardent le Fil de Dieu, non pas par avarice ou emolument mondain, mais pour sa merveilleuse vertu, doulce bonté et misericorde inestimable.

A ceste tierce vertu du fin rubin qui attrait a amour ceulz qui le
30 regardent, respont proprement sans glose ou exposition la tierce vertu du /71ᵛ dyamant, c'est assavoir qu'il conforte et conferme parfaictement l'amour de celui qui le donne a l'amour de celui qui le receut[157] et porte, mais qu'il soit donné franchement et a bonne fin. Comment Dieu le Pere donna au Rubin son doulz Filz le Fin Dyamant, et comment la doulce
35 mere du Rubin devint Fin Dyamant et Dieu amant, et comment elle porta le Rubin franchement et nettement, et tout ce que a present se puet dire de ces deux vertus tierces entrelacies, il est une chose de doulce et devote memoire, et pour cause de briefté il est assés desclairié en pluseurs lieux

---

157. rec*{eu}t, *(ue). We find *receut* in the text, as on f. 69.

cy dessus. Or prions donques devotement au Fin Dyamant nostre doulce advocate que par sa doulce priere nous puissons telement regarder et contempler le doulz Rubin Fin en forme de pain et de vin ou saint Sacrement de l'autel et aussy entre les bras du Dyamant sa tres doulce mere, que nous soions exemps de la mort tres amere. Et ce souffice grossement des .ij. tierces vertus.

    Quant a la quarte vertu du fin rubin, c'est de la fine escarboucle qui resplendist de nuit et donne clarté entour lui, ce que ne fait nulle autre pierre precieuse, il est assés dit dessus en pluseurs lieux comment l'Escarboucle rent grant clarté et enlumine tout homme qui vient en ce monde, et comment elle a illuminé le Dyamant sa doulce mere par telle maniere que sa clarté reluist es tenebres de ce monde et jusques en Enfer, pour laquelle lumiere et grant clarté du Dyamant tous ceulx et celles qui le portent nettement, en grant amour et reverence, vont toujours multipliant en tous vrays biens et honnours; corespondant ceste quarte vertu de nostre fin dyamant a la quarte du fin rubin, conferment et monstrent que quiconques portera devotement en son cuer et en son ame ce precieux Dyamant, enluminé de son tres doulz Rubin, il sera enluminé en son degré et sera gardé des tenebres *exteriores,* en multipliant de vertu en vertu jusques atant qu'il puisse venir a grant joye le Dieu des dieux en Syon.

    Encores fu dit que le fin dyamant se cognoit des faulx dyamans contrefais et de /72 Baffe et d'ailleurs, c'est assavoir quant le fin dyamant est si dur et si ferme que la lyme d'acier n'a sur lui nulle seignourie. Parlant devotement, moralisant tellement quellement, par la lyme d'acier qui touzjours lyme et ne se puet ployer assés bien se puet entendre le pechié d'orgueil qui ne se daigne ployer; et le pechié veniel qui tousjours lyme, nulz ne le puet laissier. Ceste dure lyme trenchant et lymant n'ot nulle seignourie en nostre precieux Dyamant, car il fu preservé ou ventre de sa mere et en sa nativité et touzjours de tout pechié actuel, veniel et mortel, mais touzjours demourra Dyamant Fin, enluminé du Rubin, aiant toutes les vertus dessusdictes et autres sans nombre qui ne sont pas escriptes.

    Or li prions donques doulcement qu'elle nous veuille empetrer la lumiere de l'Escarboucle, par laquelle les tenebres de nos pechiés nouviaux et vielx soient enluminees[158] au sauvement de nos ames. Et ce souffice assés briefment de la doulce convenience et concordance devote

---

158. enlumine[es].

des deux quartes vertus du fin rubin au fin dyamant et de la preuve de sa tres grant valour.

Une petite contemplation de la merveilleuse et singulere vertu de virginité de nostre Fin Dyamant la tres doulce Vierge Marie.

Le .xvj.ᵉ chapitre

Il me vient au devant, simplement et grossement parlant, la grant lumiere de la gloire de nostre Fin Dyamant et, par un incident a ma confusion et vergongne, la vertueuse clarté de sa merveilleuse virginité, pour ce que de ceste seule, souveraine et flourie vertu de nostre royne des noces en especial en cestui livre des sacremens de mariage aucune mencion n'a esté faicte. Mais comment celui qui est yvre osera pracher de la vertu de sobresse? Comment un umbre obscur osera parler de la belle clarté? Comment celui qui est soulié osera parler de virginité, especialment de celle qui n'ot onques pareille? L'Escripture dit que maintes vierges offrirent a Dieu leur virginité mais la Vierge Marie les surmonta toutes en fait, en dit, en pensee et en vie, car toute autre /72ᵛ virginité que la siene par comparation, se dire se puet, est telle comme une petite chandele ardant et fumant ou un charbon moitié vif en milieu du ray du solail a l'eure de midi en esté. O quelle virginité de Marie en concepvant le Fil de Dieu, en le portant et enfantant! Elle fu en l'ame et ou corps embrasee de l'amour de Dieu par le doulz Saint Esperit, qui merveilleusement ouvroit en l'Incarnation, et toutefois la pure vierge n'y senti onques un tout seul charnel desir. Quel merveille! car tout pechié quelconque neis les[159] premiers movemens estoient tous amortis en lui, ce que n'est pas es autres vierges ainsy.

O devotes dames mariees, pucelles, vierges, vesves, josnes et vielles, entendés un paou ce que vous creés, c'est assavoir une grant merveille qui n'ot onques pareille. Parmi la porte close de Ezechiel en la chambre royale de la Vierge Marie, sans noise et sans anuy, le doulx Jhesu, Fil de Dieu et vray Dieu, secretement y entra;[160] et prenant char humaine devenant homme, parfait Dieu et homme, aprés .ix. moys yssy de la chambre sans dolour de sa mere et sans ouvrir la porte au concepvoir. En portant sans dolour ne pesanture, en l'enfanter sans traveil, aprés et pardurablement sa digne serrure et le seau de flourie

---

159. le[s].
160. An explanation of this vision was offered at the first mention in the text.

virginité, le poissant Roy, manant en deité qui tout puet, saintement confourma.

  Nous veons parmi la verriere poissanment entrer le solail et dedens, la ou il fiert, faire de belles euvres. Il donne vie a petites mouchetes et en gouverne les vers en une vielle souche et en la terre aussy ferue et eschaufee du biau ray du solail. Il fait de grans merveilles, et toutefois la belle verriere demeure toute entiere et si passe le solail parmi et rapasse chascun jour sans anuy et sans nulle lesyon. Se le solail donques materiel a tant de force, comme dit est, nulz ne se doit merveillier du Createur du solail se, pour l'amour de nous chestis mais bien eureux, il tresperça doulcement la verriere de nostre humanité par la poissance de sa divinité sans empirer la verriere de la chambre de sa tres doulce mere.[161] Mais

---

161. The analogy of the sunlight passing through glass without breaking it to illustrate the preservation of Mary's virginity in conception and childbirth was by no means Philippe's invention. The doctrine had been expounded by some of the Church Fathers (Lugwig Ott, *Fundamentals of Catholic Dogma,* ed. in English James Canon Bastible, trans. Patrick Lynch, 4th ed. [1960; rpt. Rockford, Ill.: Tan, 1974], 206), among them St. Basil, who used this analogy (*Revelationes S. Birgittae, olim a Card. Turrecremata recognitae a Consalvo Duranto,* rev. ed. [Cologne: Bernardi Gaultheri, 1628], 3 n. The same comment is found in a note in two other early editions of this text: *Revelationes Scta Brigittae, olim a Card. Turrecremata et approbatae a Consalvo Duranto* [Rome: Ludovicum Grignanum, 1628], 3 n; and *Revelationes caelestes seraphicae Matris S. Birgittae suecae, spousae Christi praeelectae, ordinins sponsi sui ss. salvatoris fundatricis* [Munich: Joannis Wagneri and Joannis Hermanni a Gelder, 1680], 3 n). (These sources were made available courtesy of the Burke Library of Union Theological Seminary in the City of New York.) This analogy was much used; e.g., Rutebeuf used it three times (*C'est de Nostre Dame,* AY vv. 37-41; *Les Neuf Joies de Nostre Dame,* AZ 173-76; *Le Miracle de Theophile,* vv. 492-97); the editorial note on these last verses states, "Cette comparaison est des plus répandues aussi bien chez les poètes que dans les écrits théologiques" (Rutebeuf, *Oeuvres complètes,* ed. Edmond Faral and Julia Bastin, 2 vols. [1960; rpt. Paris: Picard, 1969], 2: 197). If Philippe had a direct source, it was probably Bridget of Sweden. At the beginning of her *Revelationes* she reports that Christ explained his miraculous conception and birth by the analogy of the sun shining through precious stones and passing through glass without harming it: "Ob quorum desiderium et iuxta promissionem meam assumpsi carnem sine peccato et concupiscencia ingrediens viscera virginea tamquam sol splendens per lapidem mundissimum. Quia sicut sol vitrum ingrediendo non ledit, sic nec virginitas Virginis in assumpcione humanitatis mee corrupta est" (Sancta Birgitta, *Revelaciones: Book 1 with Magister Mathias' Prologue,* ed. Carl-Gustav Undhagen [Stockholm: Almquist and Wiksells,

comment pot souffrir, soustenir ne recevoir en son palays virginal une tendre josne, /73 vierge et honteuse, la grant lumiere et gloire de la majesté divine du benoit Fil de Dieu en la merveilleuse et saincte Incarnation, a ce respont Gabriel l'arcangle, et saint Bernart l'expose haultement, devotement et singulerement,[162] c'est assavoir du Saint Esperit qui l'euvre fist duquel la vierge fu obombree et remplie toute et avironnee,[163] lequel Saint Esperit estoit du divin mistere le grant maistre d'ostel, onques royne ne empererix en concepvant, en portant, ne en enfantant ne pot avoir ytel.

Je croy fermement que ceste seule royne de virginité, mere et espouse du doulz Jesu, vray Dieu manant en Trinité, confourmee du parfont thresor de vraye humilité, rendoit partout si grant lumiere que de tout pechié et de pensee vilainne la fumiere par un seul doulz regart virginal sans arest elle amortissoit et enchassoit. Les sains dient que la vierge et mere Marie fu la plus belle qui onques fu cree, et, pour l'amirable vertu de sa flourie virginité, quiconques la regardoit par maniere de concupissence et estoit ferus des premiers movemens, il yssoit tantost un merveilleux ray de pureté, de chasteté et de virginité,

---

1977], 1.1 [p. 241]). She again records this image in the passage "qui diffidunt virginem concepisse de deitatis potencia, non attendents, quod hoc michi Deo est facilius quam solem pentrare vitrum" (Sancta Birgitta, *Revelaciones: Book 5*, ed. Birger Bergh [Uppsala: Almquist and Wiksells, 1971], 12.16 [p. 137]), which has been translated by Albert Ryle Kezel as "They distrust that a Virgin conceived through the power of the Godhead because they do not attend to the fact that it is easier for me, God, to do this, than it is for the sun to penetrate glass" (*Birgitta of Sweden: Life and Selected Revelations*, ed. with preface Marguerite Tjader Harris; trans. and notes Albert Ryle Kezel, intro. Tore Nyborg, Classics of Western Spirituality [New York: Paulist P, 1990], 129). Bridget enjoyed considerable renown during her lifetime, and her prophecies were influential from the beginning of the Hundred Years' War through the Joan of Arc period (Deborah Fraioli, "The Literary Image of Joan of Arc: Prior Influences," *Speculum* 56 4 [1981]: 822 n. 50). We know also, however, that Philippe was particularly interested in her from the fact that a book owned by him (Paris, Bibliothèque de l'Arsenal, MS. 1073) contains a copy of the canonization inquiry into her life, ff. 1-10ᵛ, her *Liber caelestis Imperatoris ad reges*, ff. 13-61, and fragments of her *Revelationes* starting with bk. 4 , ff. 63-74ᵛ (*Catalogue des Manuscrits de la Bibliothèque de l'Arsenal*, ed. Henri Martin, vol. 2 [Paris: Plon, 1886], 261).
162. This is a general reference to Bernard *Missus est*, but the phrase "obombree et remplie toute et avironnee" translates Bernard's "Christus in suo secretissimo consilio obumbrando conteget et occultabit" (*Missus est* 4.4).
163. Lk 1: 35. The wording here is drawn from Bernard *Missus est* 4.4 .

qui ne se porroit descripre, des yeux du glorieux viaire de la precieuse
Vierge et tresperçoit la veue et le cuer du regardant, par telle maniere
que la pensee desordenee tantost estoit muee en devocion et doulceur
spirituele et en merveilleuse chasteté.

    O mon tres doulx maistre et recteur, Jehan evangeliste, quelle joye
en l'ame vous aviés en regardant et servant la mere et royne de virginité,
vostre dame et tres amee tante, qui en si grant pitié vous avoit esté
recommandee. Je pense et ymagine que vous, vierge, et Joseph le
viellart, vierge, enluminés de la lumiere susdicte ne l'osastes onques
regarder a plain en son tres doulz viaire ne entre ses deux biaus yeux,
mais comme le bon enfant, ja grant, doubtant et amant sa mere, les yeux
en terre quant elle l'appelle vient par devers lui; ainsy estoit, si comme je
croy, vostre conversation avec lui, et a grant reverence, amour et
doubtance la serviés et estiés repeux tres doulcement de sa saincte
doctrine et des secrés divins dont elle estoit remplie, et ainsy la doulce
lumiere de sa /73ᵛ saincte virginité enluminant vostre ame, en
confourmant en vous l'amour du Fin Rubin occys et vostre virginité.

Cy descript l'aucteur un gracieux example de l'unicorne monstrant la virginité et humilité de la Vierge Marie et la dignité des mariés continens et vierges.

Le .xvij.ᵉ chapitre

    Or entendés un paou mes dames mariees et les autres aussy et tous
devos de la Royne du Ciel, si porrez ouyr la merveilleuse vertu de la
virginité de la doulce Vierge Marie par un example qui est assés
commun, dont il est assavoir que, selonc la description es histoires des
bestes merveilleuses, es contrees devers Inde la Majour l'unicorne se
treuve qui a une grant corne ou front et est une fiere et male beste, car
quiconques est ferus a certes de sa corne il ne puet eschaper et convient
tantost morir; et toutefois qui peut avoir sa corne et en scet bien user elle
vault merveilleusement contre tout venin, si comme de mon tamps
maintefois a esté esprouvé.[164]

---

164. The source of Philippe's interpretation of the legend of the unicorn is not known. It is unlikely, however, that it is his creation. See Joan B. Williamson, "The Lady with the Unicorn and the Mirror," *Reinardus* 3 (1990): 213-25 and plates III. 6-11, 224.

Les gens du paÿs d'Orient doubtent fort l'unicorne et ne porent onques trouver art ne engin pour prendre l'unicorne se n'est par une voye. Il eslisent la plus belle et la plus doulce vierge qui soit en tout le paÿs et metent ceste vierge bien endoctrinee et asseuree de ce qu'elle avera a faire ou lieu la ou l'unicorne volentiers repaire. Ceste belle vierge, vestue d'un habit simple et honneste, toute deschevelee, un miroir en sa main, se siet a terre et atent l'unicorne. Quant l'unicorne vient, qui est grande comme un cheval, et voit la vierge de loings, elle aqueurt fort a lui pour lui hurter de sa corne comme elle a acoustumé a faire aux hommes et aux bestes. Mais quant l'unicorne s'est aprochiee bien pres de la dicte vierge, elle le regarde fort et tantost qu'elle a veu et aperceu son visage et son habit, elle devient si privee a la dicte vierge comme un bel aignelet, laissant toute sa cruaulté, et lors la dicte vierge, asseuree toute, prent en seant son miroir et le montre a l'unicorne. Quant l'unicorne a bien regardé ou miroir et voit sa propre forme, elle cuide que de la vierge ce soit une unicorne ou qu'elle en ait une en son sain; et tantost la dicte /74 unicorne s'agenouille devant la vierge et se couche a terre devant lui et met sa teste a toute sa grant corne en l'escourch ou giron de la tres belle vierge, par telle maniere que la dicte vierge aplanye la dicte unicorne et li manie la teste et la corne a toute sa volenté. Et lors les veneurs du paÿs, qui heent l'unicorne, qui sont embuchié soutilment emprés la vierge, soudainement yssent de l'embuche et de lances tuent l'unicorne sans ce que la vierge ait aucun mal de la dicte unicorne.

  Or entrons doulcement et devotement par la bonté de Dieu en l'exposicion de ceste gracieuse figure qui maintefois a esté recordee et alleguee a l'onneur de la Vierge Marie. Si trouverons clerement de [la virginité de] nostre royne un grant experiment, voire, mais qu'elle par sa grace me veuille inspirer que la dicte figure a sa loenge je le puisse exposer. Ceste unicorne, parlant moralment, estoit Dieu le Pere ou Viel Testament, qui de sa fiere corne de justice rigoreusement hurtoit les grans pecheurs et par especial les[165] orguelleux, avaricieux et luxurieux, et tantost estoient mis a mort.

  Bien hurta fort ceulx de Sodome et de Gomore, le roy Saul, Anthiocus, et la royne d'Israel, Jezabel. Quel merveille! car il avoient les conditions contraires aux conditions de la susdicte vierge que l'unicorne fort amoit. Encores se puet dire que le doulz Jesu estoit la vraie unicorne qui de sa corne--c'est assavoir de la vertu et poissance de sa divinité--par merveilleux examples et saincte doctrine evangelique hurtoit les faulx

---

165. le[s].

Juys qui ne le voloient croire. Il haoient la verité et sa vraye justice et ne savoient trouver art ne engin les faulz Juifs pour avoir en leur poissance l'unicorne, Jesu Crist et mettre le a mort, car a la justice de Dieu et vertu divine il ne pouoient mettre la main ne resister a lui. Il attendirent .v.
5 mille ans, soustenans les grans cops de la corne divine de l'unicorne vielle, c'est la justice de Dieu le Pere, pour leurs villains pechiés. Et finablement, quant il virent que l'unicorne tant s'umilia qu'elle se coucha ou giron d'une vierge de leur nation, il se mistrent pres de lui en embuche pour lui occire et en la fin l'occirrent a leur dampnation, car il
10 ne sorent pas /74ᵛ bien user de la corne de l'unicorne qu'il avoyent occys pour estre gari du fort venin dont ilz estoient entochié.

    Or venons a la virginité de la vierge susdicte, la doulce Vierge Marie, la plus belle et la plus doulce qui onques fu cree. En Nazareth se seoit secretement toute seule en sa chambre, close aux hommes et ouverte
15 a Dieu, estant en l'aage de .xiiij. ans, toute eschevelee, sans parement forain autre que de nature, car elle n'en avoit mestier. Si estoit vestue et aournee d'un vestement [net], simple et honneste, sans autre parement, et si tenoit en sa main, c'est assavoir par tout son corps dedens et dehors, un biau miroir entier de vraye humilité et de souveraine virginité, le plus
20 bel qui onques fu en ce monde. Elle attendoit l'Unicorne, c'est assavoir la grace divine, le benoit Fil de Dieu, endoctrinee et asseuree de tout ce qu'elle avoit a faire.

    Et vecy soudainement la grant Unicorne d'Orrient, le benoit Fil de Dieu, qui ja estoit comme anuyé de ferir le monde de sa corne, s'aprocha
25 a la Vierge Marie. Mais tantost qu'il vit son habit et dedens[166] et dehors, car riens ne li est celé, par lequel habit simple, parlant devotement, se puet entendre doulcement la grande et parfonde humilité de la Vierge Marie, par laquelle principaument l'unicorne s'acosta a lui et devint sa privee comme un doulz aignelet. Mais quant la Vierge Marie monstra
30 lors sans parler ne vanter a celui qui tout veoit le miroir resplendissant, lequel signifioit sa merveilleuse virginité, lors l'Unicorne aprivoisie, mirant soy doulcement ou biau miroir de la virginité de Marie, approvant sa vertu, par son voloir fu prise et se transforma ou miroir en propre fourme d'omme par l'euvre du Saint Esperit. Et lors par la tres grant
35 vertu du miroir, fondé en humilité, le poissant Unicorne par grant amour en un instant s'agenouilla devant la Vierge, et non tant seulement enclina sa teste et sa grant corne divine ou giron de la Vierge Marie, mais tout son corps entierement parfait et petit avec son ame precieuse par milieu

---

166. deden[s].

du miroir entra en la chambre virginale du precieux ventre /75 de la tres
doulce Vierge Marie, sans brisier, empirier ne souillier le resplendissant
miroir en aucune partie, lequel miroir precieux demoura aprés qu'elle ot
receu son hoste plus reluisant se dire se puet que devant. Quel merveille!
car elle portoit en son corps la grant Lumiere du monde,[167] du ciel et de
la terre: nulle obscurté de tenebres de passion charnele, ne fumee aucune
de vilainne pensee ou biau miroir ne s'i oserent onques acoster.

    Il se puet dire hardiement que onques miroir de dame, royne ou
contesse, marquise ou duchesse, vierge ne pucelle ne fu si resplendissant
ne si clerement monstrant les souillures d'autrui qui bien se veut mirer en
la corne divine de nostre precieuse Unicorne tant de fois repetee, c'est
celle corne qui segnefie haulte seignourie et vault contre la mort et contre
tout venin, de laquelle Zacarie en prophetisant disoit, "Dieu a drecié la
corne de salut pour nous en la maison de David son sergent."[168] Ce fu dit
pour Jesu Crist, issu de la maison et lignie de David, c'est de la Vierge
Marie, (o poissant) corne de l'Unicorne, vray salut de nos ames, de
laquelle le prophete dit, "Dieu essaucera la corne de son crist."[169]

    Or prions donques tous ensamble a la belle Vierge, Royne des
vierges, mere et espouse de l'Unicorne debonnaire, que par la vertu et
merite de la grant clarté du biau miroir de sa virginité plongie en la
fontaine de sa parfonde humilité, le doulz Jhesu, la belle Unicorne, par
la priere de sa tres doulce mere, nous veuille ottroyer, c'est assavoir aus
dames mariees et aus hommes aussy, vraye et honeste chasteté conjugale,
c'est loyale ( )[170] chasteté de mariage par laquelle en Paradis il (se) soient
repeu du gracieux fruit trentisme. Encores aux vuesves et continens
veuille[171] ottroyer vraye chasteté de l'ame, netteté de cuer et pureté tres
amee, sans fumee puant a Dieu de vilaine pensee, par laquelle en Paradis
il (se) soient repeu du gracieux fruit soizantisme. Encores aux pucelles[172]
et aux vierges il veuille ottroyer vraye humilité lavee en la fontaine
susdicte, sans aucune fumee cy dessus repetee, par laquelle virginité en
Paradis, sivant le doulz Aignelet partout la ou il yra, elles soient repeues
du /75ᵛ tres doulz fruit centisme.

---

167. Jn 8: 12.
168. Lk 1: 69.
169. Ps 92: 10.
170. *([et]). This addition is erroneous.
171. veuill(i)e.
172. pucelle[s].

Encores est assavoir pour reconforter les dames mariees et les hommes aussy que la grant vertu de continence et la souveraine de virginité, qui tant plaisent a Dieu que escripre ne se porroit plainement, selonc la sentence de saint Bernart[173] et de mon maistre, le glorieux saint
5 Jherome,[174] ne sont pas de pure necessité pour le salut de l'ame, car se elles estoient de necessité tous les mariés seroient dampnés, laquelle chose n'est pas, car le mariage Dieu l'ordena et aux noces d'Archedeclin[175] il l'approuva; et li plaist fort quant les mariés s'entraiment et loyalment maintiennent leur mariage, combien qu'il ne
10 soient pas en si parfait degré comme les vrays continens et les vierges, si comme il appert par la guerdon des fruis cy dessus recités. Et en confortant les mariés, le glorieux saint Jherome dit ainsy, "J'aime les mariés," dit il, "pour ce qu'il nous engendrent les belles vierges."[176] Et pour ce que chascun ne puet pas ensuir la clarté du biau miroir susdit ne
15 estre continent, qui est chose precieuse a l'ame et suer germaine aus angles, especiaument la virginité--qui au jourd'ui peu se treuve--toutefois selonc le dit des dessusdiz docteurs, il est de necessité pure a tous les .iij. estas cy dessus desclairiés que, ensivant a son pouoir chascun en son degré la belle Vierge Marie, tous soient et lavéz et plongiéz en sa belle
20 fontaine de vraye humilité sans laquelle certainement nulz ne puet estre sauvé, comme il appert par la sentence du Fin Rubin en la saincte Evangile. Le doulz Jhesu prist un enfant, lequel fu saint Martial, qui fu apostre de Lymoges et de Gascoingne. Jesu Crist mist l'enfant ou milieu de ses apostres et metant sa main sur la teste de l'enfant dit a ses
25 apostres, "Se vous ne devenés tel comme cestui petit enfant, c'est

---

173. Bernard *Missus est* 1.5.
174. Jerome *Adversus Jovinianum* 1.12 (PL 23: cols. 211-338), This text constitutes an apology of celibacy and a satire on marriage drawn from sources recommending an ideal so different from that of Christian virginity that his friends sought to curtail its diffusion (Jean Gribomont, "Jerome (Saint)," in *Dictionnaire de spiritualité ascétique et mystique, doctrine et histoire,* ed. Viller et al., vol. 8 [Paris: Beauchesne, 1972], 901-18).
175. Jn 2: 1. Although not mentioned in the Gospel, the name Archedeclin (or Architrinculus) was sometimes given, as here, as the name of the bridegroom of the Marriage Feast at Cana. The name arose through a misunderstanding of the fact that the word *architrinculus* is the Latin transcription of the New Testament Greek word for "chief steward." Bernard uses this Latin transcription several times to refer to the wine steward at the Marriage Feast at Cana, but never as a proper name, e.g., *Sermones in Assumptione Beatae Mariae* 6.1 (*Sancti Bernardi Opera,* 5: 228-74).
176. Jerome *Adversus Jovinianum* 1.12.

assavoir simple et vray, humble et debonnaire et doulx comme miel, vous n'entrerés ja ou royaume du Ciel."[177] Dieu par sa saincte grace nous veuille ottroyer cestui fondement de toute vertu, c'est assavoir la vraye humilité par laquelle nous puissons estre sauvé. Et ce souffice grossement de la clarté et lumiere desclairies telement quelement de la virginité flourie du Dyamant, espouse de l'Aignelet, la tres doulce Vierge Marie.

/76 Cy parle l'aucteur du douaire du Fin Dyamant la tres doulce Vierge Marie, et premierement de .iiij. dons et graces qu'elle ot de son doulz Espous en signe de douaire, faisant en ce monde son pelerinage.

Le .xviij.ᵉ chapitre

On voit aucunefois que les filles des grans princes, mariees aux grans roys, par la mort corporele perdent leurs seigneurs et maris, dont elles pleurent assés, et mainent tres grant deuil, et semble qu'elle doyent morir de dolour, ne aucun confort elles ne veulent recevoir; et toutefois en la fin elles se traient a leur douaire et se reconfortent en leur douaire par une doulce memoire de leurs maris et espoulz. Il seroit expedient a nostre devotion de touchier un paou du douaire de nostre royne, mere et vierge, espouse des noces tant de fois proposees. Bien estoit raisonnable que ceste dame, qui tant traveilla et tant ploura pour son tres doulz Espous, conjointe a lui par sacrement de mariage espirituel, fust douee d'un douaire riche et precieux et surmontant tous autres douaires de roynes et de empererix de ce monde, car en verité combien qu'elle ait esté richement assignee de son douaire par son tres doulz Espous Roy des roys, et tout par grace, toutefois de sa part elle l'acheta bien et ne l'ot pas pour nient. Qui considere bien les paines et travaulz, solicitudes et ahans,[178] paours et dolours et larmes sans mesure qu'elle ot pour son filz et Espous .xxxiij. ans de long ou environ et depuis l'Ascencion et souverainement au grant disner des noces, comme cy dessus est largement descript, qui bien comptera tout, il porra bien bon jugement faire que la doulce espouse gaigna bien son douaire.

---

177. Mt 18: 3; Mk 10: 15; Lk 18: 17. *The Golden Legend* does not give the life of St. Martial, so it is difficult to ascertain the source of the connection of the saint with the child in the Gospel.
178. aha(i)ns. Correction of the eastern parasitic *i*.

Et pour ce que cestui precieux douaire de la Royne du Ciel, espouse du Roy de gloire, est de si grant pris que mon povre entendement offusqué et tourblé de pechié et d'umaine fragilité ne le porroit comprendre forsque par seule foy piteuse et doulce contemplation, voire s'il ne m'estoit de lui ou de son doulz filz par grace especial ottroyé, dont je me sens bien lontains /76ᵛ comme a moy appartient, si faut a cestui gros, vilain, rude et simple escripvain de si haulte matere escripre sobrement en rapportant soy aux diz des sains docteurs, qui a leur oppinions n'en pouoient souffissaument escripre. Et toutefois se je ne say bien jouer des orgues portatives pour recorder une joyeuse estampie devant ma dame, recitant son douaire, je me trairay derriere avec ceulx qui meuvent les souffles pour esmouvoir aucun devot de mieux jouer des orgues a la loenge de ma dame que je ne sauroye penser. Tournant a nostre propos, le prophete David le tres saint, en son Psalterion dit ainsy, "Ceulx qui sement en larmes, requellent en exultation, il vont et viennent en plourant, en jetant leur semence, mais en la fin il requeuillent en joye et en liece."[179] Nostre tres doulce royne longuement jeta sa semence, ses bonnes euvres, en larmes et en plours, comme dit est dessus, mais en la fin elle requeuilli le doulz fruit de son douaire a tres grant joye et a tres grant doulceur.

    Or venans a la concordance de l'exposition du douaire selonc la capacité de ma povre devotion. Il m'est avis que nostre doulce mere et espouse de l'Aignelet au mariage tant de fois repeté n'aporta autre chose de sa part que povreté d'esperit, humilité et virginité, lesquelles vertus un biau coulon blanc secretement li avoit presenté, et li demourent touzjours. Mais pour son douaire elle ne fu pas fraudee, car elle receut de son tres doulz Espoulz le Fin Rubin, qui l'avoit faitte et cree telle comme il la voloit, .viij. dons et graces singuleres a autre creature jamais non ottroyees, c'est assavoir .iiij. faisant son peleringe en ce monde et .iiij. ou royaume du Ciel. La prumiere si fu de joye corporele une multiplication. La seconde fu de riches jouyaux pour les noces une especiale consolation. La tierce fu de singuleres vertus une grant habondance et la quarte si fu de beneuretés une doulce souffissance. Et quant aux .iiij. parties et graces du douaire ou royaume du Ciel, la prumiere si fu une riche robe royale, la seconde un noble throne imperial, la tierce fu une couronne de gloire et la quarte si fu .xij. fruis de vie qui li furent /77 presentés de son tres doulz Espous.

---

179. Ps 126: 5-6.

Quant a la premiere partie et grace du douaire de nostre Fin
Dyamant, c'est assavoir des joyes qu'elle ot en terre de son tres doulz
filz et Espoulz, il est assés commun aux devos Crestiens que la mere de
Dieu ot .xv. joyes de son tres doulz enfant, dont la .xv.ᵉ ne fut pas
simplement en ce monde: ce fu a son trepassement quant elle fu
absumpte a la gloire du Ciel. Si se puet dire devotement que en
recompensation des .vij. entremés doloureus doubles qui sont .xiiij.
presentés au doulz Jhesus au grant disner du Rubin, dont elle ploura
mainte larme, son doulz filz et Espous la vault adoulcier en reconfortant
a toutes ses dolours en ce monde par les .xiiij. joyes sustouchies,
lesquelles je passe pour cause de briefté car elles sont communes. Quant
a la seconde partie du douaire, c'est assavoir aux jouyaux pour les noces,
il se puet dire doulcement que en ( )¹⁸⁰ lieu des .vij. entremés doloreus
qui furent presentés aux noces de nostre royne, son doulz Espous lui
donna en jouyaux precieux .vij. dons du Saint Esperit pour lui consoler
en toutes ses tribulations, lesquelz .vij. dons du Saint Esperit Ysaye
desclaire largement en son livre,¹⁸¹ et le doulx Rubin a nostre
ensegnement les recite en l'Evangile.

Quant a la tierce partie du douaire, c'est des singuleres vertus qui
furent ottroyees a nostre Vierge et mere du Roy poissant de gloire, elles
ont esté recitees assés grossement ou chapitre cy dessus du Fin Dyamant,
de ses .iiij. faces, de ses .iiij. quarres et de sa noble pointe trenchant, et
atant pour cause de briefté s'en passera l'escripvain. Et de la quarte
partie aussy du douaire, c'est des .viij. beatitudes ou beneurtés qui furent
ottroyees plainement a nostre doulce royne de son tres doulz Espoulz, car
en elle les dictes beneurtés resplandirent plus par euvre que en creature
pure, qui onques fust nee de mere, les dictes beneurtés pour nostre
ensegnement le doulx Jesu les met en l'Evangile, commensant a povreté
d'esperit.¹⁸² Et ce souffice parlant en gros langage des .iiij. parties du
douaire de nostre doulce royne faisant son corporel pelerinage.

---

180. *(en).
181. Is 11: 1-3.
182. Mt 5: 1-12.

/77ᵛ Des .iiij. dons et graces singuleres que la Vierge Marie reçut ou royaume du Ciel pour souverain douaire de son tres doulz filz et Espous.

Le .xix.ᵉ chapitre

Quant aux .iiij. parties et graces du douaire pardurable dont la Royne du Ciel fu noblement douee, qui est celui homme mortel qui en puest souffissaument ne parler ne escripre? Mais quant a la robe royale dont la mere de Dieu est vestue, saint Jehan l'evangeliste dit en l'Apocalipce que elle est avironnee et vestue du solail, c'est de son tres doulz filz, le Solail de justice.[183] Et comment moy, vil pecheur seant en tenebres, sauroye je deviser ne descripre la grant clarté de ceste robe royale pardurable du Solail de justice, dont la royne mere et vierge est si glorieusement paree? Car elle est assise a la dextre de Dieu sur un throne royal et imperial qui est la seconde partie du douaire, voire assise sur le dit throne en vestement doré, de toutes pars avironnee de flours qui jamais n'en viellistent ne jamais ne perissent, aourné de toutes nobles vertus, le bel et riche throne d'yvoire aourné de pierres precieuses que fist faire Salmon sur lequel il fist seoir sa mere Bersabee--c'estoit propre figure de cestui throne perdurable que le vray Salmon, Roy de pais, le doulx Jesu, appareilla pour sa tres doulce mere et espouse. Elle est assise richement et glorieuseument sur le throne de gloire a la destre de son doulz filz, par dessus tous les degrés des jerarchies des angeles et de tous les sains et sainctes.

Se l'ame d'un sauvé reluist comme le solail, si comme dit l'Escripture,[184] quelle clarté doit rendre la mere du Solail, Createur du solail? Nostre doulce royne et mere de misericorde est si remplie en corps et en ame ensamble glorifiés de la divine lumiere de son tres doulz Espoulz que je pense doulcement que les angeles et archangeles et sains et sainctes se delictent a veoir et gouster la merveilleuse biauté, doulceur, poissance et magesté de la royne, portiere de l'Aignelet occys pour les brebis, par laquelle la porte de Paradis est ouverte a tout venant, Dieu amant.

Mais de la tierce partie du douaire de nostre /78 mere [et] advocate, c'est la couronne de gloire a .xij. estoilles reluisans dont elle est

---

183. Rv 12: 1.
184. Mt 13: 43.

couronnee a la dextre de Dieu,[185] que dirons nous? De ce me tairay je, ou
je escripray ce que je ne scay. Saint Bernart dit que l'exposition de ceste
digne couronne surmonte entierement le sens de l'omme;[186] et pour ce
que je ne suis pas orfevre souffissant pour mettre la main en si riche
couronne, pour mes pechiés et ma pensee immonde, je m'en passeray
briefment pour doubtance de faillir. Toutefois je pense bien que les .xij.
pierres precieuses qui sont nommees en l'Apocalipce, dont la saincte cité
est richement edifiee,[187] et leurs grans vertus aussy par les sages et devos
sont attribuees a .xij. estoilles de la couronne de la doulce royne.

   Encores vient en la pensee de ma povre devocion que le nombre en
l'Escripture de .xij. n'est pas pris sans grant signification: .xij. articles
de la foy, .xij. apostres, .xij. cofins de relief en l'Evangile,[188] .xij.
patriarches filz de Jacob, .xij. lignies d'Israhel peuple de Dieu, .xij. fruis
yssans de la vraye croys triumphant et .xij. fruis de grace espirituele, et,
au present propos, .xij. estoilles en la couronne de nostre doulce royne,
resplendissans merveilleusement.

   Saint Jehan l'evangeliste en l'Apocalipce vit les .xij. lignies
d'Israhel, de chascune .xij. mille signés et sauvés.[189] Ce sont .xij. mille
ames sainctes en Paradis [de] chascune lignie du peuple de la tres doulce
Vierge Marie, desquelles .xij. mille a chascune une estoille de sa
couronne attribuees toutes ensemble, contemplant la grant gloire et la
clarté de la couronne de gloire de leur royne, mere et maistresse. [Les
dictes ames] sont repeues et rassasiees en la biauté et valour de leur
royne et mere, benissant Dieu sans intermission. Qui est celui qui en ce
monde peust descripre a plain la gloire de la Vierge Marie? Saint Paoul
l'apostre dit, parlant de la gloire de Paradis, que "Oeul ne voit, oreille
n'oit, ne en cuer d'omme ne puet entrer la grant gloire que Dieu a
appareillie ou Ciel a ceulx qui l'aiment."[190] Or pensons donques quelle
gloire celle royne a qui par dessus tous plus l'ama. O tres doulce Royne
de gloire, par la grant /78ᵛ clarté de ta couronne, tu nous veuilles[191] de
nos tenebres enluminer et a ton amour attrayre et doulcement tirer, car de

---

185. Bernard *Dominica infra octavam Assumptionis* 7 (*Sancti Bernardi Opera*, 5: 262-74).
186. Ibid.
187. Rv 21: 18-20.
188. An allusion to the miracle of themultiplication of the loaves and the fishes (Mt 14: 17-20).
189. Rv 7: 4-8.
190. 1 Cor 2: 9.
191. veuille[s].

[ta] haulte gloire, bonté et biauté je ne suis pas dignes de parler, combien que de icelle estre aidyé je le desire et doy desirer.

Or venons pour abregier a .xij. fruis, dont la Royne du Ciel et dame du monde en la gloire de Paradis par son doulz filz est doulcement repeue, nourrie et soustenue. Devant le deluge, les hommes et les femmes vivoient de fruis tant seulement et estoient grans et fors et vivoient .vij. cent et .viij. cent ans, mais toutefois en la fin il moroyent.[192] Qui pourra donques estre repeus une fois et par grace des .xij. fruis susdiz aveuc la tres doulce Vierge Marie jamais ne mora et avera pardurable vie.

Nostre doulce royne des noces cy dessus proposees, pour substentation de toute vraye gloire, veant parfaictement son tres doulz (fil) Dieu et filz en sa parfaitte gloire, est rassasiee sans intermission des .xij. fruis de la gloire immortele. Le premier fruit, selonc les docteurs, si est santé sans maladie. Le second jonesse sans vielesse. Le tiers est [estre] saoulé sans anuy. Le quart liberté sans servitude. Le quint biauté sans laidure. Le .vj.ᵉ le corps de l'umilité de la Vierge Marie configuré et transmué en la clarté de son tres doulz Espous. Le .vij.ᵉ [grant] habundance de tous biens sans nulle deffaulte. Le .viij.ᵉ vraye pays sans perturbation. Le .ix.ᵉ toute seurté sans aucune paour. Le .x.ᵉ entiere cognoissance sans aucune ignorance. Le .xj.ᵉ gloire parfaitte sans nulle vergongne. Et le .xij.ᵉ fruit joye pardurable sans nulle tristece. Encores est nostre royne douee de .xij. autres fruis de l'arbre de vie, qui est en milieu de Paradis, desquelz escripre seroit un long traitié.

Ma tres doulce dame, ma tres doulce esperance, je cognois bien que je ne suis pas dignes d'estre repeux avec toy des fruis precieux cy dessus recités. Si te suppli devotement, ma doulce dame, que au mains des petis grains, des pepins de telz doulz fruis qui cheirent et descendent de la table de ma dame, des doulces mains de ta misericorde, une fois /79 pour toutes par grace singulere, tu veuilles saouler ton devot, ce povre et viel pecheur. Or li prions donques tous devotement que par sa doulce priere le doulx Jesus, du grant mistere du douaire de sa tres doulce mere, il nous face participant liéz et joyant. Et ce souffice legierement et grossement du precieux douaire de nostre Fin Dyamant, royne vierge et espouse du Fin Rubin Roy de pardurable gloire.

---

192. mor(r)royent.

Une question que aucuns porroient faire pour quoy cestui livre n'est mieulx intitulés *De la Passion de Jesu Crist* que *Du Sacrement de mariage*, et le response de l'aucteur.

Le .xx.ᵉ chapitre

Comme cestui livre soit intitulé: *Des grans vertus du sacrement de mariage espirituel et pour reconfort des dames mariees et de tout bon Crestien par l'example de la Passion de Jesu Crist et du miroir des dames mariees, la noble marquise de Saluce,* et en cestui traictié soient divisé et desclairié telement quelement .iiij. manieres de sacremens de mariages ou d'alyances espirituelx--c'est assavoir de Dieu a l'ame raisonnable en sa creation, du benoit Fil de Dieu a nostre humanité a l'Incarnation, de Jesu Crist a l'Esglise de Dieu et a sa tres doulce mere, representant nostre mere saincte Eglise, confourmés en sen amere Passion--si comme cy dessus des dessusdiz .iij. sacremens est assés grossement demonstré, et du quart sacrement de mariage espirtuel, qui cy dessoubz par la bonté de Dieu sera desclairié; dont aucuns mondains legierement se pourroient esmerveillier, disans que l'aucteur de cestui livre qui a traictié cy dessus moult prolixement la Passion de Jesu Crist et les dolours de la Vierge Marie et les conditions de l'Esglise par longues figures et manieres[193] de personnages, dont il se pouoit bien passer et non yssir hors des termes de son propos--c'est du sacrement de mariage--car la Passion de Jesu Crist qui est une haulte et grant matere et sacrement de mariage sont deux choses distinctes, et, selonc la prolixité du traictié de la Passion de Jesu Crist en ce livre contenue, cestui livre deveroit mieulx estre intitulé /79ᵛ *De la Passion de Jesu Crist* que *Des sacremens de mariage* selonc l'ymagination d'aucuns.

A laquelle instance et argumens, devotion moyenne et non trop grant soubtilité, se puet respondre assés briefment, toujours avec correction des peres, que cestui gros et rude escripvain, combien qu'il ait pris en cestui livre la matere du sacrement de mariage pour reconforter les dames mariees, toutefois sa devotion et entencion principale estoit et est toujours de venir et par grace au fruit de sacrement de mariage espirituel, si comme de la cause on vient a l'effet, de la matere a la fourme, selonc le philozophe, si comme on traicte souvent de la matere des arbres et de la nature des vignes pour estre saoulé du fruit en la fin. Les phisiciens aussy traictent prolixement de la matere et circunstances de la medicine

---

193. maniere[s].

amere pour finablement obtenir la santé du malade. Le tres doulz fruit
qui yssy du sacrement de mariage du doulz Jesu a nostre mere saincte
Esglise, dont les malades a mort devoient estre repeuz et plainement
garry, ne se pouoit pas bien cognoistre a layes gens, comme il
appartenoit, qui n'eust avant ores et autrefois traittié devotement et
prolixement selonc grace octroyee de la medicine amere dont nostre tres
doulz Medecin, le doulx Jesus, vault estre abuvrés pour nous donner
plaine santé.

    A fin aussy que, selonc la doctrine de saint Piere, selonc nostre
degré nous deussiemmes aussy gouster pour le salut de nos ames
l'amertume de la dicte medicine par une compassion cordiale et memoire
lacrimable; et pour [ce] cestui simple escripvain, es .ij. premiers
sacremens de mariage--c'est assavoir de Dieu a l'ame et du Fil de Dieu a
nostre humanité par sa merveilleuse et saincte Incarnation--n'a pas fait
longue escripture et assés briefment s'en est passés pour ce que la matere
est moult haulte, secrete et soubtille, et n'est pas bien comprenable a
layes gens se n'est par foy, [car] ce que entendement humain sans grace
singulere en puet comprendre se doit desclairier par maistres en theologie
et docteurs de l'Esglise, il fu touchié [comme] /80 cy dessus.

    Mais la confirmation du sacrement de mariage du doulz Jesu a nostre
mere saincte Esglise en son amere Passion pour recognoistre la grant
amour du Seigneur et grace a nous faitte, et aussy la grant difficulté du
doulz fruit obtenir, a ma povre oppinion et petite devotion, on n'en
porroit assés escripre. Les sains docteurs de l'Esglise en escripvant leurs
livres, quant par aucun incident il entroient en la matere de l'amere
medicine susdicte, a tres grant paine il en pouoient issir, je en appelle a
tesmoing saint Augustin, saint Bernart et le venerable Anselme.

L'excusation de l'aucteur de ce qu'il a si prolixement traitié de la Passion de Jesu Crist par une belle figure de Adonay, roy de Jerusalem, et de Sathael, roy de Babilone.

Le .xxj.ᵉ chapitre

    Pour aucune excusation donques de l'aucteur de la prolixe et rude
escripture touchant la Passion du doulz Aignelet occys--et yssant
aucunement hors du mistere du sacrement de mariage selonc
l'ymagination par aventure d'aucuns--et pour rafreschir aussy le doulx
fruit qui de la dicte Passion venant a nous yssi par une petite figure cy
desoulx recitee, l'escripvain se porra excuser ou mieulx satisfaire a

l'instance et s'entention desclairier. Saint Augustin, en son Livre de la
Cité de Dieu,[194] prent sa matere et tout son fondement de son livre sur
.ij. roys et sur .ij. cités, c'est assavoir le roy de Jerusalem et le roy de
Babilone, et, toutefois, ou dit livre il traitte mainte matere soutile,
grande et estrange pour venir au propos des .ij. cités et roys dessusdiz;
et, nientmains, il sambleroit de prime face a aucuns que les dictes
materes fussent hors des termes du propos principal, combien que le
glorieux docteur merveilleusement et demonstrativement les saiche bien
ramener a son propos empris.

Et pour venir briefment a la figure ou similitude, parlant moralment,
il est assavoir qu'il fu jadis es temps prumiers un roy en Jerusalem en
Surrie, appellé Adonay, et un roy de Babilone la grant en Caldee, /80ᵛ
appellé Sathael, entre lesquelz avoit grant guerre et la plus grant qui
onques fut en ce monde. Or avint en procés de la guerre que, entre les
prisonniers sans nombre que du royaume de Jerusalem estoient menés en
Babilone, le roy Sathael fist une chevauchie en personne et chevaucha
devant la cité de Jherusalem, a laquelle envaye, entre les [autres]
prisonniers qui furent pris, le roy Sathael prist .ij. josnes hommes freres,
qui legierement et malavisé estoient yssu de la cité de Jerusalem, et les
mena le roy Sathael prisonniers en Babilone. Ces .ij. josnes hommes
prisonniers estoient de grant apparance et tres biaux de corps, dont l'un
avoit nom Infortuné et l'autre Reparé; et estoient enfans d'une dame,
gentil femme du royaume de Jherusalem qui avoit nom Barsabee
thresoriere, car elle estoit grant thresoriere de Adonay roy de Jerusalem.

Avint que ceste dame thresoriere se traveilla fort pour racheter ses
.ij. filz prisonniers, mais le roy Sathael estoit si cruaulx et si tres
orgueilleux que de rendre les diz prisonniers il n'en vouloit oïr parler,
dont Barsabee la mere des .ij. enfans en procés de temps prist si grant
deul et si grant melencolie que briefment elle perdy le sens et devint
enflee, malade, layde et soullie, qui devant avoit esté des plus [belles]
qui fussent du royaume de Jherusalem. Maint traictié ot par les amis de
la dame thresoriere pour trouver voye de racheter ses .ij. filz, et maint

---

194. Philippe gives Augustine's *De civitate Dei* as his source. However, Elie
Goleniſtcheff-Koutouzoff, while pointing out that the opposition of Jerusalem the
blessed and Babylon the cursed is frequently made by Augustine, could not find
Philippe's story in Augustine's work in any of the editions that he consulted,
including the PL 41: cols. 13-804 (*Etude*, 21-22). Goleniſtcheff-Koutouzoff
suggests that this legend is probably Manichean in origin and that Philippe may
have found it in a MS. containing intercalations.

consille en fu tenu des philozophes, des poetes et d'astronomiens, de grans clers en droit divin et civil, et de sages phisiciens. Mais riens ne valoit chose que on y seust dire, car Adonay, roy de Jherusalem, combien que la thresoriere et ses .ij. filz fussent ses subgés, il ne vouloit pas aidier a la volenté des amis; et le roy Sathael se tenoit plus royde, emprenant touzjours prisonniers et acroissant sa seignourie.

    Dont il avint que en la fin du consille dessusdit, vint un josne bergier appellé Mainfort,[195] de la maignie de Barsabee la thresoriere. Cestui josne bergier avoit acoustumé de garder les brebis de son pere ou desert de Bethleem, et ne savoit autre /81 mestier forsque tant que en gardant ses brebis diligamment selonc leur gouvernement il cognoissoit les mutations du tamps a venir et savoit quant il devoit plouvoir ou venter ou faire biau tamps ou laist. Et tant aprist ou desert gardant ses brebis qu'il ot l'esperit de prophesie, et fu secretement enoins comme roy ou prophete par un viel prestre de Ramatha.[196]

    Le josne bergier Mainfort, qui pour son povre habit et pour son josne aage ne sambloit pas trop saige, a haulte voix et moult discretement dit aux grans clers dessusdiz, amis de la thresoriere sa dame, "Seigneurs," dit il, "or m'entendés. J'ay tant apris ou desert en gardant mes brebis que je vous prophetiseray une voie par laquelle les deux enfans prisonniers seront delivrés et en leur franche baillie, et madame la thresoriere sera plainement garie. C'est assavoir que se nostre roy de Jerusalem, Adonay, pour l'amour de ses subgés prisonniers vausist tant faire et sa magesté tant abaissier qu'il vausist prendre a espouse la mere aux deux enfans, Barsabee ma dame, tantot il seroient delivré de prison; et ce say je de vray," dit le bergier, "par esperit de prophesie. La chose est grande et forte a faire," dit Mainfort le bergier, "et si say bien que de ce nulz des amis de ma dame au roy Adonay n'en oseroit mot sonner. Mais," dit Mainfort, "je cognois .iij. grans dames de grant auctorité et bien privees du roy par lesquelles, s'i leur plaisoit a promovoir la besongne, nous averiesmes nostre entente.

    "Pour donner cognoissance des .iij. dames susdictes," [dit Mainfort], "l'aisnee est vestue d'une cote toute d'or resplendissant

---

195. Golenistcheff-Koutouzoff notes (*Etude,* 22) that Augustine gives David's surname as *Manu fortis* in *Contra Faustum Manichaeum* 22. 87 (PL 42: col. 458; CSEL 25.1: 691).

196. In this account it is the old priest of Ramatha who secretly anointed David king and prophet in the desert. In the Bible, however, David was anointed king by the men of Judah (2 Sam 2: 4).

comme biau feu ardant, si belle, si doulce et si gracieuse que la valeur de lui ne se porroit descripre. Ceste noble dame a nom Doulce Amour et porte en sa main destre une grant fiole d'un fin balais, toute plaine de fine liquour pour garir toute dolour. La seconde dame est vestue d'une robe faite et entaillie toute de belles flours de diverses colours et porte en sa main destre une fiole d'un fin saphir oriental, remplie de liquour pour /81ᵛ garir [de] tout venin mortel, et a nom madame Allegresse.[197] La tierce dame est vestue d'une robe joyeuse toute verde, fort reluisant, et porte en sa main une fiole d'une esmeraude fine, remplie d'une tres precieuse liquour qui restraint et refroide toute charnel amour."

Quant Mainfort le josne bergier ot finé toute sa raison et donné le conseil des .iij. dames susdictes, les amis de Barsabee la thresoriere orent grant joye et se esmerveillerent fort de la belle eloquence du bergier et de sa grant sapience, mais il ne scavoient trouver la practique de trouver les .iij. dames susdictes. Lors Mainfort [le] bergier en presence de tous s'assist a terre, et, pour reconforter les amis de sa dame la thresoriere, il prist une citole de cent et .l. cordes qui li pendoient a sa destre et commensa a jouer de la dicte citole et chanter tout ensemble une gracieuse chanson, prophetisant la delivrance de l'Infortuné et de Reparé son frere, faisant de son instrument et de son chant ensemble une tres belle armonie par telle maniere que de grant joye les plus sages du conseil loerent Dieu, approuvant la science et la bonté de Mainfort le bergier. Quant il ot joué de la citole ou psalterion et finé sa chanson, il dit aux assistens, "Seigneurs," dit il, "je cognois bien que vous estes a meschief et suspens pour trouver les .iij. dames que je vous ay anoncies[198] et, pour la reverence de ma dame et pour l'amour des prisonniers, je, qui ay donné le conseil, a toute ma citole yray devers les dames, car je scay bien la ou je les trouveray, et de par vous en jouant de mon psalterion devant elles je feray le message."

Pour abregier la figure, Mainfort le bergier, a toute sa panetiere, en laquelle avoit .v. pierres et une piece de pain blanc, sa houlete en sa main, se parti du conseil et fist tant par bien jouer de son psalterion qu'il trouva les .iij. dames en l'oratoire de Adonay, roy de Jerusalem. Et par maniere de supplication tant joua devant les dames de sa gracieuse citole que elles li accorderent sa requeste, c'est assavoir que elles feroient tant que Adonay le roy, pour delivrer les .ij. /82 freres prisonniers et pour

---

197. Alleg(e)resse.
198. anoncie(e)s. Transformation of the Francien feminine plural past participle into the Picard form.

garir leur mere, Barsabee la thresoriere, il abaisseroit tant sa magesté royale qu'il la prendroit pour espouse. Et pour non dilater ne estendre prolixement ceste gracieuse figure, a la requeste et pourchas des .iij. dames gracieuses dessusdictes, le roy Adonay prist pour espouse sa subgete Barsabee sa thresoriere.

 Et fu cestui mariage de si grande vertu de la part du roy Adonay que tantost [que] les noces furent complies en un moment Barsabee revint en son sens, et de toutes ses maladies, laidures et souillures elle fu plainement garie, et devint la plus belle qui fust desoubz le ciel. Et que plus est, tantost que les noces furent celebrees, le roy de Babilone, Sathael, le senti et chay de mauvais mal par telle maniere qu'il perdi sa puissance premiere, et sa prison fu soudainement brisie, et les .ij. freres prisonniers Reparé et Infortuné se trouverent delivrés de prison et en leur franche liberté et vindrent a grant joye a la court du roy Adonay pour lui regracier de leur delivrance et servir a leur tres chiere mere, la thresoriere, qui ot si grant joye de la delivrance de ses enfans et de sa merveilleuse garison et de la grace que Adonay, le roy de Jerusalem, son seigneur et espous, lui avoit fait, que escripre ne se porroit. Et ce souffice briefment de la description de la dicte figure pour abregier et venir a l'exposition.

L'exposition a la lettre de la figure proposee de Adonay, roy de Jherusalem, et de Sathael, roy de Babilone.

Le .xxij.ᵉ chapitre

 Dont il est assavoir pour l'exposition d'icelle que par les .ij. roys et .ij. cités souventefois repetees, Jerusalem et Babilone, saint Augustin n'entent autre chose pour fondement de son livre que Jesu Crist, Roy de Jerusalem la souveraine, c'est Paradis; et Lucifer, roy de Babilone, c'est assavoir roy d'Enfer, pour lesquelz sont pris en ceste figure Adonay, roy de Jerusalem, et Sathael, roy de Babilone, si comme il appert clerement par l'exposition de leurs noms. Adonay vault autant a dire comme le seigneur rempli de suavité et de doulceur et est le nom de Dieu en hebrieu. /82ᵛ Sathael vaut autant a dire comme transgressour et adversaire a verité. Par Barsabee, selonc l'exposition des sains docteurs, est entendu nostre mere saincte Eglise, car Barsabee vault autant a dire comme septiesme puis rempli en grant habondance des .vij. dons du Saint Esperit, des .vij. sacremens de l'Esglise dont elle est thresoriere de Jesu Crist Adonay, departant [doulcement] a ses enfans comme mere les grans graces espiritueles du grant thresor de Adonay, son Seigneur et Espous, qu'elle a en garde; et pour ce est elle appellee en la figure thresoriere.

Par les .ij. enfans Infortuné et Reparé, prisonniers, lors assés convenablement puent estre entendu .ij. personnes humaines, l'une esleue et l'autre reprouvee, l'une sauvee et l'autre dampnee, si comme de Jacob et d'Esau et ou Viel Testament et ou Nouvel, .ij. freres, l'un bon et l'autre mauvais. Par le josne bergier qui avoit gardé les brebis de son pere ou desert de Bethleem se puet entendre David le prophete qui garda les brebis de son pere Ysay ou desert de Bethleem, et fu enoins et sacrés en roy et en prophete par le viel prestre de Ramatha, c'est assavoir par le saint prophete Samuel qui par le commandement de Dieu sacra et enoint David bergier pour roy du peuple d'Israel en lieu de Saul, roy orgueilleux et reprové de Dieu.[199]

Par la citole ou psalterion de cent et .l. cordes dont David le bergier jouoit puet estre entendu a la lettre le Sautier de David qui a cent et .l. Siaumes toutes prophetisans de la poissance et gloire et loenges de Dieu, du sacrement de mariage entre Jesu Crist et nostre mere saincte Eglise. Duquel salterion de cent et .l. cordes--c'est du Psaultier--saint Bernart dit que le Psaultier est de si grant vertu qu'il comprent espirituelment la substance de tous les livres divins de la saincte Escripture par sentences et prophesies, car il comprent l'avenement de Jesu Crist premier en ce monde par sa Nativité, et son advenement second au Jour du Jugement, l'Incarnation de lui, sa Passion, sa Resurexion et son Ascension, la gloire des sains et le tourment des dampnés, et briefment tout le gouvernement de ce monde; et tout ce que /83 mestier fait a toute ame devote pour son sauvement le Sautier comprent en prophesies. Et dit saint Bernart que la personne devote sans lui occuper en divers livres puet trouver ou Sautier tous les jours de sa vie ce que li fait mestier pour le sauvement de son ame, non laissant pour ce la saincte doctrine de l'Esglise de Dieu.[200]

Et pour ce, vous mes dames mariees et autres aussy, qui savés lire le Sautier, amés le bien, et aprés vos heures, pour eschuer la crasse dame l'Endormie, en lieu d'un virelay pensés de ruminer les biaus vers du Sautier. Par la panetiere du bergier, en laquelle estoient .v. pierres et la piece de pain blanc, se puet entendre l'ame crestienne qui contient en lui par vraye foy catholique .v. pierres desquelles l'edifice du salut de l'ame

---

199. David was later made king of Israel (2 Sm 5: 1-3).
200. This material is not in Bernard.

est fondé, c'est assavoir de Jesu Crist l'Incarnation, la Nativité, la
Passion, la Resurection et l'Ascencion. Mais par le pain blanc est
entendu le Pain de Vie ou saint Sacrement de l'autel dont l'ame
crestienne est en l'Esglise repeue et soustenue. Encores par la houlete,
dont le fer a la fourme en painture d'une lance, se puet entendre la lance
et le fer dont le precieux costé de nostre doulz Sauveur fu percié.
Encores se puet entendre par la houlete le baston du bergier David dont
il occist l'ours et le lyon ou desert qui vouloient mengier ses brebis,
David representant le doulz Jesu, qui, par le baston de lance susdicte et
le boys de la saincte vraye crois, occist l'ours et le lyon infernal en
rachetant et en gardant ses ouailles.

    Encores (en) fu dit en la figure que le josne bergier avoit a nom
Mainfort. David, selonc l'interpretation des sains docteurs, vault autant a
dire comme main forte, et selonc ceste interpretation assés
raisonnablement lui a esté mis le nom de Mainfort. Quant aux .iij. dames
susdictes, par la premiere, la plus belle qui estoit vestue du feu ardant et
tenoit la fiole d'un balais, se puet entendre la doulce charité, la doulce
amour ardant de Jesu Crist. Par la seconde, qui estoit vestue de diverses
flours et tenoit la fiole d'un saphir, se puet entendre vraye pais, qui est
toute flourie. Et par la tierce, qui /83ᵛ estoit vestue de vert reluisant et
tenoit la fiole d'une esmeraude, se puet entendre la foy, misericorde et
chasteté.

**La concordance de la susdicte figure ramenee au propos de la matere
emprise, c'est assavoir du mariage et des noces figurees tantefois
repetees et de nostre redemption.**

Le .xxiij.ᵉ chapitre

    Aprés ceste exposition briefve de la figure venons a la concordance.
La guerre estoit forte entre Adonay Dieu, roy de Jerusalem, et Sathael
Lucifer, roy de Babiloine. Sathael fist une chevauchie en personne
devant Jerusalem et trouva Adam et Eve, qui folement et malaviziéz
estoient yssus de Jerusalem et chassiéz hors pour leur pechié, et les mena
prisonniers en Babilone, c'est en Enfer. Adam et Eve representent les .ij.
freres yssus de leur generation, c'est assavoir l'Infortuné et le Reparé,
enfans de Barsabee, Esglise de Dieu, pour laquelle prise, mais pour le
pechié, Barsabee--c'est l'Esglise--perdi le sens. Ce fu la sinagoge des
Juifs qui perdi le sens de l'entendement de la loy de Dieu baillie par

Moyses, tenant soy a l'escorce,[201] comme il est desclairié cy dessus ou chapitre de l'esglise des Juifs--et si devint enflee par orgueil, layde, orde et soulie, qui se puet dire de l'esglise des Payens, comme il est dit cy dessus largement.

Les amis de Barsabee--c'est de l'Esglise, c'est assavoir les sains prophetes et patriarches--ne pouoient trouver remede de delivrer les prisonniers freres qui estoient ou limbe quant le bergier vint au conseil-- c'est assavoir David le prophete--qui prophetisa plus de la delivrance des prisonniers, c'est de l'umaine generation, et de la santé et reparation de l'Esglise, et du sacrement aussy du mariage de Jesu Crist a l'Esglise, et des .iij. dames, et de tout ce qui appartient a nostre redemption que nul autre prophete quelconque ne fist onques. Et pour ce il donna le conseil, et joua de sa harpe et de sa citole et de son psalterion, et tant que en ses prophesies il fu comme moyen du mariage de Adonay, Roy de gloire, le doulz Jhesu, et de la doulce Vierge Marie, sa fille, sa dame et sa maistresse, representant Barsabee /84 la thresoriere, nostre mere saincte Esglise, comme ou chapitre du mariage de Marie cy dessus est largement desclairié et [aussy] par le moien des .iij. dames cy dessus devisees, Charité, Pais et Misericorde.

Dont il avint que aux noces du mariage susdit, Charité du liquour de sa fiole du balais, c'est assavoir du precieux sang de Adonay Jesu Crist, fist un emplastre et le mist sur la teste de Barsabee, l'Esglise nostre mere, et tantost son sens li revint trop plus vif que devant, et devint ardant en amour de son tres doulz Espous. Et madame Pais du liquour de sa fiole du saphir refist un emplastre, et le mist sur le cuer de Barsabee, et li osta toute l'enflure dont elle estoit enflee d'orgueil, et tout le venin aussy de son corps, car le saphir especialment vault contre enflure et maladies de venin, et devint tres belle et paree de belles flours, de pais et de vertu sans nombre. Au derrain, madame la doulce Misericorde, remplie de vraye foy de la liquour de sa fiole, la belle esmeraude, li fist un emplastre dont elle le couvri toute du pié jusques sur la teste, et fu baignie ou flun Jourdain et garrie de sa laidure et de [sa] souillure, c'est assavoir que tous ses pechiés li furent pardonnés et demoura vestue et aournee d'un vestement joyeux et vert, confortant la veue de l'ame et demourant vierge, nette et pure.

Encores fu dit que par la vertu du mariage Sathael Lucifer, roy de Babiloine, chay de mauvais mal dont ainque puis ne se pot relever et

---

201. Literally the cortex, but here indicating the letter, as opposed to the spirit, of the law.

perdi sa premiere seignourie. C'est assavoir que avant le mariage tous ceulx qui moroient il convenoit qu'il fussent en sa prison, comme il fu dit de Jeroboham plus largement. Comment la prison du roy de Babilone, Sathael, en un moment fu brisie, Adonay dist en l'Evangile au Juifs, "Se je seray eslevés de la terre je trairay toutes choses[202] a moy."[203] La pierre d'aymant par sa nature attrait le fer a lui; et nostre doulz Jesus Adonay, eslevés de la terre et essaucés en hault es noces de Barsabee, et de lui attrait si fort le fer a lui que en un moment les portes de cuivre et les grans verroux de fer de la prison du roy de Babiloine attrayant il derompi, si comme le psalmiste l'avoit prophetisé; et sans contredit /84ᵛ les filz de Barsabee de la prison yssirent franchement.

    Or sont delivrés les prisonniers qui longuement avoient languy en la prison de Sathael et sont revenuz a la cour du roy Adonay et de la royne Barsabee leur mere. Quant elle vit ses .ij. filz delivréz, l'Infortuné et le Reparé, qui representoient en l'Esglise le bon et le mauvais--c'est assavoir par l'Infortuné le mauvais, l'ingrat et le mescognoissant, et par le Reparé le bon et juste vray filz de l'Esglise--la dame de sa part ot grant joye. Et comme il est acoustumé en ce monde que quant aucun a esté longuement prisonnier en estrange contree et il revient a sa mere delivrés de prison, sa mere a tres grant joye li demande de son estat avenu et comment il s'est portés en la prison et des circunstances, par samblable maniere, parlant moralment, la royne Barsabee--c'est nostre mere saincte Esglise--par maniere de examen appella ses .ij. filz en presence de ses amis et leur demanda de leur estat. Et pour ce que l'Infortuné estoit l'ainsné et representoit par euvre son pere Lucifer, il respondi premier et dit a sa mere sans reverence et orguilleusement et par maniere de desdain, "Dame," dit il, "que volés vous que je vous die? J'ay esté longuement en prison et je suis deliveréz. Puis que je suis en ma franche liberté il est tamps que je soye bien aise en ce monde et que je face mes volentés." Quant Barsabee ouy son fil elle ot au cuer grant desplaisir, et en lui chastiant lui dist, "Biau filz, gardés vous d'ingratitude," et pluseurs autres bons ensengemens lui ensengna, mais l'Infortuné ne dit mot et demoura obstiné et en l'indignation du roy Adonay.

    Barsabee appella lors son fil Reparé [et comme dessus li demanda de son estat, lequel Reparé,] qui representoit les esleux filz d'Adam et de Eve qui ont esté rachaté du sang du roy Adonay, et de cuer, de bouche et

---

202. chose[s].
203. Jn 12: 32.

de mains le recognoissent, par un biau sermon long et bien ordené et non
pas sans larmes de joye, Reparé recorda tous les meschiés qu'il avoit
souffert en la prison et recognut ses pechiés et les pechiés de son pere
Adam et la grant [grace] qu'il avoit receue de Adonay, roy de Jerusalem,
et les graces que sa mere avoit receu de lui et les paines et travaulx que le
roy Adonay aus noces souvent repetees avoit /85 souffert pour sa mere et
pour lui. Et, en regraciant au roy de tant de graces et de bienfais, Reparé
ne savoit, ne pouoit et ne voloit mettre fin a son sermon, et tant dit et
prescha les graces et la bonté du roy qu'il donna a sa mere parfaicte joye
et a tous ses amis, et demoura comme bon et vray filz de Barsabee sa
mere, en grant grace du roy Adonay, son roy, son Dieu, son seigneur et
son pere, en confirmant la saincte Escripture qui dist ainsy, "Il ne soufist
mie tant seulement de croire en la foy et taire soy." Mais il faut selonc le
dit de l'apostre croire en son cuer a justice et de bouche confesser
plainement a salut.[204] Et ce souffice de la figure proposee et de
l'exposition telle quelle.

Or prions donques devotement au roy Adonay, qui tant se vault humilier
que de prendre nostre mere Barsabee pour espouse, qu'il nous doint
vraye cognoissance du biau fruit de cestui sacrement de mariage et de
nostre gracieuse delivrance de la prison de Sathael, roy de Babiloine.

**L'entencion principale touchant a toute ame devote pour quoy
l'aucteur a si prolixement entremelliee la Passion de l'Aignelet occys
et les dolours de sa tres doulce mere en cestui livre intitulé *Du
Sacrement de mariage*.**

Le .xxiiij.ᵉ chapitre

Or venons a l'excusation ou mieulx dire declaration de l'entencion
de cestui rude escripvain, c'est assavoir de ce qu'il a si prolixement
traictié de la Passion du doulz Aignelet occys et des dolours et tristesses
de sa tres doulce mere, yssant des termes de son propos--c'est assavoir
des sacremens de mariage--voire selonc l'oppinion par aventure
d'aucuns, dont il est assavoir qu'il se dit en proverbe, "Biau se chastie
qui par autrui se chastie." Chascun scet que de .ij. parties il fait toujours
[bon] eslire la plus saine partie. A nostre franche liberté le bien et le mal
sont presenté, et se dit on communement, "Qui le bien voit et le mal
prent il se folie a ensient." Cestui povre et viel escripvain, avec les

---

204. Rom 10: 9.

povres vielletes catholiques, en la balance de son petit entendment a
maintefois et par grace pesé et consideré la male response de l'Infortuné
cy dessus desclairie, et quant il li souvient de la bonté de son frere
Reparé et de son /85ᵛ tres bel et long sermon, maintefois y a pris grant
consolation, quel merveille! car il [se] sent, par foy et esperance en
Dieu, reparé et delivré par grace et sans sa desserte de la prison du roy
Sathael par le debonnaire roy Adonay, qui a pris a espouse et garie
plainement sa tres chiere mere Barsabee.

    Qui est celui donques qui fera taire le solitaire qu'il ne doye
anuncier, recorder et prescher a haulte vois la bonté, souffrance et
Passion du Fin Rubin Adonay, qu'il a souffert aus noces du mariage cy
dessus proposees pour lui et pour ses freres, les pierres fendirent ou
mont de Calvaire et l'anuncerent? Et Reparé le povre escripvain se taira
ne plaise a Dieu. Le prophete David qui s'atendoit d'estre reparé fait un
grant et long sermon des[205] justifications de Dieu a avenir, c'est assavoir
de la tres saincte Passion du Fil de Dieu Jesu Crist, par laquelle Passion
il justifie les vrays filz de son espouse Barsabee et commence le prophete
parlant de la justification susdicte a nostre propos a "*beati
immaculati*"[206] jusques "*ad dominum cum tribularer,*"[207] qui sont .xv.
Psiaulmes,[208] .xv. degrees de justifications des hommes par le moyen du
grant disner des noces en ce livre souventefois repetees.

    Le sel dont on sale les viandes en l'Escripture est pris pour
discretion et pour assavourer toutes choses, selonc le dit de Jesu Crist.
En l'Esvangile, en toutes escriptures et livres catholiques, se le sel, qui
est amer--c'est assavoir l'amere Passion de Adonay--ne s'i treuve,
certainement les dictes escriptures n'averont ja bonne savour; et saint
Bernart en toute escripture dit, "Se je n'y treuve Jhesu, voire cruxifié, je
n'y pren point de gout ne de savour."[209] Saint Augustin dit aussy qu'il ne
trouva onques si bon remede ne si prest en toutes tribulations et par
especial contre la temptation charnele que la memoire continuele et
recordation de la Passion de Jesu Crist et de ses dignes playes, par

---

205. de[s].
206. Ps 119.
207. Ps 120.
208. The numbering of the psalms presents difficulties. Ps 119 is 118 Vulg., Ps 120 is 119 Vulg., but they are still contiguous. Either Philippe is referring to a text where these long psalms were subdivided to make fifteen, or he is referring to an Order of Hours (probably of the Celestines) with a different ordering from that of our Vulgate.
209. Bernard *Sermones super Cantica Canticorum* 15.3.6.

laquelle recordation toutes choses contraires et mal esmueues sont
apaisiees. Saint Grigoire, saint Ambrose, et mon maistre, le glorieux
saint Jherome, et les autres sains docteurs de l'Esglise ce meismes /86
dient en diverses sentences et auctorités catholiques.
    Et que du doulz Jhesu et de sa tres amere Passion nous soit
necessaire souvent la recordation, si comme le poulz ferant ou bras est
necessaire a la vie de l'omme et le foye et le pomon, un tres devot
docteur, appellé Bonaventure, bien le nous ensengne, parlant a Dieu en
sa contemplation, qui dit ainsy: "O doulx Jesu, veuilles player mon cuer
de tes ameres playes, et de ton precieux sang veuilles enyvrer ma pensee
afin que en quelconque lieu que je me trouveray que je te voye toujours
cruxifié, et tout ce que je verray il me doye apparoir taint en vermail de
ton precieux sang, et ainsy je soye entierement tous entendans a toy,
nulle aultre chose je ne puisse trouver forsque toy et contempler tes
playes, et ce me soit grant consolation, mon doulz Seigneur, de morir
avec toy par grant consolation, ne jamays mon cuer ne puisse reposer
sans toy, car mal [me] seroit et vie me faudroit et ne pouroye durer."[210]
Et ce dez diz Bonaventure.
    Et pour conclusion briefve de ceste devote oppinion, c'est assavoir
que en tous estas, dis, fays et escrips nous doyons avoir la Passion de
Jesu Crist habituelment en memoire, saint Paoul l'apostre nous dit ainsy,
"Repensés," dit il, "c'est a dire pensés et repensés sans intermission celui
qui telle contradiction en lui meismes a volu soustenir par les
pecheurs,[211] afin," dit saint Paoul, "que en vos ames et pensees vous ne
soyés traveilliés, deffaillans en la foy s'il vous avient aucune
tribulation."[212] Se donques cestui viel escripvain, grossement comme
l'asne qui passa sur le psalterion et l'ouy sonner et dist qu'il en scavoit

---

210. While the source of this prayer has not been found, the ideas it contains are
in keeping with Bonaventure's devotion to the Passion of Christ, as expressed in
his writings, e.g., in his *Lignum vitae* (*The Tree of Life,* in *The Soul's Journey
into God: The Tree of Life: The Life of St. Francis,* trans. and intro. Ewert
Cousins [New York: Paulist P, 1978], 117-75). See also Ewert H. Cousins,
Bonaventure and the Coincidence of Opposites (Chicago: Franciscan Herald P,
1978), 76, 119; and E. Longpré, "Bonaventure (Saint)," in *Dictionnaire de
spiritualité ascétique et mystique, doctrine et histoire,* ed. Viller et al., vol. 1,
cols. 1768-843, particularly col. 1803.
211. 1 Thes 5: 17.
212. Mt 26: 41; Mk 14: 38; Lk 22: 46.

jouer,[213] ensivant a son pouoir et a sa povre devotion, le maisné fil de
Barsabee, Reparé--et non tant seulement lui mais tant de sains docteurs
reparés qui sont cy dessus recités, lesquels ne se pouoient saouler de
preschier, dire, lirre et escripre la grant amour et le martire que Adonay,
5 Roy de gloire, pour nous souffri--le dit escripvain a en cestui livre
prolixement et grossement traittié non pas par maniere d'incidence mais
par vraye existence et vraye confirmation du sacrement de mariage, c'est
assavoir /86ᵛ l'amere Passion du doulz Jhesu qu'il souffri pour nostre
redemption et la dolour aussy de sa tres doulce mere, qui est a ses devos
10 une piteuse matere, nulz n'en doye donques prendre merveille, car ce
faisant doulcement il resveille les dames mariees et tout bon Crestien,
representant a eulx le loyen et la vertu du mariage de la saincte Passion
dont il averont redemption; car le sacrement de mariage de Dieu a l'ame
raisonnable, du Fil de Dieu a nostre humanité en l'Incarnation, de Jesu
15 Crist a l'Esglise, et l'omme aussy a la femme n'eussent point pourfité au
sauvement des ames se la glorieuse Passion de Jesu Crist n'eust esté
moyenne et cause efficient, parlant toujours a la correction des sains
peres catholiques.

    Et combien que cestui viel solitaire escripvain ne sache pas bien
20 jouer devant le doulx Jesu et sa tres doulce mere du psalterion a cent et
.l. cordes ne les doulx instrumens avec les sains reparés cy dessus
recités, toutefois par grace singulere, avec les petis menestrés il a joué
comme il scet et jouera d'une grosse flaute d'un bergier rudement devant
son Seigneur et par grace en faisant son mestier. Et ce souffice de
25 l'excusation de l'escripvain quant a l'instance proposee. Or prions
donques devotement que de l'amere Passion et souffrance du doulz Jhesu
la saincte memoire nous soit pour pain, pour vin et pour toute
substentation et en la fin vraye gloire. Amen.

---

213. Emile Mâle points out that Phraedrus's fable of the donkey and the lyre
was probably best known to the Middle Ages from Boethius's *De consolatione
philosophae* (*The Twelfth Century: A Study of the Origins of Medieval
Iconography*, ed. Harry Bober, vol. 1 of *Religious Art in France*, trans. by
Marthiel Mathews from *L'Art religieux du XIIᵉ siècle en France: Etude sur
l'origine de l'iconographie du moyen âge*, rev. ed. [Paris: Armand Colin, 1953],
Bollingen Series XC-1 [Princeton: Princeton UP, 1978], 340 and n. 95). Stephen
Lanier (Sarah Lawrence College, New York) graciously pointed out this
reference as well as an article by Helen Adolf, "The Ass and the Harp,"
Speculum 25 (1950): 49-57. See also François Garnier, *L'Ane à la lyre, sottisier
d'iconographie médiévale* (Paris: Le Léopard d'Or, 1988), and *Thesaurus
iconographique* (Paris: Le Léopard d'Or, 1984).

Comment la doulce memoire de la Passion du doulz Jesu est necessaire et des dolours aussy de sa tres doulce mere, si comme il appert par pluseurs grans et solempnelz miracles cy dessoubz recités.

Le .xxv.ᵉ chapitre

Comment il plaist bien a Dieu et li est tres agreable que le sacrement de nostre redemption par le moyen de l'amere Passion qu'il souffry pour nous par sa grant et doulce charité soit pour nous souvent recordé et la dicte Passion [lacrimablement] ruminee en fait, en dit, (et) en escript et en devote pensee il nous [est] demonstré clerement par un devot example et miracle que un docteur recorde. Et selonc l'istoire il fu un devot homme qui, servant a Dieu, demouroit en sa selle menant vie spirituele. Toujours prioit a Dieu qu'i li /87 vausist reveler comment il le porroit mieulx servir a son gre et faire chose qui li fust plus agreable. Et tant pria a Dieu que une fois il vit venir Jesu Crist a lui qui portoit une grant et pesant croys sur ses espaules, et dit Jesu Crist a son devot, "Tu ne me porras faire service qui tant me plaise que moy aidier a porter ceste mieue grant croys." Et lors le preudomme respondi, "Mon tres doulz Seigneur, je te depri qu'il te plaise a moy ensengnier la maniere comment je te puisse aidier a porter ta grant croys." Et Jesu Crist li respondi, "Tu m'aideras a porter ma croys par une piteuse et continuele memoire en ton cuer et vraye compassion, et en ta bouche en moy regraciant devotement sans simulation, en tes oreilles par volenters ouyr mes paines et dolours de mon amere Passion, et en ton dos par penitance et propre flagellation." Ceste vision et miracle confirmant mon propos nous monstre clerement que en tous nos fais, diz, escrips et pensees, la Passion du doulz Jhesu et ses ameres dolours par nous ne soyent pas mises en oubli, ne legierement trespassees et pour ce fait il bon dire en grant devotion les .vij. graces des .vij. heures de son amere Passion.

Pour reconforter les dames mariees, vierges, vuesves et pucelles et tout bon Crestien qui ont singulere devotion et vraye compassion des paines du doulz Jesu et de sa grant Passion, et aussy des dolours et amaritudes que la doulce Vierge Marie, mere de misericorde, soustint en la Passion de son tres doulz filz et Espoulz, par un aultre bel miracle nous est demonstré clerement la devotion dessusdicte. Dont il est assavoir que tout ainsy comme il plaist a Jesu Crist et lui est agreable que sa saincte Passion qu'il souffri pour nous, par nous en rendant graces soit souvent et devotement recordee, tout ainsi plaist il a sa tres doulce mere, et l'a fort agreable, que les paines, tristesses et dolours qu'elle souffri aussy, par ses devos en la memoire devotement rendant graces a lui doulcement et souvent soyent renouvellees, comme il appert par un miracle cy dessoubz recité.

    Il fu jadis un frere en l'ordre des prescheurs moult devot qui
5 parfaittement a son pouoir amoit Dieu, Jesu Crist et sa tres doulce mere. Toute l'entente et devotion /87ᵛ de cestui devot frere estoit continuelment adrecye a la Passion du doulz Jesu et aus dolours et tristesses de la doulce Vierge Marie qu'elle souffry en la Passion de son doulz filz. Le dit frere chascun jour prioit a Dieu devotement qu'il li vausist donner a
10 sentir aucune petite partie de son amere Passion, dont il avint que en procés de tamps Dieu li ottroya sa requeste, et une fois li fu advis que ses mains et ses piés estoient fort estenduz et a tres grant dolour. Li estoit advis que ses mains et ses piés ainsy estendus li estoient tresperciéz de grans cloux de fer[214] bien agus, et aprés ce il fu moult consoléz. Et de
15 rechief pria a la doulce Vierge Marie qu'elle li vausist demonstrer de ses paines et tristesses une partie, dont aprés il li fu advis que un glave tres agu soudainement vint a lui et lui tresperça le cuer ensemble a tout une tres merveilleuse dolour, si comme a lui sambloit. Et ainsy cestui frere bien eureux en rendant graces a Dieu par la continuele et devote
20 meditation de la Passion du doulz Jesus et des paines et tristesses de sa tres doulce mere par grace deservi de recevoir en terre la divine revelation et aprés sa mort en gloire la joye de pardurable consolation.

    Pour monstrer, helas! la durté et inhumanité des cuers des Crestiens, ou desert d'Inde en un lieu qui est appellés Stragopalés pres de la mer, a
25 un oiseau appellé arpia, grant et cruel outre mesure qui a la face d'omme et vit de rapine.[215] Cestui oiseau cruel le premier homme qu'il voit il

---

214. *{f}er, (v).
215. This is a conflation of two traditions, the one concerning the crocodile and the other the harpy. Bestiaries usually attribute to the crocodile unceasing tears for the man it has killed (whence the expression "crocodile tears"), because its own face reflected in a body of water reminds it of its victim: "S'il home encontre e il le veint, / Manguë le, ren n'en remeint; / Mes toz jors puis apres le plore, / Tantdis com en vie demore" (*Le Bestiaire: Das Thierbuch des normanischen Dichters Guillaume le Clerc,* ed. Robert Reinsch, Altfranzösische Bibliothek 14 [Leipzig: O. R. Reisland, 1892; rpt. New York: AMS P, 1973], vv. 1667-70). On the other hand in Greek mythology the harpies, depicted as monstrous birds with women's faces (Michael Grant and John Hazel, *Gods and Mortals in Classical Mythology* [Springfield, Mass.: G. and C. Merriam, 1973], 195), lived on rapine, at one point seizing food from the dining table of the Thracian king Phineas so that he nearly starved. The confusion here of the

l'occist et aprés aucun tamps il se treuve d'aventure la ou il y a yaue en laquelle il se mire et contemple sa face qui est samblable a face d'omme. Et lors il li souvient qu'il a occys l'omme et fait si grant deuil que aucunefois il en meurt, et s'il ne meurt tous les jours de sa vie demoura
5 en tristesse et dolour, plourans l'omme qu'il a occys. Cestui oyseau cruel, parlant moralment, condempne les Crestiens qui sont encores plus crueulz, car nous avons occys Jesu Crist par nos pechiés pour lesquelz il est mors, et si le veons tous les jours ou miroir des yaues ameres de sa Passion, et les contemplons ou miroir de la saincte Escripture, et veons
10 celui qui /88 a la face d'omme samblable a nous quant au corps, vray Dieu et homme qui est venus a nous ou desert de ce monde pour nous et pour nostre salut, et ne le recognoissons pas, mais sommes plus crueulz

---

mythological harpy of ancient Greece with the bestiary description of the crocodile is not Philippe's. In the Greek legend, the blind Phineas agreed to prophesy the Argonauts' future if they would free him of the harpies, and so the winged sons of Borras drove them off as far as the Strophades Islands, in the Ionian Sea (Apollonius Rhodius *Argonautica* 2.178-301, trans. R. C. Seaton, Loeb Classical Library [London: Heinemann, 1912]). The exercise of the harpy's rapaciousness followed by grief for the victim in combination with the geographical location identify Philippe's source. Thomas de Cantimpré, a Flemish Dominican, records a description of the harpy and its habitat, in terms identical to Philippe's, in his *Bonum universale de apibus* (ed. George Colvenerii [Douail: Baltazar Beller, 1605]), begun in 1256 and finished in 1261:

Harpyia avis quaedam est in deserto Indiae, in loco qui Strophades dicitur, iuxta mare Ionicum, rapinis fere semper insatiabilis. Faciem hominem habet, sed in se nihil virtutis humanae. Nam ferocitate depraedatur, insanit, et grassatur ultra humanum modum. Hac avis primum hominem quem viderit in deserto, fertur occidere. Inde cum fortuita aquas invenerit, et faciem suam in aquis fuerit contemplata, mox sui similem hominem se occidisse perspiciens, tristatur non modice, et hoc aliquando usque ad mortem: vel saltem plangit mortuum omni tempore vitae suae. (1.25.3)

Philippe's text also repeats the moral lesson drawn by Thomas. Thus we can safely identify Philippe's phrase "Stragopalés pres de la mer" as a rendering of Thomas's "Strophades . . . iuxta mare Ionicum." The recent edition of Thomas's *Liber de natura rerum* (ed. H. Boese, 1 vol. to date [Berlin: Walter de Gruyter, 1973]) contains a reading further from Philippe's text than that contained in the 1605 edition of *Bonum universale*. It is, of course, entirely possible that Philippe used a French translation of Thomas, for the inventory of Charles V and VI's library lists, as item 314, a book entitled *Le Livre des mouches a miel*. See Léopold Delisle, *Recherches sur la librairie de Charles V, roi de France, 1337-1380,* vol. 1 (Paris: Champion, 1907; rpt. Amsterdam: Gerard Th. van Heusden, 1967), 55.

assés que l'oiseau desusdit, appellé arpia. Si seroit expedient que nous preissiemes example du dit oyseau pour avoir compassion de la mort de nostre tres doulz Redempteur--laquelle chose Dieu nous veuille ottroyer.

Encores pour rafreschir devotement comment Dieu a agreable que la doulce et amere memoire de sa saincte Passion soit escripte en nos cuers par grant compassion, environ l'an de grace mil et .ij. cent, si comme il est escript ou Livre des Abilles,[216] les mouches qui font le miel. Il ot un martir qui fu pris des anemis de la foy et fu mis ou service d'un grant tirant infidel qui le dit Crestien traitoit assés courtoisement. Mais le martir ne pouoit faire bonne chiere comme faisoient les autres qui estoient ou service du tirant, dont il avint que le tirant s'en tint trop malcontent et une fois li demanda pour quoy il ne faisoit bonne chiere comme les autres faisoient, et le martir li respondi qu'il ne pooit faire et ne pooit avoir joye car il portoit en son cuer les stimates--c'est les enseignes de la mort et Passion de son Dieu--et pour ce il ne pooit faire bonne chiere. Quant le tirant l'auy parler il fu fort indigné et li dit, "Tantost je saveray se il est vray ce que tu dis." Et sans arrest en sa presence li fist ouvrir le corps et traire hors son cuer et le fist trenchier en .ij. parties d'un couteau. Et lors apparu une tres grant merveille, car en l'une des parties du cuer du martir estoit et apparoit l'emprainte entaillie et cavee d'un crucefis--tout ainsy que les empraintes apperent es sceaulx desquelx on scelle--et en l'autre partie du cuer a l'endroit de l'emprainte apparoit un crucefis eslevé et si bien fourmé que c'estoit une devote merveille a veoir. Le tirant lors veant cestui miracle si evident laissa sa loy et devint crestien et tous ceulx de son hostel. Benoit soit le doulx Jesu qui ainsy merveilleusement et doulcement empraint es cuers de ses devos la saincte memoire et emprainte de son amere Passion. A ma petite devotion cestui seul miracle deveroit souffire /88ᵛ a convertir a la foy de Jesu Crist tous les Sarrasins de Surie et tous les Payens de Tartarie.[217]

---

216. Thomas de Cantimpré, *Bonum universale*.
217. A loose term, including in the fourteenth century any or all areas from the Black Sea, eastward through north-central Asia, to the Manchurian coast of the Yellow Sea (Francis P. Magoun, Jr., *A Chaucer Gazetteer* [Chicago: U of Chicago P, 1961], 151).

Pour conclusion du second livre, l'aucteur cy desoubz descript une petite et briefve oroison touchant a la Passion de Jesu Crist et pour empetrer grace, laquelle oroison est de tres grant vertu en tous cas survenans et par experience bien esprouvee.

Le .xxvj.^e chapitre

Il se dit en proverbe que le bien qui va tout d'une part n'est pas bien. Selonc vraye charité, qui en ce monde a receu largement des biens de Dieu et temporelx et spiritueulx, il fault grandement s'il n'en depart a son proisme, car la saincte Escripture dit que monnoye en bourse close et science repuse[218] a nulluy ne pourfitent.[219] Et pour ce que cestui escripvain solitaire, par la bonté de Dieu, en son petit degré aucunement desirre le bien de son proisme et les vaudroit reconforter des biens que Dieu li apreste, pour estre donques recueillis en la doulce memoire et sainctes prieres des dames mariees et des seigneurs aussy, des vierges, vesves et pucelles et de tous bons Crestiens qui lirront ou orront cestui petit traittié du sacrement de mariage et averont singulere devotion a la souffrance et Passion amere du tres doulx Jesu, nostre gracieux Redemptour, le dit viel solitaire devotement presente a tous les dessustouchiéz une tres petite oroison escripte cy desoubz touchant la Passion de Jesu Crist et le bien de chascun. Laquelle oroison est prise des dis et oroisons de monseigneur saint Bernart, qui par grant devotion disoit la dicte oroison aux heures de la Passion du doulx Jhesu en lieu de la Paternostre.[220] Il est de si grant vertu et de si grant efficace la dicte oroison, et si plaisant a Dieu, et tant de fois esprouvee que je croy doulcement que de sa briefté touchant la dicte Passion et l'ayde de crestienne creature elle surmonte en effait maintes autres grandes oroisons contenans sa matere.

Ceste petite oroison se doit dire devotement et ruminer souvent, comme le cerf ruminant ramaine souvent sa viande, dont il est soustenus, de son estomach et des parties de /89 son cuer par grant delit a sa bouche, laquelle n'est pas en ruminant trop uuiseuse. Ainsi ceste petite oroison par mon petit conseil en la bouche du Crestien doit estre ruminee, et par especial se doit dire au matin quant on se lieve, quant on se couche, alant a table, levant de table, quant on se veult confesser et

---

218. repu{s}e, (t).
219. Sir 20: 32.
220. This prayer, in spite of Philippe's repetitions of it and insistence that it is by Bernard, is not in Bernard's works.

communier, quant on se met au chemin, quant on est en grant peril et a grant destresse, en toutes doubtes et en toutes ayses et en toutes necessités et briefment en tous fais corporelz, temporelz et spirituelz et finablement a la mort; et soit certains qui devotement le dira et a son
5 pouoir de pechié se gardera, certainement a son besoing il se trovera consolés. L'oroison est telle:

O bone Jhesu, scribe in corde meo vulnera tua preciosissimo sanguine tuo ut semper cognoscam quid desit michi legam, senciam et intelligam dolorem et amorem tuum, bone Jhesu.

10 Et est assavoir que en commensant et disant ceste petite precieuse oroison on doit faire une croys de son pauch sur sa poitrine et quant on dit en la fin de l'oroison *"legam, senciam et intelligam,"* on doit .iij. fois batre sa coulpe, c'est assavoir a chascun mot des .iij. mos dessusdiz. Et pour ce que cestui livre s'adrece a une dame mariee et aux aultres aussi
15 qui par aventure n'entendent pas latin, il me samble expedient et convenable que la substance de la dicte oroison soit mis en langaige de France. L'oroison dit ainsy: "O bon Jhesu, veuillies escripre en mon cuer tes sainctes playes de ton precieux sang a ce que je cognoisse tout ce qui me fait besoing et tout ce que j'ay a faire et que je puisse lirre, sentir
20 et plainement entendre la dolour de ta saincte Passion et l'amour /89ᵛ que tu as a nous, bon Jhesu."

Et pour confirmer la grant vertu de l'oroison susdicte, c'est assavoir la vertu de la memoire du doulz nom de Jesu, de sa saincte Passion et de la saincte vraye croys, il fu un prieur des freres prescheurs en la cité
25 d'Argentine[221] en Alemaigne[222] qui avoit si grant devotion ou nom de Jesu et de sa Passion qu'il avoit de coustume en alant, en seant et en toutes ses euvres faissant ainsy comme sans cesser, de son pauch il faisoit une croys sus sa poitrine, en recordant le doulz nom de Salut; et l'avoit si acoustumé que jamais ne l'oubliast. Or avint que le dit prieur vint a
30 Maienche sur le Rin et par maladie naturele saintement trespassa et fu enterré ou monastier des freres meneurs, car encores les Jacobins n'avoient point d'esglise en Maience. Aprés aucuns ans passés les freres prescheurs d'Argentine vindrent a Maience et emporterent les os de leur

---

221. Strasbourg (Hermann Oesterley, *Historisches geographisches Wörterbuch des deutschen Mittelalters* [Gotha: J. Perthes, 1883], 663).
222. Al[e]mai*{g}ne, Al[e]ma[g]ine. Insertion of missing letter in the wrong position.

prieur a Argentine et trouverent en l'os de la poitrine du dit prieur une belle croys de propre os eslevee et bien fourmee a l'endroit du lieu la ou il avoit acoustumé de faire les croys de son paouch, et estoient les .iij. bras dessusdiz de la croys ingales en longueur, et a chascun bout estoient apparans en maniere de flours de lis eslevees de l'os propre, et le pié de la croys estoit un paou plus long et agu. Bon fait donques dire souvent "*O bone Jhesu*" et faire la croys en la poitrine. Dont il est assavoir que celui benoit et tres devot qui escript le Livre des Abilles recorde en son livre qu'il vit la dicte croys en la poitrine du saint prieur et pour le veoir an ala .xl. lieues d'Alemaigne.

Or rendons donques graces tres humblement a Dieu le Pere de l'alyance et mariage qu'il a fait de Jesu Crist son benoit Fil a saincte Eglise et a sa tres doulce mere, representant nostre mere saincte Esglise, la tres doulce Vierge Marie. Et prions devotement au doulz Pellican, qui pour nourir et donner vie a ses petis pellicans vault espandre son sang pour nostre redemption, qu'il veuille escripre en nos cuers son doulz nom de Jhesu, ses grans dolours et son amere Passion, et la merveilleuse et doulce amour qu'il a monstré a l'umaine generation. Et nous recommandons aussy tres singulerement a la mere de misericorde, nostre /**90** doulce advocate la Royne de gloire, rendant graces a lui de ses paines et dolours, lesquelz soient en nos cuers escrips pour une doulce memoire. Amen.

Le Tierch Livre[1]

Cy commence la tierce face du miroir ou prologue proposé, c'est le tierch livre du sacrement de mariage entre l'omme et la femme et du confort des dames mariees, malcontentes et bien contentes. Et premierement un prologue.

Il a esté assés grossement et simplement traittié en cestui livre de la vertu du sacrement de mariage espirituel et de son pris, c'est assavoir de Dieu a l'ame raisonnable, du benoit Fil de Dieu a nostre humanité, de Jesu Crist nostre tres doulz Redempteur a nostre mere saincte Esglise et a la Vierge Marie. Si reste a present a traittier du quart sacrement de mariage espirituel, c'est assavoir de l'omme crestien a la femme crestienne pour conforter les dames mariees et les seigneurs aussy mariees. Dont il est assavoir que en ce monde n'a que .iij. estas et degrés de perfection, c'est assavoir mariage, continence et virginité, comme il fu cy dessus aucunement touchié, desquelz .iij. estas et de leur perfection saint Grigoire en ses Omelies sur l'Evangile dit ainsy, que Enoch, qui fu translaté en Paradis terrestre, fu engendré d'omme et de femme par l'office de mariage et engendra aussy enfans par mariage.[2] Le dit Enoch representoit l'estat et degré des mariés, lequel estat estoit bon et parfait. Encores saint Grigoire dit que Helyas le prophete, qui fu translaté en Paradis terrestre, fu engendré d'omme et de femme par l'office de mariage et n'engendra point et ne fu point mariés mais demoura chaste et continent. Cestui Helyas representoit l'estat de vesves et continens, lequel estoit et est bon et plus parfait que le premier. Encores dit saint Grigoire que Jesu Crist vint aprés, qui ne fu pas engendréz par l'office de mariage mais /90ᵛ par le mistere du Saint Esperit en la Vierge Marie, sans homme et sans charnel delit, et n'engendra point aussy autrui, mais fu toujours et est et sera pardurable vierge et couronneé de virginité,

---

1. < Le Tierch Livre >.
2. This and the following five sentences are from "Homily 29" (on Mk 16: 14-20) by Gregory the Great, *Forty Gospel Homilies*, 231.

vray Dieu et vray homme pardurablement. Et representa Jesu Crist et represente l'estat et haulte degré de flourie virginité qui est le plus parfait. Tous les .iij. estas sont bons qui bien en scet user, mais il a grant difference en la perfection si comme il appert par leurs fruis cy dessus recités. L'estat de continence et de virginité plus parfait represente la vie spirituele qui est prise pour Marie, et l'estat des mariés represente la vie temporele qui est prise pour Marthe l'empechie et traveillie.

Et pour ce que l'estat de mariage, combien qu'i soit bon et bien approuvé, est le mains parfait et a mestier de confort, pour ce est il expedient a present d'entrer aucunement ou quart sacrement de mariage spirituel entre l'omme et la femme, demandant tout avant pardon aus dames mariees cestui viel escripvain s'il dit aucune chose en cestui quart sacrement de mariage qui de prime face ne sonnera pas bien doulx aus oreilles des femmes mariees. Mais comment cestui rude plastrier escripvain, qui ne scet pas quant il a fain, et ne fu onques loyé a femme par sacrement de mariage, ne de la perfection des .iij. estas il ne parti onques a l'iretage; et si a empris de conforter les dames mariees et les seigneurs aussy qui n'est pas l'euvre de tierce jusques a midi, car les uns et les unes sont bien content de leur mariage et n'ont pas le cuer trop volage--et Dieu veuille que ce soit la plus grant partie--car mains et maintes en y a qui en sont tres malcontent et comme dessus ne dient mie. Que fera doncques le viel escripvain solitaire de la dicte contradiction? Laissera il son emprise que charité li commande et esperance le conforte? De cestui traictié de mariage les .iij. parties sont ja complies tellement quellement et la quarte se laissera, par la bonté de Dieu, non fera. La semence doncques par grace sera jetee en bonne terre et arousee de la doulce rousee du ciel, [laquelle] Dieu avant sera muee en miel pour adoucier les amaritudes des[3] maulx contens /91 qui sont trop dures.

Je pense bien que la dame mariee, Jehanne appellee,[4] qui d'estre contente a la renommee, pour qui ceste escripture fu emprise, prendra en bon gre cestui petit confort, combien qu'elle n'ait mestier de reconfort mais d'une confirmation de sa vertu en (sa) consolation, car la personne reconfortee a ja esté desconfortee, et ce ne se treuve pas en la dame susdicte, car de desconfort en son mariage elle en est quitte, si comme je en ay esté enfourmé de [vive] vois par celui qui bien le puet scavoir.

---

3. de[s].
4. Jehanne de Chastillon.

J'ay cogneu par vive experience que quant les grans princes et roys pour aucunes males nouvelles que leur survienent,⁵ duquel mes il sont souvent servi pour la chose publique, qui va souvent en oblique par deffaulte de veeillier, et il se retraient en leurs chambres secretes aucunefois en grant tristesse, et lors les huissiers d'armes ne dorment pas mais gardent bien la porte que nulz n'y doye entrer jusques a certain tamps que le seigneur l'aura commandé. Et toutefois non obstant le decret, s'il vient un marchant d'Orient, qui pour conforter le seigneur li veuille presenter de belles pierres precieuses, il entre dedens ou plus secret du retrait et par les pierres precieuses reconfortera le seigneur. A nostre propos, cestui viel solitaire des parties d'Orient la ou se treuvent les vrayes pierres precieuses, du thresor de sa tres chiere mere Barsabee, par grace a recueilli de bonnes pierres precieuses, lesquelles il presente en cestui livre par doulce charité aus dames mariees et aus seigneurs aussy mariés et a tous bons Crestiens pour eulx consoler et reconforter, c'est assavoir le fin rubin et l'escarboucle, le fin dyamant, le balais et saphir oriental, la gracieuse esmeraude et les pierres⁶ precieuses qui sont nommés en gros en l'Apocalipce pour cause de briefté.⁷

Encores en y a une moult precieuse qui est merveilleusement cordiale, dont mencion n'a esté encores faicte pour le garder en grant necessité a un tres grant besoing, c'est assavoir la belle et grosse perle d'Orient qui communaument en latin a nom de marguerite. Ceste pierre precieuse a la fourme ronde du fin rubin, et est blanche comme une fleur de lys, et si est reluisant en sa blanche coulour comme une fine escarboucle. Ceste pierre appellee /91ᵛ marguerite est la belle marguerite qui croist ou jardin et preau de la Royne de vie, qui est blanche comme nege, a un chapiau vermail, de cope assise sur un fondement vert, et s'apelle consaude royale, qui vault a guarir playes et a mainte aultre maladie. Ceste marguerite, ceste pierre precieuse, la belle perle, est si cordiale et de si grant vertu encontre toutes maladies que, qui en scet bien user, elle a la vertu du rubin. Et que plus est il fault que la dicte perle en tres menues pieces soit pestee et molue en [un] molin entre .ij. moles avec vin aigre et miel, et lors le malcontent et pacient en mariage le doit prendre comme une medicine s'il veult estre gary de toute maladie. Or oés tres grant merveille. Ceste vraye perle est de si grant vertu que quant elle a fait sa noble operation de sa medicine, elle revient

---

5. surv*[i]en*(i)ent.
6. pierre[s].
7. Rv 21: 18-20.

par soy toute entiere et aussy belle et aussi fine comme elle estoit devant ce que elle fu molue ou molin, si comme il apparra cy aprés en la practique de la concordance d'icelle.

 Encores est assavoir que, [pour] aucune introduction du reconfort des dames mariees et des seigneurs aussy, que estre malcontent de son mariage n'est autre chose que une fievre continue et doloureuse passion qui aucunefois vault pis et fait plus de mal que passion colique. Ce scevent ceulx [et celles] que Dieu veuille conforter. Ceste passion est engendree d'umours corrumpus coleriques, fleumatiques, melencoliques et habondance de sang corrumpu, et aucunefois la passion vient par accident et dehors le corps dont mains maulx en avienent. Pour reconforter donques les mariés et tous Crestiens qui seront passionnés d'aucune maladie, cestui viel solitaire qui jusques cy a esté lapidaire et de son petit pouoir a presenté les pierres precieuses de sa petite mercerie, pour l'amour de Dieu et de son proisme par la bonté de Dieu devendra phisicien et presentera aus dames mariees et a tous bons Crestiens qui ne sont pas sains et averont passion .vij. manieres de medicines, c'est assavoir: medicine preparative, linitive, purgative, confortative, preservative, nutritive et vivificative. Et ne s'esmerveille nulz de tant de medicines, car toutes sont /92 necessaires a personnes qui sont fort passionees et par especial ou fort loyen de mariage, duquel lyen maistre Jehan de Meum en personne des maulx contens disoit ainsy, "Ainsy m'aist saint Julien, / que mariage est mal lyen."[8] Telx gens ont bien mestier de reconfort qui sont plongié en desconfort.

 Encores le solitaire pour conforter et confermer les biens contens en mariage et reconforter les tourblés et malcontens, pour devote concordance presentera les .vij. sacremens de l'Esglise, les .vij. euvres de misericorde et les .vij. dons du Saint Esperit par briefves allegations. Et pour conclusion de cestui prologue du quart sacrement de mariage, le viel solitaire en la fin presentera aux dames mariees et non a autres un bel et estrange miroir ou quel elles se porront mirer et recognoistre a plain leur santé ou maladie, et se les pierres precieuses, medicines et doctrines petites en cestui livre largement proposees averont eu leur effect ou operation de consolation, (c'est) ou miroir des dames mariees, la noble marquise de Saluce, se porra bien congnoistre.

---

8. These two verses are a paraphrase of Jean de Meun: "Mariages est maus liens, / ainsi m'aïst saint Juliens (*Le Roman de la Rose,* lines 8803-4 Lecoy 2: 18).

La diffinition du sacrement de mariage espirituel entre l'omme et la femme selonc les docteurs de l'Esglise et comment le sacrement de mariage puet estre saint et vray entre l'omme et la femme sans excercer l'office du sacrement de mariage, c'est assavoir charnele copulation, comme il appert par pluseurs examples pour conforter les dames mariees et les maris aussy qui aiment chasteté.

Le premier chapitre du tierch livre

Or entrons briefment en parlant sobrement par la bonté de Dieu en la matere commune qui n'est pas par aventure bien cogneue a chascun ne a chascune, c'est assavoir du noble sacrement de mariage espirituel entre l'omme et la femme pour conforter et donner joye aus dames mariees, sainctes et vertueuses, qui le fort lyen de mariage aiment, honneurent et tiennent chier, et pour reconforter aussy les dames mariees qui du lyen vaudroient estre quittes et desloyés.

Dont il est assavoir pour fondement de la matere que, selonc le dit de saint Augustin /92ᵛ et des autres docteurs de l'Esglise et par especial d'un grant docteur, Hue de Saint Victor appellé, sacrement de mariage espirituel n'est autre chose que une doulce compaignie legitim entre l'omme et la femme du consentement de tous deux en laquelle compaignie legitime l'un se doit a l'autre, l'omme a la femme et la femme a l'omme, par telle condition ceste debte est entendue que l'un se doit garder pour l'autre, c'est assavoir que l'omme se doit garder pour la femme et non [pour] autre, et la femme [aussy] se doit garder pour l'omme et non pour autre.[9]

L'autre condition de la debte susdicte est que l'omme ne se doit refuser a la femme ne la femme a l'omme, c'est assavoir en vraye amour singulere et en compaignie perpetuelle tant que la vie durra. C'est le sacrement de mariage espirituel. Selonc la diffinition du docteur Hue de Saint Victor, aprés cestui sacrement espirituel de mariage qui est le droit loyen de vray mariage s'ensieut l'office du sacrement susdit, c'est assavoir copulation charnele, lequel office, selonc le dit du docteur, n'est pas simplement le loyen necessaire du sacrement de vray mariage mais

---

9. Augustine *De bono conjugali* (PL 40: cols. 373-596; CSEL 41: 185-231); *De bono conjugali: The Good of Marriage,* trans. Charles T. Wilcox, FOTC 27, ed. Roy J. Deferrari (Washington, D.C.: Catholic U of America P, 1955), 1-51; Hugh of Saint-Victor, *On the Sacraments of the Christian Faith,* trans. Roy J. Deferrari (Cambridge, Mass.: Mediaeval Academy of America, 1951), pt. 11: 1-19, 324-67, 329.

[office] ottroyé, car sans excercer le dit office vray mariage puet estre et demourer juste, saint et entier entre l'omme et la femme.

Il fu un faulx herege qui fu si hardi en mal dire qu'il parla plus qu'il ne devoit du consentement de la Vierge Marie au faire le mariage de lui et de Joseph, touchant aucunement contre la virginité de la Royne des vierges, contre lequel faulx herege Hue de Saint Victor escript un livre moult bel qu'il intitula *De la Virginité de la Vierge Marie*.[10] Ou quel livre il traitte grandement et devotement du sacrement de mariage et desconfit plainement le faulz herege susdit, monstrant et determinant clerement que la mere de Dieu devant son mariage, en s'acordant au mariage et aprés le mariage en l'enfantement de son tres doulz filz Jesu, elle fu toujours et demoura pardurablement vierge, mais quelle vierge, Royne des vierges, qui n'ot onques ne jamais n'avera sa pareille. Or nous recommandons bien doulcement a lui et lui prions[11] que de cestui petit traittié du sacrement de mariage les dames mariees en soient confortees et reconfortees et les seigneurs mariés aussy.

Or entrons en la matere. Il est assavoir /93 que pour ce qu'il est escript en la saincte Escripture que quant Dieu ot conjoint par mariage Adam et Eve et leur dit, "Croissiés et multipliés et remplés la terre,"[12] c'est assavoir par generation humaine et dit encores, "pour ce l'omme laissera son pere et sa mere et s'acostera, s'aherdera ou consentira a sa femme et seront .ij. en une char;"[13] dont il est assavoir que pour les paroles de Dieu dessusdictes aucuns ont tenu et paraventure tiennent que mariage n'est [pas] vray mariage sans excercer l'office du sacrement de mariage, c'est copulation charnele. Et pour monstrer et prouver ce que dessus est dit, c'est assavoir que vray mariage puet estre sans excercer l'office dessusdit, le dit docteur monstre assés clerement que quant Dieu ot fourmé Eve de la coste d'Adam et le bailla a Adam, quant Adam l'ot regardé, il dist de Eve, "Ce est l'os de mes os et la char de ma char."[14] Et lors Dieu dist, "Pour ce l'omme laissera son pere et sa mere et s'aherdera a sa femme et seront deux en une char."[15]

Le docteur expose ceste parole de Dieu et dit ainsy, que quant Dieu dit "Pour ce," c'est assavoir pour ce que Eve estoit os des os d'Adam et

---

10. *De B. Mariae virginitate* (PL 176: cols. 857-76).
11. prion[s].
12. Gn 1: 28.
13. Gn 2: 24.
14. Gn 2: 23.
15. Gn 2: 24.

char de sa char, "l'omme laissera son pere et sa mere et s'aherdera a sa femme," voire par vraye et singulere amour et charité et par cohabitation perpetuele. Et quant Dieu dit, "ils seront .ij. en une char," c'est assavoir aprés, par le mistere de l'office du sacrement de mariage, duquel office
5 de mariage comme d'une accessoire devant le pechié d'Adam et de Eve, Dieu commanda, comme dit est, le dit office et qu'il deussent multiplier en lignie pour croistre l'umaine generation, et que Dieu fust[16] cogneus et amés au monde de toutes gens, et ainsy commanda le dit office. Encores quant le peuple d'Israhel tout seul entre tous les peuples du monde
10 cognut Dieu et le aoura, Dieu consenti que les sains peres du peuple d'Israhel pour multiplier le pueple de Dieu eussent pluseurs femmes, si comme Abraham, Jacob, David, Salmon et pluseurs aultres; et estoit lors en eulz le sacrement de mariage saint et entier. Mais ce que Dieu a volu que a la venue de son benoit Fil en ce monde, les hommes et femmes
15 doient vivre d'une plus parfaicte vie que devant /93ᵛ sa venue, pour ce est il restraint que le sacrement de mariage ne soit ottroyés que en deux, c'est assavoir un homme a une femme tant seulement; et dit ainsy le docteur que l'office du mariage susdit qui fu commandé devant le pechié est au jourd'ui ottroyé pour remede de fragilité humaine qui est si grande
20 et si perilleuse comme l'experience le monstre et desclaire.

Le docteur par tres belles raisons monstre que le sacrement de vray mariage est es cuers[17] et corages de l'omme et de la femme et en leur esperit et non pas en l'euvre de la char et de l'office susdit, car il plaist trop plus a Jesu Crist la multiplication de generation spirituele, qui est
25 engendree es cuers de l'omme et de la femme par la vertu du sacrement de mariage espirituel cy dessus desclairié, qu'il ne fait la multiplication de la generation corporele, engrendree par l'opperation de la char et office susdit, car l'esperit de l'omme est trop plus digne que sa char; et pour ce les operations de l'ame et de l'esperit sont plus meritoires devant
30 Dieu sans comparoison que celles de la char. Si conclut le dit docteur et dit que le sacrement de mariage espirituel, c'est assavoir l'amour parfaitte et singulere qui est en l'esperit et ou corage de l'omme et de la femme avec la cohabitation sociale et singulere de l'omme et de la femme, cestui sacrement espirituel saintefie, conjoint et conferme le vray
35 mariage, ce que ne fait pas l'office de copulation charnele. Et monstre clerement comment la Vierge Marie et Joseph furent alyéz ensemble par le loyen du sacrement de mariage susdit, et estoit Marie vraye espouse de

---

16. fu{st}.
17. cue[r]s.

Joseph et Joseph son vray espous selonc le tesmongnage de la saincte
Evangile, et, toutefois, Marie demoura vierge et Joseph demoura vierge
sans nul consentement de l'office susdit; et pluseurs autres Crestiens qui
ont esté depuis conjoins par sacrement de mariage et si sont demourés
chastes ou vierges.

Et pour conforter les dames mariees qui aiment chasteté en leur
mariage et les seigneurs aussy, il nous deveroit souvenir du noble et saint
mariage du conte d'Arian en Puille, appellé saint Elzearus,[18] qui fu
nagaires canonisié du benoit pape Urbain le quint, a laquelle
canonization en partie je fus present, et de sa noble et saincte compaigne
et espouse, la /94 contesse d'Arian appellee Dalphine, nee en la conté de
Prouvence. Cestui mariage fu singuler et merveilleux en sainteté, et n'oy
onques le pareil, car au pourchas de la saincte contesse, reluisant en lui
virginité ou chasteté, elle sot tant faire et dire au commencement de leur
mariage que la legende du saint conte Elzearus et la legende de la benoite
Dalphine, laquelle j'ay leu, tesmoignent qu'il furent ensamble conjoins
par le loyen du sacrement de mariage par l'espace de .xxvj. ans
continuelment dormans ensamble en un lit entre .ij. draps, et si
n'atoucherent onques l'un a l'autre par maniere de l'office souvent
repeté. Et si estoit le conte un des plus biaus chevaliers que on peust
trouver, et la contesse aussy des plus belles dames de son paÿs. Ilz
estoient biaulz, riches et en santé communaument et demourent jusques a
la fin vierges ou chastes.

---

18. The lives of St. Elzear and the Blessed Delphina are narrated under 27
September in *Acta Sanctorum,* September, vol. 7 (ed. Joanne Stiltingo et al.
[Antwerp: B. A. van der Plassche, 1760; rpt. Brussels: Culture et Civilisation,
1970], 528-97). Golenistcheff-Koutouzoff suggests that Philippe had not
personally known St. Elzear, but that as he attended a part of the canonization
process in 1369 he would certainly have seen Delphina, who personally directed
the inquiry (See *Etude,* 27-29, for this and the following information in this
note). The Latin life of the saint was drawn up between 1363 and 1371, and
Golenistcheff-Koutouzoff determines from a comparison between it and
Philippe's version that Philippe used as a source the same text later used by the
Bollandist fathers. Golenistcheff-Koutouzoff also points out that Philippe's life,
given here, is the first narration of St. Elzear's life in French. As an indication
of Philippe's interest in this couple, we note that one of the MSS. owned by him
(Paris, Bibliothèque de l'Arsenal, MS. 1073) contains a Latin life of the Blessed
Delphina (*Vita beate Dalphinae,* ff. 75-86^v, and a description in Latin of the
miracles occurring after her death, part of the canonization process (*Miracula
post mortem,* ff. 86^v-90).

Cestui merveilleux fait est avenu de nostre tamps, car le saint conte Elzearus fu ambaxaour et legat au vaillant et preudomme le roy Philipe derrain trespassé, qui Dieu absoille, de par le roy Robert, roy de Sezille; et trespassa le saint conte comme vray confesseur, faisant sa legation en
5 la cité de Paris. Encores dit la legende de la benoite Dalphine que elle n'atoucha onques a son seigneur et espous en .xxvj. ans se n'estoit aucunefois quant il fu malades ou quant elle li lavoit son chief. Cy a biau miroir et gracieux, assés nouvel et fres pour y mirer les dames mariees et les seigneurs aussy qui ont la grace ou desirent de l'avoir de vivre
10 chastement en mariage. Et toutefois revenant au propos de la sentence du docteur dessusdit, cestui mariage du saint conte et de la benoite Dalphine fu vray et saint mariage, et si ne userent point de l'office dessusdit. Et ce souffice briefment de la diffinition du sacrement de mariage selonc ce grant docteur, Hue de Saint Victor.
15   Il est escript es Fais des Apostres que aprés l'Ascencion de Jesu Crist ou Ciel, les apostres et disciples et maint autres convertis a la foy, hommes et femmes en tres grant quantité estoient perseverans en orations avec la Vierge Marie, chevetaine de celle saincte compaignie. Et dit la saincte Escripture que tous les dessusdiz hommes et femmes estoient en
20 si grant amour en Dieu l'un avec l'autre que a tous ensemble n'estoit que /94ᵛ un cuer et une ame, car tout ce que l'un vouloit l'autre vouloit, et ne desiroient forsque bien, et tous leurs biens temporelz estoient mis aux piés des apostres et departis a chascun selonc sa necessité, et tous estoient riches et contens en l'amour de Dieu et de leur proismes.[19] Se donques
25 tant de ( )[20] personnes de divers estas, hommes et femmes, par la grace de Dieu estoient en si grant amour sainte et chaste l'un avec l'autre, laissans les[21] iniquités, injures et desplaisirs que aucuns des dessusdiz par aventure pouoient avoir eu l'un a l'autre, pour quoy les dames mariees et les seigneurs aussy, qui par leur franche election et liberté se sont
30 conjoint sainctement ensamble par le loyen du sacrement de mariage spirituel, ne prenent example aux dessusdiz et a ceulx et a celles au jourd'ui qui en mariage merveilleusement sont contens en menant belle vie en Dieu et joyeuse?
    Et se tous ne puent pas vivre chastement en mariage, saintefiant le
35 sacrement spirituel de mariage comme le saint conte dessusdit, car il n'est pas aussy [de] necessité, au moins seroit il expedient et neccessaire

---

19. Acts 2: 44-47.
20. *(de).
21. le[s].

d'acomplir a leur pouoir les .ij. conditions premieres pour non rompre le
loyen qui saintefie le mariage et demourer en pechié, c'est assavoir la
doulce amour l'un avec l'autre et l'abitation joyeuse ensamble sans
desplaisir ou murmuration. Saint Paoul l'apostre dist que l'ame devote
par grant ardour de l'amour de son tres doulz Espoulz Jesu Crist
aucunefois est transfourmee en lui par telle maniere que elle est faicte un
esperit avec Dieu.[22] Benois sont ceulx et celles auquelx est ottroyé ceste
grace. Or vient une dame mariee malcontente de son mariage, qui ne sera
pas mengie de la Chiche-face,[23] et dit ainsy, "A moy, biaus amis, tu as
escript assés de belles choses pour moy reconforter, mais je ne puis amer
mon mari." A laquelle dame non pas cestui rude escripvain mais saint
Augustin lui respondera qui dit ainsy, "Se tu me dis," dit saint Augustin,
"que tu ne pues juner, aler en langes ou faire grant penitance, je t'en
crois, mais se tu me dis que tu ne pues amer + |. . .|[24] je ne t'en croy
pas, car Dieu ne commanda onques commandement qui ne fut possible et
faisable, et tout par sa grace il commanda que on doye amer non tant
seulement /**95** ses amis mais ses anemis,[25] si comme il monstra de fait."

---

22. 1 Cor 6: 17. This is a specific instance where Paul precisely expresses the idea Philippe attributes to him. However, one of the basic tenets of Paul's teaching is the mystical union with God through love, and his writings are suffused with this idea. See *La Pensée de Saint Paul,* ed. Jacques Maritain, Editions de la Maison Française (Paris: Editions Corréa, 1941; rpt. Paris: Editions Corréa, 1947).

23. The name in the Middle Ages of a fabulous monster, like Croque-mitaine (Littré 1: 601). Philippe refers to this figure also in his *Songe du vieil pelerin,* where he assigns to it the traditional attributes of a creature that devours women obedient to their husbands: "Je ne suis pas la chiche face qui devoure les femmes qui obeissent a leurs mariz" (1: 208). Eleanor Prescott Hammond has pointed out the presence of this creature in Chaucer's *Canterbury Tales* and has traced its evolution from Stingy-face to stingy cow (*Chichevache*), a ruminant paired with Bicorne, a cow that fed on compliant husbands, which, in contrast to our monster, was very fat because of its abundant food supply (*English Verse between Chaucer and Surrey, Being Examples of Conventional Secular Poetry, Exclusive of Romance, Ballad, Lyric, and Dramas, in the Period from Henry the Fourth to Henry the Eighth,* ed. Eleanor Prescott Hammond [Durham: Duke UP, 1927; rpt. New York: Octagon Books, 1965], 113-18). The reference to the monster in the *Livre* is thus really a derogatory comment, which Philippe obviously assumed his readers would grasp, on the discontented wife's lack of obedience to her husband.

24. This erasure almost certainly deleted the name of Pierre de Craon and was therefore a later deletion.

25. Mt 5: 44; Lk 6: 27-36.

Et mainte dame mariee a esté en ce monde qui ayme son mari en lui doulcement servant et entierement obeissant, combien que par la mauvaisté du mari il se pouoit dire son anemi.

Saint Augustin faisant aucune comparison a nostre doctrine de l'amour charnele et temporele de ce monde a l'amour de Dieu dit ainsy, "Il sont," dit il, "aucunes femmes qui si ardamment aiment leurs maris que leurs corages et volentés sont transfourmees en leurs maris, par telle maniere qu'elles ne puent arrester, reposer, ne avoir joye sans la presence de leurs maris. S'il dorment, s'il veillent, s'il boivent ou menguent, s'il sont lyés ou tourblés, elles se conferment joyeusement sans dangier, sans presse, sans vanter et sans murmurer a la plaisance de leurs maris, ne maladie, ne povreté, ne paour de mort qui plus est ne puet separer ceste vraye amour de la femme a son mari. Et tout ce," dit saint Augustin, "elle le fait pour son mari mortel. Que fera elle donques pour son Espoulz immortel qui la doit couronner en sa gloire de joye pardurable pour ce qu'elle a bien gardé selonc le commandement de Dieu le sacrement de son mariage? Elle perseverera saintement et devotement ou mistere catholique du sacrement de son mariage et principaument pour l'amour et reverence de Dieu qui ainsy l'a ordené, et en la fin elle sera conjointe au doulz Espoulz de son ame en la gloire de Paradis."

Comment le viel solitaire, qui cy dessus a esté lapidaire pour conforter les dames mariees, ˋen cestui tierch livre devient phisicien en traictant de .iiij. complections et de .iiij. conditions, desquelles .vij. fievres et .vij. grandes maladies viennent souvent aus dames malcontentes de leur mariage.

Le .ij.ᵉ chapitre du tierch livre

Il fu dit dessus que estre malcontent de son mariage n'est autre chose que une male passion et fievre continue. Puis donques que cestui viel solitaire qui soloit estre lapidaire est devenus phisicien pour aucunement atremper la passion des dames mariees malcontentes, comme dit est, il est expedient /95ᵛ d'enquerre et de venir a la racine de la maladie, car ja phisicien tant soit expers en medecine ne donra ja bon conseil de remede au passient s'il ne congnoit le fondement du mal, et de quelz humeurs la maladie procede, et se elle est naturele ou accidentale, et des circunstances aussy de la dicte maladie. Et pour ce que ceste passion d'estre malcontent de son mariage est moult trenchant et orrible, et de jour en jour fort multiplie, [naissant]²⁶ de maint ruissel venimeux qui aboivrent le sourion, pour ce n'est pas legiere chose de parler briefment et de si grant maladie et de sa garison. Si ne doit pas anuiyer aus dames mariees ne aus seigneurs aussy mariés d'ouir parler un paou prolixement des choses qui [grandement] leur puent nuire, voire pour les cognoistre bien et eschuer et aucun remede trouver. Seneque le moral philozophe dit que le mal ne sera ja eschué s'il n'est bien cogneu et prové.

Et quant a plaine garison de ceste male passion, il a un seul Phisicien qui en scet rompre le loyen: c'est celui qui sans herbes, sans emplastres et sans aucune medicine, de la seule parole donne plaine santé a ceulx qui le requierent devotement en vray foye et humblement. De cestui Phisicien tous les autres ont apris ou autrement il seront reputés de petit pris pour tant se dit, car cestui escripvain se fie plus en la medecine du Phisicien souverain qu'il ne fait en sa simple practique, laquelle ne vault riens sans lui. Or li plaise donques par sa saincte bonté d'ensengnier a cestui viel escolier aucuns principes de medecine aveuc aucune legiere practique par laquelle il puist reconforter les dames malcontentes mariees et les face joyeuses et lyes [et] les seigneurs aussy mariés.

Or venons au propos, comme il fu touchié cy dessus briefment, comment il a ou corps de creature humaine .iiij. complections par lesquelles la creature est gouvernee et soustenue naturelment a parler, c'est assavoir sang, colere, fleume et melencolie.²⁷ Et des dictes complections il en y a aucunes qui habondent plus en une personne que en un autre, et toutes les fois que les dictes complections habondent outre mesure en l'omme et en la femme il est necessité ou que la personne soit purgie /96 ou que engendree soit la maladie et maladies diverses selonc la force, qualité [et] quantité de l'umour habondant. Mais se les dictes humours habondent en l'omme et en la femme par juste proportion selonc leur complection, et il sont de bon gouvernement, et accident ne survengne, telx demouroient toujours en bonne santé jusques a la fin que nature fera son cours, et yra defaillant petit a petit (comme) naturelment

---

26. (et).
27. Golenistcheff-Koutouzoff, *Etude,* 15, thinks that Philippe probably used Hugh of Saint-Victor's treatise on the medicine of the soul for the medical material in his treatise. However, apart from the basic and universally available ideas that there were four elements, four seasons of the year, four humors of the human body, and four temperaments, all sixteen of which were interconnected, Philippe does not follow Hugh's *De medicina animae* (PL 176: cols. 1183-1202).

comme fait la chandele. De telz gens paou se treuvent au jourd'ui, car ou pour accident survenant ou pour mal gouvernement ou par humour habondant toutes les maladies procedent et sont engendrees.

    Dont il est assavoir que des dictes .iiij. complections corrompus et habondans oultre mesure, pour rafreschir le nombre de .vij., en l'omme et en la femme se treuvent .vij. maladies et passions moult orribles. La premiere si est ydropisie, la seconde paralisie, la tierce appoplesie, la quarte passion colique, la quinte une tous enracinee en l'estomac et en la poitrine, la .vj.ᵉ frenesie, la .vij.ᵉ maladie cardiaque, deffaulte de cuer et aucunefois paumison. Encores des dictes .iiij. complections corrompues sont engendrees .vij. manieres de fievres qui font tres grans dolours, c'est assavoir une forte (fievre) fimere, une fievre lente, une fievre erratique, tierçaine, quartaine, cotidiene [et continue,] et aucunefois se doublent pour agregier le mal. Toutes ces maladies procedent des .iiij. complections susdictes, c'est assavoir de l'abondance et corruption de sang, de colere, de fleume et de melencolie, en chascune maladie l'une complection plus dominant que les autres[28] et aucunefois toutes ensemble. Et qui vaudroit desclairier a menu la naissance des dictes maladies et des complections d'icelles, ceste escripture seroit trop longue. Es livres de medecine se treuve clerement.

    Pour entrer donques en la practique de nostre matere par une similitude, parlant moralment, pour bien cognoistre nos deffaultes et trouver le remede, parlant toujours a grant reverence de toutes dames pour la reverence de la Vierge Marie, il se puet dire que en chascune personne mariee qui est malcontente de son mariage et a ja faussé le loyen du sacrement de mariage--c'est assavoir /96ᵛ l'amour de l'un a l'autre et la doulce habitation comme il est dit dessus--en telle personne se treuvent .iiij. conditions en maniere de complections dont toutes [les] maladies et toutes passions en la dicte personne mariee prendent leur fondement. C'est assavoir, premierement, un appetit desordené, un courous desmesuré, propre volenté malordenee et une ypocrisie et jalousie enracinee, desquelles .iiij. conditions ja converties en complections les .vij. maladies orribles susdictes sont engendrees en la personne malcontente de son mariage, comme dit est. C'est assavoir pour conforter les dames bien contentes et remplies de tout bien que les .iiij. conditions susdictes bien gouvernees en leur nature sont necessaires a toutes dames sainctes et vertueuses qui loyalment maintienent le loyen du sacrement de leur mariage, et premierement, un appetit et desir ordené de

---

28. autre[s].

bien maintenir le sacrement de son mariage et de tout autre bien faire. Secondement, un couroux bien ordené de ses propres pechiés et des maulx qui se font, duquel courous le Saint Esperit dit par la bouche du prophete, "Courouciéz vous et ne veulliéz pas pechier."[29] Tiercement, propre volenté de eslire toujours par la grace de Dieu la meilleur partie et d'obeir a Dieu et a son seigneur et mari. Quartement, une bonne jalousie enracinee sans nulle ypocrisie, qui vault [autant] a dire comme une tres bonne envie, quant la dame voit son mari qui est preudomme elle en doit avoir jalousie et par grace se doit efforcier de lui passer en bonté; et s'il n'est pas telz qu'elle vausist elle a jalousie et desir de son amendement, et de tout fait son pourfit. Quel merveille! car la noble dame ne fausseroit le loyen du sacrement de son mariage pour tout l'or de Cartage.

Comment la dame mariee doit garder sa foy a son Espoulz immortel Jesu Crist et a son mari mortel, [en] touchant aprés des maladies en gros qui aviennent aus dames malcontentes de leur mariage par les .iiij. conditions et complections sustouchies pour le confort des dames mariees.

Le .iij.ᵉ chapitre du tierch livre

/97 Pour mieulx recongnoistre et rafreschir le grant mal qui avient a ceulx et a celles qui faussent le sacrement de leur mariage en confortant devotement et loant les dames qui s'estudient de bien maintenir leur mariage, il ne fait pas a oublier aus dames mariees et aus hommes aussy mariés, c'est assavoir qu'il doit souvenir a la dame mariee qu'elle n'a pas un mari seul, car elle en a .ij. auxquelx elle a promis et foy et loyaulté. C'est assavoir principaument a l'Espoulz de son ame, Dieu tout poissant qui en sa creation et ou baptesme l'espousa, et aussy a son doulz benoit Filz Jesu Crist ou sacrement de mariage de lui et de nostre mere saincte Esglise confourmé es noces dolereuses en cestui livre assés largement desclairiez, c'est le doulz Jesu, vray Espous de l'ame de la dame mariee et du seigneur aussy et de tous bons Crestiens. Et ainsy fault il souvent penser que la dame mariee a son Espous immortel Jesu Crist doye garder sa loyaulté et a son mari mortel aussy, celui auquel elle est conjointe par loyen de mariage.

---

29. Ps 4: 4.

Mais en respondant [a une question] ymaginative de ceulx qui par aventure pourroient dire que cestui escripvain largement parle des mariages faulses et corrompus et de leurs maladies, ausquelx se puet respondre: les mariés parfondement examinant leur conscience, je pense qu'il trouveront que envers l'Espous de leurs[30] ames, Jesu Crist, il cognoistront et confesseront que non tant seulement une fois mais sans nombre il ont faulsé le sacrement de leur mariage, dont principaument les .vij. maladies et les .vij. fievres sustouchies sont engendrees, voire la divine justice permetant. Se nostre doulz Espoulz immortel et debonnaire fust aussy rigoreux comme sont aucunefois les maris de ce monde, ne mariés ne desmariés ne porroient soustenir sa sentence. Mais il est tous plains de misericorde et atent de la dame mariee et de l'omme aussy qui ont faussé leur mariage qu'il se doyent repentir et prendre example a la cure des dictes maladies cy desoubz en cestui livre largement desclairie. La femme donques mariee qui n'a pas tenu loyaulté a son Espoulz immortel, ce n'est pas /97ᵛ grant merveille se elle l'a faulsé a son mari mortel, car la vertu principale du sacrement de mariage gist en seule amour, comme souventefois est dit dessus, laquelle amour doit estre double selonc le commandement de Jesu Crist le vray Espous de l'ame. Il dit ainsy en l'Evangile, "Tu ameras Dieu de tout ton cuer, de toute ton ame et de toute ta poisance et aprés lui tu ameras ton proisme comme toy mesmes. En ces .ij. amours depent toute la loy et les prophetes."[31]

Dieu veult donques que la dame mariee par dessus tous doye amer son Espous immortel Jesu Crist et aprés lui son proisme et singulerement son mari qu'elle a esleu en son franc arbitre et a lui est conjointe par sacrement de mariage. Qui donques vaudra bien examiner la conscience de chascun marié, je pense qu'il s'en trouvera plus que je ne vaudroye qui ont failly, comme dit est. Et quant il se dit en cestui livre la femme a faulsé le sacrement de son mariage, il n'est pas a entendre toujours pour ce qu'elle ait eu compaignie avec autre homme ne faulsé l'office du sacrement de son mariage, car il se puet dire que la femme et l'omme maintenant ensemble chasteté conjugale en pluseurs manieres, et par especial en l'amour, comme dit est, peuent faulser le sacrement de leur mariage.

Or est assavoir que le malade qui sele en partie sa maladie et ne veut que la racine soit descouverte au phisicien, par le phisicien ne sera ja parfaictement guarry. Cestui viel escripvain par tres grant charité qu'il

---

30. leur[s].
31. Mt 22: 37-40.

desire d'avoir a son proisme n'a pas proposé les dictes maladies des
hommes et des femmes mariees pour diffamer les femmes, auquelles[32]
*{il}[33] porte grant reverence, mais pour la dolour qu'il a des grans maulx
qui croissent tous les jours plus et plus pour le gracieux loyen de (son)
5   mariage, dont Dieu loya et l'omme et la femme ensamble, qui est
souvent et rous et derompus, dont maint bastart ont grant seignourie,
lesquelz on tient pour legitimes, et toutefois [selonc Dieu] ilz regnent en
tirannie. Et pour ce il touche aucunement des maladies susdictes par
grant amour, pour semondre et enorter tous ceulx et toutes celles qui se
10 sentiront ferus et malades, comme dit est, de trouver [le remede] plaisant
a Dieu et a leur consolation. /98 Encores les dictes maladies sont
touchies pour conforter les sainctes dames mariees, et par especial la
dame a laquelle ceste escripture est adrecie, monstrant a elles clerement
les grans maulx dont par grace de leur Espoulz immortel elles sont
15 eschapees, enortant les a doulce perseverance.

Encores est assavoir pour fondement de toutes ces maladies et
passions que par deffaulte de digestion toutes les maladies natureles
dedens le corps sont engendrees, et non pas les maladies accidentales si
comme playes d'espee, de lance ou d'autre chose et rompture de jambes
20 et de membres. Elles sont engendrees, c'est assavoir, par deffaulte de
chalour digestive souffissant qui vient du foye a l'estomac pour cuire la
viande et faire bonne digestion. Quant ceste chalour pert sa force par
l'abondance de froides humours, la viande se convertist en humours
corrumpues, et devient l'estomac froit par deffaulte de chalour, et lors
25 les maladies viennent en place selonc l'abondance des humours
dominans.

Parlant moralment a nostre ensengnement, la chalour attrempee qui
fait la bonne digestion dont la vie est soustenue ou sacrement de mariage
n'est autre chose que amour vraye et bien ordenee entre l'omme et la
30 femme, si comme il fu dit en la diffinition du sacrement de mariage.
Quant donques l'amour des mariés est refroidie et les estomas et cuers ne

---

32. Lack of agreement not corrected, because it probably indicates that the final consonant was not pronounced.

33. *(y). There seems to be no explanation for the graphy y, which is a learned form. Marchello-Nizia, *Histoire de la langue française,* 93, cites the *Orthographia gallica* for y in place of *i* either before or after letters composed of the minims making up *m, n,* and *u,* to facilitate comprehension, but this explanation does not apply here. Philipe sometimes prefers y, as in *Dyable* (f. 126).

peuent digerer les males humours et les desplaisir[34] l'un de l'autre par
deffaulte de vraye chalour amoureuse, lors le sacrement et principal
loyen de mariage espirituel est roupt et faulsé souventefois et en l'un et
en l'autre, et aucunefois la digestion est bonne ou mauvaise en l'omme et
aucunefois en la femme. Benois seront donques et les hommes et les
femmes mariees qui se garderont d'estre desloyés de cestui gracieux et
vertueux loyen, c'est assavoir de la vraye [amour] qui fait le sacrement
de mariage, car certainement s'il en seront deslyé non tant seulement le
mariage sera faulsé mais les maladies susdictes, non pas [.vij.] mais
.lxxvij., averont grant seignourie.

    Or retournons aus personnes malcontentes. Chascun le voit, chascun
le scet et entent comment elles ont un appetit et desir desordené, c'est
assavoir /98ᵛ d'estre honnourees par dessus les autres qui valent mieulx
pluseurs fois que elles ne font. Elles ont encores un appetit insaciable de
belles robes multipliees, de grans atours et riches jouyaux et de biaus
paremens, et ne leur chaut souvent dont il vendront; mais le dur eureus
mari remaint esbahy et en grant sollicitude et perplexité pour satisfaire a
sa compaigne de ce qu'il ne puet pas faire, et s'il le fait ja gre n'en
avera. Encores ceste femme malcontente a un appetit desordené
maintefois qui n'est pas bien affreable ne honneste a preudefemme, c'est
assavoir de riens faire et de dormir longue matinee, de bien boire et de
bien mengier les grandes viandes chieres et delicieuses, dont l'appetit
charnel n'est pas alés oultre mer; et briefment telle malcontente femme a
un appetit canin, c'est appetit de chien qui jamais ne puet estre saoulé.

    La seconde condition ou complection est un couroux desmesuré. De
ceste condition se fault passer briefment, car elle est trop bien congneue
especialment des maris qui ont les femmes qui riens ne veulent souffrir et
legierement se tourblent, dont tant de maulx sont avenus entre les mariés
que escripre ne se porroit. Grant peril est en femme mariee et en toute
personne couroux desmesuré. La tierce condition ou complection est
propre volenté mal ordenee, especialment en femme qui a faulsé son
mariage, car de sa propre volenté, par orgueil et outrecuidance en [tous]
ses fais communaument elle eslit la pieure[35] partie; et se le mari la
reprent, au bec et aus ongles elle se deffent et souvent demeure

---

34. For *desplaisirs*.
35. pieur*[e]. On f. 99ᵛ we find agreement of the adjective with *partie*.

obstinee.[36] On averoit plus tost retournee la roe du molin au contraire
que on la peust corrigier pour chose que on y seust faire. La quarte
complection est ypocrisie et jalousie, par laquelle ypocrisie la femme
malcontente comme dessus demoura toujours parlant a son mari non pas
[comme] preudefemme mais sainte et plus que sainte, voire de la sainture
de sa pareille sainte ou chainte,[37] et se monstera a son mari de lui en
plourant aucunefois si jalouse, si mal assenee et si doloureuse que par fin
anuy le mari foy le donra et de noir blanc jugera. Maint preudomme en
ont esté deceuz qui aprés courouciéz et meus desiroient d'estre desloyé
du fort loyen cy dessus recité.

**/99 De la concordance particulere des .vij. grans maladies
sustouchiees et comment les dames qui ont faulsé leur mariage en
sont ferues[38] et les maris aussy.**

Le .iiij.ᵉ chapitre

Or entrons briefment et sobrement comme faire se puet a la
concordance de .vij. maladies et passions cy dessus recitees qui
procedent et sont engendrees es personnes malcontentes mariees des .iiij.
conditions ou complections cy dessus desclairiez. Dont il avient que
aucune femme pour son mal gouvernement, pour le sang corrumpu et
fleume qui habonde en lui, elle a appetit de seignourie, comme dit est,
dont elle devient ydropique et toute enflee, car le foye est corrumpu, et
veult toujours boire et estre remplie des buvrages de ce monde qui ne

---

36. This depiction of woman as a fierce bird evokes the harpy described earlier
in bk. 2 (see n. 215), for the harpy, although it has a human face, is yet a
monstrous bird.
37. The play on words meaning "hallowed" and "belted" derives from *Causa* 36
of Gratian's *Decretals*, where a girdle is a symbol of chastity. For a woman to
give her girdle meant she gave her virginity, while to take a woman's girdle
meant to take her virginity. There is an example of the symbol of the girdle or
the belt applied to a man in the representation of St. Benedict's chastity in the
MS. of Jean de Stabelot at Chantilly, where the saint's chastity is symbolized in
the form of Elijah wearing a belt from each end of which spring two flowers. In
popular parlance *être ceint sur le cu* means "to be deceived." We find the oral
pun of *saint* and *ceint* in our MS. with the Picard *chainte* for *ceinte* reducing the
exactness of the pun, but its implications lie behind Philippe's words. See
François Garnier, *Grammaire des gestes*, vol. 2 of *Le Langage de l'image au
moyen âge* (Paris: Le Léopard d'Or, 1989), 169-72.
38. feru[es].

saoulent pas mais enflent et engendrent pourreture. Ceste femme, pour ce qu'elle a faulsé le sacrement de son mariage a son Espous et mary, elle est devenue ydropique et enflee, qui est une maladie aussy comme incurable; et que pis est pour l'ame elle est encheue en pechié d'orgueil, qui est signifié par l'enflure, car tous orgueilleux sont enflés et les[39] humbles le contraire. Encores elle est encheue ou pechié de gloutonnie et aucunefois de luxure sa compaigne et amie par son appetit insaciable de boire sans cesser. Ceste femme qui ainsy est malade, de son mariage a brisié le loyen, a bien mestier de bon phisicien. L'autre femme malcontente par l'abondance de la colere dominant et fleume vitelline corrumpue par la seconde condition ou complection--c'est couroux desmesuré--chiet en une maladie qui s'appelle paralisie--c'est refroidement de ners et tramblement de membres qui avient en l'omme et en la femme telle quant elle prent un couroux contre son mari ou quart degré. La n'a point de frain tiré, car l'ire d'un serpent seroit aucunefois plus tost apaisie que l'ire de la femme qui ainsy est marrie. De couroux les membres li tramblent,[40] et les ners sont retrais et refroidies, quel merveille! car l'umour habondant et nuisant n'a peu estre digeré en l'estomac pour la chalour du sang qui est alee au cuer, et fait ardoir et bruir le cuer de dolour et de yre, et les membres demeurent tramblans et paralitiques.

/99ᵛ La tierce maladie qui vient aus hommes et aus femmes qui faulsent leur mariage est une maladie qui s'appelle appoplecie ou epilencie, engendree de colere noire et fleume corrumpue et ners blecés par la tierce condition ou complection, c'est assavoir par propre volenté de eslire la pieure partie, de non purgier soy en tamps et en lieu des males humours habondans; et pour ce ceste passion vient soudainement sans mander ses fourriers,[41] car soudainement la personne qui chiet de appoplecie pert la parole et l'entendement et aucunefois meurt soudainement. Ceste maladie d'appoplecie en Chypre a nom l'avalement, qui est de telle condition qu'il convient de commun cours ou que la personne muire soudainement ou que elle perde un costé tout entier, c'est la moitié de son corps qui demeure insensible; et paou de gens en reschapent qui puissent jamais recouvrer santé pleniere. Ceste femme, parlant moralment, de sa propre volenté elle a refusé la medicine

---

39. le[s].
40. trambl*{e}nt (a). I have corrected the Picard interchange of *an* and *en* for ease of comprehension.
41. four[r]iers.

digestive souffissant a digerer les males humours dont l'appoplecie est engendree en lui, et pour ce, selonc les operations des humours, elle a perdu un costé qui li est demouré quant a lui insensible, c'est assavoir son mari, duquel costé, c'est assavoir de la coste d'Adam, elle yssy. Et tout ce avient par deffaulte de vraye chalour d'amour pluseurs fois repetee. Si fault bien trouver pour guarrir ceste maladie un autre phisicien que Ypocras ne Galien.

 La quarte passion qui vient a ceulx qui faussent leur mariage est une maladie qui s'appelle passion colique et est engendree, parlant moralment, de la quarte condition, c'est assavoir de jalousie enracinee, aucunefois acompagnie d'ypocrisie et aucunefois non. C'est une dolour au cuer de souspeçon quant la cole rouge merlee avec sang corrompu et melencolie noire s'assamblent ensamble ou corps de la personne avec ventosité decourant, et lors commence premier la dolour en l'estomac, et de la par tout les membres principaulz et par especial es costés et es entrailles par telle maniere et par si grant dolour que la personne sans nul repos cuide touzjours morir, et maintes gens en meurent. Ceste passion, /**100** moralisant, est engendree par jalousie enracinee et pour ce que la femme en son cuer ne donne pas foy a son mari comme elle deveroit et vaudroit qu'il feist a lui, ne l'omme aucunefois aussy, pour ce est il de Dieu permis que la personne soit ainsy tourmentee ou cuer et es entrailles la ou la male jalousie est fourmee et nourrie. A ceste passion perilleuse de passion colique la colere dominant faut grand medecine, car il faut premier un fort vomissement, un cristere et une forte medecine, et pour attremper la dolour un baing medicinal. Il se dit en proverbe, "qui n'a foy en lui il ne le donne pas a autrui." Se la femme jalouse eust vraye foy en lui sans estre tourmentee elle donroit foy a son mari, et tout ainsy se puet dire de l'omme jaloux aussy.

 La quinte maladie a trespassans le veu de mariage si est une tous enracinee en l'estomac et en la poitrine, engendree de colere rousse et noire, merlee avec fleume et sang corrumpu, et procedent des .iiij. conditions susdictes ou d'aucune d'icelles, laquelle tous est si forte aucunefois que a tres grant paine puet la personne avoir s'alaine. Ceste forte tous se treuve en .ij. manieres: l'une si est chaude et sceche, sans jeter riens par la bouche et telle personne ne fait que toussir dedens sa poitrine aussy comme sans cesser et a tres grant dolour; et l'autre tous si est froide et n'est pas si continuele, mais quant elle vient la personne jete par la bouche les humours corrumpues. A nostre propos ce sont les mariés mal assenés par leur deffaulte et malcontens, et par especial la femme telle qui ne fait que toussir, voire d'une tous chaude et envenimee sans riens jeter par la bouche en toussant et murmurant contre son mari, ayant une haine enracinee encontre lui, par laquelle elle demeure toussant et murmurant et en pechié mortel. Dont il avient souventefois que celle tous chaude est muee en la froide, et jete par la bouche sans vergongne les males humours, c'est assavoir les males paroles et aucunefois orribles fais qu'elle dit a autrui de son mari et aucunefois a lui. Et de ceste tous froide et chaude les hommes mariés n'en sont pas aussy tous quittes, dont maint mal est avenu et avendra, se Dieu n'y prouvendra. Dieu par sa grace /100ᵛ veuille refourmer le loyen derompu, car a une telle tous il fault bien autre medecine que dyadragan froit ou chaut.

 La siziesme passion des maulz contens de leur mariage si est une orrible et perilleuse maladie qui est appellee frenesie en la teste et est engendree de sang habondant et d'une colere ardant dont les fumees montent en la cervele et l'entendement est tourblé, et telles personnes estans en frenesie dient communaument toutes choses qui leur viennent[42] a la bouche et ont perdu vergongne et vray jugement des choses qui leur sont presentees. Et procede ceste frenesie des .iiij. conditions susdictes, c'est assavoir aucunefois de grand couroux ou de grant jalousie et melencolie. Quant la personne s'est[43] tant laissiee couler en la hayne du sacrement de son mariage, et que l'amour est tournee en hayne enracinee, et telle personne de sa part ne resiste a la temptation mais croit les flateurs et flateresses qui li rapportent le mal du mari ou de l'espouse, lors telle personne par la permission divine chiet en frenesie, et li semble que tout ce qu'elle dit soit verité et que l'omme soit mué en cheval et la farine en biau ble. La dolour est en la teste et en la fantasie qui juge de blanc noir. Quel merveille! car l'omme ou la femme telle a offendu son Espous immortel et son Chief Jesu Crist, qui est vray Chief de nostre mere saincte Esglise dont la femme est un des membres; et pour ce est il permis qu'elle soit punis en sa teste par la frenesie susdicte selonc l'Esvangile, qui dit, "De telle mesure que tu mesureras a autrui a toy sera mesuré ainsy."[44]

 Dont il avint en nostre tamps que une grant royne que je bien cogneux[45] [a Naples,] pour ce que le loyen d'amour entre (l'omme et) lui et son mari fu derompu, elle en perdi son jugement et chay en telle frenesie que, si comme il fu dit, il li sambloit de son seigneur et mari

---

42. vien*[nen]t.
43. {s}'est, (c).
44. Mt 7: 12; Mk 4: 24; Lk 6: 38.
45. For *cogneus*.

quant il estoit couchiéz avec lui que ce fut un asne, dont tant de maulx avindrent que les barons du royaume, cuidans plaire a leur royne, par l'enortement d'une contesse de Cabane,[46] murdrirent leur seigneur innocent et de tres vilaine mort.[47] Les maulx qui en sont avenus ne se pourroient descripre, et la dicte contesse qui mit la main a la mort de son seigneur vilainement en fu /101 tenaillie. Cy a biau miroir a toutes dames mariees afin que elles se gardent de la male frenesie--laquelle chose Dieu leur veuille ottroyer.

    La .vij.ᵉ passion la plus perilleuse de ceulx et de celles qui rompent le loyen de leur mariage cy est deffaulte de cuer, une maladie qui a nom cardiaque et aucunement paumison, et est engendree par l'occasion des .iiij. conditions ou complections souventefois repetees par les .iiij. humours de la personne habondans, corrumpus et convertis en venin, dont les fumees viennent au cuer, au foye et au pulmon et principaument a la cervelle, dont la personne soudainement demeure insensible et comme morte. Cy a une maladie bien perilleuse et cordiale, et aucunefois la personne en muert soudainement, et aucunefois par espandre yaue froide ou yaue rose ou certains aromas mettre au nes du passient et par autres medecines le passient revient a lui et an son sens.

    Ceste dolour de cuer qui a nom paumison, par aucune similitude puet estre appelee *noli me tangere*.[48] Ceste maladie *noli me tangere* est

---

46. Philippa the Catanaise, a laundress who became the favorite of Joan I of Naples and rose to wealth and power, which she lost when implicated in the murder of Prince Andrew of Hungary, which is described further in the following note. Boccaccio, in contrast to Philippe's curt reference, celebrated Philippa as an example of a non-noble woman who suffered the reversals of fortune, in his *De casibus virorum illustrium* 9. 26. (A reduced facsimile reproduction of Boccaccio's text of the Paris 1520 edition is available: *De casibus virorum illustrium,* ed. Louis Brewer Hall [Paris, 1520; rpt. Gainesville, Fla.: Scholars' Facsimiles and Rpts., 1962]. However, this reader found the reduction unacceptably difficult to read and consulted an incunabula [Bruges: Colard Mansion, 1476].)

47. The queen is Joan I of Naples. Golenistcheff-Koutouzoff points out that Philippe narrates here the assassination of Andrew, carried out apparently with the complicity of Joan, in September 1345 (*Etude,* 24-25). Mentioning Boccaccio's narration of this event, Golenistcheff-Koutouzoff refers to Laurent de Premierfait's translation (*Etude,* 24 n. 40). Of interest here is the fact that Philippe's version, which shows Joan in a far less flattering light than does Boccaccio's account, preceded Boccaccio's French translation of c. 1400.

48. These are the words Christ spoke to Mary Magdalene in the garden after his Resurrection (Jn 20: 17).

une playe qui vient a la personne entre .ij. yeux qui est de telle condition que, qui y touche aucunement d'autre chose que de l'oignement tant seulement qui est propre pour celle playe, la dicte playe se cave de lui mesmes petit a petit jusques a la cervelle, et pour ce est appellee *noli me tangere.* C'est proprement, en parlant par figure, la passion cardiaque susdicte, car il n'a que une seule medicine qui entierement puist garir le passient. L'yaue rose, aromas bien flairans ou autres herbes feront bien revenir a soy le passient de paumison, mais autrefois il rencherra s'il n'a sa propre medecine cordiale.

    A nostre propos, parlant moralment, quant l'omme ou la femme malcontente de son mariage vient au party qu'elle ne se veult aidier par nulle voye ne recevoir doctrine ne medicine et elle est cheue en la fosse de desperation, lors vient la dolour au cuer et chiet en paumison. C'est assavoir que elle ne puet et ne vuet ouir le remede de sa forte passion, et quant a bien dire ne a bien faire elle demeure paumee et de son mariage desesperee--de tout pechié on peut avoir /101ᵛ pardon excepté de desperation--a tel homme ou a telle femme desesperee et verissimelment paumee, comme dit est, se toute l'yaue rose qui croit entour Damas et toutes les espices d'Inde a tout les aromas li estoient presentés, sans sa propre medicine de la dicte maladie elle ne porroit garir, de laquelle medicine especiale pour ceste maladie sera desclairié a plain cy desoubz ou chapitre de la passion cardiaque. O quel dolour et quel peril c'est de chair en paumison de desperation, dont les maulx orribles viennent en ce monde et en l'autre dampnation! Et bien se doivent garder les maris de donner a leurs femmes occasion de desperation et les femmes aussy se doivent bien garder de leurs maris troubler ne a eulx rioter.

    Et pour mieulx cognoistre les grans maulx qui en puent avenir, il fu un roy qui des parties de Honguerie vint en Lombardie, appellé Albinus, roy des Longuebars, moult poissant.[49] Et en son chemin il se combati a

---

49. The story of Alboin and Rosamond is told by Paul the Deacon in *Historica Langobardorum: Scriptores rerum Langobardicarum et Italicarum saec. VI-IX* 2. 28-32 (Monumenta Germaniae historica 189 [Hanover: Impensis Bibliopolii Hahniani, 1878; rpt., Hanover: Hahn, 1978]). An English translation is in *History of the Langobards,* trans. William Dudley Foulke, 2d ed, intro. Edward Peters, *History of the Lombards* (Philadelphia: Pennsylvania UP, 1974), 80-93. Golenistcheff-Koutouzoff points out that the same story is narrated by Boccaccio in his *Liber de casibus virorum illustrium* 8. 22, citing Laurent de Premierfait's translation of c. 1400 (*Etude,* 23 and n. 39). Golenistcheff-Koutouzoff has compared the versions and concludes that Philippe's source is Paul the Deacon directly (ibid., 22-24). However, the tale of Alboin and Rosamond is also

un autre roy son anemy et l'occist et prist une fille qu'il avoit
prisonniere, appellee Rosemonde, la plus belle de son paÿs. Cestui roy
Albuin pour magnificence de sa victoire fist faire une coupe du tes de la
teste du roy qu'il avoit occys et a grans solempnités buvoit a celle coupe.
Le roy des Longuebars Albuin prist a femme Rosemonde, fille du roy
occys, pour sa biauté. Et une fois a Mielan, a une grande solempnité a sa
table donna a sa femme Rosemonde a boire de la coupe dessusdicte,
disant, "Buvés a la couppe de la teste de vostre pere." Elle but et n'en
fist samblant, mais en secré elle se pauma par desperation de son
mariage.

    Ceste royne desesperee avoit une damoiselle que un des chevaliers
du roy amoit. Et en lieu de la damoiselle, la royne Rosemonde se coucha
ou lit de sa damoiselle avec le dit chevalier, et le chevalier cuidoit que ce
fust s'amie. Et lors Rosemonde se fist congnoistre au chevalier qui fu
moult esbahy et doloureux de ce qu'il avoit couchié avec la royne sa
dame. Et pour abregier l'istoire orrible, Rosemonde li dit tant qu'il mit a
mort le roy son seigneur. Et lors la royne Rosemonde, mais rose souillie
et orde,[50] prist a mari le dit chevalier. Et s'en alerent a Veronne
demourer /102 et regner ensamble. Quant Rosemonde fu saoulee de son
second mari, elle vault avoir le tiers et vit le seigneur de Ravanne[51] qui
estoit biau chevalier. Si l'ama fort. Et une fois pour faire mourir son
mari, elle li presenta un galice, plain de venin couvert de vin. Le
chevalier qui ne se doubtoit point de sa femme, pour laquelle il estoit
devenuz traitre et occys son seigneur, prist la coupe et but la moitié et
tantost senti le venin. Et lors il prist la coupe ou galice et par force,
devant tous les chevaliers a table, fist boire a Rosemonde le remenant du
venin. Et l'un et l'autre tantost chairent mors.

    Par cest exemple orrible et par maint autre se puet congnoistre que
peril c'est en mariage de la maladie cardiaque et de paumison et de
desperation. Dieu par sa saincte grace en veuille garder tous Crestiens et
toutes Crestiennes. Et ce souffice grossement des .vij. maladies et
passions des femmes mariees et des hommes aussy mariés qui faulsent le
sacrement de mariage a leur Espoulz immortel et a leur mari mortel,
demourans en leurs pechiés, et ne se veulent amender.

---

narrated in terms similar to Philippe's in *The Golden Legend* 2: 747-49;
therefore, this is also a possible source.
50. Philippe puns on *Rosemonde* and *Rose immonde* in his etymology here.
51. The legend of Alboin and Rosamond is closely associated with Ravenna.

De .vij. manieres de fievres en especial dont les dames mariees malcontentes souventefois sont tourmentees et les maris aussy, pour ce qu'il ont faulsé leur mariage.

Le .v.ᵉ chapitre

5   Quant aux .vij. manieres de fievres cy dessus recitees par lesquelles les maulx contens en mariage sont ferus et tourmentés, qui en vaudroit descripre a menu se seroit un long traittié. Il s'en fault passer briefment pour ce que les maulz contens en saveront mieulx parler qui [en] sueffrent mains fors assés que cestui viel solitaire qui des dictes fievres
10 ne fu onques feru, dont il en rent graces au doulx Jesu. Toutefois je pense par ymagination que les hommes et femmes mariees, ferues des .vij. males passions cy dessus recitees, maintes fortes fimeres ont soustenu qui leur ont esté moult ameres; et combien que la fimere qui est la premiere ne soit pas apparant fievre fourmee, toutefois elle est sa
15 messagiere et fait soustenir mainte male journee. /102ᵛ Mais que se dira de l'ague, fievre lente qui point en requoy et fait la personne dormir et perdre l'appetit? Ces .ij. premieres sont les fourrieres qui prendent l'ostel pour leurs dames, les passions susdictes. Et lors vient en place, l'espee ou poing, une fievre erratique et fiert grant caup sans maneeier.
20 Pour ce qu'elle scet bien qu'elle ne puet pas longuement demourer, elle va et vient et souvent visete la dame malcontente et se elle le treuve a descouvert et mal purgie, elle li fait avoir dolour et male vie. Or est passee la fimere et fievre erratique.

    Mais la tiersaine vient en place et puis la quartaine, qui n'y
25 pourvoit, c'est assavoir quant les mariés malcontens de leur mariage aucunefois font une pais fourree ensemble qui dure .ij. jours ou .iij., par tel maniere qu'il samble que le jour de leurs noces soit revenuz en place: la joye est grande, les instrumens sonnent, la pais est faite. Or voisent brillier les mesdisans qui avoient bouté le feu es estoupes, car "Madame
30 aime tant Monseigneur que vous ne le porriéz croire," dit la chambriere. Il fault crier une joustes pour faire crever les cuers aus mesdisans pour monstrer la grant amour nouvelle de la dame a son seigneur et du seigneur a sa femme, qui est une grant nouvelleté, on en puet bien appeller en parlement. Or avient que soudainement et pour un neu de
35 festu la guerre est recommencie. Quel mervaille! car la pais ne fu pas bien fondee sur la pierre ferme, c'est sur Jesu Crist vray Espous de leurs ames, auquel il estoient encores en guerre ouverte, et pour ce de droit la pais ne pouoit pas estre ferme, car au traitier la dicte pais on mist la

charrue devant les buefz. Dont il avient que la tierçaine et la quartaine ne si oserent plus arrester pour .ij. autres grans dames qui de fait si vindrent herbegier, c'est assavoir la cotidiane et la continue. Cy a males nouvelles et guerre sans repos.

O quelz traisons et orribles fais ont esté traitié et fais en ceste male guerre privee, dont mainte ame a esté dampnee, maint royaume perdu, maint preudomme mort par poisons et de glaive et mainte preudefemme estranglee, et tout pour l'appetit desordené, /103 courous desmesuré, propre⁵² volenté desordenee et principaument la faulse jalousie enracinee, de laquelle le Jalous ou Livre de la Rose fort se doloit et les passions d'icelle clerement demonstroit s'amie qu'il menti faulsement quant il parla outrageusement des sainctes dames mariees en diffamant leurs denrees, disant le faulz Jalous, "Toutes estes seres et fustes," *et cetera.*⁵³ Ce fu mal dit, car il bourda. Mainte et maintes dames mariees ont esté, sont et seront qui leur mariage ont gardé chastement, gardent et garderont, et mainte vierge, [vesves] et pucelle devant Dieu se trouvera nette et belle. Retournant donques au propos, les dessusdictes fievres .vij. et les .vij. maladies et orribles passions des malcontens de leur mariage avienent pour les transgressions des mariés qu'i font principaument contre leur vray Espoulz immortel, dont les rebondes avienent a l'espouse mortele et au mari mortel.

De .vij. empeschemens notables qui donnent souvent occasion aus dames [d'estre] malcontentes de leur mariage et aus maris aussy et des grans maulx qui en sont avenu; et [premierement] de franc arbitre qui au faire le mariage a esté efforcié.

Le .vj.ᵉ chapitre

Il est expedient de descripre briefment aucun brief remede a tantes passions. Et combien qu'il soit [dit] dessus que toutes ces maladies, dolours et melencolies procedent des .iiij. humours corrumpues et des .iiij. condicions susdictes ja converties en complections de l'omme et de la femme, toutefois je treuve .vij. autres empeschemens qui sont occasions manifestes⁵⁴ et notables par lesquelles en grant partie les dictes maladies sont engendrees, combien qu'elle procedent toutes des

---

52. prop*[r]e.
53. *Le Roman de la Rose,* l. 9125 (Lecoy 2: 28).
54. ma(g)nifestes.

conditions susdictes. Dont il est assavoir que le philozophe dit qui Dieu et nature ne firent onques chose pour nient ne chose uuiseuse. L'Escripture dit que toutes[55] les choses que Dieu fist estoient merveilleusement bonnes,[56] et d'autre part nature par son commandement de sa part en toutes ces euvres (merveilleusement) fait bien son devoir. Dieu a laissié a l'omme et a la femme son franc arbitre, et nature produist ses euvres merveilleuses et ses fruis par certain tamps et par journee, dont il avient /103ᵛ que les bestes mues, oyseaux, poissons et plantes jamais ne trespasseroient les decrés et les loys de nature leur maistresse; mais l'omme raisonnable fourmé a l'ymage de Dieu, helas! par sa male inclination de pechié, non pas efforcié de consentir au pechié, en usant mal de son franc arbitre, manifestement[57] et sans ignorance pervertist et corront la belle loy de nature.

Je pense que il se trouvera selonc la loy divine, morale et naturele que la principale chose qui est necessaire au sacrement de mariage entre l'omme et la femme est franc arbitre, franche volenté, c'est assavoir que l'omme doye estre conjoint a la femme et la femme a l'omme par election de franche volenté de chascune partie, dont nous avons veu et veons tous les jours, et les escriptures en sont plaines, qu'il en est avenu et avient tous les jours des mariages fais au contraire et sans election de franc arbitre de l'omme ou de la femme et aucunefois de tous deux, et les grans maladies si s'en sont ensuies. C'est le premier empeschement.

Or ramenons a nostre memoire pour y pourveoir au tamps a venir le tamps commun courant entre les Crestiens touchans a mariage, et verrés clerement et communaument que entre les grans seigneurs de ce monde, et entre les moyens aussy, par le fondement d'avarice ou de vaine gloire ou d'avancier et essaucier les lignages, les mariages et aliances se font encontre franc arbitre de l'omme ou de la femme, et toutefois se par paour des parens franc arbitre s'i embatera il se puet dire qu'il sera comme efforciéz et non pas naturel. Quel mervaille! souventefois avient que l'un ne vit onques l'autre. L'omme si est d'Almaigne et la femme d'Espaigne; l'omme sera sanguin et colerique, et la femme sera melencolique et fleumatique; l'omme sera debonnaire de sa nature, et la femme crueuse ou le contraire; l'un vaudra chaut, et l'autre vaudra froit; l'un vaudra blanc, et l'autre vaudra noir; et briefment en complection

---

55. toute[s].
56. Gn 1: 31.
57. ma(g)nifestement.

naturele et en meurs et conditions entre l'omme et la femme il n'a aucune proportion pour conforter l'election de franc arbitre.

Et par figure experience naturele nous ensengne. Prenéz un blanc /104 coulon marle et une fumelle blanche, nés et nourriz ensamble aveuc les autres coulons et metés la dicte paire ensamble pour faire generation, vous trouverés aucunefois qu'il seront un grant tamps ensamble et sepmaines et moys avant qu'il se veuillent appairier et faire l'office de leur mariage et aucunefois ne se vaudront appaier, car la complection et condition du marle n'est pas plaisant a la fumelle ou le contraire.

Et nous appairions sans esprouver le franc arbitre par mariage et pour une grant alyance la fille de l'empereur de Constantinoble au fil du roy de France.[58] Se les complections et conditions se trouveront concordables ou auques pres ce sera une aventure, et Dieu en sera loéz, et s'il sera le contraire ce sera grant dolour ou ilz averont lignie ou non. Si faillent en lignie le pueple en avera dolour et grant melencolie, et s'il averont lignie on croit communaument que naturelment les enfans sentent de la contrarieté de la nature et condition des parens dont les[59] subjés en seront malcontens, la grace divine en tout et partout exceptee; par laquelle benediction par la priere du peuple et merites des predecesseurs, un grant seigneur et sa compaigne ensamble descordans engendrent bien de tres vaillans enfans, mais ce n'est pas de commun cours mais par previlege singuler. Par deffaulte donques de franc arbitre qui n'ot pas plaine seignourie, au faire le mariage sont engendrees les maladies susdictes. Car fort est d'apaisier le corage a cestui propos des grans seigneurs et des moyens qui marient leurs filz aus filles estranges lesquelles ils ne virent onques, ne de franc arbitre n'a esté fait aucune preuve se n'est par procureur.

Je recorderay une male coustume inhumaine et perilleuse qui est ou royaume de Chipre entre les barons et nobles du paÿs et non pas ou sang royal. La coustume si est telle que les filles des nobles sont gardees de leurs meres jusques atant qu'elles sont en legitime aage d'estre mariees par telle maniere que nul homme d'estat quel qu'il soit, parens ou amis, jamais ne verra la fille ou visaige descouvert jusques atant qu'elle sera

---

58. This was Catherine of Courtenay, daughter of the titular emperor of Constantinople, Philippe of Courtenay, and Beatrice of Sicily, who died in 1307 (Anselme, *Histoire généalogique,* 1: 101). She married Charles of France, count of Valois and son of Philippe III of France, in 1300 by dispensation of Pope Boniface VIII (ibid., 1: 99-100).
59. le[s].

mariee se n'est le pere, les oncles, les freres /104ᵛ et a grant paine les cousins germains. Or vient au mariage de la dicte fille, le traittié se fait par les amis communs, et le franc arbitre de l'un et de l'autre s'acorde par procureus. Le jour des noces vient, et le mari n'aura onques veu celle
5 qu'i doit espouser. On vient a l'esglise, et la mere amaine sa fille, le visaige couvert d'une belle estamine noire par laquelle la fille puet tout homme veoir et nulz ne la puet veoir, et pour faire [brief] a ceste perilleuse coustume le mari s'approchera de la femme qu'il ne vit onques, et par la main [du prestre] se fera le mariage, la fille toujours
10 couverte le visaige. Et quant le bien eureux ou le contraire par le sacrement de mariage sera bien loyé, lors la mere descouvera le visaige de sa fille, et le mari porra veoir s'il a pris ou blanc ou noir. De ceste sauvaige coustume et de la petite[60] poissance de franc arbitre ou dit mariage et des[61] grandes et orribles maladies qui en sont avenues en
15 nostre tamps lesquelles ne sont pas a escriptre je em porroye bien parler, car la consequence des maladies m'a fait maintes larmes plourer--et Dieu par sa grace nous veuille tous amender.

Par franc arbitre donques qui n'est pas franc vient tout le mal au faire les[62] mariages des personnes qui onques ne si virent, duquel franc
20 arbitre l'election singulerement en mariage Dieu vault et veut que elle doye estre franche; et pour ce que en nostre propos elle a esté maintefois asservie, en lieu de joye aveuc lui est engendree la maladie, et s'il en est bien venuz es tamps passés de .ij., de .iij. ou de .iiiij., si comme de la tres vaillant et benoite Blanche d'Espaigne, mere du benoit saint Loys, je
25 croy que au contraire pour une il s'en trouvera .x., parlant toujours a grant reverence et correction des princes et des roys de Crestiens.

Il se puet dire que de telx mariages en procés de tamps et par successions, pluseurs royaumes ont esté gouvernéz par roys et generations d'autre langage qui n'estoient pas trop plaisans aus habitans
30 des dis royaumes. Dont maint mal est avenu, si comme du royaume de Hongerie qui par mariage eschay a la maison de France, aus royaulz de Puille et de Sezille, dont le pere du vaillant roy /105 de Hongerie derrain trespassé, frere du roy Robert, roy de Sezille, combien que de droit le royaume de Honguerie li appartenist, toutefois, contradisans les Hongres
35 ses subgés, il mist .xiiij. ans a conquerre le royaume sans partir du paÿs dont il ot maintes playes, et en la fin il en ot plaine seignourie, dont

---

60. pe[t]ite.
61. de[s].
62. le[s].

maint chevalier en perdi la vie.⁶³ Le royaume de Navarre aussy vint a
l'ostel de France par telle fourme dont lé Navarrois par aventure
amassent mieulx avoir eu roy de leur propre nature, qui eust esté a eulx
plus privés que le roy de France et du royaume eust la cure.⁶⁴ Encores
plus pour la consequence des mariages susdiz la grant guerre de France
principaument a esté commencie et jusques cy poursuivie, dont tant de
maulz sont avenuz que ne se porroit escripre. Or supposé, dont Dieu
nous a bien gardé par sa saincte grace, que pour les pechiés de France
par la permission divine le roy d'Engleterre nostre anemi mortel, + | . .
. | ⁶⁵ fust venuz a chief de s'emprise, que ja n'aviengne, la noble France
anciennement par dessus tous loee eust esté subjete et gouvernee par les
Anglois ses anemis capitaulx, dont jamais n'eussent eu joye. Pour tant se
dit de considerer les perilz a venir des mariages susdiz.

Il est ( )⁶⁶ [bien] expedient de faire aucunefois alyance de mariage a
son anemi, pour une grant pais faire et doulce reconsiliation, mais, a

---

63. For details of these events, Golenistcheff-Koutouzoff (*Etude,* 19) refers us to
Ernest Lavisse, ed., *Histoire de France depuis les origines jusqu'à la
Révolution,* vol. 3 (Golenistcheff-Koutouzoff noted vol. 2, but it is vol. 3), pt. 2,
Charles-Victor Langlois, *Saint-Louis-Philipppe le Bel: Les derniers Capétiens
directs (1226-1328)* (Paris: Hachette, 1901), 96-98, 112, 117; and vol. 4, pt. 1,
A. Coville, *Les premiers Valois et la guerre de cent ans (1328-1422)* (Paris:
Hachette, 1902), 289-90. Philippe alludes here to Charles Robert I of Anjou of
the House of Naples, king of Hungary, 1310-42, who took fifteen years to
subdue the little kings of Hungary (*Encyclopedia of World History,* comp. and
ed. William L. Langer [Boston: Houghton Mifflin, 1940; 5th ed. rev. Boston:
Houghton Mifflin , 1972], 339 and 342). The late king of Hungary was, of
course, Louis I of Hungary, 1342-82, son of Charles Robert I of Anjou, whom
Philippe identifies as the brother instead of the nephew of Robert, king of
Naples, 1309-43 (ibid., 315).
64. Philippe alludes here to the case of Jeanne, the infant daughter and heiress
of Henry I, king of Navarre, who died in 1274. On his death, his widow,
Blanche of Artois, took refuge with her daughter Jeanne at the French court, and
there Philip III betrothed the child to his second son, the future Philip IV. The
Navarrese resented the French armies that took possession of the country and
the French officials who imposed an intrusive administration (Hilda Johnstone,
"France: The Last Capetians," in *Decline of Empire and Papacy,* vol. 7 of *The
Cambridge Medieval History,* planned by J. B Bury and ed. J. K. Tanner, C. W.
Previtté-Orton, and Z. N. Brooke [Cambridge: Cambridge UP, 1932; 2d ed.,
Cambridge: Cambridge UP, 1964], 305-39, particularly 306).
65. This deletion was probably executed when the names of the donors were
erased.
66. *(est).

246 / Philippe de Mézières

mon advis petit et a mon oppinion, se la pais par aultre voie honneste pooit estre trouvee elle seroit ou tamps a venir plus seure, plus ferme et plus amee. On voit communaument que de telx mariages fais pour avoir pais entre .ij. anemis, pour les eschoites, douaires et circunstances, en procés de tamps sourdent guerres, debas et estrifz, si comme il est touchié du royaume de France. Encores avient souvent que les personnes ainsy mariees ne s'acordent pas bien ensamble, car l'omme ou la femme de la partie victorieuse vauldra toujours avoir le hault parler, en remponant et blamant le mari a sa femme ou la femme au mari de la partie qui en la guerre avera esté foulee, dont desplaisir naistra, et le venin si trouvera souventefois entre /105ᵛ le mari et l'espouse, ou par aventure franc arbitre de l'une part ne sera pas a son aaise.

Il me souvient d'un proverbe qui dit, "Qui est a marier et veult avoir bon vespre et bon matin, sans aler oultre mer prengne la fille de son voisin, qu'il avera veue et congneue et ses meurs et ses conditions a la maniere de ses complections." Le franc arbitre a l'un et a l'autre avera olivier courant,[67] qui confourmera le mariage et le fera ferme comme un dyamant. Un grant seigneur qui pour son fil prent la fille de son voisin, duquel il sera servi au soir et au matin, ou la fille par aventure de aucuns de ses barons, qui sera reputés et vaillans et preudons, mais qu'il soit doubant Dieu et bien amés de ses subgés, il demoura touzjours et seurs et liéz et redoubtéz de ses anemis qui trouveront voie de devenir ses amis. Et ce souffice de la susdicte oppinion sans affermer le par obstination.

Du secont empeschement en mariage, c'est assavoir quant l'omme et la femme en lignage sont trop prochains ensamble, et de ce qu'il en avient communaument.

Le .vij.ᵉ chapitre

Encores se treuve le secont empeschement qui donne occasion ou fait de mariage dont les maladies susdictes et passions merveilleusement procedent, c'est assavoir des grans seigneurs, et aussy des moyens qui

---

67. The sense of this sentence is that the free will of both parties will be truly free. Hassell includes the expression in his *Middle French Proverbs, Sentences, and Proverbial Phrases* under item O 58, and Randle Cotgrave defines it in his *Dictionarie of the French and English Tongues* as meaning to act freely according to one's will ([London, 1611; 2d ed., ed. and intro. William S. Woods; Columbia: South Carolina UP, 1950]).

ensivent les grans, lesquelz sans pure necessité souvent font alyance de mariage a leur propre lignie non exeptant autre degré que leurs seurs et leurs tantes, ensivant, s'il s'ose dire, la coustume de la loy des Juifs ausquelx lors pour certain cas cy dessus recité il fu permis de Dieu qu'il peussent prendre par mariage les femmes prochaines de leur lignie: mais en la loy de grace en la foy catholique il a esté deffendu. Et parlant par figure, tout ainsy que les Juifs orguilleux, obstinés et de propre volenté, empetrerent a Moyses le livre, c'est la chartre de repudier et de laissier leurs femmes et prendre autres quant elles ne leur plaisoient,[68] laquelle chartre Dieu consenti, voire, ce dit saint Paoul, pour la "durté de leur cervelle,"[69] et pour non pas faire pis, et que les povres femmes ne fussent occises de leurs maris. A ce propos entre les Crestiens la chartre non pas de repudier sa femme, qui de pluseurs /**106** volentiers se feroit se faire se pouoit, mais la chartre, c'est assavoir la despensation pappale, de prendre sa cousine (qui) est tantost empetree. Et Dieu veuille qu'elle soit bien justement causee, car les sains docteurs dient que se le pappe fait dispensation sans juste occasion cuidant bien faire, combien que en l'Esglise militant elle sera valable et approuvee, toutefois, se elle ne sera corrigie en l'Esglise triumphant elle sera repprouvee, par ce doit on doubter et fort considerer quel peril c'est de dispensation ou previlege empetrer. Je ne dis pas qu'il ne se puisse et doye faire aucunefois, mais garde se bien celui qui vaudra empetrer la dispensation que le fondement soit juste, expedient et necessaire et bien examinee l'occasion.

Des grans maulx qui en sont avenu en la Crestienté et des grans lignies qui en sont defaillies et des grandes maladies susdictes qui s'en sont ensivies, il est expedient de faire briefve escripture, car le fruit qui est de telx mariages sans allegation est trop bien congneus. Quant aucunefois il souvient au mari qu'il a sa cousine germaine--ou un point mains--couchie avec lui, et li souvient que leurs peres estoient freres, et en son cuer sa femme repute comme sa suer; et li vient au devant comme a bon catholique le commandement de l'Esglise de non prendre sa cousine, et puis en sa conscience de la dispensation--de laquelle par aventure il se pouoit bien passer--et prendre une autre femme sans nulle scrupule de conscience, car assés en y a en la Crestienté. Si poés penser comment tel homme est consolés de son mariage, et ce mesmes se puet dire de la dame, dont les desplaisirs viennent tantost en place. Les fievres susdictes ne seront pas loings ne les maladies aussy, et lors, de

---

68. Dt 24: 1-4.
69. Said by Christ, not Paul (Mt 19: 8).

neccessité, le loyen du sacrement de mariage est derompu et brisié. Et s'il se treuve par aventure une paire de telx mariages qui ayent pacience et mainent belle vie ensamble en gardant sans enfraindre le sacrement de leur mariage, Dieu en sera loéz, mais passés oultre vous en trouverés au contraire par aventure quarrante paires.

    Encores se puet ymaginer que en telz mariages de si prochains l'un a l'autre le franc arbitre aucunefois n'est pas bien desloyés ne maistre de son mestier, car sa maistresse /106ᵛ election souvent remaint en grant perplexité pour le lignage et la propinquité. Et se la dame avera aage et plain entendement, en requoy elle plourra tendrement en desirrant avant de offrir sa destre main a un plus povre qui riens ne li soit que a son cousin germain. Et aussy pour conclusion de ceste occasion, franc arbitre n'est pas bien asseurés en sa perfection, qui doit estre franc et avoir seignourie, par lequel les mariés sont contens et mainent belle vie.

Du tierch empechement, c'est assavoir des enfans sans aage qui par les parens sont conjoins ensamble par mariage, et si ne scevent quelle chose est mariage ne franc arbitre aussy.

Le .viij.ᵉ chapitre

    Encores se treuve le tiers empechement qui donne occasion manifeste[70] de trespasser les loys de franc arbitre en mariage et de engendrer non pas tant seulement les maladies susdictes mais passions[71] sans nombre, et que pis est le bel ordre de nature et l'operation d'icelle est precipitee et corrumpue. C'est assavoir des mariages qui se font au jourd'ui plus que onquesmais des petis enfans qui sont soubz aage et ne scevent que soit mariage et ne se congnoissent en franc arbitre. Il ameroient mieulx une pomme ou une mite qu'il[72] ne feroient de mariage l'assamblee. Il esliroient avant une poire paree. Et pour mieulx conjoindre les ensamble, afin qu'il ne se puissent repentir, on les fait gesir ensamble en un lit--et si n'ont que .vij. ou .viij. ou .x. ou .xij. ans --pour bien contrefaire le mari et l'espouse, dont il avient que quant il viennent en l'aage de vraye cognoissance communaument il n'aiment point l'un l'autre. Mais pour quoy pour ce que franc arbitre y a perdu sa loy, car par aventure il voient autres l'omme et la femme ausquelx ou

---

70. ma(g)nifeste.
71. passion[s].
72. qu'i[l].

ausquelles selonc leurs meurs et complections il treuvent plus grant proportion, dont la mere de franc arbitre, election, si fust assise en consolation.

Or sont nos enfans mariés en aage de faire procreation de lignie, voire a moitié comme celui qui vendange sa vigne a moité meure et cuide avoir bon vin, mais /107 quant le vin est parés il ne treuve que vernis. Quel mervaille! il se hasta si qu'il menga ses bles vers qui onques bien ne li firent. Il ne laissa meurer le roisin et pour ce l'emprist. Ainsy nos josnes enfans mariés se hastent de cueillir la rose vermaille avant qu'elle soit en bouton, et les filz, peres et meres, les confortent a ce faire, et ont si grant desir d'estre claméz grant pere et grant mere qu'il en pleurent depuis maintes larmes bien ameres. Quel mervaille! car la fille qui est tendre et n'est pas meure de porter meur fruit, ne le mari aussy de jeter sa semence, fera un fil a si tres grant dolour qu'elle morra ou sera comme morte et toutes deroupte[73] et corrompue, et est en peril que jamais n'ait santé, et par aventure demoura impotente de non jamais concepvoir ou de non porter fruit entier.[74]

Or est nee nostre creature, petite et tendre comme une letue, et samble mieulx deffaulte de nature que une humaine bien fourmee creature, et averont grant doubte les matrones que nostre filz ne muire avant qu'il soit bapisiéz, et la mere tendre et debrisie gist en son lit

---

73. dero{u}pte from dero(m)pte. By deleting one minim, the scribe went from the learned *derompte* to *deroupte*. The scripta gives *roupt* on f. 98.

74. Later, Philippe, for political reasons, will recommend the marriage of Isabel, the eight-year-old daughter of Charles VI, to Richard II of England, a twenty-eight-year-old widower (*Letter to King Richard II*). While Philippe is perhaps repeating here the arguments of theologians, he may have been writing from experiences he had observed. Anne Denieul-Cormier tells us that Charles V married his cousin Joan of Bourbon and that Charles suffered from bad health, while Joan had difficult and dangerous pregnancies, frequently failing to carry to term. Her children who survived were frail and sickly, and she herself had mental trouble with a spell of amnesia in 1372, finally dying in 1377 of puerperal fever while giving birth to her daughter Catherine (Anne Denieul-Cormier, *Wise and Foolish Kings: The First House of Valois, 1328-1498* [Garden City, N.Y.: Doubleday, 1980], 75-139). While the known events in the life of Charles VI raise the specter of mental instability in his family, the more vivid details of this account of his parents must be suspect because no sources are given. The official biography of Charles V circumspectly gives no more than an account of the births and deaths of members of the royal family (*Chronique des règnes de Jean II et de Charles V*, vol. 2 [1364-80] of *Les Grandes Chroniques de France* [Paris: Renouard, H. Laurens, 1916]).

comme morte. Or prenons que nostre filz vive, il sera si maladis et si chetif de corps et de poissance que on en porra bien faire une piteuse dance; encores s'il a santé en paou d'ans il devendra soutilz et--Dieu veuille que ce ne soit pas--de mauvais malice, et tantost devendra vieulx et ne porra vivre longuement, car de substance generative failli le fondement. Or le prengne le pere ou la mere qui si josnes les marya et vault estre appellé grant pere. Aultres inconveniens en aviennent sans nombre qui seroit une pitié a reciter, quelle merveille! car les belles euvres de nature es .ij. enfans en tamps ont esté anticipees, perverties et desordenees, et nature corrumpue, dont le pere et la mere de dolour entressue.

Or poués penser comment ces enfans ainsy mariés, quant il seront grans et en plaine force et vraye cognoissance, quel plaisir il averont ensamble quant il verront que ceulx qui en parfait aage et en franche liberté ont esté marié et fructifient en lignie, amant l'un l'autre en menant belle vie. Que s'en dira? De dolour le loyen de mariage souvent brisiéz sera, dont maint maulx avendront qui /107ᵛ amender ne se porront. Du tamps que je fu nés, de commun cours les enfans ne se marioient point s'il n'avoient passé .xv. ans, et amoient l'un l'autre trop plus que au jourd'ui ne font ceulx qui sont josnes mariés comme dit est. Dont il est assavoir que en multipliant inconvenient es parties d'Orient ou royaume de Chipre et par especial en la noble cité de Venise, pour l'appetit desordené qui partout est multiplié, les[75] filles des nobles hommes se elles averont passé .xij. ans ou .xiij. a grant paine trouveront qui les veuillent prendre par mariage, et ce je le dis de veue. Mais le commun cours des noces et de la conjonction est de .xj. et de .xij. ans, et qu'il [en] est avenu et avient tous les jours je tireray le frain a ma penne.

Nature feist encores bien son devoir qui ne detournast l'orloge de son biau gouvernement, mais on l'atrempe en telle maniere que ce qui doit aler devant va derriere: l'appetit desordené et propre volenté sans repos toujours lime et fait sonner en l'orloge nonne devant prime, et pour ce le monde va a declin, les gens vivent paou, et ceulx qui naissent, comme dit est, en cestui tamps, de force demeurent non poissans; et bien y appert, car il n'ont que .xxiiij. dens et de mon tamps il en avoient .xxxij. Que sera il donques de cy a .ij. cent ans? Les hommes devendront comme nains, qui ne rapparllera[76] l'orloge. Or prions Dieu devotement

---

75. le[s].
76. rappar[l]lera for rappar[eil]lera. Godefroy 6: 595 gives *raparlage* as a variant form of *rapareillage*.

qu'i le veuille rappareillier et en tout bien nos voies adrecier. Et ce souffice du tiers empechement.

Du .iiij.ᵉ empechement ensivant qui donne occasion en mariage de mainte tribulation et des .iij. autres empechemens.

Le .ix.ᵉ chapitre

Encores se treuve le quart empechement qui donne occasion en mariage de engendrer les maladies sustouchies, c'est assavoir quant l'omme et la femme ne sont pas pareil en noblece. Quant l'un est de grant lignie et l'autre si est de basse, de commun cours celui ou celle qui sera plus noble vaudra avoir la seignourie et le hault parler, et ne vaudra pas tant souffrir de sa compaigne comme il deveroit et comme il n'est tenus, car noblece de sang ou non noblece ne donnent pas auctorité au sacrement de mariage, mais vraye amour en Dieu commune de l'omme a la femme et de la femme a l'omme; et de tant que l'un est plus noble que l'autre de tant il se /108 doit plus humilier et doulcement converser avec sa compaigne[77] en mariage, car es nobles et plus nobles doit avoir plus de vertu que en non nobles pour ce qu'il doivent [estre] mieulx nourris en noblesse et en bonnes meurs. De cestui empechement et occasion de lui mains maulx en sont venuz, car la femme mains noble de son mari, qui pour le grant lignage touz les jours se verra mesprisie et vilenee[78] et sans raison, par aventure elle n'avera pas pacience et lachera le frain, derompant le loyen du sacrement de son mariage, et au contraire aussy porra bien faire le mari.

Le quint empechement est auques pareil a cestui. C'est quant un riche homme prent par mariage une tres povre femme ou une riche femme prent un povre homme, le riche comme dessus vaudra touzjours avoir la seignourie, et le povre n'osera dire mot, et sa povreté sera maintefois recitee et la richesse maintefois reprouvee par telle maniere que en vray amour, vray sacrement de mariage entre l'un et l'autre maintefois n'avera aucune proportion, mais desordenee domination et contrainte subjection, dont les maladies vendront en place moult orribles et vilaines, de scandale et de diffamation plaines.

Le siziesme empechement qui donne en marriage occasion d'une grande passion et enracinee melencolie si est quant l'omme restraint sa

---

77. compaign(i)e.
78. vilen{e}e, (i).

compaignie et fortrait a sa femme ce qui deust estre sien et ce qu'i li doit
de droit et le depart en autre lieu ou prejudice de sa compaigne, froissant
le veu qu'il a promis a Dieu, et la femme aussy refait a son mari autel,
dont il est dit, "A telle gaine tel coutel" ou "A telle fourme tel sanler."
5 Aucuns maris par avarice et par haine laissent leurs femmes mal vestues,
mal appareillies et comme mortes[79] de fain, et en leurs delices et propres
volentés charneles il se baignent comme en doulz sain. Qui porroit
estimer les maulx qui en sont avenuz, les hommes mors et aucunefois les
femmes et leurs estas confondus?[80] Pour ceste occasion maudite mains
10 royaumes ont esté perdus, dont je porroye parler par lettre et sans glose
et non pas sans larmes pour la dampnation qui me vient [en memoire] des
ames.

Le .vij.ᵉ empechement avient souvent en mariage, faisant un grant
dommage a ceulx /108ᵛ a qui le lipe pent[81] qui sont trop delicatis de
15 propre volenté et d'appetit desordené, lequel empechement aministre
occasion de grant turbation. C'est assavoir, vielesse de l'une part et
deffaulte de biauté corporele, selonc l'appetit ou vray ou corrompu du
malcontent, contenance aussy et maniere deshonneste, estrange ou
desordenee et certaines deffaultes et passions secretes maintefois
20 survenans sans la coulpe du pacient, lesquelles deffaultes et passions ne
font pas a escripre. Dont il se puet bien dire que par un tel empechement
maintefois et souvent et l'un et l'autre ont oublié ce qu'il ont a Dieu
voué, et sans tenir mesure lachent le frain dont il trebuchent; et au suer
et au main a cestui empechement la tous seche en la poitrine cy dessus
25 recitee y est souvent renouvelee. Quel mervaille! car le sacrement de
mariage est rompu, il n'a n'amour ne doulceur en ceste passion qu'il
puisse donner aucune consolation. Se faire se peust chascun vaudroit
estre deslié pour soy trouver en franchise et avoir le cuer lyé, voire d'une
lyece qui fine en tristesse et en tres grant dolour, dont l'ame sera
30 tourmentee en orrible tristour.

Et ce souffice des .vij. passions et maladies grossement cy dessus
desclairies des malcontens en mariage et des .vij. empechemens aussy qui
entrevienent souvent aus mariés, dont il voudroient estre desliez. Or
prions donques devotement a Dieu qu'i les veuille reconfortant amender,

---

79. morte[s].
80. leur[s] esta{s}, (t), confondu[s].
81. A proverbial expression that corresponds to Modern French *faire la lippe: faire la moue,* "to pout." See Joseph Morawski, *Proverbes français antérieurs au XVᵉ siècle,* CFMA 47 (Paris: Anc. Ed. Champion, 1925), no. 512.

et doulcement en leurs cuers inspirer de entendre pacianment et recevoir humblement la simple medecine cy desoubz prolixement escripte qui sera pour eulx moult neccessaire et que en lisant [elle] leur doie plaire.

Un prologue assés long recitant les materes diverses et medecines pour la cure et garison des (dictes) maladies et passions proposees, et la maniere du proceder pour le reconfort des dames mariees.

Il deveroit assés souffrir aus dames mariees et aus hommes aussy mariés qui n'ont pas bien gardé les loys de leur mariage d'avour ouy reciter une partie des grandes maladies et passions orribles qui surviennent quant le loyen du /109 sacrement de mariage espirituel est rompu et debrisié, voire pour ouir la medicine des dictes maladies et empetrer plaine garison par la grace de Dieu. Et en lisant aussy les tribulations susdictes, les dames mariees, qui se sentiront avoir bien gardé le decret de leur mariage par la bonté de Dieu, averont matere non pas petite de regracier a Dieu qui de tant de maulx les a gardees, et deveront bien prier pour les autres qui ont failly, et penser et estudier toujours de mieulx faire en perseverant jusques a la fin. Pour conforter donques et reconforter les uns et les aultres pour aucune preposition de la medecine cy desoubz tellement quellement desclairie, [et] entrant en cestui petit prologue du remede des dictes passions, il est assavoir que a petit mercier petit pennier, a petites maladies fault legiere et petite medicine, si comme une sueur, une purgation legiere, une saignie, une petite diete ou de l'yaue benoite.

Mais a grandes maladies enracinees et enviellies et de humours contraires et corrumpues multipliees, comme es passions susdictes contenans souvent les .vij. pechiéz mortelx, il y fault pluseurs choses et un grant recipé. Et pour ce que la passion proposee est une maladie cordiale dont tous les membres en sentent la dolour, et pour ce ont esté et seront touchiés, et pris tant de remedes pour finablement par la misericorde de Dieu parvenir a garison et doulce consolation--c'est assavoir par maniere de recipé en medicine, en general ensivant le nombre des .vij. maladies et pour le remede d'icelles: .vij. medicines neccessaires et .vij. correspondans lectuaires, .vij. pierres precieuses, .vij. dons du Saint Esperit, .vij. sacremens de l'Esglise, .vij. euvres de misericorde, .vij. journees de salut, .vij. planetes du ciel, .vij. manieres de metaulz, .vij. vertus dont les .iij. sont theologiques et les .iiij. cardinales, et principaument .vij. entremés doubles qui furent presentés au debonnaire Roy le Fin Rubin au disner de ses noces, et aussy .vij.

entremés qui furent presentés aus noces du Fin Dyamant, royne des
douloureuses noces--lesquelles choses recitees de grant vertu et de parfont
mistere moult neccessaires sont en ceste presente matere. Dont il se puet
dire que un bon phisicien et sage en practique des dictes medicines en
juste proportion saveroit /109ᵛ bien garir mainte maladie et offrir a ses
paciens une doulce consolation. Quel mervaille! car il averoit matere
preste de faire oingnemens, precieux emplastres et buvrages delicieux et
lectuaires confortatifz pour reconforter les esperis.

　　Et pour avoir la coignoissance[82] particulere des dictes choses prises
par maniere de medecine pour composer la medecine pour garir les
femmes malcontentes de leur mariage, et retenir les en memoire pour les
avoir plus prestes quant tamps sera de ouvrer de l'art de medecine, il est
expedient pour la laye gent et pour les dames qui de la medicine se
voudront aidier que les dictes choses nombrees et multipliees par le
nombre de .vij. a menu soyent descriptes avant que on doye proceder en
l'operation d'icelles. Quant aux premieres, c'est assavoir a .vij.
medecines neccessaires, il fu dit dessus que la premiere est une medecine
preparative, la seconde linitive, la tierce purgative, la quarte
confortative, la quinte preservative, la .vj.ᵉ nutritive et la .vij.ᵉ
vivificative. Quant aux pierres precieuses, la premiere et souveraine est
le fin rubin ou escarboucle en cestui livre assés desclairié. La seconde est
le fin dyamant, la tierce est un fin balais, la quarte un saphir oriental, la
.v.ᵉ une esmeraude, la .vj.ᵉ la pierre d'aymant et la .vij.ᵉ la belle [perle]
d'Orient. Les .vij. dons du Saint Esperit sont, c'est assavoir, l'esperit de
sapience et d'entendement, l'esperit de conseil et de force, l'esperit de
science et de pitié, et l'esperit de la timour ou doubtance de Dieu.

　　Les .vij. sacremens de l'Esglise sont baptesme, confirmation,
penitance, ordre de prestre et de clergie, ordre de mariage, le Sacrement
de l'autel, c'est assavoir le corps de nostre Seigneur Jesu Crist, et
unction derraine. Dont les .ij. sont de neccessité a personnes qui ont
entendement, c'est assavoir baptesme et penitance; les .iij. sont de grant
utilité, c'est assavoir confirmation, recevoir le corps nostre Seigneur et
derraine unction; et les [.ij.] autres sont de volenté, c'est assavoir ordre
de clers et de mariage. Les .vij. euvres de misericorde sont paistre les
povres, donner a boire au povre, vestir le povre, herbergier le povre,
visiter le povre malade et l'enchartré, conseillier le povre et ensevelir le
povre. Les .vij. planetes sont le solail, la lune, Mars, /110 Mercurius,
Jupiter, Venus et Saturnus. Les .vij. metalux sont l'or, l'argent, le fer,

---

82. The *i* in *oi* of the first syllable is to mark the palatal *n* by *ign*.

vif argent, cuivre, estain et plonc. Les .vij. vertus, dont les .iij. sont theologiques, sont foy, esperance et charité; et les .iiij. cardinales sont prudence, temperance, force et justice. Les .vij. entremés doubles des noces du grant Roy et les .vij. entremés de la royne sont largement desclairiéz cy dessus es chapitres de la Passion du Fin Rubin nostre tres doulz Sauveur et ou chapitre des noces du Fin Dyamant, la royne doloureuse.

Et pour concordance des dessusdictes .vij. medecines neccessaires sont correspondans .vij. lectuaires, c'est assavoir dyaprunis, dyapenidon, dyalaxatif, dyaambra, dyaanthos, dyacenithon et dyamargariton. On faudroit bien en la milleur apoteque de Paris de trouver tant de bonnes espices medecinales pour ordener et bien confire une solempnele medecine, mais il faudroit bien avoir a ce faire bon apothicaire qui les dictes espices seust bien attremper, le froit au chaut et le sec au moiste soubtilment composer. Il fu jadis un grant Appoticaire et Phisicien tout ensemble qui par la poissance de sa medicine, c'est assavoir de sa seule parole, ressussita un chevalier, frere de Marthe et de Marie, qui .iiij. jours avoit esté soubz terre; et de toutes maladies il garissoit en un moment, disant et il estoit fait.

Mais il vault que aprés lui ses apprentis usassent des medecines susdictes qui en firent les grans mervailles, desquelz .ij. en y ot freres germains, nobles phisiciens, Cosme et Damien appellés,[83] qui a un malade a Romme qui avoit pourrie la cuisse, taillerent la dicte cuisse toute et prindrent la cuisse d'un mor de Morienne,[84] qui celui jour estoit enterrés, et l'enterent et adjousterent ou corps de celui duquel il avoyent taillié la cuise pourrie, laquelle il mirent ou lieu de la cuisse du Morien. Et quant le malade fu esveillié et attendoit que les surgiens li deussent taillier sa cuisse pourrie, il se trouva sain et gary, et que sa cuisse estoit toute noire, et fu trouvee sa cuisse pourrie au corps mort du Morien. Cy ot belle medecine. O que les apprentis du grant Appoticaire dessusdit savoient bien /110ᵛ ouvrer au salut des malades par le moyen de medecines cy dessus recitees et d'autres aussy, parlant moralment!

---

83. The miraculous transplant, the most famous of the legends attached to these two saints, is narrated in terms similar to Philippe's in Jacobus de Voragine's *The Golden Legend* 2: 577-78.
84. The editorial necessity of selecting either a capital or a lowercase letter eliminates Philippe's original pun on *un Mor* (un Maure) and *un mor* (un mort).

Mais que fera a present le povre solitaire qui desire a (present) reconforter les dames mariees ? Comment savera il composer ces[85] precieuses medecines susdictes? Comme il ne soit pas dignes d'estre nommé apprentif du grant Appoticaire avec les dessusdiz ne d'estre
5 poursivans a si souffissans maistres, il s'est avisé que il demandra la beneison tres humblement au grant Phisicien et aussy a la Dame licenciee en medicine, celle qui donna l'erbe a l'empereris dont elle gari le frere de son seigneur et mari qui estoit devenu mesel pour ce qu'il avoit volu deshonnerer du corps la dicte empererix en l'absence de l'empereur, dont
10 il convint que la dicte saincte dame empererix pour garder le loyen du sacrement de son mariage et sa loyaulté a son seigneur s'en alast mendiant par le monde a tres grant povreté.[86]

Receue donques la dicte beneison, le viel solitaire, recordant sa lesson tellement quellement et la practique des vaillans apprentis
15 dessusdiz, se mettra a la forge de medecine combien qu'il ne sache forgier, et soufflera le feu a son pouoir devotement, et ministrera les vaissiaulx pour faire les emplastres et precieux oingnemens; et le tres debonnaire grant Phisicien et souverain Appoticaire la medecine composera et de la rousee de sa misericorde doulcement l'arousera, voire
20 par grace non pas commune mais singulere, confortant ce nouviau medecin sa creature comme pere; et tout a la santé et reconfort des dames mariees qui par sa grace des dictes passions a mon voloir seront garies et delivrees.

Il est acoustumé en medecine que les grans phisiciens visetent les
25 malades, et ordenent les grandes et precieuses medecines, et donnent grant consolation a leurs paciens par telle maniere que aucunefois d'une seule visitation et consolation du phisicien le pacient prendra si grant confort que de sa grande maladie il determinera et garira plainement. Encores avient aucunefois que en l'absence des grans phisiciens les petis
30 poursivans et les varlés des poursivans visetent les malades et donnent

---

85. compose[r] [c]es.
86. The example of this virtuous empress, Florence of Rome, is narrated in *La Vie des Peres,* vv. 5668-6439. There is also an early-thirteenth-century poem, *Florence de Rome* (2 vols., ed. Axel Gabriel Wallensköld, SATF [Paris: Firmin-Didot, 1907-8; rpt. as *Florence de Rome, chanson d'aventure du premier quart du XIIIe siècle* {New York: Johnson Rpts., 1968}]). However, Philippe knew *La Vie des Peres,* as we learn from his will, written in Venice in 1370, where he notes that he returned to Frederico Cornaro the *Dialogues* of Gregory and the *Vie des Peres* in French: "Dyalogus Gregorii et Vita Patrum in galico restituet dominus Fredericus Cornerius fratri meo" (Iorga, "Le Testament," 131).

bien /111 aucunefois conseil de remede d'aucune legiere et simple
medecine laquelle n'est point perilleuse, dont les passiens maintefois ont
tres grant joye et se treuvent en bonne convalessence de leurs grandes
maladies; avec lesquelx petis varlés et devos du mestier des dessusdiz
apprentis, qui furent confessours, docteurs et vrais martirs, le povre
solitaire se boutera et par grant charité escripra ce tant peu qu'il en a
retenu de leur science et cogneu en commetant et recommandant la
garison des Crestiens mariés, seigneurs et dames au grant Phisicien
Redempteur de nos ames.

Il nous doit souvenir que cestui livre est intitulé *Du Sacrement de
mariage espirituel et du reconfort des dames mariees principaument et de
tout bon Crestien, voire par l'example de la Passion de Jesu Crist et du
miroir des dames mariees, la noble marquise de Saluce.* Or a esté la
dicte Passion du doulz Jesu et la dolour qu'il vault souffrir pour nous si
amoureusement par sa grace recitee tellement quellement dont en lisant
devotement la dicte Passion a memoire ramenee nous ne deveriesmes
jamais avoir joye, arester ne reposer jusques atant que de nostre part en
recognoissant et regraciant a lui nous eussiesmes fait aucune chose pour
le doulx Aignelet qui li fust agreable. Encores ont esté proposees de gros
en gros les maladies et passions des dames mariees pour lesquelles
passions il fault venir au remede et au reconfort des unes, lequel
reconfort par la grace de Dieu sera confort et fermeté des autres. Dont il
est assavoir que ce que dit est par l'example de la Passion du doulz
Aignelet occys n'est autre chose que un biau miroir pour bien
congnoistre toutes passions qui peuent avenir et prendre medecine en la
dicte Passion pour bien parfaictement garir. Encores y est l'autre biau
miroir du Fin Dyamant, de la Royne de gloire, qui nous est presenté
pour acquerre plaine santé qui bien le regardera[87] par devote memoire. Et
en la fin sera presenté le merveilleux miroir de la marquise de Saluce
dont la vertu de loyauté [et] de merveilleuse pacience ne se trouverent
pas en petit musse.[88]

Encores est assavoir pour conclusion /111ᵛ de ce prologue que a la
concordance des dessusdictes medecines ne ce procedera pas en nombre
et en la fourme comme elles sont escriptes ne es maladies aussy, mais
selonc le propos et cas qui escherra, parlant des passions et de leurs
remedes, aucunefois allegant le .iiij.ᵉ ou le .vj.ᵉ des dictes medecines
devant la premiere, selonc ce que le souverain Phisicien par sa doulce

---

87. [re]gardera.
88. The litotes serves to emphasize Griselda's loyalty and patience.

pitié le vauldra inspirer a ce povre escripvain simple et ydiote qui ne scet se il a fain. Et pour ce je me trairay a nostre advocate generale des sains et des malades, la tres doulce Vierge Marie, en lui priant devotement que a cestui viel solitaire elle veuille doulcement inspirer qu'il puisse escripre chose que doye pourfiter. Amen.

Cy commence l'aucteur sa practique de medecine pour reconforter les dames malcontentes de leur mariage, moralisant grossement; et pour la premiere medecine appellee preparative en figure, il prent pacience, la foy et esperance.

Le .x.ᵉ chapitre

Or entrons ou nom de Dieu et de sa tres doulce mere en la practique du reconfort des dames mariees, malcontentes de leur mariage, dont il est assavoir que en toutes operations grandes en ce monde il y fault preparations, sans lesquelles la conclusion de l'euvre desiree bonnement ne se porroit obtenir. Pour le remede donques des dessusdictes passions des femmes malcontentes, il fu dit que la premiere medecine si est appellee preparative, sans laquelle la medecine purgative ne feroit pas bien son office, pour laquelle medecine preparative, moralisant a nostre propos, nous prenderons le gambison dont le noble moisne de Chaalis arma la vielle au commencement de son pelerinage.[89] Cestui gambison est un estroit pourpoint bien menu point que la dame malcontente doit vestir a sa char nue, et se elle vaudra de sa maladie garir jamais elle ne le doit devestir.

Encores y avoit une grant merveille /112 en cestui gambison a ceulx qui n'entendoient pas son mistere, car il y avoit derriere a l'endroit des espaules une englume attachie au dit gambison.[90] Cestui gambison avoit

---

89. The noble monk is, of course, Guillaume de Deguilleville, whose *Pelerinage de vie humaine,* bk. 1, is the source of this image of the pilgrim and his accoutrements (ed. J. J. Stürzinger, [London: Nichols for the Roxburghe Club, 1893]).

90. The pilgrim's doublet, according to Philippe, has an anvil mounted on the back. This curious image comes from Guillaume de Deguilleville's *Pelerinage de vie humaine.* Guillaume uses the anvil figuratively, describing the pourpoint of Patience as being like an anvil that will hold firm without complaint under blows:

Qui est fait pour paines souffrir
Et grans pointures soustenir,

nom la vertu de pacience bien appropriee a lui selonc son mistere et sa composition, car les menus poins sans nombre du pourpoint joingnant a la char, ce sont les pointures des tribulations et passions sans nombre qui poingnent a la char et dedens et dehors de la dame malcontente de son mariage, ausquelles passions et pointures orribles elle doit tantost tourner le dos, et recevoir les sus l'englume derriere, et passer oultre sans regarder derriere, car les caups jamais ne tresperceroient l'englume pour venir jusques au cuer. Bien fu a son droit nom appellé le jupon pacience qui a tous les maulx et desplaisirs tourne le dos en passant oultre, en offrant l'englume sus laquelle on puet assés ferir, mailler et marteler sans perturber le corage. De cestui pourpoint de pacience il est de neccessité que la dame et bien contente et malcontente en soit toujours armee, de laquelle armeure Dieu dist en l'Evangile, "En seule pacience vous possederés vos ames,"[91] comme en cestui livre fu autrefois touchié. Or avons la premiere medecine qui s'appelle preparative, c'est assavoir patience, et est de si tres grant vertu que, qui bien en seroit armé, le phisicien averoit pou a faire, mais comme dit le noble moisne, ceste armeure est moult pesante a porter et estrange a ceulx qui maintefois ont esté desconfis en bataille.

Or fault considerer a la dame malcontente que elle est pelerine en ce monde comme saint Paoul le desclaire largement.[92] Si fault a la dicte dame comme pelerine l'escherpe et le bourdon pour faire son pelerinage et trouver garison de sa grant maladie. L'escherpe du dit noble moisne de Chaalis estoit de verde soye a un las de soye vert, et tout entour la dicte escharpe avoit assises et fermees .xij. sonnetes d'argent bien esmaillies. Ceste escherpe verde esjoissant et raverdissant et toujours croissant en verdure, c'est la saincte foy catholique qui toujours croist et raverdist par joye spirituele es cuers des loyaulx Crestiens. Les .xij. sonnetes ou clochetes d'argent esmaillies sont /112ᵛ les .xij. articles de la foy, sans

---

    Pour estre aussi comme (une) enclume
    Qui ne (se) muet pour cop de plume,
    Pour recevoir sans murmurer
    Tout en bon gre et endurer. (vv. 3881-86)

However, earlier he presented the doublet as literally having an anvil mounted on its back, which description Philippe follows virtually word for word: "Quar droit derriere estoit mise / En la derriere et assise / Une enclume qui fait[e] estoit / Pour cops de martiaus recevoir" (vv. 3841-44).

91. Lk 21: 19. The Jerusalem Bible's wording is distinctly different here from the Vulgate's, which Philippe follows.

92. 2 Cor 5: 1-4.

laquelle escherpe la dame ne fera ja bien son pelerinage et ne porra
jamais trouver remede de ses maladies susdictes.

Et afin que l'escherpe ne soit pas vuide il doit [avoir] toujours
dedens pour faire une bonne sausse .iij. grains de paradis, un gatelet alis
pour non aler sans pain, .iij. grains de sel et un petit livret escript dehors
et dedens pour dire ses oroisons faisant son pelerinage et attendant
garison. Par les .iij. grains de paradis en l'escherpe se puet entendre la
saincte foy de la Trinité divine, par le gastiau alis se puet entendre la foy
du saint Sacrement de l'autel, et par le petit livret se puet entendre la
memoire de la saincte Evangile et des commandemens de l'Esglise, et par
les .iij. grains du sel, discretion est entendue en tous fays, dis et pensees.
Bon fait estre garni a dame malcontente et a tout bon Crestien d'une telle
escherpe pendue a son costé senestre joingnant au cuer sans nul moyen,
c'est assavoir d'avoir la saincte foy catholique ou cuer, sans laquelle nulz
ne puet estre sauvé,[93] et avec laquelle de mort on vient a vie et est [on]
gari de toute maladie, selonc l'apostre saint Pol qui dit que le juste vit de
la foy.[94]

Encores a la dame malcontente qui est (pelerine) en ce monde
pelerine, armee du pourpoint [et] garnie de l'escherpe, et de ses passions
desire avoir la medecine, il fault qu'elle ait un bon bourdon pour lui
apuier qu'elle ne cheye en desperation quant ses maladies l'assauront.
Cestui bourdon selonc l'exposition du noble moisne doit estre d'un
precieux bois d'Orient qui s'appelle sethin, lequel bois de sa propre
nature est si fermes que jamais ne pourrira jusques au Jour du Jugement,
et lors il devendra a nient, et n'avera on plus mestier de lui pour apuier
dessus.[95] Cestui bourdon de bois de sethin est proprement, parlant par
figure, la vertu d'esperance, sans laquelle les medecines sustouchiees
n'averoient ja bon effect.

Encores cestui bourdon doit avoir par dessus .ij. pommiaux moult
riches et de tres grant vertu. Le plus hault des pommiaux du bourdon et

---

93. The necessity of faith is basic to Paul's thought; see, e.g., Rom 5: 1-11, Heb 11: 6.
94. Rom 1: 17.
95. While Philippe's staff with the two pommels in which one can see Christ and the Virgin comes from *Le Pelerinage de vie humaine* (vv. 3333-46, 3691-732), his description of the shittimwood differs slightly from his source. Guillaume describes it thus: "Et de bos de Sethin fait estoit / Qui en nul temps ne puet pourrir / Ne pour cause de feu perir"(vv. 3336-38). Shittimwood was fraught with religious significance, for the ark and altar built by the Israelites at the command of Moses contained this wood (Ex 38: 1).

le plus gros est tout ront, d'un fin miroir resplendissant, ou quel celui qui le bourdon porte voit ou pommiau clerement Jesu Crist en fourme humaine, et tout entour /113 le pommiau du miroir il voit les formes et misteres a menu des ameres Passions du doulx Aignelet occys. Le second pommiau du bourdon un paou plus bas que l'autre est fait d'un fin dyamant entaillié a fourme de pommiau ront, es quelx pommiaux le dit bourdon est enrichié par dessus, et celui qui le porte voit clerement ou petit pommiau du dyamant en .ij. manieres la mere de l'Aignelet occys, royne des noces doloureuses en ce livre souventefois proposees. En l'une maniere elle se monstre ou dit pommiau comme morte et trespercie du glaive de dolour de la mort de son tres doulx Espous, et en l'autre maniere elle se monstre resplendissant et couronnee de merveilleuse biauté, joyeuse et lye, toute preste et appareillie de secourre a femmes malcontentes de leur mariage, mais seulement qu'elle voye que les dictes femmes soyent diligentes de elles [bien] apuyer au dit bourdon quant elles en ont mestier, sans lui perdre ne delaissier.

  Cestui bourdon apuyal est la vraye esperance de reconfort que tout bon Crestien et par especial a nostre propos la dame malcontente doit avoir, c'est assavoir en Jesu Crist et en sa vraye Passion et en la tres doulce Vierge Marie pour estre de tous ses maulx garye et de ses pechiés avoir remission. De cestui bourdon esperance appellé, pour passer maint mal pas, l'apostre dit que qui bien se scet apuyer sus jamais ne sera confondus.[96] Il fault donques que tout bon Crestien sain et malade et par especial au propos les dames malcontentes de leur mariage soyent tres bien armees pour le peril des anemis des .iij. fortes armeures susdictes, c'est assavoir du gambison, de l'escherpe et du bourdon, d'une forte pacience, de vraye foy et d'esperance, sans lesquelles aucun remede ou medecine ne porroient pourfiter qui les vaudroit .xiiij. fois doubler.

La concordance morale de pluseurs medecines correspondans aus .iij. vertus susdictes prise pour la medecine preparative.

Le .xj.ᵉ chapitre

  Venant donques a aucune concordance de nostre propos, les .iij. vertus susdictes seront prises pour la premiere medecine qui s'appelle preparative, a laquelle s'acorde /113ᵛ trop bien la premiere vertu des

---

96. The efficacy of faith for salvation is basic to Paul's thought; see, e.g., Rom 8: 24, Eph 11: 8-10.

.iiij. vertus cardinales, c'est assavoir la vertu de prudence, laquelle cognoit et enseigne tout ce qui li fait besoing et fait provision et preparation contre les maulz et maladies qui sont ou qui peuent avenir.

    Encores a ceste medecine preparative s'acorde assés le premier sacrement de l'Esglise, c'est assavoir le baptesme, qui est vraye preparation de toute santé et de salvation; et pour empetrer ceste medecine preparative la dame doit deprier a Dieu qu'i li veuille ottroyer le don du Saint Esperit assés a son propos, c'est assavoir le don de conseil. Mais quant aux .vij. pierres precieuses, pour faire et empetrer d'avoir la medicine preparative il n'a si bon conseil que de prendre en s'ayde le Fin Dyamant qui fu souveraine provision et preparation de vray garison de toutes maladies. Des .vij. euvres de misericorde aussy pour preparation nous prendrons de conseillier le povre desolé, la dame malcontente et malade, pour garison et preparation de sa santé, comme povre en ce cas se doit premierement conseillier, car charité doit commencier a lui meismes et puis au proisme.

    Quant aux .vij. planetes du ciel, pour preparation de tout bien faire, il fait bon prendre le solail par especial en medicine quant il est en son ascendent, c'est assavoir, moralisant, quant le Solail de justice et de misericorde est en son ascendent de faire grace aux dames malcontentes quant il voit qu'elles se veulent preparer a garison et vraye santé acquerre. Mais quant aux .vij. metaulx, pour preparation de santé nous ne prenderons pas a present l'or mais nous prenderons le plonc, qui est obedient au martiau sans murmurer et est le plus vil de tous les metaulz, en recognoissant que nous devons estre obeissant a nostre Espoulz immortel et que nous sommes les plus vilz en nature de toutes creatures. Qui vauldra bien tout compter, c'est la plus neccessaire preparation de medecine pour venir a santé que on puist avoir que obedience et vraye humilité.

    Et pour empetrer ceste premiere medecine preparative il fault aussy aux dames malcontentes avoir recours et memoire aux .vij. provisions /114 qui furent faittes pour les noces du poissant Roy le Fin Rubin, et aussy aus .vij. preparations et provisions qui furent faictes pour les noces de la royne. Pour preparation donques de la dicte medecine preparative, par maniere de piteuse concordance, il se puet prendre les premieres provisions sustouchies et aussy les premieres des .vij. entremés doubles presentés au disner des noces doloureuses avec le premier entremés des .vij. entremés presentés a la royne, lesquelles provisions et entremés, sans les repeter a present, sont largement escriptes[97] es noces doloreuses en cestui livre souventefois repetees.

    Et est assavoir que se la dame malcontente qui sera bien armee du gambison de pacience, l'escherpe de la foy catholique a son costé senestre--c'est au cuer--et elle s'apuyera sur son bourdon en sa neccessité, elle verra es .ij. pommiaux du bourdon les provisions, preparations et entremés dessusdiz; et se en lui ne tient elle ne faudra point d'empeter la medecine preparative pour finablement parvenir a plaine garison de toute sa passion. Et lors quant elle sera bien traveillie pour assambler ensamble en une doulce concordance toutes les medecines susdictes servans a la medecine preparative desiree, lors li sera presenté pour recreation et saine operation le lectuaire appellé dyaprunis, qui en preparation de discrete purgation a grant poissance selonc les aucteurs de medecine. Et ce souffice briefment a la premiere medecine appellee preparative et de sa concordance.

Cy parle l'aucteur des .vj. medecines en gros pour cause de briefté et par especial de la (passion) medecine linitive.

Le .xij.ᵉ chapitre

    Quant aus aultres .vj. medecines toutes neccessaires, qui vaudroit a chascune par maniere d'allegation concorder toutes les medecines susdictes, cestui livre seroit trop long. Consideré aussy que au jourd'ui pour le tamps qui est brief et paou devot et les gens s'envelopent fort et oultre leur poissance es cures temporeles, si fault abregier les escriptures et detrenchier mainte chose pourfitable que Dieu par sa grace aucunefois inspire a ceulx qui desirrent /114ᵛ le salut de leur proisme, si comme doulcement se puet croire. Et pour ce des dictes .vj. medecines, par maniere de narration sans grant allegation ou concordance, chascune se dira aucune chose briefment pour reconforter les dames mariees malcontentes et tout bon Crestien.

    Et quant a la seconde medecine appellee linitive, pour preparation de bonne purgation le cassiafiste y est proprement ordené, car il adoulce et est lenitif et sans peril laxatif et maine et conduit la medecine purgative parmi les membres principaux pour faire son operation. Ceste medecine linitive adoulçant et conduisant a santé es .vij. vertus, c'est le bourdon

---

97. (d)escriptes.

d'esperance qui adoulce le cuer et conduit le bon propos a emprendre grans choses spiritueles pour l'amour de Dieu et garison de sa maladie; es sacremens aussy de l'Esglise, c'est proprement la confirmation; es dons du Saint Esperit, le don de pitié que la dame doit avoir de lui meismes et de sa passion, par laquelle pitié la medecine purgative ne li sera pas si aspre mais sera prise en bon gre; et es euvres de misericorde, conseillier le povre desolé adoulcist fort les maulx du malade qu'il[98] sent, et est reconfortés par le bon conseil de recevoir de Dieu une forte purgation pour venir a santé de sa grant maladie ou estrange tribulation.

    Quant aux pierres precieuses, le balais est proprement linitif et resjoyssans le cuer de l'omme, duquel balais, qui vaudroit arrester a la declaration de ses vertus, l'escripture seroit trop longue. Et des metaulx l'or est fort lenitif et appetitif et conduit les medecines aus membres par dedens, car il est cordial. Et quant aus entremés des noces du Fin Rubin, quant il ala en l'encontre des Juiz qui le venoient prendre et leur dit, "Vees me cy! se vous me querrez, laissiéz mes apostres aler."[99] O quelle medecine lenitive, conduisant et adoulçant les cuers de ceulx qui sont malades, reconfortant a prendre hardiement de ses pechiés la medecine purgative! Si ajousterons l'entremés du Fin Dyamant la royne des noces, quant par sa grant sapience elle consenti, c'est assavoir elle ne contradist pas, combien qu'elle estoit percie du glaive de dolour, a la volenté de Dieu le Pere en la forte medecine purgative /115 que son doulx Filz vault prendre pour nous, combien que pour lui il n'en eust nul mestier, car en lui n'ot onques maladie ne passion de pechié. Et combien que ceste medecine en son premier degré a la Vierge Marie fust penetrative en dolour, toutefois, moralisant, elle fu lenitive et directive quant a la redemption des ames que elle desiroit. Et pour conclusion de ceste partie, quant la dame malcontente sera bien garnie en la concordance de son cuer de ceste medecine linitive, lors li sera presenté le gracieux lectuaire qui s'appelle dyapenidon, lequel li ouvera la poitrine, adoulcera l'estomac et conduira doulcement la medecine purgative. Et ce souffice briefment de la seconde medecine appellee linitive et de sa briefve concordance.

---

98. qu'i[l].
99. Jn 18: 8.

Cy traitte l'aucteur de la medecine purgative et corporele et spirituele principaument et des autres medecines aussy, moralisant et ramenant a son propos par maniere de concordance les lectuaires et remedes proposés a la santé de la dame malcontente de son mariage.

Le .xiij.ᵉ chapitre

Or entrons a traictier de la medicine purgative, qui est principale pour la garison de la dame malcontente et pour laquelle purgation les .ij. medecines susdictes, c'est assavoir la preparative et la linitive, ont esté proposees. Si fault un paou arester plus longuement en ceste medecine purgative qu'il ne fait es aultres qui dependent de lui. Il fu dit cy dessus que en la dame mariee malcontente et ou seigneur aussy malcontent habondent les .iiij. humours, et souvent sont corrumpues, c'est assavoir le sang, le colere, fleume et melencolie; et aussy les .iiij. conditions, c'est assavoir appetit desordené, courous desmesuré, propre volenté desordenee et ypocrisie et jalousie enracinee, desquelles humours et conditions habondans et corrumpans sont engendrees et procedent les .vij. maladies et passions orribles cy dessus recitees. Pour lesquelles maladies et passions purgier et enchassier il fault une forte medecine purgative, non pas tant seulement une sueur ou une petite saignie, mais une medecine corrosive et de loings attractive pour la racine de la maladie extirper et faire le pacient reposer.

/115ᵛ Dont il est assavoir que les phisiciens par .ij. manieres purgent leurs passiens des grieves maladies, l'une si est qu'il donnent aux uns une forte medecine vomitive et aux aultres medecine laxative. La vomitive fait jeter hors par la bouche les males humours corrumpues de l'estomac, dont maintefois au vomir la passient de dolour en pleure mainte larme. La medecine laxative fait purgier les males humours de tout le corps par desoubz, dont maintefois les trenchisons vienent en place et les entrailles s'en deulent. Et pour secours de ceste medecine il fault prendre des .vij. planetes la lune, mais qu'elle soit en son ascendent et ait son regart quant la medecine vomitive se donra a l'un des .iij. signes des .xij. signes du ciel, c'est assavoir a Ariés, a Leo et a Sagictarius, et quant la medecine laxative se donra, la lune doit avoir son regart a Cancer, ou Scorpion ou a Piscis. Et soit certain le malade que se ces termes dessusdis seront bien gardés, selonc les docteurs de medecine et aussy d'astrologie, les dictes medecines feront bonne purgation, mais que le passient se garde bien des contraires. Et quant aux .vij. metaulx dessusdis, le cuivre qui est corrosif, mais qu'il soit bien attrempéz et pourris, selonc l'art de medecine, il y porra bien aidier [et aucuns des aultres metaulx aussy. Et quant aus pierres precieuses le saphir d'Orient y porra bien aidier] en son degré, car il vault contre venin.

    Or laissons un paou la medecine corporele prise en figure, combien que souvent elle soit neccessaire, et prenons a traictier briefment de la medecine spirituele de la dame malcontente de son mariage pour estre purgie des[100] .vij. grans maladies spiritueles, entendues moralment par les .vij. passions cy dessus souventefois recitees, lesquelles maladies spirituales sont trop plus perilleuses que les passions corporeles; dont saint Bernart dit que nos euvres se commencent a la char et finent a l'esperit,[101] car se la char est malade, l'esperit en est tourblé souventefois; et pour ce en cestui present chapitre de purgation a esté commencié a la purgation corporele.

    Si se dira aucune chose par la bonté de Dieu de la medecine purgative espirituele, dont il est assavoir que par la medicine vomitive qui fait jeter les humours corrumpues par la bouche, dont maintefois en vomissant on en pleure mainte larme, je n'entens autre chose /116 que vraye confession de ses pechiés que la dame malcontente et tout passient doit faire. Et doit avoir ceste medecine vomitive pluseurs conditions neccessaires entre les autres, sans lesquelles son operation seroit de nulle valeur, c'est assavoir que la dame n'ait pas oublié s'escherpe et son bourdon. Encores la confession doit venir d'une grant contriction et doit estre humble, honteuse et entiere sans rien celer et de dolour au vomir, c'est en confessant, toute baignie en larmes. Helas, helas! tres vil pecheur escripvain, bien deveroyes doubter que tu n'escrips en vain quant a toy. En recitant la fourme de vraye confession qui est fondement neccessaire de toute purgation, tu ressambles [a] la chandele qui les autres enlumine et si se consume toute et a nient elle fine.

    Il a une chose entre les autres qui est moult neccessaire a la medecine vomitive corporele, c'est assavoir oyle. A nostre propos espirituel, se de l'oile de misericorde du doulz Jesu ne se trouvera a la medecine vomitive, c'est assavoir a la confession, en verité elle n'avera ja bonne operation. De ceste medecine spirituele vomitive saint Jaques

---

100. de[s].
101. This is a reference to Gal 3: 3, cited by Bernard several times: *Sancti Bernardi Opera,* vol. 1, p. 13, line 10; 1.240.26; 2.265.11; 3.152.19-21; 5.41.7; 5.95.16; 5.299.7-8.

l'apostre dit, "Confessés vous l'un a l'autre a ce que vous soyéz sauvéz et par consequent gari de toute maladie."[102]

Or fault un paou touchier de la medecine laxative corporele, c'est assavoir du lectuaire, qui a nom dyalaxatif et est fort neccessaire pour purgier le remenant des males humours qui sont dedens le corps, car la medecine vomitive ne jete hors forsque les humours qui sont en l'estomac. Cestui dyalaxatif aucunefois est fort et aucunefois est foible selonc la matere forte ou foible qui fait besoing de purgier. Et est composé de diverses choses appartenans a purgation si comme scamonee, dyagridi, turbich et aultres pluseurs choses qui sont fort laxatives, et aucunefois est composé de poudre de [sené, de] agarich et de aultres choses qui sont plus gracieuses et purgent plus coyement.

Il est assavoir qu'il a .ij. medecines contraires l'une a l'autre, c'est assavoir l'une restrictive et l'autre laxative. Aucunefois la restrictive restraint si fort que maintes passions en sont engendrees, et lors qui veult garir il fault une forte laxative. Par ceste medecine laxative forte ou foible a nostre propos je n'entens autre chose que aprés la vomitive--c'est la /116ᵛ confession--satisfaction viengne en place et restitution. C'est assavoir que la dame malcontente de son mariage apréz sa confession doye satisfaire premierement a son Espoulx immortel Jesu Crist de ce qu'elle l'a offendu et rompu le loyen du sacrement de son mariage espirituel envers lui et a son mari mortel aussi, en restituant l'amour et reverence dont elle les a fraudés et recongnoistre de fait tres humblement a son mari qu'elle ne l'a pas si bien amé ne obei a lui comme elle y estoit tenue, en lui offrant de son cuer doulcement son amour comme elle fist a la journee des noces. Ceste amour, telle comme il fu dit par dessus, est la fournaise qui fait cuire la viande dont l'ame et le corps sont sousteus et nourris. Ceste flame d'amour est telle qui fait la bonne digestion et des males humours toute purgation. Ceste vraye amour entre l'omme et la femme est le vray sacrement, comme il fu dit dessus du mariage espirituel, par laquelle amour en Dieu mutuele sont engendrés et en corps et en ame les enfans qui viennent a honneur et sont devant Dieu grans.

Et pour ce que ceste medecine vomitive et laxative est un paou forte a dames qui n'ont pas apris a prendre medecine, pour ce que aucunefois elles habondent en courous desmesuré et en propre volenté et que elles ont aucunefois trop restraint ce que elles deussent avoir doulcement ministré, et pour ce il fault pour ayde empetrer du Saint Esperit le don de force; et des sacremens de l'Esglise la penitance salutaire qui est droicte

---

102. Jas 5: 16.

medecine et vomitive et laxative; et quant aux euvres de misericorde, les
.ij. premiers, c'est assavoir paistre et abuvrer le povre, lui mesmes povre
(de la medec) en ce cas de la medecine susdicte; et quant aux vertus
cardinales il fault empetrer au prendre la dicte medecine la vertu de
justice par laquelle la dame fera justice de lui meisme et restituera ce
qu'elle a de l'autrui, c'est assavoir amour et reverence, service et
loyaulté a Dieu et a son mari.

    Des .iij. vertus theologiques, foy, esperance et charité, elle ara
l'escherpe et le bourdon, mais il fault qu'elle se traye a la dame
resplendissant vestue de flame de feu qui portoit en sa main la fiole d'un
balais, plaine de liquour du precieux sang du Sauveur. Ceste dame est
Charité appellee, haulte, large, longue et lee, sans laquelle nulles /117
des medecines ne pourroient faire aucun bien. C'est celle qui fait tout par
laquelle le grant Phisicien desloya le loyen de toutes maladies. Et quant
aus pierres precieuses, planetes et metaulx, il est de neccessité d'avoir la
grace du Dyamant, par lequel le Fin Rubin, le Solail, et le vray Or qui
est engendréz de lui, ayent leur doulx regart a la dame malcontente en
prenant la dicte medecine lexative et toutes les autres aussy.

    Pour ce que la dame malcontente par aventure n'a pas apris de soy
tant humilier ne de prendre si fortes medecines purgatives, comme dit est
dessus, dont elle porra bien estre aucunefois traveillie et temptee, et que
le cuer li faudra, et vendra presque au repentir, pour ce il li fault lors
presenter un lectuaire confortatif qui s'appelle dyaambra, qui est moult
cordial, car il est composéz principaument de fin ambre, une riche et
precieuse espice qui vient d'Inde la Majour, et est composéz aussi de
fines pierres precieuses, de l'os, du cuer de cerf et de doulces espices
cordiales et reconfortatives. Duquel lectuaire dyaambra se feroit une
belle figure pour moralisier de sa vertu et reconforter spirituelment la
dame par les susdictes medecines purgie et reconsilie a Dieu et a son
mari, se ne fust que l'escripture seroit trop longue, car il fault venir assés
tost au reconfort des dames mariees par l'example de la saincte et amere
Passion du doulz Aignelet occys pour ses brebis.

    Encores pour ce que nature humaine est fresle et enclinee a pechié,
et se dit on aussi communaument que pis vault la rencheoite que ne fait
la premiere maladie, pour ce est il expedient que aprés la purgation,
satisfaction et restitution et aprés le lectuaire confortatif presenté a la
dame, un aultre lectuaire viengne en place, c'est assavoir un lectuaire
preservatif appellé dyaanthos. Cestui lectuaire est composé de pluseurs
choses, principaument d'une herbe precieuse et de grant valour qui

s'appelle rosemarin, dont les (docteurs) acteurs[103] de medecine en ont
assés escript car elle est preservative de mainte maladie et especialment
de venin. Les Sarrasins dient et les hommes d'Orient que le rosemarin a
.lxxij. vertus. Par cestui lectuaire dyaanthos preservatif, moralisant, se
puet entendre le don du Saint Esperit, c'est assavoir la doubtance de
Dieu, car se la dame, ainsi purgiee de ses maladies comme /117ᵛ dit est,
doubtera bien Dieu et amera sans nulle faulte, elle sera preservee de
toutes passions nuisables et demoura en vraye amour de son Espoulz
immortel et de son mari aussi sans rencheoir es maladies susdictes. A
ceste medecine confortative et preservative s'acordent les aultres dons du
Saint Esperit, les sacremens et euvres de misericorde, les vertus et les
pierres, les planetes et metaulx et les entremés des noces du grant Roy et
de la royne s'espouse.

    Encores fault presenter a la dame ainsi garie de sa maladie et pour la
forte medecine un paou amaigrye une medecine nuctritive, c'est assavoir
un lectuaire appellé dyacitoniten, qui est composé d'espices doulces,
nourissans par accident, et de pommes couains, confis en lectuaire; et
sert cestui lectuaire proprement pour reconforter l'estomac et faire bonne
digestion dont nature s'esjoist et prent sa noureture. Par cestui
dyacitoniten, parlant moralment, se puet doulcement entendre la saincte
vie des dames mariees du Viel et Nouvel Testament qui sainctement
garderent leur mariage.

    Ceste plaisant memoire enracinee ou cuer de la dame purgie de ses
pechiés, avec la paour des paines d'enfer et souvenance de la mort, le
confortera et nourrira en l'amour de son Espoulz et mari; et s'efforcera
de jour en jour de faire bonnes euvres au sauvement de son ame. Et lors
a destre et a senestre par grace elle se aidera des dons du Saint Esperit,
des sacremens et de toutes les aultres medecines desquelles elle fera son
pourfit, et lors pour conclusion de toutes joyes en ce monde et pour
vivifier son esperit faisant son pelerinage, l'escherpe a son costé et le
bourdon en sa main, Charité, doulce Amour appellee, conduisant, a la
dame sera presentee la medecine vivificative, c'est assavoir un lectuaire
precieux et vivificatif appellé dyamargariton, qui est composéz de
pluseurs choses riches et precieuses et par especial d'une pierre precieuse
qui s'appelle marguerite.

    Cestui lectuaire, pour doulce conclusion des .vij. medecines
susdictes et des lectuaires aussi, n'est aultre chose que le corps de nostre
Seigneur Dieu Jesu Crist ou saint Sacrement de l'autel, qui vivifie et

---

103. For *aucteurs*.

donne vie aus angeles, aus dames mariees et aus seigneurs aussi mariés et a toutes creatures humaines /118 baptisies, justes et pecheurs. Et fait grace en especial a ceulx qui recognoissent leurs passions et leur fragilité humaine en grant humilité et la bonté de Dieu, appareilliés de recevoir en tamps convenable les medecines spiritueles sustouchies pour estre purgié de toutes maladies et finablement par grace parvenir aus noces du doulx Aignel, aus noces de l'Espous immortel, laquelle chose Dieu par sa saincte grace veuille a nous tous ottroyer. Et ce souffice grossement des .vij. medecines et des .vij. lectuaires pour purgation, confort et reconfort des dames mariees et des seigneurs aussi et de tout bon Crestien.

L'aucteur monstre que non obstant que le phisicien face bien son devoir, toutefois ne sont pas garis tous ses passiens; et a telx passiens ausquelz les medecines ne pourfitent, il leur presente une medecine morale et devote, c'est assavoir un example et miroir de la Passion du doulx Jesu Roy de gloire.

Le .xiiij.ᵉ chapitre

Or sont passees et presentees les .vij. medecines et les .vij. lectuaires correspondans aus dictes medecines. Et Dieu veuille par sa grace qu'elles puissent pourfiter au salut des dames mariees et de tout bon Crestien, car les malades dont le phisicien a la cure ne parviennent pas tous a santé desiree[104] et convient souvent par leur deffaulte pour ce qu'il sont desobediens au phisicien et ne se gardent pas bien des contraires. Et si a aucunes maladies qui sont si enracinees qu'il est trop fort a faire de la desraciner par phisicien mortel. Le grant Phisicien, le doulx Jesu, filz de Marie, ne garry pas tous les enfermes de Judee ne de Surie, et toutefois de sa part, selonc la saincte Escripture, il les vault tous garir et pour ce a faire il souffry a morir.

Il avient aucunefois es maladies despesperees qui se trouveront bien par aventure es femmes mariees que le phisicien, aprés l'aministration de diverses medecines et de toute la practique escripte par les docteurs qu'il a fait et excercé a son passient, que le dit passient ne prent nul amendement mais empire de jour en jour, dont le phisicien a grant dolour; et lors, quant il voit que finablement sa medecine manuele et

---

104. This is a paraphrase of Bernard, citing Ovid *Epistola ex Ponto* 1.3.17: "Non est in medico semper relevetur ut aeger," which translates as "It is not always possible for a doctor to heal the sick" (*De consideratione* 4.2.2).

corporele ne pourfite pas /118ᵛ au malade, il s'estudie d'aministrer a son
passient une aultre medecine morale selonc la complection [du passient],
en lui presentant aucuns biaus examples a lui plaisans pour reconforter
son esperit et donner consolation; dont il est avenu maintefois que ce que
la medecine corporelle multipliee au passient ne pouoit acomplir,
l'example resjoissant l'esperit faisoit terminer (de) la maladie du passient
et comme de mort revenir.

    Il fu dit au commencement de cestui livre que les dames mariees
seroient reconfortees par l'example de la Passion du doulz Jhesu,
souverain Phisicien de toutes nos maladies. Si entrerons par sa grace ou
reconfort des dames malcontentes de leur mariage passionees des .vij.
maladies en cestui livre souventefois touchies, en confortant aussi les
dames mariees bien contentes de leur doulz Espoulz immortel et de leur
mari mortel. Aristote dit ainsi, "Nous metons les examples non pas pour
ce qu'il soyent vrays mais nous les proposons," dit le philozophe, "afin
que nous puissons entendre tout ce qu'il segnifient."[105] Dont cestui
escripvain a present fera autrement, car il mettera l'example de la
Passion de Jesu Crist, qui est vraye et sans aucune soupeçon, et lui
suppliera devotement qu'il veuille inspirer es cuers des dames mariees le
mistere et la signification de cestui biau miroir et example de son amere
Passion pour touzjours rafreschir la grant amour qu'il nous a monstré
pour les ames sauver et par ce miroir precieux reconforter les dames
mariees. Plus bel example en ce monde ne plus neccessaire pour garir
maladies desesperees ne se porroit trouver ne dire ne raconter que la
souffrance du doulz Aignelet au solail rosti sur l'arbre de la croys,
rachetant les brebis condampnees[106] qui l'avoyent appellé tant de fois.

    De ceste example medecinal, saint Piere l'apostre aus dames mariees
malcontentes et malades dit ainsi, "Jesu Crist passionné en sa char, de
celle meisme pensee et example veuilliéz vous bien armer pour bien
despire toutes maladies."[107] Encores a ce propos aus dames mariees et a
tout bon Crestien saint Paoul l'apostre dit ainsy, "Jesu Crist a /119
souffert mort pour vous en vous laissant un example gracieux a ce que

---

105. "Exempla ponimus non quod ita sint sed ut sentiant addiscentes quod addiscunt," Aristotle *Priora analytica* 16, in *Les Auctoritates Aristotelis: Un florilège médiéval: Etude historique et édition critique,* ed. Jacqueline Hamesse, Philosophes médiévaux 17 (Louvain: Louvain Publications Universitaires and Béatrice-Nauwelaerts, 1974), 309.
106. Co*[n]dampnees.
107. 1 Pt 4: 1.

vous le doiéz ensuir et aler en ses voyes et doctrines saintes."¹⁰⁸ Dont il n'est pas a entendre pour les paroles de l'apostre que toutes les dames mariees se doyent faire cruxifier, ensivant la voye de leur doulx Espoulz immortel, car la dame mariee puet bien parvenir finablement aus souveraines noces de l'Espoulz de son ame Jesu Crist, sans estre en sa char cruxifie, si comme l'apostre le desclaire de lui meisme, disant, "Le monde en moi est cruxifiés et occys et moy au monde aussy,"¹⁰⁹ non acontant riens a ses concupiscences, a ses honnours et ses delis. Se la dame mariee donques malcontente et malade se vauldra bien mirer en cestui example precieux, en cestui miroir plain de larmes de la piteuse mort de son Expoulz immortel, certainement elle sera bien purgie de toute sa maladie et amera parfaictement son mari doulcement et sainctement comme lui.

Une recapitulation des .vij. maladies des dames malcontentes, desquelles maladies les .vij. pechiés mortelx sont engendrés, et de la garison par l'example et miroir de la Passion de Jesu Crist; et premierement de la maladie d'idropisye segnefiant orguel.

Le .xv.ᵉ chapitre

Or recapitulons briefment les .vij. maladies orribles de la dame malcontente qu'elle a acquises par sa deffaulte et pour ce qu'elle a faulsé le sacrement de son mariage a son Espoulz immortel et a son mari aussy, par lesquelles passions elle est (entechie) encheue es .vij. pechiéz mortelx. Et puis recapitulerons aprés les .vij. empechemens par lesquelx le biau loyen du sacrement de mariage a esté souvent brisié et derompu pour une doulce concordance et trouver alejance des dictes maladies par le biau miroir et example de la Passion du doulx Jhesu, Crucifix, vraye Medecine et aus mors et aus vifs. Il fu dit que la femme malcontente de son mariage pour sa transgression d'amour qu'elle avoit fait contre son Espoulz et mari, par le pechié d'orguel elle estoit devenue toute enflee et cheue en ydropisye par un appetit desordené et propre volenté desmesuree /119ᵛ et ne se pouoit saouler de boire, voire les bruvages de ce monde, honnours, richesses et delis dont elle estoit encheue, non pas tant seulement ou pechié d'orguel mais en tous les autres: avarice, gloutonnie et luxure, yre, envie et peresse; et toujours a boire desiroit et

---

108. Rom 5: 9.
109. Gal 6: 14.

toujours empiroit. Quel merveille! car la chalour de la vraye amour qui devoit digerer en l'estomac et ou cuer les humours corrompues estoit toute refroidie comme un glasson. Qui est celui qui porroit a plain descripre les maulx et circunstances de ceste orrible maladie appellee ydropisie?

Or disons a present la dame mariee ainsy passionnee et riche de biaux (joyaux) jouyaux et de riches robes et d'anyaus et siet a table non pas basse mais haulte et orgueilleuse, plaine de vins et de viandes delicieuses, et la dame est couronnee de chapiau ou de couronne moult noblement paree, et de folie et de vaine gloire est toute enflee; et le Filz de Dieu, son vray Espous qui li donne la vie et li fait ou bras batre le pous, est pris et loyés des faulx Juifz, emprisonnéz, menéz, batus et ramenéz et toute nuit a une estache sans boire et sans mengier loyéz; et il n'en souvient a s'espouse seant a table de son orguel et de ses pechiés toute enyvree. O quel example et miroir du doulz Espous de l'ame pour jeter jus la table et tout ce qui est sus, et desvestir soy la dame de son orgueilleux parement, en reprenant robe et aournement simple, et vivre humblement, enortant son mari a pitié et amour de leur souverain Espous en grant amour ensamble et vivre sobrement, voire pour estre desenflee par le dit example et par grace garie de toute passion et de l'idropisie!

Il deveroit souvenir aus dames mariees malcontentes, enflees et orgueilleuses et ferues d'ydropisye, de celle grant royne appelee Vasthy, femme du roy Assuerus, roy des Assirriens et aussy comme de tout le monde. Le roy fist un grant disner a ses barons et la royne a ses dames. Aprés disner le roy manda a la royne Vasthy qu'elle venist par devers lui, mais la dicte royne estoit ja enflee et ferue de la maladie d'ydropisie et faulsa le loyen d'amour et d'obedience a son seigneur et mari, refusa de venir par devers lui par son orguel, pour laquelle faulte le roy par grant et meur conseil /120 la priva d'estre royne a touzjours mais, si comme plus plainement se treuve en la Bible.[110]

Or supposons qu'il conviengne par la vanité du monde et fragilité humaine et aussy pour plaire a son mari que la dame mariee soit bien paree et bien enflee de tous costés de ornemens pourrissables et plains de vaine gloire de ce monde. Afin qu'elle ait lors ramembrance des Passions de son tres doulz Espoulz immortel, en lui gardant en son cuer ce qu'elle li a promis, voire quant elle pendi l'escherpe en son costé, prenant le bourdon en sa main, il li deveroit souvenir de celle noble dame de Romme appellee Cecilie.

---

110. Est 1: 9-20.

Ceste glorieuse vierge et espouse de Jesu Crist, le jour de ses noces et touzjours aussy, portoit en sa poitrine l'Evangile de Jesu Crist et si portoit a sa char nue la haire, mais par dehors elle estoit vestu de drap d'or et bien paree.[111] Ceste noble dame vierge fu mariee a un grant prince de Romme appellé Valerien, riche, josne et tres bel. Et quant vint la nuit des noces et elle fu couchie avec son biau mari, elle sot tant dire et tant preschier a son mari qu'elle demoura vierge. Et converti son mari a la foy crestienne par le moyen de l'angele qui apporta en la chambre les belles roses vermailles--et si estoit plain yver--segnefiant le martire du noble prince Valerien et de Tiburcius son frere, que la vierge aussy converti, et les fleurs de lys aussy que l'angele apporta segnifioient la virginité de la vierge Cecilie et la chasteté de son mari et de son frere, qui furent vrays martirs et la vierge aussi.

Ceste glorieuse vierge et martire saincte Cecilie, le jour de ses noces quant les orgles et instrumens sonnoient, en son cuer elle chantoit et disoit a son tres doulz Espoulz Jesu Crist, "Seigneur, veuilles[112] (baillier) garder mon cuer et mon corps qu'il ne soit souillie d'ordure a ce que je ne soye confondue." Ceste vierge fu vraye espouse de Valerien et si demoura vierge, et son mari vierge ou chaste, confourmant le sacrement de mariage espirituel, comme il fu (dit) par dessus assés touchié. Ceste dame vierge et mariee, pour la ramembrance de l'amour de son doulz Espoulz immortel et de son amere passion, portoit la haire et garda sa virginité et, toutefoiz, de son mariage yssy tel fruit comme des .ij. nobles princes /120ᵛ susdiz, glorieux martirs et par aventure autres milles ames sauvees. Elle se garda trop bien de devenir ydropique ne d'estre enflee, combien qu'elle fust par dehors bien paree. Pour ce les dames mariees, aprés l'example et miroir de la Passion du doulx Aignelet occys, se doivent remirer pour desenfler ou miroir de Cecilie, suiant le Cruxefis,[113] qui dit a ses amis, "Aprenéz de moy qui suis humbles de cuer et debonnaire, et ce faisant vous trouveréz repos en vos ames."[114]

Si se puet dire que la dame mariee qui, par l'example et miroir de la Passion de Jesu Crist se sera bien miree et desenflee, se savera bien

---

111. The life and martyrdom of St. Cecilia, her husband, Valerian, and her brother-in-law Tiburtius are narrated, in terms similar to those given here, in Jacobus de Voragine's *The Golden Legend* 2: 689-95. This work was Philippe's probable source, since he refers to it on f. 131.
112. veuille[s].
113. The Crucified One, Christ.
114. Mt 11: 29.

aidier des pierres precieuses, du Fin Rubin et de sa grant vertu, des
planetes aussy et des metaulx, c'est assavoir du solail et de l'or fin qui
segnefient amour embrasee, par laquelle amour elle amera parfaictement
et souverainement son Espoulz immortel et aprés lui son mari mortel
aussy. Et si se savera bien aidier du don du Saint Esperit appellé sapience
et entre les sacremens du sacrement de son mariage, des euvres de
misericorde en grant humilité, des lectuaires et medecines pour recouvrer
plaine santé, laquelle santé leur veuille ottroyer celui qui maint en
Trinité. Et ce souffice de la premiere maladie, appellee ydropisie, et par
consequent du pechié d'orgueil.

**De la seconde maladie appellee paralisie segnifiant le pechié d'envie
et de la cure d'icelle.**

Le .xvj.ᵉ chapitre

Or disons plus briefment de la seconde maladie de la dame
malcontente, c'est assavoir de paralisie, quant les ners sont retrais et
refroidies et les membres sont tramblans. Et vient aucunefois par grant
ire, comme il fu dit en la description des .vij. maladies, mais a present
ceste paralisie sera prise pour le pechié d'envie, ensuiant la dame
malcontente la condition de la lune, laquelle a .ij. conditions principales.
La premiere condition de la lune si est qu'elle n'a jamais stabilité; or est
plaine, or est en decours, or va croissant et defaillant de quartier en
quartier. La seconde condition de la lune si est que elle est froide ou
quart /121 degré. Dont il avient que es parties d'Orient les hommes qui
vont au chemin ou labeurent de nuit, il se gardent aussi bien que la lune
ne les fiere de droit a nu sur la teste comme il font a l'eure de midi du
solail, car qui est a plain ferus en la teste et ou visaige de la lune il avera
une telle rume qu'il sera en peril de morir, et pluseurs en meurent et
cheient en maladies incurables pour la froideur de la lune.[115]

C'est assés convenablement la dame malcontente de son mariage et
ferue de goute paralitique, plaine de toute envie. Et se la maladie procede
de colere chaude et de repletions d'umours et la lune soit plaine, s'il
avera aucun bien a son mari et qu'il ait aucune bonne fortune, sa femme,
a qui trambleront les membres, en avera grant envie et dolour jusques au

---

115. The popular belief in the harmful power of the moon's rays is old, as we
see in Ps 121: 6: "The sun cannot strike you down by day nor the moon at
night."

cuer, car elle het son mari. Et se la maladie procede de fleume froide et
la lune soit en (son) descendant ou en decours, se le mari avera aucune
maladie, povreté ou tribulation, de pure envie la femme y prendra
consolation. Quel mervaille! car elle est muable comme la lune. Le bien
d'autrui li est la mort et tribulation, et si est toujours maigre et tristre
comme une chienne envieuse et sa pensee est toute venimeuse, et d'envie
les membres li tramblent et les ners sont refroidies et retrais; ne ja sa
langue de diffamer autrui et dire mal ne arrestera et se elle ne puet parler
ou cuer le mal elle souhaidera. O femme mariee malcontente, o homme
marié, o creature humaine par ta deffaulte ainsy ferue de paralisie et
d'envie, souviengne toy de ton Espoulz immortel, Seigneur et Roy de
pardurable vie, qui pour toy a l'eure de prime fu menés a Pilate, loyés
les mains, bendés les yeux, ferus et batus par grant derision et accusés
faulsement des[116] faulx tesmoings, plains de malediction.

   O creature malcontente, se tu te vauldras et de fait bien mirer en
ceste example et miroir de ton tres doulz Espoulz, certainement tu te
trouveras garye de la paralisie et de l'envie. Et la belle dame Charité a
toute sa fiole vermaille vendra lyement avec toy herbegier et fera la
vraye pais de toy et de ton Espoulz et de ton mari. Et seras tout aultre
que n'estoies hier, et lors toutes les pierres, metaulx et medecines seront
tes /121ᵛ privees et tes voisines, laquelle chose Dieu te veuille ottroyer,
si comme il scet que tu en as mestier. Et ce souffice briefment de la
seconde maladie appellee paralisie et par consequent du pechié d'envie.

**De la tierce maladie, appellee appoplecie ou epilencie, par laquelle est
entendu le pechié (d'ire) de yre, et de la cure d'icelle par l'example de
la Passion de Jesu Crist.**

Le .xvij.ᵉ chapitre

   Or vient a la femme malcontente la tierce maladie, qui a nom
appoplecie ou epilencie, par laquelle communaument on pert un des lés.
A bien venir c'est proprement le pechié d'yre, car la personne est
composee de .ij. choses conjointes ensamble, c'est assavoir du corps et
de l'ame. Celui donques ou celle qui se laisse cheoir en une forte yre, il
pert le sens et l'un des lés--c'est l'ame--et souventefois et la moitié ou
tout le corps, si comme il fu dit de la royne Rosemonde qui en perdi et
corps et ame. Qui vauldroit reciter les orribles maulx innumerables qui

---

116. de[s].

en ont esté fais et pourchassiés par les femmes malcontentes et en yre de leurs maris par omicides publiques et secrés, par sorceries et choses abominables et sciences deffendues et autres enchantemens et ordures qui ne sont pas a descripre, il seroit impossible. Quel mervaille! car telle femme qui a faulsé le sacrement de son mariage en astrologie a pris son dominateur entre les planetes, Mars qui esmeut les batailles et [les] dissentions et engendre le fer. Ceste femme plaine d'yre, ferue d'appoplecie, ne fait aultre chose et jour et nuit que faire guerre a son mari, qui par aventure ne l'a pas deservi, et est devenue si crueuse, si fiere et si dure comme fer qui ne se laisse ployer pour ce qu'il est froit et elle ne le veult mettre a la forge de la Passion de son Espoulz pour lui eschaufer afin qu'il[117] devenist traitable. Que se dira plus de ceste maladie? Elle ne se puet amollir car elle ne soufferoit riens de son mari. Quel mervaille! car elle s'est desvestue[118] du gambison menu point a l'englume derriere, appellé pacience, laquelle englume elle deust offry a son mari et passer oultre. Et puet estre que telle femme a laissié l'escherpe a l'ostel et son bourdon en sa chambre, si n'est pas mervaille se elle chiet souvent en la boe.

Quant a la cure de ceste male yre et appoplecie, se la femme vausist un paou respirer et en sa /122 pensee contempler comment le doulz Jesu, vray et loyal Espous de son ame, pour lui a l'eure de tierce est desvestus de ses draps devant le pueple des Juifz et par gaberie revestus d'un vestement de pourpre, criant le peuple, "*Crucifige, crucifige,*"[119] et comment il est couronnés d'une couronne d'espines qui li percerent son chief jusques a la cervele et puis batus tout nuz a l'estache et tous deplaiés et derompus, celui qui fist le ciel et la terre et donne vie aus hommes et a toute creature, et pour conclusion de toute deshonnour li baillerent a porter sa croys sur ses espaules froissyes et batues, ce qu'il ne firent pas a .ij. larrons qui furent crucifiés avec lui.

Or me dy, je te pri, femme ou homme feru d'yre (ou) et d'appoplecie, mais que tu ayes l'escherpe au col et vestu le gambison, se tu [te] vaudras un paou apuier a ton bourdon et toy mirer ou grant poumiau, ou quel tu verras clerement tout ce que j'ay cy recité a present de ton Espoulz et de ses tres grans dolours qu'il a souffert pour toy, se lors tu [ne] t'amolies et ne deviens debonnaire en lui disant, "Mon tres doulz Espoulz, de cy en avant et pour l'amour de vous je veulz de tous

---
117. qu'i[l].
118. de[s]vestue.
119. Lk 23: 21.

souffrir et presenter l'englume a toy, tres doulz Espoulz, et a mon mari entierement obeir," se ainsi ne le fais, femme malcontente ou qui le vaille, je te tien[120] pour dampnee et entre les femmes de tres mal heure nee. Pren donques pour garison, voire par supplication, le don du Saint Esperit, qui a nom pitié, et des sacremens pren la penitance amere, et des pierres precieuses appelle a ton ayde [le Dyamant et] Pais, dame Alegeresse appellee, et li prie [que] de la liquour de son saphir pour oster le venin de ton cuer elle te veuille arouser avec les autres medecines et lectuaires qui te seront neccessaires. Et lors par grace tu seras delivree de la passion d'yre et d'appoplecye et de toute epilencie et si seras reconsiliee a ton Espous que tu as tant offendu et a ton mari aussy, lequel par aventure tu as fait cruel et dissolu, laquelle chose Dieu te veuille ottroyer et par sa grace de rencheoir garder. Et ce souffice briefment de la passion d'appoplecye et par consequent du pechié d'yre.

/122ᵛ **De la tous enracinee de la dame malcontente prise en concordance pour le pechié de peresse et de negligence et de la cure d'icelle.**

Le .xviij.ᵉ chapitre

Et soit recapitulee un paou la tous enracinee qui en la description des maladies fut la .vj.ᵉ nommee et ores sera prise pour la quarte pour concordance du pechié de peresse, combien que la dicte tous se puet bien concorder au pechié d'yre, comme en la dicte description aucunement fu touchié. Ceste tous enracinee en l'estomac et en la poitrine de la dame malcontente, comme il fu dit aucunefois, procede de humours chaudes et aucunefois de froides. Quant la dame malcontente et plaine d'ingratitude de son Espous immortel et de son mari mortel aussi est bien peue[121] et saoulee de viandes delicieuses de ce monde et paree de biaus ornemens es quelz elle se delitte fort, elle chiet souvent ou pechié de peresse et de negligence de soy meismez. Et pour ce qu'elle est peresseuse et ne veult riens faire ne traveillier son corps, elle ne puet pas bien digerer sa viande, car l'amour qu'elle doit avoir a son Espoulz immortel principaument et puis a son mari mortel est toute refroidie; et lors la femme peresseuse et malcontente se jete sur son lit et commence a toussir, voire d'une tous seche qui vient de chaudes humours (sans riens

---

120. For *tiens*.
121. peue(e).

jeter par la bouche) et de grant courous sans riens jeter par la bouche, comme il fu dit dessus, et ne fait que murmurer et contre son Espoulz immortel et contre son mari mortel. Et autrefois la tous est froide et jete grant ordure par la bouche encontre son mari, c'est assavoir males paroles injurieuses et plaines de indignation.

C'est la nature des peresseus riens faire et planté parler et dire males paroles ou murmurer. Cy a male tous et chaude et froide. On voit communaument en tous ouvrages la ou il y a pluseurs ouvriers que celui qui sera le plus uuiseus et peresseus ja n'avera la bouche close, mais les biens /123 labourans ne dyent mot et entendent a leur ouvrage. Quel mervaille! car il n'ont pas la maladie de la tous susdicte et ne sont pas peresseus ne malcontent.

Ceste femme malade de la tous et peresseuse a pris en son ayde la planete qui a nom Mercure, celle qui engendre le vif argent. Mercure a influence de grant soubtilité et donne cognoissance des choses terriennes et de leur [grant] practique, si comme de marchandise et de jugier les partis. La femme plaine de vins et de viandes et bien paree comme une poupee se gist sur son lit a l'eure de midi. Elle ne puet dormir et si ne veult riens faire, mais a par lui en sa pensee elle juge de la marchandise de lui et de son mari, et fait chastiaux en Espaingne, et juge de tous partis. Et lors par sa peresse la tous le prent et son mari vaudroit bien estre ailleurs. Ceste femme s'ayde de la pierre d'aymant qui atrait le fer a lui, qui est frois comme glace et pesant comme plonc, car par sa peresse elle est devenue froide, pesante et endormie et de la nature du vif argent, qui a belle et clere apparance et ne puet arrester en lieu hault, mais touzjours descent aval aussy comme pour reposer (et ne puet arrester en lieu hault) avec les peresseus. Et quant a la vertu du vif argent mete loy ou cruesequin de terre sur le feu, tantost qu'il sent le chaut il est mués en fumee, si comme scevent bien les alkemistes et ceulx qui dorent l'argent. Ainsi est il de la femme peresseuse et toussant, car souvent sa tous et tout son fait est tourné en nient ou en fumee.

A ceste dame peresseuse deveroit souvenir de celle noble dame Rebeque, femme du saint patriarche Ysaac et mere de Jacob appellé Israhel. Ceste noble dame si riche et si poissant n'avoit pas la tous et si n'estoit pas peresseuse, car de ses propres mains elle appareilloit la viande de son mari Ysaac et par aventure de ses enfans aussy, /123ᵛ Jacob et Esau, si comme il appert en la saincte Escripture.[122] Je congnus une royne, espouse du roy Hugue, pere du vaillant roy de Jerusalem et

---

122. Gn 27: 14-15.

de Chipre, appellé Piere de Lizingnen, laquelle noble royne, par le commandement de son seigneur et mari et par grant devotion aussy, a ses propres mains appareilloit la viande d'un frere carmelite, legat apostolique,[123] qui fu depuis patriarche de Constantinoble et legat du saint passage du vaillant roy susdit, pour ce que le dit legat estoit encheus en une grant maladie en laquelle communalment il ne mengoit autre viande que celle que la dicte royne appareilloit de ses mains. Et nos dames au jourd'ui pour elles bien parer meteront du matin jusques a haulte tierce et de la a la messe et puis au disner sans riens faire ne aucune excercitation. Ce n'est pas mervaille se elles ont la tous et sont bien endormies.

Il se dit que en Lorraine a une fontaine qui tout l'iver queurt et est l'yaue et belle et bonne, et quant l'esté vient toute l'yaue de la fontaine devient une pierre qui riens ne vault. Et convient oster celle pierre, car aultrement en l'iver a venir elle ne renderoit plus de yaue. C'est proprement la figure du (pecheurs) peresseus. Quant la personne se travaille et fait aucune chose bonne la fontaine queurt et l'yaue est belle et bonne, mais quant la personne est peresseuse et ne veult riens faire, especialment en esté, par sa droitte peresse elle devient une pierre empeschant la place, et de laquelle on ne se puet aidyer. La saincte Escripture dit que l'omme est fait pour labourer[124] et l'oisiau pour voler.

O tu, femme malcontente, peresseuse et entoussee, souvengne toy de ton souverain Espous Jhesu Crist, qui t'a si bien fourmee, qui, a l'eure de midi, pour toy (femme malconte) doulcement resveillier de ta peresse et de ta tous garir, se laissa trespercier et athachier en l'arbre de la vraye croys sans toussir ne dire mot, voire resveillier piteusement a grant force de corage pour nostre sauvement /**124** et sur la croys entre .ij. larrons orriblement dreciéz, et de fiel amer en liu de vin crueusement abuvrés et rassasiés, et de tout en tout des faulz Juifz vilifiés, si comme plus largement fu dit es noces douloureuses souventefois proposees. Ce en cestui example donques et miroir lacrimable, o femme peresseuse et tenseresse, tu ne te saveras mirer ne a ton biau bourdon apuier et ou grant pommiau sagement contempler les grans dolours de ton tres doulz Espoulz, soyes certaine que jamais ne te laira la tous, ne dyadragon chaut ou froit, ne lectuaires proposés ne ti averont ja mestier se tu n'aprens

---

123. Golenistcheff-Koutouzoff identifies this figure as Pierre-Thomas, papal legate to Cyprus in 1360, who died at Famagusta in January 1366 (*Etude*, 26).
124. Gn 3: 19.

bien le mestier du don de force et de penitance, des euvres de misericorde et de presenter l'englume appellee pacience.

Si te conseille en bonne foy que entre toutes les medecines [et] les pierres precieuses tu ne doyes pas legierement oublier le Fin Dyamant qui partout a courant olivier, c'est la mere et la fille de la plaisant Escarboucle, c'est la doulce espouse du Fin Rubin qui sequeurt au soir et au matin. O tu, femme malcontente, se tu [te] saveras bien par grant humilité et supplication de lui devotement acointier, elle te garrira de la tous et de toutes passions et de peresse et refera ton mariage entier, laquelle chose Dieu veuille ottroyer a toutes dames mariees et soyent de leur Espoulz et de leur maris parfaictement amees. Amen.

De la passion colique prise pour le pechié d'avarice.

Le .xix.ᵉ chapitre

Or reprenons briefment pour la quinte maladie [en] la passion colique pour concordance du pechié d'avarice, combien que communaument en l'escripture ydropisie soit prise pour convoitise, dont il est assavoir que qui a en lui une forte et enracinee maladie principale, il en a des aultres assés qui li tiengnent compaignie; et ainsi est il de tous pechiés mortelx, car l'orgueilleux n'est pas sans ire et convoitise, et le convoiteus puissant et riche n'est pas sans vaine gloire. Il fu dit dessus que passion colique est engendree de colere rouge et des autres humeurs corrumpues avec ventosité, et commence ceste passion colique en l'estomac et puis aprés par tout les membres par dedens a telle dolour que elle ne se puet descripre. La dame donques malcontente et ferue de passion /**124ᵛ** colique et l'omme aussy, parlant moralment, pour se que en son cuer et en ses[125] entrailles elle a esté convoiteuse ou quart degré encontre le loyen du sacrement de son mariage, pour ce a Dieu consenti qu'elle soit tourmentee dedens le corps par tout les membres, car selon l'Escripture les membres qui ont pechié doivent estre chatiés par la divine justice.

Ceste dame convoiteuse et plaine de passion colique, desirant--et de fait--d'avoir[126] grant seignourie encontre son mari et metant a part les biens communs a lui, c'est acostee a la planete qui s'appelle Jupiter, qui donne seignourie et engendre le cuivre, le laiton et l'arrain, par lesquelx

---

125. {s}es, (c).
126. I read this as meaning "desiring to have and in fact having."

se peuent[127] entendre les richesses de ce monde, qui sont de grant apparance et de petite ou nulle existence. La dame convoiteuse encontre son mariage pour la colere rouge qui habonde en lui, convoite seignourie et par consequent richesses, c'est assavoir fin or et fin argent, pierres precieuses et jouyaux, pour lesquelles choses par Jupiter li est presenté ventosité en sa passion colique par maniere de seignourie. Et pour les aultres choses riches susdictes li est presenté laiton, cuivre et arrain enruillié, lesquelx metaulx, quant il sont bien frotés de loings, il samblent de fin or, mais a la touche de jour et non pas de nuit il n'est pas or quanque il reluist, et que pis est, le cuivre, s'il n'est pas souvent frotés et maniés, de sa propre nature il engendre vert de gris, qui est tres fort corrosif.

Moralisant, se l'or et l'argent et les richesses de ce monde ne sont souvent frotees et maniees de l'une main en l'autre, du riche au povre, de celui qui habonde a celui qui a defaulte, certainement nostre laiton, cuivre et arrain, repus en l'arche, engendrera le vert de gris, lequel pour sa belle verde couleur est de belle apparance, et decevera la dame et l'omme aussy feru de celle maladie, et li fera telle corrosion ou cuer et es entrailles qui vaudra pis aucunefois que la passion colique.

L'avaricieux et convoiteux ressamble aux griffons, qui sont moitié aigle devant et moitié lyon derriere, et, selonc ce que dit Ysodore docteur solempnel, les diz griffons gardent le fin or et pierres precieuses sans nombre qui sont en Orient en une montaigne appellee Yperboree et le gardent si crueusement que par nul engien nulz ne puet avoir de celui or ne des pierres precieuses /125 pour les griffons, et ainsi le fin or et les pierres precieuses demeurent inutiles, et ne s'en puet on aidier.[128] Ainsi est il proprement des biens qui sont en la garde des convoiteux et avaricieux, mais toutefois il ne fauldront pas estre ferus de la male passion colique.

Nulz ne porroit descripre a plain les maulx qui viennent de ceste passion colique, de ceste male avarice et convoitise, de laquelle saint Paoul dit que avarice est servitude des ydoles.[129] Se la dame donques, malcontente de son mariage et malade de passion colique, de convoitise et d'avarice, vauldra un paou lever les yeux au ciel, lesquelx elle a tenu

---

127. p[e]uent.
128. Isidore of Seville *Etimologías* 14.3.7 and 32, ed. and trans. José Oroz Reta, Manuel-A. Marcos Casquero, and Manuel C. Diaz y Diaz, Biblioteca de autores cristianos 433, vol. 2 (Madrid: Editorial Católica, 1982), 168 and 174.
129. Col 3: 5.

volentiers en terre a la gloire mondaine et avarice des biens de ce monde corrumpables, et en sa contemplation elle se vauldra un paou mirer ou vertueux miroir plain de larmes de l'amere Passion de son tres doulx Espoulz Jesu Crist pendu en la croys tout nu sans or et sans argent et sans nul vestement a l'eure de nonne tenebrouse, sa tres saincte et virginele char toute percye et derompue, dessiree, detranchie et bastue et de son propre sang ensangletee, piteuse et orrible a veoir et de son sang refroidie toute et betee par telle maniere que, si comme dit Jheremie le prophete, "De la plante de son pié jusques a la verche de son chief en lui n'avoit santé ne riens ne li estoit demouré entier"[130] que la seule langue par laquelle seule il recommanda sa mere doloureuse a Jehan l'evangelistre et son ame precieuse a Dieu le Pere, comme il est dit dessus es noces proposees.

O ma (dame) doulce suer, jadis malcontente et en doubtance et ores par grace lavee ou baing de penitance, tu as le miroir devant toy, qui en requoy en esperit te represente l'eure de la tres amere mort de ton tres doulz Espoulz qui jadiz t'espousa en foy et en justice, et ores en ton ame par amoureuse memoire tu l'as oy a haulte vois crier, "*Hely, hely,*"[131] et puis a Dieu son esperit rendre. Et as veu la terre croler, le solail escousser et la pierre fendre et aprés en esperit et non pas sans larmes et compassion cordiale tu pues avoir veu la grant playe de son costé ouverte du fer agu, de laquelle le precieux sang et l'yaue salirent a tres grant habondance pour toy garir de la passion colique et de toute avarice et donner toy alejance.

Les docteurs dient que avarice de tous maulx est racine. Et l'eure de la mort du /125ᵛ doulz Aignelet occys, a toutes maladies est vraye medecine. Et afin que ceste digne medecine puisse valoir aus dames mariees contentes et malcontentes, aus hommes mariés et a toute creature crestienne, a cestui grant besoing pour conclusion de salut, il est expedient et tres fort neccessaire de aidier soy des medecines sustouchies, des dons du Saint Esperit et des commandemens de la loy, des sacremens de l'Esglise et des euvres de misericorde, des pierres precieuses et des vertus principales, des planetes et metaulx, des lectuaires et provisions, des entremés et garnisons qui sont en cestui livre assés largement desclairiees pour garir toutes maladies. Se ainsi le fera la dame mariee, elle sera reputee tres bien eureuse et de bonne heure nee, et par le moyen du riche Dyamant elle sera reconsilye de la en avant a son

---

130. Dt 28: 35.
131. Mt 27: 46; Mk 15: 34.

souverain Espoulz le biau Rubin, qui l'yaue fist muer en vin, et puis aprés a son tres doulx mari qui de la en avant l'amera autant comme lui, laquelle chose Dieu li veuille ottroyer et a son salut tous ses fais adrecier. Et ce souffice de la passion colique et par consequent, parlant moralment, du pechié d'avarice.

De la maladie appellee frenesie prise pour le pechié de gloutonnie, et de la cure d'icelle.

Le .xx.ᵉ chapitre

Or est a reciter la .vj.ᵉ maladie qui est appellee frenesie pour concordance du pechié de gloutonnie, qui est une vile passion de grant abomination. Il fu dit dessus que frenesie aucunefois est engendree de grant dolour et desplaisance et de grant melencolie et aucunefois de sang habondant et corrumpu mellé avec colere embrasee, dont les fumees montent a la cervelle, et en pert on le sens aucunefois tout et aucunefois en partie. Et tout ce avient, comme dit est, souvent par deffaulte de chalour digestive, c'est assavoir d'amour qui n'a peu digerer les males humeurs et desplaisirs habondans et nuisans en mariage.

Ceste passion de frenesie n'est aultre chose que dolour de teste, privation de sens et deffaulte de bon jugement. Et toutefois le frenesieux dit un pour un aultre et cuide bien dire et sans mentir et sans vergongne. C'est proprement, parlant moralment, le pechié de gloutonnie, laquelle gloutonnie quant elle est montee /**126** ou quart degré elle puet estre appellee raisonnablement frenesie. Quant la dame donques mariee, malcontente, est ferue de ceste passion de gloutonnie, nulz ne porroit descripre les maulx qui en aviennent.[132] Quel mervaille! car elle a pris en son aide pour servir a autrui la planete appellee Venus, qui est princesse de luxure, de laquelle planete elle s'est faite sa cuisiniere; et est transmuee gloutonnie en estain, creature de Venus. L'estain est de telle nature que qui le frote un paou il est reluisant comme argent, voire de loings, mais qui bien le regarde de pres il treuve que c'est estain, un metail de petite valour et tantost devient ort et sale et tost enrongié. Par cestui vil metail se peuent[133] entendre les grans vins et viandes delicieuses, lesquelles quant elle sont frotees, broyés et atournees par la main des cuisiniers elles sont de grant apparance et moult desirees des

---

132. [a]viennent.
133. p[e]uent.

gloutons, mais tost aprés elles deviennent si ordes et si pourries que un chien n'en daingneroit mengier.

Ceste passion de gloutonnie puet estre dicte equinancie, c'est une maladie en la gorge dont maintes personnes sont estranglees et dampnees par gloutonnie de la gorge. La personne qui est gloute a toujours fain de mengier et de boire qui s'appelle fain canine, fain de chien qui ne se puet saouler, dont l'Escripture dit que le ventre des glous est insaciable. Encores le glout est comparé au frain du Dyable car par cestui frain de gloutonnie le Dyable manie la personne la ou il li plaist et faire tous les maulx du monde. Encores le glout est comparé a Esau qui vendi a son frere Jacob sa primogeniture, c'est assavoir sa ainneesse pour une escuele de lentilles tant seulement.[134] Encores le glout est comparé au chien qui maine son maistre l'avugle en la boe. Jetés un os enmi la boe, le chien menra son maistre ou millieu de l'ordure. Quel mervaille! car l'avugle a perdu ses sens, il est en frenesie.

Il est assavoir que .vj. grans damaiges viennent de gloutonnie. Le premier est une pensee brutale, comme le porc qui toujours veult mengier, et deffaulte de raison par laquelle deffaulte il cheient en frenesie, dont saint Piere dit que les glous sont comme les bestes non raisonnables;[135] et saint Pol dit que il font un dieu de leur ventre,[136] comme fist le riche de l'Evangile qui fu ensevelis en Enfer.[137] /126ᵛ Le secont damaige qui vient de gloutonnie est maladie et maladies de corps, car selonc le proverbe commun, plus de gens muerent de caup de langue que de caup de lance, et l'Escripture dit que en planté de viandes ne fauldra pas maladie.[138] Le tierch damaige si est planté parler a table et dire mal d'autrui en soy vanter ou jugier autrui, comme fist Herodes qui a sa table donna a la fille de sa femme le chief du benoit Jehan Baptistre.[139] Le quart damaige si est povreté qui sieut a gloutonnie, par l'example du fil fol, large, de l'Evangile, qui despendi toute sa substance en gloutonnie et en luxure et par povreté il convient qu'il gardast les pourciaux.[140] Le quint damaige de gloutonnie si est luxure, qui n'est pas loings, de laquelle se dira en la .vij.ᵉ maladie. De ceste luxure touchant a

---

134. Gn 25: 29-34.
135. 2 Pt 2: 12.
136. Phil 3: 19.
137. Lk 16: 19-31.
138. Sir 37: 30.
139. Mt 14: 6-11.
140. Lk 15: 11-32.

gloutonnie dit Jheremie, "Les glous furent remplis de vins et de viandes et bien saoulés et tantost enchairent ou pechié de luxure." Le .vj.ᵉ damaige de gloutonnie si est folie de cuer, dont es Proverbes de Salmon se dit que, "Qui se delicte en gloutonnie il ne sera ja sages."[141] Si se puet dire par les raisons susdictes qu'il perdera le sens et cheira en frenesie.

    La dame donques mariee qui de cestui vice se sentira enthechie, et toute creature humaine aussy, es sacremens de l'Esglise prengne la penitance et es vertus la temperance, es dons du Saint Esperit la sapience et es pierres precieuses prengne l'esmeraude, la sobrieté et la chasteté aveuc les euvres de misericorde en paissant et reconfortant les povres des viandes outrageuses et superflues dont nature, famille, le tamps et la bourse[142] sont grevés, car nature de soy est contente de paou, si comme dit Seneque le moral philozophe.[143]

    Et lors les lectuaires, provisions et entremés souventefois recités averont leur lieu pour plaine garison empetrer, voire par la memoire et l'example de l'amere Passion du doulz Jesu devotement remiree par la dame malcontente ou grant pommiau de son bourdon, ou quel la dame verra clerement son doulx Espoulz despendu de la croys a l'eure de vespres et estendu tout nuz sur une pierre, sus laquelle il fu piteusement lavés et aromatisiés et des larmes de sa tendre mere tous arousés. O moy chetif et dur de cuer, qui porroit bien comprendre par une piteuse memoire la dolour de nostre Dyamant la tres doulce Vierge /**127** Marie, veant son tres doulz filz en terre mort et ainsi detrenchié--Celui qui donne vie aus angeles et soustient toute creature, la n'avoit aultre viande que larmes et souspirs et regrés dolourous de la mere de Vie, de Jehan l'evangelistre, de Magdalene et des autres Maries, de Centurion et de Nichodemus, qui appareilloient le Seigneur de vie pour ensevelir ou sepulchre de mort? Et tout ce vault souffrir pour le salut de nos ames. Qui bien y penseroit, certainement il seroit content de viandes communes et viveroit sobrement; et lors la dame ainsy faisant de toute sa frenesie seroit incontinent garie--laquelle chose aus dames mariees Dieu leur veuille octroyer et toutes dissentions de la femme au mari doulcement apaisier. Et ce souffice de la maladie appellee frenesie et par consequent du pechié de gloutonnie.

---

141. Prv 23: 20-21.
142. bour{s}e, (c).
143. "Natura modicum petit" (Seneca *Ad Lucilium Balbum* 64, in *Les Auctoritates Aristotelis,* 277).

De la forte passion appellee cardiaque prise pour le pechié de luxure, et des orribles maulx qui en viennent.

Le .xxj.ᵉ chapitre

Or traicterons aucunement de la derraine maladie, c'est assavoir de
5 la .vij.ᵉ, qui est appellee passion cardiaque, deffaulte de cuer ou
paumison pour concordance du pechié de luxure. Cardiaque en grigois
vault autant a dire comme cordiale. Ceste[144] passion est fort cordiale si
comme il appert par le fruit amer de ses honteuses euvres. Ceste maladie
cardiaque est engendree communaument par .ij. occasions. L'une si est
10 par passions et bleceures des ners qui respondent au cuer, dont
maintefois la personne est paumee. L'autre si est par habondance de sang
et de chaudes humours qui avironnent les membres principaulx par telle
maniere que le cuer ne puet pas bien respirer ne le pomon ne fait pas
bien son office, c'est assavoir de raffreschir et refroidier le cuer. Ceste
15 passion cordiale assés convenablement, parlant moralment, puet estre
prise pour le pechié de luxure, et pour ce que c'est un pechié mortel
entre les aultres de grant diffame, de tres grant peril au corps et a l'ame
et par lequel les maulx innumerables volentiers sourdent, loyaulté est
faussé et trayson engendree, pour ce est il expedient de parler de la dicte
20 passion un paou plus longuement que des autres susdictes pour venir par
grace au remede /127ᵛ des dames malcontentes et ramener les a la droitte
voie du sacrement de leur mariage par la bonté de celui qui est Verité,
Vie et Voie.

Dont il est assavoir que, combien que a la passion cardiaque, c'est
25 assavoir a luxure, la planete Venus ait plaine domination, pour
confourmer les maulx qui en viennent elle a pris en son ayde la planete
de Saturne, qui est maistresse d'esmouvoir tourbillons, guerres et
dissentions et mortele trayson, dont luxure entre les autres passions est la
droicte couratiere, voire par le tesmoing des anciennes croniques, de la
30 saincte Escripture et de vraye experience esprouvee. Venus donques la
bien pignie[145] et Saturne la tourblee gouvernent la passion cardiaque,
c'est luxure la deffrenee et gloutonnie aussy sa maistre cuisiniere. Et
pour sa grant ordure et abominable villeté, par l'influence de Saturne,
luxure est convertie en plonc, qui est de petit pris, le plus vil metail de

---

144. Cest[e].
145. Guillaume de Deguilleville also describes Venus in these terms. In *Le Pelerinage de vie humaine* the Pilgrim asks Venus, "Es (tu) dis je si bien pigniee?" (v. 10,593).

tous les aultres. Et tout ainsy que se vil plonc ferus du solail et eschauffé par procés de tamps en quantité croit, tout ainsy la luxure eschauffee et nourrie du solail, des biens delicieux de ce monde mortel, de jour en jour croist plus et plus, et tant est crute ceste vile passion, helas! entre les Crestiens, qu'il se puet dire que ce que anciennement se faisoit secretement les yeux en terre et a tres grant vergongne au jourd'ui se fait ainsy comme publiquement avec jactance et sans nulle vergongne, desquelx il est dit en la saincte Escripture, "Il se delictent de ce qu'il ont mal fait et se esjoissent es choses tres mauvaises, c'est assavoir es euvres de luxure."[146]

Ceste passion donques cardiaque est engendree par blesseure ou foiblesse des ners, car il n'est chose si male qui tant grieve aus neirs comme l'euvre de luxure, dont paumison et deffaulte de cuer aucunefois s'ensivent, selonc le dit des docteurs en physique. Et autrefois est engendree la dicte passion par habondance de sang et grosses humours chaudes et corrumpues que gloutonnie a tout sa grant panse largement aminstre par ses[147] broués lectuaires et viandes chaudes. Se pain et yaue furent occasion du pechié de Sodome, si comme le recorde Moyses en la saincte Escripture, que sera il au jourd'ui des viandes /**128** delicieuses dont les Crestiens, foibles[148] de corps ou regart des anciens, usent et sans mesure? Il se puet dire et de vray que a l'uys est la luxure. Et pour ce disoit saint Pierre, "Soyés sobres et veilliés en faisant vos ames chastes en charité."[149] Et saint Paoul dit:, "Ne veuilliés pas vous enyvrer de vin, ou quel est la luxure."[150]

.V. choses sont principales qui engendrent et nourrissent la luxure es dames malcontentes de leur mariage et qui ja ont faulsé le loyen du sacrement de mariage a leur Espous immortel. La premiere si est joliveté de habis et paremens ou aournemens resplendissans. La seconde si est repletion de fors vins et de viandes delicatives. La tierce si est Madame l'Endormie, c'est assavoir Uuiseuse. La quarte si est une grande frequentation de festes, de noces et de mondaines assamblees. La quinte si est quant la dame encline volentiers l'oraille a bourdeurs et flateurs et faiseurs de virelays et, que pis vault, quant elle se delicte en la messagiere et ou raport des messagiers et couratiers du mestier. Cy se

---

146. Prv 2: 14.
147. {s}es, (c).
148. foible[s].
149. 1 Pt 4: 7.
150. Eph 5: 18.

puet dire que la femme malcontente qui des .v. choses susdictes perseverant sera coustumiere, se elle sera bien assaillye verissimelment de chasteté conjugale elle perdera la baniere. Qui vauldroit a chascune de ces .v. choses susdictes par maniere de allegation ou de probation reciter un example on en trouveroit quarrante. La chose est clere et toute notoire. Or pleust a Dieu qu'il n'en fust riens et qu'elle fust rese de la memoire.

Bien deveroit souvenir aucunefois aus dames bien parees, trecees, fardees et belles par accident et aournees, de la parole de la saincte royne Hester, qui pour sa dignité reginale sur toutes les aultres femmes estoit le mieulx et le plus richement paree; mais que en dit elle du parement de son chief? Parlant a Dieu devotement elle en fist une comparoison bien sauvage et orrible que je n'oseroye ne dire ne escripre, et toutefois la saincte Escripture le recite.[151] Quel mervaille! car la saincte royne ne se delictoit pas en forain aournement mais se delictoit fermement d'estre belle par dedens en l'ame et plaire a son Espoulz immortel, et pour ce elle delivra son pueple de la sentence de mort et demoura en grace de son mari mortel. Que se dira des dames mariees et de toutes aultres et des hommes aussy qui se delictent oultre mesure en viandes delicieuses et s'encraissent comme un pourciau en semounant la planete /128ᵛ Venus qu'elle faisse son office? "Il est impossible," dit saint Bernart, "que on puisse en ce monde son ventre emplir et sa pensee de l'amour de Dieu resjouir."[152]

Bien deveroit souvenir aus dames mariees malcontentes, gloutes et luxurieuses, de celle noble dame, de celle saincte matrone, la dame de Fontaines en Bourgongne, mere du saint et tres devot docteur, monseigneur saint Bernart. La dicte benoite matrone avoit .vj. filz et une fille, lesquelx tous elle alaita de ses propres mameles a confusion des dames qui sont peresseuses et riens ne veulent faire. Elle les nourrit sans mengier lait de nulle aultre nourice, et, afin que ses[153] enfans ne fussent pas subgés de Venus ne de Saturne, elle premierement vivoit de grosses viandes et de petis vins, et nourri tous ses enfans si rudement et si grossement comme se il fussent enfans d'un payssant. Et ce faisoit elle afin qu'il ne devenissent delicatis comme les enfans du jourd'ui, et qu'il

---

151. Est 4: 17 k.
152. These are not Bernard's exact words, but he does suggest that no good comes of a full stomach, as in "Repleti deinde ventrem falsa, mentem superbia," *Apologia ad Guillelmum abbatem* 6.12 (*Sancti Bernardi Opera,* 3: 61-108).
153. {s}es, (c).

ne fussent enclins a pechié par delicieuse vie, et qu'il fussent aussy fors et bien disposés de faire penitance quant il [en] seroit tamps. Et tant fist la bonne dame par la grace de Dieu et par sa devotion et bonté de saint Bernart que tous furent moisnes, et le pere aussy a Clervaulx, et sauvés comme doulcement se puet croire; et la fille non obstant mariage devint une saincte religieuse.[154]

Et quant aus vins fors et delicieux desquelx les dames mariees et toutes autres se doivent bien garder, il a une isle en mer es parties d'Orient, appellee l'isle de Candie ou l'isle de Crec, en laquelle je ay maintefois conversé. Les seigneurs du paÿs sont environ .vj. cent hommes d'armes estrais des nobles de Venise, desquelx il sont subgés. Mais les dames du paÿs, femmes et filles des susdiz gentilz hommes, pour non encourre ou pechié de luxure, par ancienne coustume elle ne boivent point de vin, et sont tres belles et delicieuses et tres preudes[155] femmes; et que plus est, se aucune des dictes dames sera renommee par aventure de boire vin, elle sera aussy diffamee entre les autres dames comme en ce paÿs une pecheresse mariee[156] entre les preudefemmes.

Pour eschiver[157] le pechié de luxure on en porroit assés parler, car il est comparé au feu d'infer pour .iiij. choses: pour la premiere, c'est un feu ardant de concupissence, pour la seconde un ver de remors de conscience, et pour la tierce il est comme souffre puant de diffame et male renommee et en la fin de grant doliance.

/129 Encores des males femmes luxurieuses les docteurs dyent que elles sont les armeures du Dyable, dont il avient que le fol homme luxurieux qui ne doubte son Anemi et se delicte en la biauté de l'arbalestre et tant le regarde de pres que l'abalestre descoce, c'est assavoir quant la femme bien paree, jolye et belle, monstrant ses biaux cheveux, de ses yeux regarde les maleureux et est devenue l'espee du Dyable bien trenchant qui fiert sans manacier le meschant. Encores luxure est comparee a l'oiseleur qui tent a petis oiseles et emprés sa roys tient un chat huant qui va de sa teste coliant et attrayant les petis oiseles. L'oiseleur est proprement le Diable, et sa roys et le chat huant sont les femmes bien parees et luxurieuses qui de leurs paremens et biau visaige vont coliant et attrayant les petis oiseles, c'est assavoir les ames volans

---

154. The probable source for these details about Bernard and his family is Jacobus de Voragine, *The Golden Legend* 2: 465.
155. preude[s].
156. marie[e].
157. esch[i]ver.

des Crestiens; et souventefois, sans ce qu'il s'emprengnent garde, il sont pris a la roys dont il cheyent en la passion cardiaque et aucunefois paumés et mors et frois.

Encores est ceste[158] male luxure comparee a la roys qui est jetee en la mer et attrait tout ce qu'elle treuve devant lui, tout ainsi la luxure au jourd'ui presque tout le monde attrait a lui, selonc le dit des docteurs. Quel mervaille! car luxure est comme feu grigois qui orriblement art en l'yaue et a grant paine se puet destaindre, dont le saint Job disoit, "Cestui feu de luxure est devorans jusques a consumation."[159] Et Joel le prophete disoit, "Cestui feu a devoré toute la biauté du desert,"[160] c'est assavoir les biaus hommes et les belles femmes de ce monde. Dont il est assavoir que cestui feu grigois ne se puet estaindre[161] se n'est par arene ou sabelon et par vin aigre. La luxure se puet estaindre par la grace de Dieu par une profonde consideration de sabelon, c'est assavoir de l'infructuosité de ce monde, et par vin aigre, c'est assavoir par l'austerité et amertume de penitance. Il est assavoir que la (penitance) preudefemme mariee est comparee a la patrenostre d'ambre qui est belle et reluisant et flaire souef et est instrument de la loenge de Dieu et de dire ses Patenostres. Mais quant la patenostre d'ambre est bien frotee et eschauffee elle attrait la paille a lui, c'est la femme luxurieuse eschauffee de luxure, qui non tant seulement attrait la paille a lui mais le grain aussy, c'est assavoir la char de l'omme et le cuer et la chetive ame. Et pour conclusion /**129ᵛ** de l'abomination de luxure, elle est comparee a fiente et a boe pour sa tres grant vileté, car tout ainsi que le pourciau se delicte a reposer en la boe et le cheval en sa fiente,[162] tout ainsi les luxurieux perseverans[163] souventefois muerent en leur pechié.

De ceste passion cardiaque, c'est de luxure, sourdent .vj. grans damaiges. Premierement, elle maine la personne a grant povreté, car elle li oste et grace et gloire et propre substance, comme il fu dit du josne fil luxurieux de l'Evangile qui gasta sa substance en luxure.[164] Secondement, elle contraint la personne a vile servitude, car elle fait que le plus vil et le plus ort membre de la personne ait seignourie sus le corps

---

158. {c}este, (s).
159. Jb 31: 11-12.
160. Jl 1: 19.
161. (d)estaindre.
162. Jl 1: 17. The Jerusalem Bible's wording differs considerably here from that of the Vulgate.
163. le[s] luxurieux perseveran{s}, (t).
164. Lk 15: 11-32.

et sur l'ame raisonnable. Tiercement, la luxure amaine la creature raisonnable a une tres grant vileté, car l'omme qui est samblable a Dieu et aus angeles selonc l'ame elle le fait pareil a bestes mues, dont il fu dit par le prophete que l'omme quant il estoit en honnour il ne se sot entendre, et pour ce fu fait samblables a jumens sans sens et sans raison.[165] Quartement, la personne par luxure est privee de toute raison et comme une beste enfatuee, comme il appert du sage Salmon, dont il est escript en la saincte Escripture que son cuer fu dampnés par les femmes.[166] Quintement, luxure mortefie la personne et occist cruuesement de terrible mort, c'est assavoir de mort de coulpe, de mort de male renommee et de mort perpetuele, dont l'Ecclesiaste dit, "J'ay trouvé la femme plus amere que la mort."[167] Sixtement, la luxure enlace fort celui qu'elle prent, car selonc l'Escripture la femme luxurieuse si est le las du Dyable par lequel les ames des pecheurs sont prises: le cuer si est la roys, les mains et les bras sont les loyens.[168] Par les las de la femme sont pris les oisiaus volans, c'est assavoir les orgueilleux; par la roys sont pris les poissons en l'yaue, c'est assavoir les delicieux; et par les loyens sont prises les bestes de la terre, c'est assavoir les avaricieux. Et ainsi a ceste male luxure paou de gens li eschapent. Dieu par sa saincte grace nous en veuille garder.

 Ceste male beste privee luxure, qui si fort regne et si longuement a regné, a engendré .v. filles plaines de inobedience et l'une pire de l'autre. La premiere est appellee fornication, c'est de personnes qui ne sont pas loyés par veu ou sacrement de mariage. /130 La seconde fille si est adultere, c'est assavoir avoutire qui se commet a personnes mariees, rompans l'office du sacrement de mariage. La tierce si est appellé stupre, qui se commet avec une vierge ou religieuse. La quarte si est appellee inceste, qui se commet avec les affins ou cousines de sang et de lignage. La .v.ᵉ est la pire, si est le pechié contre nature, qui tant desplait a Dieu et est de si grant ordure que selonc ce qu'il se dit, pour le seul parler l'air en pourrit.

---

165. Ps 49: 12.
166. 1 Kgs 11: 1-4.
167. Eccl 7: 26.
168. Eccl 7: 27.

De la souveraine cure de la passion cardiaque, c'est du pechié de luxure, et de toutes autres maladies.

Le .xxij.ᵉ chapitre

Or est il tamps d'entrer en la cure de la passion cardiaque et
5   cordiale--c'est du pechié de luxure--pour reconforter les dames malcontentes, qui par l'office du sacrement de leur mariage ont rompu le loyen, dont sainctement et volontairement elles estoient loyés, et pour empetrer santé par grace de ceste maladie. Entre les .vij. medecines il fault prendre la purgative, c'est assavoir entre les sacremens la penitance,
10 et entre les dons du Saint Esperit la doubtance de Dieu, et que entre les vertus la dame n'ait pas oublié s'escharpe, et quant aus pierres precieuses l'esmeraude y tendra bien son lieu, car elle engendre chasteté. Et quant aus planetes je li conseille qu'elle renonse entierement a Venus la jolye et a Saturnus, qui fiert les caups cornus, et se tiengne au Solail de justice,
15 qui par sa tres grant doulceur aus repentans restore son amour. Encores est il expedient que par le moyen du Fin Dyamant expert en alkemie, la dame de son vil metail, plonc et estain, par le feu et chalour digestive en cestui livre souventefois repetee faisse (faire) fin or naistre plaisant a son tres doulz Espoulz Jesu Crist, son doulz Maistre; et ait toujours le cuer
20 ouvert, les mains et la bourse aus euvres de misericorde, qui ont forgie le loyen et la corde dont la dame sera [par grace] doulcement racordee a son Espoulz et a son mari accordee.

Aprés la prise de toutes les medecines cy dessus repetees pour reconforter l'esperit, il fault que la dame se doye mirer en un miroir
25 vivificatif, c'est assavoir ou miroir de la Passion du doulz /**130ᵛ** Jhesu vray Espous de son ame. Et pour preparation de recevoir cestui miroir, un petit example de nostre tamps li sera representé, par lequel elle porra congnoistre que toute biaulté d'umaine creature, concupissence charnele et delit corporel n'est en la fin que toute pourreture. Et benois seront
30 tous ceulx et toutes celles qui bien le cognoistront et par celle cognoissance se garderont de luxure et de tout aultre pechié.

Il fu nagaires une grant dame de la lignie des roys d'Espaigne, laquelle fu mariee au conte d'Estampes et puis aprés au conte d'Alençon, frere du roy de France, Philippe de Valoys--ausquelx Dieu faisse
35 mercy.[169] Ceste dame fu si belle qu'il se disoit que sa pareille en biaulté

---

169. Marie d'Espagne, the daughter of Ferdinand II of Spain. She married Charles d'Evreux, conte d'Estampes, in 1335. On his death in 1336 she married

ne se pooit trouver, et a veoir sa biaulté chascun y acourroit. Avint qu'il
ot un grant tournoy a Paris, ou quel furent .iij. mille chevaliers armés et
.vj. mille escuiers. Et entre les aultres dames royales ceste dame--[lors]
puet estre[170] contesse d'Estampes--fu amenee et richement paree et bien
acompaignie pour veoir le tournoy. Et pour abregier l'istoire, la presse
fu si grande des seigneurs, chevaliers et escuiers pour veoir la biaulté de
ceste dame, qu'il ne se reputoit pas eureus qui ne la pooit veoir et
remirer, car sa biaulté et de corps et de visaige surmontoit toutes les
aultres. Et je meisme la vis un grant tamps aprés et me sambloit bien
aveuc les aultres que en ce monde n'avoit si belle. O quans en furent
bleciéz en l'ame par concupiscence!

    Ceste grant dame, si belle comme dit est, vesqui des ans par
aventure plus de .lx. en grant devotion de belle vie et de bel estat,
acomplissant les euvres de misericorde, et n'a pas long tamps que elle
trespassa en Dieu. Ceste noble contesse d'Alençon en sa fin fu
longuement malade et, petit a petit, corruption en nature faisant son
office, elle devint telle qu'il ne li demoura que la pel, les ners et les os,
perseverant toujours en bon entendement, en grant devotion et en saincte
doctrine. Quel mervaille! car par la bonté de Dieu, combien qu'elle eust
bien gardé le loyen du sacrement de son mariage, et aprés tres
longuement elle eust esté vueve et vescu en saincte continence, toutefois,
il li souvenoit bien que sa tres grant biaulté en sa jonesse et ses jolys et
riches atours avoient esté occasion de blesser mainte ame, touchant /131
la passion cardiaque, et savoit bien qu'il convenoit qu'elle en rendist
conte devant le grant Juge au Jour de Jugement.

    Quant la noble contesse a sa fin se senti toute defaicte de corps, de
force et de biaulté, par tres grant devotion et merveilleuse contriction, en
son bon sens et non pas sans larmes, fist un sermon devant tous les
assistens qui est (de) digne [de saincte] memoire et d'estre mis en escript
en la Legende Doree pour conforter les dames mariees bien contentes de
leur mariage et reconforter les malcontentes et toute devote creature. "Or

---

Charles de Valois, conte d'Alençon and the youngest son of King Philip the
Bold, but lost her second husband also in 1346 (Anselme, *Histoire*
généalogique, 1: 269-71, 280). Philippe had met Marie while she was married to
her first husband and had reason to remember her, for she was a benefactress of
the Convent of the Celestins in Paris; and when she died, on 19 November
1369, her heart and entrails were buried before the main altar of their church
(Golenistcheff-Koutouzoff, *Etude,* 30-32).
170. The author, apparently not sure of the date of the incident, surmises that
she was married to her first husband when it occurred.

pleust a Dieu," dit lors la contesse d'Alençon, "que en remission de mes pechiés tous les chevaliers et escuiers et tous les autres qui furent au grant tournoy a Paris et venoient a pourcession pour veoir ma biaulté fussent tous en vie a Paris et on me deust trainer toute nue en l'estat que
5 je suy parmi toutes les rues de Paris, tant et si longuement que mon vil corps fust tout deromps et en pieces[171] en presence de tous les dessusdis, si veroient la biaulté de la contesse d'Alençon que jadis ilz averoient tant desiré a veoir." Ceste histoire tres devote m'a raconté pour vray un maistre en theologie des plus solempnéz de la cité de Paris et trop plus
10 largement que je ne l'ay cy escript. Dieu par sa saincte pitié veuille pardonner les pechiés a ceste benoite contesse se elle a mestier d'ayde.

Se ceste noble dame contesse d'Alençon, gardant son mariage et vivant aprés en saincte continence, a sa fin fist telle et si grant conscience des pechiés d'autrui qui pecherent en lui par concupissence en pensee
15 pour sa biaulté qui estoit don de nature, a laquelle biaulté selonc son estat bonnement elle ne pooit obvier, que feront donques les dames qui, par aventure, sans trop grande beaulté et sans nulle occasion, ont brisé leur mariage et quant a leur Espoulz immortel et quant a leur mari en pervertissant[172] l'office du sacrement de leur mariage? Certainement il est
20 expedient que pour la garison de la passion cardiaque et des .vj. aultres maladies desclairies elles ayent leurs secours ou miroir cy dessus proposé de la Passion de l'Aignelet occys, qui pour nous garir en la croys fu mors et vif.

O ma doulce suer en Dieu, nagaires[173] malcontente de ton mariage et
25 par aventure encheue es las cy dessus recités, pren ce miroir qui t'est cy presenté et regarde dedens ta face quelle elle est /131ᵛ a present et quelle elle a esté. Et quant tu te seras bien regardee et congnue, pren le miroir et le mes a ta poictrine, et afin qu'il ne te soit embléz musse le en ton sain, musse le en ton cuer, et la soit bien gardez. Et te souvengne de la
30 benoite Magdalene jadis grant pecheresse, qui ou dit miroir toujours se remiroit, et quant les apostres dormoient pour lui mirer elle pas ne dormoit. La dame donques malcontente a son bourdon s'apuiera et ou grant poumiau du bourdon se remirera et verra son tres doulz Espoulz Jesu Crist a l'eure de complie pour tout delit de corps estendu mort ou
35 sepulchre de pierre, voire tout couvert de larmes de sa tres doulce mere. Certainement se la dame avera doulce memoire et non pas sans larmez de

---

171. piece[s].
172. perve[r]tissant.
173. nagaire[s].

son tres doulz Espoulz mort pour lui et ainsy enseveli, toute joliveté et toute legiereté seront mises arriere, et se retraira devotement a la vive pierre pour empetrer santé et garison de la maladie cardiaque et de sa passion.

    Et pour ce que la maladie de la dame a esté cordiale, qui est aucunefois deffaulte de cuer et aussy comme paumison, par la bonté de Dieu son tres amé Espoulz, lors li sera presentee la medecine confortative et puis aprés la vivificative et le lectuaire aussy vivificatif, c'est assavoir la belle perle d'Orient qui garit tous les maulz et renouvelle le jouvent. Il fu dit par dessus que de la perle d'Orient, pierre tres precieuse appellee margarite, aveuc aultres espices se fait un lectuaire vivificatif qui est appellé dyamargarithon et est merveilleusement cordial. Encores fu dit que au prendre le lectuaire il fault la dicte perle maure entre .ij. moles, et en molant il y convient du miel et du vin aigre ou aultrement le lectuaire ne pourfiteroit point au passient. O quelle precieuse Perle et divin Lectuaire pour garir femmes desesperees de leur mariage et passionnees des .vij. maladies susdictes, des .vij. pechiés mortelx et les maris aussy, vierges et vuesvez et tout homme crestien de toutes maladies! Ceste marguerite, perle precieuse d'Orient venue de Paradis, ronde en fourme, blanche en coulour et reluisant, a ceulx qui le congnoissent n'est aultre chose, parlant devotement, que l'Oiste sacree, le saint Sacrement de l'autel, Dieu tout puissant, Lectuaire vivificatif. Quant la dame donques ou l'omme passionné de la maladie cardiaque, c'est du pechié /132 de luxure ou d'autres passions, sera comme paumee et aussy comme desesperee de garison, par la misericorde de Dieu elle se doit appareillier et disposer de prendre cestui divin Lectuaire, ceste precieuse Perle, c'est assavoir le saint Sacrement de l'autel.

    Mays il y fault pluseurs choses au prendre le Lectuaire. Premierement, il fault a la dame qu'elle ait a son costé senestre, c'est assavoir en son cuer, l'escherpe verde qu'elle a longuement portee, c'est assavoir la foy catholique. Aprés, *{il}[174] fault qu'elle s'apuye fermement a son bourdon, qui est esperance appellé, et que au poumiau petit desoubz du bourdon, qui est d'un dyamant, representant[175] la Vierge Marie comme il fu dit dessus, elle se doye diligamment mirer et a lui devotement recommander. Aprés, elle se doit mirer et remirer diligamment ou gros poumiau du bourdon, qui est fait d'un biau miroir

---

174. *(y).
175. represent{ant}, (ent).

tres cler ou quel elle verra tout autour plainement la Passion et les
dolours lacrimables generales et particuleres de son tres doulz Espoulz
Jesu Crist. Et lors, quant elle avera bien recapitulé, regracié et recongnu
et non pas sans larmes la merveilleuse amour et dolour que l'Espous de
son ame a volu souffrir pour lui, sans plus attendre, a grant humilité et
devotion elle mettera main a s'escherpe et tirera hors le petit livret du
Viel et Nouvel Testament, en recongnoissant de cuer et confessant de
bouche la saincte foy catholique et vraye doctrine evangelique avec le sel
de discretion en tous ses fais et dis.

Lors, doulcement en son cuer priera a madame Doulce Amour,
Charité appellee, qu'elle le veuille enoindre de la precieuse liquour de sa
fiole du fin rubin et du balays, c'est assavoir du precieux sang de
l'Escarboucle, du doulz Aignelet occys, par une memoire amoureuse et
piteuse de la Passion de son tres doulz Espoulz. Et quant la dame sera
bien humiliee et pour ses pechiés en larmes bien lavee et selonc les
medecines susdictes a son pouoir preparee, avec la doubtance de Dieu et
doulce confyance, par la main de saint Piere ou de ses successeurs, la
dame prendera de s'escherpe le petit blanc gastelet de fourment, c'est
assavoir la belle Perle blanche, la tres sainte Oiste sacree, et sera mise
entre .ij. moles a tres grant reverence, c'est assavoir en la bouche de la
dame, et molue doulcement entre les moles des dens, et puis y sera
ajousté le vin aigre, c'est assavoir l'aigrour et la dolour /132^v de ses
pechiés, en pensant et recoignoissant sa grant fragilité et qu'elle n'est pas
digne d'user de si precieux lectuaire, tenant toujours en la main destre
son bourdon.

Encores est il expedient et fort neccessaire que le miel n'i soit pas
oublié, c'est assavoir la doulçour spirituele que nostre tres doulz Espoulz
par sa grace a acoustumé aucunefois a departir a ceulx qui se delictent
d'estre repeus du blanc gastelet, segnefiant le doulz Aignelet qui en la
Cene fu rosti et mengié en figure, en confourmant l'Escripture. Et quant
la figure de l'aignelet en la loy de Moyses fu complie après le Cene a
l'eure de complie, le vray Aignel Jesu Crist, lors ordena et a ses apostres
commanda que en ramembrance de sa Passion pour souveraine garison et
doulce consolation du Gastelet alis[176] il deussent souvent user, et son
amour et sa Passion es cuers souvent renouveler. La bonté et la doulceur
de cestui Gastelet, de cestui precieux Lectuaire, de la blanche Perle
orientale, nulz ne porroit descripre a plain.

---

176. The small unleavened cake, figuratively the Sacred Host, presented in Guillaume de Deguilleville, *Le Pelerinage de vie humaine,* vv. 2775-3292.

Ceste (precieuse) perle, marguerite precieuse, qui, selonc les docteurs des pierres, vault contre passion cardiaque, reconforte les esperis et vault contre une maladie qui s'appelle sincope et contre flun de sang et de ventre, c'est proprement la belle Perle ronde et clere et blanche, le
5 Lectuaire vivificatif, le saint Sacrement de l'autel, le corps de nostre Seigneur, certainement c'est le Fin Rubin en cestui livre tant de fois et paou repeté. Duquel rubin, c'est de l'escarboucle--qui est tout un, la quantité exceptee--(duquel) Evax, roy d'Arrabie, souverain lapidaires et grant astrologien, dit en ses livres qu'i sont .ix. manieres de rubins ou
10 escarboucles;[177] mais Aristote et Constantin[178] les ramainent toutes a .iij. par maniere de trinité, c'est assavoir au rubin, au balais et au grenath.[179] Et dient les dis docteurs que l'escarboucle et le rubin est engendré dedens le balais, si comme le tesmongne le grant Albert de Coulongne, qui fu des meilleurs philozophes et astronomiens[180] qui fust depuis Aristote, et dit

---

177. This mysterious figure, a king of the Arabs and a lapidary who supposedly wrote an account of the qualities of stones to the emperor Nero, is known to us only from later medieval sources, e.g., Thomas de Cantimpré: "Legitur autem, quod Evax rex Arabie scripsit Neroni Cesari nomina, colores, virtutes et differentias lapidum" (*Liber de natura rerum* 14.1.11.41-42). Albertus Magnus states that Evax considered there were eleven kinds of rubies, but Wyckoff points out in a note that Evax puts the number at twelve (Marbod), suggesting that the discrepancy arose from a scribe erroneously noting "xi" for "xii" (*Book of Minerals*, 78 n. 4). Philippe's report of nine kinds suggests a further misreading.
178. Constantine of Africa (c. 1015-87), the first important translator from Arabic into Latin. Some say he was born in Carthage, but it is more likely that he was born in Sicily, where several languages were spoken. He traveled widely in the East, then became a Benedictine monk at Monte Cassino in Italy, where he translated a number of Arabic works into Latin (Albertus Magnus, *Book of Minerals*, appendix B 9, by Dorothy Wyckoff, 267; and Charles Singer, "Constantine the African," in *Encyclopaedia Britannica*, vol. 6 [Chicago: Encyclopaedia Britannica, 1971], 389).
179. The source for these authorities is Albertus Magnus *Book of Minerals* 2.2.2.78. Wyckoff points out that Albertus cites Aristotle from Constantine of Africa. She describes the lapidary of Aristotle as a pseudo-Aristotelian work, noting that "a few exerpts found their way into Arabic medical writings translated into Latin by Constantine of Africa. The whole work had certainly been translated by the thirteenth century, but Albertus never succeeded in finding a complete copy of it. He quotes it several times, but evidently only at second- or third-hand" (*Book of Minerals*, 267).
180. astronomien[s].

qu'il vit le rubin fin engendré dedens le balais.[181] Encores dient les dessusdis philozophes une chose de grant merveille, c'est assavoir aucuns veulent dire que le grenath, combien qu'il soit moult commun et de petit pris qu'il est de plus grant vertu que l'escarboucle ne le balais, ou par aventure /133 il avoient plus souvent esprouvé la vertu du grenath que du rubin ne du balais.

Puis donques que nous sommes entré par la bonté de Dieu en la matere des pierres pour trouver souveraine medecine vivificative et avons trouvé le Rubin souverain, avec grant reverence, doubtance de Dieu et joye spirituele, par maniere de doulce contemplation aveuc correction, ymaginons de ces pierres precieuses ramenees par Aristote au nombre de .iij., en grant devotion, une doulce trinité, c'est assavoir du rubin, du balais et du grenath,[182] a nostre edification et doulce consolation.

Or prenons donques le balais pour la personne du Pere, le rubin pour la personne du Fil et le grenath pour la personne du Saint Esperit, et supposons selonc les docteurs dessusdis que ces .iij. pierres sont d'une essence, d'une poissance et d'une gloire, combien que les operations soient attribuees diversement et particulerement les unes au rubin, les aultres au balais et au grenath. Quant au balais, chascun le scet, sa coulour est vermaille et resplendissant et non pas tant comme du rubin, car la resplendour de la gloire de Dieu le Pere, nous ne le poons veoir, mais toutefois sa bonté et sa puissance, nous le veons par la clarté de ses creatures, c'est assavoir du solail, de la lune, des estoilles et de la biaulté de la creation de ce monde et de ses creatures. Quant au rubin, qui est resplendissans comme le solail et engendree ou balais, c'est Jesu Crist nostre tres doulz Redemptour, qui en propre personne a enluminé cestui monde et reluit en tenebres, comme il est dit en l'Evangile saint Jehan.[183]

Et quant au grenath, qui est vermaulx et reluisans par maniere d'estincelles et en colour participe du balais et du rubin et est bien commun entre nous et de petit pris reputé, c'est proprement le doulz Saint Esperit qui enlumine les cuers des Crestiens par estincelles ardans et trespersans les cuers du feu de son amour comme il fist aus apostres par les langues de feu. Et est si commun entre nous, c'est assavoir par ses merveilleuses, continuelles et doulces operations en soustenant le monde, que nous n'en faisons conte et ne prisons point sa valeur, pour ce qu'il nous est trop privé et si ne l'entendons pas, car combien que nous soyons

---

181. Albertus Magnus *Book of Minerals* 2.2.2.75.
182. Ibid., 2.2.2.78.
183. Jn 1: 4-5.

en pechiés orribles cheus et rencheus tant de fois que sans /133ᵛ nombre, toutefois, Dieu, vray Juge et tout puissant, par son doulz Saint Esperit nous inspire souvent a bien faire et nous atent longuement en nos pechiés pour veoir se nous vaudrons faire aucune penitance et retourner a lui. C'est la pierre de grenath, dont les povres femmes mariees, simples, de bonne foy et contentes de leur mariage, sont aournees et confortees du Saint Esperit trop plus aucunefois que aucunes des grans dames bien parees de balais et de rubins et de riches ornemens.

O quelle gracieuse trinité de .iij. pierres precieuses d'une vertu et d'une essence en unité et de diverses operations non descordans ensemble! Ce sont les .iij. grains de paradis qui estoient en l'escherpe mis, de laquelle trinité les grans seigneurs se delittent plus ou fin rubin ou escarboucle, qui representent le doulz Jesu, vray Dieu et vray homme, qu'il ne font ou balais ne ou grenath, qui representent Dieu le Pere et le Saint Esperit, comme dit est, lesquelx en personnes sont invisibles a nous hommes mortelx; mais le Fin Rubin a esté visible en ce monde et conversé[184] avec les hommes .xxxij. ans, selonc ce qu'il avoit esté prophetisié par Jheremie le prophete.

De cestui fin rubin les docteurs lapidaires cy dessus alleguiés dient de sa vertu que tout ainsi que entre les planetes le soleil en clarté et vertu passe les aultres planetes et leur donne lumiere, et entre tous les metaulx le fin or passe tous, tout ainsi, par figure, le fin rubin passe toutes autres pierres precieuses et que plus est, il a en lui generalment toutes les vertus de toutes les aultres pierres precieuses; et entre ses grans vertus le dessusdit grant Albert de Coulongne en escript .ij. especiales,[185] dont l'une a esté touchie ou commencement de cestui livre. L'une des vertus du fin rubin si est qu'il enchasse devant lui l'air corrompu et envenimé dont epidimie est engendree et si enchasse les mauvaises vapours qui peuent nuyre a humaine creature. L'autre vertu si est quant l'escarboucle est bien fine elle reluist en tenebres, mais qu'elle soit arousee de yaue nette, clere et fine et mise en un vaissiau noir, tres net et bien poli, et lors les tenebres sont enluminees de lui.

/134 Parlant moralment et devotement, nostre Escarboucle nostre Fin Rubin pour enluminer les tenebres de nostre ignorance et de nostre dampnation est venus d'Orient, c'est assavoir de Paradis du sain de Dieu le Pere en ceste valee de tenebres et de misere. Et pour nous enluminer il a volu estre mis en vaissiau noir, tres net et bien poli comme le Saint

---

184. convers(i)é.
185. Albertus Magnus *Book of Minerals* 2.2.3.77.

Esperit le sot appareillier, c'est assavoir ou ventre virginal de la tres doulce Vierge Marie, dont elle de lui meisme dit es Cantiques, "Je suis noire" dit elle, voire par grant humilité, "mais je suis tres belle par ma virginité,"[186] ou quel vaissel noir, net et polit le Fin Rubin le doulz Jesu a volu estre arousé de l'yaue nette, belle et clere, c'est assavoir de nostre humanité, du propre sang, de l'yaue et de la char de la fille de David et d'Abraham, Marie le Fin Dyamant, royne, mere et espouse de Dieu le tout puissant.

Cestui tres precieux Rubin, Seigneur et Createur de toutes pierres precieuses, s'est tant humilié pour reconforter la dame malcontente et tous malades aussy qu'il s'est transfourméz en l'une des plus petites pierres precieuses qui se puisse trouver, c'est assavoir en la perle; et de sa belle et haulte couleur vermaille et ardant par rigueur de justice s'est transmuee en coulour tres blanche et amiable, afin que nous ayons hardement avec toute reverence de acoster pres de lui quant nous serons malades et prendre du lectuaire appellé margariton--cestui Fin Rubin ayant en lui et le balais et le grenath, et pour l'amour de nous devenu margarite--la belle blanche perle sans nulle faulte; et, ainsi le devons croire, en toutes maladies et passions et de corps et d'ame est souveraine medecine, selonc le dit des sains docteurs de medecine de l'ame, c'est assavoir vraye medecine preparative, linitive, purgative, confortative, nutritive, preservative et vivificative.

Et pour ce desoremais en avant nulle dame mariee malcontente ne les maris aussy ne creature crestienne malade ou passionnee d'aucune maladie ne se doit esbahir ne soy laissier cheoir en la fosse de desperation, car pour toutes maladies en nostre Fin Rubin, en nostre belle Perle, en nostre blanc Gastelet non fermenté mais alis, elle trouvera reparation et doulce /134ᵛ consolation et la voye de Paradis. Or prions donques devotement et bien contentes et malcontentes et toute maniere de gent au biau Rubin, ainsi moralisié, et pour nous tant abaissié que, par la priere du Fin Dyamant, desoremais de cy en avant il nous veuille garder des .vij. maladies cy dessus recitees et moralisiees, et que par sa grace nos ames ou Livre de Vie[187] soyent escriptes. Et ce souffice des .vij. maladies principales et de .vij. pechiéz mortelx et des medecines multipliees et de la cure d'iceulx.

---

186. Sg 1: 5.
187. Rv 13: 9.

Du remede des offences des .v. sens naturelx et du reconfort des dames et des[188] **.vij. empechemens dont les mariages sont tourblés.**

Le .xxiij.ᵉ chapitre

Pour conforter encores les dames mariees et les maris aussy et tout
5   bon Crestien, nulz ne [se] puet excuser qu'il n'ait mal usé de ses .v. sens
naturelz, c'est assavoir de la veue, de l'ouye, de gouster, de odorer et de
la touchier, sans exposition aucune pour cause de briefté. Et tout ainsy
que la medecine a esté descripte cy dessus encontre les .vij. pechiéz
mortelx, il est expedient de descripre briefment la medecine encontre les
10 dessusdiz .v. sens naturelz dont on avera mal usé. Et pour briefve
medecine et souveraine garison les .v. playes du doulz Rubin par grant
devotion soyent opposees a .v. sens naturelz et le sang des .v. playes, qui
de sa nature et par grace est restrictif de pechiez, par la Passion du doulz
Rubin restraindera des .v. sens naturelz les appetis desordenés, mais que
15 la personne se garde des contraires, comme il fu dit dessus en l'art de
medecine, et souverainement au prendre le Gastelet alis qui donne vraye
santé plus que ne fait le pain bis.

Encores est il expedient a la dame mariee et a tout bon Crestien que,
aprés toutes ses medecines susdictes prises, pour ce que en ce monde on
20 ne puet vivre sans aucun pechié au mains venial, et pour vivre saintement,
joyeusement et en pays aveuc son mari et son proisme, et retenir a son
pouoir et par grace son tres doulz Espoulz immortel estroitement /135
entre les bras de l'ame, ensivant le nombre de .vij. souventefois en cestui
livre repeté--pour .vij. journees qui sont en la sepmaine qui toujours
25 recommencent--il fault pour la conservation de la santé spirituele [et]
acquere merite devant Dieu que la dame mariee et toute personne esleue
de Dieu pour eschuer Uuiseuse, Madame l'Endormie, faisant son
pelerinage, l'escherpe a son costé et les .xij. clochetes de l'escherpe bien
sonnans et le bourdon aussy en la main, emprengne .vij. journees de salut
30 a son ame especiales pour parvenir finablement aus noces de son Espoulz
immortel en Jerusalem triumphante.

La premiere journee si est de pechié a penitance comme a vraye
medecine, comme dit est dessus. La seconde journee si est de penitance
aus commandemens de la loy et de l'Esglise. Des .x. commandemens de
35 la loy les .iij. premiers sont adreçans a Dieu et les aultres .vij. a son
proisme, sans desclairier plus avant pour cause de briefté. La tierce

---

188. de[s].

journee si est des commandemens aus consaulx de l'Evangile. La quarte des consaulx aus vertus. La quinte des vertus aus dons du Saint Esperit. La .vj.ᵉ des dons aus beatitudes ou beneurtés en l'Evangile recitees.[189] La .vij.ᵉ journee des beneurtés aus fruis du Saint Esperit, lesquelx saint Pol recite en ses Epistres, "Les dessudiz fruis ensengnent a bien ouvrer et faire son sauvement joyeusement et delectablement."[190]

Encores est il expedient que la dame malcontente et bien contente aussy et tout bon Crestien en joyeuse prosperité et en amere adversité, en santé, en maladie et en toute passion se doye diligamment remirer ou miroir lacrimable des .vij. entremés presentés aus noces du Fin Dyamant a la Royne des angeles et de ses .vij. garnisons et .vij. provisions. Dont il est assavoir que la dame qui ou dit miroir se savera bien mirer, se elle est predestinee a vye elle n'avera talent de rire ne de jouer et sera gardee de la passion cardiaque et vivera de la en avant en grant devotion [par le moyen] nostre Fin Dyamant, l'espouse et mere du Fin Rubin, [laquelle] entre les planetes est la belle lune plaine, par laquelle après le solail le monde est gouverné et de tous biens et vertus gracieusement aourné. Entre les metaulx aussy, c'est le fin /135ᵛ argent esmeré, segnefiant vraye science et belle eloquence par laquelle on empetre pardon et de tous pechiés vraye remission.

Il est expedient encores de reconforter et briefment les dames mariees sur le fait des .vij. empechemens en mariage qui aviennent souvent, dont les fievres et maladies susdictes sont engendrees. Et quant au premier empechement, c'est assavoir au franc arbitre qui a esté efforcié par les parens ou autrement et que la dame a son mariage de sa propre volenté et franc arbitre en son cuer onques ne s'i accorda mais comme efforcie elle avoit esté loyee, a ceste passion qui n'est pas petite, la dame se doit retraire secretement pour conseil et ayde a son Espous immortel par le moyen toujours du Fin Dyamant et de aucun saint ou saincte sa devote et demander ayde et non pas sans larmes. Et garde se bien sur les yeux de sa teste qu'elle ne demande a Dieu ne desire la mort ou mal de son mari, mais doit toujours prier pour lui. Et doit ymaginer et tenir pour ferme que riens ne se fait en ce monde sans la dispensation ou permission divine et que Dieu a consenti son mariage par aventure pour ses pechiés ou pour les pechiés de ses peres, car il se dit en proverbe que ce dessert la truye que les pourceles sont batus.

---

189. Mt 5: 1-12.
190. Gal 5: 22.

Ou par aventure Dieu l'a consenti pour meriter la dame et abatre son orgueil et lui humilier, et doit penser que se elle eust esté mariee par son franc arbitre et par sa jolye volenté elle fust encheue par aventure en aucune des grans maladies susdictes. Et puis doit penser qu'elle est pelerine en ce monde, et que Dieu visite ses amis par tribulation, regracier a Dieu et son dueil appaisier. Et lors elle se doit efforcier et par grace de convertir sa male volenté en franche liberté et pour la reverence de Dieu amer son mari et doulcement servir a son pouoir sans aucun desplaisir.

Et quant au secont empechement, c'est assavoir des mariages de cousins ou cousines et de lignaige prochain, ce que dessus est dit li soit toujours en la main se elle veut estre de son mariage reconfortee et entre les mariees estre bien euree. Et li doit souvenir que ou Viel testament par le commandement de Dieu les sains peres prenoient par mariage leurs cousines, et combien /**136** qu'il ait esté restraint et pour cause en la foy catholique, toutefois, pour certains cas expediens, par dispensation du pape, viccaire de Jesu Crist, il est chose loisible, la dame donques se doit reconforter, et de tant que son mari li est plus prochains de lignaige en Dieu elle le doit plus amer; et s'il n'averont enfans, comme on le voit souvent avenir, pensent de vivre sainctement et a leur salut pourveoir.

Au tierch empechement, c'est assavoir des petis enfans soubzaagiéz qui sans cognoissance et sans franc arbitre par mariage sont assambléz ensamble, dont les maulz souvent aviennent qui sont recités cy dessus ou chapitre du tierch empechement, que s'en dira? La chose est faicte, le conseil en est pris. Le mariage ne se puet deffaire depuis qu'il sont parvenu en aage legitime et consentu au mariage.

Il est expedient que la dame malcontente ait son recours toujours a la doctrine cy dessus declairie ou premier empechement et doit ymaginer que, puis que Dieu a volu consentir qu'elle ait esté mariee si josne par l'ordenance de ses parens et receu le saint sacrement de l'ordre de mariage, elle se doit bien garder en fait, en dit et en pensee d'aler encontre l'ordenance de ses peres et disposition divine. Et doit estre reconfortee et esjoye en Dieu de ce qu'elle n'est pas entree en l'ordre de mariage par l'appetit desordené d'avarice, d'orgueil ou de luxure quant de sa part. Et quant aus tribulations de porter les enfans et des maladies survenans pour l'aage qui n'est pas souffissans, comme dit est dessus, elle doit penser et prier a Dieu que ses[191] grans dolours li soyent en liu de purgatoire. Encores plus, pour ce qu'il ont esté si josnes mis ensamble et

---

191. {s}es, (c),

nourris par le sacrement de l'Esglise, la dame doit autant amer son mari comme s'il fust son frere et trop plus assés, car elle n'ot onques aucune discretion de congnoistre ne desirer aultre homme devant le mariage, et pour la frequentation de la doulce habitation mutuele, comme .ij. biaus coulons nourris ensamble il se doient parfaictement amer. Et se les complections ou meurs aucunement contredient, comme il fu dit dessus assés, il est dit en proverbe, " Tel te veus, tel te fay." Ou franc arbitre de la dame mariee depuis qu'elle est en aage, par bon conseil et par la grace de Dieu, elle doit eslire la meilleur partie et soy par grace /136ᵛ conformer a la volenté divine, c'est assavoir qu'elle par dessus tous aultres et toutes doye amer son Espoulz Jesu Crist et puis aprés son mari autant comme lui et un paou plus, en maniere de parler s'il est chose possible; et ainsi par la bonté du doulz Jesu elle fera de neccessité vertu.

Quant au quart empechement et au quint, qui sont auques paraulx, c'est assavoir quant l'un est de grant sang et l'autre de petite lignie, ou quant l'un est riche et l'autre est povre a l'assambler du mariage, le reconfort des maulx contens en ce cas doit estre moult legier, si comme nostre doulz Espoulz nous le vault ensengnier. Il dit en l'Evangile, "Aprenés de moy," dit il, "car je suis humbles de cuer et debonnaires et vous trouverés repos en vos ames."[192] Comme il fu dit dessus, les richesses et noblesses de sang n'ajoutent riens au sacrement de mariage, mais vraie amour en Dieu mutuele. Se la dame donques est noble et riche par ses parens ou autrement, de tant se doit elle plus humilier se elle veult ensuier le doulz Espous de son ame et estre bien amee et chiere tenue de son mari mortel. Depuis qu'elle s'est acompaignie a son mari povre ou mains que gentil par sacrement de mariage par sa propre volenté et franc arbitre, elle le doit amer et honourer comme s'il fust le fil du roy Pepin; et le mari aussy le doit faire par celle meisme maniere, car la bonté flourie de la personne ne gist pas toujours en grant richesse ne en grant gentilesse mais en cuer vertueulz rempli de vray amour et honnour meritoire.

Or venons au .vj.ᵉ empechement accidentel en mariage, dont tous les maulx et desplaisirs aviennent, c'est assavoir quant l'un fortrait a l'autre ce que a l'autre appartient en rompant le loyen du sacrement de mariage, et quant a l'Espous souverain et a sa compaignie presente, .iij. choses sont principales que le mari doit a sa femme et la femme a son mari. La premiere si est vraye amour et souveraine a son Espoulz immortel et vraye amour en Dieu l'un a l'autre qui est le sacrement espirituel de mariage. Qui donques /137 retrait aucune chose de ceste vraye [amour] double il

---

192. Mt 11: 29.

ront son mariage, si comme par dessus largement fu desclairié. La seconde chose si est que le mari doit a sa femme doulce cohabitation, obseque et service en tous cas neccessaires, et des biens temporelz selonc la faculté caritative et estat raisonnable, administration et vraye participation. Et par la maniere tout ainsi la femme est tenue a son mari, car tout ainsi que par le sacrement de mariage espirituel les .ij. esperilz sont convertiz en un, tout ainsi l'amour double dessusdicte, l'opseque et vraye participation ne doivent pas estre devisés,[193] retraites ne fortraites ne departies ailleurs.

    La tierce chose si est dont le grant tonnoire, la grant tempeste vient, dont mainte maison est descouverte et en ruine remaint, c'est assavoir quant le mari a sa femme ou la femme au mari retrait ou fortrait l'office du sacrement de mariage, c'est assavoir l'office de copulation charnele, en le excersant autre part; et nulz ne porroit reciter les maulz qui en sont avenuz. L'apostre saint Pol dit que la femme mariee, quant a l'office susdit, n'est pas dame de lui meisme ne le mari aussy.[194] Il se peuent bien abstenir du dit office et vivre en continence pour vivre sainctement, voire par le consent de l'un et de l'autre et non autrement, selonc le dit de l'apostre, et a certain tamps, et puis retourner ensemble afin qu'il ne soyent temptéz de male temptation,[195] en recognoissant toujours par cestui vil office la povreté et fragilité humaine, en approuvant et loant l'estat des vierges et continens. O quante fois les hommes mariés ont esté cause et souvent sans nulle occasion du tonnoire susdit et les femmes aussy! En nostre tamps pluseurs royaumes en ont esté destruis. Qui donques retrait et fortrait l'office du sacrement de mariage l'un a l'autre il peche grandement et faulse son mariage et donne occasion de vraye dampnation. En cestui cas [a mon oppinion] la femme fault assés pis que l'omme pour la generation adultere qui aucunefois en est engendree, dont mainte noble lignie en est deshiretee.

    La dame donques malcontente qui se trouvera souillye et avera retrait et fortrait les .iij. choses susdictes en tout ou en partie, il est expedient que de rechief elle soit baignie et baptisie ou biau flun Jourdain /137ᵛ qui vendra de son sain, c'est assavoir qu'elle soit en larmes toute plungie et a son Espoulz immortel rapaisye, et se ainsi elle le fera a son mari reconsilye sera; couurés, couurés, ja n'i parra. Et pour les dictes larmes empetrer, vraye contriction et penitance purchassier, le Fin Dyamant a

---

193. devis(i)és.
194. 1 Cor 7: 4.
195. 1 Cor 7: 5.

toutes heures prest se trouvera et envers le Fin Rubin la pais fera, se le bourdon [ne se trouvera brisié] et le gambison deschiré. Garde se bien [donques] aussy le mari de retraire l'office susdit et le departir a autrui, et viveront ensamble joyeusement a la loenge de Dieu et de la gent.

  Quant au reconfort du .vij.ᵉ empechement qui vient souvent en mariage, c'est assavoir de vielesse, deffaulte de biaulté, de meurs estranges et de secretes et longues maladies de l'omme et de la femme ou de l'une des parties, a la dame malcontente il est expedient en ce cas et tres fort neccessaire que ce qui plait a Dieu aussy li doye plaire. Se son mari est viel, malade et recreu, elle a matere de excercer sa vertu et faire en lui misericorde et euvre de pitié pour la reverence de la saincte Trinité, doulcement servant a son mari comme en cas pareil elle vauldroit c'on feist a lui. Il n'est pas toujours tamps de la journee des noces, lesquelles commencent par joye et par mort finent a dolour. Pour une joye que en mariage l'omme treuve, .iiij. dolours souvent li queurent seure. Assés en parle l'Escripture [et] saint Pol le docteur de la gent qui de mariage et de ses dolours escript entierement.[196] Et pour ce est il expedient au propos que la dame malcontente, se elle desire bien estre[197] reconfortee, que du gambison--c'est du pourpoint a l'englume derriere--elle soit bien armee, s'escherpe aussy a son costé et son bourdon en sa main et que es pommiaux du bourdon elle se mire et au suer et au main.

  Et se par aventure nature en lui par joliveté abomine son mari pour ce qu'il est viel ou malade et qu'il n'est pas si biau comme lui, il li souviengne de celle[198] noble, josne et tres belle dame de Romme qui fu mariee a un prince des Romains, duquel l'alaine trop fort puoit, et la dame sans murmurer ne en pensee ne en parole passianment le souffroit. Dont les amis de la dame trop fort s'esmerveillerent et a part l'appellerent et li demanderent comment elle pooit /138 souffrir la puant alaine de son mari, et elle respondi en demandant, "Les autres hommes ne sentent il pas ainsi? En verité," dit elle, "je cuidoye de tout homme marié et pensoye qu'il fussent de ceste condition et pour ce je me reconfortoye."

  Ceste tres noble dame, simple et coye et chastement vivant la separation juste selonc la loy de lui a son mari, comme pour mains on fait au jourd'ui, elle n'aloit pas querant, elle prenoit en gre sa fortune et son mari a toute sa maladie et l'amoit et servoit en menant belle vie. Il fault

---

196. 1 Cor 7.
197. (d)estre.
198. *[c]elle. The MS. read {s}elle, (c). Since the correct reading is *celle,* I have ignored the emendation.

efforcier nature, et que la dame prengne la cure de son mari et de lui sans
soy attendre a autrui, et ouvrer virtueusement en pourchassant son
sauvement, car saint Pol l'apostre nous ensengne que chascun endroit soy
prengne force et vertu et par violence ravissece le royaume du Ciel qui
veult estre efforcié et est doulx comme miel. Or prions donques
devotement au Fin Rubin, qui fist le firmament, que des .vij.
empechemens susdis les dames mariees ayent victoire et aussy leurs maris.
Et ce souffice assés briefment du reconfort du dit empechement.

Du reconfort en especial des hommes mariés et comment l'omme en son mariage se doit confourmer aus vertus morales du fin rubin et la femme mariee au fin dyamant.

Le .xxiiij.ᵉ chapitre

Jusques cy par la bonté de Dieu il a esté parlé par figure et aultrement
assés largement du reconfort des dames malcontentes qui n'ont pas bien
gardé le sacrement de leur mariage et quant a leur Espous immortel et
quant a leur mari mortel, par lequel reconfort tel ou quel les dames bien
contentes, qui en la doubtance de Dieu ont bien gardé leur mariage et
quant a Dieu leur vray Espoulz et quant a leur mari temporel, deveroient
estre assés bien confortees es choses proposees, et amer, doubter et
regracier a Dieu qui par sa grace les a gardé de tant de passions et diverses
maladies cy dessus largement desclairies. Et pour ce que cestui livre est
intitulé *De la Vertu du sacrement de mariage et reconfort des dames mariees,* et le dit sacrement ne puet avoir son effect sans l'omme et la
femme vivans ensemble, et, comme il fu dit, la /138ᵛ dame a trop plus
grant mestier de reconfort pour sa fragilité feminine que l'omme n'a qui
est ou doit estre de plus forte complection. Toutefois, il samble expedient,
pour une devote concordance, de reconforter et conforter aussy briefment
les hommes mariés de leur mariage, bien contens et malcontens, afin que
cestui escripvain, qui a son pooir a reconforté les dames mariees, soit
participant aussy des sainctes prieres des maris, comme il a esperance
d'estre recueillis es devotes prieres des dames mariees, des vierges, des
continens et de tout bon Crestien qui par la grace de Dieu prenderont au
Fin Rubin, en cestui livre propose aucune devocion en amendant leurs
vyes en spirituele consolation.

Il est [escript] pour aucune introduction que les euvres de Jesu Crist
nous sont presentees en l'Evangile pour nostre instruction, et combien que
pour nostre imperfection et paou d'amour nous ne poons pas ensuir les

vertus que nostre tres doulz Sauveur Jesu Crist nous a demonstré en terre, toutefois, a nostre pooir et par grace, nous nous devons efforcier et par euvres a nous possibles de lui ressambler en aucune maniere, si comme il le commanda a ses apostres disant, "Soyés parfais comme vostre pere celestial est parfais,"[199] c'est assavoir a vostre pooir et comme il vous sera ottroyé. Il est assavoir que toute la matere de cestui livre principaument est fondee et comprise du sacrement de mariage en l'alyance et conjonction spirituele du Fin Rubin au Fin Dyamant, de Jhesu Crist a l'Esglise de Dieu, et de l'omme a la femme, si comme largement a esté desclairié.

Se nous volons donques faire une doulce concordance de l'omme a la femme conjoins ensemble par le sacrement de mariage, il est expedient que le mari a son plain pooir et par grace prengne la fourme et conditions, c'est assavoir en vertu morale, du fin rubin, et l'espouse mortele prengne aussy la forme et conditions, comme dit est, du fin dyamant, et par ainsi le mariage sera sainctifié et l'un et l'autre en Dieu sera reconforté. Entre les vertus du fin rubin ou de l'escarboucle qui sont tant et trop plus que en toutes les aultres pierres precieuses, si comme il fu dit dessus au commencement de cestui livre, /139 .iiij. vertus au propos de mariage furent proposees du fin rubin et .iiij. du fin dyamant, desquelles .viij. vertus se le mari et sa femme s'en saveront bien armer, certainement il n'averont ja mestier de reconfort, car il ne seront pas malcontens mais de confort a joye spirituele et loenge de Dieu perpetuele. Qui vaudra donques en mariage mener une belle et saincte vie et finablement parvenir aus noces desirees de nostre Espoulz immortel, prengne la fourme de disciple le mari, et la femme la fourme d'une ancelle, et voisent a l'escole du rubin et du dyamant, et des vertus sustouchies apprengnent tout ce qu'il porront, et sans faulte confortés il seront.

Quant a la fourme du fin rubin, il fu dit qu'il doit estre de fourme ronde, en laquelle ne se treuve nul anglet ne repostaille, car il est escript que verité ne quiert point d'anglet. L'omme marié en ses euvres doit estre rons et [et avec s'espouse] rondement et plainement converser et besongnier. Et quant a la couleur du rubin, il doit estre vermaulz et resplendissans. L'omme marié et tout bon Crestien doit estre vermaulz en son cuer par la memoire de la Passion et effusion du precieux sang [de] Jesu Crist, et si doit estre resplendissans par bonnes euvres envers s'espouse et a son proisme. Mais quant aus vertus du fin rubin, il fu dit que la premiere vertu du fin rubin conforte le cuer et tous les membres de

---

199. Mt 5: 48.

celui qui l'a de bon aquest et le porte honnestement et nettement. Se donques le mari, armé du gambison pourpoint a l'englume derriere, l'escherpe a son costé et le bourdon en sa main comme vray pelerin, avera Jesu Crist en son cuer de bonne acqueste par vraye foy, esperance et charité, et le portera honnestement et a grant amour et reverence, certainement il li confortera le cuer et tous les membres, duquel confort saint Bernart dit, "Qui est la chose vertueuse qui tant conforte le cuer de l'omme que le nom de Jhesu?"[200] Et ce meisme se puet dire de la femme mariee.

La seconde vertu du rubin si est qu'il donne seignourie et auctorité a celui qui le porte comme dit est. Se donques le mari portera en son cuer et partout Jesu Crist, comme dit est, ensivant saint Pol l'apostre[201] /**139**ᵛ qui porta le nom de Jhesu devant les roys et princes et les enfans d'Israhel, sans nulle doubte tel mari avera auctorité et seignourie telle et si grande que s'espouse l'amera et doubtera et de bon cuer le servira comme la moité de son ame. Et ce meisme se puet dire de l'espouse du dit mari.

La tierce vertu du rubin si est qu'il atrait a amour celui qui le regarde a l'amour vraye de celui qui le porte, mais que celui qui le regarde se delicte en lui veoir pour sa vertu et non pas pour avarice ou aultre vice. Le mari donques qui porte Jesu Crist le vray Rubin en son cuer et dehors par euvres meritoires est souvent regardé de s'espouse, laquelle par vraye amour et honeste se delicte en regarder le Fin Rubin Jesu Crist--c'est assavoir ses sainctes euvres en son mari--et en regardant le Fin Rubin attrait doulcement la femme a l'amour honeste et meritoire de lui et de son mari, par laquelle amour les .ij. volentés du mari et de sa femme sont converties en une saincte volenté, et les .ij. esperis aussy sont convertis en un. Et ce que dit est du mari se puet dire de s'espouse.

La quarte vertu du rubin devenu escarboucle est qu'il rent lumiere en tenebres et donne clarté de nuit entour lui. Le mari donques qui par grans euvres meritoires et vraye amour spirituele, parlant moralment selonc le dit de l'apostre, qui sera transfourmé ou Fin Rubin--c'est en Dieu--non tant seulement il enluminera les tenebres de s'espouse mais de toute sa maingnie, de toute sa lignie et de tout le paÿs par sainctes euvres et glorieuse renommee, en beneissant par la gent l'eure et la journee qu'il fu néz de sa mere. Et tout ainsi se puet dire de la dame mariee, se elle sera bien garnie et aournee du Fin Rubin en tenebres reluisant et ses euvres adressant.

---

200. *Sermones super Cantica Canticorum* 15.3-6.
201. Eph 5: 22-33 basically addresses this point.

Encores fu dit que pour mieulx congnoistre le fin rubin des faulses pierres il fault qu'il soit a jour et sans feuille ne ayde humaine, et que en toutes ses parties de sa propre vertu que l'Aucteur de nature li a donné il doye monstrer sa clarté. A nostre propos il est expedient et neccessaire que l'omme marié ayant par grace la vertu du rubin, comme dit est, soit a jour et sans feuille, c'est assavoir que l'amour qu'il a a l'Espous immortel de son ame et a l'espouse mortele ne ses euvres, aussy meritoires, ne soient fardees, /140 polies ou aournees de vaine gloire, d'ypocrisie, de jactance ou de symonie, mais faisse par grace entour lui une vraye clarté sans fumee, dont avera de Dieu grace et du monde vraye renommee et sera de son mariage tres bien content et conforté, beneissant l'Escarboucle manant en Trinité. Et ce souffice briefment du confort a present des hommes crestiens mariés--et Dieu leur veuille ottroyer ce que dit est et faire les joyeus et lyés.

Or entrons briefment a demonstrer comment la dame mariee prendera la fourme et les vertus morales selonc sa capacité du dyamant, et qu'il lui sera ottroyé. Cestui fin dyamant, comme souventefois a esté recité, est nostre mere saincte Eglise, espouse de Jesu Crist, a laquelle Esglise et a ses commandemens il est expedient et de neccessité que la dame mariee se doye conformer, et le mari aussy et tout bon Crestien. Encores cestui precieux dyamant a esté pris pour la Royne du Ciel la tres doulce Vierge Marie, mere et espouse du benoit Fil de Dieu, aus vertus de laquelle la dame mariee se doit fort efforcier d'acquere les et par grace a toute sa poissance.

Et quant a la fourme du fin dyamant, il fu dit qu'il a .iiij. faces ingales, es quelles on se peut bien mirer, c'est assavoir ou miroir de la vie resplendissant de la Vierge Marie, ou quel miroir la dame mariee, mais qu'elle soit bien disposee, verra en contemplation es .iiij. faces du dyamant .iiij. choses moult merveilleuses et delitables, c'est assavoir la poissance et gloire de Dieu le Pere en sa majesté divine et la grant amour qu'il a monstré a humaine creature en la belle creation du monde, et tout pour l'amour de l'omme. Aprés, porra veoir la grant charité inestimable du benoit Fil de Dieu Jesu Crist en son avenement et l'Incarnation en la doulce Vierge Marie. Aprés, porra veoir la merveilleuse doulceur et amour du Saint Esperit ou gouvernement de ce monde et la grant souffrance de toute la benoite Trinité qui sueffre tant des pecheurs de ce monde. Derrainement, li sera presenté es dictes faces du dyamant, c'est de la mere de Dieu, pour donner a la dame cognoissance de ses pechiés, le Jour du Jugement, la gloire des sauvés et la paine des dampnés.

Encores porra veoir la dicte dame es .iiij. quarres du dyamant, droittes et bien trenchans, .iiij. autres /140ᵛ choses qui li toucheront, se elle est sage plus pres que sa chemise, c'est assavoir une profunde et humble consideration, selonc la doctrine de saint Bernart, de congnoistre
5 dont elle vint en ce monde, c'est assavoir de boe et de orde terre et de vile matere quant elle fu engendree ou ventre de sa mere. Aprés, porra veoir la ou elle est, c'est assavoir en ce monde maudit et deffaillant et la ou il n'a nulle seurté. La tierce consideration ou miroir attrayant que la dame mariee pensera a grans souspirs, la ou elle n'est pas, c'est assavoir en la
10 joye de Paradis; et la quarte sera qu'elle ne scet l'eure de sa mort, ne de quelle mort elle doit morir, ne la ou l'ame de lui sera transportee, et pour ce doit elle estre bien avisee de lui confourmer au riche Dyamant et tous ses affaires en lui recommandant.

Aprés la dame mariee porra considerer la pointe ague du dyamant et
15 comment il point eureusement en .iiij. manieres singuleres et [en] .iiij. operations, recitees cy dessus ou chapitre de la vertu du dyamant a la loenge du Dyamant la mere de Dieu et doulce instruction de nos ames. Quant a la couleur du fin dyamant, il fu dit que sa couleur doit estre brune, humble et simple: c'est ce qui fault a la dame mariee se elle vaudra
20 avoir joye du sacrement de son mariage.

Et quant aus .iiij. vertus singuleres du dyamant, les .ij. premieres sont qu'il vault contre venin et contre tempeste. Se la dame donques mariee sera bien confourmee au precieux Dyamant la tres doulce Vierge Marie, ne venin ne tempeste ne tribulation certainement n'averont en lui
25 aucune domination. Quant a la tierce vertu, qui conforte et conserve l'amour de celui qui le donne a celui qui le receut, mais qu'il soit donnés franchement et a bonne fin et portés purement et nettement, cestui precieux Dyamant la tres doulce Vierge Marie nous a esté donné doulcement, purement et gracieusement de Dieu le Pere pour estre mere
30 de nostre Redempteur et advocate poissant de toutes manieres de pecheurs. Se donques la dame mariee portera nettement et reveraument en son cuer cestui Fin Dyamant sans /141 nulle faulte, il attraira et confortera l'amour de lui a la dicte dame et de la dame a lui, ne aultre chose Dieu ne demande de s'espouse mortele que vraye amour chaste en
35 grant humilité. Quant a la quarte [vertu] du fin dyamant, il fu dit que qui le porte nettement comme dit est, il va toujours multipliant en tous biens et honnours. Se la dame donques portera amoureusement et reveraument en son cuer et en ses entrailles spirituelment nostre Fin Dyamant, nostre advocate, nostre conseilliere, moyenne de salut de nos ames, certainement
40 elle yra multipliant de vertu en vertu jusques atant que finablement elle

vendra au Seigneur de vertu et de gloire pardurable--laquelle gloire Dieu par sa grace li veuille doulcement ottroyer et a tous ceulx et celles qui en ont grant mestier.

Ne se merveille nulz se en cestui livre le fin dyamant en figure a esté pris pour nostre mere saincte Esglise, espouse du Fil de Dieu, et pour la Vierge Marie, mere et espouse de Jesu Crist nostre doulz Redempteur, car sa vertu entre les pierres precieuses est si grande aprés le fin rubin qu'elle ne se porroit descripre. Et dient les docteurs philozophes, selonc le dit du grant Albert de Coulongne,[202] que le fin dyamant loyé au senestre costé vault contre tous ennemis et contre les hors du sens. Encores vault contre bestes sauvages et contre hommes crueulx, contre debas et riotes et contre venin, comme dit est dessus.[203] Encores vault contre fantasies qui viennent en la teste et contre illusions. Encores vault contre les incubes et subcubes,[204] qui sont esperis mauvais qui deshonnestement habitent avec les femmes et maintefois contre leur volenté. Or prions donques a Dieu devotement que par la vertu et priere du Fin Dyamant la Royne des angeles, elle nous veuille garder des incubes et subcubes et des maladies et contraires cy dessus recités, et nous doint confourmer a la grace et aus vertus du precieux rubin et du fin dyamant au sauvement de nos ames et a la loenge de Dieu regnant *in secula seculorum.* Et ce souffice telement quelement du confort et reconfort des dames mariees et des hommes aussy jusques cy.

---

202. Albertus Magnus identifies all these protective effects (*Book of Minerals* 2.2.1.71).
203. Guillaume le Clerc attributes to the adamantine stone the protective qualities that Philippe assigns here, although Guillaume identifies this stone as Christ rather than as the Virgin Mary. This stone is a powerful antivenom; it dispels vain fears and protects the wearer against all enchantments:
    Alcuns dient de l'aïmant,
    Qu'il est contre venim puisssant
    E qu'il chace veines poors
    Ne que l'art des enchanteors
    Ne devreit celui enchanter,
    Qui cest pierre soelt porter.
(*Le Bestiaire: Das Thierbuch,* vv. 3357-62)
204. subcu{b}es, (v).

En respondant a une question que aucunes dames malcontentes porroyent faire au solitaire, Grace Dieu, par une figure estrange, /141ᵛ ensengne un chemin royal pour trespasser parmi ceste mer salee et parvenir a port de salut a la cité de Jerusalem, et faire bien contentes les dames mariees et tout bon Crestien.

Le .xxv.ᵉ chapitre

Aucunes dames malcontentes et desconfortés de leur mariage, aprés pluseurs lessons recitees de cestui livre et reconfort des dames mariees,[205] par aventure en ce mains que bien edifiees, par maniere de instance et d'une interrogation, a cestui viel escripvain solitaire porroyent dire telles paroles:

"Biaus amis, tu as empris un grant labour pour nous reconforter et par l'example de la Passion de Jesu Crist et par multiplication de figures, qui a mainte dame mariee par aventure sambleront obscures, tu as moralisié a ton propos et a ta volenté des pierres precieuses, des planetes du ciel, des metaulx de la terre, des medecines du corps et de l'ame, des dons du Saint Esperit, des sacremens de l'Esglise et des euvres de misericorde estaingnans les pechiés et a Dieu gracieuses. Et en la fin pour nous reconforter tu veulz que nous et nos maris prengnons les vertueulx habis du fin rubin et du fin dyamant, et que en nostre Epoulz immortel par la vertu d'amour des vertus et des pierres recitees nous soyons transfourmé, selonc le dit de l'apostre,[206] comme l'amant est en l'amé. 'Ceste parole nous est moult dure, / qui de nostre char avons la cure; / qui la porra acomplir / [en] acomplissant son desir?'[207] Il est trop forte chose a faire, comme nous soyons es tamps derrains devenus et en la fin des siecles, selonc le dit de saint Pol,[208] es quelx tamps presens nature est affoibliee, amour et charité s'en est alee, reverence et loyaulté au jourd'ui ne se treuvent, mais propre volenté et appetit desordené. Et pour conclusion de ma fragilité," dit la dame malcontente, "j'aime mieulx une denree de ma volenté que de ta doctrine trente."

---

205. marie[e]s.
206. Phil 3: 21.
207. These two rhymed couplets of unequal meter read like a quote. Joseph Morawski believes that the rhyme and meter of some proverbs in Old French suggest a literary origin (*Proverbes français*, xvi-xx). Philippe's insertion seems to fit this pattern of an originally literary phrase that became a popular saying.
208. 1 Cor 10: 11.

A laquelle dame se puet respondre raisonnablement en substance qu'elle dit verité, qu'il n'est pas legiere chose de reconforter la dame malcontente et le mari /142 aussy malcontent de son mariage et prendre la fourme de disciple et d'ancelle et acomplir pour le reconfort ce que dit est et escript. Dont il se puet dire que se la chose fust de petit pris et legiere, il n'en convenist pas tant escripre ne en parchemin ne en cire, comme a fait cy dessus l'escripvain. Et si n'est pas d'un muy de ble un grain envers ce que en ceste matere les sains docteurs ont escript par le commandement du Saint Esperit. Toutefois, cestui escripvain, par la charité qu'il a aus dames mariees et a tout bon Crestien, par la bonté de Dieu, ensivant la practique de medecine, pour satisfaire aucunement de la question proposee a la dame malcontente et a son mary aussy presentera de rechief une aultre medecine, un aultre lectuaire qui par raison les deveroit reconforter et faire le cuer debonnaire.

Il est assavoir que la dame malcontente doit souvent ymaginer en soy meisme et cognoistre qu'elle est pelerine en ce monde qui est une grant mer salee, dont les ondes orribles, qu'elle ne scet, puet ou veult eschiver, le font malcontente de son mariage et le mari aussy. Et li doit souvenir qu'elle a l'escherpe au costé et le bourdon en la main, appareillie pour trespasser ceste mer salee, faisant son pelerinage pour estre une fois contente de son mariage et finablement par grace parvenir en Jerusalem; et pour ce que tous baptisiés sont pelerins a la dicte cité et bien contens et malcontens, et paou en y a, helas! qui sachent tenir la droitte voye en naviant en ceste orrible mer, ne qui soyent content ne qui parvengnent a droit port de salut, disant en l'Evangile Jesu Crist, "Pluseurs sont appellés" a la dicte cité, "et paou en sont esleuz."[209]

Pour ce est il que Grace Dieu, qui desire que la dame soit bien contente en tous ses fais et cognoisse la droitte voye et chemin royal, par lequel cheminant elle se trouvera reconfortee et parvendra a vray port de salut, la saincte cité desiree, sans laquelle voye sa nacelle sans nulle faulte perira, par une figure assés gracieuse et devote, vielle et nouvelle, aus maronniers de ce monde, la dicte benigne Grace Dieu ensengnera a la dicte dame et au mari aussy, aus vierges, vuesves et continens, /142ᵛ pelerins en ceste mer, la droitte voye royale par laquelle, se elle sera bien tenue sans nulle faulte, tous seront contens et parvendront en Jerusalem la tres saincte cité en laquelle est regnant la saincte Trinité.

---

209. Mt 20: 16. The Jerusalem Bible's wording differs here from that of the Vulgate.

Or venons a la figure. Il est vray que en la mer de Egipte et de Surye, de Grece et de Ytalye, qui est appellee la mer Adriane, en chascune galee ou nave ou aultre vaissiau de mer, les patrons, comités ou nocliers, gouverneus des naviles susdis, ont une boiste qui est appellee la boiste ou aguille de navier, dedans laquelle boiste ou millieu sur une petite pointe de metail a une petite tablete, plate et ronde, en maniere de roe tournant, assise sus la dicte pointe; et samble qu'elle le tiegne en l'air dedens la boiste; et toujours se remeut et tourne sus la dicte pointe quant la boiste aucunement se remue. Sur la dicte tablete et roe sont paintes et figurees certaines lignes, segnefiees et attribuees a .iiij. vens principaulx de la mer, c'est assavoir au vent d'Orient et d'Occident, de Midi et de Septentrion et aussy a autres .iiij. vens consequens; entre les dessusdis sont autres .iiij. lignes figurees. Encores plus sus la dicte tablete ronde et tournant est attachie et fermee de plat une aguille de fer, dont la pointe de l'aguillon est fermee a la ligne qui represente le vent de Septentrion ou Aquillon. Or est ainsi que qui bien veult user de l'office de ceste aguille de fer il fault que la pointe de la dicte aguille soit souvent et tres bien frotee et touchie a la pierre d'aymant qui attrait le fer a lui; et tantost qu'elle est touchie, comme dit est, la dicte roe a toute s'aguille tournant et retournant, finablement la pointe de la dicte aguille, ainsi touchie, comme dit est, a son droit regart a l'estoille fixe et non erratique qui est appellee l'estoille tremontane, par laquelle estoille tous les maronniers cognoissent leur chemin.

Et est ceste aguille de telle condition, par la vertu de la pierre d'aymant a laquelle elle a esté touchie, qu'il ne fera ja si grant fortune [en mer] ne si grant orage, ne tenebres a minuit, ne ja ne se remuera tant la boiste, que la dicte aguille n'ait toujours son regart a l'estoille tremontane. Par ceste aguille les bons maronniers, bien veillans en leur office et a l'aguille, ont vraye cognoissance /143 de l'estoille susdicte, par laquelle il cognoissent leur chemin et scevent la ou il sont, et peuent eschiver les grans pierres et roches qui sont en la mer et les perilz innumerables qui leur peuent avenir en faisant leur voyage; et finablement par l'adrecement de l'estoille tremontane, se l'aguille sera bien touchie a la pierre d'aymant, et ilz en saveront bien user, ils parvenront a bon port de salut.

Et est assavoir que sans ceste boiste, sans ceste aguille, les maronniers tant fussent sages ne expers, en la dicte mer Adriane ne saveroient tenir leur chemin et souvent periroient, comme il avint en une saison que cestui viel escripvain se trouva en Prusse, en laquelle saison perirent .iiij. .xx. nefs ou environ, pour ce que de l'art de la boiste susdicte et de l'aguille en la mer d'Alemaigne les gens de mer ne s'en scevent aidier.[210]

C'est la figure prise pour ensengnier aus dames mariees et a tout bon Crestien de tenir la droicte voye par laquelle il se trouveront content, voire par le moyen de l'Estoille susdicte et par la bonté de Grace Dieu le Fin Rubin resplendissant ou Fin Balais et ou Grenach en unité regnant, moralment parlant. Or entrons humblement et non mains devotement en l'exposition de la dicte figure et puis aprés venrons a la concordance d'icelle pour empetrer par grace la medecine promise et gracieux lectuaire qui en l'ame devote tres souef flaire. .Vij. choses en substance sont proposees en la dicte figure a nostre instruction, ensivant le nombre de .vij. souventefois repeté, c'est assavoir la boiste, la pointe de metail en millieu de la boiste, la tablete ronde en maniere de roe tournant sur le plat, les .iiij. vens principaus et les aultres aussi par lignes figurés, l'aguille de fer en la roe atachie, la pierre d'aymant et l'estoille tremontane.

Moralisant donques telement quelement, par la boiste se puet entendre la nacelle de l'omme et de la femme, en laquelle faisant son pelerinage elle navie et jour et nuit parmi ceste mer tourblee. Encores par la boiste se puet entendre proprement le corps /143^v d'umaine creature qui contient en lui la pointe et la roe et l'aguille. Par la roe ou tablete qui contient les lignes segnefians les .iiij. vens principaulx peuent[211] estre entendu les membres principaulx de la personne, composés par maniere de lignes, traversans l'une contre l'autre, si comme la teste qui est chaude et moiste pour le vent d'Orient, les jambes et les piés au contraire qui sont frois et ses pour le vent d'Occident, la destre espaule et le bras destre avec la main qui sont chaus et ses pour le vent de Midi appellé Austré, et la

---

210. Philippe's description of the magnetic compass is of interest. In 1269 a fellow Picard, Peter Peregrinus of Maricourt, in Picardy, had written a description of two boxed compasses, a floating one containing a lodestone and one with a pivoted needle. But it is believed that the simple magnetic compass was not complete until the beginning of the fourteenth century (G. R. Taylor, "Cartography, Survey, and Navigation to 1400," in *A History of Technology*, vol. 3 ed. Charles Singer, E. J. Holmyard, A. R. Hall, and Trevor I. Williams [New York: Oxford UP, 1957], 523-24). Philippe's depiction of the differences in sailing techniques on different seas is accurate, for Singer notes that seamen of western and northwestern Europe had no charts like those used by the Mediterranean pilots (3: 526).
211. p[e]uent.

senestre espaule et le bras et la main senestre qui sont frois et humide pour le vent de Aquilon ou de Septentrion.

    Encores en la dicte roe pour les aultres .iiij. vens qui ont besoing a conduire la nacelle, peuent estre entendu les .iiij. membres par dedans l'omme, c'est assavoir la cervelle, l'estomac, le foye et le poumon; et les .iiij. complections qui vont de l'un a l'autre, c'est assavoir le sang, la colere, le fleume et la melencolie, dont il se puet dire que ceste boiste n'est pas trop vuide. Par l'aguille de fer poingnant, tournant et retournant en la roe, qui est principale chose de la dicte figure, se puet entendre le cuer de l'omme et de la femme qui est une grosse aguille percie a son gros et ague a la pointe, et bien poingnant par desiriers et poingnans appetis. Par la pointe de metail ague qui soustient la roe et est souvent enroullie se puet entendre la vie de l'omme, qui n'est que une petite pointe, non pas d'or ou d'argent ne d'acier, mais de metail legierement pourri et defaillant. Par la pierre d'aymant qui par sa vertu merveilleusement attrait le fer, dont les philozophes fort s'en mervaillent et de ce qu'elle donne force et contraint l'aguille de fer d'avoir son regart et retraire soy a l'estoille tremontaigne pour ensengnier la voye et non faillir au chemin, doulcement et devotement se puet entendre la fille de David, la Vierge Marie mere de Dieu, voire quant a son humanité et encores estant en ce monde; et par l'estoille tremontane, chascune le scet, est entendu la Royne du Ciel, sceant a la destre [de Dieu], resplendissant Estoille fixte, tremontane appellee, /144 enluminant les tenebres de ceste mer obscure.[212]

    Pour la loenge donques de ceste estoille tremontane en recitant sa vertu qui nous est fort neccessaire, il est assavoir que le premier esperit et prince de tous les angeles, Lucifer appellé, qui vault autant a dire comme portant lumiere, fu si biau, si comme dit l'Escripture, que en biaulté entre les creatures ne se trouvoit son pareil. Et pour la ramembrance de sa clarté quant il estoit en estat de grace, selonc l'oppinion d'aucuns du Viel Testament, la belle estoille matutinale, qui luit au point du jour, fu appellé Lucifer, si comme encores elle en retient le nom, combien que a mon oppinion, sauve correction, la dicte estoille journale doye mieulx

---

212. As Michael Casey points out, "The Assumption image of Mary for which Bernard is most famous is that of Mary, Star of the Sea. Based on a happy fault of transcription whereby 'stilla maris' became 'stella maris' as a Latin rendering of the Hebrew name of 'Miriam', Mary, assumed into heaven, is seen as a beacon towards which stumbling humanity looks" ("Bernard of Clairvaux and the Assumption," *Word and Spirit: A Monastic Review* [Still River, Mass.: St. Bede's Publications], 12 (1990): 37).

estre appellee Lucifer enluminant le monde pour le tres doulz enfant Jesu
qui se leva a l'eure de mienuit venant au point du jour quant il yssy de la
chambre virginale et enlumina les tenebres de la generation humaine.
Quant le dessusdit Lucifer, princes des esperis par dessus tous les angeles,
vit sa biaulté, il ne li soufist pas d'estre reputés ou ciel comme estoille
matutinale, mais pour faire perir humaine creature naviant parmi ceste
grant mer salee, par son orgueil il vault devenir l'estoille tremontane,
disant par grant orgueil, "Je meteray mon siege en Aquilon et seray
samblable au tres Souverain."[213] Et lors par son orgueil il trebucha du Ciel
en Enfer, perdi toute sa biauté et devint princes des dyables et roys des
orgueilleus, comme il fu touchié cy dessus ou chapitre de Jerobohan roy
de Israhel.

 Si fu chose convenable et assés raisonnable que Dieu le Pere, qui par
le moyen de son doulz Fil avoit ordené de restorer les sieges vuis de
Paradis, dont Lucifer et ses adherans estoient trebuchiés, par humaine
creature fourmee a son ymage restaurast le mistere de l'estoille journale
par son doulz Filz, souverain Prince d'umilité, pour enluminer le jour de
ce monde et les creatures humaines d'une nouvelle lumiere au sauvement
de leurs ames. Et aprés tout ainsi, moralment parlant, que l'estoille
journale, qui est appellee Lucifer, anonse le solail a venir et se lieve
devant le solail levant, tout ainsi le doulz Jesu, combien qu'il fust et est
/144ᵛ naturelment vray Soleil et vraye Lumiere, toutefois, il vault que sa
doulce portiere se levast devant lui et anonsat sa venue et qu'elle fust
Lucifer portant la vraye Lumiere qui enlumine tout homme qui vient en
ce monde. Dont nostre mere saincte Esglise, esjoissant de ceste noble
clarté, appelle ceste portiere, mere et vierge royale, Estoille matutinale.
Encores pour reparer la region d'Aquillon et de Septentrion--qui est une
region froide et orgueilleuse, plaine d'infidelité et de traison, selonc
l'Escripture qui dit que de Aquillon vendra tout le mal, parlant de
Antecrist qui doit naistre en la dicte region--en lieu de Lucifer
orgueilleux qui y voloit mettre son siege pour trebuchier le monde, par le
contraire Dieu pour nostre amour a ordené sa doulce mere, ancelle des
ancelles et Fontaine d'umilité, es parties de Aquilon Estoille tremontane,
enluminant et adoulsant toute la mer et l'amer de ce monde et monstrant
la voye droicte a tous bons maronniers qui averont le regart a lui et
vaudront parvenir a la saincte cité. La mere de Dieu, donques nostre
mere et advocate et sans pechié nostre suer--se je l'oseray dire--non tant
seulement est devenue la Pierre d'aymant mais l'Estoille journale et

---

213. Is 14: 14.

l'Estoille tremontane. Bien sera donques de male heure nés et de tous biens privés qui de ceste Pierre precieuse se eslongera et a l'Estoille acoster ne vauldra.

Or descendons briefment a la concordance de la dicte figure. Se la dame mariee et le mari aussy, la vierge et la pucelle, la vuesve et le continent, en tous ses fais vauldra estre content, cognoistre et tenir la droicte voye pour parvenir a la saincte cité, il est expedient que l'aguille de fer froit et dur--c'est le cuer de chascune creature dur, malcontent et refroidié d'amour et de charité--soit touchie bien et fort et souvent a la pierre d'aymant, c'est a la Vierge Marie, ayant consideration en ce monde de sa tres saincte vie; et lors par grace elle attraira le fer a lui, c'est la pointe du cuer, ce sont les souspirs et les sains desirs de la dame devote; et telement l'attraira que la pointe du cuer en toutes tribulations avera toujours son regart et sa doulce et /145 ferme esperance en l'Estoille tremontane, c'est en lui jadis Pierre d'aymant brune et obscure par humilité et a present Estoille tremontane reluisant en la gloire de Paradis, assise a la destre de son filz. Et lors se la pointe de l'aguille sera bien touchie a la pierre d'aymant par vraye amour et reverence en perseverant, certainement l'estoille tremontane gardera et la boiste et l'aguille des faulz coursaires et larrons de mer, des pierres et des roches et de tous les vens contraires et de toute male fortune, et adrecera la boiste--c'est la nacelle--finablement a vray port de salut et a la cité desiree. Sans ceste aguille ainsi frotee et devotement touchie a l'Aymant la tres doulce Vierge Marie, le maronnier ja n'avera cognoissance de la belle estoille tremontane. Bien porra navier en Grece ou en Lacane[214] que ja bon port il ne porra trouver et sceust et bien voler et bien noer.

O quans en sont et perilz et noyés ou gouffre de Satalie, en la mer Majour et en la mer de Surrie, ou bras de saint George et ou fort de Mecines, ou destroit de Maroth et ou gouffre de Venise, en la mer d'Engleterre, de Prusse et d'Alemaigne, et entre les illes de mer, entre Sillain et Caripdin, et en la mer d'Espaigne, qui l'aguille de leur boiste n'avoient pas touchie a la Pierre d'aymant, a la Vierge Marie, de ceste

---

214. This is probably Laconia, the southeastern part of the Peloponnesus. In his *De casibus virorum illustrium,* dedicated to Mainardo dei Cavalcanti in 1363-64, Boccaccio names Laconia (*Laconae*), referring to it each time as being in Greece (1.10.13; 1.13.11; 1.15.4). This suggests the possibility that these two names were connected in a stock phrase, leading us to conclude that Philippe's coupling of the two names enables us to identify his *Lacane* as the body of water off the coast of Laconia.

vertueuse Estoille tremontane doulcement ravoyans[215] les maronniers desvoyans?

    Saint Bernart en fait un grant sermon sus l'Evangile, *Missus est* [216] et en dit tant de biens qu'il seroit a moy impossible de l'escripre. Et en substance du sermon a cestui propos il nous conseille que en mer et en terre, entre larrons et grans fortunes de mer, en toutes maladies, tribulations et desperations nous doyons avoir le regart a ceste Estoille tremontane et a lui reveler tous nos affaires se nous volons estre contens et delivrés de tout mal. Et dit ainsi saint Bernart, "Marie," dit il, "est l'Estoille souveraine sur ceste grant mer eslevee, neccessaire a l'umaine lignie, resplendissant en merites et enluminant par examples."[217] Et puis dit: "O tu qui te sens es fluctuations et tempestes de ce siecle comme en la grant mer estre plus dejeté que se tu aloyes par terre, garde bien que tes yeux ne se partent de la clarté de ceste resplendissant /145ᵛ Estoille, se tu ne veus estre de la tempeste devourés. Se les vens de temptation t'assaillent, se tu te treuves en la fosse des tribulations, regarde l'Estoille appellé Marie. Et se tu es dejetés de grans ondes d'orgueil, d'ambition, de detraction et d'emulation, regarde l'Estoille appellé Marie. Et se de iracundie ou d'avarice ou de la char une vilaine concupissence la nacelle de ta pensee sera conturbee et dejetee, regarde l'Estoille Vierge [Marie] honouree. Et se de villains pechiés et de orde conscience tu te trouveras confus et conturbés, se de l'orreur du Jugement rigoreus de Dieu tu seras espantés et en la fosse et abisme de tristesse et de desperation tu commenceras trebuchier, ayes ton cuer a Marie. Es grans perilz, es angoisses et es choses doubteuses pense fort a Marie et l'appelle tost a ton ayde.

    "Garde bien que Marie de ta bouche et de ton cuer ne se parte; et a ce que tu puisses empetrer le suffrage de sa saincte oroison ne laisse pas de son[218] example la conversation, car se tu le suieras tu ne pues desvier, se tu le pries tu ne pues desperer et tu penses a lui souvent tu ne porras errer, car se elle te tendra (ne) tu ne porras trebuchier, et se elle te regardera tu ne pues riens doubter, et se elle te maine par sa grace sans

---

215. ravoyan{s}, (t).
216. *Missus est* 2.17. While Bernard defines the name of Mary as signifying the Star of the Sea (McKenzie, *Dictionary of the Bible*, 551-53, could find no meaning), it is Philippe who adds the parable of the compass.
217. *Missus est* 2.17.
218. {s}on, (t).

nulle doubte tu parvendras a la saincte cité que tant desiré as."[219] Et ce souffice des dis de saint Bernart quant a l'Estoille enluminant et enluminee a nostre instruction grossement ramenee.

 Bon fait donques user de ceste medecine gracieuse, de cestui lectuaire attractif et confortatif, c'est assavoir que la pointe de l'aguille du cuer par un ardant desir soit souvent touchie a la Pierre d'aymant et que son regart ne se departe de l'Estoille tremontane qui est resplendissant, quel mervaille! car naturelment le samblable volentiers attrait son samblable. La pierre d'aymant, a present prise pour l'umanité de la Vierge Marie, non tant seulement attrait le fer a lui pour lui amolier et eschauffer a bien faire, mais elle attrait doulcement toute humaine creature qu'elle cognoist estre disposee a vie et devenir debonnaire et pour ce aussy que a present elle est translatee en la gloire du Ciel, comme dit est, et en estoille transfourmee, reluisant comme fin dyamant qu'elle est, /146 pour ce que l'aguille, c'est le cuer, aucunement a la fourme de dyamant gros a un bout et pointu et agu au devant. Par ceste similitude non pas entiere, devotement parlant, la dicte tremontane Dyamant par la [vertu de lui meismes] Pierre d'aymant, le [cuer] va volentiers attrayant. Bon seroit donques que par grace nostre aguille, nostre cuer a fourme de dyamant, les droittes quarres exceptees, se confourmast de sa part en adressant son regart a la vertueuse Estoille et au precieux Dyamant, en cestui livre souventefois recité, pour estre bien content et parvenir a la saincte cité. Et ce souffice de la boiste et aguille des maronniers, moralisant, a la pierre d'aymant attrayant le fer a lui et de l'estoille journeuse ou matutinale adressant les maronniers a la voye royale. Or li prions donques devotement qu'elle veuille enluminer les tenebres de nostre fluctuant nacelle et nous veuille adrecier a celle tres excellente voie que saint Pol l'apostre recite et doulcement nous y avoye.

Des merveilleuses vertus de la pierre d'aymant en concordance moralisie a la Vierge Marie pour singuler confort de toutes tribulations et de toutes passions.

Le .xxvj.^e chapitre

 Il a esté assés desclairié en cestui livre la merveilleuse et souveraine vertu du fin rubin, du balais et du grenath, qui sont .iij. en une essence et vertu par maniere d'une gracieuse trinité, prise pour Jesu Crist, duquel

---

219. *Missus est* 2.17.

Rubin Fin ou Escarboucle les vertus morales par les hommes mariés et par tout bon Crestien doivent estre comme en un biau miroir ensivies, mirés et remirés. Et du fin dyamant aussy et de ses vertus a esté dit assés pour les dames mariees malcontentes et bien contentes de leur mariage et pour toutes creatures baptisiees, et orres a ce derrain pour [un] moyen vertueulz de toutes medecines a esté prise la pierre d'aymant pour la tres doulce Vierge Marie, Estoille matutinale et tremontane. Si est expedient pour conforter les dames mariees et les maris aussy et toute maniere de pecheurs de descripre plus largement la grant vertu et merveilleuse de la pierre d'aymant, dont il est assavoir que /146ᵛ le grant Albert de Coulongne dit que l'aymant attrait le fer et envoye sa vertu dedens le fer par telle poissance et force que l'un fer attrait l'autre fer, si comme on voit par experience que une aguille de fer touchie a la vraye pierre d'aymant pendera a l'aymant en l'air et .ij. ou .iij. aguilles ou plus penderont a la premiere aguille, qui est en nature une chose merveilleuse.[220] Encores dit le dessusdit philozophe que se la pierre d'aymant sera enointe d'ail elle (n'avera) n'attraira point le fer a lui. Encores dit que qui mettra un dyamant dessus la pierre d'aymant, la pierre d'aymant n'attraira point le fer a lui.[221]

Or venons a l'exposition morale a nostre ensengnement. L'aymant attrait le fer a lui merveilleusement et l'Estoille tremontane Marie attrait l'aguille a lui, c'est les cuers de ses devos aucunefois frois et durs comme fer qui sont attrais a lui et amoliés a devotion, par telle maniere que aucunefois une grant fontaine en sourt, c'est assavoir de larmes spiritueles. Or soit dit oultre, par la vertu de l'aymant le fer attrait le fer et l'aguille l'aguille, car les cuers qui sont attrais au regart et a l'amour de la doulce Vierge Marie attrayent souvent les aultres et les aultres les aultres et pendent les aguilles en l'air desoubz la pierre d'aymant, c'est assavoir les devos de la Vierge Marie ont leur regart ou Ciel et les cuers sont suspens a l'Estoille reluisant, pour estre repeus et consolés du doulx lait des mamelles de sa misericorde. Et se la pierre d'aymant sentira riens de l'ail il n'attraira pas le fer a lui, c'est assavoir se le cuer de l'omme ou de la femme sentira riens de l'ail, qui est chaut et amer et provocant luxure, l'aymant qui est frois et bien attrempéz le laissera ester et ne l'attraira point a lui.

Encores fu dit que l'aymant ayant sur li le vray dyamant se sueffre d'attraire a lui le fer, c'est assavoir que la pierre d'aymant prise pour

---

220. Albertus Magnus *Book of Minerals* 2.2.11.103.
221. Ibid., 2.11.103-4.

l'umanité de la Vierge Marie conjointe au dyamant, qui a esté pris pour
sa poissance et gloire, monstre clerement que sa vertu d'attraire le fer a
lui ne vient pas de son humanité mais de la gloire et vertu qu'elle a
receue du Ciel; et pour ce, en recognoissant la grace et gloire qu'elle a
5 receu de Dieu, et est Fin Dyamant devenue ensivant son humilité
souveraine, elle se sueffre a certain tamps /147 d'attraire le fer a lui,
attribuant tres humblement et l'onneur et la vertu au dyamant conjoint
par grace et par nature au benoit Fil de Dieu vray Rubin, dont la vertu
attractive li a esté ottroyé. Et combien que le dyamant et l'aymant ayent
10 esté pris pour la Royne du Ciel, toutefois, par vraye humilité en ceste
figure elle monstre que quant a lui, femme pure et Pierre d'aymant, elle
ne puet riens fors tant que comme a lui, Fin Dyamant, Estoille
resplendissant, [a laquelle] poissance, gloire et vertu divine par son doulz
filz et Espous singulerement plus que a nul aultre il ont esté et sont
15 largement departies. Aristote dit qu'il se treuve pierre d'aymant qui
attrait la char de l'omme a lui,[222] car nostre Pierre d'aymant, la doulce
mere de Dieu, attrait a lui le cuer de son devot qui est de vraye char.
Encores dient les philozophes lapidaires que la pierre d'aymant beue avec
vin (aigre) garist d'ydropisie,[223] qui par orgueil et par avarice est
20 segnefiee, comme il fu dit ou chapitre d'ydropisie, et nostre Aymant la
doulce Vierge Marie, beue et assavouree avec le vin de la joye
espirituele, par sa superhabondant humilité et amee povreté garist
d'idropisie, d'orgueil et d'avarice.

Encores dient les philozophes susdis et autres que la pierre d'aymant
25 non tant seulement a la vertu d'attraire le fer a lui mais tous les aultres
metaulx [elle attrait],[224] car la Vierge Marie par la vertu du solail dont
elle est avironnee comme il est dit en l'Apocalipce,[225] attrait le fin or a
lui: ce sont ceulx et celles qui sont vermaulz, embrasés et reluisans
d'amour et de charité pour l'amour de lui et de son doulz filz et sont bien

---

222. Aristotle's account of this quality is narrated by Albertus Magnus, ibid., 2.2.11.104.
223. Philippe diverges here from Albertus Magnus, who narrates that the adamantine stone is "softened and destroyed by the blood and flesh of a goat, especially if the goat has for a considerable time beforehand drunk wine with wild parsley or eaten mountain fenugreek; for the blood of such a goat is strong enough even to break up a stone in the bladder, in those afflicted with the gravel" (ibid., 2.2.1.70).
224. Albertus Magnus notes that the adamantine stone pierces iron and all other gems (ibid., 2.2.1.71), the source perhaps of the quality Philippe describes here.
225. Rv 12: 1.

esprouvés comme le fin or en la fournaise de tribulation. Encores la
pierre d'aymant attrait a lui le second metail, c'est assavoir le fin argent,
qui est entendu pour nostre mere saincte Esglise et sa saincte doctrine.
Encores la pierre d'aymant attrait a lui le vif argent, qui est cler et ne
puet arrester, et la Vierge Marie par l'art de sa saincte alkemie en fait fin
or naistre, et pois et coulour y ajouste par chose qui gaires ne couste: ce
sont les creatures belles de char, cleres et bien parees et toutes remplies
d'inconstance et de vagation, que nostre Aymant, mere de Dieu, en
attrayant a lui fait /147ᵛ malleables et corrigables et en droit pois et
coulour en fait fin or naistre, par feu d'amour et charité et par une chose
qui paou couste, c'est assavoir bonne volenté. Encores la pierre d'aymant
attrait a lui le cuivre, l'arrain et le laiton, car la Vierge Marie des dames
souillies, enroullies, fabrique et forge biaus chandeliers du dit metail au
service de Dieu et belles et grandes colombes de laiton ou temple de son
doulz filz, le vray et souverain Salmon.

Encores l'aymant attrait a lui l'estain, car la Vierge Marie. des glous
et luxurieux repentans par sa saincte alkemie fait biaus vaissiaus d'estain
et galices pour recevoir saintement et garder le riche Pain de Vie,[226]
comme il se faisoit souvent (et) en la premiere Esglise et encores se fait
es povres esglises qui n'ont de quoy avoir galices d'or ou d'argent et ne
peuent faire grans mises. Encores la pierre d'aymant attrait a lui le
plonc, qui est un vil metail, comme il fut dit ou chapitre de la passion
cardiaque, car nostre Daymant l'Estoille tremontane, du vil plonc des ors
luxurieux fondu en larmes par grant amaritude et vraye repentance en
lieu de bon mortier fait assambler ensamble les vives pierres quarrees et
rondes dont l'Apocalipce parle en l'edifice du temple de l'Esglise de
Dieu;[227] et oultre plus la mere de Dieu du dit plonc bien fondu, humilié
et applati, fait couvrir les esglises de la foy catholique.

Il se puet dire que la pierre d'aymant en substance de ceste presente
figure est un entrait qui garist et attrait le venin de toute passion, et tout
ce qu'est a faire elle parfait a nostre consolation. Et pour une
merveilleuse, estrange et doulce conclusion des vertus de l'aymant, les
philozophes dient qu'il se treuve une pierre d'aymant qui a telle vertu
que se elle est mise desoubz la teste de la dame mariee dormant avec son
mari, se la dame sera chaste en son mariage, tout en dormant elle sera
contrainte par la vertu de l'aymant d'acoler son mari; et se elle sera

---

226. Jn 6: 35.
227. Rv 21: 19-20. Revelation, however, offers no comment on the shape of the stones.

pecheresse et adultere elle avera si grant paour des fantasies que par la
vertu de l'aymant li vendront en la teste qu'elle cherra tantost a terre de
son lit, si comme le recite le grant Albert de Colongne,[228] qui fu
souverain philozophe, phisicien et astrologien en son tamps, /**148** comme
autrefois il fu dit.

    Venant donques a l'exposition de ceste clause et a la moralité,
briefment tellement quelement, en appellant devotement l'ayde de nostre
tres doulce guide, quant la dame mariee, chaste en son mariage et
preudefemme, se couche avec son mari elle se recommande a Dieu
devotement, demandant pardon des pechiés qu'elle avera commis celui
jour, en recommandant a Dieu lui, son mari, son hostel, ses amis et mors
et vifs, et puis en la fin de son oration elle se retrait priveement en
contemplation aucunefois briefve et aucunefois longue a l'Estoille de
mer, a la mere de Dieu, et li recommande devotement tous ses affaires,
et lors spirituelment il se puet dire que elle met la pierre d'aymant
desoubz sa teste et en fait son oreillier pour doulcement reposer et estre
gardee de tous perilz et empechemens qui communaument sont presentés
de nuit et en tenebres par les anemis de l'umaine generation. Quant la
preudefemme est endormie par la vertu de la Pierre d'aymant attrayant,
c'est assavoir Marie, la dame est contrainte en dormant et en songant
d'acoler reveraument et embracier en esperit son tres amé Espoulz
immortel Jesu Crist, et puis aprés tout en dormant corporelment elle est
contrainte d'acoler doulcement son tres amé mari, voire d'une amour
chaste et bien plaisant a Dieu; et ainsi par la vertu de l'Aymant, c'est de
la Vierge Marie, la dame mariee chaste et bien esprouvee garde a la lettre
le loyen de son mariage. Et quant au sacrement de mariage touchant a
son Espoulz de l'ame et quant a l'office du sacrement touchant a son
mari, sagement fist saint Jehan l'evangeliste quant il mist soubz sa teste
et en dormant le Fin Rubin Jesu Crist en la Cene et en fist oreillier, par
la vertu duquel Rubin il vit mainte belle vision, comme il appert en
l'Apocalipce et en son Esvangile *In Principio erat verbum,* et maintefois
fu contrains en esperit d'embracier doulcement le vray Espoulz de son
ame.

    Mais au contraire quant la femme pecheresse et adultere qui a faulsé
son mariage et quant a son mari et a son Espoulz aussy s'en va couchier
avec son mari sans soy repentir de son pechié et met la pierre d'aymant,
c'est la Vierge Marie, desoubz sa teste en lui appellant sans reverence
/**148ᵛ** et sans aucune devotion, comme se dit en proverbe, "De la chose

---

228. Albertus Magnus *Book of Minerals* 2.2.11.104.

non prisie mettés le la," la pierre d'aymant--c'est la Vierge Marie, qui est terrible a ses anemis et a ceulx qui la mesprisent comme les batailles assamblees ensamble pour combatre, si comme dit la saincte Escripture[229]--retrait sa vertu d'attraire; et la pecheresse lors abandonnee de l'aymant en dormant et en veillant est toute remplie de fantasies et de maladies, et du biau lit aourné de la beneisson du sacrement de mariage elle se laisse cheoir en terre et en la boe de luxure et des aultres villains pechiés, car elle n'a volu user de la pierre d'aymant ne de sa noble vertu. Benoites seront les dames mariees et tout bon Crestien qui par grace la Pierre d'aymant feront leur oreillier pour dormir doulcement et son espoulz embracier sainctement et estre joyeux au resveillier. Et ce souffice des singuleres vertus de la pierre d'aymant moralisie a la doulce Vierge Marie. Or li prions donques devotement que par lui elle nous veuille attaire au Fin Rubin son doulz Espoulz, et parfaire tout ce qui fait besoing au sauvement de nos ames, a consolation de tout bon Crestien et par especial des dames mariees.

Une recapitulation briefve en gros de la vertu du sacrement de mariage spirituel et de toutes les choses et remedes presentees[230] aus dames mariees et aus maris aussy et a tout bon Crestien pour confort de toute joye et reconfort de toute tribulation.

Le .xxvij.ᵉ chapitre

Or recapitulons briefment et en sustance la grant vertu du sacrement de mariage espirituel et le reconfort des dames mariees pour rafreschir et reduire a memoire aus dames mariees et aus maris aussy le contenu en gros de cestui livre et faire fin en Dieu en la matere proposee et au reconfort des dames mariees. Et quant a la vertu premierement du sacrement de mariage espirituel, il se puet dire que la dicte vertu est si grande, si juste et si saincte, comme confourmee de toute la Trinité. C'est assavoir de Dieu le Pere ayant en lui par vraye essence gloire, puissance et unité, le Fil et le Saint Esperit, en la creation de l'ame raisonnable, /149 cree a l'ymage de Dieu et aliee a lui ou sacrement de baptesme, (aussy) regnant [aussy] le benoit Fil de Dieu aveuc (lui) le Pere et le Saint Esperit, confourmant le sacrement de mariage [par le saint Esperit] en l'alyance de lui a nostre humanité en la saincte et

---

229. Sg 6: 4 and 10.
230. presente[e]s.

merveilleuse Incarnation du doulz Jesu ou benoit ventre de la Vierge
Marie; et aussy en l'alyance et sacrement de mariage de Jesu Crist a
l'Esglise de Dieu et a la Vierge Marie mere de Dieu, representant nostre
mere saincte Esglise, la dicte alyance et sacrement de mariage
confourmés, publiés et piteusement demonstrés ou sacrement de nostre
redemption, c'est en la Passion du doulz Jesu, Aignel occys pour ses
brebis aus noces doloreuses figurees en cestui livre maintefois repetees.
Encores la vertu du sacrement de mariage est doulcement confourmee par
le doulz Saint Esperit procedant du Pere et du Fil, avec eulx manant en
une trinité, une essence, une unité et une gloire, c'est assavoir par doulce
Amour qui est le Saint Esperit,[231] par laquelle amour tous ces biens nous
sont entrevenu et ottroyé largement sans nostre merite precedent.

    Encores par le doulx Saint Esperit et par toute la Trinité est
confourmee la vertu du sacrement de mariage espirituel entre l'omme et
la femme, voire yssant la vertu du sacrement proposé avec les autres
sacremens de la grant playe du costé de l'Aignelet occys qui pour nous
fu[232] et mors et vis. Et combien que en dignité et perfection meritoire
quant a dignité, l'estat de virginité et de vueves et continens soit plus
parfait que l'estat de mariage, toutefois, monstrant Dieu la grant vertu du
sacrement de mariage espirituel, entre les .vij. sacremens de l'Esglise le
sacrement espirituel d'alyance et de mariage fu le premier, c'est assavoir
en la creation de Adam et de Eve, comme dessus est touchié, quant leurs
belles ames furent crees et conjointes a Dieu par la similitude de la
glorieuse Trinité, et en l'estat de grace faictes espouses de Dieu pour
regner avec lui en sa gloire, qui fu une grant dignité et amour divine et
singulere a la generation humaine se l'omme et la femme l'eussent bien
recongneu. Et ce soit dit briefment quant a la grant vertu du sacrement
de mariage.

    Quant au reconfort des dames /149ᵛ mariees, malcontentes de leur
mariage, le premier reconfort et le plus neccessaire si est l'example devot
et miroir lacrimable de la Passion du benoit Fil de Dieu Jesu Crist,
figuree par le Fin Rubin ou Escarboucle, es noces doloreuses en cestui
livre grossement et telement quelement moralisant proposees; duquel
example et miroir precieux deveroit saillir une divine lumiere
resplendissant, confortant et reconfortant non tant seulement les dames
mariees mais toute humaine creature confortee et desconfortee et en mil
tribulations plungie et enterree: c'est l'art et le secours qui ne fault. Sans

---

231. Doulce Amour is identified here as the Holy Spirit.
232. fu(t).

la clarté de cestui miroir, ne herbes ne pierres ne paroles n'ont nulle
vertu, et par la dicte lumiere celui que est ja mis en biere se lieve sus
tous sains, haitiés et drus. Bon se fait donques diligamment mirer en ce
miroir virtueulz et lui reconforter. Encores a esté presenté aus dames
mariees pour reconfort le miroir reluisant figuré par le Fin Dyamant,
mere et espouse du Fin Rubin, c'est la tres doulce Vierge Marie, et la
dolour qu'elle ot aus noces figurees, son confort, son ayde et sa tres
humble vie. Encores pour confort et reconfort a esté figuré le mariage du
Fin Rubin au Fin Dyamant, et moralisiee l'alyance de Dieu a l'ame, du
Fil de Dieu a nostre humanité, de Jesu Crist a l'Esglise de Dieu et a la
Vierge Marie, representant nostre mere saincte Esglise, et de l'omme a la
femme, c'est assavoir de l'amé a l'amant.

Encores ont esté presentees pour reconfort et medecine .vij. pierres
precieuses, c'est assavoir le fin rubin ou escarboucle et le balais,
desquelx le grenath en essence procede, comme dit est dessus, le fin
dyamant aussy et le saphir oriental, la belle verde esmeraude et la pierre
d'aymant attrayant, et, pour toutes medecines, la belle, blanche et ronde
perle d'Orient, segnefiant le Pain de Vie et le saint Sacrement. Encores a
esté presentee doulce Amour, Charité appellee, a toute sa fiole d'un fin
rubin contenant la liquour du precieux sang de Jesu Crist qui trait d'enfer
les ames hors et de toutes maladies garit.

Et madame Alegresse,[233] qui est Pais appellee, a toute sa fiole d'un
saphir oriental, n'a pas esté oubliee, car le vray saphir est /150 de telle
vertu, selonc les philozophes, que oultre ce qu'il vault contre enflure et
venin, comme dit est dessus, il a poissance d'enchassier le carboucle,
c'est une apostume perilleuse, envenimeuse et embrasee. C'est
proprement le doulz Jesu, saphir celestial et oriental, qui par sa grace des
pecheurs repentans enchasse les carboucles remplis de venin, d'envie et
de yre, enflés d'orgueil et embrasés de pechié d'avarice et de luxure; et
si entre en l'eul le vray saphir et emporte avec lui toute l'ordure, c'est
Jesu Crist qui a porté en lui tous nos pechiés et ordures en la croys et
nous a rendu la veue seure. Encores dyent les maistres que le saphir rent
l'omme chaste et refroide la male suour et la dolour dedens le corps et si
garit la dolour du front et de la langue. Encores dyent que le saphir
nourist et conforte le corps et reconsilie a pais la dame a son mari et fait
l'omme ou la femme debonnaire et devot a Dieu et confourme le cuer en
bonnes euvres. Cestui saphir est proprement la pierre precieuse que Jesu
Crist porta aprés sa Resurection quant il entra avec ses apostres a huis

---

233. Aleg(e)resse.

clos et leur dit, "*Pax vobis.*"²³⁴ Ceste parole contenoit les dessusdictes vertus du saphir et de toutes les aultres pierres precieuses.

  Encores a esté presentee aus dames mariees l'amoureuse appellee Misericorde a toute sa fiole d'une fine esmeraude. De ceste esmeraude fu dit dessus assés briefment. De laquelle vertu le grant Albert de Coulongne dit que en son tamps le roy de Honguerie, appellé Bela, en son doit avoit une fine esmeraude et pour ce qu'il dormi une nuit avec s'espouse la royne, au matin il trouva l'esmeraude fendue en .iij. parties, monstrant qu'elle conserve grandement chasteté et encline les personnes qui le portent a vivre chastement.²³⁵ Et dient les maistres qu'elle acroit les richesses et fait biau parler, et pendue au col garit de mauvais mal, et conforte la foible veue, et conserve les yeux, donnant bonne memoire et gardant de tempeste. Cy a grandes vertus. Ceste amoureuse susdicte a tout sa fiole d'esmeraude remplie de la liquour des vertus sustouchiees pour conforter les dames mariees n'est autre chose en figure que la Vierge Marie, royne de chasteté et empererix de souveraine virginité, qui des dessusdictes /150ᵛ vertus et de cent mille fois plus est sainctement remplie et souverainement pour les grans pecheurs de misericorde garnye.

  Assés raisonnablement donques pour reconfort aus dames mariees ont esté presentees les .iij. nobles dames cy dessus recitees, c'est assavoir doulce Amour-Charité, Alegresse-vraye Pais²³⁶ et l'amoureuse Misericorde, appartenans toutes .iij. naturelment au Fin Rubin le benoit Fil de Dieu. Mais pour nostre amour la tierce dame, appellee amoureuse Misericorde, il a commis au Fin Dyamant, a la Royne vierge et mere, son espouse tres amee, par le moyen de laquelle amoureuse les dames mariees seront reconfortees et a la vraye amour de leur Espous immortel et de leur mari aussy se elles seront sages elles seront ramenees.

  Et quant a la pierre d'aymant merveilleusement attrayant qui aussy a esté presentee, sa vertu cy dessus assés largement a esté recitee. Et que se dira de la belle blanche perle aussy presentee et de sa signification qui est cordiale et donne souveraine consolation, pour la loenge de laquelle il se dit en proverbe en Grece et en Surie, quant il veulent loer un bel homme ou une belle femme, leur ami par amours ou leur amie, ils [le] comperent a la belle perle, disans, "Il est biau," ou, "Elle est belle comme la belle perle." La bonté et biaulté de nostre tres amee et honnouree (pelle)

---

234. Jn 20: 20; Lk 24: 36.
235. Albertus Magnus *Book of Minerals* 2.2.17.119-20.
236. Aleg(e)resse.

perle,[237] prise en figure, c'est de l'Oiste sacree: nulle creature pure a plain ne le porroit descripre ne raconter ne dire. Et ce souffice de la recapitulation et presentation aus dames mariees pour reconfort des .vij. pierres precieuses, de leur grant vertu et de leur signification.

 Encores en cestui livre ont esté recitees aus dames malcontentes de leur mariage .vij. manieres de fievres qui leur viennent et .vij. grandes maladies et orribles passions, pour garison desquelles ont esté presentees .vij. medecines corporeles et spiritueles et .vij. lectuaires correspondans au[238] dictes passions. Encores pour le reconfort susdit ont esté presentés les dons du Saint Esperit, les sacremens de l'Esglise et les souveraines vertus morales et theologiques et les euvres de misericorde, les planetes du ciel et les metaulz de la terre et les .vij. journees de salut, dont les .iij. premieres sont neccessaires; et tout pour reconforter en Dieu la dame malcontente /151 et le mari aussy et attremper en lui les .iiij. humours habondans et corrumpans, c'est assavoir le sang, la colere, le fleume et la melencolie, dont les maladies susdictes sont engendrees; et pour atremper aussy bonnement en la dame malcontente les .iiij. conditions ja converties en complections, c'est assavoir l'appetit desordené, le courous desmesuré, propre volenté mal ordenee et jalousie enracinee, qui au mari a presenté mainte male journee. Toutes ces medecines en Dieu et doctrines telles quelles cy dessus recitees et a memoire ramenees pour le reconfort des dames malcontentes ont esté proposees, si se puet dire, que se par leur deffaulte elles ne seront reconfortees, il se porra bien dire qu'elles seront de dur eur nees--dont Dieu les en veuille garder et les faire a bon port arriver.

De .xv. regles especiales pour la doctrine des dames mariees et des maris aussy et de tout bon Crestien.

Le .xxviij.^e chapitre

 Pour faire fin du reconfort des dames mariees, il est expedient d'escripre aucunes briefves regles et ensengnemens, par maniere de memoire qu'elles ayent toujours au cuer et devant les yeux et loyees en leur doit, de la substance des choses en cestui livre prolixement proposees pour devenir plaisans a leur Espous immortel Jesu Crist, et

---

237. A correction from the Picard form of the word where *rl* > *ll* (Gossen, *Grammaire de l'ancien picard,* sec. 55) to the Francien form.
238. For *aus*.

pour estre amees aussy et tenues chieres de leur mari mortel, et ce faisant
par grace demourant contentes de leur mariage pour trespasser plus
doulcement par ceste mer salee faisant leur pelerinage. Et ce que dit est
des dames mariees soit dit aussy de leurs maris, chascun en son degré.
     La premiere regle si est que la dame mariee jamais ne soit desgarnie
de la riche escherpe du noble moisne de Chaalis en cestui livre
souventefois repetee, c'est assavoir de la foy catholique et de
l'obeissance de ses commandemens. La seconde regle si est qu'elle soit
toujours garnie de son noble bourdon de esperance. La tierce regle si est,
pour ce que les dames volentiers se baignent et en ont aucunefois bien
mestier, que la dame mariee, pour estre plaisans /151ᵛ a son Espoulz et a
son mari aussy, soit souvent baignie en la fontaine de la Vierge Marie,
c'est assavoir en la Fontaine d'umilité; et soit certaine que se elle se
baignera souvent en la dicte Fontaine des vertus sustouchiees elle se
trouvera plus qu'a moitié plaine, et li souvengne de celle qui dit, "*Ecce
ancilla domini,*"²³⁹ dont elle se trouva de Dieu son benoit ventre empli.
La quarte regle si est que la dame soit toujours bien armee du gambison
pourpoint a l'englume derriere du noble moisne de Chaalis, c'est
assavoir de la vertu de pacience, en souffrant lyement toutes tribulations
que Dieu vauldra mander ou consentir, offrant toujours en passant oultre
et recevant les caups l'englume qui est derriere. La .v.ᵉ regle si est que la
dame en tous ses fais, ses pensees et ses dis se doye toujours mirer et
remirer ou petit poumiau du bourdon, qui est d'un dyamant reluisant et
segnefie la doulce Vierge Marie, ou quel poumiau elle verra clerement la
saincte vie de la mere de Dieu, son advocate, a laquelle devotement sans
cesser elle se doit recommander, et tous ses fais et dis selonc le biau
miroir sagement reguler.
     La .vj.ᵉ regle si est que la dame mariee se doye garder de Peresse
l'endormie et souvent et menu se doye mirer et reveraument ou gros
poumiau de son bourdon qui est fait d'un miroir reluisant, et la verra
clerement et a menu la souffrance et Passions ameres de son tres doulz
Espoulz immortel Jesu Crist, comme il fu dit ou chapitre du bourdon
largement en cestui miroir. En cestui poumiau la dame se porra conforter
en toutes ses tribulations et maladies nouvelles et enviellies--c'est le vray
miroir du confort et reconfort des dames mariees et de tout bon Crestien-
-et en tous cas formidables, tristes ou delectables la dame ait toujours son
retrait se elle veult estre contente de son loyal mariage et faire bon
voyage [au doulz Jesu]. Et li souvengne de la petite oroison touchant sa

---

239. Lk 1: 38.

Passion, dont cy dessus fu faicte mencion, c'est assavoir, "*O bone Jhesu, scribe in corde meo,*" *et cetera,* et sache bien que se devotement elle le dira partout, sans faulte confortee se trouvera.

    La .vij.ᵉ regle si est que la dame mariee se doit efforcier d'estre sobre et veillans, selonc la doctrine de saint Pierre /152 qui dit en ses Epistres, "Soyés sobres et veilliés car le Dyable comme un lyon rungant va querant lequel il puisse devourer."[240] Et pour ce il ne fault pas trop dormir mais par grace bien veillier. Quant a la sobresse proposee, elle a .iij. parties. La premiere si est que la dame mariee doit estre sobre quant aus ornemens de sa teste et de son corps. La seconde elle doit estre sobre quant a la bouche et en mengier, comme il fu largement touchié es chapitres des maladies. La tierce partie de sobresse si est quant a l'office du sacrement de mariage. Quant aus ornemens outrageus, precieux et jolis, se la dame sera bien baignie en la fontaine cy dessus proposee elle devera estre bien tourblee au mains une fois le jour, quant *{il}[241] li souvenra des chevaliers sans nombre et escuiers et autres hommes qui par son atour et joliveté ont esté fort temptéz du pechié de luxure et par aventure pluseurs dampnéz.

    Comment porra elle satisfaire a Dieu de tant de pechiés dont elle a esté cause en monstrant son visaige aourné, ses biaus cheveux et sa biauté? En verité, en verité, pour aucune satisfaction il est expedient que telle dame jolye, non pas de l'abit de Marie, une fois pour toutes[242] et pluseurs fois pour une, soit bien estuvee et bien baignie en un grant baing plain de larmes de grant contrition avec penitance et satisfaction.[243] L'apostre saint Pol commande que les femmes doivent couvrir leurs cheveux[244] et une partie du visaige afin qu'elles ne fassent damaige aus ames des regardans. Helas, helas! paou en y a en ce cas en doctrine des filles de saint Pol. Plus tost averoit pris a un vol le buef sans eles la grue en hault eslevee,[245] que joliveté fust atrempee ne la doctrine de l'apostre receue ne relevee. Quant a la sobresse des dames mariees et non mariees en boire et en mengier, chascun en puet jugier: c'est chose honneste en femme de vivre sobrement de la bouche, et bon example a toute gent.

---

240. 1 Pt 5: 8.
241. *(y).
242. toute[s].
243. Philippe contrasts the sinful lady's interest in her appearance with the focus on the inner being of the holy women of the past as seen in 1 Pt 3: 3-5.
244. 1 Cor 11: 5-6, 13.
245. This proverbial saying, translating as "sooner could the ox without wings snatch the crane raised on high," indicates an impossibility.

Les dames de l'ille de Cret en ce cas ne doivent pas estre oublyees, qui par vertu s'atiennent de boire vin et si sont honnestes et assés jolyes, comme il fu dit dessus.

Et quant a la tierce partie de sobresse des dames mariees, c'est a l'office de sacrement de mariage, c'est assavoir copulation charnele, a moy n'est pas en ce cas [de] mettre frain ne donner /152ᵛ regle. Mais par charité il se puet bien ramentevoir a la dame mariee en disant voir que le dessusdit office ottroyé a vertu ne soit pas mué en vice, ne par la dame ne par le mari, dont il porroient estre marry et pechier mortelment, non usant deuement du dit office par la loy divine a tous deux ottroyé pour generation et supporter leur fragilité.[246] Grant folye est a l'omme et a la femme d'envyvrer soy de l'yaue de leur fontaine. De toutes choses[247] puet on bien faire outrage, et aucunefois en ce cas est engendree la rage, c'est assavoir la passion cardiaque, pour garison de laquelle il fault un fort triaque, comme il fu dit dessus ou chapitre de la dicte maladie, de laquelle maint Crestien en ont perdu la vie.

Quant a cestui cas de l'office susdit, il deveroit souvenir a la dame mariee et au mari aussy de la parole de saint Pol adressant a eulx qui dit ainsi, "La figure et la biaulté de ce monde trespasse et va a nient.[248] Le tamps est brief," dit il, "et pour ce je conseille que ceulx qui sont mariees soyent ensamble comme non mariés"[249]--c'est assavoir quant a l'office susdit, et qu'il s'en doivent abstenir a certain tamps, comme il a esté en cestui livre dit. Encores l'apostre, considerant les tribulations qui sont en mariage, en son sermon disoit a ses auditeurs, "Je vaudroye que vous tous fussiés aussy comme moy,"[250] c'est assavoir ou vierges ou chastes, combien qu'il ne reprouvast pas mariage, mais il conseilloit ce que pour le sauvement des ames estoit plus excellent, voire pour le tamps de lors.

Mais que se dira a present que le monde va a declin par le jugement divin? La saincte Escripture dit que benoit sont tous ceulx et toutes celles, sans excepter les mariés qui de leur propre volenté se sont chastrés pour l'amour du royaume du Ciel, c'est a dire qui ont restraint et detrenchié l'office dessusdit et l'appetit charnel, et vescu chastement, et par saincte et nette vie engendré enfans de l'ame, enfans espiritueulz,

---

246. 1 Cor 7: 1-7.
247. toute[s] chose[s].
248. 1 Cor 7: 31.
249. 1 Cor 7: 29.
250. 1 Cor 7: 7.

qui est plus grant vertu d'engendrer un fil espirituel que cent enfans dont chascun soit charnel. Saint Jherome, glorieux docteur, dit une parole moult espaontable, "Se je boy," dit il, "se /153 je mengue, se je lys, se je escrips, il me samble toujours que les trompes du Jour du Jugement sonnent a mes oreilles disans: 'levés sus, levés sus, [les] mors, et venés au Jugement.'" Se chascun marié ou non marié pensoit bien parfondement avec saint Jherome combien son jugement li est prochain il n'averoit talent de danser ne de rire, mais penseroit a tout son pooir de chastement vivre, comme fist la noble et saincte contesse d'Arien, femme du benoit saint Elzearus, nagaires canonisié, comme dessus fu touchié.

Et se les mariés ne peuent ou veulent abstenir du dit office contagieux, perilleux et dangereux, pour la reverance de Dieu et virginité de sa mere, au mains a la dame mariee souvengne aucunefois de celle glorieuse dame saincte Elizabeth, fille du roy de Honguerie,[251] qui par obedience de ses parens fu mariee et ot pluseurs enfans, a laquelle le dessusdit office, se ne fust obedience du sacrement de mariage, li estoit comme martire, pour l'amour qu'elle avoit a chasteté. Et pour mieulx plaire a Dieu et vivre chastement elle manda son mari oultre mer au service de Dieu et voua que se Dieu vauldroit prendre son mari tous les jours de sa vie elle viveroit en continence, comme elle fist tres sainctement aprés la mort de son mari, si comme il appert en sa devote legende. Belle chose est donques et saincte d'estre sobre en tous cas a la dame mariee, et que des regles cy dessus et desoubz proposees elle soit aussy garnye et humblement aournee. Et ce souffice assés prolixement de la .vij.ᵉ regle de sobresse presentee a la dame mariee.

La .viij.ᵉ regle que la dame mariee doit avoir en memoire si est que au matin quant elle sera levee, apointie, tiffee et bien paree, qu'il li souvengne ou cuer, non pas en trespassant, de Eve sa grant mere, de sa fragilité humaine, de ses maladies secretes et publiques. Et en lieu du miroir auquel [elle] c'est aournee, saint Bernart li em presente un autre, ou quel se elle si[252] sera bien miree l'outrage sera retrenchié et sera bien euree. Cestui miroir de saint Bernart a nom consideration, voire de .vij. choses solempneles et neccessaires a nostre fragilité humaine,[253]

---

251. The probable source of Philippe's account of the devotion and ascetic life of St. Elizabeth of Hungary is Jacobus de Voragine's *The Golden Legend* 2: 675-82.
252. Picard, third-person reflexive pronoun.
253. Bernard of Clairvaux, *De consideratione,* does present seven things for Pope Eugene's consideration (2.2.5-2.4.7). His recommendations, less harsh

ausquelles la dame aprés son parement doit appliquer son entendement, c'est assavoir a la vile matere dont elle /153ᵛ est yssue, a l'euvre layde et honteuse par laquelle elle fu conceue, a l'instabilité de sa personne et a son estat muable, et a l'issue de lui dolereuse, et a la mort lacrimable, a
5 la dissolution du corps mort converti en pueur, en poudre et en corruption et a la .vij.ᵉ, a ceulx qui l'averont deservi, orrible dampnation et, aus bons, parfaicte gloire et doulce consolation. C'est le miroir saint Bernart aus dames presenté et aus hommes aussy. Benois seront ceulx et celles qui pas ne l'oublieront et bien le peseront.
10   La .ix.ᵉ regle presentee a la dame mariee si est qu'elle ne soit pas trop engenglee, car paou parler a toutes femmes--et que leurs paroles soyent humbles et neccessaires--encline les auditeurs a elles[254] et les fait debonnaires. Saint Augustin dit que en plenté parler bonnement ne puet estre que pechié ne s'i treuve. Et en ce cas la dame mariee se doit mirer
15 souvent ou petit poumiau de son bourdon qui est de dyamant, c'est en la Vierge Marie, de laquelle es .iiij. Evangiles des .iiij. evangelistes, c'est assavoir en toutes les sainctes Evangiles il ne se treuve que la Vierge Marie parlast onques que .iiij. fois tant seulement. Paou parler et bien besongnier a lye chiere fait la dame plaisant a son mari, qui l'entendra
20 plus chiere.
     La .x.ᵉ regle si est que la dame mariee a son plain pooir doye se garder de jalouyse et d'ajouster foy legierement aus raporteus et raporteresses encontre son mari. Et supposé que son mari ne face pas son devoir envers lui, se doulcement elle ne le porra retraire et ramener a vie
25 honneste et voye de verité, elle soit garnie en Dieu du gambison pourpoint, faisant la sourde oraille, et monstre qu'elle ne voit goute, monstrant toujours lyesse honneste; et lors plus que onquemais a Dieu, a la Vierge Marie et a tous sains [ses] devos, elle doit recommander son mari et non sans larmes et prier pour lui, car il en a grant mestier. Et
30 ainsi faisant, elle gardera de sa part la vertu du sacrement de mariage

---

than Philippe's, are: "Iam quod ad considerationis attinet fructum, quatuor, ut occurrunt, tibi consideranda reor: te, quae sub te, quae circa te, quae supra te sunt"; which four things translate as "yourself, what is below you, around you, and above you" (2.3.6). Consideration of the self has three divisions: "Et haec tui consideratio in tria quaedam dividitur, si consideres quid, quis et qualis sis: quid in natura, quis in persona, qualis in moribus"; which three things translate as "what you are, who you are, and what sort of man you are: what you are in nature, who you are in person, and what sort of man you are in character" (2.4.7).
254. elle[s].

espirituel, et Dieu le confortera--et par aventure par sa priere et bonne devotion son mari vendra a vraye cognoissance et a bonne contrition, selonc la sentence de l'apostre saint Pol qui dit que par la femme /154 loyale l'omme infidel sera sauvé.[255]

     La .xj.ᵉ regle si est que la dame mariee, pour estre amee de son Espoulz immortel, elle se doit souverainement garder de toutes sorceries, de sciences deffendues, de divinations, de invocations et de toutes superstitions. La .xij.ᵉ regle si est que la dame mariee ne doye pas legierement contredire aus paroles et sentences de son mari se elles n'estoient magnifestement contre Dieu ou l'Esglise ou contre le bien publique de l'ostel. La .xiij.ᵉ regle si est que se la dame a enfans elle les tiengne soubz verge tant qu'elle porra et les nourisse en la doubtance de Dieu grossement et non delicieusement, ensivant la regle de la noble dame la mere saint Bernart; et se la dame mariee n'avera enfans, elle face ses enfans par adoption, en charité, des povres de Dieu, en appelant en son ayde l'amye de Dieu, Misericorde appellee. Et ce faisant, la dame ne sera pas brehangne ne sans enfans espiritueulz, dont tant de biens li vendront et telement acroisteront que par grace une fois elle en sera couronnee ou Ciel avec les sains et sainctes et de Dieu pardurablement honnouree. La .xiiij.ᵉ regle si est que la dame mariee se doye habiliter a devotion et lui souvent confesser pour conserver l'amour et reverance de son Espoulz immortel, en montrant bon example a son seigneur et mari; et se doit efforcier que souvent elle soit repeue par grace du blanc Gastelet alis de s'escherpe, du Lectuaire margariton et de la belle Perle blanche d'Orient, c'est assavoir du Pain du saint Sacrement, a tout le mains aus festes principaulz, pour estre confortee et reconfortee et alegye de tous maulx.

     La .xv.ᵉ et la derraine regle--pour abregier l'escripture--si est que la dame mariee doye sagement gouverner son hostel et les amis de son mari bonnement honnerer, sainctement et doulcement amant et servant a son mari du service appartenant a lui, la doulce amour de son Espous immortel Jesu Crist en tous ses fais, dis et pensees soit toujours mis au devant, voire par le moyen et invocation du precieux Dyamant, c'est de la tres doulce Vierge Marie, advocate des pecheurs et pecheresses et moyenne entre Dieu et l'omme qui sent encores du mors de la pomme, voire quant a pechié /154ᵛ venial. Bon fait donques avoir tel apuyal a nous, qui souvent cheons en la boe pour l'Anemi qui nous a fait la moe,

---

255. 1 Cor 7: 14.

c'est assavoir de la precieuse Verge de Jesse qui porta le doulz Fruit dont nous sommes sauvé.

    Or prions donques devotement a l'Estoille tremontane, a la Royne du Ciel, qui a pecheurs repentans se treuve trop plus doulce que miel, que par sa doulce priere les dames mariees retaingnent bien les regles cy dessus proposees et les maris aussy, les[256] vuesves, vierges et pucelles, chascun en son endroit, et ce qui li puet touchier ou touchier li porroit au sauvement des ames et consolation des dames. Et ce souffice briefment des .xv. regles aus dames presentees en ramembrance des .xv. degrés de vertu que Marie en l'aage de .iij. ans monta ou temple legierement quant elle fu presentee a Dieu par ses parens personnelment.

Comment il plaist a la Vierge Marie que en toute neccessité on li dye, *Maria, mater gracie, mater misericordie, et cetera.*

Le .xxix.ᵉ chapitre

    Pour ce que les dames mariees et tous autres aussy en certains cas formidables se treuvent aucunefois espaontees par anemis visibles ou invisibles et aucunefois comme desesperees, il est expedient pour remede neccessaire d'appeller an ayde la dame debonnaire, la royne poissant en ce livre appellee Dyamant, en tous cas de doubtance pour trouver alegance. Et tout ainsi comme il fu dit dessus que, a tout besoing pour estre gardé et empetrer grace et cognoissance de tout ce qui est a faire et a dire, la petite et briefve oroison susdicte, "*O bone Jesu,*" *et cetera,* est de merveilleuse vertu, tout ainsi es grans perilz il fault avoir son recours a la mere de grace, qui a poissance de tous perilz et de tous maulz appaisier, et en la grant paour et neccessité hardiement et devotement lui requerre, en lui ramentevant par doulce memoire une grant partie de sa gloire et lui offrir une petite oroison pour estre relevé et asseuré de la turbation. Saint Bernart dit que la chose qui plus esmeut la Vierge Marie a lever ses yeux (en hault) a son doulz filz /155 et faire priere pour les pecheurs de ce monde si est quant elle est appellee mere de Dieu, dont la grace vient et la misericorde.[257]

---

256. le[s].
257. This is a summary of Bernard's thought rather than a precise citation, for, as Michael Casey points out, "Mary's primary prerogative is that she gave birth to one who was God: *Dei genitrix*" ("Bernard and the Assumption," 24). Casey explains in n. 13 to this article that this Latin term is the strict translation of

Et pour ce nostre mere saincte Esglise presente en ses tribulations a la mere de Dieu, de grace et de misericorde, une petite oroison de merveilleuse vertu devant laquelle oroison, mais qu'elle soit dicte par vraye [foy] et bonne devotion, les ennemis infernalz ne peuent arester, c'est assavoir, "*Maria, mater gracie, mater misericordie, tu nos ab hoste protege et hora mortis suscipe.*" C'est a dire en françoys, "Marie, mere de grace et mere de misericorde, garde nous de l'Annemi et de son grant pooir et a l'eure de la mort tu nous veuilles[258] recevoir." Ceste oroison vertueuse aprés l'Ave Maria que l'angele li presenta se doit dire en tous perilz, et qui ainsi le fera doulcement confortés se trouvera et de joye remplis. Et a ce que les dames mariees et tous bons Crestiens devos de la Vierge Marie sachent combien la dicte oroison est plaisant a la Royne du Ciel, par un example avenu en nostre tamps cy desoubz recité se porra devotement veoir.

Cestui viel escripvain solitaire cognut[259] un josne chevalier aucunement devot de la Vierge [Marie], auquel il avint l'example proposé. Le dit josne chevalier avoit acoustumé de dire chascun jour les Heures de Nostre Dame a l'usage de l'esglise de son eveschié, ou quel usage es dictes Heures a chascune hympne se disoit la dessusdicte oration ou vers, c'est assavoir, "*Maria, mater gracie,*" *et cetera*. Or avint que le dit josne chevalier alant en ses voyages passa par la cité de Romme et pour ce que l'office de court de Romme est plus notables que tous les autres pour cause du siege apostolique, le dit chevalier par devotion qu'il avoit a la Vierge Marie pour mieulx faire laissa l'usage de l'esglise de sa nativité et prist a dire les Heures de Nostre Dame a l'usage de court de Romme, ou quel usage es hympnes ne se dit pas la dicte oroison ou vers "*Maria mater gracie,*" *et cetera;* et non obstant ce, le dit chevalier [par devotion] ajoustoit toujours aus hympnes des dictes Heures "*Maria, mater gracie,*" *et cetera*, comme de sa jonesse il avoit acoustumé.

Un long tamps aprés le josne chevalier en alant en Prusse s'acompaigna ou chemin avec un prestre honeste /155ᵛ et devot de la Vierge Marie qui disoit son office a l'usage de court de Romme, et par

---

Theotokos of the Council of Ephesus and gives the instances where Bernard identifies her as the Mother of God by other names: "*Mater Dei* is later and less usual in Bernard. *Imitamini . . . Dei matris humilitatem.* Miss. 1.9; SBO 4.21.1-2 . . . . *matrem est Dei . . .* Sent. 3.111; SBO 6b.190.17. He spiritedly defends the usage in O.Asspt. 4; SBO 5.265.6-7, expressly relating it to *Theotokos*" ("Bernard and the Assumption," 39).
258. veuille[s].
259. cogn(e)ut.

devotion le dit prestre et chevalier en chevauchant chascun jour disoyent ensamble les Heures de Nostre Dame a l'usage de Romme, mais le chevalier ne pooit et ne voloit laissier a dire "*Maria, mater gracie,*" *et cetera,* comme il avoit acoustumé, car il li sambloit en sa petite devotion qu'il ne desplaisoit pas a la Vierge Marie de ce qu'il ajoustoit aus hympnes "*Maria, mater gracie,*" *et cetera,* oultre l'usage de Romme. Et le dit prestre, personne notable, maintefois et par maintes journees reprist le josne chevalier de ce qu'il disoit aus Heures de Nostre Dame comme dit est "*Maria, mater gracie,*" *et cetera,* disant le prestre au chevalier que on ne doit riens ajouster ne amenrir es Heures ordenees par l'Esglise et souverainement par l'Esglise de Romme, disant que puis que le dit chevalier disoit les Heures a l'usage de Romme il ne devoit ne mettre ne oster, mais aprés les Heures dictes et complies par maniere d'oroison il pooit bien dire a sa devotion ce qui li plaisoit. Et ainsi le prestre, qui estoit assés clers, enfourmoit par raisons apparans le dit josne et simple chevalier qu'il deust laissier a dire aus Heures de Nostre Dame "*Maria, mater gracie,*" *et cetera,* et tant li dist et monstra que le chevalier le laissa et ne disoit plus aus Heures "*Maria, mater gracie,*" *et cetera.*

Aprés pluseurs journees il vindrent en Prusse et furent a repos. Et le dit josne chevalier laissa la compaignie du prestre et disant tout[260] seul ses Heures le dit chevalier ne disoit point "*Maria, mater gracie,*" *et cetera,* et en avoit en lui aucunement desplaisance, combien qu'il obeist au conseil de plus sage de lui, c'est assavoir du prestre dessusdit. Il avint si comme le josne chevalier maintefois le recorda au viel solitaire, cestui present escripvain, que paou de jours aprés le dit josne chevalier, estant en bon estat et de corps et de conscience selonc sa faculté et devotion de la Vierge Marie, une nuit en dormant vit un songe ou une vision qui fu telle en sustance: il li fu avis qu'il entroit en une esglise en laquelle avoit une grant ymage eslevee de Nostre Dame trop bien paree et assise en une chaiere, /156 tenant son doulz fil devant lui, et entour la dicte ymage avoit pluseurs angeles qui tenoient cierges ardans qui rendoient si grant clarté que toute la place entour l'ymage en resplendissoit; et le josne chevalier tous esbahis estoit ne approchier ni osoit. Il fu[261] avis au dit chevalier que la dicte ymage de Nostre Dame l'appella a lui et qu'il se trouva devant l'ymage aussy comme tous honteus, sans dire mot et lors

---

260. tou*{t}, *(s).
261. fu(t).

la dicte ymage doulcement dit au chevalier, "Pour quoy as tu laissié a dire a mes Heures '*Maria, mater gracie?*' Repren le a dire et ne le laisse jamais" et pluseurs aultres paroles touchans la matere que l'ymage dit au chevalier, lesquelles paroles pour la paour et reverence et joye spirituele et jonesse il l'oublia.[262]

Quant le dit josne chevalier ot receu le commandement de l'ymage de la Royne du Ciel, c'est assavoir qu'il reperist a dire "*Maria, mater gracie,*" *et cetera*, il li fu avis qu'il se parti de devant l'ymage bien consolés; et en yssant hors de l'esglise emprés la porte dedens l'esglise avoit une aultre ymage de Nostre Dame eslevee, estans sus ses piés et tenant son fil a son bras destre. Si fu avis au dit chevalier que quant il passa devant la dicte ymage pour yssir hors de l'esglise la dicte ymage enclina sa teste et aussy comme ses espaules au dit josne chevalier sans dire mot, dont il fu moult honteus et yssy de l'esglise bien consolés, et lors le songe ou vision failli.

Aprés la vision le dit chevalier se trouva lyés et joyeux en Dieu et en la Vierge Marie et reprist a dire la dessusdicte oroison par grant devotion tous les jours de sa vie et li sambloit bien que en tous les perilz qu'il trespassa et qu'il avoit a passer, disant, "*Maria, mater gracie, mater misericordie tu nos ab hoste protege et hora mortis suscipe,*" que nulz anemis ne li pooit grever. Maintefois l'assaya et partout (consolé) confortés se trouva, et receut le dit josne chevalier depuis la vision tant de graces temporeles et espiritueles et tant de biens et d'onneurs de ce monde que, par le moyen et grace de la mere de Dieu, il vint a grant estat et large gouvernement mondain et demoura devot et singuler serviteur par grace de son advocate maistresse et conseilliere la /156ᵛ tres doulce Vierge Marie--qui soit honnouree et servie, appellee et devotement beneye.

Par cest example donques gracieux que le dessusdit chevalier raconta a l'escripvain solitaire, se puet assés cognoistre la grant vertu de la dicte oroison plaisant a la Vierge Marie, et pour ce est il expedient de dire le souvent et maintefois repeter, afin que quant besoing sera on s'en puisse bien aidier a toutes neccessités et de loings et de pres. Quant a Dieu Jesu Crist, nostre tres doulz Redempteur, "*O bone Jesu, scribe,*" *et cetera*, ne soit pas oublyé: et quant a la mere de grace, "*Maria, mater gracie mater misericordie,*" *et cetera*, soit souvent repeté. Or prions donques

---

262. This is an erroneous singular-object pronoun for the antecedent referent *lesquelles paroles*.

devotement a la mere de Dieu, mere de grace et de misericorde, que, nous reconsilyé a lui, elle a son fil nous racorde. Et ce souffice de l'example susdit et loenge de *"Maria, mater gracie, " et cetera,* pour estre secouru au besoing et en tous perilz gardé.

Le Quart Livre[1]

De la grant dignité de l'ame raisonnable et crestienne par la noble alyance du sacrement de mariage espirituel entre Dieu et l'ame, des benefices de Dieu, et comment tout bon Crestien est obligié a l'amour de Dieu selonc la sentence de Hue de Saint Victor, grant docteur de l'Esglise, pour le reconfort de toute ame devote. Et premierement le prologue du quart livre.

Jusques cy a esté traictié assés prolixement, simplement et grossement la matere du sacrement de mariage entre l'omme et la femme et le reconfort des dames malcontentes de leur mariage et des maris aussy malcontens, voire par pluseurs figures et miroirs et examples assés estranges, ramenés au propos pour le reconfort susdit, dont les dames mariees bien contentes de leur mariage et les maris aussy bien contens en la matere proposee et en cestui livre declairie et a menu recitee deveroient estre joyeux et confortés, loer, amer et doubter Dieu et a bien faire confourmé, comme dessus fu touchié.

Or reste a presenter aus dames et a descripre /157 de cestui livre la derraine partie, c'est assavoir le bel et merveilleux miroir des dames mariees en l'istoire gracieuse de la noble marquise de Saluce. Et pour ce que toute la substance generaument de cestui livre touche a la vertu du sacrement espirituel de mariage, et au reconfort des dames mariees, et par consequent de leurs maris aussy, il sambleroit chose assés convenable et devote de touchier un paou du sacrement de mariage espirituel de Dieu a l'ame raisonnable et crestienne avant la description et presentation du miroir de la marquise de Saluce, voire pour confourmer, conforter et reconforter en la doulce amour et charité de Dieu non tant seulement les mariés mais toute creature humaine ou saint baptesme regeneree, afin que tout bon Crestien et Crestienne lisant cestui traittié ait aucune singulere cognoissance de sa grant dignité entre les mescreans par la saincte alyance du sacrement de mariage espirituel de Dieu a son ame.

---

1. * <Le Quart Livre>.

Il fu dit par dessus en cestui livre que le procés de l'alyance et sacrement de mariage entre Dieu et l'ame raisonnable confourmé ou baptesme, et entre le Fil de Dieu et nostre humanité en la saincte Incarnation ou benoit ventre de la Vierge Marie appartenoit a declairier a docteurs en theologie, et que la dicte matere pour sa profundité, parlant a layes gens, on s'en devoit passer briefment. Si sambleroit par ce que dit est que, entrant en la dicte matere du sacrement espirituel de mariage entre Dieu et l'ame raisonnable, cestui viel solitaire vausist faire le contraire de ce qu'il escript dessus et demourast comme redargus. A laquelle opposition se puet assés respondre que cestui viel escripvain, simple et ydiote, n'a pas entention d'escripre ne demonstrer la profundité de la merveilleuse et glorieuse conjonction spirituele de Dieu a l'ame raisonnable, car il ne saveroit ne a lui n'apartient pas, comme il fu dit dessus.

Mais tout ainsi par une similitude que de la grant vertu et poissance du solail par ses merveilleuses euvres et signes en terre on puet assés jugier, et toutefois, de la propre essence, matere et conditions particuleres du solail, quant est en lui faisant (so) en son espere son cours ou firmament, la cognoissance n'est pas legiere a humaine creature /157ᵛ se n'estoit par revelation divine ou que l'ame raisonnable par aventure et par grace fust si benoite et eslevee qu'elle fust transportee ou transfourmee, selonc le dit de l'apostre, en son doulz Espoulz Jesu Crist; et que veant le biau Miroir eternel, c'est assavoir la face de Dieu, ou dit miroir representant clerement toutes choses temporeles, corporeles et espiritueles, l'ame veist a plain sans reverberation le solail materiel, sa fourme, sa vertu et toutes ses circunstances.

Par ceste similitude le povre solitaire, considerant les signes amoureus et merveilleuses euvres du vray Solail d'amour et de justice qui sont infusés et ottroyés a l'ame raisonnable par le moyen du sacrement susdit, pour la charité que le dit solitaire a a son proisme, il desire en Dieu escripre grossement et reciter en brief aucune partie de la dignité de l'ame raisonnable et de l'amour qu'elle doit avoir a son Espous immortel le doulz Jesu, Redempteur de nos ames, voire selonc les dis et sentences des docteurs de l'Esglise, entre lesquelx saint Augustin en son seul parler a Dieu merveilleusement et devotement recite les graces et amour que Dieu a monstré a creature raisonnable et la grant amour que l'ame raisonnable doit avoir a Dieu, son vray Espoulz, recognoissant les benefices qu'elle a receu de lui sans aucun merite precedent.

Et pour ce que cestui livre parle du sacrement de mariage d'Espous et d'espouse, en poursivant la matere emprise, par la bonté de Dieu, aucunes flours seront cueillies ou biau jardin du noble docteur (Hue) de saint Esglise, Hue de Saint Victor, au propos de la matere emprise, c'est assavoir en son livre du seul parler d'amour et de charité intitulé *Le Livre de l'arre de l'ame,*[2] ou quel livre a tant de biens de vraye et saincte doctrine que, qui par grace averoit bien estudié le dit *Livre de l'arre de l'ame,* en metant a effait la substance d'icelui, il porroit bien dire qu'il seroit maistre d'amer par amours, voire de l'amour qui maine l'ame a pardurable vie.

Le premier chapitre du quart livre

Pour entrer donques en l'amour de Dieu envers l'ame raisonnable son espouse et en l'amour de l'ame envers Dieu /158 son Espous immortel, il est assavoir que le dit docteur, Hue de Saint Victor, en son livre susdit adresse ses paroles a son ame, representant l'ame raisonnable de tout bon Crestien, et li demande pluseurs questions, et son ame li respont et puis li ensengne pluseurs doctrines et vrays ensengnemens tendans aus conclusions neccessaires de l'amour proposee de l'Espous a l'espouse et de l'espouse a l'Espous.

La premiere question que le docteur fait a son ame si est qu'il li dit qu'il scet bien que l'ame ne puet vivre sans amour, et li demande quelle chose elle aime sur toutes choses, en lui mettant au devant la biauté des choses de ce monde, si comme fin or, pierres precieuses reluisans, la biauté de char humaine et toutes aultres biaultés plaisans aus yeux. "Il est de neccessité," dit le docteur a son ame, "que tu mettes ton amour en aucun des choses que tu vois a l'eul ou es choses que tu ne vois et sont pardurables."

Et l'ame li respont, "Comment puis je," dit elle, "aimer les choses que je ne voy, se l'amour de la chose temporele que on puet veoir a l'eul n'est pas parmanable mais est souvent envolepee de grans deffaultes et de variations; comment donques porray je amer et mettre mon cuer en ce que je ne puis veoir?" "Il est de neccessité," dit l'ame au docteur, "ou que tu appreuves l'amour des choses qui se voyent ou que tu me demonstres[3] une aultre chose qui faisse mieulx a amer et dont j'ay plus grant joye."

---

2. Hugh of Saint-Victor, *Soliloquy on the Earnest Money of the Soul,* trans. Kevin Herbert, Medieval Philosophical Texts in Translation 9 (Milwaukee, Wis.: Marquette UP, 1956).
3. demonstre[s].

Et le docteur respont, disant a l'ame, "Se tu aimes les choses temporeles pour ce que tu les vois et qu'elles sont belles, pour quoy, je te prie, ne t'aimes[4] tu toy meismes,[5] qui en biauté surmontes toutes les belles creatures de ce monde? O, se tu regardasses diliganment et congneusses[6] bien ta belle face, tu congnoistroyes certainement que tu as esté digne de grant reprehension quant tu as mis ton cuer et ton amour a chose mains belle de toy meismes. Il est de neccessité que tu congnoisses[7] et ta biauté et ta dignité afin que tu ne faisses injure a ton amour de mettre avant aucune chose mains belle de toy. Chascun scet que les choses mains belles par comparation mises emprés les tres belles viennent en vilté. Tu ne dois eslire," dit le docteur a son ame, "autre amour ne amant fors celui qui est affreable a toy, celui qui t'a fait si belle et qui est le plus biaus de tous sans nulle /158ᵛ comparoison. C'est le vray Dieu, tout bel et tout puissant, qui t'a creé si belle, c'est ton Espous et tu es son espouse, combien que tu ne l'as pas encores veu. Mais il t'a bien veu et amé parfaictement et en signe de son amour et dilection, pour ce que tu ne le pues pas encores veoir, il t'a mandé ses dons, c'est assavoir l'arre et le gage de son amour, a ce qu'il te souvengne de lui. Et par aventure, pour ce que tu ne pues encores veoir sa merveilleuse biauté pour ce qu'il est absens, tu n'as pas eu vergongne de lui faire vilenie, et abandonner son amour singulere, et toy aherdre a une aultre amour vilaine comme une pecheresse commune ne fay.

"Plus," dit le docteur a l'ame, "et se tu ne pues savoir[8] les vertus de ton Espous et comprendre sa grant biauté, au mains considere l'arre qu'il t'a donné, en laquelle par aventure tu porras congnoistre comment tu le dois amer et toy garder pour lui comme son espouse tres amee, sans nulle tache. Grant chose il t'a donné, mais plus grant chose est ce qu'il t'a amé. Les grans dons monstrent la grant amour. Or enten bien, mon ame," dit le docteur, "ce que ton Espous t'a donné. Lieve les yeux en hault et regarde l'universel monde et considere bien que tout ce qui y est, est fait a ton service: le ciel, la terre, l'air, la mer et toutes choses qui sont ens ne finent de servir a toy, et tout par le commandement de ton Espous. O chetive, tu vois et congnois le benefice, et l'Aucteur tu ne congnois. Bien doit estre amés sur tous qui est si poissans, si biaus et si

---

4. aime[s].
5. meisme[s].
6. congneusse[s].
7. congnoisse[s].
8. s(c)avoir.

larges et qui t'a tant donné et tant amé, et sans ce que tu li eusses rien donné ne deservi. O mon ame qui veulz amer et estre amee, tout le monde est ton subget et fait a ton service; et tu, aucune tres petite chose du monde, qui en biauté, en pourfit, en neccessité ne en quantité n'a nulle proportion a ton amour, veus mettre au devant de ton amour et de ta dignité. Je te conseilleray bien," dit le docteur a son ame, "se tu aimes les choses de ce monde, ayme les comme tes subgetez, comme dons de ton Espous et benefice du Seigneur et par telle maniere qu'il te souvengne toujours de ce que tu dois a ton Espous. Garde bien [mon] ame," dit le docteur, "que tu n'aimes pas plus les dons et presens de l'amant que l'amour du donnant, /159 et que tu ne soyes appellee vile pecheresse et non loyale espouse. Aime ton loyal Espous et toy meisme pour l'amour de lui et ses dons aussy et non autrement: ceste est l'amour pure et chaste dilection qui n'a ne vilenie, ne ordure, ne aucune amaritude. O que belle chasteté, doulce amour menant a vraye eternité!"

L'ame respont au docteur et dit ainsi, "Tes paroles me contraignent que je doye amer sur tous celui qui tant de biens m'a fait et par sa grace m'a receu en s'espouse. Or est ainsi que tu as dit que Dieu a fait cestui monde a mon service et qu'il m'aime singulerement. Et, toutefois, je vois que cestui monde, la clarté du solail, l'air et les elemens servent aussy bien aus bestes mues et au[9] personnes reprouvees comme elles[10] font a moy. Dieu aime donques avec moy autrui que moy, et tu sces que en amour singulere ne doit pas avoir pluralité."

Le docteur respont, "Mon ame, tu dois considerer .iij. manieres de dons et benefices que tu as receu de ton Espous, c'est assavoir dons communs, dons especiaulx et dons singulers. Les dons communs sont la lumiere, la vie et les biens de ce monde communs a toute creature. Encores il t'a donné et presenté ses dons en especial et non a tous si comme la foy, sapience et discipline. Encores il t'a donné ses dons singulers que tu sens en toy que tes voisins n'ont pas receus: ce sont dons singulers et de tres grant amour, si comme a saint Piere la princié des apostres, a saint Pol la princié des gens et a saint Jehan le previlege d'amour. Considere bien, mon ame, comment ton Espous t'a amé es dons communs, especiaulx et singulers, car il t'a esleu et amé entre les mauvais, desquelx il a fait tes subgés, les creatures a ton service et les bons a ta doulce compaignie, et de ce tu le dois plus amer qui donne ses biens a ses creatures et les aime pour l'amour de toy et toy pour l'amour

---

9. For *aus*.
10. elle[s].

d'eulx, car tu sces que le feu, de tant qu'il est plus grant il rent plus grant clarté, de tant que vraye amour est en pluseurs multipliee elle porte plus grant fruit et doit estre mieulx amee.

"Et afin que tu ayes toujours en doulce memoire, mon ame, les grans benefices de ton tres doulz Espous, il te doit souvenir que aucunefois tu ne fus riens /159ᵛ et que pour l'amour de toy il te fist de non estre a estre, sans ce que tu l'eusses deservi, car tu n'estoyes riens. Aprés il te fist belle et gracieuse et non pas comme une beste mue ou insensible, mais il te fist prelate de toutes creatures qu'il crea a ton service. Encores il ne soufist pas a l'amour qu'il avoit a toy de toy donner estre et tres bel estre, mais par une amour singulere, il t'a cree a sa similitude, et tout par dilection. Il t'a donné entendement, memoire et volenté, et t'a donné vivre, sentir et discerner, et tout par dilection. Il t'a donné les .v. sens naturelx dehors et la sapience dedens pour estre aournee et dedens et dehors de toute biauté et vertu. Ton doulz Espoulz t'a ainsi et cree et aournee par grant dilection afin que finablement il te doye mettre, honourer et essaucier comme son espouse tres amee en sa chambre royale des noces pardurables.

"O mon ame, les grans graces considerees que tu avoyes receu de ton Espous, tu devoyes avoir grant gloire en toy et bien garder que tu ne souillasses tes biaus ornemens dessusdis, et que ta biauté ne fust corrumpue par tes amatours forrains en devenant layde et souillie et de dame d'onneur devenir ancelle subjecte a pechié. Mais regarde que tu as fait, mon ame, tu as deguerpi ton Espous et aveuc les estranges tu as sousmis ton amour, tu as corrumpu ta pureté et as soullié ta biauté et tes biaus ornemens. Tu es devenue si vile et si orde que tu n'es pas digne d'estre appellee espouse d'un si tres noble espous, car tu as oublié ses benefices et, remplie d'ingratitude, tu ne li a[11] pas rendu graces condignes. Tu es devenue," dit le docteur a son ame, "une vile pecheresse, et par la multitude de tes fornications, tes mameles sont devenues piacelues, ton biau front est devenu tout froncié et tes joes sont devenues maigres et tes yeux languissans, tes levres sont devenues pales et ta pel desechie par telle maniere que tes amatours ne font plus conte de toy et leur es transmuee en hayne.

"Or m'enten," dit le docteur a son ame, "ce que dit est n'est pas recité a ta confusion finale, mais a ton erudition et confort gracieux afin que tu ne cheyes en la fosse de desperation. Ton Espous souverain /160 et celestial, pour toy reparer et faire belle, est descendus du Ciel en terre

---

11. For *as*.

et prendre nostre mortalité, soustenir passion, vaincre la mort et restaurer la creature humaine. Pense, mon ame, combien il a fait pour toy et comment il t'a amé doulcement. Il te crea moult belle par sa seule grace et tu t'es faicte layde et orde par ton iniquité, et de rechief il t'a nettoyé et rendu ta biaulté par sa tres grant pitié, et tout par charité qui fu si grande qu'il en souffri la mort. O mon ame, argue toy meismes devant Dieu et recongnoy que tu n'as pas bien recongnu ses grans benefices ne ses miserations envers toy. Recongnoys que tu estoyes perdu et en tes pechiés vendue, et a ce que ton Espous te rachatast par sa tres grant charité, le pris de son precieux sang il offri pour toy et te ramena d'essil en toy rachatant de servage. S'il te souvenoit bien des grans generations trespassees des riches, fors et poissans de ce monde qui n'ont pas receu la grace que tu as receu, desquelx tu es faitte prelate, et il sont reprouvés; et si sces bien que tu n'es pas ne si forte, ne si riche, ne si saige comme il furent: aultre chose n'y a d'occasion se non la doulce amour du Seigneur. Il t'a donques esleue et preesleue ton doulz Expous, ton Amatour, ton Redemptour et ton Dieu. Il t'a esleue entre toutes ses creatures et amé par dessus toutes et si t'a nommé et appellé de son propre nom de verité et enoint aussy de l'unction de joye qui est de Jesu Crist, dont nous sommes appellés Crestiens, et tout ce t'a fait afin que sa doulce memoire ne partesist de toy, et que une fois il te puisse honnerer en son cubicule, en la chambre celestiale des noces pardurables."

Aprés pluseurs doctrines du docteur, l'ame respont ainsi, "Je recongnois," dit elle, "[que] tout ce que tu m'as dit est pure verité et si recongnois les merveilleuses graces que j'ay receues de mon tres doulz Dieu, de mon tres doulz Espous. Puis donques que je suis esleue," dit l'ame, "a la joye et aus doulx acolers de mon tres doulx Espous, pour quoy me laisse il tant en terre? Pour quoy m'est il ainsi absens? Pour quoy ne voy je sa doulce face?"

Et le docteur respont, "Ne ses tu /**160ᵛ** pas, mon ame, comment tu as esté souillie, pollué, layde, dissipee et toute plaine d'enormité? Et comment cuides tu si tost entrer en celle noble chambre de chasteté et de saincte vergongne? Il convient avant que tu soyes restituee a ta premiere biauté. Pense donques, mon ame, de ta belle fourme reparer, de ta face aourner, de ton habit composer, tes souilliures terchier, ta pureté reparer, tes meurs corrigier et ta discipline garder, et, toutes choses muees en bien, toy, digne espouse, a ton digne Espous presenter."

Cy descript le docteur Hue de Saint Victor un example et figure de la saincte Escripture pour ensengnier comment l'ame se doit aourner pour estre esleue de Dieu son Espous immortel.

Le .ij.ᵉ chapitre du quart livre

5   Afin que l'ame raisonnable qui a esté souillie par pechié congnoisse comment elle puet estre reparee et sa biauté recouvrer pour estre plaisant a son Espous immortel, le dit docteur Hue de Saint Victor a son ame propose un example et figure de la saincte Escripture et dit ainsi, "Mon ame, n'as tu pas ouy que fist le roy Assuerus quant il ot repudié et
10   enchassié s'espouse la royne Vasty pour son tres grant orgueil, et comment il manda par tout son royaume assambler grant plenté de belles vierges et pucelles, et les fist venir a sa maistre cité, appellee Suzan?[12] Et furent mises les dictes vierges et pucelles en la maison des femmes royales soubz le gouvernement de Egey qui estoit eunuques--c'est
15   assavoir chastré--et estoit prevos et garde de toutes les femmes royales. Les dictes josnes femmes par [le] susdit Egey estoient diliganment et grandement nouryes et de leur atours ensegnies selonc la volenté du roy et de sa magnificence royale,[13] et .vj. mois estoient enointes d'une[14] precieuse oyle appellee mirtine et aprés autres .vj. moys estoient nouryes
20   de certains buvrages, piumens et lectuaires /**161** precieux. Et ainsi bien nourryes, ensengnyes et richement parees par le dit Egey, prevost des femmes royales, au bout d'un an estoient toutes amenees de la maison des femmes, appellee tricline, a la chambre du roy, appellee cubicule, afin que entre toutes celle qui plaisoit mieulx au roy fut esleue par le roy
25   son espouse et royne et assise ou throne royal en lieu de Vasty l'orgueilleuse, si comme il fu fait a la lectre de la saincte royne Hester-- c'est la figure proposee."

Venant donques a la concordance et exposition de la dicte figure, a nostre ensengnement le dit docteur dit ainsi, "Les ministres du roy
30   Assuerus assamblerent grant plenté de vierges et de pucelles et les mirent ou tricline en la maison des femmes royales; et, toutefois, de toutes le roy n'en prist que l'une pour royne et espouse, celle qui li sambla plus belle et mieulx aournee. Or veons," dit le docteur, "se cest example porra estre ramené et moralisié a nostre propos, doctrine et entention. Le

---

12. Est 2: 1-18.
13. royale(s).
14. d'un[e].

Roy, Fil du souverain Roy, vint en ce monde qu'il avoit creé pour prendre et espouser une espouse esleue, belle, bonne, et bien paree, une seule et telle qui fust digne de parvenir aus noces royales. Mais pour ce," dit le docteur, "que Judee le vit venir en humble estat apparant, elle ne le vault recevoir et pour ce fu[15] elle repudiee et degetee du roy avec Vasty l'orgueilleuse. Et lors furent mandés les ministres du roy--c'est assavoir les apostres--par tout le monde pour assambler les vierges et pucelles--c'est assavoir les ames--et furent amenees a la cité du roy--c'est assavoir en l'Esglise de Dieu--en laquelle la maison si est et mansion des femmes royales--c'est assavoir des sainctes ames qui par charité servent a Dieu. Pluseurs sont donques appellés et par la foy entrent en l'Esglise, en laquelle il reçoivent les sacremens de Jhesu Crist comme unctions, viandes et buvrages a la reparation et ornemens des ames. Et pour ce qu'il est dit par la bouche de verité, 'pluseurs[16] sont appellés et paou en sont esleux,' tous ceulx qui sont appellés, comme dit est, ne seront pas esleux aus noces pardurables de l'Espous immortel, mais seulement /161ᵛ ceulx qui s'estudient en la dicte maison--c'est en l'Esglise--d'estre aournés, nettoyés et parés, afin que quant [il] seront presentés a la presence du roy, il les veuille recevoir et non pas reprouver.

"Or regarde bien, [mon] ame," dit le docteur, "la ou tu es mise, et enten ce que tu as a faire. Ton Espous t'a mis ou tricline--c'est en l'Esglise--la ou les ames sont aournés, nouryes et rassasyees de precieux piumens et de diverses espices, et sont aministrees de la viande royale de la table du roy, et tout ce qui fait besoing a santé reparer et acroistre la biauté en l'Esglise se treuve. Garde bien donques, mon ame, que a toy aourner tu ne soyes negligente, afin que tu ne soyes reprouvee. Appareille toy comme il appartenist a espouse de roy, de cestui Espous celestial, de ton Espous immortel."

L'ame respont et dit ainsi, "Par tes paroles tu m'as esmeu tres gracieusement a l'amour de mon tres doulz Espous, mais je voy bien que se je ne seray et belle et bien paree le roy n'avera cure de moy. O que bien eureuse sera celle de laquelle la biauté et ornement au roy seront acceptables! Et Dieu veuille que je en soye l'une, car je voy bien que a ce faire de ma part petit labour y a et guerdon pardurable. Mais je te prie encores que tu me veuille[17] declairier plus clerement du cubicule et de la maison appelee tricline, la ou les dames royales sont nouryes et de la

---

15. fu(t).
16. pluseur[s].
17. For *veuilles*.

viande royale aussy, et des unguens dont elles sont enointes et des autres choses qui appartiennent a refourmer la biauté afin que je puisse apparoir belle a celui dont la charité m'est si benigne et l'amour si joyeuse."

"Tu dois savoir," dit le docteur, "mon ame, que la maison, appellee
5 tricline, en laquelle les espouses sont preparees pour la joye des noces, comme il fu dit dessus, est ceste presente Esglise en laquelle a .iij. mansions, c'est assavoir pour preparer les mariés, les vueves et continens et les vierges, et pour ce est elle appellee tricline. En ceste Esglise appellé tricline sont aournees les espouses de Dieu pour les grans noces a
10 venir. /162 Mais la cité de Jherusalem celestiale est appellee cubicule, c'est assavoir chambre royale des noces pardurables. Et ainsi de la maison tricline, c'est de l'Esglise militant, les ames bien aournees sont transportees au cubicule du roy en la saincte cité aus noces pardurables, c'est assavoir aprés les tamps de bien faire on receut le noble fruit de son
15 labour.

"Or venons donques," dit le docteur, "aus unguens et piumens, aus viandes et aus vestemens que le doulz Espous fait delivrer par sa seule grace et par sa charité aus laydes et aus belles pour toutes embellir et faire les acceptables au jour des noces pardurables. Le premier si est la
20 fontaine de baptesme et lavement de regeneration, en laquelle les souillures de pechié sont lavees. Aprés y est le cresme et l'oyle dont elles sont enointes de l'onction du Saint Esperit, et aprés l'onction de lyesse tu viens a la table royale et la tu es repeue, soustenue et nourye du precieux corps et sang de Jhesu Crist, qui enchasse toutes tes vielles maladies et
25 souillures, et en biauté te fait rajovenir.

"Aprés ce noble disner tu te revés des vestemens de bonnes euvres avec le fruit d'aumonnes, de jeunes, d'orations et de sainctes vigiles et autres euvres de pitié par maniere de ornemens de biauté. Et au derrain s'ensuient les aromas de vertu, desquelx la saincte odeur enchasse la
30 pueur et l'ordure des anciennes souillures, par telle maniere qu'il te samblera que tu soyes toute transmuee et transfourmee en autre, et te trouveras plus lye et plus joyeuse en tous estas. Et lors te sera presenté le miroir de la saincte Escripture, en laquelle tu remireras ta face pour reguler en grant humilité ta fourme et ta biauté, c'est assavoir que en ton
35 aournement n'ait point d'extremité. Que dis tu, mon ame, as tu riens sentu des graces dessusdictes? Certainement tu as esté baignie en la fontaine susdicte et enointe du cresme et mengie et but la viande et le buvrage de la table du roy.

"Or est avenu que depuis, par ta deffaulte, tu es poullué et souillye
40 et tu as les larmes es quelles tu te pues /162ᵛ et baignier et nettoyer, et se

l'onction t'est faillye, par bonne devotion et vraye contrition tu le pues recouvrer. Saches[18] bien que celui de qui tu es tant amee, legierement ne te veult pas perdre, mais pacianment t'atent que quant tu es souillye, par lui tu soyes rembelye. O quans en y a des trespassés qui aveuc toy ont esté nourris en la maison tricline, et, toutefois, il ne leur est pas ottroyé d'estre receus a la joye des noces pardurables. Tu es donques plus amee que ne sont les susdis. Or garde bien que tu feras, mon ame. Se tu feras grans euvres, par la misericorde de Dieu tu seras esleue, et se tu feras petites euvres par aventure, a ton salut tu seras humiliee. Ton doulx Espoulz scet mieulx tout ce qu'il te fait besoing que tu meismes ne fais; et pour ce tout ce qu'il t'avient, en rendant graces, attribue tout a lui. Par aventure tu n'as pas grace de faire grans vertus, mais quant tu es temptee des grans vices, en resistant tu te confermes en grant humilité, car plus doulcement flaire devant Dieu humilité enfermé que la vertu orgueilleuse. Et pour ce, a grant doubtance de Dieu et profunde reverence, prie Dieu et te recommande a lui et li supplie qu'il te veuille aidier ainsi comme il scet que tu en as mestier.

"Que diray je plus," dit le docteur a son ame, "de l'amour proposee? Mon ame, tu dois scavoir pour conclusion de nostre collation que de toutes les vertus, le fondement, le commencement et la fin est charité, par laquelle Dieu gouverne ses creatures. Il humilie le povre meritoirement, car se il estoit riches, par aventure il seroit orgueilleux, et au riche il donne consolation, et tout par charité. L'un est foible afin qu'il ne faisse mal et l'autre est fort afin qu'il faisse assés de biens et charité tout appreuvé. L'autre est enluminé de grant sapience afin qu'il se congnoisse et se sache des pieurs. L'autre, Dieu le laisse en sa simplicité afin qu'il doye estudier de congnoistre son Createur; et a tous deux charité est moyenne. /163 Telle est l'amour de Dieu en nous," dit le docteur, "car il n'est riens qui aviengne a nostre infirmité humaine que par la doulce bonté de Dieu quant de sa part ne soit tourné et atourné a nostre tres grant bien et a nostre utilité."

---

18. Sache[s].

354 / Philippe de Mézières

Tirant le frain du sacrement de mariage et du petit confort des dames mariees et de tout bon Crestien par le viel solitaire, le noble docteur susdit de Saint Victor, en l'amour de Dieu a humaine creature et en l'amour de l'ame raisonnable a Dieu son tres doulz Espoulz, fine par une devote oroison, cy desoubz par le dit solitaire abregie.

Le .iij.ᵉ chapitre du quart livre

Aprés la doctrine d'amour que fait le docteur Hue de Saint Victor a son ame, parlant a chascune ame devote, il fait une tres devote oroison a Dieu, et l'ame aussy, recongnoissans les benefices de Dieu. Mais pour ce que les dictes oroisons sont moult longues et tres devotes, pour abregier l'escripture de cestui livre aucune tres petite partie, s'en descripra cy desoubz pour finer la doulce matere d'amour et oroison. Le docteur dit ainsi, "Mon Dieu et mon Seigneur, je confesse a toy tes miserations, car tu ne m'a[19] pas deguerpi la doulceur de ma vie et lumiere de mes yeux. Que te porray je retribuer et rendre pour tous les biens que tu m'as retribué? Veus tu, mon Dieu, que je te doye amer. [Et comment et combien te porray je amer?] Qui suy je qui te doye amer? Et, toutefois, par ta grace je t'ameray, Seigneur, qui es ma Force et mon Firmament, mon Refuge, mon Liberatour, mon Adjutour et Protectour, la Corne de mon salut et mon Susceptour, et combien diray je plus? Tu es mon Dieu et mon Seigneur.

"O mon ame, que ferons nous a nostre Seigneur et a nostre Dieu, duquel (tu es) telz et tant de biens nous avons receu? Il n'a pas esté /163ᵛ content tant seulement de departir ses biens a nous avec ses autres creatures, mais en nos grans pechiés nous avons recongneu son amour singulere a ce que en tous nos biens et maulx nous le doyons tres singulerement amer.

"O mon doulz Seigneur, tu m'as donné grace que je te congnoisse et maint autre, mon pareil tu as delaissyé es tenebres d'ignorance et en moy la lumiere de sapience tu as dengnié[20] mander. Tu m'as donné consolation en toute adversité et cautele en ma prosperité et partout en tous biens, la ou je me suis trouvé, ta grace et ta misericorde toujours me precedoyent. Et souventefois qu'il me sambloit que consommés je estoye, doulcement tu me delivroyes. Quant je erroy, tu me ramenas.

---

19. For *as*.
20. dengni*{é}, *(er).

Quant je estoie ignorant tu m'ensengnas. Quant je pechoie tu me chastoiés,[21] et quant je[22] estoye triste tu me consoloyes, et aucunefois quant je deseperoye tu me reconfortoyes. Quant je cheis tu me soustins, et quant j'estoye drois, afin que je ne cheisse, tu me retins. Quant je aloye tu me menoyes, et quant je venoye doulcement me recevoyes. Toutes ces choses tu m'a[23] fait, mon Seigneur et mon Dieu, et pluseurs autres, desquelles il m'est doulce chose de toujours penser et parler et rendre graces sans cesser afin que je te puisse et loer et amer, par dessus et devant tous, tes benefices, mon tres doulz Dieu et mon tres doulz Seigneur.

"O mon ame, veescy que tu as les arres es quelles tu pues congnoistre ton Espous, et pour ce garde toy a lui bien entiere et non tachye. Garde toy de cy en avant d'estre pollué et souillye et d'estre contaminee, mon ame; se jadis tu as esté pecheresse tu es ja reparee aussy comme vierge, si comme l'amour de ton Espous a acoustumé de rendre aus corrumpues entiereté et aus entiers conserver leur chasteté. Mon ame, pense sans intermission la grant misericorde de Dieu en toy et en ce recongnoy (bien) combien tu es amee de lui, duquel le benefice /164 onques ne te failly--qui soit loés et beneis *in secula seculorum.* Amen."

Et ce souffice briefment de la grant amour de Dieu a creature humaine, et de la vertu du sacrement de mariage spirituel entre Dieu et l'ame raisonnable, et du confort aussy de chascune ame devote et de sa dignité, c'est assavoir des petites flours par le viel solitaire recueillies telement quelement ou gracieux livre d'amour et de l'arre de l'ame du docteur dessusdit, voire les dictes flours recueillies par une comparoison telle, c'est aussy assavoir ainsi comme un trespassant emprés un grant vaissiau rempli de fines prunes de Damas meures en leur saison presist une seule pugnie des dictes prunes, lesquelles se trouvassent moitié meures et moitié seches, tant y a de biens ou dit livre en latin et de saincte doctrine que qui l'averoit a son droit en françoys translaté il averoit bonne estrine. Or prions donques tous devotement et mariés et non mariés, vierges et pucelles, vuesves et continens, a nostre doulz Espous immortel, que par la saincte priere de Marie sa tres doulce mere, il nous doint grace de bien congnoistre nostre fragilité, tous nos pechiés et sa tres grant bonté; et que nous puissons ainsi trespasser parmi ceste

---

21. chastoié[s].
22. {j}e, (c).
23. For *as*.

vie mortele que en la fin nous puissons parvenir aus sainctes noces desirees la sus et a la joye eternele. Amen.

Le Prologue du miroir des dames mariees, la noble marquise de Saluce.

Il est tamps d'abregier et mettre fin aus histoires et figures reconfortans les dames mariees et tout bon Crestien et si est tamps par la bonté de Dieu de faire esmerveillier les lisans cestui livre en la gracieuse et merveilleuse histoire du miroir des dames mariees, la noble marquise de Saluce, laquelle marquise, par sa tres grant vertu autrefois es chroniques ou nient ou paou trouvee, donne /164ᵛ un example solempnel et plaisant a Dieu, non tant seulement aus dames mariees d'amer parfaictement leurs maris, mais a toute ame raisonnable [et] devote d'amer entierement Jhesu Crist son Espous immortel. Dont il se puet dire que la constance et loyaulté, amour et obedience de la dicte marquise ou sacrement de son mariage envers le marquis son mari, aprés les sains ([et])[24] martirs et autres en la foy crestienne, surmonte et nature et toute femme mariee vertueuse dont les histoires anciennes et croniques faissent aucune mencion. Et vrayement si une dame mariee au jourd'ui souffroit autant de son mari et pour l'amour de Dieu, il se porroit dire qu'elle seroit vraye martire, ne il n'est pas a croire que la dicte marquise par la divine disposition, example de constance et d'obedience peust avoir souffert de son mari ce qu'elle souffri sans grant grace et singulere de Jesu Crist son Espous immortel.

Les anciennes histoires, a l'example des .ix. preux, font grant mencion des .ix. dames qui par aucuns sont appellees preux, lesquelles dames, selonc les histoires, furent de grant vertu et firent en ce monde choses merveilleuses et quant au monde dignes de memoire, entre lesquelles dames Semiramis, royne des Assiriens et espouse du roy Ninus. Aprés la mort de son mari elle en personne et par bataille conquist a l'espee tout Inde et Ethyope, ce que son mari en son tamps n'avoit peu faire; et si clot en son tamps la cité de Babilone la grant de haus murs et espés a cent portes de fer en admiration des lisans, si comme l'escripture le recorde. Et les aultres dames aussy sustouchiees firent de grans merveilles que je trespasse, et de leur nom et de leur vaillance, pour cause de briefté.

---

24. An insertion that was then deleted.

Mais qui vaudra bien peser a la balance, qui rent a chascun le pois de sa valour, la grant vertu du corage invincible de la noble marquise de Saluce, fille d'un povre laboureur, en vaincant et surmontant soy meisme et en efforsant nature, qui est une chose de plus grant /165 merite que n'est de vaincre autrui, si comme le vaillant et preudomme empereur de Romme, Constantin,[25] par sentence disoit, "Vaincre," dit il, "par nous les chastiaus et cités en combatant c'est la force des chevaliers, mais vaincre soy meisme c'est la force de propre vertu. De pitié, donques, et de misericorde," dit Constantin, "soyons toujours vaincu et nous demourons victorieux." Qui bien vaudra considerer comment la noble marquise vainqui soy meismes[26] et demoura victorieuse, par aventure sa proesse porra equipoller ou en vraye vertu surmonter la force du corage d'aucunes des .ix. dames preux cy dessus proposees qui vainquoyent les autres et se laissoyent vaincre. Et combien qu'il sambleroit impossible au jourd'ui que les dames mariees peussent ensuir a la lettre les grans vertus de la dicte marquise, toutefois, ceulx qui trayent a l'abalestre ne fierent pas toujours le blanc, combien que volentiers le ferroyent et y mettent tres grant paine.

Les dames donques mariees, pour estre contentes et confortees a leur pooir et par grace, se doivent efforcier en aucune maniere d'ensuir la marquise de Saluce et de plaire premierement a leur Espous immortel et aprés a leur mari mortel. Et quant les dames mariees se seront bien mirees et remirees ou biau miroir de la marquise de Saluce, legierement porront congnoistre ou leurs deffaultes ou leurs bienfais et la condicion de leur mariage. Et se elles se trouveront que elles ayent bien gardé le sacrement de leur mariage, elles averont cause de Dieu loer, doubter et amer et de bien en mieulx toujours perseverer; et se le contraire, elles averont cause aussy de {elles}[27] amender, car Dieu ne demande pas la mort du pecheur, mais veult qu'il se convertisse et vive longuement[28]-- laquelle grace Dieu nous veuille octroyer.

Ceste histoire gracieuse et piteuse de la marquise de Saluce, laquelle estoit pour sa grant difficulté et aussy comme impossibilité de la vertu

---

25. Constantine 1, the Great (d. A.D. 337), the first Roman emperor attested to have become a Christian (Arnold Hugh Martin Jones, "Constantine I," in *Encyclopaedia Britannica,* vol. 6 [Chicago: Encyclopaedia Britannica, 1971], 383-86).
26. meisme[s].
27. (lui).
28. Ez 18: 20-28; Lk 15: 7, 10, 32; Rom 11: 32.

d'une femme, a aucuns lisans par aventure porroit sambler estre une chose fainte ou histoire controuvee, dont il est assavoir que le viel solitaire, escripvain de cestui livre, trouva ceste histoire en Lombardie /165ᵛ entre les gracieuses escriptures du vaillant et solempnel docteur poete, maistre Fransoys Patrac, jadis son especial ami, lequel docteur poete en sa science fu reputés a son tamps le plus souffissant poete qui depuis cent ans ait esté en la Crestienté; et oultre plus il fu[29] tres devot et vray Catholique, qui n'est pas ainsy communaument des poetes docteurs, si comme il appert par les biaus livres pluseurs qu'il fist, lesquelx sont remplis de tres grant devotion et de vraye doctrine catholique, pour laquelle chose le viel solitaire a donné plus grant foy a l'istoire souventefois repetee, escripte et translatee par tel docteur devot et catholique. Et est la dicte histoire publique et notoire[30] en Lombardie et par especial en Pieumont et ou marquisie de Saluce et reputee pour vraye. Et est escripte l'istoire par le dit docteur maistre Fransoys Patrac en latin hault et poetique et fort a entendre a ceulx qui n'ont pas acoustumé a lire tel latin.[31] Toutefois, le dit solitaire l'a translatee de latin en françoys rudement et grossement en substance. Et pour ce que cestui livre traitte de la vertu du sacrement de mariage et la dicte marquise souverainement le garda, pour un miroir des dames mariees, le dit solitaire en la fin de son livre leur presente ceste piteuse, vertueuse, et merveilleuse histoire, en priant a Dieu qu'elle leur vaille si en prendront le grain et en laisseront la paille.

---

29. fu(t).
30. not{o}ire, (a).
31. As Golenistcheff-Koutouzoff points out, the story of Griselda is the last tale of Boccaccio's *Decameron*. Petrarch made a Latin translation that he sent to Boccaccio in a letter dated June 1374, published as *Rerum senilium* 18.3 (*L'Histoire de Griseldis,* 11 and n. 1). Golenistcheff-Koutouzoff reproduces Petrarch's text on pp. 249-74 of *L'Histoire de Griseldis*. The French versions derive from Petrarch's Latin text, not the Italian original, as the name Griseldis, instead of Boccaccio's Griselda, indicates (ibid., 12). Golenistcheff-Koutouzoff shows that Philippe's is the first of these French translations (ibid., 33-81).

Le miroir des dames mariees, c'est assavoir de la merveilleuse pacience et bonté de Griseldis, marquise de Saluce. Comment le marquis de Saluce a la requeste de ses barons s'acorda de prendre femme, du grant appareil des noces ou palays de Saluce, et comment nulz ne scavoit[32] forsque lui qui devoit estre s'espouse.

Le .iiij.^e chapitre du quart livre

/166 Es confines de Pieumont en Lombardie, aussy comme au pié de la grant montaigne qui devise France et Ytalye, a une contree longue et lee et tres bien habitee d'aucunes cités, chastiaux et villes en plain et en montaignes, aournee de bois, de pres et de rivieres, de vignes et de fruis et de terres ahannables, laquelle contree et anciennement seignourie naturele es tamps passés et aujourd'ui fu toujours gouvernee par les marquis de Saluce.

Or est ainsi, selonc l'istoire, que jadis entre les marquis en ot un appellé Gautier, seigneur sans per de celle noble contree, auquel tous les autres marquis de la dicte region, barons et chevaliers, bourgois et escuiers, marchans et laboureus naturelment obeissoient. Le dit Gautier, marquis de Saluce, estoit biau de corps, fort et legier, noble de sang, riche d'avoir, et de grant seignourie, plains de toutes bonnes meurs et parfaictement garnis des dons de nature, de fortune, et de grace. Une chose avoit en lui, car il amoit fort solitude et n'acontoit riens au tamps a avenir; et quant on lui parloit de mariage il n'en voloit ouir parole. Toute sa vie estoit dediee en bois et en rivieres, en chiens, et en oisyaux, et du gouvernement de sa seignourie paou se melloit, pour quoy ses barons et son peuple estoient en grant tristesce et par especial de ce qui'il ne voloit entendre a mariage.

Ils s'assamblerent[33] en grant quantité, et les[34] plus souffissans vindrent a leur seigneur et par la bouche de l'un pour tous furent dittes telles paroles, "O tu marquis, nostre seigneur, l'amour que nous avons a toy nous donne hardement de parler fyablement de toutes choses. Comme il soit ainsi que toy et toutes tes choses nous plaisent et ont toujours pleu et nous reputons bien eureux d'avoir un tel seigneur, une chose nous fault, laquelle se tu le nous veulz octroyer, nous nous reputerons mieulx fortunés que trestous nos voisins. C'est assavoir qu'il te plaise a encliner

---

32. s(c)avoit.
33. [s'as]samblerent.
34. le[s].

ton corage au lyen de mariage, et que ta liberté passee soit un paou refrenee au droit des mariés. Tu sces, nostre seigneur, que les jours passent en volant sans jamais retourner, et combien que tu soyes de josne aage et flourie, toutefois la vielesse /166ᵛ ceste³⁵ fleur de jour en jour
5 assaut, et la mort qui s'approche a nul aage n'espargne: de ce nul n'a previlege. Il convient tous morir et ne scet on quant ne comment, ne le jour de la fin. Tes hommes, donques, et tes³⁶ subgés tres humblement te prient, qui tes commandemens jamais ne refuseroient, qu'il ayent liberté de querre pour toy une (fem) dame, nee de haulte lignie, clere de sang,
10 belle de corps et de tous biens aournee, laquelle il te plaise a prendre par mariage, par laquelle nous ayons esperance d'avoir de toy lignie, seignour, et de toy successour. Fay ceste grace, [nostre seigneur], a tes subgés loyaulx, afin que, se de ta noble et haulte personne avenoit autre chose, et tu t'en alasses sans hoir et successour, tes subgés tristes et
15 dolans ne demourassent sans seignour et gracieux rectour."³⁷

Finees les paroles, le marquis, meu de pitié et d'amour de [ses]³⁸ subgiés, respondi doulcement et dit [ainsi], "Mes amis, vous me contraigniés a ce que en mon corage jamais ne pot entrer. Je me delitoye en liberté et en franche volenté, laquelle est paou trouvee en mariage, ce
20 scevent bien ceulx qui l'ont esprouvé. Toutefois, pour vostre amour, je me sousmés a vostre bon conseil et a vostre volenté. Vray est que mariage est une chose doubteuse et maintefois les enfans au pere pas ne ressamblent; toutefois, se³⁹ aucun bien vient a l'omme, tout vient de Dieu lassus, a lui je recommans le sort de mon mariage, esperant en sa
25 doulce bonté qu'il m'octroyera telle avec laquelle je puisse vivre en pais et en repos expedient a mon salut. Je vous octroy, mes amis, de prendre femme et le vous promés, mais de vous je vueil une chose que vous me promettés et gardés, c'est assavoir que celle que je prendray par ma election, quelle qu'elle soit, fille du prince des Romains ou autre, vous le
30 doyés entierement amer et honorer, et qu'il n'ait aucun de vous qui aprés de ma election du mariage doye estre malcontent, jugier ne murmurer."

Lors tous les barons, chevaliers et subgés du marquis presens, ayans ce qu'il demandoyent, de laquelle chose maintefois avoyent esté desesperez, a une vois remercierent au marquis leur seigneur en

---

35. {c}este, (s).
36. te[s].
37. re[c]tour.
38. de(s) [ses].
39. {s}e, (c).

promettant de bon cuer le pact et convenance qu'il leur avoit demandé. Grant joye ot ou palays de Saluce, et par le marquis /**167** fu le jour assené de ses noces auquel il devoit prendre femme, et fu commandé de faire grant appareil, trop plus grant que par autre marquis autrefois n'avoit esté fait, et que les parens et amis voisins et les dames du paÿs haultement fussent semons a la dicte journee, laquelle chose fu solempnelment acomplye.

    Entretant que l'appareil se faisoit, le marquis de Saluce, comme il avoit acoustumé, aloit en son deduit chassier et voler. Et assés pres du chastiau de Saluce avoit une povre villete, en laquelle demouroient un paou de laboureus, par laquelle vilette ou hamiau le marquis souventefois passoit. Et entre les dessusdiz laboureux avoit un viel homme qui ne se pooit aidier, povre et plain de toute misere, appellé Janicola. Et toutefois aucunefois es povres maisoncelles la grace de Dieu habite, car a celui povre homme Janicola estoit demouré une fille appellee Griseldis, assés belle de corps, mais trop plus belle de l'ame et de bonnes meurs a Dieu plaisant en son degré, nourye de tres petite vie et en tres grant povreté; et n'avoit pas aprins d'estre nourie de viandes delicieuses, ne choses riches, molles et delicatives jamais en sa pensee n'entroyent, mais un corage vertueux plain d'umilité et de toute meurté en son pis virginal doulcement habitoit. La vielesse de son pere en tres grant charité doulcement soustenoit et nourissoit, et un paou de brebis, que son pere avoit, diliganment gardoit, et sa quelongne filoit. Et quant Griseldis au vespre ramenoit les bestes a l'ostel, elle appareilloit a son pere et a lui les povres viandes de fortune, paissoit et nourissoit son pere, en lui levant et couchant sur son povre lit, et, briefment toute l'umanité et service que fille doit faire a pere doulcement elle faisoit.

    Le marquis de Saluce, assés enfourmé par commune renommee de la vertu et grant bonté de ceste vierge Griseldis, en alant en son deduit souventefois le regardoit et en son cuer sa belle maniere et sa grant vertu pesoit. Et briefment en son cuer determina que Griseldis seroit marquise de Saluce et que jamais autre femme n'averoit. Entretant le jour des noces approchoit et n'estoit nulles nouvelles de la dame que le marquis prendre devoit. Quel mervaille! chascun s'en merveilloit. /**167ᵛ** Toutefois le marquis avoit fait faire riches robes, couronne, fremaus, [aniaux] et jouyaux a la fourme d'une pucelle qui de corps ressambloit a la povre vierge Griseldis.

Comment le jour des noces le marquis de Saluce acompaignié de chevaliers et dames ala querre Griseldis, fille d'un tres povre laboureur, qui de ce riens ne savoit, et des convenances qu'il vault avoir de la dicte Griseldis.

5   Le .v.ᵉ chapitre

Or vint le jour des noces et tout le palais de Saluce fu tout plain de dames et de chevaliers, de bourgois et d'escuiers, mais nulle nouvele n'estoit de l'espouse de leur seigneur, laquelle chose n'estoit pas sans grant mervaille; et que plus est l'eure s'approchoit du disner et tous les
10 officiers estoient tous pres chascun de faire son office. Lors Gautier le marquis de Saluce, aussy comme il vausist aler encontre son espouse, se part de son palays, et les chevaliers et dames a grans routes le suient. Mais la pucelle Griseldis de tout ce riens ne scavoit,⁴⁰ ne personne du monde. Elle avoit appareillié l'ostel et pensé de son pere pour aler avec
15 les autres pucelles ses voisines veoir l'espouse de leur seigneur. Griseldis a celle heure sus sa teste apportoit une cruche d'yaue a l'ostel de son pere, et le marquis a ce point, ainsi acompaignié qu'il estoit, appella la pucelle par son nom et lui demanda [la] ou son pere estoit. Griseldis humblement et a grant reverence respondi, "Nostre seigneur, mon pere
20 est a son hostel." "Fay le venir," dit le marquis, "et lui dy qu'il viengne parler a moy." Et le povre viellart Janicola, yssu de sa povre maison venant a son seigneur, le [marquis le] print par la main et le trait apart et secretement li dit, "Janicola, je say assés que tu m'as toujours amé et aimes, et tout ce qui me plait a toy plait. Par especial une chose de toy je
25 vueil, c'est assavoir que tu me donnes ta fille pour espouse, et moy, qui suis ton seigneur, tu doyes tenir pour gendre." Le povre homme des paroles du marquis fu honteux et de joye esbahis, et ne pot dire mot, et au chief de piece humblement respondi, "Monseigneur, je ne doy voloir aucune chose ou non voloir, fors ce qu'il te plaist, car tu es /**168** mon
30 seigneur." Le marquis lors li dit, "Entre en ta maison tout seul,⁴¹ toy et ta fille, car je li doy demander aucunes choses."

Le marquis entra en la maison du povre homme Janicola, comme dit est, et tout le peuple demoura dehors, forment esmerveillié. Et la pucelle estoit entour son pere aussy comme embesongnie de faire aucune service,

---

40. s(c)avoit.
41. {s}eul, (c).

honteuse et vergongeuse[42] de la presence de son seigneur, car elle n'avoit pas apris d'avoir souvent un tel hoste. A laquelle le marquis adreça ses paroles et li dit, "Griseldis, a ton pere et a moy plait que tu soyes m'espouse, et je pense bien que tu ne me refuseras pas, mais je t'ay a demander une chose devant ton pere. C'est assavoir que en cas que je te prengne en femme, laquelle chose sera de present, je veuil savoir par pact et convenance se de ta franche volenté tu veulz encliner ton corage entierement a toute ma volenté par telle maniere que je puisse faire de toy et de tout ce qui te touchera a mon plaisir sans repugnance, ne contredire par toy en fait, en dit, en signe ou en pensee." Lors Griseldis, du miracle de si grant fait esbahye, respondi, "Monseigneur, je congnois bien que je ne suis pas digne non tant seulement estre appellee t'espouse, mais d'estre ta povre ancelle, mais puisqu'il te plaist, et ma fortune le me presente, jamais je ne saveray chose, ne feray et ne penseray que je puisse sentir qui soit encontre ton voloir, ne tu ne feras jamais riens envers moy--et se morir me faisoyes--que je ne sueffre volentiers." "Il souffist," dit le marquis, qui prist la pucelle par la main et le mena hors de la povre maison en milieu de ses barons et son pueple et dit ainsi: "Mes amis, veescy ma femme, veescy vostre dame. Ceste amés, doubtés et honnourez. Et se vous m'amés, ceste tres chierement amés." Et a ce que Griseldis n'aportast avec soy aucunes reliques de la vielle fortune de povreté, le marquis commanda que par les dames et matrones la pucelle fust despouillye toute nue du pié jusques a la teste et tantost revestue des riches draps et paremens des noces.

    Qui veist lors les dames embesongnyes: les unes le vestoient, les autres le saindoyent, les autres li mettoyent les fremaus et cousoyent sur lui les perles et pierres precieuses et ce sanz nombres, les aultres pignoyent leur dame, appareillant /168ᵛ son chief, et li mettoyent une riche couronne par dessus, qu'elle n'avoit pas apris; et n'estoit pas merveille se elle estoit honteuse et esbahie. Qui veist lors une povre vierge, tainte du solail et aussy comme humble de povreté, ainsi noblement paree et richement couronnee, soudainement transfourmee par telle maniere que a paines le pueple le recongnoissoit, [et] bien s'en pooit merveillier.

---

42. I have not read this graphy as lacking an abbreviation sign for the *n* of *vergongneuse;* Gossen, *Grammaire de l'ancien picard,* sec. 62, provides rhymes indicating that *ng* and *ngn* represented the same sound.

Comment le marquis espousa Griseldis a grant solempnité et joye, de la vertu et de la belle vie de la dicte Griseldis, et comment le marquis aprés un an assaya et crueusement esprouva s'espouse par une fille qu'elle ot de lui, et de la merveilleuse constance de la dicte marquise.

Le .vj.^e chapitre

Les barons du paÿs prirent leur dame et a grant joye le menerent a l'esglise, et la le marquis li mist l'anel ou doit et l'espousa selonc la fourme de saincte Esglise et usage du paÿs. Et acompli le divin office, la vierge Griseldis fu mise sur un blanc destrier et de tous acompaignie fu menee au palays, resonans par toute maniere de instrumens; et furent les noces celebrees; et celui jour fu trespassés en tres grant joye et consolation du marquis, de tous ses amis et de tous ses subgés. Et briefment, la dame fu avec son seigneur et mari. Et en brief tamps la divine grace en la povre Griseldis par telle maniere resplendi que chascun disoit que non tant seulement en la maison d'un pastour ou laboureur, mais ou palays imperial ou royal elle eust esté nourie et ensengnye. Et fu tant amee, chierie[43] et honnoree de tous, que ceulx, qui des s'enfance le congnoissoient, a paine pouoient croire qu'elle fust fille du povre Janicola. Elle estoit de si belle vie et de si bonnes meurs et si doulces et meures paroles que le corage de tous a lui amer elle attraioit; et non tant seulement les subgés du marquis et les voisins, mais des provinces d'entour et seigneurs et dames pour sa bonne renommee le venoyent visiter, et tous se partoyent de lui joyeux et consoléz.

Ainsi le marquis, de son humble et propre mariage honestement reconfortés, en son palays vivoit en pais et en repos a la grace de Dieu et dehors a la grace /**169** des hommes en lui loant que si grant vertu, reposté et absconse en si grant povreté, il avoit sceu cognoistre et prendre sagement. Et oultre plus, la marquise non tant seulement du gouvernement de l'ostel et de ce qui appartient aus dames sagement et diligamment s'entremetoit, mais quant le cas si offroit es offices de la chose publique, en absence de son seigneur, elle les adreçoit, en apaisant les debas et discordes des nobles par ses doulces et meures paroles, par si bon jugement et si grant equité que tous a une vois preschoyent que pour le salut de la chose publique ceste dame du Ciel leur avoit esté envoyee.

---

43. chier[ie].

Un paou de tamps aprés Griseldis la marquise fu ensainte et puis se
delivra d'une belle fille, dont le marquis et tout le paÿs, combien qu'il
amassent mieulx qu'elle eust eu un fil, toutefois ilz orent grant joye et
furent reconfortés. Passa le tamps, passerent les jours que la fille du
marquise fu sevree. Lors le marquis, qui tant amoit s'espouse pour la
tres grant vertu qu'il veoit tous les jours croistre en lui, pensa de
l'esprouver et de le fort tempter. Il entra en sa chambre secretement,
monstrant face tourblee et seul a seule, aussy comme courecié, dist telles
paroles a sa femme: "O tu, Griseldis, combien que a present tu soyes
eslevee en ceste[44] plaisant fortune, je pense bien que tu n'as pas oublié
ton estat du tamps passé et comment et en quelle maniere tu entras en
cestui palays. Tu as esté assés de moy et es encores et cherie et amee,
mais il n'est pas ainsi de mes nobles et par especial depuis que tu eus
lignie, car ils ont grant desdaing d'estre subjés a dame yssue du menu
peuple et de basse lignie; et a moy, qui desire vivre en pais avec eulx,
convient obtemperer et consentir a jugement d'autrui et non pas au mien
et faire telle chose de ta fille que nulle chose ne me porroit estre plus
doloureuse au cuer, laquelle chose je ne veuil pas faire que tu ne le
saches, si veuil que a ce faire tu t'acordes et me preste[45] ta franche
volenté et ayes pacience de ce qui se fera, telle comme tu me promesis au
commencement de nostre mariage."
    Finees les paroles du marquis, qui le cuer de la dame naturelment
devoyent trespercier, la marquise, sans muer coulour ne monstrer signe
de tristesse, a son seigneur humblement respondi, "Tu /169ᵛ es nostre
seigneur, et moy et ceste petite fille sommes tiennes; de tes choses
donques fay ce qu'il te plaist. Nulle chose ne te puet plaire qu'elle ne me
plaise a moy, et ce que j'ay fichié ou milieu de mon cuer ne par procés
de tamps ne pour mort il ne sera effacié, et toutes aultres choses se
porroyent faire avant que en ce muer mon corage." Le marquis lors,
oyant la response de s'espouse, veant si grant constance en une femme,
en son cuer ot grant joye, laquelle il dissimula, et comme triste et
doloreux se parti de s'espouse.
    Aucuns jours trespassés, le marquis appella un sien sergant, loyal et
secret, duquel il se fioit plainement, et tout ce qu'il avoit ordené estre
fait de sa fille, il le commist au sergant et le manda a la marquise. Le
sergant vint de nuit a sa dame de par le seigneur et secretement li dist
telles paroles, "Madame, je te prie que tu me veuilles pardonner et ne

---

44. {ce}ste, (se).
45. For *prestes*.

veuilles pas imputer a moy ce dont je suis contrains a faire. Tu es tres sage dame et sces bien quelle chose est d'estre soubz les seigneurs, ausquelx ne par force ne par engien aucunefois on ne puet resister. Madame, je suis contrains de prendre ceste fille et faire et acomplir ce qui m'est commandé." Lors la marquise en son cuer recordant les paroles que son seigneur li avoit dictes, par les paroles du sergant entendi bien et soupessonna que sa fille devoit morir. Elle prist en lui cuer et se reconforta, vaincant nature, pour sa foy acquitier et a son seigneur obeissance payer et, sans souspirer ne aucun dolour monstrer, elle prist sa fille et longuement le regarda et doulcement le baisa et lui empraint sur lui le signe de la croys, si le bailla au sergant et li dit, "Tout ce que nostre seigneur t'a commandé, pense de parfaire. D'une chose je te vueil prier, c'est que le tendre corps de ceste fille ne soit mengié des oisyaux ne de bestes sauvages, toutefois se le contraire ne t'est commandé." Le sergant se part de la marquise en portant sa fille et secretement vient au marquis son seigneur et lui monstre la fille, en faisant relation de tout ce qu'il avoit dit a sa dame, et la response de lui, et comment il l'avoit trouvee ferme et de grant corage, sans si et sans condition obeissant a lui.

  Le marquis lors, considerant la grant /**170** vertu de sa femme et regardant sa fille, au cuer li prist une grant paternele compassion, et, nequedent le rigour de son propos, il ne vault pas muer et commanda au sergant, duquel il se fioit, qu'il envolepast sa fille, ainsi comme il appartenoit a l'aise de sa fille et le mesist en un pennier sur une mule souef portant et sans nulle demeure et secretement le portast a Boulongne la Grasse a sa suer germaine, qui estoit femme du conte de Paniche; et que sa dicte suer sur toute l'amour qu'elle avoit a lui elle deust nourir sa nieche et lui endoctriner en toutes bonnes meurs, et que si secretement fust nourie que son mari le conte ne personne vivant ne peust jamais savoir de qui la fille estoit, excepté la contesse de Paniche. Lequel sergant tantost et de nuit se parti, porta la fille a Boulongne, fist son message diligamment et ce qui lui estoit commandé. Et la contesse receut sa nieche a tres grant joye et fist tres saigement tout ce que le marquis de Saluce son frere li avoit mandé.

Comment, aprés .iiij. ans vivans ensamble en tres grant joye, le marquis de rechief et plus crueusement esprouva s'espouse Griseldis par un biau fil qu'elle ot de lui, et la tres merveilleuse constance et pacience autrefois en femme par aventure non oye, de la dicte marquise.

Le .vij.^e chapitre

Passee ceste tempeste, raisonnablement trespersant les entrailles de Griseldis la marquise de Saluce, laquelle fermement en son cuer tenoit que sa fille fust morte et occise, le marquis comme es tamps passés se trait devers s'espouse sans plus dire mot de sa fille et souventefois regardoit la face de la marquise, ses manieres et ses contenances pour esprouver soutilment s'il porroit aparcevoir a s'espouse aucun signe de dolour de sa fille, mais nulle mutation de corage ne pouoit comprendre en lui. Pareille lyece et continuel service acoustumé et une meisme amour toujours regnoit en la dame envers son seigneur. Nulle tristesse, nulle mencion de sa fille, /170ᵛ ne en propos, ne par incident le nom de sa fille de sa bouche ne fu ouy, ne en presence du marquis, ne en absence.

Et ainsi passerent .iiij. ans ensamble le marquis et la marquise en grant amour et repos, menant joyeuse vie, et au chief de .iiij. ans Griseldis la marquise de son seigneur ot un fil de merveilleuse biauté, dont le marquis ot tres parfaicte joye, ses amis, ses subgés et tous ceulx du paÿs. Quant l'enfant fu sevré de la nourrice et ot .ij. ans, croissant en grant biauté, le marquis lors resmeu et esmeu de nouvel de sa merveilleuse, perilleuse et estrange curiosiité[46] vint a la marquise et li dit, "Tu sces et ouys[47] ja piessa comment nostre pueple estoit tres malcontent de nostre mariage et par especial depuis qu'ils virent qu'en toy avoit fecondité et que tu portoyes enfans. Toutefois jamais ne furent si malcontens et mes nobles et mon pueple comme il sont a present pour ce par especial que tu as enfanté un enfant marle,[48] et dyent, et souventefois a mes oreilles j'ay ouy leur murmuration, disans en ramprone: 'Laissons Gautier morir et le nepveu de Janicola sera nostre seigneur, et si noble paÿs a tel seigneur sera subjet.' Telles sentences chascun jour se machinent ou pueple, pour lesquelles paroles et doubtes

---

46. curi*[o]si*(o)té.
47. ouy[s].
48. For *male*.

je, qui desire vivre en pais avec mes subgés et non mains pour la grant doubte que j'ay de moy meismes, sui contrains et esmeus de faire et ordener de cestui enfant comme je fis de sa suer, laquelle chose je te prononce afin que une soudaine dolour ton cuer ne doye perturber."

O quel dolour ceste dame, nee et nourie de povres gens, pouoit avoir en son cuer, recordant la vilaine mort de sa fille et que de son seul fil de l'aage de .ij. ans la mort pareille estoit determinee! Qui est celui, je ne dis pas femmes qui de leur nature sont tendres et a leurs enfans amoureuses, mais le plus fort homme de corage qui se porroit trouver, oyans de son seul fil telle sentence, qui le peust dissimuler? Entendés cy, roynes, princesses et marquises, que ceste dame a son seigneur respondi, "Monseigneur, dit elle, je t'ay dit autrefois et encores je le repete que nulle chose je ne veuil ne desveuil, fors ce /171 que [je] say qu'i te plaist; de moy et des enfans tu es seigneur, en tes choses donques use de ton droit sans demander mon consentement. Quant je entray en ton palays premierement, a l'entree je me desvesti de mes povres robes et de ma propre volenté et affection et vesti les tiennes, pour laquelle chose tout ce que tu veulz, je veuil. Certainement, s'il estoit possible que je fusse enfourmee de tes pensees, desirs et voloirs avant que tu les[49] desisses a aucune personne, queles qu'elles fussent, je les vaudroye a mon pouoir et l'effait d'icelles je acompliroye. Ores a present, a ton corage et volenté que devant je ne pooye savoir, ensivant de mon cuer je m'i consens. Fay qu'il te plaise que je muire et de ma bonne volenté je moray, car il n'a chose en ce monde, ne parens, ne amis, ne ma propre vie qui a nostre amour se puisse comparer."

Veescy merveilleuse et non pareille response de femme qui oyt la sentence de la mort de son fil. Le marquis de Saluce, oyant la response de sa femme et en son cuer merveillant et pensant sa grant vertu et constance non pareille et vraye amour qu'elle avoit a lui, ne respondi riens, mais aussy comme tourblé de ce que faire se devoit de son filz, la chiere baissye se part de sa compaigne. Et assés tost aprés son loyal sergant, comme autrefois avoit fait de sa fille, manda secretement a la marquise, lequel sergant mainte excusation et neccessité d'obeir a son seigneur avant mises, tres humblement et piteusement demandant pardon a sa dame se autrefois lui avoit fait chose qui le depleust, et se encores li convenoit faire ainssi comme une grant cruaulté, et demanda l'enfant. La dame lors, sans arest et sans nul signe de dolour, prist son biau fil entre ses bras et, sans jeter larmes ne souspirs, longuement le regarda et

---

49. le[s].

comme elle avoit fait de sa fille, elle le seigna du signe de la croys et le
beney, baisant le doulcement, et le bailla au sergant et lui dit, "Tien,
mon ami, et fay ce qui t'est commandé; d'une chose aussy je te prie, se[50]
faire se puet, que les tendres membres de cestui noble enfant tu veuilles
garder de la vexation et devoration des oisyaux et des bestes sauvages."

Le sergant prent l'enfant et l'aporte a son seigneur secretement et lui
retrait tout ce qu'il avoit ouy de sa dame, dont le /171ᵛ marquis trop plus
que par devant s'esmerveilla du grant et constant corage de sa femme; et
se il n'eust bien congneu la grant amour qu'elle avoit a ses enfans quant
elle les nourissoit, il peust penser que tel corage ne procedast pas de
humanité, mais de cruaulté et de bestialité; et veoit bien clerement que
s'espouse n'amoit riens soubz le ciel par dessus son mari. Le marquis
manda son fil a Boulongne secretement a sa suer par la maniere qu'il
avoit fait sa fille. Et sa suer, la contesse de Paniche, selonc la volenté de
son frere le marquis, nourit la fille et le fil si sagement que on ne pot
[onques] savoir de qui les diz enfans estoient jusques atant que le
marquis l'ordena, comme cy aprés appara.

Bien pooit au marquis de Saluce, ainsi comme crueulx et tres
rigoreux mari, souffrire la preuve non pareille qu'il avoit fait de sa femme
sans lui plus assayer ne donner tel tourment, mais il sont aucuns qui en
fait de soupeçon quant il ont commencié ne scevent prendre fin ne
appaisier leur corage.

Comment le marquis, en poursivant sa rigour et cruaulté, .xij. ans passés de leur mariage, fist samblant et par dispensation du pape de prendre une autre femme et comment il renvoya Griseldis, toute nue et deschaussé excepté une seule chemise, en la maison de son povre pere, et de la merveilleuse vertu et pacience de la dicte Griseldis.

Le .viij.ᵉ chapitre

Le marquis, toutes ces[51] choses passees, conversant avec la
marquise, souventefois le regardoit pour veoir s'elle monsteroit envers[52]
lui aucun samblant des choses trespassees, mais en elle ne pot onques
trouver forsque de jour en jour le trouvoit plus loyale, plus amoureuse et
plus obeissant, par telle maniere que nulz ne pooit aparcevoir que en

---

50. {s}e, (c).
51. {c}es, (s).
52. enver[s].

deux personnes eust que un corage, lequel corage et volenté principaument estoit du mari, car ceste espouse, comme dit est dessus, par lui ne pour lui nulle propre affection ne voloit, mais remetoit tout a la volenté de son seigneur.

5   Vivant ainsi longuement le marquis avec sa [tres] loyale espouse en grant repos, les nobles de son paÿs et ou pueple sourdi une renommee: c'est assavoir [que pour ce] /172 que le marquis s'estoit tant abaissiés en avilant sa grant lignie et qu'il s'estoit conjoint par mariage a la fille de Janicola, un tres povre homme, de honte qu'il en avoit ses .ij. enfans il
10 avoit fait occire, car nulz ne savoit qu'il fussent devenu; et combien qu'il amassent bien leur seigneur naturel, toutefois pour ceste cause ilz le prindrent en hayne, laquelle il sentoit bien, et nientmains son corage rigoreux il ne voloit onques flechir, mais pensoit encores par plus fors argumens et crueuse maniere prouver et tempter s'espouse et
15 preudefemme.

    .Xij. ans estoient ja passés que sa fille avoit esté nee. Le marquis secretement manda a Romme au saint pere le pape et fist empetrer unes bulles faintives, par lesquelles ( )⁵³ la renommee ala en son pueple que le marquis avoit congié du pape de Romme, que, pour la pais et repos de
20 lui et de ses subgés, son premier mariage delaissié et rejeté, il peust prendre a mariage legitime une autre femme, laquelle chose fu⁵⁴ assés creable au pueple rude qui estoit indigné encontre leur seigneur.

    Ces froides nouvelles de ceste bulle--que le marquis devoit prendre une autre femme--vindrent aus oreilles de Griseldis fille de Janicola; et se
25 elle fu tourblee en son cuer et raisonnablement nulz n'en devoit doubter, mais celle qui une fois de lui meismes des siens et de son sort franchement avoit deliberé, prist cuer en soy et fu reconfortee, attendant tout ce que celui auquel elle toute s'estoit sousmise en vaudroit ordener.

    Le marquis avoit ja mandé a Boulongne au conte de Paniche et a sa
30 suer que le conte a grant honneur lui amenast ses enfans, sans dire de qui ilz fussent; et la renommee couroit ja par tout le paÿs qu'il venoit une belle vierge, estraite⁵⁵ de grant lignie, qui devoit estre espouse du marquis de Saluce. Et la contesse de Paniche, acompaignie de grant noblesse, de chevalerie et de dames se parti de Boulongne et amena avec
35 lui le fil du marquis de l'aage de .vij. ans et sa fille aussy, tres belle de corps et de visaige et preste a marier en l'aage de .xij. ans, richement

---

53. *(la).
54. fu(t).
55. estrai(c)te.

aournee de draps et de jouyaux; et a certain jour ordené devoit estre a Saluce.

Entretant que le conte de Paniche /172ᵛ et les enfans dessusdis estoient au chemin, le marquis de Saluce appella Griseldis s'espouse en presence d'aucuns de ses barons et chevaliers et li dit telles paroles: "Es tamps passés je me delictoye assés de ta compaignie par mariage, tes bonnes meurs considerans et non pas ton lignaige, mais a present si comme je voys grant fortune si chiet en grant servaige. Il ne m'est pas consentu ce que a un povre homme laboureur on consentiroit, mes hommes[56] me contraignent, et le pape le consent que je doye prendre une autre femme que toy, laquelle est en chemin et sera tantost ycy. Soyes donques de fort corage, Griseldis, laisse ton lieu a l'autre, pren ton douaire et apaise ton corage, va en ta vielle maison; nul sort a l'homme et a la femme ne puet estre perpetuel."

Griseldis respondi lors et dit ainsi, "Monseigneur, je savoye bien toujours et souvent le pensoye que entre ta magnificence et poissance et ma povreté ne pooit avoir aucune proportion ne comparation, ne jamais je ne me reputay non tant seulement digne d'estre ton espouse, mais d'estre ta meschine, et en ce palays cy, ou quel tu m'as fait dame, je pren Dieu en tesmoing que je me suis toujours reputee et demouree ancelle. Et tout le tamps que j'ay demouré avec toy a grant honneur et longuement surmontant mes merites, a Dieu et a toy je rens graces, et de present je suis appareilliee,[57] mon corage apaisié, de retourner en la maison de mon pere, en laquelle je usay ma jonesse et la ma vielesse trespasser et morir, comme une eureuse et honorable vuesve, qui d'un tel seigneur ay esté son espouse. Et puis qu'il est ainsi, a ta nouvelle espouse je li laisse mon lieu, et Dieu veuille que tres heureuse viengne en ce lieu ou quel j'ay tres joyeusement demouré, car puis que ainsi te plaist, sans regret je me pars. Et quant a mon douaire que tu m'as commandé que je doye emporter, quel il est je le voy: tu sces bien quant tu me pris, a l'issue de la maison mon pere Janicola tu me fis despouillier toute nue et moy resvestir de tes robes, /173 avec lesquelles a toy je vins, ne onques avec toy autre douaire je n'aportay, forsque foy et nueté, reverence et povreté. Veescy donques ceste robe, dont je me despouille et si te restitue l'anel dont tu m'espousas, les aultres aniaux et jouyaux, vestemens et ornemens, par lesquelx, toy douant, je estoye aournee et enrichie, en ta chambre sont. Toute nue de la maison mon pere je yssis et toute nue je y retourneray

---

56. homme[s].
57. appareillie[e].

sauve que ce me sambleroit chose indigne et non affreable que cestui ventre ou quel furent les enfans que tu as engendrés devant le peuple deust apparoir tout nuz, pour quoy, s'il te plaisoit et non autrement, je te supplie que pour la recompensation de ma virginité que je aportay en ton palays, laquelle je ne remporte pas, il te plaise a commander que une seule chemise me soit laissye, de laquelle je couveray le ventre de ta femme jadis."

    Le marquis lors ne se pooit plus tenir de plourer de la pitié qu'il avoit de sa tres loyale espouse, tourna sa face, et, larmoyant, li fist baillier une seule chemise, et se parti a grant dolour. La dame lors Griseldis, en presence de tous les chevaliers et dames, se despouilla de tous ses draps et deschaussa, ostant les ornemens de son chief, et de la seule chemise que son seigneur li avoit fait baillir humblement se vesti; et de ce contente, nus piés et le chief descouvert, du palays se parti, acompaignie des barons, chevaliers et dames, qui tous l'acompaignoyent plourans, regretans ses grans vertus, loyaulté et merveilleuse bonté, fortune maudissant. Chascun plouroit de pitié, mais elle une seule larme ne jeta, mais honnestement et vergongeusement,[58] a grant silence, le chief enclin, ainsi acompaignie vint a la maison de son povre pere Janicola, lequel viellart les noces de sa fille en son cuer avoit toujours suspectes, toujours doubtans de ce qui estoit avenu, pensant tousjours que quant son seigneur seroit saoulés d'un si povre mariage, d'une si povre fille, si grant seigneur, comme il estoit, a la coustume des nobles orgueilleux, il li donroit congié. Lors le povre veillart Janicola, oyant le bruit non tant seulement de sa fille a sa porte, mais des seigneurs et /173ᵛ dames qui l'acompaignoyent, ala a l'encontre de sa fille a l'entree de sa porte et de la vielle [cote] de sa fille, toute deronte et de vers toute rungie laquelle il avoit gardee, sa fille, moityé nue, non sans larmes, en couvrant revesti.

    Griseldis, sans monstrer samblant aucun de dolour ou courous, se retourna devers les seigneurs et dames qui l'avoyent acompaignie et humblement les remercya, reconfortant les qu'il deussent bien amer leur seigneur et bien et loyalment servir. Elle entra en l'ostel avec son pere et les seigneurs et dames se partirent de lui plourans et gemissans et s'en retournerent au palays. Griseldis demoura avec son pere un paou de jours en pais, contente et en merveilleuse humilité, par telle maniere que en lui ne pooit apparoir aucun signe de tristesse ne contenance de fortune propre. Quel mervaille! car quant elle avoit esté si longuement dame en

---

58. Second instance of *ng* representing *ngn* in *vergongeusement*.

milieu des richesses et des honnours, si s'estoit elle toujours tenue povre d'esperit et tres humble en conversation. Or puet on cy penser quelles dolours le povre viellart avoit, veant sa fille en tel estat aprés si grans honnours et richesses, et comment elle le confortoit.

5 **Comment par le commandement du marquis, Griseldis, vestue de sa povre cote que son pere li avoit gardé, vint ou palays de Saluce pour appareillier les secondes noces du marquis et pour recueillir la nouvelle espouse du marquis et les dames et chevaliers de sa compaignye, laquelle chose elle fist tres merveilleusement en son**
10 **povre habit sans monstrer aucune tristesse.**

Le .ix.ᵉ chapitre

Paou de jours passés, comme dit est ja, le conte de Paniche a sa belle compaignye approchoit et des nouvelles noces du marquis tout le paÿs resonnoit. Le conte de Paniche, frere en loy[59] du marquis, manda un
15 chevaucheur devant certifier /174 le jour qu'il seroit a Saluce et amenoit avec lui la vierge que le marquis devoit espouser et son frere aussy; et ne scavoit[60] pas le conte que ces[61] .ij. enfans fussent enfans du marquis et de Griseldis, car la contesse de Paniche, suer du marquis, avoit la chose tenue si secrete, en nourissant sa niece et son nepveu, que par les paroles
20 de la contesse le conte pensoit que ce fussent .ij. enfans trouvés et de loings apportés, par aventure enfans d'aucun grant seigneur d'estrainge[62] paÿs, si comme par leur belle maniere les enfans le monstroyent. Et avoit esperance le conte que puis, que la fille seroit mariee au marquis et les nouvelles en iroyent par le monde, on saveroit tost qui fu[63] le pere.
25 Lors Gautier le marquis de Saluce manda querre Griseldis et que tantost elle venist a lui en son palays, laquelle sans contradiction vint; et

---

59. The more common word for a brother-in-law was *serorge,* from the late Latin *sororius,* referring to the husband of the sister (Oscar Bloch and W. von Wartburg, *Dictionnaire étymologique de la langue française* [Paris: PUF, 1932; 3d ed., Paris: PUF, 1960], 64). However, *frere en loy* exactly parallels the Middle English canon law term with reference to intermarriage; therefore, Philippe's use of the term should not be seen as exceptional. Godefroy 5: 17, records a 1516 use of *pere en loi de mariage.*
60. s(c)avoit.
61. {c}es, (s).
62. d'estraing(n)e.
63. fu(t).

le marquis li dit, "Griseldis, la pucelle que je doy espouser sera demain cy au disner; et pour ce je desire que elle, le conte mon frere, les seigneurs et dames qui viennent en sa compaignye soyent noblement receus par telle maniere que a chascun soit fait honneur et de paroles et de fait selonc sa dignité. Et pour ce que je n'ay pas a mon hostel dame ne matrone qui bien le seust faire a ma volenté, pour ce [je] veuil que tu, Griseldis, non obstant ta povre robe et ton petit habit, pour ce que tu congnois mes meurs et comment on doit recevoir les seigneurs et dames, les chambres, les lieux, les ordenances a chascun et par especial pour la vierge qui vient a moy, que tu emprengnes la cure, et tous les officiers t'obeiront." Griseldis respondi, "Monseigneur, non tant seulement volentiers, mais de tres bon cuer tout ce que je penseray qui soit a ton plaisir, je le feray de bonne volenté, ne a ce faire je ne seray jamais trasveillye et ne me faindray tant que les reliques de mon povre esperit demouront en mon corps."

Lors Griseldis, comme une povre ancelle, prent les vilz instrumens et commence a nestoyer le palays, a mettre les tables, enorter les officiers et meschines /174v de [bien] faire, ordener les lis et les chambres, tendre les paremens et toutes choses qui appartenoient au paremens du palays pour recevoir l'espouse de son seigneur. Et combien que Griseldis fust en habit d'une tres povre ancelle, si sambloit il bien a tous ceulx qui le veoyent par ses euvres qu'elle fust une femme de grant honnour et de merveilleuse prudence.

Que diray je plus pour toutes les dames du monde esmerveillier? L'endemain vint, et a l'eure de tierce, le conte, la pucelle et son frere et leur grant compaignye entrerent en Saluce et alerent au palays. Et de la biauté de la vierge et de son frere et de leur belle maniere chascun s'esmerveilloit, et aucuns en y ot qui dirent, "Gautier le marquis sagement a changié son mariage, car ceste espouse est plus tendre et plus noble que la fille de Janicola." Et ainsi entrerent ou palays a grant presse[64] et a grant joye. Griseldis a toutes choses presente d'un si grant cas a lui touchant,[65] reconfortee, ne de sa povre robe en riens honteuse, a lye face, ou palays vint a l'encontre de la pucelle et humblement (se) le salua, disant, "Bien viengne, Madame," et puis au fil et puis au conte, aus seigneurs et dames, recevant les tres sagement, et doulcement a chascun rendi son salut. Et si doulcement et si honorablement en parole

---

64. p(e)resse.
65. The meaning is that Griseldis was aware of all the things in this situation that affected her so gravely.

et en fait les traicta et mena chascun en sa chambre richement appareillie, par telle maniere que tous, especialment les estrangiers, ne se pouoient assés esmerveillier comment une majesté d'onnour, de bonnes meurs et de prudence peust estre soubz un si povre habit. Griseldis lors se trait par devers la pucelle et l'enfant, et les acompaignoit, et de eulx ne se pooit partir, ores regardoit la biauté de la fille et ores du josne filz la gracieuse maniere, et de loer les fort ne se pooit saouler.

Il approcha l'eure que on devoit aler a table. Le marquis lors devant tous appella Griseldis et aussy comme en rampone a haulte voys li dit, "Que te samble il, dy moy, Griseldis, de ceste mieue espouse? N'est elle pas assés belle et honeste?" Griseldis haultement respondi, "Certainement plus belle ne plus honeste /175 ne se porroit trouver; avec ceste et non avec autre joyeuse vie reposee et bien euree tu porras demener, laquelle chose je desire et espoire. D'une chose en bonne foy je te veulz deprier et amonester, que tu ne veuillez[66] pas molester ceste[67] nouvelle espouse des aguillons dont l'autre tu as si fort aguillonné, car ceste[68] est plus josne, et plus deliceusement nourie, et ne porroit pas souffrir tant comme j'ay souffert, si comme je pense." Lors le marquis, oyant les paroles de Griseldis et considerant la bonne chiere et grant constance qu'elle monstroit et avoit toujours monstree en la preuve et examen que tantefois l'avoit offendu cruelment et verissimelment couroucye sans sa desserte en aucune maniere, prist en son cuer une piteuse compassion et ne se pot plus tenir et en presence de tous a haulte voys dit telles paroles:

---

66. For *veuilles*. Confusion of the final *s* and *z* (Marchello-Nizia, *Histoire de la langue française*, 86-87).
67. {c}este, (s).
68. {c}este, (s).

Comment a l'entree du grant disner des secondes noces, le marquis recognut devant tous en presence de Griseldis comment il l'avoit tant de fois esprouvee et si rigoreusement, et comment la belle et josne dame de .xij. ans, qu'il devoit espouser, estoit sa fille et de Griseldis, et le fil aussy de .vij. ans qui estoit venus avec lui, lesquelx enfans il avoit fait nourir secretement a Boulongne la Crasse par sa suer, la contesse de Paniche, reprist s'espouse a grant honneur, Griseldis, en loant sa merveilleuse bonté; de la grant joye qui fu[69] ou palays de Saluce; et de la fin gracieuse du marquis et de la marquise Griseldis.

Le .x.^e chapitre

"Griseldis, Griseldis," [dit le marquis], "il souffist assés. Ta vraye foy et ta loyaulté, l'amour de toy envers moy et ta constance, l'obedience et vraye humilité de toy bien esprouvees me sont trop bien congneues; et croy qu'il n'a homme soubz le ciel qui par tant de experimens l'amour de mariage ait tant esprouvé et congneu comme j'ay fait en toy." Et lors le marquis s'approche de Griseldis qui tenoit le chief enclin de honeste vergongne pour les grans loenges dont elle avoit esté loee du marquis. Il l'embrassa estroittement en lui baisant et li dit, "Tu seule es mon espouse, ne autre je n'os onques ne jamais n'averay. Ceste que tu pensoyes qu'elle deust estre ma nouvelle espouse est ta fille, et cestui enfant, /175ᵛ que on cuidoit qu'il deust estre mon cognat ou serouge, est ton fils, lesquelx deux enfans estoient perdus, selonc l'oppinion de nos subgés. Sachent donques tous qui le contraire pensoyent, que j'ay voulu ma loyale espouse curieusement et rigoreusement esprouver et non pas condampner, et mes enfans ay fait nourir secretement par ma suer a Boulongne et non pas occyre ne tuer."

La marquise Griseldis, oyans les paroles de son seigneur, devint comme paumee de joye; et quant elle se pot aidyer elle prist ses .ij. enfans et doulcement les acola et baisa tant qu'elle les couvri tous de larmes, ne on ne les pooit oster de ses bras une grant piece. Les grans dames et les matrones qui mieulx mieulx pristrent leur dame Griseldis la marquise et tantost le devestirent de ses povres (robes) dras et le revestirent des siens premiers, et le parerent comme il appartenoit a marquise a telle solempnité, a telle joye que les enfans du marquis estoyent retrouvéz a inestimable consolation de la mere et du marquis, des amis et subgés [et] de tout le paÿs. Grant joye ot ce jour ou palays de

---

69. fu(t).

Saluce, et de pitié mainte larme fu espandue, ne nulz ne se pouoit saouler de recorder en loant les grans vertus non pareilles de Griseldis la tres noble marquise, qui sambloit mieulx fille d'un empereur ou de Salmon par prudence que fille du povre Janicola. Et fu la feste trop plus grande
5 et plus joyeuse que elle n'avoit esté le jour de leurs noces.

     Vesquirent ensamble depuis par .xx. ans en grant pais et concorde; et le marquis, Janicola le viellart, pere de Griseldis, duquel il n'avoit fait conte es tamps passés pour esprouver sa fille, il le fist translater de sa povre maison au palays de Saluce et le tint a honnour tous les jours de sa
10 vie. Sa fille aussy il marya haultement et poissanment, et son fil, quant il fu en aage, il le marya et ot enfans, lesquelx il vit. Et a sa fin gracieuse il laissa son fil hoir et successour du marquisie de Saluce, a grant consolation de tous ses amis et subgés.

**/176 Un petit regret et lamentation de l'aucteur de cestui livre pour
15 ce qu'il n'a pas assavouré spirituelment comme il vausist ce qu'il a composé en cestui livre et la Passion de Jesu Crist.**

                   Le .xj.ᵉ chapitre

     Toute histoire piteuse et doloreuse de la science de poetrie est appellee tragedie, comme il appert par les tragedies de Seneque, de
20 Tulius et des aultres poetes et philozophes; et en la saincte Ecripture telle histoire est appellee lamentation, comme il appert en la lamentation de Jheremie le prophete, qu'il escript de la dolour qu'il eust de la mort du bon roy de Jerusalem, Josyas. A ce propos, helas! le povre et viel solitaire, aucteur indigne des tragedies, dolours et maladies en cestui
25 livre souventefois proposees, a en son cuer une dolour et pitié de lui meismes non pas petite mais tres grant, dont il desire, en alegant son martire telement quelement, escripre une piteuse tragedie et amere lamentation pour recouvrer en Dieu aucune consolation, voire par la bonté divine et doulce (amour) ayde par devote oroison des lisans cestui
30 petit regret appellé tragedie ou lamentation:

     O Royne de gloire, mere et espouse du benoit Fin Rubin, o vray Dyamant, resplendissant et trespercant les tenebres des ames pecheresses et enchassant toutes ruines et tristesses, ma doulce esperance et advocate des pecheurs, veuilliés trespercier [mon cuer] et ouvrir ma bouche et la
35 porte de ma conscience par la clef de ta pitié et grant misericorde a ce que je puisse recongnoistre ma maladie, dont a present j'ay empris a escripre ceste presente tragedie. O tres doulz Jehan evangeliste,

souverain secretaire et notaire privé du Roy de Paradis et de la vie pardurable, ensengne moy escripre et recongnoistre ma deffaulte, ma grant dolour et paour raisonnable. O glorieux docteur, [monseigneur] saint Jherome, Marie Magdalene, Agnés, et Katherine, entre les sains et
5 sainctes, m'esperance debonnaire, veuilliés moy empetrer de mes pechiés vray cogoissance, plaine remission, et de ma dolour une doulce alejance.

Se le juste, selonc la saincte /**176ᵛ** Escripture, s'acuse premierement, que fera donques le grant pecheur qui par transgression de la loy ferus se sent? Il est expedient qu'il recongnoisse son pechié a ce que par grace
10 devant Dieu il soit justifié. Confesser donques sa deffaulte est chose neccessaire, selonc le dit de saint Jaque l'apostre,[70] et le prophete dit que par confession on devient biau devant Dieu,[71] rempli de sanctité et de magnificence en sanctification. Et pour bien veoir la grant vertu de recongnoistre ses deffaultes et de confession, le tres saint David disoit a
15 Dieu, "Sire, j'ay dit et proposé que je confesseray l'injustice de moy et tu m'as ja pardonné l'iniquité de mon pechié."[72] Puis donques que on aquiert vraye remission de ses pechiés par devote confession, par la bonté de Dieu je confesseray ma deffaulte, et combien que les devotes creatures et vrays repentans, en confessant au prestre soyent honteux et
20 de leurs pechiés ayent une grant vergongne, toutefois, pour un confort, selonc le dit des docteurs, la dicte honte est une partie de la penitance et satisfaction du pechié.

Et pour ce, je, vil et viel pecheur, pour avoir plus grant honte de mes pechiés en confessant, recongnoistray non tant seulement a mon
25 confesseur, mais devant Dieu et son biau firmament et devant les dames mariees, vierges et pucelles et continens, a ceulx qui vendront aprés nous et aussy aus presens, helas, helas! ma grant deffaulte, negligence et transgression, dont je suis demourés en amere suspicion. Or me veuille Dieu aidier et garder moy de palier ma deffaulte et amere confession afin
30 qu'elle ne me soit transfourmee et muee en grant confusion. Qui donra donques a mon chief une fontaine d'yaue courant a mes yeux, avec le prophete Jheremie,[73] afin que je soye saoulés de chaudes[74] larmes en plourant ma dolour?[75] Viengne en moy Dieu, viengne le grant Maistre

---

70. Jas 5: 16.
71. Prv 28: 13; Sir 4: 26.
72. Ps 5: 1.
73. Jer 8: 23.
74. chaude[s].
75. Jer 8: 23.

des yaues, le tres doulz Saint Esperit, et par sa saincte grace faisse sourdre une fontaine ou cuer de cestui viel solitaire, qui queure contremont et envers Orient, et en arousant ma face soit convertie en une grant riviere par telle maniere que de cy en avant pour toute joye mondaine mes /177 larmes me soyent pain et vin et poisson pour toute refection.

Helas, helas! chetis, je[76] me trouvay jadis ou biau jardin du Roy souverain, dont les plantes et herbes vindrent de Paradis comme en cestui livre cy dessus fu touchié, duquel jardin il me fu ottroyé, comme je croy doulcement par le Jardinier que la Magdalene tant ama, que je cueillisse des flours, des fruis et des aromas pour composer une riche viande royale pour le disner des noces en cestui livre proposees du Fin Rubin conjoint par sacrement de mariage au Fin Dyamant. Encores me [fu] ottroyé et par grace que du biau jardin je recueillasse de fines pierres precieuses et de fines espices vertueuses pour faire medecines divines et lectuaires precieux pour le confort et reconfort des dames mariees et des maris aussy et de tout bon Crestien. Et combien que je ne soye pas, helas! souffissant queu pour appareillier viande royale ne appoticaire[77] aussy soutil pour faire bonne confiture, toutefois, par la bonté de Dieu, toujours a sa reverence et doubtance, grossement et simplement en bonne foy, meu de charité, je me suis entremis comme il appert en la matere de cestui livre proposee. Et congnois bien devant Dieu que par [ma] deffaulte la viande royale n'est pas assavouree ne les medecines ne sont pas si fines comme mon cuer le desire, si fait bien besoing que le grant Roy des noces ne prengne pas garde des viandes a la composition mais a la bonne volenté du povre queu et a sa simple entention.

Or vient en place la grant dolour et la melencolie, c'est assavoir le fondement de ceste amere lamentation et piteuse tragedie. Dont il est assavoir que la coustume des roys de ce monde si est que quant on les sert a table, ceulx qui portent et presentent les vins et les viandes, premierement font la preuve et l'assay devant le roy et de toutes choses publiquement et cautement; car de telx serviteurs le roy se fie parfaictement et leur fait grant honneur quant par son commandement et de grace especiale ses privés serviteurs sont repeus en petite quantité et sentent /177ᵛ la doulceur par l'assay de la viande royale, dont les uns par bien assavourer les viandes du roy et ses commandemens aucunes sont

---

76. {j}e, (c).
77. appoticair(i)e.

essauciés et eslevés jusques a la table royale et la sont plainement repeus et honnorés en memoire durable.

Mais que se dira du queux du roy qui la viande royale a ordenee [et] appareillie et par [sa] tres grant negligence la presente au roy et ne l'a pas assayé? Certainement un tel queux negligent devers le roy sera reputés pour souspesonnés et par aventure de son office privés; et la viande susdicte, combien qu'elle soit presentee a la table au roy, sera soupsonneuse et ne li sera pas acceptable. Helas, helas! a moy chetif et abortif, je suis le queux lacrimable et dur euré en figure cy dessus proposé qui, par [ma] grant presumption moralisant, dictant [et] escripvant, ay assamblé les garnisons et provisions, les buvrages, les mes et entremés pour les noces figurees du grant Roy et de la doulce royne qui les pecheurs volentiers enlumine; et pour le grant disner grossement j'ay la viande precieuse ordenee, et si n'a pas esté par moy chetif ne assayé ne esprouvee, dont je congnois bien ma deffaulte et suis demourés en grant souspisicion d'estre privés de l'office se je n'averay pardon.

Helas, helas! chetif et viel solitaire, je savoye bien avant que la volenté du roy estoit que en composant la viande et avant que je le presentasse je en deusse estre repeus et spirituelment m'en soulasse: mais je ressamble le queux qui a perdu le goust d'assavourer les viandes, qui met en sa viande les ailz puans en lieu de doulces amandes. Vil pecheur que je suis, j'ay recité la mort du doulz Aignelet rosti, et l'amour de lui je n'ay pas assavouré ne ses dolours senty. Helas! j'ay composé unes noces piteuses et doloreuses en recitant le martire du Fin Rubin qui fist muer l'yaue en vin et du Fin Dyamant trespercié (le cuer) de dolour pour son tres doulz (Espoulz) Amant, et mon vil cuer, helas! est demouréz plus dur que une pierre et plus froit que glace ou celui qui gist en biere. Bien deveroye doubter que mon cuer n'ait esté endurcie comme /178 fu le cuer du roy Pharaon, et que par ma negligence je soye privés de toute consolation. Helas, helas! ou biau jardin de la saincte Escripture j'ay recueilli les flours, et par ma deffaulte je suis privés des gracieux odours en composant les medecines pour autrui par la bonté et force des espices. Par indiscretion j'ay esté en ruine et par male garde j'ay esté refroidié, voire de l'amour du doulz Aignel occys, qui fu pour moi cruxefix.

Helas, helas! que se dira de cestui veil solitaire qui deust estre sours et aveugles en sa selle et si se deust taire, qui s'est enhardis de ensengnier et corrigier autrui dont il n'a pas la cure, en allegant souvent le dit des docteurs et la saincte Escripture en prenant en cestui livre la fourme de doctour? Bien deveroit avoir grant paour de la sentence de Dieu escripte par David le prophete, cest assavoir Dieu dit au pecheur,

"Pour quoy recorde tu mes justices et par ta bouche tu prens mon testament?"[78] aussy comme il vausist dire, "tu n'es pas digne d'escripre le grant mistere de mon amere Passion puis qu'en toy n'a pitié ne vraye compassion, ne de composer aussy nouviaus escrips puis que de m'amour tu n'es espris."

Il fu un benoit frere meneu ou royaume d'Arragon et de mon tamps tres singuler devot a la Passion de Jesu Crist, [et] par tel ardour d'amour que maintefois, quant il li souvenoit de la souffrance du doulz Jesu ou quant il en ooit parler a autrui, soudainement d'amour et de compassion il estoit ravis, et demouroit insencibles, et estoit doulcement repeus de la viande de l'ame dont Dieu repaist aucunefois en terre ses loyaulx amoureux.

Avint une fois que cestui benoit frere, dont par [ma] negligence j'ay oublié le nom, vint a la presence du roy d'Aragon, derrainement trespassé--a qui Dieu faisse mercy--et lors un des assistens dit au roy, "Seigneur, volés veoir une chose merveilleuse? Quant cestui frere meneu approchera pres de vous, priés lui qu'il vous dye aucune chose a vostre edification de la Passion de Jesu Crist." Laquelle chose fu faitte par le roy. Et tantost que le frere /178ᵛ par la bouche du roy ouy nommer la Passion de Jesu, assés pres du roy, le dit frere, venant au roy, il ot le pié levé pour approchier du roy et soudainement demoura sur l'autre pié tout drois, ravi et insencible, les yeux en hault ouvers et les bras et les mains ainsi qu'elles se trouvoyent, et demoura ainsi, ravis en l'ame, avec son tres doulz Jesu Crist une heure ou environ, tout ferme sur un pié et l'autre levé, que pour bouter ne pour tirer, ne poindre le d'aguilles, on ne le pooit esveillier ne remuer jusques atant que la vision fut passee. Cestui fait me conta a grant devotion le ministre de la Terre Saincte, maistre Jehan Carmeson, solempnel maistre et devot en la divinité.

Helas! bien me condampne cestui frere, qui sot si bien faire l'assay de la viande royale et assavourer et gouster l'amer et la doulçour du doulz Aignelet occys. Helas! j'ay ensengnié aus dames mariees que en toutes leurs tribulations elles ayent leurs recours par grant devotion a la Passion de nostre Redempteur, et je, tres vil pecheur, n'assavoure pas ce que je escrips, et ne fay pas ce que je ensengne. Helas! bien est approuvé en moy le proverbe commun disant, "C'est layde chose au docteur quant sa coulpe le redargue."

Bien deveroye doubter que je ne soye deputés avec les princes des Juifz et les Phariseens, dont Dieu me veuille garder, desquelx Jesu Crist

---

78. Ps 5: 1.

dit en l'Evangile, "Sur la chayere de Moyses se sirent les Phariseens. Faictes ce qu'il dyent et ensengnent, mais ce qu'il font ne faittes mie."[79] Helas, chetif a moy! pour reconforter les dames et tout bon Crestien j'ay pris en cestui livre pour doctrine, aprés la Passion du doulz Jesu, les dons du Saint Esperit, les sacremens de l'Esglise, les vertus principales, les euvres de misericorde, et jusques aus planetes du ciel, et de tant de bonnes doctrines pour recognoistre et assavourer en esperit la doulce amour et alyance faicte par sacrement de mariage de Jesu Crist a nostre mere saincte Esglise; et, toutefois, je en ay ou paou ou nient retenu. Et pour ce, moy, chetif, je sens /179 mon cuer feru d'une amere pointure, car je ressamble le phisicien grief malade qui donne a autrui medecine et ne le scet prendre pour lui. Par ma grant negligence je ressamble au queux d'un grant seigneur qui en milieu des bonnes viandes qu'il a composees[80] se laisse morir de fain.[81] Qui est celui si chetif qu'i vendenge sa vigne et ne mengieue[82] des roisins, qu'i cueille les pommes de son pommier et si n'en scet mengier, qu'i vent le vin a broche et pour boire ne l'aproche, qu'i fait l'ypocras du roy et premier n'en assaye?

Quant il me souvient, helas! des .vij. pierres precieuses et de leur signification, dont je me suis privés par retrogration, en verité je suis bien dignes devant Dieu d'estre bien flagellés et entre les negligens et plains d'ingratitude deveroye estre nombrés. Quel mervaille se j'ay failly, mon cuer demourant froit et endurcy, car en confortant les dames mariees qu'elles deussent bien garder leur mariage, j'ay rompu le biau loyen du sacrement de mariage entre mon ame pecheresse et le doulx Jesu son vray Espoulz immortel; et pour ce dignement il a retrait ses biaus rays dont la chetive mon ame par grace devoit estre enluminee et en son amour embrasee. Et oultre plus, helas! je estoye bien garnis du gambison de l'escherpe et bourdon du noble moisne de Chaalis, par lesquelx instrumens aus bons pelerins je ensengnoye la droitte royale voye, et toutefois pour moy meismes[83] prendre ne la savoye,[84] car par ma deffaulte je suis demourés longuement familleux[85] du biau blanc Gastelet alis [et] de l'escherpe aus pecheurs perilleux, par la vertu duquel Hely le

---

79. Mt 23: 2-3.
80. composee[s].
81. fain(g).
82. mengieu[e].
83. meisme[s].
84. ne la*(s)savoye.
85. fam[i]lleux.

prophete ala .xl. jours sans boire et sans mengier et sans avoir fain[86] jusques a la montaigne d'Oreb par le commandement du Souverain. Encores confessant mon pechié, je recongnois que je ne me suis pas approchié comme je deusse au Fin Dyamant, mere du Roy et espouse et royne des noces proposees, pour lui devotement servir et son ayde humblement requerir. Et briefment a ma confusion je recongnois que a la saincte cité de Jherusalem triumphant en cestui livre j'ay[87] ensengnié la voye /179ᵛ par similitudes et figures et allegations des docteurs, voire quant de ma part, helas! comme un avugle juge des coulours.

Encores y a une autre chose qui me fait fort doubter, s'est que l'Escripture nous monstre que nulz ne doit affermer d'estre en l'amour de Dieu ou en son indignation, combien qu'il faisse bien et soit reputés justes en operation, ne nulz ne puet jugier simplement se ses euvres plaisent a Dieu le Roy du firmament, car toutes choses sont reservees a la sapience de Dieu et a son ordenement, selonc le dit de saint Pol, au Jour du Jugement.[88] Que feront donques les grans pecheurs et par especial le povre solitaire, qui pour plaire a autrui en bonne foy et en charité telle quelle pour non faire l'assay souffissant de la viande royale demeure en tres grant peril de sa povre querele?

Or n'y a forsque[89] du repentir et plourer par grace en grant humilité et amere contrition et garder soy de jactance, de deffidence et (des) de desperation. Et pour ce que la clarté et lumiere du mistere de la souffrance de nostre Redemptour Jesu Crist, par mon pechié quant de ma part, helas! est tournee en tenebres, en obscurté et en une negligente ignorance, par le moyen du Fin Dyamant je me trairay a la Fontaine de lumiere, dont le prophete parle, pour trouver alegance, et avec le paralitique, qui gisoit ou portique de la fontaine de Siloe attendant par l'angele de l'yaue le mouvement,[90] en esperance de pardon par l'effusion du sang de l'Aignelet attendray la misericorde du Roy du firmament, et pour mieulx recongnoistre ma voye en ceste mer salee je me trairay a l'Estoille reluisant tremontane qui de Bernart est si grandement loé.

---

86. fain(g).
87. j'a[y].
88. 2 Cor 5: 10.
89. forsque*(s).
90. There is confusion here between the blind man told by Christ to go and wash in the pool of Siloam (Jn 9: 7) and the impotent man cured by Christ at the five porticos of the pool at Bethesda, whose waters were stirred to curative powers by the angel (Jn 5: 2-9).

O mes tres chieres dames, vierges, pucelles, vuesves, et mariees, de la grace de Dieu par ma povre escripture aucunement reconfortees, je vous suppli que vous veuilliés prier a Dieu que je ne soye pas la chandaille en autrui alumant et en moy consumant en amere merveille. Et
5 a vous aussy je vous pri, mes seigneurs les mariés, hommes parfais, et clers et lays, josnes et vielz, ausquelx par aucune aventure plaira ceste foible escripture, qu'il[91] vous plaise prier a Dieu /180 que la viande royale et la medecine renouvelee, laquelle vous a esté de par moy en bonne foy grossement presentee, soit a mon ame pecheresse vray salut et
10 doulce refection, plaine de indulgence a vous et a moy de tous pechiés et de l'Aignel rosti vraye fruition. En finant donques ceste piteuse tragedie et amere lamentation par une briefve oroison, aprés *O bone Jesu, et cetera,* je diray pour nous tous: O tres doulz Jesu Crist, vray Rubin, souverain Pellican amoureux,[92] qui par tres grant charité volz nourir tes
15 enfans de ton sang precieux, veuilles nous ottroyer de ton tres noble sang une toute seule goute pour nous baignier dedens, estre gari et gardés[93] des maulz vens, car autrement nous viverons en tenebres privés de vraye joye et n'y verrons ja goute.

Le Prologue d'un merveilleux miracle de la doulce Vierge Marie par
20 **la relation du vaillant roy d'Armenie.**

Lyon de Lizingnan, par la grace de Dieu naturel roy latin, .v.ᵉ de Hermenye,[94] estant en son royaume aprés grans guerres et batailles merveilleuses encontre les Thurchs[95] et Sarrasins, a grant honnour,

---

91. qu'i[l].
92. In *Le Songe du vieil pelerin,* Philippe uses the image of the pelican to represent a defendant who must pay huge fees to his lawyer (1: 465). Here, however, and also on f. 89ᵛ, Philippe makes the pelican pierce its breast to feed its young the image of Christ, thus following the bestiary tradition as in Guillaume le Clerc, *Le Bestiaire: Das Thierbuch,* vv. 521-614.
93. gardé[s].
94. Leo, known as both V and VI, king of Armenia, born 1374-75, died 1393 (Ani P. Atamian, "Leo V/VI of Armenia," in *Dictionary of the Middle Ages,* ed. Joseph R. Strayer, vol. 7 [New York: Scribner, 1988], 547).
95. Thur*[c}hs. While the form *Turs* exists, Flutre gives both *Tur* and *Turc* (*Table des noms propres,* 308), and André Moisan lists *Turcq(s), Turcxs,* and *Turcz* (*Répertoire des noms propres de personnes et de lieux cités dans les chansons de geste françaises et les oeuvres étrangères dérivées,* Publications

vaillance et memoire perpetuele de sa haulte personne royale,
finablement, par deffaulte d'ayde de la Crestienté catholique, le vaillant
roy par un tres grant host du soudan de Babiloine[96] en sa maistre cité du
royaume d'Armenye, appellee Sys,[97] fu assis, lequel siege dura
longuement sans esperance au roy d'avoir aucun secours. Et au dit siege
furent fais tant de fait d'armes et si honorables par le roy, ses barons et
son peuple encontre les Sarrasins et les Thurchs qui seroit une belle et
grant histoire a escripre, ausquelx fais d'armes le dit roy fu feru de un
garot parmi la bouche, et fu en tres grant peril de mort. Et tant tint par
grant vaillance sa dicte cité de Sys que finablement par force de batailles,
de long siege et de famine, il convint rendre la cité au souldan. Et fu
menéz prisonnier le roy, la royne /180ᵛ s'espouse et .v. petis enfans au
Caire en Babilone en la prison du souldan.

Ainsi fu perdu, a tres grand deshonnour de toute la Crestienté, tout
le royaume d'Armenye, sans nulle faulte ne lacheté que le dit roy feist
onques. Et par deffaulte d'ayde le dit roy Lyon d'Armenye fu en la
prison du souldan .vij. ans entiers. Et tant y ot de dolours et de
meschiés, que en la dicte prison la royne sa compaigne et tous ses enfans
morurent de povreté et de meschief et demoura tout seul a grant dolour,
povreté et melencolie. Mais Dieu, pour qui il estoit tantesfois combatus,
ne le vault pas abandonner ne laissier morir en la prison de ses anemis de
la foy, et mist ou cuer au tres devot Jehan roy d'Espaigne la delivrance
du dit roy d'Armenye; manda au souldan de Babilone ses messages et
ambaxaours solempnelz avec grans presens en .ij. galees, priant au
souldan qu'i li vausist donner et delivrer son prisonnier, le dit roy
d'Armenye. Et tant firent les diz messages, que, par la grace de Dieu, le
souldan donna au roy d'Espaigne son prisonnier, le roy d'Armenye, dont
mains Crestiens en orent tres grant joye et mains Sarrasins en orent grant

---

romanes et françaises 173, vol. 1, pt. 2 [Geneva: Droz, 1986], 944). I have
corrected here in light of the Picard nature of the text, where the final *ch* and
final *c* are interchangeable (Gossen, *Grammaire de l'ancien picard,* sec. 75).
96. The emir of Aleppo, acting in the name of the Mamluk sultan Sha'ban,
captured Sis and carried Leo off into captivity in Cairo in 1375 (Mustafa M.
Ziada, "The Mamluk Sultans, 1291-1517," in *The Fourteenth and Fifteenth
Centuries,* ed. Harvey W. Hazard, vol. 3 of *A History of the Crusades,* ed.
Kenneth Setton [Madison: Wisconsin UP, 1975], 488-89).
97. Sis, now Kazan, in Turkey, was the capital of the Cilician kingdom of
Armenia Minor from 1198 to 1374, when it fell to the Mamluks (Ani P.
Atamian, "Sis," in *Dictionary of the Middle Ages,* ed. Joseph R. Strayer, vol. 11
[New York: Scribner, 1988], 314).

dolour; et tant que, un paou aprés, le souldan de ses propres barons et amiraulz, si comme il fu raporté par les crestiens marchans, en fut occys et mors.[98]

Le dit roy d'Armenye, a qui Dieu avoit fait une merveilleuse grace autrefois paou ou onquemais veue, a grant joye vint au saint pere, regraciant et recognoissant de la grant grace qu'il avoit receu de Dieu et du tres devot roy d'Espaigne, requerant au saint pere--et par tout son chemin--ayde a la Crestienté pour recouvrer son royaume d'Armenye. Il vint au roy d'Espaigne et doulcement et humblement le regracya de sa delivrance. Et le roy le recueilly comme son propre fil, et li fist tant de biens et d'onnours que Dieu en fu loés. Et pour sa conqueste li offry une tres grande offerte.

De la le roy d'Armenye vint au roy de France et puis au roy d'Engleterre, partout demandant /181 ayde pour son royaume reconquester. Et de tous fu bien venus et li furent fais tres grans honnours et grans biens pour soustenir son estat. Mais pour ce que la guerre estoit grande entre les .ij. roys dessusdis de France et d'Engleterre et durant la guerre le dit roy d'Armenye ne peust avoir secours ne ayde pour furnir son emprise, pour ce, du consentement du roy de France et du roy d'Engleterre, a sa requeste le dit roy d'Armenye, de son propre movement, emprist d'estre moyen de trouver aucune bonne voye et traittyé, par lequel Dieu, par sa grace, vausist mander bonne pais en terre entre les .ij. roys dessusdis; par laquelle guerre toute la Crestienté a esté et est en grant meschief et va petit a petit a declination, et les anemis de la foy a multiplication.

A venir donques au propos et entention de l'escripvain de ceste presente escripture, il est assavoir que le dit roy d'Armenye, poursivant de tout son pooir le traictyé dessustouchié, a Paris une fois vint oyr une messe en une petite chapelle de Nostre Dame la tres doulce Vierge Marie, laquelle chapelle est assise en l'enfermerie du monastier et couvent des humbles sers de Dieu, les Celestins de Paris.[99] Or avint que

---

98. Golenistcheff-Koutouzoff tells us that several sources attest to Leo's having been freed from prison in 1382 after seven years in captivity by John I, king of Castille (*Etude,* 35).

99. In 1384 Leo set up house in Paris until his death in 1393. He often visited the Celestine convent where Philippe, who was an executor of his will, resided, and the two, having much in common, must have talked often (Golenistcheff-Koutouzoff, *L'Histoire de Griseldis,* 51-52). The Celestines were an austere congregation founded by St. Peter Celestin (c. 1210-96) in Italy, incorporated into the Benedictine order by Urban IV in 1263, but they disappeared in the

aprés la dicte messe, devotement ouye, le dit roy Lyon d'Armenye
appella le solitaire, custode de la dicte chapelle, et, par sa grace, en grant
devotion parla au dit custode de pluseurs choses touchans a son emprise
de recouvrer son royaume de l'estat d'Oryent du souldan de Babilone du
paÿs de par dela, et comment legierement a l'ayde de Dieu se porroit
conquerre et des circunstances appartenans a la dicte matere.

Et pour reconforter la Crestienté et par especial les princes et
hommes d'armes de l'ayde de Dieu et de la doulce Vierge Marie, en
faisant pais l'un a l'autre et vaillanment emprendre la saincte guerre de
Dieu, au dit solitaire, custode de la dicte chapelle, a tres grant devotion
aprés la dicte messe le roy raconta un grant miracle de la doulce mere de
Dieu, si grant, si plaisant, et si merveilleus que le dit solitaire ne lut
onques le pareil en nulle escripture /181ᵛ ne si visible ne si autentique; et
l'afermoit en verité le roy par la maniere qui cy desoubz appara, duquel
miracle le dit roy d'Armenye fu[100] clerement enfourmés par tout le tamps
qu'il demoura prisonnier au Caire en Babilone.

Du biau miracle de la Vierge Marie chascun an demonstré entre les mescreans sarrasins en Egipte.

Le .xij.ᵉ chapitre

Le roy raconte que a .vj. lieues du Caire, venant devers la mer a une
grant ysle dedens le flun ou riviere du Nil [appellee Rousseth],[101] laquelle

---

early nineteenth century. Philip the Fair welcomed them to France from 1300 on, and Charles V later granted them his protection. While still dauphin, he founded their Paris convent on a site near the present Arsenal Library on the right bank of the Seine, where the memory of the convent still subsists today in the name of the quay at this point, "le quai des Célestins" (Joseph Duhr, *Dictionnaire de spiritualité ascétique et mystique, doctrine et histoire,* ed. Marcel Viller et al., vol. 2 [Paris: Beauchesne, 1953], cols. 377-85).
100. fu(t).
101. Rousseth, identified here by Philippe as an island on the Nile, is almost certainly Rosetta of the Rosetta stone fame. Formerly Bolbitinic, Rosetta is a town at the mouth of the Nile, eight miles upstream and thirty-five miles northeast of Alexandria, and is the name given to the west branch of the Nile River (*The Columbia Lippincott Gazeteer of the World,* ed. Leon E. Seltzer [New York: Columbia UP, 1952; 2d ed. rev. with suppl. New York: Columbia UP, 1961]). The town appears as *Bolbitium ostium* in the *Tertiae Africae Tabula* of the Strasbourg 1513 edition of Ptolomey's *Geographia,* rpt. with intro. by R. A. Skelton (Amsterdam: Theatrum Orbis Terrarum, 1966).

ysle est faicte en maniere d'un escu dont la pointe est devers (la mer) le Caire et le chief vient jusques a la mer, toute enclose de la dicte riviere du Nil et de la mer, et est si grant ysle qu'elle a de tour cent lieues ou environ et dedens a bien .v. cent villes grandes et petites, toutes descloses et a la dicte [ysle] du costé Damiete et de l'autre Alixandre. Le roy d'Armenye raconte que en ceste ysle dedens terre, et non pas ou chemin des pelerins qui vont d'Alixandre au Caire et de Damiete, a une journee ou environ de Babilone, a une esglise de Jacobins tres ancienne. Ce ne sont pas Jacobins de saint Dominique, mais c'est une generation et secte de Crestiens sismatiques, comme sont les Gres et Hermins et pluseurs aultres sectes de Crestiens en Orient.[102] Et pour venir au biau miracle, les dessusdiz Jacobins, de si long et de si ancien tamps qu'il n'est pas memoire du contraire, ont acousturmé de faire une tres grant solempnité de la tres doulce Vierge Marie a certain jour acoustumé, c'est assavoir entre le jour de Pasques et le jour de l'Ascencion, a laquelle solempnité toute maniere de gens vienent et sans nombre, Sarrasins, amiraulz, grans seigneurs, Thurchs, Tartres,[103] Juifz, Crestiens et toutes generations. Les Sarrasins pluseurs y vienent pour ce qu'il ont grant devotion a la Vierge Marie,[104] et les aultres y vienent pour veoir si grant mervaille, et les aultres pour truffer et degaber les Crestiens.

Or est ainsi que a la dicte /182 journee a l'eure de tierce que la messe solempnele se doit celebrer, l'evesque ou prestre jacobin, qui doit faire l'office, vient a l'autel de la dicte esglise, laquelle est si plaine de toute maniere de gens cy dessus recitees que plus non puet. Et tantost que l'evesque ou prestre se commence a revestir pour faire le divin

---

102. Here Philippe accurately describes the Coptic sect of Jacobites. The early Jacobites were so called because they followed the teaching of the Syrian Monophysite bishop Joseph Baradaeus (E. El Hayek, "Jacobites (Syrian)," in *New Catholic Encyclopedia,* vol. 7 [New York: McGraw-Hill, 1967], 795-96). The schism was healed in 581, but the name continued to be applied to the Syrian Monophysite Church and was also used for the Copts in Egypt (Adrian Fortescue, "Eastern Churches," in *The Catholic Encyclopedia,* vol. 5 [New York: Appleton, 1909], 230-40, particularly 233-34).
103. For *Tartares* (Flutre, *Table des noms propres,* 302).
104. Muslims had great reverence for the Virgin Mary. She is mentioned as Maryam thirty-four times in the Koran and is identified as the mother of Jesus in twenty-four references. Sura 3: 31-63 treats solely of her birth, the Annunciation, and Jesus' birth. The Koran, paralleling the Gospel of Luke, has the angel say to her, "Allah has chosen you and made you pure and exalted you above all women" (3: 42); elsewhere it extols her virtues thus: "She put her trust in the words of her Lord and believed in His Scriptures" (66: 12).

office, incontinent et en un moment vient une nuee, non pas tourble mais clere, en la dicte esglise, c'est assavoir au plus hault de la dicte esglise par dedens, devers les vaultes de l'esglise; et tantost, par le divin miracle, en la dicte nuee et de la dicte nuee sont fourmés et apperent grant plenté d'angeles qui tienent de toutes pars une trop belle et trop riche chayere, fourmee en l'air, comme dit est; et samble que les diz angeles [portans la dicte chaiere], soyent entrés par les voultes de l'esglise, lesquelx angeles portent la dicte chayere en un certain lieu de l'esglise en hault et le mettent la en l'air, comme s'i l'asseoyent en terre en un lieu honorable; et se fait, tantost se partent et se esvanuissent, que nulz ne puet apercevoir qu'il devienent, la belle chaiere fourmee d'air demourant en l'air, comme se elle fust assise a terre. Et tout ce visiblement et clerement voyent tous ceulx et toutes celles qui sont en l'esglise.

Tantost aprés on voit venir, comme dit est, une tres belle et admirable [dame] acompaignie de grant plenté de tres belles dames, toutes fourmees de la nuee, laquelle dame a grant reverence s'assiet en la chaiere; et les autres dames sont toutes entour lui derriere, a destre et a senestre, aussy, comme entendans et attendans ses commandemens; et que plus est, confirmant le miracle, la belle dame, richement paree, par samblant ne fait aultre chose forsque[105] sans intermission de sa main destre elle sengne le peuple et donne sa benediction. Et l'office de la messe toujours se fait.

Assés tost aprés que la belle dame est assise en la chaiere, les sains de Paradis a grans routes, chascun en son ordre, l'un aprés l'autre, comme dessus fourmés en l'aire de la dicte nuee, vienent devant la belle dame, et, en lui aourant, parfondement s'enclinent—et elle ne fait aultre chose que sengnier et donner sa benediction—c'est assavoir les patriarches, prophetes, apostres, /182ᵛ evangelistes, martirs, docteurs, confesseurs, vierges, vuesves et continens, chascun degré des sains avec leur chevetaines et leur habis et signaus, par lesquelz des Crestiens il sont clerement congneus, si comme le tres saint David a toute sa harpe, et saint Jehan Baptiste a toute sa haire, saint Lorent a tout son greil, saint George a toute ses armes, et la belle Katherine a toute sa roe. Et briefment, tantost que l'un ordre des sains a fait la reverence, comme dit est, il se part et est evanuy et l'aultre vient. Et dure ceste vision merveilleuse, tres doulce et gracieuse, tant et si longuement comme l'office dure. Et est tout compli, et tantost que l'evesque ou le prestre est

---

105. for{s}que.

desvestus de ses ornemens, visiblement la belle dame a toute sa belle compaignie se part en un batre d'eul; et ne puet nulz apparcevoir par ou elle entra en la dicte esglise, ne par ou elle s'en va.

    Et toute la dicte vision de point en point toute maniere de gens, creans, et mescreans, voyent si clerement et si distinctement comme aucune chose se puet veoir a l'eul. Et dit le roy d'Armenye au solitaire, custode de la petite chapelle de Nostre Dame, que en verité et en sa conscience, cestui miracle et admirable vision de Nostre Dame la doulce Vierge Marie est aussi notoire a toutes gens, creans et mescreans, de Egipte, que nulle chose puet estre, affermant que en .vij. ans qu'il fu prisonnier au Caire il ne pot onques empetrer du souldan congié d'aler veoir la merveilleuse vision susdicte.[106] Mais toutefois chascun an des dictes .vij. annees, par congié il mandoit ses gens et familiers qui le servoyent, vrays Crestiens et bons Catholiques, a veoir le dit miracle, lesquelz par leur bonne foy rapportoyent au roy de point en point toutes les choses susdictes. Et dit le roy qu'il en est enfourmés par renommee publique et par relations singuleres de vrays preudommes, marchans crestiens et aultres sarrasins.

    Encores dit plus le roy que anciennement les Crestiens qui mieulx mieulx jetoyent leurs hamemmes en hault a la belle dame--hameme est un touaillon long de .x., de .xx. braces ou de .xxx., de fine toile, de laquelle les Sarrasins et Crestiens envolepent leurs testes au ront, et n'ont aultres chaperons et les Sarrasins portent leur hamemes de toile, comme dit /183 est, toute blanche et les Crestiens de par dela les portent bleues, pour estre congneus entre les Sarrasins--et briefment a parler, chascun an une des hamemes, de celui qui estoit plus devot et agreable a la Vierge

---

106. Muslim attachment to the Virgin has not diminished. Jehan Sadat, writing of the fear among Muslims that the Israeli victory over Egypt was due to the piety of the Jews as opposed to Muslim neglect of the divine way, noted that all Egyptians, both Muslims and Christians, flocked to the places of worship. What is of interest to us here is her report that for more than a month "hundreds of Copts saw an apparition of the Virgin Mary floating in the air above a church in one of our most densely populated areas. When the elders of the church interpreted the Virgin's message as 'I know, Egyptians, that you can no longer come to see me in Jerusalem, so I have come to see you in Cairo,' it made the front page of *el-Ahram,* our most respected and widely read newspaper" (*A Woman of Egypt* [New York: Simon and Schuster, 1967], 231). We see from the mention of the apparition in a Christian church not only that the belief in the apparition of the Virgin in the air continues to hold sway in modern times but also that Muslim readers of the newspaper would be interested.

Marie, arestoit lassus en l'air devant la belle dame et la demouroit tant que l'office estoit compli et que la vision estoit departie. Et lors la dicte hameme chaioit ou pavement de l'esglise, et tantost estoit decaupee par petites pieces, et bien eureus estoit qui en pooit avoir une piece pour relique; mais pour les pechiés du monde et des Crestiens, trop grant tamps a que nulle hameme en l'air n'aresta.

Encores dit plus le roy, que maintefois est avenu que, quant aucuns devos Crestiens desiroyent a savoir l'estat de leurs parens ou amis trespassés et de ce faisoyent devote priere a la tres doulce Vierge Marie, avenoit que, a la dicte journee de la solempnité susdicte, les dictes personnes devotes veoyent visiblement et recongnoissoient leurs parens ou amis fourmés en l'air, comme dit est, en la compaignye des sains qui faisoient reverence a la belle dame. Et pour mieulx affermer cestui derrain miracle, le roy raconta au solitaire dessustouchié que en sa bonne foy et conscience, lui, estant prisonnier, comme dit est, aprés la mort de la royne sa compaigne et de tous ses enfans, une damoiselle qui avoit longuement servi la royne, laquelle estoit moult devote, ala personnelment a la dicte solempnité et pria de bon cuer a la Vierge Marie qu'elle peust veoir sa maistresse la royne, laquelle damoiselle ne fu pas defraudee de son desir, et dit publiquement et jura au roy par tres grant serment, qu'elle avoit veu et recongneu la royne sa maistresse et une des filles du roy en l'air en la compaignie des sains; et ainsi l'afremoit vrayement.

Encores dit le roy, en confirmant la belle vision, que quiconques vaudra aler par dela, le roy li baillera ses lettres adreçans a certains marchans crestiens preudommes, ses amis, qui demeurent au Caire, lesquelx clerement enfourmeront ceulx qui yront par dela et monsteront de fait le biau miracle et la merveilleuse vision, mais que ce soit en la saison et au jour de la dicte solempnité.

Encores dit le roy, par publique /183^v renommee confirmant, que aucunefois a la dicte solempnité on voit la belle dame seant en sa chayere, vestue de coulour fine asuree et autrefois de coulour verde, et autrefois d'autres riches coulours. Et toutes les choses susdictes le vaillant roy d'Armenye en parole de roy devant Dieu et sa tres doulce mere au povre solitaire affirma en verité, voire par ouyr dire, en la maniere que dit est. Et le povre custode, indigne d'estre nommé, devot tel ou quel et inutil, de sa tres doulce esperance, l'avocate des pecheurs, reconforté en sa vielesse d'une si belle vision et estrange miracle de la mere de Dieu, sa tres doulce maistresse, desirant que ceste belle vision nouvelle par deça et ancienne par dela, soit doulcement revelee aus devos

de la tres doulce Vierge Marie, a mis en escript cestui biau miracle, priant a tous ceulx qui cestui grant miracle lirront, lequel est assés souffissant pour convertir en la foy toute Egipte et Surye, veuillent prier a Dieu et a sa tres doulce mere pour le dit Lyon, vaillant roy d'Armenie,
5 et pour ce povre escripvain, garde de la chapele de la Vierge Marie.

Le prologue d'un retrait a la Vierge Marie par le moyen d'une devote oroison.

    Aprés si beau miracle de la Royne du Ciel et aprés les noces
10 vertueuses et sacrement d'icelles garnyes de pierres precieuses, de flours et de planetes et de medecines diverses prolixement et grossement en cestui livre, miroir quarré appellé, descriptes, il est tamps par [la] grace de Dieu de tirer le frain a soy, car la beste est moult foible et a grandement traveillié d'aler d'Occident en Orient, de Midi en
15 Septentrion, en cueillant pierres et flours pour le reconfort des dames mariees et des maris aussy et de tout bon Crestien; et pour ce est il besoing de parvenir au sabbat et reposer, car on ne puet pas toujours cheminer. Il se dit en proverbe qu'il fait bon avoir un bon retrait[107] et par especial a ceulx qui sont en guerre ouverte comme nous sommes en ce
20 monde mortel, ou quel ne se treuve vraye pais, selonc le dit du tres saint Job. Le retrait /184 des balades et virelais mondains est proprement le refrain contenant en substance la matere de la chanson, lequel refrain par maniere de joye et de gracieux retrait est souventefois recités.
    A nostre propos, moralment parlant, le doulz retrait et refrain de
25 nostre chanson en cestui livre, non pas sans larmes piteusement chantee, c'est le Fin Dyamant, l'Estoille tremontane, la Pierre d'aymant touché au Fin Rubin et a la riche Escarboucle, dont le grant feu sailly qui plainement enlumina les tenebres de ce monde, c'est le seeur, riche et delitable retrait auquel les anemis jamais n'oseroyent approchier. C'est le
30 tres doulz refrain qui par son tres humble frain restraint le cours de la grant yre de Dieu le Pere. Cestui refrain, cestui retrait, en toutes ses parties seeur et parfait, est la fournaise d'amour ardant, en laquelle fu pretrie et cuite la paste sans main mettre dont le pain est appellé Pain de Vie, c'est nostre mere: c'est nostre advocate, la tres doulce Vierge
35 Marie. Et comme il fu dit ou prologue de cestui livre, pour seurté et

---

107. Ps 84: 3; Mt 8: 20.

doulce conclusion retrayons nous pour reposer et pour grace empetrer a cestui noble, precieux retrait.

Et pour estre y recueillis a nostre grant neccessité nous li dirons, en souspirant, avec saint Bernart, "Ma doulce dame, qui est celui que ne te doye amer et avec toy par ta grace volentiers converser? Car tu repares toutes [choses] desparees, tu es d'amour une cheminee plus belle que le solail, plus doulce que le miel, tu es le thresor de bonté et le miroir d'onesteté et example de toute saincteté. Tu es amable a tous, affable et delitable. Quel merveille! car tu es le siege de sapience, la riviere de clemence et le ray de divinité, ne il n'est nulz qui se puisse absconder de ta saincte chalour amoreuse, car tu es le solas des miserables, le refuge des habandonnés, la delivrance des prisonniers, medecine des malades et mere des petis enfans, espouse des seures, royne des combatans et dame des vaincans et tous anemis surmontans, ne il n'est nulz qui a ta volenté puist resister.[108] A tel dame," dit saint Bernart, "nous miserables et afflis en ceste valee de misere,[109] en souspirant retraire nous /184ᵛ devons, voire par maniere d'oroison et de supplication et de cordiale et humble recommendation." Et combien que les sainctes oroisons et recommendations en latin sainctement ordenees par nostre mere saincte Esglise adreçans a la mere de grace, la tres doulce Vierge Marie, se doyent et dire et chanter et souventefois devotement repeter, toutefois il souvint et vint au devant a ce viel alkemiste, a ce povre solitaire, comment le doulz Jesu, au disner figuré de ses piteuses noces et a sa fin lacrimable, fist oroison a Dieu son Pere en langage maternel quant il dit, "*Hely, hely! lama sabathani.*" [110] Et saint Pol aussy l'apostre a sa fin, quant il meisme se benda les yeux et se mist a genous quant on li devoit cauper la teste, il fist une longue et devote oroison a Dieu en son langage vulgar et maternel.[111] Car combien que le latin soit le plus beau langage du monde et le mieulx aourné par lequel on puet mieulx et plus largement exprimer tout ce que on veult dire, toutefois chascune creature naturelment s'entent mieulx en son propre langage que en autre quelconque langage forainement acquis. Et pour ce le povre solitaire par

---

108. Philippe seems to attribute this praise of the Virgin to Bernard, but incorrectly, since Mary is not called *speculum honestatis* in Bernard.
109. The phrase *ceste valle de misere* reflects Bernard's valley of tears, "hac convalle plorationis," *Epistola* 114.1 (*Sancti Bernardi Opera,* 7: 291-93).
110. Mt 27: 46; Mk 15: 34.
111. This detail is not provided in Jacobus de Voragine's *The Golden Legend* 1: 341-46, particularly 344.

doulce charité presente aus dames mariees et a tout bon Crestien une simple oroison, selonc sa povre devotion, en françoys, adreçans a la Vierge Marie, qui contient en substance toutes recommendations devotes et expedientes[112] a creature crestienne, c'est assavoir sans tenir regle ou ditié en la dicte oroison, en tenant la fourme de l'ame pecheresse et aucunement devote qui priveement revele a la mere de Dieu sa tres doulce esperance, tout son desir et toutes ses neccessités.

Une oroison a la Vierge Marie remplie de recommendations que l'aucteur de cestui livre presente aus dames mariees, a leurs maris et a tout bon Crestien.

Le .xiij.ᵉ chapitre

Belle, tres doulce, glorieuse Vierge Marie, dame de Paradis, royne de tout le monde, mere de pitié, Fontaine d'umilité, qui portastes le vray corps de nostre /185 Seigneur Dieu, Jesu Crist, Roy de tout le monde, .ix. moys en vos precieux costés, de vos precieuses et doulces mamelles l'aletastes, tres doulce dame, vierge [en] enfantastes, devant l'Anonciation vierge, en anonchant vierge, en portant vierge, en enfantant vierge, aprés l'enfantement vierge, et toujours vierge, Royne des vierges, princesse d'umilité, haulte royne, puissant empererix, Vierge Marie, haulte Fenestre du Ciel, tres saincte Porte de Paradis par qui nous tous avons entree, tres doulz, glorieuse vierge honneree, haulte Estoille de Jacob, tres saincte Verge de Jesse portant la tres doulce Fleur et le tres doulz Fruit de vie, mon tres doulz Seigneur Dieu, Jesu Crist, Estoille de mer ravoyans les maronniers desvoyans.

Ma tres doulce dame, ma tres doulce mere, ma tres doulce advocate, ma tres doulce conseilliere, ma tres doulce maistresse et ma tres doulce esperance, je vous prie mercy et a mon doulz Seigneur Dieu, Jesu Crist, par vostre tres doulz moyen, tant comme je puis non pas tant que je deveroye, car je ne souffiroye de tous mes pechiés nouviaulx et vielz, transgressions et iniquités que je feis onques puis l'eure que je fu nés jusques au jourd'ui, que je consentis a faire, qui ont esté fais (pour) par moy, et desquelz j'ay esté cause, par lesquelx pechiés j'ay amerement offendu mon tres doulz Seigneur Dieu, Jesu Crist, et toute la Trinité, vous ma tres doulce dame, les sains et les saintes, les creatures de Dieu et les elemens, mon proisme et moy meismes.

---

112. espe*(n)dientes.

Encores, ma tres doulce dame, je vous rens graces telles comme je puis non pas telles comme je vaudroye et a mon tres doulz Seigneur Dieu, Jesu Crist, par vostre doulz moyen, de tous les benefices, graces, doulçours et misericordes que j'ay receuz de vous et de mon tres doulz
5 Seigneur Dieu par vostre doulz moyen, lesquelx benefices et graces sont tant si gracieus et si merveilleus que ymaginier ou descripre je ne saveroye et ne porroye.

Et pour ce que je, vil pecheur, suis pelerin en ce monde et avironné de toutes pars de mes anemis visibles et invisibles, ausquelx je ne puis
10 resister /185ᵛ de moy sans grace singulere, pour ce est il ma tres doulce Esperance, que je me rens a vous et a vostre doulce pitié de tout mon cuer et me recommande a vous entierement et a mon tres doulz Redempteur Jesu Crist, par vostre plaisant moyen, a sa saincte et amere Passion, a sa saincte et precieuse [vraye] croys, a ses miserations
15 anciennes et nouvelles, et a vostre tres saincte protection et doulce misericorde, c'est assavoir mon corps et mon ame, mes fais, mes dis, et mes pensees, tout ce que j'ay a faire, a dire, et a penser, tous ceulx et toutes celles pour lesquelx je suis tenuz de prier en general et en especial.

Et premierement en especial, je vous recommande, ma tres doulce
20 advocate, la saincte foy catholique en la Crestienté d'Orient, de Midi, et de Septentrion, toutes les frontieres des Crestiens encontre les anemis de la foy en quel lieu qu'il soyent, la saincte cité de Jerusalem, la Terre Saincte, et tous les Crestiens qui sont en servage et en grieve servitude des anemis de la foy en quel lieu qu'il soyent et par especial nos freres
25 catholiques.

Encores, ma tres doulce maistresse, je vous recommande et a mon doulz Seigneur Dieu, Jesu Crist, par vostre doulz moyen, la Crestienté d'Occident, la saincte foy catholique, nostre mere saincte Esglise de Romme, nostre saint pere le pape Climent et tout ce qu'il a a faire, a dire
30 et a penser, tous les pasteurs, prelas, religieux, et serviteurs de l'Esglise de Dieu et tout le clergié et par especial tel ou tel, teulz ou telz.

Encores, ma tres doulce esperance, mere de Dieu, Vierge Marie, je vous recommande devotement, tant comme je puis et say, tous les roys, princes, seigneurs, et gouverneux de la Crestienté d'Occident et
35 singulerement et devotement je vous recommande Charle nostre (roy) gracieux roy de France, sa couronne, son frere, son lignage, son hostel, son estat, et tout son gouvernement. Veuilliés le conforter toujours et adrecier, tres doulce Vierge Marie, et garder de ses anemis visibles et invisibles, et li veuilliés empeter vraye cognoissance de tout ce qu'il a a
40 faire, a dire et a penser, vraye election es consaulx et vertueuse /186

emprise, vraye doctrine catholique, vraye amour au peuple a lui commis, vraye humilité, et la doubtance de Dieu.

Et li veuilliés empeter doulcement qu'il puisse tellement gouverner le royaume que ce soit a la loenge de Dieu et de sa saincte foy catholique et unité de l'Esglise au sauvement des ames et consolation des subgés, bon example de toute la Crestienté et finablement a la redemption de la saincte [cité] de Jerusalem.

Mere de gloire, je vous recommande la royne de France, nos grans dames royales, toutes les autres dames et femmes du royaume de France.

Tres doulce Vierge Marie, je vous recommande tous nos grans seigneurs royaulx et tous les aultres et par especial telz et telz et tous les gouverneux et officiers du royaume de France [et de la chose publique de la Crestienté]. Ma tres doulce dame, je vous recommande tout le peuple de la Crestienté d'Occident, amis et anemis et par especial le pueple du royaume de France. Ma tres doulce mere, Royne du Ciel, je vous recommande singulerement le royaume de France, le paÿs de Picardie et par especial tous mes seigneurs, amis acquis, [affins] charnelz et bienfaicteurs, debteurs, amés et recommandés, amis et anemis. Et si vous recommande tous les povres du royaume et d'ailleurs qui sont en tribulation pour la guerre et autrement. Et si vous recommande devotement tous mes freres crestiens qui ont guerre, hayne, et dissention l'un contre l'autre: veuilliés les ramener par vostre doulce pitié a bonne pais, amour, concorde et charité.

Encores ma doulce advocate, je vous recommande la pais universele de toute la Crestienté et par especial la pais, bon estat et bon gouvernement du royaume de France, du roy d'Engleterre, de nostre mere saincte Esglise et l'union d'icelle. Ma tres doulce esperance, tres singulerement je vous recommande tel ou tel, telz ou telz, telle chose ou telle chose en especial, c'est assavoir parens, amis, maris,[113] espouses, filles, filz, et voisins, habitations, biens et possessions, et toutes choses touchans aus[114] cuers raisonnables, piteuses, et neccessaires pour le corps et pour l'ame, lesquelles choses seroyent trop longues a escripre. Et a ceste clause de ceste /**186ᵛ** presente oroison et recommandation, il fault faire une bonne entrevalle et les dictes recommendations faire par cuer et en contemplation a la doulce Vierge Marie avec larmes devotes, qui les porra empeter, et puis retourner aus aultres recommendations cy desoubz recitees.

---

113. mari[s].
114. au[s].

Belle, tres doulce Vierge Marie, pour le salut des ames je vous recommande encores l'Esglise de Dieu militant, sa bonne pais, son union, et sa transquilité. Et vous pri, ma tres doulce advocate, que, non obstant la vilté de mes pechiés nouviaulx et vielx et l'ocurté de ma vie, par vostre tres saint moyen je soye participans et par grace des sainctes oblations du precieux corps de nostre Seigneur Dieu, Jesu Crist, qui est touz les jours offers a Dieu le Pere ou saint Sacrement de l'autel en l'Esglise de Dieu universele tant de fois que sans nombre, monstrant la grant amour et doulceur qu'il a a son peuple crestien.

Encores, je vous pri, ma tres doulce maistresse, que par vostre doulz moyen je soye participans et par grace des sainctes orations, contemplations et suffrages, euvres de pitié et bienfais qui ce font en l'Esglise de Dieu. Encores tres doulce mere de Dieu, Vierge Marie, je vous recommande tous les sismatiques, hereges, rebelles et infidelz qui sont par tout le monde. Veuilliéz prier a mon doulz Seigneur Dieu, Jesu Crist, qu'i les veuille appeller et rappeller a sa saincte foy catholique et a l'union de l'Esglise.

Encores, ma tres doulce dame, je vous recommande tous nos freres crestiens qui sont vrays marchans, povres, pelerins, laboureux, malades, mendians, navigans, en prison et en tribulation. Encores, ma tres doulce dame, le vous recommande le saint passage d'oultre mer et le secours de la Terre Saincte et tous ceulx et toutes celles qui ont devotion, desir et esperance que le saint passage se faisse et que la saincte cité de Jerusalem et la terre saincte soyent delivrees de la main des anemis de la foy (catholique) et sainctement ramenee a la sainte foy catholique et au divin service de mon doulz Seigneur Dieu, Jesu Crist.

Encores (ma) tres doulce mere de Dieu, je vous recommande tous mes freres crestiens qui par la bonté de Dieu sont en estat de grace et ceulx aussy qui sont en pechié mortel: les uns veuilliés garder et conforter et, par vostre tres doulz moyen, les autres delivrer. Encores, ma tres doulce advocate, /**187** je vous recommande les fruis de terre et toute la neccessité de mes freres crestiens.

Encores, tres doulce Vierge et mere de Dieu, je vous recommande les sainctes [oroisons] des amis et esleuz de Dieu en la Crestienté qui jour et nuit deprient et non sans larmes a la divine misericorde pour restraindre[115] et appaiser la verge rigoreuse de Dieu au jourd'ui pour nos pechiés plus que onquemais regnant en la Crestienté. Veuilliéz prier, ma doulce dame, a vostre doulz filz, vostre tres doulce amour comme

---

115. rest*[r]aindre.

moyenne entre Dieu et l'omme, et advocate des pecheurs, qu'il li plaise a mettre l'espee ou forel et muer les cuers des Crestiens de mal en bien et par especial les cuers des chiefs et princes de la Crestienté.

Glorieuse Vierge Marie, je vous recommande toute maniere de crestiens prisonniers et par especial ceulx qui sont en la main des anemis de la foy. Encores ma doulce dame, je vous recommande toutes Crestiennes qui labourent et traveillent en portant fruit de leurs corps et par especial a leur enfantement. Encores ma doulce conseilliere, je vous recommande tous mes freres crestiens et crestiennes ferus de griefves maladies: veuilliés les conforter doulcement et empetrer patience. Encores, ma doulce dame, je vous recommande tous mes freres crestiens qui sont fort temptés par temptation humaine et spirituele: veuilliéz les aidier et conforter et empetrer plaine victoire.

Tres doulce Vierge Marie, ma tres doulce esperance, tres humblement je vous recommande mon lignage, mes prochains, mon hostel, et mon habitation, ma compaignie, et la famille que Dieu m'a presté pour le service et neccessité de ma fragilité: ayés pitié et mercy de nous et nous veuilliéz garder de pechié mortel et empetrer vraye cognoissance, vraye contrition, confession, et satisfaction de nos pechés toujours par amendement et plaine cognoissance des benefices que nous recevons de mon tres doulz Seigneur Dieu, Jesu Crist, et de vous, en rendant graces sans intermision. Et me veuilliéz ottroyer, ma doulce dame, que ceulx qui sont soubz mon gouvernement je les puisse tellement /187ᵛ gouverner et paistre par bonne doctrine et bon example temporelment et spirituelment que ce soit a la loenge de Dieu et sauvement de nos ames pecheresses.

Encores, ma doulce maistresse, je vous recommande tous ceulx et toutes celles qui ont aucune esperance de charité en ma povreté et grande fragilité et tous ceulx aussy et toutes celles es quelz j'ay esperance de leur bonté en Dieu, amour et vraye charité: veuilliéz les conforter et adrecier et garder de pechié mortel et empetrer doulce consolation. Et me veuilliés ottroyer que je soye participans de leurs saintes orations, suffrages, bonne volenté et saintes contemplations.

O tres saincte Estoille de mer reluisans, portant la lumiere de vie, doulce Vierge Marie, je vous recommande singulerement mon petit estat, ma fragilité et le remennant de ma vie et les biens aussy que mon doulz Seigneur Dieu, Jesu Crist, m'a presté largement en ce monde par le moyen de vostre doulce pitié et preste encores de jour en jour, de heure

en heure, de moment en moment tan[116] spirituelz comme corporelz et
temporelz, desquelx biens je recongnois devant Dieu que je n'en suis pas
dignes, voire pour le vilté de mes pechiés et l'oscurté de ma vie.

    Nientmains, ma doulce dame, de tout mon cuer et de toutes mes
entrailles je en rens graces a mon doulz Seigneur Dieu, Jesu Crist, et a
vous, telles comme je puis et say, non pas telles que je vaudroye et
deveroye, car je ne souffiroye. Et pour ce, ma doulce esperance, que
toute loenge humaine est trop briefve a loer et regracier la majesté
divine, bonté et doulceur de mon doulz Seigneur Dieu, Jesu Crist, pour
ce vous prie je, mere de Dieu, Vierge Marie, qui estes advocate et
moyenne entre Dieu et l'omme, que vous veuilliés acomplir et supplir
pour moy, vil pecheur, et pour tous loyaulx Crestiens et par especial
pour mes amis et recommandés envers vostre tres doulz filz tout ce que
nostre fragilité humaine ne porroit acomplir.

    Glorieuse et tres heureuse Royne du Ciel, Vierge Marie, il me
souvient de la parole que vostre doulce Amour, Jesu Crist, a ses apostres
et a nous tous dit en la saincte Evangile, "Sans moy," dit il, "vous ne
poés riens faire,[117] c'est assavoir de bien ouvrer ne vous garder de mal."
Et pour ce, /188 ma doulce esperance, que je say et croy fermement qu'il
ne vous refuse chose que vous li priés, pour ce je vous supplie
devotement a grant confiance, ma doulce mere, que vous li veuilliés prier
pour moy, vil pecheur, que par la doulce ramembrance de l'amour qu'il
a monstré a vous et a humaine (creature) generation et par le merite de sa
saincte et amere Passion, de grace especiale il me veuille ottroyer
entendement, force, sens et bonne volenté de lui doubter et amer
parfaittement par dessus toutes choses et aprés lui mon proisme, en
gardant reveraument et delictablement ses doulz commandemens et en
desirant ardamment de veoir clerement sa face glorieuse, qui est
conclusion et fruition de toute delectation et joye de Paradis.

    Et par vostre tres doulz moyen et priere, mere de Dieu, le doulz Jesu
me veuille garder le remennant de ma povre vie [et jusques en la fin bon
et entier sens et entendment et une doulce memoire. Et me veuille
garder] de tout pechié mortel et par especial il me veuille garder
doulcement de toute avarice, convoitise, rapine, et prodigalité, et
souverainement de toute ingratitude, vaine tristesse, vil timour,
impacience, orgueil, envie, yre et malivolence, gloutonnie, libidene et
ambition, ignorance, inobedience [et] detraction, [adulation], susuration

---

116. For *tant*, indicating a final silent consonant.
117. Jn 15: 5.

et murmuration, incrudelité, dissimulation immonde et vaine cogitation, luxure, pollution, errour et iniquité, peresse, negligence, inconstance et tepidité, malediction, cruaulté et inhumanité, precipitacion, infelicité, escandle et legiereté, vaine presumption, arrogance et vanterie, elation mendace, curiosité, vaine gloire et ypocrisie, sentence de excommunication, deshordenee suspicion, sorcerie et toute supersticion, blasfeme, dureté de cuer et oblivion, mort soudaine, trop parler, trop silence, indiscretion, ostination et desperation et de toute autre transgression, glorieuse Vierge de consolation.

    Tres glorieuse Vierge Marie, mon confort, mon solas et aprés Dieu ma vie, je vous recommande et a mon doulz Seigneur Dieu, Jesu Crist, par vostre doulz moyen, les ames des trespassés de ce siecle qui mercy attendent et sont en purgatoire, et par especial et singulerement je vous recommande les ames de mon pere et de ma mere, de mes suers et de mes freres, de mes oncles et antains, /**188ᵛ** de mes predecesseurs, affins, parens et bienfaitteurs, et singulerement je vous recommande les ames de telz et de telz, de teulz ou teulz, nommant les noms devotement.

    Belle, tres doulce glorieuse Vierge Marie, mere de Dieu et ma doulce esperance, finablement je vous recommande et a mon doulz Seigneur Dieu, Jesu Crist, ma mort et ma vie, mes fais, mes dis et mes pensees, tous ceulx et toutes celles pour lesquelx je suis tenus de prier en general et en especial.

    Et finablement je vous recommande tendrement la terrible heure de ma mort et de mon trespassement, voire en la ramembrance de celle digne, vraye et piteuse recommendation que nostre Seigneur Dieu, Jesu Crist, vostre tres doulz benois [filz] et Peres, mon tres doulz Seigneur, mon tres doulz Dieu, mon tres doulz Createur, mon tres doulz Redempteur et mon tres doulz Maistre piteusement vous recommanda a monseigneur saint Jehan l'evangeliste, pendant en l'arbre de la saincte, vraye croys, pour nos pechiés rachater, quant il vous dit, ma doulce dame, "*Mulier, ecce filius tuus,*"[118] et a son doulz et tres amé disciple Jehan, "*Ecce mater tua.*"[119] *In nomine patris et filii et spiritus sancti. Amen. Ave Maria, gracia plena, dominus tecum. Benedicta tu in mulieribus et benedictus fructus ventris [tui] dulcis Jesus. Amen. Sancta Maria, ora pro nobis, et cetera.*

---

118. Jn 19: 26.
119. Jn 19: 27.

Une briefve oroison adressant au saint Sacrement de l'autel pour finable conclusion de cestui livre et pour confort et reconfort de toute ame devote par le moien et grace du souverain Sacrement des sacremens de l'Esglise, le doulz Jesu pour nous crucifié.[120]

Le .xiiij.ᵉ chapitre

Or reprenons donques tous devotement, mariés et non mariés, vierges, pucelles, vueves et continens, pour conclusion finale de cestui livre, la doulce et saincte memoire des divins sacremens de mariage espirituel en cestui livre prolixement et grossement traittiés, en rendant graces a Dieu de tant de biens. Et pour estre finalement reconforté en corps et en ame, gardé, soustenu et sauvé, au Sacrement des sacremens, c'est assavoir au saint Sacrement de l'autel, tres humblement nous retraions et recommandons. Et par une devote oroison que les sains peres ont composé, doulcement soit finee de la vertu du sacrement /189 et reconfort, tant de fois repeté, la simple naration, si dirons devotement et par grace au saint Sacrement de l'autel, c'est assavoir au Pain de Vie qui virginalment fu conceus et nouris ou benoit ventre de Marie et par especial a la messe a son elevation:

Loenge soit a toy et gloire pardurable, tres saint et precieux Sacrement de l'autel, Jesu Crist, Parole de Dieu le Pere et de la Vierge filz, Aignel de Dieu et vray Salut de ce monde, Fontaine de pitié et Parole de Dieu faicte char humaine, precieuse et tresmonde, ayes pitié de moy.

Loenge soit a toy et gloire pardurable, tres saint et precieux Sacrement Jesu Crist, Loenge des angeles et Gloire des sains, Vision de pais, vray homme et Deité, entiere Fleur et doulz Fruit de la tres saincte et vierge mere, ayes pitié de moy.

Loenge soit a toy et gloire pardurable, tres saint et precieux Sacrement Jesu Crist, Splendour de Dieu le Pere, Prince de Pais et Porte de Paradis, le Pris du monde et nostre Joye, vray Pain des angeles et Jubilation de cuer, Roy et Espous de souveraine virginité, ayes pitié de moy.

Loenge soit a toy et gloire pardurable, tres saint et precieux Sacrement Jesu Crist, la Voye doulce et vraye Verité, Fontaine d'amour et nostre Guerdon, Charité souveraine, Pais et Doulçour,

---

120. Variant hand *C* executed this rubric and the rest of the text on ff. 188ᵛ-189.

vray Repos et Vie pardurable, a toy soit loenge et gloire et de graces action et toute benediction. Benois soyes tu qui es venus ou nom de Dieu, Roy d'Israhel. *Osanna in excelsis*. Ayes pitié de moy. Amen.

GLOSSARY

Words are listed in the form in which they occur in the text. Only one occurrence, not necessarily the first, is given for each word. The Modern French and English equivalents are given.

agarich, m.; agaric / agaric, one of various species of Polyporus, the female agaric is used as a cathartic, f. 116.
ahannables; labourables / tillable, f. 166.
antains, f.; tante / aunt, f. 188.
apostume, f.; tumeur purulente, abcès / tumor, abcess, f. 150.
avalement, m.; apoplexie, congestion cérébrale / apoplexy, stroke, f. 99^v.
avoutire, m. & f.; adultère / adultery, f. 130.
betee; figé (du sang) / congealed (of blood), f. 125.
brehaigne; stérile / barren, f. 42^v.
broche, f.; cheville de tonneau, bonde (c'est à dire le trou de remplissage ou de vidange d'un tonneau ou le bouchon de bois qui le ferme) / the plug stop for a wine barrel. Qui vend le vin a broche; qui vend le vin au tonneau / who sells wine by the barrel, f. 179.
broués; liquides / liquid, f. 127^v.
bruir; broyer / crush, f. 99.
camalyns, m. pl.; étoffes de poile de chèvre ou de chameau / goat or camel hair fabrics, f. 67^v.
cassiafiste, f.; la casse / cassia pods, f. 114^v.
caups cornus, m. pl.; mauvais coups / severe blows, f. 130.
cautement; avec précaution / cautiously, f. 177.
cengle; seul, unique / single, f. 61.
chainte; forme picarde de ceinte / girt, f. 98^v.
chat huant, m.; nom commun de la hulotte / wood owl, f. 129.
chaume, f.; paille / straw, f. 51.
cofins, m. pl.; paniers, couffins / baskets, f. 78.
cognat, f.; parenté / relative, f. 175^v.

corgies, f. pl.; courroies / leather straps, f. 19.
couratiers, m.; courtier / broker, dealer, f. 128; couratiere, f.; f. 127ᵛ.
cristère, m.; clystère / clyster, injection, f. 100.
deffaulte de cuer, f.; maladie de coeur, défaillance / heart failure, f. 127ᵛ.
despire; mépriser / to disdain, f. 118ᵛ.
doulz sain, m.; saindoux / lard, f. 108.
dyaambra, f.; médicament à base d'ambre moulu / medication containing powdered amber, f. 110.
dyaanthos, m.; médicament à base de rosemarin qui conforte le coeur / medication containing rosemary, f. 110.
dyacitonithen, m.; laxative à base de feuilles de séné / laxative made of senna leaves, f. 110.
dyadragon, m.; tragacanthe / tragacanth, f. 100ᵛ.
dyagridi, m.; diagrède, préparation pharmaceutique avec de la scamonnée / medication made with scammony, f. 116.
dyalaxatif, m.; médicament purgatif / purgative, f. 116.
dyamargariton, m.; préparation pharmaceutique à base de perles / pharmaceutical preparation containing powdered pearls, f. 110.
dyapenidon, m.; médicament à base de sucre d'orge / medication made with barley sugar, f. 110.
dyaprunis, m.; électuaire de prunes / syrup of prunes, f. 110.
engenglee; bavarde / talkative, f. 153ᵛ.
englume, f.; enclume / anvil, f. 112.
enrongie; rongée / eaten away, f. 173ᵛ.
entrait, m.; emplâtre, cataplasme ou pansement avec du baume / poultice f. 147ᵛ.
equinancie, f.; maladie de la gorge, esquinancie / quinsy, f. 126.
equipoller; équivaloir / to equal, f. 165.
eschauçon, m.; dégustateur / taster, f. 59ᵛ.
eschoites, f. pl.; héritage collatéral, succession d'héritages ou de rentes non nobles / inheritance, f. 105.
escourch, m.; giron / lap, f. 74.
eslechie; fait rejouir / gladdens the heart, f. 41ᵛ.
estamine, f.; étamine / coarse muslin, f. 104ᵛ.
estoille tremontane, f.; étoile polaire / lodestar, f. 142ᵛ.
estos, m. pl.; pieux / stakes, f. 67ᵛ.
estoupace, f.; topaze / topaz, f. 54.
estoupes, f. pl.; étoupe, la partie la plus grossière de la filasse / tow: bouter le feu es estoupes; mettre le feu / to set a match to the train, f. 102ᵛ (translation given by Harrap's Standard French and English

Dictionary, pt. 1, ed. J. E. Mansion [London: Harrap, 1939; rpt with suppl. London: Harrap, 1961).
estrine, f.; fortune / chance, f. 164.
faville, f.; cendre / ash, f. 51.
fel, m.; fiel / bile, f. 22^v; fiel, m.; f. 21.
festu, m.; paille / straw: un neu de festu; bagatelle / a paltry thing, f. 102^v.
fiente, f.; excrément de certains animaux / dung, f. 129^v.
fimeres; éphémères / ephemeral, f. 102.
flun de sang et de ventre, m.; flux de sang et de ventre, hémorragie et diarrhée / hemorrhage and diarrhea, f. 132^v.
foitié; coagulé / coagulated, f. 20.
fomite, m.; l'aiguillon / goad, f. 43.
forel, m.; forelle / sheath, f. 187.
fourrieres, f. pl.; fourrageuses / foragers, f. 102^v.
fumiere, f.; fumier/ dung heap, f. 73.
gambison, m.; tunique / military tunic of thick cloth or leather, f. 112.
garot, m.; trait d'arbalète / bolt from a crossbow, f. 180.
haire, f.; cilice / hairshirt, f. 182^v.
houlette, f.; houlette / shepherd's crook, f. 83.
incipience, f.; ignorance/ ignorance, f. 51.
ingales; égales / equal, f. 64^v.
jouelles, f. pl.; rubans / ribbons, f. 45.
lectuaire, m.; sirop médicinale / medicinal syrup, f. 117^v.
lenitif; adoucissant / soothing, f. 114^v; lenitive; f. 115.
libidene, f.; volupté / voluptuousness, f. 188.
maloite; maudite / cursed, f. 49^v.
maneeier, sans maneeier; sans ménager / without sparing, f. 102^v.
mirtine; de myrte / of myrtle, f. 160^v.
mite, f.; monnaie de cuivre de Flandres / a copper coin of Flanders, f. 106^v.
mugliat de violettes d'Alixandre, m.; matière dont on faisait des patenôtres odiférants / matter out of which fragrant rosary beads were made, f. 18^v.
musse, f.; lieu où on cache quelque chose / hiding place, f. 111.
nuitie, f.; espace d'une nuit / whole night, f. 19.
obtemperer; obéir / obey, f. 169.
oyseles de Chippre, m. pl.; boules parfumées faites en forme d'oiseau / perfumed balls shaped like birds, f. 18.
parmanable; permanent / permanent, f. 159.
patrenostre, m.; patenôtre / rosary beads, f. 129.

piacelues; desséchées / withered, f. 159ᵛ.
pommes couains, m. pl.; coings / quinces, f. 117ᵛ.
poudre de sené, m.; poudre de séné, drogue purgatif extrait des feuilles du cassier / purgative made of senna powder, f. 116.
pourpoint, m.; doublet / padded doublet, f. 112.
preposition, f.; supposition / supposition, f. 109.
princié, f.; principauté / princedom, f. 159.
quarre, f.; angle que la face d'un object forme avec les autres faces / edge or angle, f. 3.
quelongne, f.; quenouille / distaff; qui sa quelongne filoit; filer avec la quenouille / to spin with her distaff, f. 167.
rampone, f.; reproche / reproach, f. 174ᵛ.
rebondes, f. pl.; rebondissements / rebounds, f. 103.
redargus; opiniâtre / stubborn, f. 157.
reffossiler; ranimer / reanimate, f. 21.
remponant; blâmant / blaming, f. 105.
replection, f.; réplétion / surfeit, f. 128.
repostaille, f.; lieu sûr / repository, f. 27; repotaille; f. 37.
reprehention, f.; blâme / blame, f. 158.
rese; bannie / razed, f. 128.
scamonee, f.; purgative extraite de la racine de diverses espèces de liseron / scammony, f. 116.
serouge, f.; belle-soeur / sister-in-law, f. 175ᵛ.
sethin, bois de, m.; bois de setin qui est semblable à l'aubépine / shittim wood from the shittah tree, acacia wood, f. 112ᵛ.
seut; a coutume de / is accustomed to, f. 20.
sieut; suit / follows, f. 126ᵛ.
sourion, m.; cours d'un fleuve / course of a river, f. 95ᵛ.
stupre, f.; viol / rape, specifically of a nun or a virgin, f. 130.
susceptour, m.; celui qui reçoit / recipient, f. 163.
susuration, f.; calomnie, chuchotement / calumny, babble, f. 188.
terchier; torcher / curry, f. 160ᵛ.
tresmonde; d'un autre monde / beyond the world, f. 189.
triaque, f.; thériaque / theriac, f. 152ᵛ.
turbich, m.; nom vulgaire d'un liseron de l'Inde / turpeth, f. 116.
verche, f.; haut de la tête / crown of the head, f. 125.
vitelline; jaunâtre / yellowish, f. 99.

LIST OF PROVERBS, SENTENCES, AND PROVERBIAL PHRASES

For proverbs recorded in more than one listing, only the most recent publication is noted. Proverbs and sentences identified by Hassel or Morawski are so noted, with the notation of Hassell for James Woodrow Hassell, Jr., *Middle French Proverbs, Sentences, and Proverbial Phrases*, Subsidia medievalia 12 (Toronto: Pontifical Institute of Mediaeval Studies, 1982), and the name Morawski for Joseph Morawski, *Proverbes français antérieurs au XVe siècle*, CFMA 47 (Paris: Anc. Ed. Champion, 1925).

De tes *amis* aus cours des grans seigneurs il en est mains que de feins (f. 1ᵛ). [This is a paraphrase of a part of Reason's discourse on friendship in *Le Roman de la Rose*, lines 4784 ff. (Lecoy, 1: 148)].

Il li sambloit de son seigneur et mari que ce fut un *asne* (f. 100ᵛ).

En un *batre* d'eul (f. 53ᵛ). Hassell B 27.

Au *bec* et aus ongles elle se deffent (f. 98ᵛ).

Comme une *beste* mue (f. 159ᵛ). Hassell B 54.

Qui le *bien* voit et le mal prent il se folie a ensiant (f. 85). Hassell B 93.
Le *bien* qui va d'une part n'est pas bien (f. 88ᵛ).

Pour recognoistre en eulz *blanc* ou noir (f. 3).
Fu mué de noir en *blanc* (f. 39).
De noir *blanc* jugera (f. 98ᵛ). Hassell N 24.
Juge de *blanc* noir (f. 100ᵛ).
Veoir s'il a pris ou *blanc* ou noir (f. 104ᵛ).

Le chien qui maine son maistre l'avugle en la *boe* (f. 126).
Jetés un os enmi la *boe*, le chien menra son maistre ou millieu de l'ordure (f. 126).
Le pourciau se delicte a reposer en la *boe* et le cheval en sa fiente (f. 129ᵛ).

Plus de gens muerent de *caup de langue* que de caup de lance (f. 126ᵛ).

La *chandele* qui les autres enlumine et si se consume tout et a nient elle fine (f. 116).

On mist la *charrue* devant les buefz (f. 102ᵛ).

Fait *chastiaux* en Espaingne (f. 123).

Biau se *chastie* qui par autrui se chastie (f. 83ᵛ). Hassell C 101.

Fais guerre a la *chaume* qui est seche (f. 51).

Elle est sage plus pres que sa *chemise* (f. 140).

Li semble que l'omme soit mué en *cheval* et la farine en biau ble (f. 100ᵛ).
Le pourciau se delicte a reposer en la boe et le *cheval* en sa fiente (f. 129ᵛ).

Sera mengie de la *Chiche-face* (f. 94ᵛ). Hassell C 145.

C'est appetit de *chien* qui jamais ne puet estre saoulé (f. 98ᵛ).
Le *chien* qui maine son maistre l'avugle en la boe (f. 126).
Jetés un os enmi la boe, le *chien* menra son maistre ou millieu de l'ordure (f. 126).

Plus la doubtent que le feu ne fait l'yaue et la *chievre* le coutel (f. 70).

De la *chose* non prisie mettés le la (f. 148ᵛ).

C'est laide chose au docteur quant sa *coulpe* le redargue (f. 178ᵛ).

Loyees en leur *doit* (f. 151).

Il se baignent comme en *doulz sain* (f. 108).

Ferme comme un *dyamant* (f. 105ᵛ).
Ferme comme fin *dyamant* (f. 63). Hassell D 67.

L'euvre de tierce a midi (f. 90ᵛ).

L'escorche de la lettre (f. 34ᵛ).

Comme mortes de *fain* (f. 108).
Meurent de *fain* (f. 58ᵛ).

Li semble que l'omme soit mué en cheval et la *farine* en biau ble (f. 100ᵛ).

Plus la doubtent que le *feu* ne fait l'yaue et la chievre le coutel (f. 70).

La *feuille* qui est demenee du vent (f. 51).

A telle *fourme* tel sanler (f. 108).

Qui n'a *foy* en lui il ne le donne pas a autrui (f. 100).

La n'a point de *frain* tiré (f. 99).

A telle *gaine* tel coutel (f. 108). Morawski 155.

Frois comme *glace* (f. 123).
Froit comme un *glaçon* (f. 26).
Toute refroidie comme un *glasson* (f. 119ᵛ).

Qui se delicte en *gloutonnie* il ne sera ja sages (f. 126ᵛ). Prv 23: 20-21.

Plus tost averoit pris a un vol le buef sans eles la *grue* en hault eslevee (f. 152).

Il s'entremetroit de nombrer a menu *l'iaue* de la mer (f. 67).

L'omme est fait pour *labourer* et l'oisiau pour voler (f. 123ᵛ). Gn 3: 19.

A qui le *lipe* pent (f. 109). Morawski 512.

Loyees en leur doit (f. 151).

Qui est a *marier* et veult avoir bon vespre et bon matin, sans aler oultre mer prengne la fille de son voisin qu'il avera veue et congneue et ses meurs et ses conditions a la maniere de ses complections (f. 105ᵛ).

A petit *mercier* petit pennier (f. 109). Hassell M 123.

De telle *mesure* que tu mesureras a autrui a toy sera mesuré ainsy (f. 100ᵛ). Mt 7: 12; Mk 4: 24; Lk 6: 38.

Plus doulce que *miel* (f. 154ᵛ).

Qui nous a fait la *moe* (f. 154ᵛ).

Monnoye en bourse close et science repuse a nulluy ne pourfitent (f. 88ᵛ). Sir 20: 32.

Ne se trouverent pas en petit *musse* (f. 111).

Pour recognoistre en eulz blanc ou *noir* (f. 3).
Fu mué de *noir* en blanc (f. 39).
De *noir* blanc jugera (f. 98ᵛ). Hassell N 24.
Juge de blanc *noir* (f. 100ᵛ).
Veoir s'il a pris ou blanc ou *noir* (f. 104ᵛ).

Avera *olivier* courant (f. 105ᵛ). Hassell O 58.
Partout a courant *olivier* (f. 124).

Pour tout l'*or* de Cartage (f. 96ᵛ).
Qui vault tout *l'or* d'Espaingne (f. 2ᵛ).

(Faire) la *sourde oreille* (ff. 37ᵛ, 71, 153ᵛ).

Dont l'appetit charnel n'est pas alés *oultre mer* (f. 98ᵛ).

De *paou* paou et de nient bonne volenté (f. 2ᵛ). Hassell P 139.
Elle prendra nient ou *paou* pour bonne volenté (f. 43).

Paou *parler* et bien besognier a lye chiere fait la dame plaisant a son mari (f. 153ᵛ).

Ceste *parole* nous est moult dure, / qui de nostre char avons la cure; / qui la porra acomplir / [en] acomplissant son desir? / Il est trop forte chose a faire (f. 141ᵛ).

D'eslire la meilleur *partie* (f. 64ᵛ).
Elle eslit la pieure *partie* (f. 98ᵛ).

Chascun scet que de .ii. *parties* il fait toujours [bon] eslire la plus saine partie (f. 85).

Belle comme la belle *perle* (f. 150ᵛ). Said in Greece and Syria.

Il avera le cuer plus dur que *pierre* (f. 17). Cf. Zec 7: 12.
Mon vil cuer dur comme *pierre* (f. 59).
Le cuer dur comme une *pierre* (f. 62).
Plus dur que une *pierre* (f. 177ᵛ).

Pesant comme *plonc* (f. 123).

Quand la *poire* n'est pas meure et on hoce le poirier et au soir et au main on pert son temps et laboure on en vain, mais quant la *poire* est bien meure et on le hoce, on l'a tantost en l'eure (f. 51ᵛ).

Le *pourciau* se delicte a reposer en la boe et le cheval en sa fiente (f. 129ᵛ).

Pis vault la *rencheoite* que ne fait la premiere maladie (f. 117).

Il fait bon avoir un bon *retrait* (f. 178ᵛ). Cf. Ps 84: 3; Mt 8: 20.

On averoit plus tost retournee la *roe* du molin au contraire que on la peust corrigier pour chose que on y seust faire (f. 98ᵛ).

La doulce *rousee* du ciel [laquelle] Dieu avant sera muee en miel (f. 90ᵛ).

Elle est *sage* plus pres que sa chemise (f. 140).

Car l'ire d'un *serpent* seroit aucunefois plus tost apaisie que l'ire de la femme qui ainsy est marrie (f. 99).

(Faire) la *sourde oreille* (ff. 37ᵛ, 71, 153ᵛ).

Ce dessert la *truye* que les pourceles sont batus (f. 135ᵛ). Cf. Morawski 320.

Le *tamps* est brief (f. 152ᵛ).

Tel te *veus*, tel te fay (f. 136).

En planté de *viandes* ne fauldra pas maladie (f. 126ᵛ). Sir 37: 30.

Garde se bien sur les *yeux* de sa teste (f. 135ᵛ).

BIBLIOGRAPHY

Note: Standard dictionaries are not included in this list.

Acta Sanctorum. September, vol. 7. Ed. Joanne Stiltingo et al. Antwerp: B. A. van der Plassche, 1760. Rpt. Brussels: Culture et Civilisation, 1970.

Adolf, Helen. "The Ass and the Harp." *Speculum* 25 (1950): 49-57.

Albertus Magnus. *Book of Minerals*. Trans. Dorothy Wyckoff. Oxford: Clarendon P, 1967.

Le P. Anselme, Auguste Déchauffé, and continued by M. du Fourny. *Histoire généalogique et chronologique de la maison royale de France, des pairs, grands officiers de la Couronne, de la Maison du Roy et des anciens barons du royaume*. Vols. 1 and 8. Paris: Compagnie des Libraires, 1726 and 1733. 3d ed. Rpt. New York: Johnson Rpts., 1967.

The Apocryphal New Testament, Being the Apocryphal Gospels, Acts, Epistles, and Apocalypses. Trans. Montague Rhodes James. Oxford: Clarendon P, 1924. Rev. ed. Oxford: Clarendon P, 1953.

The Apocryphal Old Testament. Ed. H. F. D. Sparks. Oxford: Clarendon P, 1984.

Apollonius Rhodius. *The Argonautica*. Trans. R. C. Seaton. Loeb Classical Library. London: Heinemann, 1912.

Arnould, Paul. "Fontainebleau (Forêt de)." In *Guide-Album: Les plus beaux sites naturels de la France*. Ed. Bernard Willerval, 439-41. Paris: Eclectis, 1991.

Atamian, Ani P. "Leo V/VI of Armenia." In *Dictionary of the Middle Ages*. Ed. Joseph R. Strayer, 7: 547. New York: Scribner, 1988.

------. "Sis." In *Dictionary of the Middle Ages*. Ed. Joseph R. Strayer, 11: 313-14. New York: Scribner, 1988.

Atiya, Aziz S. *The Crusade in the Later Middle Ages*. London: Methuen, 1938. Rpt. New York: Kraus Rpt., 1965.

------. *The Crusade of Nicopolis*. London: Methuen, 1934.

Auctoritates Aristotelis. Vol. 1, *Concordance.* Vol. 2, *Index verborum, listes de fréquence, tables d'identification.* Ed. Jacqueline Hamesse. Informatique et étude de textes 2, 1 and 2. Louvain: CETEDOC, Université Catholique de Louvain, 1972 and 1974.

Les Auctoritates Aristotelis: Un florilège médiéval: Etude historique et édition critique. Ed. Jacqueline Hamesse. Philosophes médiévaux 17. Louvain: Louvain Publications Universitaires and Béatrice Nauwelaertes, 1974.

Augustine, St. *Contra Faustum Manichaeum.* PL 42: cols. 207-518. Ed. J. P. Migne. 1841.Turnhout, Belgium: Brepols, 1980.

------. *Contra Faustum Manichaeum.* CSEL 25. Pt. 1. Ed. Josephus Zycha. Vienna: F. Tempsky, 1891.

------. *De bono conjugali.* PL 40: cols. 373-596. Ed. J. P. Migne. 1857. Turnhout, Belgium: Brepols, 1982.

------. *De bono conjugali.* CSEL 41: 185-231. Ed. Josephus Zycha. Vienna: F. Tempsky, 1900.

------. *De bono conjugali: The Good of Marriage.* Trans. Charles T. Wilcox. In FOTC 27. Ed. Roy J. Deferrari, 1-51. Washington, D.C.: Catholic U of America P, 1955.

------. *De civitate Dei.* CC Series latina 47-48. Ed. B. Dombart, A. Kalb. 1928-29. Rev. ed. Turnhout: Brepols, 1955.

------. *De civitate Dei.* PL 41: cols. 13-808. Ed. J. P. Migne. 1841. Turnhout, Belgium: Brepols, 1983.

------. *De diversis quaestionibus.* PL 40: cols. 11-100. Ed. J. P. Migne. 1857. Turnhout, Belgium: Brepols, 1982.

------. *De diversis quaestionibus.* CC Series latina 44 A: 1-249. Ed. Almut Mutzenbecher. Turnhout, Belgium: Brepols, 1975.

------. *Enarrationes in Psalmos.* PL 36, 37. Ed. J. P. Migne. 1841. Turnhout, Belgium: Brepols, 1978-81.

------. *Enarrationes in Psalmos.* CC Series latina 38-40. Ed. D. Eligius Dekkers and Johannes Fraipont. Turnhout, Belgium: Brepols, 1956.

------. *De virginitate.* PL 40: cols. 395-428. Ed. J. P. Migne. 1857. Turnhout, Belgium: Brepols, 1982.

------. *Holy Virginity.* Trans. John McQuade, S.M. In FOTC 27. Ed. Roy J Deferrari, 133-212. Washington, D.C.: Catholic U of America P, 1955.

Badel, Pierre-Yves. *Le Roman de la Rose au XIVe siècle.* Paris: Droz, 1980.

Le Batard de Bouillon: Chanson de geste. Ed. Robert Francis Cook. Textes littéraires français. Geneva: Droz, 1972.

Bernard, St. *Sancti Bernardi Opera.* Ed. Jean Leclercq, H. M. Rochais, and C. H. Talbot. 8 vols. Rome: Editiones Cistercienses, 1957-77.

------. *Apologia ad Guillelmum abbatem.* In *Sancti Bernardi Opera.* 3: 61-108. 1963.

------. *De Consideratione ad Eugenium papam.* In *Sancti Bernardi Opera.* 3: 379-493. 1963.

------. *Dominica infra octavem Assumptionis.* In *Sancti Bernardi Opera.* 5: 262-74. 1968.

------. *Epistolae: Corpus epistolorum 1-180.* In *Sancti Bernardi Opera.* Vol. 7. 1974.

------. *Missus est.* Listed under *Sermones in laudibus virginis matris.*

------. *Sententiae.* In *Sancti Bernardi Opera.* 6 b: 1-255. 1972.

------. *Sermones in adventu Domini.* In *Sancti Bernardi Opera.* 4: 161-96. 1966.

------. *Sermones in Annuntiatione Dominica.* In *Sancti Bernardi Opera.* 5: 13-29. 1968.

------. *Sermones in Assumptione Beatae Mariae.* In *Sancti Bernardi Opera.* 5: 228-74. 1968.

------. *Sermones in laudibus virginis matris.* In *Sancti Bernardi Opera.* 4: 1-58. 1966.

------. *Sermones super Cantica Canticorum.* In *Sancti Bernardi Opera.* 1: 1-255; 2: 1-320. 1957-58.

------. *Five Books on Consideration: Advice to a Pope.* Trans. John D. Anderson and Elizabeth T. Kennan. Cistercian Fathers Series 37. Kalamazoo, Mich.: Cistercian Publications, 1976.

------. *On the Song of Songs.* Vol. 4. Trans. Irene Edmonds. Cistercian Fathers Series 40. Kalamazoo, Mich.: Cistercian Publications, 1980.

Bernard of Clairvaux and Amadeus of Lausanne. *Magnificat: Homilies in Praise of the Blessed Virgin.* Trans. Marie-Bernard Saïd and Grace Perigo. Cistercian Publications 18. Kalamazoo, Mich.: Cistercian Publications, 1979.

Bertrant de Broussillon, Arthur. *La Maison de Craon, 1050-1480.* Vol. 2. Paris: Picard, 1893.

------, ed. *Documents inédits pour servir à l'histoire du Maine au XIVe siècle.* Vol. 5 of *Archives historiques du Maine.* Mans: Scarron, 1905.

Beurrier, Louis, O.S.B.Coel. *Histoire du monastère et couvent des Pères Célestins de Paris, contenant ses antiquités et privilèges ensemble les tombeaus et épitaphes des Rois, des Ducs d'Orléans et autres illustres personnes avec le testament de Louys, Duc d'Orléans.* Paris: Pierre Chevalier, 1634.

Bloch, Oscar, and W. von Wartburg. *Dictionnaire étymologique de la langue française.* Paris: PUF, 1932. 3d ed. Paris: PUF, 1960.

Boccaccio, Giovanni. *De casibus virorum illustrium.* Bruges: Colard Mansion, 1476.

------. *De casibus virorum illustrium.* Intro. Louis Brewer Hall. Paris, 1520. Rpt. Gainesville, Fla.: Scholars' Facsimiles and Rpts., 1962.

Bonaventure, St. *The Tree of Life.* In *The Soul's Journey into God: The Tree of Life:The Life of St. Francis.* Trans. and intro. Ewert Cousins, 117-75. New York: Paulist P, 1978.

Bonnard, Jean. *Les Traductions de la Bible en vers français au moyen âge.* Paris: Imprimerie Nationale, 1884.

Bozzolo, Carla, and Ezio Ornato. "La Production du livre manuscrit en France du Nord." In *Pour une Histoire du livre manuscrit au moyen âge: Trois essais de codicologie quantitative,* 13-121. Paris: Editions du CNRS, 1980. Rpt. Paris: Editions du CNRS, 1983.

Bridget of Sweden, St. *Life and Selected Revelations: Birgitta of Sweden.* Ed. with preface Marguerite Tjader Harris. Trans. Albert Ryle Kezel. Intro. Tore Nyberg. Classics of Western Spirituality. New York: Paulist P, 1990.

------ [Sancta Birgitta]. *Revelaciones: Book 1 with Magister Mathias' Prologue.* Ed. Carl-Gustaf Undhagen. Stockholm: Almquist and Wiksells, 1977.

------ [Sancta Birgitta]. *Revelaciones: Book 5.* Ed. Birger Bergh. Uppsala: Almquist and Wiksells, 1971.

------. *Revelaciones S. Birgittae, olim a Card. Turrecremata recognitae a Consalvo Duranto.* Cologne: Bernardi Gaultheri, 1628.

------. *Revelationes Scta Birgittae, olim a Card. Turrecremata recognitae et approbatae a Consalvo Duranto.* Rome: Ludovicum Grignanum, 1628.

------. *Revelationes caelestes seraphicae Matris S. Birgittae suecae, spousae Christi praeelectae, ordinis sponsi sui ss. salvatoris fundatricis.* Munich: Joannis Wagneri and Joannis Hermanni a Gelder, 1680.

Casey, Michael. "Bernard of Clairvaux and the Assumption." *Word and Spirit: A Monastic Review* [Still River, Mass.: St. Bede's Publications] 12 (1990): 21-42.

Catalogue des manuscrits de la Bibliothèque de l'Arsenal. Ed. Henri Martin. Vol. 2. Paris: Plon, 1886.

Caudron, Olivier. "Philippe de Mézières." In *Dictionnaire de spiritualité ascétique et mystique, doctrine et histoire.* Ed. Marcel Viller et al. Vol. 12, pt. 1: cols. 1309-16. Paris: Beauchesne, 1983.

Chaucer, Geoffrey. *Works.* Ed. F. N. Robinson. Boston: Houghton Mifflin, 1933. 2d ed. London: Oxford UP, 1957.

Christine de Pizan. *The Book of the City of Ladies.* Trans. Earl Jeffrey Richards. New York: Persea Books, 1982.

------. *Le Livre des trois vertus.* Ed. Charity Cannon Willard. Text established with Eric Hicks. Bibliothèque du XVe siècle, directed by J. Dufournet. Paris: Champion, 1989.

Chronique des règnes de Jean II et de Charles V. Vol. 2 (for the years 1364-80) of *Les Grandes Chroniques de France.* Ed. Roland Delachenal. Société de l'histoire de France 375. Paris: Renouard, H. Laurens, 1916.

Cocchia, Enrico. "Magistri Iohannis de Hydrinio Invective contra Fr. Petrarcham et Fr. Petrarcha contra cuisudam Galli calumnias Apologia." *Atti della Reale accademia di archeologia . . . di Napoli.* n.s. 7, no. 1 (1920): 91-202.

Coleman, William E. *Philippe de Mézières' Campaign for the Feast of Mary's Presentation.* Toronto Medieval Latin Texts 11. Toronto: Pontifical Institute of Mediaeval Studies, 1981.

The Columbia Lippincott Gazeteer of the World. Ed. Leon E. Seltzer. New York: Columbia UP, 1952. 2d ed. rev. with suppl. New York: Columbia UP, 1961.

Cotgrave, Randle. *A Dictionarie of the French and English Tongues.* London, 1611. 2d ed. Ed. and intro. William S. Woods. Columbia: South Carolina UP, 1950.

Cousins, Ewert H. *Bonaventure and the Coincidence of Opposites.* Chicago: Franciscan Herald P, 1978.

Coville, A. *Les Premiers Valois et la guerre de cent ans (1328-1422).* Vol. 4, pt. 1, of *Histoire de France depuis les origines jusqu'à la Révolution.* Paris: Hachette, 1902.

Delisle, Léopold. *Recherches sur la librairie de Charles V, roi de France, 1337-1380.* 2 vols. Paris: Champion, 1907. Rpt. Amsterdam: Gerard Th. van Heusden, 1967.

------. *Le Cabinet des manuscrits de la Bibliothèque impériale (nationale): Etude sur la formation de ce dépôt, comprenant les éléments d'une histoire de la calligraphie, de la miniature, de la relieure et du commerce des livres à Paris avant l'invention de l'imprimerie.* Vol. 1. Paris: Imprimerie Impériale, 1868.

Denieul-Cormier, Anne. *Wise and Foolish Kings: The First House of Valois, 1328-1498.* Garden City, N.Y.: Doubleday, 1980.

Distelbrink, Balduinus. *Bonaventurae scripta: Authentica dubia vel spuria critice recensita.* Subsidia scientifica franciscalia 5. Rome: Istituto Storico Cappuccini, 1975.

Doob, Penelope B. R. *Nebuchadnezzar's Children: Conventions of Madness in Middle English Literature.* New Haven: Yale UP, 1974.

Le Dossier vézelien de Marie Madeleine: Invention et translation des reliques en 1265-1267: Contribution à l'histoire du culte de la sainte à Vézelay à l'apogée du moyen âge. Ed. Victor Saxer. Brussels: Société des Bollandistes, 1975.

Duchesne, André. *Histoire de la maison de Chastillon-sur-Marne*. Paris: Sebastien Cramoisy, 1621.

Duhr, Joseph. "Célestins." In *Dictionnaire de spiritualité ascétique et mystique, doctrine et histoire*. Ed. Marcel Viller et al., vol. 2, cols. 377-85. Paris: Beauchesne, 1953.

El Hayek, E. "Jacobites (Syrian)." *New Catholic Encyclopedia*. Vol. 7: 795-96. New York: McGraw-Hill, 1967.

Elyot, Sir Thomas. *The Castel of Helth gathered and made by Syr Thomas Elyot, knyghte . . . out of the chiefe authors of physyke, whereby every manne may knowe the state of his owne body, the preserusion of helth, and how to instructe welle his physytion in syckenes thast he be not deceyved*. 1534 (lost). London: T. Bertheleti, 1539.

An Encyclopedia of World History. Compiled and ed. William L. Langer. Boston: Houghton Mifflin, 1940. 5th ed. rev. Boston: Houghton Mifflin, 1972.

English Verse between Chaucer and Surrey, Being Examples of Conventional Secular Poetry, Exclusive of Romance, Ballad, Lyric, and Drama, in the Period from Henry the Fourth to Henry the Eighth. Ed. Eleanor Prescott Hammond. Durham: Duke UP, 1927. Rpt. New York: Octagon Books, 1965.

Evangile de l'Enfance: The Old French. Ed. Maureen Barry McCann Boulton. Studies and Texts 70. Toronto: Pontifical Institute of Mediaeval Studies, 1984.

Evans, Joan. *Magical Jewels of the Middle Ages and the Renaissance*. Oxford: Clarendon P, 1922. Rpt. New York: Dover Publications, 1976.

Florence de Rome. Ed. Axel Gabriel Wallensköld. 2 vols. SATF. Paris: Firmin-Didot, 1907-8. *Florence de Rome, chanson d'aventure du premier quart du XIIIe siècle*. New York: Johnson Rpts., 1968.

Flutre, Louis-Fernand. *Table des noms propres avec toutes leurs variantes figurant dans les romans du moyen âge écrits en français ou en provençal et actuellement publiés ou analysés*. Poitiers: Publications du Centre d'Etudes Supérieures de Civilisation Médiévale, 1962.

Fortescue, Adrian. "Eastern Churches." In *The Catholic Encyclopedia*. 5: 230-40. New York: Appleton, 1909.

Fouché, Pierre. *Les Voyelles*. Vol. 2 of *Phonétique historique du français*. Paris: Klincksieck, 1958. 2d ed. Paris: Klincksieck, 1969.

------. *Les Consonnes*. Vol. 3 of *Phonétique historique du français*. Paris: Klincksieck, 1961. 2d ed. Paris: Klincksieck, 1966.

Foulet, Alfred, and Mary Blakely Speer. *On Editing Old French Texts*. Edward C. Armstrong Monographs on Medieval Literature. Lawrence: Regents P of Kansas, 1979.

Fraioli, Deborah. "The Literary Image of Joan of Arc: Prior Influences." *Speculum* 56 (1981): 811-30.

Gaffiot, Félix. *Dictionnaire illustré latin français*. Paris: Hachette, 1934. 2d ed. by René Durand. Tours: Imprimerie Maine, 1975.

Garnier, François. *L'Ane à la lyre, sottisier d'iconographie médiévale*. Paris: Le Léopard d'Or, 1988.

------. *Grammaire des gestes*. Vol. 2 of *Le Langage de l'image au moyen âge*. Paris: Le Léopard d'Or, 1989.

------. *Thesaurus iconographique*. Paris: Le Léopard d'Or, 1984.

Geoffroy de La Tour Landry. *Le Livre du chevalier de la Tour Landry pour l'enseignement de ses filles*. Ed. A. de Montaiglon. Paris: Jannet, 1854. Rpt. Millwood, N.Y.: Kraus Rpt., 1982.

Golenistcheff-Koutouzoff, Elie. *Etude sur le "Livre de la vertu du sacrement de mariage" de Philippe de Mézières*. Belgrade: Svetlost, 1937.

------. *L'Histoire de Griseldis en France au XIVe et au XVe siècle*. Paris: Droz, 1933. Rpt. Geneva: Slatkine Rpts., 1975.

Gossen, Charles Théodore. *Petite Grammaire de l'ancien picard*. Paris: Klincksieck, 1951. 2d ed. rev. *Grammaire de l'ancien picard*. Bibliothèque française et romane, Series A, 19. Paris: Klincksieck, 1970.

Grant, Michael, and John Hazel. *Gods and Mortals in Classical Mythology*. Springfield, Mass.: G. and C. Merriam, 1973.

Gregory the Great. *Forty Gospel Homilies*. Cistercian Studies Series 123. Kalamazoo, Mich.: Cistercian Publications, 1990.

Gribomont, Jean. "Jerome (Saint)." In *Dictionnaire de spiritualité ascétique et mystique, doctrine et histoire*. Ed. Marcel Viller et al. Vol. 8, cols. 901-18. Paris: Beauchesne, 1972.

Guillaume de Deguilleville. *Le Pelerinage de vie humaine*. Ed. J. J. Stürzinger. London: Nichols for the Roxburghe Club, 1893.

------. *Le Pelerinage Jhesucrist*. Ed. J. J. Stürzinger. London: Nichols for the Roxburghe Club, 1897.

Guillaume de Lorris and Jean de Meun. *Le Roman de la Rose*. Ed. Félix Lecoy. 3 vols. CFMA 92, 95, 98. Paris: Champion, 1965-70.

Guillaume le Clerc de Normandie. *Le Bestiaire divin*. Ed. C. Hippeau. Caen: A. Hardel, 1952. Rpt. Geneva: Slatkine Rpts., 1970.

------. *Le Bestiaire: Das Thierbuch des normanischen Dichters Guillaume le Clerc*. Ed. Robert Reinsch. Altfranzösische Bibliothek 14. Leipzig: O. R. Reisland, 1890. Rpt. New York: A.M.S. P, 1973.

Guy, Henry. *Essai sur la vie et les oeuvres littéraires du trouvère Adan de la Halle.* Paris: Hachette, 1898. Rpt. New York: Burt Franklin, 1969.

Hamdy, Abdel Hamid. *The Sources.* Pt. 2 of *Philippe de Mezieres and the New Order of the Passion.* Rpt. from *Bulletin of the Faculty of Arts, Alexandria University.* Vol. 19 (1964). Alexandria: Alexandria UP, 1964.

Hanin, J. L. *Vocabulaire médical: ou, Recueil et définition de tous les termes employés en médecine par les auteurs anciens et modernes; suivi d'un dictionnaire biographique des médecins célèbres de tous les temps, avec l'indication des meilleurs ouvrages qu'ils ont publiés, et d'un tableau des signes chimiques.* Paris: Caille and Ravier, 1811.

Hassell, James Woodrow, Jr. *Middle French Proverbs, Sentences, and Proverbial Phrases.* Subsidia mediaevalia 12. Toronto: Pontifical Institute of Mediaeval Studies, 1982.

Hugh of Saint-Victor. *De B. Mariae virginitate.* PL 176: cols. 857-76. Ed. J. P. Migne. 1854. Turnhout, Belgium: Brepols, 1983.

------. *De medicina animae.* PL 176: cols. 1183-202. Ed. J. P. Migne. 1854. Turnhout, Belgium: Brepols, 1983.

------. "Misericordia, et veritas, qua disceptatione sibi mutuo obviam venerint, et justitia, et pax se osculatae sint." In *Adnotationes elucidatoriae in quosdam psalmos David.* Bk. 2 of *Miscellanea.* PL 177: cols. 623-25. Ed. J. P. Migne. 1854. Turnhout, Belgium: Brepols, 1980.

------. *Soliloquy on the Earnest Money of the Soul.* Trans. Kevin Herbert. Medieval Philosophical Texts in Translation 9. Milwaukee, Wis.: Marquette UP, 1956.

------. *On the Sacraments of the Christian Faith.* Trans. Roy J. Deferrari. Cambridge, Mass.: Mediaeval Academy of America, 1951.

Hunt, Tony. "'The Four Daughters of God': A Textual Contribution." *Archives d'histoire doctrinale et littéraire du moyen âge* 48 (1982): 287-316.

Iorga, Nicolae. *Philippe de Mézières (1327-1405) et la croisade au XIVe siècle.* Bibliothèque de l'Ecole des Hautes Etudes. Sciences philologiques et historiques 110. Paris: E. Bouillon, 1896. Rpt. Geneva: Slatkine Rpts., 1976.

------. "Le Testament de Philippe de Mézières." *Bulletin de l'Institut pour l'Etude de l'Europe sud-orientale* 10-12 (1921): 119-40.

Isidore of Seville. *Etimologías.* 2 vols. Bilingual edition, ed. and trans. José Oroz Reta, Manuel-A. Marcos Casquero, and Manuel C. Diaz y Diaz. Biblioteca de autores cristianos 433 and 434. Madrid: Editorial Católica, 1982.

Jacobus de Voragine. *The Golden Legend.* 2 pts. Trans. and adapted from the Latin by Granger Ryan and Helmut Ripperger. London: Longmans, Green, 1941.

Jerome, St. *Adversus Jovinianum.* PL 23: cols. 211-338. Ed. J. P. Migne. 1843. Turnhout, Belgium: Brepols, 1983.

Jodogne, Omer. "Povoir ou pouoir? Le cas phonétique de l'ancien verbe povoir." *Travaux de linguistique et de littérature* 4 (1966): 257-66.

Johnstone, Hilda. "France: The Last Capetians." In *Decline of Empire and Papacy,* 305-39. Vol. 7 of *The Cambridge Medieval History.* Planned by J. B. Bury. Ed. J. K. Tanner, C. W. Previtté-Orton, and Z. N. Brooke. Cambridge: Cambridge UP, 1932. 2d ed. Cambridge: Cambridge UP, 1964.

Jones, Arnold Hugh Martin. "Constantine I." In *Encyclopaedia Britannica.* 6: 384-86. Chicago: Encyclopaedia Britannica, 1971.

Kervyn de Lettenhove, Henri Marie Bruno Joseph Léon. *Histoire de Flandre.* Vol. 5. Brussels: A. Vandale, 1850.

The Koran: The Holy Quran: Text, Translation and Commentary. 3 vols. Ed. and trans. Abdullah Yusuf Ali. 3d ed. Lahore, Pakistan: S. H. Muhammad Ashraf, 1938. Rpt. Lahore, Pakistan: S. H. Muhammad Ashraf, 1969.

Langlois, Charles-Victor. *Saint-Louis-Philippe le Bel: Les Derniers Capétiens directs (1226-1328).* Vol. 3, pt. 2 of *Histoire de France depuis les origines jusqu'à la Révolution.* Paris: Hachette, 1901.

Lavisse, Ernest, ed. *Histoire de France depuis les origines jusqu'à la Révolution.* 9 vols. Paris: Hachette, 1901-11.

Löfgren, Gunnel. "Etude sur les prépositions françaises od, atout, avec, depuis les origines jusqu'au XVIe siècle." Diss. Uppsala, 1944. Uppsala: Almquist and Wiksells, 1944.

Longpré, E. "Bonaventure (Saint)." In *Dictionnaire de spiritualité ascétique et mystique, doctrine et histoire.* Ed. Marcel Viller et al. Vol. 1, cols. 1768-1843. Paris: Beauchesne, 1937.

Magoun, Francis P., Jr. *A Chaucer Gazetteer.* Chicago: University of Chicago Press, 1961.

Mâle, Emile. *Religious Art in France: The Twelfth Century: A Study of the Origins of Medieval Iconography.* Ed. Harry Bober. Trans. by Marthiel Mathews from Emile Mâle, *L'Art Religieux du XIIe siècle en France: Etude sur l'origine de l'iconographie du Moyen Age.* (Rev. ed. Paris: Armand Colin, 1953). Bollingen Series XC-I. Princeton: Princeton UP, 1978.

Marchello-Nizia, Christiane. *Histoire de la langue française au XIVe et XVe siècles.* Collection Etudes. Série langue française, directed by Jean Batany. Paris: Bordas, 1979.

Maritain, Jacques, ed. *La Pensée de Saint Paul*. Editions de la Maison Française. Paris: Editions Corréa, 1941. Rpt. Paris: Editions Corréa, 1947.

Martin of Braga [Martini Episcopi Bracarensis]. *Formulae vitae honestae*. In *Opera omnia*. Ed. Claude W. Barlow, 236-50. Papers and Monographs of the American Academy in Rome 12. New Haven: Yale UP, 1950.

Mas-Latrie, Louis de. *Histoire de l'isle de Chypre sous le règne de la maison de Lusignan*. Vol. 2. Paris: Imprimerie Nationale, 1852.

------. "Nouvelles Preuves de l'histoire de Chypre." *Bibliothèque de l'Ecole des Chartes* 34 (1873): 75-76n.

McKenzie, John L. *Dictionary of the Bible*. London: Geoffrey Chapman, 1966.

Le Menagier de Paris. Ed. Georgine E. Brereton and Janet M. Ferrier. Oxford: Oxford UP, 1981.

Mercier, Fernand, and René Clogne. *Pharmacologie et matière médicale*. Bibliothèque de l'Infirmière. Paris: A. Poinat, 1946.

Moisan, André. *Répertoire des noms propres de personnes et de lieux cités dans les chansons de geste françaises et les oeuvres étrangères dérivées*. 5 vols. Publications romanes et françaises 173. Geneva: Droz, 1986.

Molinier, Auguste. "Description de deux manuscrits contenant la règle de la *Militia Passionis Jhesu Christi* de Philippe de Mézières." *Archives de l'Orient Latin* 1 (1881): 335-64.

Morawski, Joseph. *Proverbes français antérieurs au XVe siècle*. CFMA 47. Paris: Anc. Ed. Champion, 1925.

Morel, Octave. *La Grande Chancellerie royale et l'expédition des lettres royaux de l'avènement de Philippe de Valois à la fin du XIVe siècle (1328-1400)*. Mémoires et documents publiés par la Société de l'Ecole des Chartes 3. Paris: Picard, 1900.

Oesterley, Hermann. *Historisches geographisches Wörterbuch des deutschen Mittelalters*. Gotha: J. Perthes, 1883.

Ott, Ludwig. *Fundamentals of Catholic Dogma*. Ed. of English ed. James Canon Bastible, trans. Patrick Lynch. 4th ed., 1960. Rpt. Rockford, Ill.: Tan, 1974.

Ouy, Gilbert. "Autographes d'auteurs français des XIVe et XVe siècles: Leur utilité pour l'histoire intellectuelle." *Studia Zródloznawcze: Commentationes* 28 (1983): 69-103.

Ovid. *Metamorphoses*. With a translation by Frank Justus Miller. Vol. 1. Loeb Classical Library. Cambridge: Harvard UP, 1960.

Paris, Bibliothèque Nationale, Département des Manuscrits. *Catalogue des manuscrits français de la Bibliothèque impériale*. Vol. 1, *Ancien fonds*. Introd. J. Taschereau. Paris: Firmin-Didot, 1868.

Paris, Paulin. *Les Manuscrits français de la Bibliothèque du roi, leur histoire et celle des textes allemands, anglois, hollandois, italiens, espagnols de la même collection.* 7 vols. Paris: Techener, 1836-48.

Parry, John Horace. *The Age of Reconnaissance.* Cleveland: World Publishing, 1963.

Paul the Deacon. *History of the Langobards.* Trans. William Dudley Foulke. Philadelphia: Pennsylvania UP, 1907. 2d ed. Intro. Edward Peters. *History of the Lombards.* Philadelphia: University of Pennsylvania Press, 1974.

------. *Historica Langobardorum: Scriptores rerum Langobardicarum et Italicarum saec. VI-IX.* Ed. G. H. Pertz, Th. Mommsen, et al. Monumenta Germaniae historica 189. Hanover: Impensis Bibliopolii Hahniani, 1878. Rpt. Hanover: Hahn, 1978.

Pichon, Jérome. *Mémoire de Pierre de Craon.* Paris: aux dépenses de l'auteur, 1860.

Philippe de Mézières. *Campaign for the Feast of Mary's Presentation.* Published as *Philippe de Mézières' Campaign for the Feast of Mary's Presentation,* by William E. Coleman. Toronto Medieval Latin Texts 11. Toronto: Pontifical Institute of Mediaeval Studies, 1981.

------. *De la Chevallerie de la Passion de Jhesu Crist.* Paris, Bibliothèque de l'Arsenal, MS. 2251.

------. *Contemplacio hore mortis.* Paris, Bibliothèque de l'Arsenal, MS. 408, ff. 188-226.

------. *Epistre lamentable et consolatoire sur le fait de la desconfiture lacrimable du noble et vaillant roy de Honguerie par les turcs devant la ville de Nicopoli.* Partially published in vol. 16 of *Oeuvres de Froissart: Chroniques.* Ed. Henri Marie Bruno Joseph Léon Kervyn de Lettenhove, 414-523. Brussels: V. Devaux, 1872.

------. *Letter to King Richard II.* Ed. and trans. George W. Coopland. Liverpool: Liverpool UP, 1975; New York: Barnes and Noble, 1976.

------. *The Life of Saint Peter Thomas.* Ed. Joachim Smet, as *The Life of Saint Peter Thomas by Philippe de Mézières.* Rome: Institutum Carmelitanum, 1954.

------. *Livre sur la vertu du sacrement de mariage.* Paris, Bibliothèque Nationale, MS. fr. 1175.

------. *Nova religio milicie Passionis Jhesu Christi pro acquisicione sancte civitatis Jherusalem et Terre Sancte.* Paris, Bibliothèque Mazarine, MS. 1943, pt. 2. The first redaction, ff. 1-44; the second redaction, ff. 45-123.

------. *Oratio tragedica.* Paris, Bibliothèque Mazarine, MS. 1651.

------. Receipts in Philippe's hand. Bibliothèque Nationale, Pièces Originales 1940, dossier 44,612, nos. 2 and 5.

------. *Soliloquium peccatoris*. Paris, Bibliothèque de l'Arsenal, MS. 408, ff. 227-237ᵛ.

------. *Le Songe du vieil pelerin*. Ed. George W. Coopland. 2 vols. Cambridge: Cambridge UP, 1969.

------. *Le Songe du vieil pelerin*. Paris, Bibliothèque de l'Arsenal, MSS. 2682-83.

------. *La Sustance de la Chevalerie de la Passion de Jhesu Crist en francois*. Pt. 3 of *Philippe de Mézières and the New Order of the Passion*. Ed. Abdel Hamid Hamdy. Rpt. from *Bulletin of the Faculty of Arts, Alexandria University*. Vol. 18 (1964). Alexandria: Alexandria UP, 1965.

------. *La Sustance de la Chevalerie de la Passion de Jesus Crist en francois*. Oxford, Bodleian Library, MS. Ashmole 813.

------. *Le Testament*. Ed. Alice Guillemain. "Le 'Testament' de Philippe de Mézières (1392)." In *Mélanges Jeanne Lods: Du moyen âge au XXᵉ siècle*, 297-322. Collection de l'Ecole Normale Supérieure de Jeunes Filles 10. Vol. 1. Paris: Ecole Normale Supérieure de Jeunes Filles, 1978.

------. *Le Testament*. Paris, Bibliothèque de l'Arsenal, MS. 408, ff. 240-87.

------. *Testamentum*. Venice Archives, Raffain Caresini dossier 483, doc. 33. Partially published by N. Iorga as "Le Testament de Philippe de Mézières." *Bulletin de l'Institut pour l'Etude de l'Europe sud-orientale* 10-12 (1921): 119-40.

------. *Book of Prayers* collected by Philippe de Mézières. Paris, Bibliothèque Mazarine, MS. 516.

------. MS. owned by Philippe de Mézières. Paris, Bibliothèque de l'Arsenal, MS. 1073. *De vita beate Brigide*, ff. 1-10. *Liber celestis imperatoris*, by St. Bridget of Sweden, ff. 13-61. Fragments of *Livre des Revelations*, by St. Bridget of Sweden, ff. 63-74ᵛ. *Vita beate Dalphinae*, ff. 75-86ᵛ. *Miracula post mortem*, ff. 86ᵛ-90.

Pope, Mildred K. *From Latin to Modern French with Especial Consideration of Anglo-Norman*. Publications of the U of Manchester 229, French Series 6. Manchester: Manchester UP, 1934.

Praet, Joseph van. *Recherches sur Louis de Bruges, Seigneur de la Gruthuyse*. Paris: Bure, 1831.

Prévost, M. "Craon (Pierre de)." In *Dictionnaire de biographie française*. Vol. 9. Ed. M. Prévost and Roman d'Amat, cols. 1168-69. Paris: Letouzey and Ané, 1960-61.

Ptolemaeus, Claudius. *Geographia*. Strasbourg, 1513. Rpt. with intro. by R. A. Skelton. Amsterdam: Theatrum Orbis Terrarum, 1966.

Richard, Charles and Jean-Joseph Giraud. *Bibliothèque sacrée ou dictionnaire universel historique, dogmatique, canonique, géographique et chronologique des sciences ecclésiastiques*. Vol. 14. Paris: Boiste, 1824.

Roman, Joseph. *Inventaire des sceaux de la Collection des pièces originales du cabinet des titres à la Bibliothèque Nationale*. 2 vols. Paris: Imprimerie Nationale, 1909.

Roques, Mario. "Etablissement de règles pratiques pour l'édition des anciens textes françois et provençaux." *Romania* 52 (1926): 243-49.

Rouse, Richard A., and Mary A. Rouse. *Preachers, Florilegia and Sermons: Studies on the "Manipulus Florum" of Thomas of Ireland*. Studies and Texts 47. Toronto: Pontifical Institute of Mediaeval Studies, 1979.

Rutebeuf. *Ouevres complètes*. Ed. Edmond Faral and Julia Bastin. 2 vols. 1960. Rpt. Paris: Picard, 1969.

Sadat, Jehan. *A Woman of Egypt*. New York: Simon and Schuster, 1967.

Saladin: Suite et fin du deuxième Cycle de la Croisade. Ed. Larry S. Crist. Textes littéraires français. Geneva: Droz, 1972.

Schulze-Busacher, Elizabeth. *Proverbes et expressions proverbiales dans la littérature narrative du moyen âge*. Geneva: Editions Slatkine, 1985.

Setton, Kenneth M. *The Thirteenth and Fourteenth Centuries*. Vol. 1 of *The Papacy and the Levant (1204-1571)*. Memoirs of the American Philosophical Society 114. Philadelphia: American Philosophical Society, 1976.

Sherman, Claire Richter. *The Portraits of Charles V of France (1338-1380)*. New York: New York UP for the College Art Association, 1969.

Sinclair, K. V. Review of *Le Songe du vieil pelerin*, by Philippe de Mézières, ed. George Coopland. In *Journal of the Australasian Universities Language and Literature Association* 33 (May 1970): 149-50.

Singer, Charles. "Constantine the African." In *Encyclopaedia Britannica*. 6: 389. Chicago: Encyclopaedia Britannica, 1971.

Smet, Joachim, ed. *The Life of Saint Peter Thomas by Philippe de Mézières*. Listed under Philippe de Mézières.

Stürzinger, Jakob. *Orthographia gallica: Altester Traktat über französische Ausprache und Orthographie, nach vier Handschriften zum ersten Mal herausgegeben*. Heilbronn: Henninger, 1884.

Suchier, Hermann, ed. *Les Oeuvres poétiques de Philippe de Rémi, sire de Beaumanoir*. SATF. Vol. 1. Paris: Firmin-Didot, 1884.

Taylor, G. R. "Cartography, Survey and Navigation to 1400." In *A History of Technology.* Vol. 3, Ed. Charles Singer, E. J. Holmyard, A. R. Hall, and Trevor I. Williams, 523-24. New York: Oxford UP, 1957.

Thomas de Cantimpré [Thomae Cantipratanti]. *Bonum universale de apibus.* Ed. Georgii Colvenerii. Douail: Baltazar Beller, 1605.

------. [Thomas Cantimpratensis]. *Liber de natura rerum.* 1 vol. to date. Ed. H. Boese. Berlin: Walter de Gruyter, 1973- .

Thurston, H. "Ave Maria." In *Dictionnaire de spiritualité ascétique et mystique, doctrine et histoire.* Ed. Marcel Viller, et al., vol. 1, cols. 1161-65. Paris: Beauchesne, 1937.

Traver, Hope. "The Four Daughters of God: A Mirror of Changing Doctrine." *Publications of the Modern Language Association of America* 40 (1925): 44-92.

------. *The Four Daughters of God: A Study of the Versions of This Allegory with Special Reference to Those in Latin, French and English.* Bryn Mawr College Monographs 6. Bryn Mawr, Pa.: Bryn Mawr College, 1907.

La Vie des Peres. Ed. Félix Lecoy. SATF. Paris: Picard, 1987.

Weiner, Michael J., with Janet Weiner. *Weiner's Herbal: The Guide to Herb Medicine.* New York: Stein and Day, 1980.

Williamson, Joan B. "The Lady with the Unicorn and the Mirror." *Reinardus* 3 (1990): 213-25 and plates III 6-11.

------. "Paris B.N. MS. fr. 1175: A Collaboration between Author and Artist." In *Text and Image.* Ed. David W. Burchmore, 77-92. ACTA 10, 1986 (for 1983). Binghamton: Center for Medieval and Early Renaissance Studies, SUNY at Binghamton, 1986.

------. "La Première Traduction française de l'histoire de Griseldis de Pétrarque: Pour qui et pourquoi fut-elle faite?" *Amour, mariage et transgressions au moyen âge.* Actes du Colloque du Centre d'Etudes Médiévales de l'Université de Picardie, mars 1983. Ed. Danielle Buschinger and André Crépin, 447-56. Göppinger Arbeiten zur Germanistik 420. Göppingen: Kümmerle Verlag, 1984.

Ziada, Mustafa M. "The Mamluk Sultans, 1291-1517." In *The Fourteenth and Fifteenth Centuries.* Ed. Harvey W. Hazard, 486-512. Vol. 3 of *A History of the Crusades.* Ed. Kenneth Setton. Madison: University of Wisconsin Press, 1975.

INDEX TO THE TEXT

This manually prepared index is intended to assist the reader in locating items. In the interest of brevity, identifications are minimal, as is cross-referencing. The total numbers of occurrences are not indicated since sometimes an item occurs more than once on a page. For those entries occurring too frequently to make a listing of occurrences feasible, the variant appellations are recorded. When more than one ruler for a place name is indicated, page numbers are given both under the proper name of the ruler and under the name of the place ruled, subdivided as "roy de." Material is separated into biblical and pseudo-biblical entries, and general entries.

Names Occurring Too Frequently for Occurrences to Be Listed

God, general: Dieu

God the Father: Adjutour; Aucteur de nature; Balais, Fin; Corne de mon salut; souverain Juge; Deus Israhel; Dieu le Pere; Dieu, Roy d'Israhel; Firmament; Force; Liberatour; Protectour; Refuge; Seigneur; Susceptour

Jesus Christ: Adonay (Adonai); Aignel de Dieu; Aignelet, doulz; Amatour, mon; Appoticaire, souverain; Cene; Charité souveraine; Chef et Firmament de la voulte--c'est de l'Eglise; Chevetaine; Chief de l'Eglise, souverain; Chief, poissant; Createur, du monde; Doulçour; Emanuel; Escarboucle; Espous (Espoulx); Espous immortel; Evesque, souverain; Fleur, entiere, et doulz Fruit de la tres saincte et vierge mere; Flour des flours en temps de flours; Fontaine d'amour; Fontaine de pitié; Fruit des fruis; Fruit, doulz, de la tres saincte et vierge mere; Gastelet, cestui; Gloire des sains; Guerdon; Homme, vray, et Deité; Jardinier; Jesu; Jesus Nazarenus, Rex Judeorum; Jhesucrist; Joye; Jubilation de cuer; Lectuaire; Loenge des angeles; Lumiere, vraye; Lumiere du monde; Lyon, fort, Roy de la lignie de Juda; Maistre; Medecine, vraye; Messias; Or, vray; Oiste sacree Pain, vray, des angeles; Pain de Vie; Pais et Doulçour Pape, souverain; Parole de Dieu faicte char humaine; Parole de Dieu le Pere; Pastour, vray; Oiste precieuse; Phisicien; Pierre souveraine; Porte de Paradis; Prince de pais; Pris du monde;

Redempteur (Redemptour); Repos, vray; Roy de Galilee; Roy d'Israhel; Roy des noces; Roys des roys; Roy de tout le monde; Roy et Espous de souveraine virginité; Roy et Espoux de nostre ame; Rubin, Fin, d'Orient Sacrement, precieux; Sacrement, Saint, de l'autel; Sacrement Jesucrist; Sacrement des sacremens; Sauveur; Salut de ce monde; Seigneur des seigneurs; Solail d'amour; Solail de justice; Splendeur de Dieu le Pere; Unicorne; Unicorne d'Orrient, grant; Verge de Jesse; Verité, vraye; Vision de pais; Vie pardurable; Vie, Verité et Voie a vie pardurable; Voye doulce

The Holy Spirit: Esperit, Saint; Grenach

The Trinity: Trinité

Mary, the Mother of Christ: Aymant [=the Virgin, the lodestone]; Dame de grace; Dame licenciee en medicine; Dyamant, Fin; Estoille de Jacob; Estoille journale; Estoille matutinale, vierge; Estoille de mer; Estoille tremontane; Fenestre du ciel; fille de David et de Abraham; Flour des miroirs resplendissans; Fontaine d'umilité; Jerusalem, belle fille de; Maria; Marie; Mere du Crucefis; Pierre d'aymant; Porte de Paradis; Royne des angeles; Royne du Ciel; Royne de gloire; Royne de vie; Royne des vierges; Royne des vierges, du Ciel et de la terre; Verge de Jesse; Vierge Marie

The Catholic Church: Dyamant, nostre mere sainte Esglise; Eglise militant; Esglise de Dieu, Esglise de Romme

Christians: Crestiens, Crestiennes

Christianity: Crestienté

Heaven: Ciel

The Gospel: Evangile, Evangille, Esvangile

Jews: Juif, Juifz, Juys

The Scriptures: Escripture, Escriptures

Pseudonyms, of which there are many variants and many occurrences, for the author of this text who is never named [=Philippe de Mézières, c. 1327-1405]: viel alkemiste; aucteur; custode de la chapelle; escripvain (povre, simple et ydiote, gros rude vilain et simple, solitaire, plastrier, vil); jardinier; lapidaire; pecheur (vil); phisicien (fusicien); queu; Reparé; solitaire (ce povre)

Biblical and Pseudo-Biblical References

Abbibas, 166 [=Abibas, here a follower of Christ with Joseph of Arimathea, Nicodemus, and Gamaliel]

Abel, 110, 164

Abraham (Habraham), 111, 135-37, 142, 222

Adam, 71, 77, 94, 105, 135-39, 142, 144, 202, 204-5, 221-22, 235, 238

Adonay (Adonai), roy de Jerusalem, 57, 196-206, 208 [= figure of the parable drawn from St. Augustine's *De civitate Dei*, and Adonay, God the Father and Jesus Christ], *see also* Jerusalem, roy de [=Adonay]

Anna, 81 [=Annas, the high priest]
Anne, 127-29, 132-33, 136 [=Anne, the mother of the Virgin Mary]
Antecrist, 319
Anthiocus, le roy, 114, 185 [=Antiochus]
Araron, 113 [=Aaron]
Archedeclin, 69, 188 [=Architrinculus, the bridegroom or the chief steward of the Wedding Feast at Cana]
Assiriens (Assirriens), roy de, 273 [=Ahasuerus]; roy de, 171 [=Ninus], *see also* Ninus; royne de, *see* Semiramis
Assuerus (Assuers), 79, 273, 350 [=Ahasuerus]

Baal, 113
Babel, tour de, 110
Babiloine (Babilone), 112-14, 202, 356, *see also general entry*; roy de, 197, 200, 202, 204-5 [=Sathael], *see also* Sathael; *see also* Annemi, Diable, Jerobohan, Lucifer
Barrabas, 84
Barsabee (Bersabee), 192, 197-200, 202-3, 205-6, 218; filz de, 204, *see also* Infortuné, Malavisé, *and* Reparé
"Benedictus Dominus," 134
Benjamin, lignie de, 138, 140
Berich, 113 [= the idol Berith]
Berthelemieu, saint, 113 [=St. Bartholomew]
Bethcebuch, 113 [=Beelzebub]
Bethel, 137
Bethleem, 114, 132, 136, 153, 198, 201
Bible, 139-40, 173, 273

Cahifas (Caifas, Cayphas), 81-82, 90 [=Caiphas, the high priest]
Calvaire, 84-86, 88, 96, 99, 161-62, 206
Cantiques de, 70, 301
Centurion, 286 [=the Roman officer present at the Crucifixion]
Chaldee, 197 [=Chaldea]

Daniel, 111, 113
Dastaroch, 113 [=the idol Astaroth]
David, 44, 55, 86, 88, 105, 110-11, 116, 121-22, 130-31, 135-36, 140, 143-151, 162, 190, 201-3, 206, 222, 378, 380, 389, *see also* Mainfort; filz de, 140, 146 [=Salmon]; lignie de, 119, 131-32; maison (ostel) de, 119, 131-32, 187; verge de, 131; works (attributed to, here) Siaumes (Psalterion, Psaultier, Sautier, l'escripture du prophete David), 105, 130-31, 190, 201
Diable (Dyable), 77, 83, 85, 86, 94-95, 292, 333, *see also general entry, and* Annemi; Babiloine, roy de; Jerobohan; Lucifer; Sathael

Eber, 110, 135
"Ecce ancilla," 72, 151, 332
Ecclesiaste, 292

Egey, 350 [=Egeus, eunuch of Ahasuerus]
Egipte, 83, 137, 140, 153-54, 158, *see also general entry*; legas de, 147; roy de, 137-38, 140 [=Jerobohan], *see also* Jerobohan; prison de, 140, 148, 162
Eleazarus, 115 [=Eleazar or Elzear]
Enfer, 88, 142, 144, 148, 285, 319 [=Hell]; 202 [=Babylon], *see also general entry*
Enoch, 110, 216
Esau, 201, 279, 285
Estene (Estienne), saint, 80, 91 [=St. Stephen]
Eve, 71, 77, 95, 105, 140-41, 162, 202, 204, 221-22, 328
Ezechiel, 111, 123, 145, 181

Fais des Apostres, 224
Frere de Marthe et de Marie, 255 [=Lazarus]

Gabriel, 72, 119, 132, 151, 183
Gamaliel, 166 [=here, one who was present at the Passion of Christ, but a teacher of Paul in Acts 5: 34]
Gomore, 185

Helie le prophete (Hely, Helyas) 92, 217, 382-83 [=the prophet Elijah]
Helizabeth, l'epouse de Zacarie, 133 [Elizabeth, wife of Zacharias]
Herode (Erode, Herodes), 82, 153, 161, 285 [=Herod Antipas]; la fille de sa femme, *see* Salomé
Hester (Herter), royne, 79, 289, 350 [=Esther]

Infortuné, 197, 199-202, 204 [=the unrepentant son of Bathsheba, representing the wicked of the human race, in the parable presented here of the war between Adonay and Sathael, *see also* Barsabee, filz de
Isaac (Ysaac), 111, 135, 279
Israel (Israhel), 137, 310; enfans de, 142, 158; Israel, Jacob, 279 [= Jacob], *see* Jacob; barons de, 129; baron en, *see* Johachin; dieu de, 131; juges de, 135; lignies de, 138, 142, 193; peuple de, 86, 113, 130, 135, 138-39, 142, 201, 222; prince de, 98 [= Nichodemus]; roy de, 91; roy de, 54, 139 [=Jerobohan], *see also* Jerobohan; royne de [=Jezabel], *see* Jezabel; couronne de, 137

Jacob, 111, 135, 201, 222, 279, 285; filz de, *see* Patriarches, XII, filz de Jacob
Jacques, sain, 101, 134 (cut from f. 46, *see* n. 21 of Bk. 2) [=James, brother of John and son of Zebedee; James the Apostle]
Jacques, saint, 134 (cut from f. 46, *see* n. 21 of Bk. 2) [=James the Less]
Jaque, saint, l'apostre, 93, 101, 266-67, 378 [=James the Apostle]
Jehan Baptiste (Baptistre), saint, 133, 285, 389
Jehan l'evangeliste (l'evangelistre), saint, 43, 71-72, 92-94, 97, 99-101, 104, 123, 162, 164-65, 174, 184, 192-93, 283, 286, 326, 347, 377-78, 400; Aigle volant, 93, 165; works: Apocalipce (attributed to, here), 123-24, 162, 192-93, 218, 324-26; In Principio erat Verbum (Evangile), 71, 104, 165, 299, 326; Epistres, 43

Index / 431

Jehan, sain, 134 (cut from f. 46, *see* n. 21 of Bk. 2) [=John, son of Zebedee; the Evangelist]
Jeremie (Jeremye, Jheremie), 111, 158, 283, 286, 300, 378 [=Jeremiah]; works: Lamentations, 377
Jerobohan (Jeroboan, Jeroboham), roy de Israel (Israhel), 54, 136-43, 204, 319, *see also* Israel, roy de; roy d'Egipte, 137-38, 140, *see also* Egipte, roy de (*biblical entry*), *and* Annemi; Babiloine, roy de; Diable; Lucifer; and Sathael; prison de, 55
Jerusalem (Jeresalem, Jherusalem), 63, 96, 137-38, 140, 154, 156, 197, 200, 314-15, 393, 395, 396, 397; dames de, 166; filles de, 150, 161; roy de, 57, 197-99, 200, 205 [=Adonay], *see also* Adonay; roy de, 140 [=Roboham], *see also* Roboham; roy de, 377 [=Josyas], *see also* Josyas; roy de, 54, 136, 143 [= Salemon], *see also* Salemon; roy de, et de Chypre, *see* Pierre de Lizignan; royaume de, 140, 197
Jerusalem (Jherusalem) celestiale, triumphant, 302, 352, 383
Jethsemani, 81 [Gethsemani]
Jetro, 158
Jezabel, royne d'Israel, 158
Joachin (Johachin), baron en Israhel, 127-29, 132-33 [=Joachim, the name given to the father of the Virgin Mary]
Job, saint, 44, 111, 143-44, 291, 392
Joel, 291
Joseph, 115, 131, 133, 135-36, 153-54, 221-22 [=Joseph, the husband of Mary]
Joseph, saint, le juste (cut from 134, *see* n. 21 of Bk. 2) [=Joseph the Just, husband of Mary?]
Joseph Abarimatya (Abarimathia, Abarimathias), 52, 98-99, 166 [=Joseph of Arimathea]
Josyas, roy de Jherusalem, 377
Jourdain, biau flun, 203, 306 [=the river Jordan]
Juda (Jude, Judee), 113, 351 [=Judea]; enfermes de, 270; roys de, 135
Juda, lignie de, 138, 140 [=brother of Benjamin]
Jude la Majour, 171 [=Greater Judea]
Jude, apostre, 134 (cut from f. 46, see n. 21 of Bk. 2) [=Jude or Thaddaeu, the son of James, apostle]

Loth, 110 [=Lot]
Lucifer, 97, 139-40, 142, 171, 200, 202-4, 318-19, *see also* Annemi; Babiloine, roy de; Diable; Jerobohan; Sathael
Lye, 135 [=Heli, father of Joseph]

Machabees, les petis enfans et leur mere, 115
"Magnificat," 133-34
Malavisé (Malavisié), 54, 137, 139, 141-43 [Adam. The name here refers specifically to another representative of Adam, Rehoboam, the second son of Solomon, representing the line of Judah and Benjamin, those obedient to

God, in the parable of the war between Solomon and his eldest son, Jeroboam]; lignie de, 138, 143
Malchus, 79
Marie, 217, 255 [=Martha's sister]
Marie Jacobi, 100
Marie Magdalene (Magdelene), 45, 77, 94, 99-100, 163, 166, 286, 295, 378, 379
Maries, les, 88, 100, 166 [=Mary the mother of Christ and her sister Mary, wife of Clopas, Mary Magdalene, Mary the mother of James and Joseph, and Mary the mother of Zebedee's sons, as women present at the Crucifixion]
Maries, autres, 94, 99, 163, 286 [=the holy women present at the Crucifixion, noted above]
Marthe, 217, 255
Melchisedech, 110
Moyses (Moises), 69, 86, 111, 115, 131, 145, 158, 203, 247, 288, 297, 382

Nabugodonosor, 112, 114 [=Nebuchadnezzar]
Nathor, 110, 135 [=Nahor]
Nazareth, 127, 132-33, 151, 154, 186
Nichodemus, 52, 98-99, 166, 286
Ninus (Nynus), roy des Assiriens, 171, 356 [=Ninus], *see also* Assiriens, roy de
Noé, 110, 135 [= Noah]
Noemy, 162 [=Naomi]
"Nunc dimittis," 155

Oreb, 383 [=Horeb]

Paoul (Pol), saint, 72, 105, 108, 120-21, 124, 135, 152, 175, 193, 207, 225, 247, 259-61, 271, 282, 285, 288, 303, 306-8, 310, 314, 322, 333-34, 337, 347, 383, 393; l'apostre, 260, 344 [=St. Paul]; works: Epistre (Epistres), 105, 305
Paradis, 91, 103, 105, 139-41, 200; angres de, 139; gloire de, 115; joie (joye) de, 103; porte de, 97, 102, 105, 146; sieges de, 119-40, 150, 319, *see also general entry*
Paradis terrestre, 95, 105, 140-41, 216
"Pater noster" (Paternostre, Patenostres), 104, 213, 291
Patriarches, XII, filz de Jacob, 193
Pharaon, 83, 380 [=Pharaoh], *see also general entry*
Pharisiens (Phariseens), 81, 85, 91, 158, 213, 381
Philistiens, 113
Pierre (Piere), saint, 93, 101-3, 160, 165-66, 173, 196, 271, 285, 288, 297, 333, 347; works: Epistres, 332
Pilate, 82-84, 87, 89-91, 96, 161, 276

Ramatha, viel prestre de, 198, 201 [=the priest of Ramatha who, in this account, anointed David king]
Rebeque, 279
Reparé, 197, 199, 200-202, 204-6, 208 [the repentant son of Bathsheba, representing humans who repent, in the parable presented here of the war between Sathael and Adonay], *see also* Barsabee, filz de
Roboham, roy de Jerusalem, 139-40 [=Rehoboam, son of Solomon]
Roys, Livre des, 139

Sale, 110, 135 [=Sale or Sala, an ancestor of Christ, also identified here as one who opposed building the tower of Babel]
Salemon (Salmon), roy de Jerusalem, 54, 136-41, 143, 151, 192, 222, 292, 325 [=Solomon], *see also* Jerusalem, roy de; Salemon filz de David, 140, 146; fille de, 377 [=unnamed]; filz de [=Jerobohan], 140; works: Proverbes, 286
Salomé, 100, 285
Samuel, 201
Sathael, roy de Babilone, 57, 196-98, 203-6 [=Sathael], *see also biblical entry* Babilone, roy de; *see also* Annemi; Babiloine, roy de; Diable; Jerobohan; Lucifer
Saul, 185, 201
Semiramis (Semyramys), royne des Assiriens, 171, 356
Seth, 110, 135
Siloe, fontaine de, 383
Simon, saint, 134 (cut from f. 46, *see* n. 21 of Bk. 2) [=Simon Peter or Simon the Canaanite]
Sion (Syon), dieux en, 180; cantiques de, 144 [=Psalms]
Sodome, 185, 288
Surie (Surrie), 197, 270, *see also general entry*
Symeon, 155, 163
Symon Sirenee, 161 [=Simon of Cyrene]

Tare (Thare), 110, 135 [=an ancestor of Christ, probably Terah, father of Abraham]
Testament, Nouvel (Nouviau, Novel), 115, 201, 269, 297, *see also* Bible and individual books; Viel, 97, 115, 145, 151, 185, 201, 269, 297, 304, 318, *see also* Bible and individual books
Thabor, montagne de, 93

Vasthy (Vasty), 273, 350-51 [=Vashti]

Ysay, 201 [=Jesse, David's father, whose sheep David fed at Bethlehem]
Ysaye (Yzaye), 111, 116, 130, 145, 191 [=Isaiah]

Zacarias (Zacarie), 133-34, 187

General References

Abilles, Livre des, 212, 215 [=*Bonum universale de apibus* by Thomas de Cantimpré], *see also* Celui benoit
Agnés, 378 [=St. Agnes]
Albert de Colongne (de Coulongne), 298, 300, 313, 323, 326, 330
Albuin (Albinus), roy des Longuebars, 238-39 [=Alboin, king of the Langobards or Lombards, here and in Paul the Deacon's rendering of his story, d. 572]
Alemaigne (Almaigne), 214-15, 242; mer de, *see* mer d'Alemaigne
Alençon, conte de, 293 [=Charles of Valois, d. 1346, brother of Philippe VI of Valois, king of France]; contesse de, 294-95 [=Marie d'Espagne, the daughter of Ferdinand II of Spain, married Charles de Valois, count of Alençon, in 1336, after the death of her first husband, Charles d'Evreux, count of Etampes, earlier that same year], *see also* Dame, une grant; *and* Estampes, contesse de
Alixandre, 112, 113-14 [=Alexander the Great]; roy de Grece, 114; seigneur et roy de tout l'Orient, 112; prouesse et largesse de, 114
Alixandre, 388 [=Alexandria, Egypt]; mugliat de violette de, 80
Allegresse (Alegresse, Alegeresse), 199, 278, 329-30 [=Peace, one of the allegorical Four Daughters of God], *see also* Pais, and Verité, Justice, Pays et Misericorde
Ambrose (Ambroise), saint, 130, 207
Amour, Doulce, 97, 122, 199, 269, 297, 328-30, 399 [=Charity, personified]; doulce Amour, 97 [=the Holy Spirit], *see also* Charité
Anglois, 245
Annemi (Anemi), 290, 337, 339 [=the Devil], *see also* Babiloine, roy de; Diable; Jerobohan; Lucifer; Sathael
Anselme (Ancelme), arcevesque de Cantorbile, 158, 172, 196
Antioche, arcevesque de, *see* Ygnace
Aquillon (Aquilon), 319 [=the North]; vent de, 316, 318 [=the North wind]
Aragon, roy de, 381 [=probably Peter IV the Ceremonious, king of Aragon 1336-87]; Arragon, royaume de, 381, *see* frere meneu
Argentine en Alemaigne, 214-15 [=Strasbourg]
Arian (Arien), conte de, et de Puille, saint Elzearus, 223 [=St. Elzear, count of Ariano in the kingdom of Naples, 1285-1323]; contesse de, appellee Dalphine, 223, 335 [=the blessed Delphina, 1284-1358, wife of St. Elzear, count of Ariano], *see also* Dalphine
Ariés, 265 [=Aries, sign of the Zodiac]
Aristote, 171, 271, 298-99, 324
Armenie (Armenye, Hermenye), roy de, 66, 384-88, 389, 391 [=Leo, known as both V/VI, king of Armenia, 1374-75, d. 1393], *see also* Lyon d'Armenye and Lyon de Lizingnan; royaume de, 385-86 [=Armenia]
Arrabie, roy de, *see* Evax

Augustin, saint, 105, 112-14, 124, 170, 172, 196-97, 200, 206, 220, 225-26, 336, 344; works: *La Cité de Dieu (*also *Livre de*), 112, 172, 197 [=*De civitate Dei*]; exposant le Psautier, 105 [=*Enarrationes in Psalmos*]
Austré, 317 [=the Auster, the South wind], *see also* Midi, vent de
"Ave Maria," 63, 33-34, 338-42, 400

Babiloine (Babilone), 385, 387-88 [=here greater Cairo, Egypt], *see also biblical entry*; soudan de, 385, 387 [=the Mamluk sultan Sha'ban]
Baffe, 68, 180 [=Paphos, town in Cyprus now called Bafo]
Baron, un grant, 44-45, 49 [=Pierre de Craon]
Basille, saint, 174
Beaune, 93
Bela, *see* Hongerie, roy de
Bernart, saint, 73, 93, 102, 117-18, 167, 183, 188, 193, 196, 201, 206, 213, 266, 289-90, 310, 312, 321-22, 335-36, 338, 383, 393, *see also* Clerevaulx, abbé de; mere de, 337, *see also* Fontaines; works: *Missus est* (un grant traité), 117, 321 [=*In Annuntiatione Dominica*]; *Livre que saint Bernart escript au pape Eugenien,* 102 [=*De consideratione,* trans. as *Five Books on Consideration: Advice to a Pope*]; "O bone Jhesu" (attributed to), 214-15, 333, 338, 341, 384
Biere, forêt de, 128 [=the forest of Fontainebleau]
Blanche d'Espaigne, mere de saint Loys, 244 [=Blanche of Castille]
Bonaventure, 207 [=St. Bonaventure]
Boulongne la Crasse (la Grasse), 65, 366, 369, 370, 376
Bourgongne, 289

Cabane, contesse de, 237 [=Philippa the Catanaise]
Caire, 385, 387-88, 390, 391 [=Cairo]
Campaigne, sa tres amee, 49, *see also* Jehanne
Cancer, 265 [=sign of the zodiac]
Candie, isle de, 290 [=Crete], *see also* Cret
Cantorbile, arcevesque de [=Canterbury], *see* Anselme
Caripdin, 320 [=Charybdis]
Carmelite, frere, patriarche de Constantinoble, 280 [=Pierre Thomas, Latin patriarch of Constantinople 1364-66], *see also* Constantinoble, patriarche de
Cartage, 229
Catholiques, 390
Cecilie, celle noble dame de Romme, 273-75 [=St. Cecilia]
Celestins de Paris, 386
Celui benoit et tres devot qui escript le Livre des Abilles, 215 [=Thomas de Cantimpré]; work: *Livre des Abilles,* 212, 215 [=*Bonum universale de apibus*], *see also* Abilles, Livre des
Cezare (Cezarre, Sezare), 84, 90
Chaalis, noble moisne de, 258-59, 332, 382 [=Guillaume de Deguileville, 1295-1358]

Charité, 122-23, 125, 203, 268-69, 276, 297, 329-30 [=one of the allegorical Four Daughters of God], *see also* Amour
Charle, 395-96 [= Charles VI], *see also* France, roy de
Chiche-face, 225 [=fabulous monster of the Middle Ages]
Chipre (Chippre, Cypre), 80, 234, 243, 250 [=Cyprus]; roy de, et de Jerusalem, 279-80 [=Pierre I of Cyprus, 1359-69], *see also* Pierre de Lizingnan
Clervaulx (Clerevaus), 290; abbé de, 158 [= St. Bernard], *see also* Bernart
Climent, pape, 395 [=Clement VII at Avignon, 1378-94]
Compassion, 117
Constantin, 298 [=Constantine the Great], *see also* Rome, empereur de
Constantinoble, fille de l'empereur de, 243 [=Catherine of Courtenay]; patriarche de, 280 [=Pierre Thomas], *see also* Carmelite, frere
Cosme, 255 [Cosmas, 3d century A.D. physician, twin brother of Damian]
Coulongne, *see* Albert de
Cret (Crec), ille de, 290, 334 [=Crete]; dames de, 334; *see also* Candie

Dalphine, 224, *see also* Arian, contesse de
Damas, 238, 355 [=Damascus]
Dame, une grant, 294, *see also* Alençon, contesse de
Dame, la (sa, la dicte, la dicte noble), 46, 49, *see also* Jehanne
Damiete, 388 [=Damietta, a town of lower Egypt]
Damien, 255 [=Damian, 3d century A.D. physician, twin brother of Cosmas]
Domicien [=Domitian], *see* Rome, empereur de
Diable (Dyable), 100, 110, 112, 120, 174, 285, 290, *see also* biblical entry, *and* Annemi; Babiloine, roy de; Jerobohan; Lucifer; Sathael
Dyoclecianus [=Diocletian], *see* Rome, empereur de

Egipciens, 113
Egipte, 66, 387, 390, 392, *see also* biblical entry; roy de, 113 [=Pharaon], *see also* Pharaon
Elizabeth, fille du roy de Honguerie, 335 [=St. Elizabeth, daughter of King Andrew II of Hungary, 1207-31]
Elzearus, conte d'Arian, 223-24, 335, *see also* Arian, conte de
L'empereris, 256 [=Florence of Rome]
Endormie (Madame l'Endormie), 201, 288, 302 [=Dame Idleness], *see also* Uuiseuse
Enfer, 105, 168, 178, 180 [=Hell, *see also* biblical entry; dieu de, 113 [=Pluto, god of the underworld], *see also* Pluto
Engleterre, roy de, 245 [=unspecified king of England]; roy de, 386, 396 [=Richard II, 1377-99]
Espaigne (Espaingne), 242 [Spain]; roys de, 293; roy de, *see* Jehan, roy d'Espaigne; chastiaux en, 279; or de, 45
Espouse, loyal, 49, *see also* Jehanne
Estampes, conte de, 293 [=Charles d'Evreux, count of Etampes, d. 1336]; contesse de, 294, *see also* Alençon, contesse de, *and* Dame, une grant

Ethyope, 356 [=Ethiopia]
Eugenien, pape 102 [=Pope Eugenius III]
Evax, roy d'Arrabie, 298 [=Evax, legendary lapidary and king of the Arabs]

Fontaines, dame de, 289 [=Aleth (or Aletta), the mother of St. Bernard. As the daughter of Bernard, lord of Montbard, she was born at the castle of Fontaine], *see also* Bernard, mere de, *and* Matrone, la dicte benoite
France, 245-46, 358, 395-96; fil du roy de, 243 [=Charles of France, count of Valois, son of Philippe III of France]; le peuple de, 396; roy de, 245, 293 [=Philippe IV of France]; roy de, 386, 395 [=Charles VI]; roy de, *see also* Philippe de Valoys; royne de, 396 [=Isabeau of Baveria, who married Charles VI in 1385]; langaige de, 214; maison (ostel) de, 244-45; maison de France, royaulx de Puille et de Sezille, 244 [=the House of Anjou of Naples], *see also* Robert, roy de Sezille
Frere meneu ou royaume d'Arragon, 381
Freres meneurs, 214 [=Franciscans]
Freres precheurs, 214 [=Dominicans], *see also* Jacobins

Galien, 235 [=Galen]
Gascoigne, apostre de [=Gascony], *see* Martial
Gautier, marquis de Saluce, 358, 362, 367, 373-74 [=Walter, marquis of Saluce], *see also* Saluce, marquis de
Gens, le peuple des, 97, 111 [=the Gentiles]
George, saint, 389
George, saint, bras de, 320 [=the Bosporus]
Grace Dieu, 315, 317 [=personification of the grace of God]
Grece, 320, 330; roy de, *see* Alixandre
Gres, 388 [=Greeks], *see also* Grigois
Grigoire, saint, 145, 207, 216 [=Pope Gregory I]; works: *Omelies sur l'Evangile*, 216 [= *XL homiliarum in Evangelia libri duo*, trans. as *Forty Gospel Homilies*]
Grigois, 113 [=Greeks], *see also* Gres
Griseldis, 64-66, 359-77 [=Griselda]; fille de Janicola, 361, 364, 370, 374, 377, *see also* Saluce, marquise de

Hellequin, maignie de, 161 [=Hellequin's horde]
Hermins, 388 [=Armenians]
Hongerie (Honguerie), 238, 244; roy de, 330 [= Bela IV, king of Hungary 1235-70]; vaillant roy de, derrain trespassé, 244 [=Louis I of Anjou, king of Hungary 1342-82]; le pere du vaillant roy de, derrain trespassé, frere du roy Robert, roy de Sezille, 244 [=Charles Robert I of Anjou, king of Hungary 1310-42, nephew, not brother, of Robert of Anjou, king of Naples 1309-43]
Hongres, 244 [=the Hungarians]
Hue de St.-Victor, 47, 64, 220-21, 224, 345-56; works: *Livre de l'arre de l'ame (De l'amour de Dieu et de l'arre de l'ame)*, 47, 345-56 [=*Soliloquium de arrha animae*, trans. as *Soliloquy on the Earnest Money of the Soul*]; *De la Virginité de la Vierge*, 221 [=*De B. Mariae virginitate*]

Hugue, pere du vaillant roy de Jerusalem et de Chipre appellé Piere de
    Lizingnen, 279-80 [=Hugh of Lusignan, IV, of Cyprus]; royne, espouse de,
    279-80 [=Alice d'Ibelin, second wife of Hugh]

Inde, 356; desert de, 210; espice de, 238
Inde la Majour, 184, 268

Jacobins (de saint Domingue), 214, 386 [=the Dominicans], *see also* freres
    precheurs
Jacobins, 386 [=Coptic sect of Jacobites]; esglise de, 386
Jalous, le, 241 [=Jealousy, personification in the *Roman de la Rose*]
Janicola, 361, 362, 372, 377; la fille de, *see* Griseldis; nepveu de, 367 [=for
    grandson]
Jehan, vray Crestien catholique, 102 [=name for the common man]
Jehan Carmeson, ministre de la Terre Saincte, 381 [=Jean Carmesson], a
    Franciscan from Aragon, priest and master of Theology, Minister of the
    Order of Friars Minor for the Holy Land. The information we have about
    Jean Carmesson comes principally from Philippe de Mézières' *Life of Saint
    Peter Thomas* (ed. Joachim Smet, O.Carm. [Rome: Institutum Carmelitanum,
    1954] 156-57, 170, 179).
Jehan de Meum, 44, 219
Jehan roy d'Espaigne, 385-86 [= John I, king of Castille 1379-90]
Jehanne, 217 [=Jeanne de Chastillon], *see also* compaigne, sa tres amee; dame,
    la, sa, la dicte, la dicte noble; espouse, loyale
Jeroime (Jeroyme, Jherome), saint, 115, 128-30, 188, 207, 335, 378
Jerusalem, roy de, 279-80, *see also* Piere de Lizingnan
Julien l'aposta (apostata) [=Julian the Apostate, Roman emperor by this name c.
    361-63], *see* Rome, empereur de
Julien, saint, 219 [=St. Julian, whose existence is questioned]
Jupiter, 113, 254, 281 [=the planet Jupiter]
Justice, 97, 117-18, 147, 172 [=one of the allegorical Four Daughters of God],
    see also Verité, Justice, Pays et Misericorde

Katherine, saint, 378, 389

Lacane, 320 [=probably Laconia, the southeastern part of the Peloponnesus]
Legende Doree, 294
Leo, 265 [=sign of the zodiac]
Lombardie, 238, 358
Longuebars [=the Langobards or Lombards], roy des, *see* Albuin
Lorent, saint, 389 [=St. Lawrence]
Lorraine, 280
Loys, saint, 244 [=King Louis IX of France]
Lymoges, apostre de, *see* Martial
Lyon de Lizingnan, roy d'Armenye (de Hermenye), 384-87, 391 [=Leo, known
    as both V/VI, king of Armenia 1374-75, d. 1393], *see also* Armenie, roy de

Maienche (Maience) sur le Rin, 214
Mainfort, 198-99, 202 [=David], *see also* David
Maroth, destroit de, 320 [=the Strait of Gibraltar]
Mars, 113, 254, 277 [=the planet Mars]
Martial, saint, apostre de Lymoges et de Gascoigne, 188 [=St. Martial, first bishop of Limoges and reputed apostle of the Limousin]
Martin, 102 [=name for the common man]
Matrone, la dicte benoite, *see* Fontaines, dame de, *and* Bernard, mere de
Mecines, fort de, 320 [=the Strait of Messina]
mer Adriane, 316 [=the Adriatic Sea]
mer d'Alemaigne, 317, *see also* mer d'Engleterre, etc.
mer de Egipte et de Surye, de Grece et de Ytalye, 316, *see also* mer Adriane
mer d'Engleterrre, de Prusse et d'Alemaigne, 320 [=the North Sea]
mer d'Espaigne, 320 [=the Sea of Spain, either the Mediterranean or the Atlantic]
mer Majour, 320 [=the Black Sea]
mer Ocyane, 129 [=the Occian sea, i.e., the Atlantic Ocean and the North Sea]
mer de Prusse, 320, *see also* mer d'Engleterre, etc.
mer de Surrie, 320 [=the Sea of Syria, a part of the Mediterranean]
Mercure, saint, 174 [=St. Mercurius]
Mercure (Mercurius), 113, 254, 279 [=the planet Mercury]
Midi, 168, 317, 392 [=the South]; vent de, 316-17, *see also* Austré
Mielan, 239 [=Melun, in the Ile-de-France]
Minerve, 113
Misericorde, reine, 97, 118, 122, 147-48, 173, 203, 330, 337 [=Mercy, one of the allegorical Four Daughters of God], *see also* Verité, Justice, Pays et Misericorde
Morien, 255 [=inhabitant of Mauritius]
Morienne, 255 [=Mauritius]

Naples, royne de, 236 [=Joan I, queen of Naples 1343-82]
Navarre, royaume de, 245
Navarrois, 245
Neron, *see* Rome, empereur de
Nil, 387-88 [=Nile]

Occident, 168, 392, 395-96 [=the West]; Occident, vent de, 316-17
Octavian (Octavien), 112, 114 [=Octavian, later Emperor Augustus]
Orient (Oriant, Orrient, Oryent), 112, 114, 168, 210, 218, 250, 275, 282, 290, 300, 379, 388, 392, 395 [=the East]; femmes de, 58; hommes de, 269; marchant de, 218; seigneur et roy de tout l'Orient, *see* Alixandre; estat de, du Soudan de Babilone, 387; paÿs de, 185; bois de, 260 [=sethin]; perle de, 48, 218, 254, 296, 329, 337; saphir de, 266; vent de, 316, 317

Paiens (Payens), 97, 113, 142 [=the pagans, by which Philippe almost certainly meant non-Christians, non-Moslems, and non-Jews]; de Tartarie, 212; esglise des, 53, 110-15, 203

440 / Index

Pais, 118-19, 147, 203, 278, 329-30 [=Peace, one of the allegorical Four Daughters of God], *see also* Allegresse *and* Verité, Justice, Pays et Misericorde
Paniche, conte de, 366, 371, 373; contesse de, 65, 366, 369, 371, 373, 376
Paradis, 45, 187, 193-94, 296, 301, 379; sains de, 389; gloire de, 172, 194, 226, 320; joie (joye) de, 110, 178, 312, 397, *see also biblical entry*
Paris, 224, 255, 294-95, 386
Patrac, Fransois, 358 [=Francesco Petrarch]; works: *Historia Griseldis,* 358
Pepin, fil du roy, 305 [= Charlemagne]
Peresse l'endormie, 332 [=Dame Idleness], *see also* Uuiseuse
Perse, 174 [=Persia]
Pharaon, roy d'Egipte, 113 [= Pharaoh], *see also biblical entry*
Philipe, roy, derrain trespassé, 224, *see also* Philippe de Valoys
Philippe de Valoys, roy de France, 293 [=Philippe VI of Valois, king of France 1328-50], *see also* Philipe, roy
Picardie, 396
Piere de Lizingnan, 279-80 [=Peter I, king of Cyprus 1359-69 and titular king of Jerusalem], *see also* Chipre, roy de, et de Jerusalem
Pieumont, 358 [=Piedmont in Northern Italy]
Piscis, 265 [=Pisces, sign of the zodiac]
Pitié, 117
Pluto, le dieu d'enfer, 113 [=Pluto, god of the underworld]
Prouvence, 223 [=Provence]
Prusse, 316, 340 [=Prussia. In the late fourteenth century this name designated a part of the Baltic litoral east of Pomerania and the Vistula (Francis P. Magoun, Jr. *A Chaucer Gazetteer* [Chicago: Chicago UP, 1961] 130).]
Puille, 223 [=Apulia in Southern Italy]; royaulz de, et de Sezille, 244, *see also* Arian, conte d'Arian et de

Ravanne, seigneur de, 239 [=lord of Ravenna]
Reparé le povre escripvain, 206 [=Philippe de Mézières]
Rin, 214 [=the Rhine]
Robert, roy de Sezille, 224, 244 [=Robert of Anjou, king of Sicily and of Naples 1309-43], *see also* France, maison de, royaulx de Puille et de Sezille
Rome (Romme), 225, 370, 395; belle dame, de, 307 [=unidentified patient Roman matron]; dame de [=St. Cecilia], *see* Cecilie; empereur de, Constantin, 357 [=Constantine], *see also,* Constantin; empereur de, Domicien, 114 [=Domitian], *see also* Domicien; empereur de, Dyoclecianus, 114 [=Diocletian], *see also* Dyoclecianus; empereur de, Julien l'aposta (l'apostata), 114, 174 [=Julian the Apostate], *see also* Julien l'aposta; empereur de, Neron, 114 [=Nero], *see also* Neron; benoit martir, 174 [=unidentified]; malade de, 255; prince de, *see* Valerien; pape de, 52, 101, 103-5, 370; empire de, 114; esglise de, 340; Heures de Notre Dame, usage de court de, 339-40
Rommains, 114, 172; fille du prince des, 360 [=unidentified]; prince des, 307 [=unidentified]

Rose, Livre de la, 241
Rosemonde, 239, 276
Rousseth, 387 [=Rosetta]

Sagictarius, 265 [=Saggitarius, one of the signs of the zodiac]
Saluce, 371, 373-74; marquis de, 47, 64-66, 356-77, *see also* Gautier; marquise de, 47, 64-66, 68, 195, 219, 257, 343, 356-77, *see also* Griseldis; marquisie de, 358, 377; les marquis de, 359 [=the general lineage]; palays de, 64-66, 359, 361, 376; chastiau de, 361
Sarrasins, 115, 212, 269, 384-85, 388, 390 [=Saracens, Moslems]; esglise des, 110
Satalie, Gouffre de, 320 [=the Gulf of Antalya, Turkey]
Saturne (Saturnus), 113, 254, 287, 289, 293 [=the planet Saturn]
Scorpion, 265 [=Scorpio, sign of the zodiac]
Senecque (Seneque), 89, 227, 286, 377
Septentrion, 168, 319, 392 [=the North]; Septentrion, vent de, 316, 318
Sezille, royaulx de Puille et de, 244 [=the House of Anjou of Naples], *see also* France
Sillain, 320 [=Scylla]
Stragopalés, 210 [=an unidentified location in the Indian desert near the sea]
Surie (Surye), 128, 212, 330, 392, *see also biblical entry*
Suzan, 350 [=Susa, capital city of Ahasuerus]
Sys, maistre cité d'Armenye, 385 [=Sis, now Kazan in Turkey]

Tables des povres, 142 [=unidentified work]
Tartarie, payens de, *see* Paiens
Tartres, 388 [=Tartars]
Terre Saincte, 397; ministre de, *see* Jehan Carmeson
Theophilus, 174 [=Theophilus the Penitent]
Thurchs, 384-85, 388 [=Turks]
Tiburcius, 274 [=Tiburtius, martyred brother-in-law of St. Cecilia], *see also* Cecilie
Titus Livius, 112 [=Livy]
Trajan, 174
Tullius, 377 [=Cicero]

Urbain le quint, Pape, 223 [=Pope Urban V]
Uuiseuse, 136, 288, 302 [=Dame Idleness], *see also* Endormie *and* Peresse

Valerien prince de Romme, 274 [=Valerian, the martyred husband of St. Cecilia]
Venise, nobles de, 290; cité de, 250; gouffre de, 320 [=the Gulf of Venice]
Venus, 113, 254, 284, 287, 289, 293 [=the planet Venus]
Venus, creature de, 284 [woman struck by gluttony]
Verité, 117-18, 147-48, *see also* Verité, Justice, Pays et Misericorde

Verité, Justice, Pays et Misericorde, 53, 116, 118 [=Truth, Justice, Peace and Mercy, the allegorical Four Daughters of God, personifications of Ps 85: 10], *see also individual entries*
Veronne, 239

Ygnace, arcevesque de Antioche, 173 [=St. Ignatius]
Yperboree, montagne de, 282 [=land of the Hyperboreans, where, according to Isidore of Seville, the griffins guard their treasure]
Ypocras, 235 [=Hippocrates]
Ysodore, 282 [=Isidore of Seville]
Ytalye, 359 [=Italy]